CORRECT your KOREAN

150 COMMON GRAMMAR ERRORS

CORRECT your KOREAN 150 COMMON GRAMMAR ERRORS

Written by Min Jin-young, Yeo Soon-min, Han Ju-kyoung
Translated by Justin Chang

First Published January, 2019
Second Printing May, 2023
Publisher Chung Kyudo
Editors Lee Suk-hee, Kim Sook-hee, Park Inkyung
Cover Design Kim Na-kyung
Interior Design Kim Na-kyung, Park Eun-bi
Proofread by Michael A. Putlack

DARAKWON

Darakwon Bldg., 211 Munbal-ro, Paju-si, Gyeonggi-do,
10881 Republic of Korea
Tel 02-736-2031 **Fax** 02-732-2037
(Marketing Dept. ext.: 250~252 Editorial Dept. ext.: 420~426)

ISBN: 978-89-277-3226-6 13710

http://www.darakwon.co.kr
http://koreanbooks.darakwon.co.kr
Visit the Darakwon homepage to learn about our other publications and
promotions and to download the contents in MP3 format.

CORRECT your KOREAN

Min Jin-young | Yeo Soon-min | Han Ju-kyoung

150 COMMON GRAMMAR ERRORS

DARAKWON

Preface

　　요즈음 한국에 대한 외국인들의 관심이 높아지고 학업과 취업 등 여러 가지 목적을 가지고 한국에 오는 외국인들이 많아짐에 따라 한국어를 공부하고자 하는 사람들도 점점 늘어나고 있습니다. 이에 따라 최근 몇 년간 한국어 교육을 위한 다양한 책, 특히 외국인을 위한 한국어 문법서가 많이 출판되었습니다.

　　그렇지만 한국어 학습자들은 여전히 한국어 문법의 활용이 복잡하고 의미도 다양하여 한국어 문법을 정확하게 사용하는 것이 어렵다는 이야기를 많이 합니다. 또한 한국어에 대한 지식이 쌓여 가면서 기존에 배웠던 문법이라도 여러 문법의 형태 활용이나 의미가 헷갈려서 정확하게 사용하고 있는지에 대한 자신이 없다는 말도 많이 합니다. 이 책은 이러한 외국인 학습자들이 한국어를 사용할 때 많이 범하는 문법 오류의 원인을 밝혀 한국어 문법을 보다 정확하게 사용하는 데에 도움을 주고자 기획이 되었습니다.

　　〈Correct Your Korean - 150 Common Grammar Errors〉는 저자들이 직접 현장에서 가르치면서 외국인 학습자들의 작문에서 오류문을 수집하여 분석한 후 학습자들이 가장 많이 틀리는 문법을 중심으로 다루었습니다. 그러므로 초급 학습자들은 물론 한국어 기초 실력이 부족한 중·고급 학습자들 그리고 이미 배운 한국어 문법을 정리하고자 하는 학습자들에게 도움이 될 것입니다. 또한 TOPIK 유형의 연습 문제도 함께 실어 TOPIK 시험 대비와 함께 학업 및 취업에도 도움이 될 수 있도록 했습니다.

　　이 책은 학습자들이 어떤 종류의 오류를 많이 범하는지를 알려 주기 위해 오류문을 먼저 제시하여 학습자들이 직접 수정해 보도록 하였습니다. 그리고 해당 문법의 기본 의미와 형태를 제시한 후 오류의 원인을 파악하여 올바르게 사용할 수 있도록 보충 설명을 자세히 넣었습니다. 또한 학습자들이 책에 제시된 예문을 실생활에서 바로 사용해 볼 수 있는 실질적인 예문을 문장과 대화문에 넣었으며, 영어 번역과 함께 한국어 설명도 부록에 담아 학습자들의 이해를 높였습니다. 이 책을 통해 한국어를 배우는 많은 학습자들이 한국어 문법을 좀 더 쉽고 정확하게 이해하여 다양하고 수준 높은 한국어를 구사할 수 있기를 바랍니다. 또한 국내외에서 한국어를 가르치는 교사들이 문법 수업을 진행하고 이끌어나가는 데에도 큰 도움이 될 수 있기를 바랍니다.

　　끝으로 사명감을 가지고 좋은 한국어 교재를 편찬하는 데 최선을 다하는 다락원 한국이 출판부 편집진께 감사의 말을 전하고 싶습니다. 여러 가지 어려운 일에도 불구하고 본 교재가 나오기까지 꼼꼼하게 신경을 써 주신 점에 감사드립니다. 또한 이 책의 번역을 맡아 주신 Justin Chang, 책이 진행되는 동안 여러 가지 조언을 해 준 여러 선생님과 학생들 그리고 친구들에게 고마움을 전합니다.

저자 일동

Recently, there has been a gradual increase in people wanting to learn the Korean language due to an increase in interest in Korea and an influx of foreigners entering Korea to study or to seek employment. As a result, in recent years, various books have been published on Korean language acquisition, especially grammar books for foreigners.

However, many learners tell us that they struggle with the precise usage of Korean grammar because of the complexity of usage and the wide range of meanings. Furthermore, they also tell us that as their knowledge of the Korean language deepens, they are confused with the uses and meanings of various grammar forms, including those they have learned before. They also mention that they are not confident enough to determine whether they had a precise command of Korean grammar. This book is designed to assist foreign learners of the Korean language to precisely use Korean grammar by exposing the reasons behind various grammatical errors frequently made by learners.

<Correct Your Korean - 150 Common Grammar Errors> mainly deals with the most frequent grammatical errors committed by foreign learners when writing, which were collected and analyzed by the authors first hand. Therefore, this book will help beginner-level students of Korean, intermediate- and advanced-level students who lack the basics, and learners who want to organize grammar points they have already learned. Moreover, TOPIK-type practice questions arc also included to help learners to prepare for the TOPIK test as well as for academic purposes and for employment.

To show the variety of errors committed by learners, this book presents the erroneous sentences first so that learners can attempt to edit the errors firsthand. Additional detailed explanations are also inserted after the basic meanings and forms are presented so that learners can understand the reasons for the errors and learn to use grammar the correct way. Moreover, realistic examples are inserted in sentences and dialogues so that learners can use them in real life while English translations and Korean explanations have been placed in the appendix to increase learners' understanding. Through this book, we hope that learners can easily and precisely understand Korean grammar and be able to demonstrate high-level proficiency in the Korean language. Furthermore, we hope to provide substantial assistance to Korean language instructors in conducting and leading grammar classes.

Lastly, we would like to thank the Korean editorial department at Darakwon, who always have a sense of duty and exert a great amount of effort to publish good Korean language-learning books. We would like to thank them for their meticulous efforts in publishing this book despite various difficulties. We would also like to thank Justin Chang, the translator of this book, and all the teachers, students, and friends for their advice in helping this book get published.

From the authors

How to Use This Book

목표 문법 제시

본 단원에서 배워야 할 목표 문법을 제시하였습니다. 목표 문법 옆에는 해당 문법의 품사나 의미 정보를 함께 제시하여 문법을 체계적으로 학습하는 데 도움이 되도록 했습니다.

바꿔 쓰기

학습자들이 목표 문법과 관련해 가장 많이 틀리는 항목을 중심으로 잘못 쓴 문장을 두세 개씩 제시하였습니다. 학습자들이 직접 고쳐 보면서 이 문법에 대해서 잘 알고 있는지를 스스로 확인할 수 있습니다.

문법 공부

(1)번에서는 목표 문법의 기본적인 의미를 설명하였고 (2)번에서는 형태적인 정보를 제시하였습니다. (3)번부터는 목표 문법의 다른 의미 혹은 시제나 문법 형태의 제약을 설명했습니다. 그리고 필요에 따라 목표 문법과 혼동되는 문법의 공통점과 차이점을 표로 제시하여 좀 더 정확하게 학습할 수 있도록 하였습니다.

---

1) -고 ①　　　　　　　　　　〈1〉나열·대조·배경

바꿔 쓰기

1 지금 다리도 아파서 배도 고파요.
→ _____

2 가: 형도 학생이에요?
나: 아니요. 형은 학생이 아니지만 회사원이에요.
→ _____

3 요즘 저는 한국어를 배워고 동생은 일본어를 배워요.
→ _____

문법 공부

(1) This expression is used to connect the preceding clause with the following clause without any regard to the sequence of time.

- 가: 요즘 서울 날씨는 어때요? How's the weather in Seoul?
  나: 바람이 많이 불고 추워요. It's windy and cold.

- 동대문 시장에는 예쁜 옷이 많고 명동에는 맛있는 길거리 음식이 많아요.
  You can spot many pretty clothes at Dongdaemun Market while you can spot an abundance of tasty street food in Myeongdong.

(2) The following is the form information for this expression.

A/V		-고		
	작다	작고	크다	크고
	먹다	먹고	가다	가고
N		이고		
	학생이고		남자이고	

(3) If you want to stress meaning in this expression, you can use the form "N도 A/V-고 N도 A/V."

- 친구가 전화도 안 받고 문자메시지에 답도 안 해요.
  My friend is not answering any calls or text messages.

(4) You can use this expression to connect opposing or contrasting content and use the form below.

A/V-고 A/V-(으)ㄴ/는 것은 ~

- 유학을 가고 안 가는 것은 본인이 결정할 일이에요.
  The decision whether to study abroad or not is up to you.

Target Grammar

This section presents the target grammar for the unit. It is designed to help learners learn grammar systematically with the help of information on parts of speech or meaning next to the target grammar.

1 ‑고 ①   〈1〉나열·대조·배경

1 지금 다리도 아파서 배도 고파요.
   →

2 가: 형도 학생이에요?
   나: 아니요, 형은 학생이 아니지만 회사원이에요.
      →

3 요즘 저는 한국어를 배워고 동생은 일본어를 배워요.
      →

Error Editing

This section presents two to three incorrect samples with content based on the most frequent mistakes made by learners regarding the target grammar. Learners are asked to correct the mistakes firsthand to evaluate how much they know about each grammar point.

(1) This expression is used to connect the preceding clause with the following clause without any regard to the sequence of time.

● 가: 요즘 서울 날씨는 어때요? How's the weather in Seoul?
   나: 바람이 많이 불고 추워요. It's windy and cold.

● 동대문 시장에는 예쁜 옷이 많고 명동에는 맛있는 길거리 음식이 많아요.
   You can spot many pretty clothes at Dongdaemun Market while you can spot an abundance of tasty street food in Myeongdong.

Grammar Study

Number (1) Explains the basic meaning of the target grammar. Number (2) provides form information. Number (3) explains other meanings related to the target grammar, tense, or restrictions on the grammar form. Moreover, when needed, this section provides tables to explain similarities and differences compared to other grammar points that may confuse learners in order to assist them in learning the correct grammar forms.

(2) The following is the form information for this expression.

A/V	−고			
	작다	작고	크다	크고
	먹다	먹고	가다	가고
N	이고			
	학생이고		남자이고	

(3) If you want to stress meaning in this expression, you can use the form "N도 A/V−고 N도 A/V."

● 친구가 전화도 안 받고 문자메시지에 답도 안 해요.
   My friend is not answering any calls or text messages.

(4) You can use this expression to connect opposing or contrasting content and use the form below.

   A/V−고 A/V−(으)ㄴ/는 것은 ~

● 유학을 가고 안 가는 것은 본인이 결정할 일이에요.
   The decision whether to study abroad or not is up to you.

<... no>

(5) This expression can be used to deny one of the two choices, and it is used in the form below.

> N이/가 **아니고** N이다
> = 아니라

● 저 사람은 미국 사람이 **아니고** 한국 사람이에요. He is a Korean, not an American.
　　 = 미국 사람이 아니라

오답 노트

1 지금 다리도 **야파서** 배도 고파요.
　　└→ 아프고

"-고" is used to connect the preceding clause and the following clause regardless of time and sequence. In this sentence, the person is listing his/her condition as 다리도 아파요 and 배도 고파요. "V-아/어서" is used to describe sequence, but be careful with the usage as many people get confused after they learn about "-고" and "-아/어서."
● 케이크를 만들어서 친구에게 줬어요. ▶ p.98

2 가: 형도 학생이에요?
　　 나: 아니요, 형은 학생이 **아니지만** 회사원이에요.
　　　　　　　　　　　　　└→ 아니고

"-고" is used to deny one out of two choices, and it is used in the form "N이/가 아니고 N이다." Although the meaning conveyed in the sentence is "my brother is not a student, but an office worker," it is incorrectly written as 아니지만. "-지만" is used in the context of opposition and contrast.
● 저는 학생이지만 형은 회사원이에요. ▶ p.88

3 요즘 저는 한국어를 **배워고** 동생은 일본어를 배워요.
　　　　　　　　　　　　└→ 배우고

The forms of the verbs and adjectives to which "-고" is attached are in the basic form, not "-아/어요." However, in this sentence, 요 is omitted from 배워요, and 고 is attached to incorrectly form 배워고.

연습하기

어젯밤부터 머리가 ① 아프니까 콧물도 났다. 약을 먹었지만 효과가 없어서 오늘 병원에 갔다.
　　　　　　　　　　　→

의사 선생님은 일반 감기가 ② 아니지만 독감이라고 하셨다. 그래서 주사를 ③ 맞고 며칠 동
　　　　　　　　　　　　　　→　　　　　　　　　　　　　　　　　　　　→

안 약을 먹으며 집에만 있기로 했다.

오답 노트

학습자가 '바꿔 쓰기'의 정답을 확인하면서 틀린 이유에 대해 이해하는 부분입니다. 이를 통해 학습자는 목표 문법을 잘못 쓴 이유를 정확하게 알 수 있게 됩니다.

틀린 부분의 바른 표현에서 목표 문법은 빨간색으로 표시하였습니다. 목표 문법과 혼동되는 문법의 의미를 설명하고 예문과 참조 페이지를 제시하여 혼동되는 문법도 비교해 볼 수 있게 했습니다.

연습하기

'오답 노트'를 통해 학습한 내용을 바탕으로 목표 문법이 잘못 사용된 부분을 다시 고쳐 보고 확인할 수 있습니다. 목표 문법이 자주 사용되는 상황을 글이나 대화로 제시하여 읽기 학습에도 도움이 됩니다.

Error Notes

In this section, learners check the answers to the "Error editing" section and analyze the reasons why the sentences are wrong. Through this exercise, learners can precisely learn why the sentences incorrectly use the target grammar points.

The target grammar points are colored in red within the correct form of the mistakes. Other grammar points that may cause confusion with the target grammar are explained with the help of examples and references. In the process, learners can compare grammar points to obtain a better understanding.

(5) This expression can be used to deny one of the two choices, and it is used in the form below.

> N이/가 아니고 N이다
> = 아니라

● 저 사람은 미국 사람이 아니고 한국 사람이에요. He is a Korean, not an American.
    = 미국 사람이 아니라

1 지금 다리도 아파서 배도 고파요.
    └→ 아프고

"–고" is used to connect the preceding clause and the following clause regardless of time and sequence. In this sentence, the person is listing his/her condition as 다리도 아파요 and 배도 고파요. "V–아/어서" is used to describe sequence, but be careful with the usage as many people get confused after they learn about "–고" and "–아/어서."
● 케이크를 만들어서 친구에게 줬어요. ▶p.98

2 가: 형도 학생이에요?
    나: 아니요, 형은 학생이 아니지만 회사원이에요.
                        └→ 아니고

"–고" is used to deny one out of two choices, and it is used in the form "N이/가 아니고 N이다." Although the meaning conveyed in the sentence is "my brother is not a student, but an office worker," it is incorrectly written as 아니지만. "–지만" is used in the context of opposition and contrast.
● 저는 학생이지만 형은 회사원이에요. ▶p.88

3 요즘 저는 한국어를 배우고 동생은 일본어를 배워요.
                                    └→ 배우고

The forms of the verbs and adjectives to which "–고" is attached are in the basic form, not "–아/어요." However, in this sentence, 요 is omitted from 배워요, and 고 is attached to incorrectly form 배워고.

어젯밤부터 머리가 ① 아프니까 콧물도 났다. 약을 먹었지만 효과가 없어서 오늘 병원에 갔다.
                    —→

의사 선생님은 일반 감기가 ② 아니지만 독감이라고 하셨다. 그래서 주사를 ③ 맞아고 며칠 동
                            —→   —→

안 약을 먹으며 집에만 있기로 했다.

Practice

Learners can correct and check the incorrect usage of target grammar points based on the content learned in the "Error notes" section. This section can assist learners in obtaining reading skills as situations that utilize the target grammar points extensively are presented in text or dialogue form.

한국어능력시험(TOPIK)의 문제 형식으로 구성한 '확인 평가' 문제를 풀어보며 각 장에서 배운 문법을 다시 복습하며 TOPIK 시험도 대비할 수 있도록 하였습니다.

부록

부록에서는 각 과의 '연습하기' 문제 정답과 해설을 비롯해서 '확인 평가'의 정답도 확인할 수 있습니다. 또한 각 과의 '문법 공부'와 '오답 노트' 영어 설명에 대한 한국어 설명이 정리되어 있으며, 마지막으로 문법 색인을 넣어 빠르게 원하는 문법 및 표현 과를 찾아볼 수 있도록 했습니다.

확인 평가 Checkup

[1~3] ( )에 들어갈 가장 알맞은 것을 고르십시오.

1

가: 도마스 씨, 다음 주에 제가 그림 전시회를 하는데 시간이 있으면 오세요.
나: 취미로 그림을 ( ) 전시회까지 하는군요.

① 그려 봤자　　② 그러더니　　③ 그렸더라면　　④ 그리기는 했지만

2

가: 준아 씨, '아름다운 가게'가 어떤 가게예요?
나: 그 가게는 사람들이 ( ) 물건을 모아서 싸게 파는 가게예요.

① 사용하는　　② 사용하던　　③ 사용하도록　　④ 사용하다가

3

가: 이 극장에서는 제가 보고 싶었던 영화 상영이 끝나 버렸네요.
나: 그래요? '우리 극장'에서는 그 영화를 이번 주말까지 ( ) 거기에 가서 보세요.

① 상영하더니　　② 상영하다가　　③ 상영하던데　　④ 상영하는 만큼

[4~6] 다음 밑줄 친 부분과 의미가 비슷한 것을 고르십시오.

4

축제 일정에 따르면 저녁 9시부터 불꽃놀이가 시작된다고 해요.

① 일정에 의하면　　② 일정에 의해서　　③ 일정을 통하면　　④ 일정을 통해서

5

월간 '한국 음악'에서는 가수 '강이수' 씨와 인터뷰를 진행했습니다. 그의 이번 앨범에 대해서 알고 싶은 분은 이 인터뷰를 주목해 주십시오.

① 앨범에 따른　　② 앨범에 관한　　③ 앨범에 관해서　　④ 앨범에 따라서

6

가: 엄마, 이 콜라를 마셔도 돼요?
나: 그건 누나가 마시던 콜라야. 엄마가 새로 줄 테니까 잠깐만 기다려.

Answers & Explanations

Grammar Explanations in Korean

Grammar Index

Checkup

This exercise is in the Test of Proficiency in Korea (TOPIK) exam format, and it reviews grammar points learned from each unit and also helps learners prepare for the TOPIK exam.

[1~3] ( )에 들어갈 가장 알맞은 것을 고르십시오.

1
가: 토마스 씨, 다음 주에 제가 그림 전시회를 하는데 시간이 있으면 오세요.
나: 취미로 그림을 ( ) 전시회까지 하는군요.

① 그려 봤자   ② 그리더니   ③ 그렸다라면   ④ 그리기는 했지만

2
가: 준아 씨, '아름다운 가게'가 어떤 가게예요?
나: 그 가게는 사람들이 ( ) 물건을 모아서 싸게 파는 가게예요.

① 사용하는   ② 사용하던   ③ 사용하도록   ④ 사용하다가

3
가: 이 극장에서는 제가 보고 싶었던 영화 상영이 끝나 버렸네요.
나: 그래요? '우리 극장'에서는 그 영화를 이번 주말까지 ( ) 거기에 가서 보세요.

① 상영하더니   ② 상영하던   ③ 상영하던데   ④ 상영하는 만큼

[4~6] 다음 밑줄 친 부분과 의미가 비슷한 것을 고르십시오.

4
축제 일정에 따르면 저녁 9시부터 불꽃놀이가 시작된다고 해요.

① 일정에 의하면   ② 일정에 의해서   ③ 일정을 통하면   ④ 일정을 통해서

5
월간 '한국 음악'에서는 가수 '강이수' 씨와 인터뷰를 진행했습니다. 그의 이번 앨범에 대해서 알고 싶은 분은 이 인터뷰를 주목해 주십시오.

① 앨범에 따른   ② 앨범에 관한   ③ 앨범에 관해서   ④ 앨범에 따라서

6
가: 엄마, 이 콜라를 마셔도 돼요?
나: 그건 누나가 마시던 콜라야. 엄마가 새로 줄 테니까 잠깐만 기다려.

Appendix

In the appendix section, you can check the answers and read the explanations for the "practice" section in each unit and also check the answer to the "Checkup" section. Furthermore, Korean translations for the English notes in the "Grammar study" section and the "Error notes" section are provided. Lastly, the grammar index enables learners to find grammar points and expressions they want quickly.

Contents

01

조사
Particles

In this unit, we will explore the particle in the Korean language.

The particle is a part of speech that is attached to nouns, pronouns, numerals, adverbs, and the ends of words to help describe the grammatical relationship with other words or to clarify the meanings of words.

There are three types of particles: the case particle, the auxiliary particle, and the connective particle. The case particle is a particle that is attached to nouns, pronouns, and numerals and assigns roles. For instance, there are the subjective particle 이/가, the objective particle 을/를, the possessive particle 의, and an adverbial particle that describes locations as 에 and 에서.

The auxiliary particle is a particle that is attached to nouns, pronouns, adverbs, or the ends of words to add special meaning. For example, 은/는 shows contrast, 도, adds other things to existing things, and 부터 describes a starting point.

The connective particle connects two words. Connective particles are 와/과, 하고, 에다가, (이)며, and (이)랑.

① 이/가

1 가: 내일 바다에 가려고 하는데 뭘 준비해야 해요?

나: 모자, 선크림, 긴 옷을 필요해요. 이런 걸 준비해 가세요.

→ _____

2 내가 자주 읽는 책은 소설책 아니고 만화책이다.

→ _____

3 부모님께 백화점에서 동생에게 줄 선물을 고르셨어요.

→ _____

(1) This particle is attached to a noun and is used to describe a noun as the subject of a sentence.

- 가: 여기가 교실이에요? Is this the classroom?
  나: 네, 교실이에요. Yes. It's the classroom.

- 가: 동생이 어디에서 책을 읽어요? Where is my sister reading a book?
  나: 거실에서 책을 읽어요. She is reading in the living room.

(2) The following is the form information for the particle.

N	Final consonant ○ + 이		Final consonant × + 가	
	학생	학생이	친구	친구가
	연필	연필이	시계	시계가

(3) If the particle is used when the nouns, which take the subject place, are of honorific quality such as "grandfather," "father," and "teacher," 께서 is used rather than 이/가.

- 할머니께서 진지를 드세요. Grandmother is eating a meal.

(4) If 가 is attached to 저, 나, and 누구, it is used as follows.

- 저 + 가 → 제가　　　　　　나 + 가 → 내가　　　　　　누구 + 가 → 누가

(5) If adjectives such as 있다, 좋다, 중요하다, 필요하다, and 피곤하다 are used in the predicate, 이/가 must be used in the subject place.

- 이 문법을 아주 중요하니까 꼭 복습하세요. (×)
  → 이 문법이 아주 중요하니까 꼭 복습하세요. (○)
  This grammar is very important, so please review it.

(6) In front of 되다 and 아니다, you must attach 이/가 behind the noun.

- 이번 학기에 저는 반장 되었어요. (×)
  → 이번 학기에 저는 반장이 되었어요. (○)
  This semester, I became the class president.

1 가: 내일 바다에 가려고 하는데 뭘 준비해야 해요?

나: 모자, 선크림, **긴 옷을** 필요해요. 이런 걸 준비해 가세요.
　　　　　　└→ 긴 옷이

Since 필요해요 is not a verb but an adjective, 이/가 must be attached to the subject. Although words like 필요하다, 중요하다, and 피곤하다 end with 하다, they are adjectives. There are many instances where users confuse adjectives as verbs and use 을/를 instead of 이/가. Especially English speakers have to be careful not to make that mistake.

2 내가 자주 읽는 책은 **소설책** 아니고 만화책이다.
　　　　　　　　　　└→ 소설책이

이/가 must be attached to the noun in front of 되다 or 아니다. However, in this sentence, the user incorrectly omits 이 and writes 소설책 아니고. Normally, in spoken form, the particle 이/가 may not be attached to the noun in the place of the subject, yet if 되다 or 아니다 is used in the predicate, 이/가 must be attached to the noun.

3 **부모님께** 백화점에서 동생에게 줄 선물을 고르셨어요.
　　└→ 부모님께서

The honorific form is used for parents, so 께서 must be used instead of 이/가. However, the sentence uses the incorrect form of 께. 께 is the honorific form of 에게; therefore, it is important not to get 께서 confused with 께.

- 민지가 아버지께 생일 선물을 드렸어요. ▶p.30

샐리 씨, 오늘 저녁에 동아리 ① 모임을 있는데 올 거지요? 약속 장소는 신촌역 앞에 있는 커피
　　　　　　　　　　　　　　→ ＿＿＿＿＿＿＿＿

숍이에요. ② 시청역을 아니니까 잘 찾아오세요. 그리고 ③ 김 선생님께도 오시기로 했으니까
　　　　　→ ＿＿＿＿＿＿　　　　　　　　　→ ＿＿＿＿＿＿＿

늦지 마세요. 그럼, 이따가 만나요.

② 을/를   〈1〉 격조사

바꿔 쓰기

1 가: 어느 나라를 여행하고 싶어요?

　　나: 저는 일본 **만화가** 좋아하기 때문에 일본을 여행하고 싶어요.

　　　　　　　→ ＿＿＿＿＿＿＿＿

2 **고향에** 떠난 지 3년이 되었어요.

　　→ ＿＿＿＿＿＿＿＿＿

3 한국 친구들이 **저에게** 많이 도와줘요.

　　　　　→ ＿＿＿＿＿＿＿＿＿

문법 공부

(1) This particle is attached to a noun and it is used when a noun is the object of a sentence.

- 가: 지금 무엇을 먹어요? What are you eating right now?
  나: 저는 라면을 먹어요. I am eating ramyeon.
- 가: 어제 집에서 뭘 했어요? What did you do at yesterday home?
  나: 하루 종일 한국 드라마를 봤어요. I watched Korean TV dramas all day.

(2) The following is the form information for this particle.

	Final consonant ○ + 을		Final consonant × + 를	
N	동생	동생을	친구	친구를
	책상	책상을	시계	시계를

(3) Although 을/를 is used when a transitive verb that needs an object forms in the predicate, 이/가 is used when an intransitive verb which does not need an object forms in the predicate.

- 누나가 빵을 **사요**.
  Transitive verb
  (needs object)
- 꽃이 **피었어요**.
  Intransitive verb
  (does not need object)

(4) When using this particle, you can omit 을/를 or abbreviate it as mentioned below.

- 이것을 = 이걸 　　　무엇을 = 뭘 　　　너를 = 널 　　　거기를 = 거길
- 가: 지금 뭘 해요? What are you doing now?
  나: 책(을) 읽어요. I am reading a book.

1 가: 어느 나라를 여행하고 싶어요?

나: 저는 일본 만화가 좋아하기 때문에 일본을 여행하고 싶어요.

              ↳ 만화를

좋아하다 is a transitive verb, so 을/를 must be attached to the noun in the object place. The adjective 좋다 or 싫다 is used in the form of "N이/가 좋다" and 싫다 while the verbs 좋아하다 and 싫어하다 are forms of "N을/를 좋아하다/싫어하다." You must be careful with the usage as these are some forms even advanced learners have trouble with.

● 저는 공포 영화가 싫은데 다른 영화를 볼까요? ▶p.18

2 고향에 떠난 지 3년이 되었어요.

    ↳ 고향을

In terms of 떠나다, if it is used to have the meaning of "a person is leaving for a certain location," it is used in the "location N + (으)로/에서 떠나다" form while if it is used to have the meaning of "getting away from a location," it is used in the form of "location N + 을/를 떠나다." The meaning used in this sentence is "getting away from home," but the usage of 고향에 is incorrect. As we first learn "location N + 에 가다, 오다, 다니다" in the first level, we tend to make the mistake of using "location N + 에" whenever location appears. Therefore, we must observe carefully what kinds of verbs are in the predicate.

● 저는 건강을 위해서 헬스장에 다녀요. ▶p.22

3 한국 친구들이 **저에게** 많이 도와줘요.

           ↳ 저를

도와주다 is a transitive verb, so it must be written "N을/를 도와주다," but in this sentence, it is incorrectly used as 저에게. In this case, one could mistake it for the form "N에게 N을/를 주다." Please do not confuse the two forms.

● 언니가 동생에게 사탕을 줘요. ▶p.30

나는 ① 고등학교에 졸업하자마자 무역 회사에 취직했다. 하지만 적성에 맞지 않아서 회사를

    → _____

그만두고 한국에 있는 대학교에 진학하기로 결심했다. 그래서 내일 부모님과 함께한

② 우리 집에 떠나서 한국에 간다. 무엇보다 음식이 입에 맞지 않을까 봐 걱정이다. 하지만 먼

    → _____

저 유학을 가 있는 친구들이 금방 익숙해졌다고 하니까 나도 금방 ③ 한국 음식이 좋아하게 될

                                                → _____

것이다.

1 가: 어디에 가요?

나: 비자 때문에 **출입국 관리 사무소에서** 가요.

    → _____

2 **아시아의 있는 나라들은** 거의 다 여행한 것 같아요.

    → _____

3 저는 **겨울을 눈이 많이 내리면** 스키장에 가요.

    → _____

(1) This particle is attached to a noun and describes location and place.

- 가: 커피숍이 어디에 있어요? Where is the café?

  나: 커피숍은 학생 식당 옆에 있어요. The café is next to the student cafeteria.

- 명동에 사람이 많을 거예요. 다른 곳에서 만납시다.
  There must be a lot of people in Myeongdong. Let's meet somewhere else.

(2) The following is the form information for this particle.

N	에			
	도서관	도서관에	기숙사	기숙사에
	아침	아침에	1시	1시에

* This particle is used in the form stated below.

위치 N (앞, 뒤 등) + **에** 있다, 없다

장소 N (집, 식당 등) + **에** 있다, 없다, 많다, 살다, 앉다, 넣다, 놓다, 두다

(3) This particle can be used to describe a destination or a place of arrival.

장소 N (집, 식당 등) + **에** 가다, 오다, 다니다, 도착하다

- 가: 어디에 가요? Where are you going?

  나: 소포를 부치러 우체국에 가요. I am going to the post office to mail a package.

(4) This particle can be used to describe time.

시간 N (1월, 밤, 작년, 겨울, 월요일 등) + **에**

* Regarding nouns describing time, 에 cannot be attached to 오늘, 어제, 내일, 그제, and 모레.

- 가: 몇 시에 일어나요? What time do you get up?

  나: 아침 6시에 일어나요. I wake up at 6 a.m.

- 저는 <u>내일에</u> 여행을 떠나요. (x)

  → 저는 <u>내일</u> 여행을 떠나요. (O)

  I will go on a trip tomorrow.

1 가: 어디에 가요?

나: 비자 때문에 출입국 관리 사무소에서 가요.
└→ 출입국 관리 사무소에

The verb 가다 is used in the "location N + 가다" form. The verbs 가다, 오다, 다니다, and 도착하다 are used together with "location N + 에." 에서 is used to describe the place where an activity is taking place.

- 저는 무역회사<u>에서</u> 일해요. ▶p.24

2 아시아의 있는 나라들은 거의 다 여행한 것 같아요.
└→ 아시아에

The adjectives 있다 and 없다 are used in the "location N + 에 있다/없다" form. However, in this sentence, the usage of 아시아의 in front of 있다 is incorrect. 의 is used in the "N의 N" form and it is used to describe affiliation or possession.

- 이건 나오미 씨<u>의</u> 빵이니까 먹지 마세요. ▶p.26

3 저는 겨울을 눈이 많이 내리면 스키장에 가요.
└→ 겨울에

에 must be attached after a time noun. 을/를 is attached to the noun in the place of the object of the sentence.

- '탈의실'<u>에서</u> 옷<u>을</u> 갈아입으세요. ▶p.20

한국어 수업이 오전 ① 9시를 시작하는데 오늘은 늦잠을 자서 8시 40분에 일어났다. 그래서 **빨**

→ _____

리 학교에 갈 준비를 하고 서둘러서 ② 학교에서 왔다. 교실이 4층이라서 엘리베이터를 타려고

→ _____

했다. 그런데 ③ 엘리베이터의 사람이 많아서 계단으로 올라갔다. 결국 수업에 늦었다.

→ _____

④ 에서

바꿔 쓰기

1 어젯밤에 **침대로** 잠을 안 자서 허리가 아파요.

→ _____

2 가: 어머니께서는 뭐 하세요?

나: 신문을 보시는 아버지 **옆에** 드라마를 보세요.

→ _____

3 **명동부터** 출발하면 한 시간쯤 걸릴 거예요.

→ _____

문법 공부

(1) This particle is attached to a place noun and it is used to describe a place where a movement is taking place in a location.

- 가: 어디에서 만날까요? Where should we meet?
  나: 버스를 타야 하니까 학교 정문에서 만납시다.
    We have to take the bus, so let's meet at the school gate.

- 서울에서 1년 동안 살게 되어서 정말 기뻐요.
  I am really happy to be living in Seoul for a year.

(2) The following is the form information for this particle.

	에서			
N	사무실	사무실에서	비행기	비행기에서
	서울	서울에서	여기	여기에서

(3) This particle describes the starting point of the place noun when verbs describing movement come behind "location N + 에서" as shown below.

장소 N + **에서** 오다, 떠나다, 나가다, 나오다, 출발하다

- 가: 어느 나라에 왔어요?
    → 어느 나라에서 왔어요?
      Where are you from?
  나: 중국에 왔어요. (×)
    → 중국에서 왔어요. (○)
      I am from China.

- 내일 김포공항에서 출발할 거예요.
  I will depart from Gimpo Airport tomorrow.

1 어젯밤에 **침대로** 잠을 안 자서 허리가 아파요.
  ↳ 침대에서

에서 is attached to a place noun and describes the place where the movement takes place. Since "location N + (으)로" is used to describe direction, verbs like 가다, 오다, and 떠나다 come after (으)로.

- 부산으로 가는 버스를 어디에서 타야 해요? ▶ p.28

2 가: 어머니께서는 뭐 하세요?
  나: 신문을 보시는 아버지 **옆에** 드라마를 보세요.
    ↳ 옆에서

In the response of the dialogue, as the person is explaining the "location of where mother watches TV dramas," 에서 must be used. However 에 can be used after a noun that describes location. We must be careful with the usage as we are used to the "location N + 에 있어요/없어요" form learned in level 1 and we tend to automatically use 옆에.

- 책상 위에 있는 커피를 마시면 안 돼요. ▶ p.22

3 **명동부터** 출발하면 한 시간쯤 걸릴 거예요.
  ↳ 명동에서

We must use the "location N + 에서" form in front of verbs that describe movement like 오다, 떠나다, and 출발하다. 부터 is used in front of a time noun or a place noun, and it is used to describe a start.

- 이번 시험은 교과서 30쪽부터 50쪽까지예요. ▶ p.38

제 룸메이트는 ① 뉴욕에 왔는데 한국 음식을 정말 잘 먹습니다. 오늘은 같이 닭갈비를 먹으러
  → _____

갔습니다. 음식을 먹고 있는데 ② 1급 반을 같이 공부한 요시코도 그 식당에 왔습니다. 그래서
        → _____

요시코도 함께 먹으면서 이야기를 했습니다. ③ 식당부터 나왔지만 좀 더 이야기를 하고 싶어
              → _____

서 커피숍에 갔습니다.

⑤ 의

1 같은 동양 사람이라서 그런지 처음부터 한국 사람들에 얼굴이 낯설지 않았어요.

→ ⎯⎯⎯⎯⎯⎯⎯⎯⎯⎯⎯⎯⎯⎯

2 요즘 건강을 위해서 여러 종류의 운동해요.

→ ⎯⎯⎯⎯⎯⎯⎯⎯⎯⎯⎯⎯⎯⎯

3 가: 너 노트북 좋아 보이는데 얼마에 샀어?

→ ⎯⎯⎯⎯⎯⎯⎯⎯⎯⎯⎯⎯⎯⎯

나: 세일해서 50만 원에 샀어.

(1) This particle is attached to a noun, and the noun with the particle modifies the following noun. It is used to describe possession, affiliation, and relationship.

- 가: 저건 누구의 가방이에요? Whose bag is that?
  나: 저건 패트릭 씨의 가방이에요. That is Patrick's bag.

- 가: '이모'는 누구를 말하는 거예요? Who do you mean when you say, "*Imo*"?
  나: 어머니의 언니 또는 여동생을 말하는 거예요. It refers to one's mother's sister.

(2) The following is the form information for this particle.

N	의			
	선생님	선생님의	친구	친구의
	아들	아들의	할머니	할머니의

* This particle is normally used in the form "N의 N."

(3) Regarding this particle, you can omit 의 when describing possession or affiliation. However, when describing a relationship, it is not natural to omit 의.

- 가: 이건 누구의 물이에요?　　나: 미나 씨의 물이에요.
  ＝ 누구　　　　　　　　　　　　＝ 미나 씨
  Whose water is this?　　　　　It's Mina's.

- 한국말로 아버지 형을 큰아버지라고 해요. (×)
  → 한국말로 아버지의 형을 큰아버지라고 해요. (○)
  In Korean, we call one's father's older brother 큰아버지.

(4) When you add 의 to 저, 나, and 너, you use it as 제, 내, and 네. You cannot use 저, 나, and 너 without 의.

- 저 + 의 → 제　　　　　　나 + 의 → 내　　　　　　너 + 의 → 네
- 저 친구는 지금 한국에서 유학 중이에요. (✕)
  → 제 친구는 지금 한국에서 유학 중이에요. (○)
  My friend is currently studying in Korea.

1 같은 동양 사람이라서 그런지 처음부터 **한국 사람들에** 얼굴이 낯설지 않았어요.
　　　　　　　　　　　　　　　　　　　　└→한국 사람들의

When describing possession, affiliation, and relationship, you add 의 to the noun. The pronunciation of 의 in the form "N의 N에서" is [의] or [에]. However, for convenience, we often pronounce it [에]. Therefore, it is advisable to be careful as we tend to incorrectly use 에 instead of 의 as a habit. Depending on the verbs that come afterward, it could show ① location or place, ② destination, and ③ time.

- 매일 학교 근처에 있는 수영장에 다녀요. ▶p.22

2 요즘 건강을 위해서 여러 종류의 **운동해요.**
　　　　　　　　　　　　　└→운동을 해요

의 must be used in the "N의 N" form. However, the sentence is incorrect as the noun is not present after 여러 종류의, and 운동해요 is used right after. After 의, a noun that is related must followed.

3 가: 너 노트북 좋아 보이는데 얼마에 샀어?
　　　└→네

나: 세일해서 50만 원에 샀어.

When talking, if 의 has the meaning of possession or affiliation, you can omit 의. However, you cannot omit 의 if it comes after 저, 나, or 너. This sentence is incorrect as 의 is omitted, and 너 is used. 저의, 나의, and 너의 must be use as 제, 내, and 네 without omitting 의.

① 저 동생은 초등학생인데 자주 늦잠을 자요. 오늘도 늦게 일어나서 급하게 학교에 갔어요. 조
　→

금 후에 동생이 전화해서 숙제를 가져다 달라고 했어요. 책상 위에 동생의 ② 숙제예요. 그래서
　　　　　　　　　　　　　　　　　　　　　　　　　　　　　　　　　→

서둘러서 ③ 동생에 학교 앞으로 가서 동생에게 숙제를 줬어요.
　　　　　→

6 (으)로

1 사거리에서 **오른쪽에** 가면 우체국이 보일 거예요.

→ _____

2 가: 브랜든 씨, 발표 준비하는 데 오래 걸렸어요?

나: 네. **한국어를** 발표해야 해서 생각보다 오래 걸렸어요.

→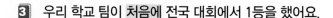

3 우리 학교 팀이 **처음에** 전국 대회에서 1등을 했어요.

→ _____

(1) This particle is used after a noun that describes location or place, and it is used to describe direction.

- 가: 실례지만 화장실이 어디에 있어요? Excuse me. Where is the bathroom?
  나: 화장실은 1층에 있으니까 이쪽으로 내려가세요.
  The bathroom is on the first floor, so please go down this way.
- 곧 경주로 가는 기차가 올 거예요. The train for Gyeongju will arrive soon.

(2) The following is the form information for this particle.

N	Final consonant ○ + 으로		Final consonant × + 로	
	부산	부산으로	경주	경주로
	왼쪽	왼쪽으로	아래	아래로

* When the final consonant of the noun is ㄹ, we use 로, not 으로.

- 수업이 시작됐으니까 교실으로 들어갑시다. (×)
  → 수업이 시작됐으니까 교실로 들어갑시다. (○)
  The class has started, so let's go into the classroom.

(3) This particle is attached to a noun, and it is used to describe tools, means, and methods.

- 가: 집에서 학교까지 지하철로 오면 얼마나 걸려요?
  How long does it take from your house to the school by subway?
  나: 한 시간쯤 걸려요. It takes about an hour.

(4) This particle is attached to a noun and is used to describe materials.

- 가: 이 가방은 참 무겁네요. This bag is very heavy.
  나: 가죽으로 만들어서 그래요. That's because is that it is made of leather.

(5) This particle is attached behind a noun that describes a job, status, or roles to describe status and qualification.

● 내가 진정한 친구로 네게 충고하는 거니까 화내지 마.
Don't get mad as I am giving you advice as a friend.

(6) This particle can be used to describe sequence by attaching itself to 첫째 or 첫 번째, or to 처음, 끝, 마지막, 다음.

● 직장을 선택할 때 보통 첫 번째로 생각하는 것은 월급이다.
The salary is the first thing you think about when choosing a job.

오답노트

1 사거리에서 **오른쪽에** 가면 우체국이 보일 거예요.
  ↳ 오른쪽으로

"Place/location N + (으)로" describes the direction of movement. "Place/location N + 에" is used to precisely describe the destination of movement.

● 징 씨, 지금 우체국에 가는 길인데 같이 갈래요? ▶ p.22

2 가: 브랜든 씨, 발표 준비하는 데 오래 걸렸어요?
  나: 네. **한국어를 발표해야** 해서 생각보다 오래 걸렸어요.
    ↳ 한국어로

"N(으)로" can be used to describe tools, means, and methods. According to the dialogue, the response refers to the fact that the language for the presentation is Korean, but it us incorrectly used as 한국어를. "N을/를" refers to the object in the sentence.

● 수업 중에 갑자기 친구가 큰 소리를 내서 깜짝 놀랐어요. ▶ p.20

3 우리 학교 팀이 **처음에** 전국 대회에서 1등을 했어요.
  ↳ 처음으로

"N(으)로" can be used to describe sequence. It is especially useful when writing a piece of expository writing or an essay by using 우선(먼저), 다음으로, or 끝(마지막). "Time N + 에" is used to describe time.

● 다음 시간에 지각하지 않도록 주의하세요. ▶ p.22

연습하기

미영 씨, 제가 많이 늦었죠? 친구들도 벌써 다 왔네요. 미영 씨 집에 ① 첫 번째에 오려고 했는
  →

데 늦어서 미안해요. 아까 지하철역에서 나와서 ② 왼쪽에 돌아야 했는데 직진하는 바람에 길
  →

을 잃었어요. 사람들한테 ③ 한국어를 길을 물어봤어요. 하지만 제 한국어 실력이 좋지 않아서
  →

그 사람들의 말을 알아듣기가 힘들었어요. 그래서 여러 번 물은 후에 찾아왔어요.

7 에게 〈1〉격조사

1 가: 지금 뭐 해요?

　　나: **동생에** 수학 문제를 가르쳐 주고 있어요.

　　→ _____

2 어버이 날이라서 나는 **부모님께서** 꽃을 드렸다.

　　→ _____

3 약속 시간에 늦을 것 같아서 **친구를** 연락하려고 휴대폰을 꺼냈어요.

　　→ _____

(1) This particle is attached to a noun that describes a person or an animal, and it is used when the noun is an object affected by certain activities.

- 가: 누구에게 꽃을 줬어요? Who did you give the flowers to?

  나: 새라 씨에게 줬어요. I gave them to Sarah.

- 이건 비밀이니까 다른 사람들에게 말하지 마세요.
  This is a secret, so please don't tell anyone else.

(2) The following is the form information for this particle.

N	에게			
	학생	학생에게	친구	친구에게
	닭	닭에게	고양이	고양이에게

(3) If nouns that have honorific qualities such as 할머니, 아버지, and 선생님 come before the particle, we use 께 instead of 에게.

- 저는 선생님께 이메일을 보냈습니다. I sent an email to the teacher.

(4) This particle is used in the form as shown below.

> ① 사람, 동물 N + **에게** N을/를 주다, 가르치다, 보내다, 맡기다
> 　(동생, 개 등)
> ② 사람 N + **에게** 전화하다, 연락하다, 말하다

* 에 must be attached if the noun is an object, but not a person or an animal.

- 저는 매일 아침 꽃에게 물을 줘요. (×)
  → 저는 매일 아침 꽃에 물을 줘요. (○)
  I give water to the flower every morning.

(5) This particle can be used interchangeably with 한테. Whereas 에게 is used in formal settings, such as in news broadcasts, newspaper articles, and presentations, 한테 is usually used in informal settings.

- 홈페이지 게시판에 글을 올려서 이 사실을 많은 사람들에게 알려야 합니다.
  A post needs to be written on the website so that more people can know the truth.

(6) When 저, 나, and 너 are in front of a particle, you can abbreviate them as shown below.

- 저에게 = 제게　　　　　　나에게 = 내게　　　　　　너에게 = 네게

오답노트

1　가: 지금 뭐 해요?
　　나: **동생에** 수학 문제를 가르쳐 주고 있어요.
　　　　└▸ 동생에게

A noun describing a person or an animal comes before 에게. However, in the dialogue, when using the word 동생, the particle is incorrectly used as 동생에. A noun that is not a person or animal comes before 에, and the user must be careful as there are many instances when people confuse 에게 with 에.

2　어버이 날이라서 나는 **부모님께서** 꽃을 드렸다.
　　　　　　　　└▸ 부모님께

드리다 is an honorific expression of 주다, so you must write it in the form of "N₁께 N₂을/를 드리다." Users must remember that 께서 is an honorific expression of 이/가.

- 할머니께서 텔레비전을 보세요. ▶p.18

3　약속 시간에 늦을 것 같아서 **친구를** 연락하려고 휴대폰을 꺼냈어요.
　　　　　　　　　　└▸ 친구에게

연락하다 must be written in the form of "N에게 연락하다," yet in the sentence, it is incorrectly written as 친구를. 에게 must be used in front of verbs such as 연락하다, 전화하다, 말하다, and 묻다.

연습하기

아르바이트를 해서 어제 첫 월급을 받았다. 한국에서는 첫 월급을 받으면 ① 부모님께서 속옷
　　　　　　　　　　　　　　　　　　　　　　　　　　　　　　　→ _____

선물을 드린다고 해서 속옷을 사러 가게에 갔다. 나는 부모님 속옷을 처음 사 보기 때문에 어떤

것이 좋은지 몰라서 ② 직원을 물어봐서 샀다. 그리고 집에 돌아가는 길에 공원에 비둘기들이
　　　　　　　　　→ _____

있어서 ③ 비둘기들에 과자를 좀 줬다.
　　　　→ _____

⑧ 처럼 〈1〉 격조사

1 저 바위는 **사람의 얼굴만큼** 생겨서 관광객들이 이 지역에 오면 꼭 보고 가요.
→

2 서울 타워에서 보니 건물의 불빛이 반짝반짝 **별처럼이다**.
→

3 가: 아까 점심 먹었는데 또 먹어? 밥을 **안 먹은 처럼** 많이 먹네.
→

나: 그러게. 요즘 입맛이 좋아져서 자꾸 먹게 돼.

(1) This particle is attached to a noun, and it is used to describe the similarity of the shape or action with the noun before it.

- 가: 어떻게 파마해 드릴까요? How do you want your perm?
  나: 이 배우처럼 해 주세요. I would like to have it done like this actress's hair.
- 아이가 토끼처럼 귀엽게 생겼어요. The child looks as cute as the rabbit.

(2) The following is the form information for this particle.

	처럼			
N	가족	가족처럼	언니	언니처럼
	그림	그림처럼	사과	사과처럼

(3) If an adjective or a verb comes before the particle, it is used as follows:

A	Final consonant ○ + –은 것처럼		Final consonant × + –ㄴ 것처럼	
	작다	작은 것처럼	싸다	싼 것처럼

	Present		Past	
V	–는 것처럼		Final consonant ○ + –은 것처럼	Final consonant × + –ㄴ 것처럼
	먹다	먹는 것처럼	입다	입은 것처럼	하다	한 것처럼

- 저는 한국 사람이 말하는 것처럼 자연스럽게 한국어를 말하고 싶어요.
  I want to speak Korean as naturally as a Korean would.
- 이 모델이 입은 것처럼 우리 아이도 입혀 주세요.
  Please dress up my child just like the model.

(4) After this particle, a verb or an adjective describing how a shape and state are similar to the noun that comes before must be used.

- 우리 아버지는 호랑이처럼 <u>무서우세요</u>. Our father is scary like a tiger.

(5) To reinforce the meaning, this particle can be used the form "마치 N처럼," and users can use 같이 instead of 처럼.

- 설악산의 경치가 마치 <u>그림처럼</u> 아름답네요.
  = 그림같이
  The scenic beauty of Seoraksan Mountain is much like a painting.

---

1 저 바위는 사람의 얼굴만큼 생겨서 관광객들이 이 지역에 오면 꼭 보고 가요.
　　　　　┗→ 사람의 얼굴처럼

After 처럼, a verb or an adjective describing a similar shape or state of the noun that comes before 처럼 must be used. 만큼 must be used when the number or amount is the same, and unlike 처럼, it cannot be used together with verbs such as 되다 and 생기다.

- 생일에 남자 친구한테서 제 나이<u>만큼</u> 꽃을 선물 받았어요. ▶p.188

2 서울 타워에서 보니 건물의 불빛이 반짝반짝 별처럼이다.
　　　　　　　　　　　　　┗→ 별처럼 빛난다

After "N처럼," a predicate describing similarity with the noun before 처럼 must be used. However, in this sentence, there isn't a predicate indicating the state of the 별, so it is incorrectly uses as 별처럼이다. Users must be careful not to use the form "N처럼이다."

3 가: 아까 점심 먹었는데 또 먹어? 밥을 안 먹은 처럼 많이 먹네.
　　　　　　　　　　　　　　┗→ 안 먹은 것처럼

나: 그러게. 요즘 입맛이 좋아져서 자꾸 먹게 돼.

Only a noun can come before 처럼, but the usage of 안 먹은 처럼 in this sentence is an error. If you want to add a verb or an adjective instead of a noun in front of 처럼, you must use the "V-(으)ㄴ/는 것처럼" or "A-(으)ㄴ 것처럼" form.

우리 반 선생님과 학생들을 소개해 볼게요. 우리 반 선생님은 제 ① 부모님처럼이에요.
　　　　　　　　　　　　　　　　　　　　　　　　　　→ ＿＿＿＿＿＿＿＿

저는 한국 생활을 하면서 선생님께 많은 도움을 받았어요. 앤디는 저보다 다섯 살이나 많지만

② 친구만큼 잘 지내요. 나오코는 마치 선생님이 ③ 설명하는 처럼 이해하기 쉽게 가르쳐 줘요.
　→ ＿＿＿＿＿＿＿＿＿　　　　　　　　　　　　　→ ＿＿＿＿＿＿＿＿＿

그래서 모르는 문법이 있을 때는 나오코에게 묻곤 해요.

[1~3] (　　) 에 들어갈 가장 알맞은 것을 고르십시오.

1

> 가: 오치르 씨는 어느 나라 사람이에요?
> 나: 저는 (　　　) 왔어요.

① 몽골에　　　　　② 몽골에서　　　　　③ 몽골부터　　　　　④ 몽골까지

2

> 가: 엄마, 지금 피아노 쳐도 돼요?
> 나: 지금 (　　　) 주무시니까 조금 이따가 쳐.

① 할아버지께　　　　② 할아버지가　　　　③ 할아버지에게　　　　④ 할아버지께서

3

> 가: 조지스 씨, 이게 뭐예요? 어깨에 큰 가방을 멨네요.
> 나: 이건 장구라는 악기예요. 요즘 장구를 배우러 (　　　) 다니거든요.

① 문화 센터에　　　② 문화 센터로　　　③ 문화 센터부터　　　④ 문화 센터에서

[4~6] 다음 밑줄 친 부분과 의미가 비슷한 것을 고르십시오.

4

> 저쪽 바닷가에 가면 큰 바위가 있는데 그 바위는 마치 <u>코끼리의 코처럼</u> 생겨서 사람들이
> 사진을 찍으러 많이 와요.

① 코끼리의 코마저　　　　　　　　② 코끼리의 코같이
③ 코끼리의 코까지　　　　　　　　④ 코끼리의 코에서

5

> 가: 에르덴 씨, 체스를 잘 두네요. 언제 체스를 배웠어요?
> 나: 어렸을 때 배웠어요. <u>형이 나에게 체스를 가르쳤어요.</u>

① 나는 형한테서 체스를 배웠어요　　　② 나와 형은 같이 체스를 배웠어요
③ 내가 형에게 체스를 가르쳤어요　　　④ 형은 제 동생한테 체스를 가르쳤어요

6

가: 체렝 씨, 기숙사에 텔레비전이 없는데 어떻게 드라마를 봐요?

나: 저는 주로 <u>핸드폰으로</u> 봐요.

① 핸드폰에 따라서　　　　　　　② 핸드폰이 있으면

③ 핸드폰을 이용해서　　　　　　④ 핸드폰으로 인해서

[7~9] 다음을 잘 읽고 이어질 수 있는 말을 고르십시오.

7

가: 저는 한국의 계절 중에서 가을을 좋아해요. 가을에는 단풍이 들어서 경치가 아름답잖아요. 엘라 씨는 무슨 계절을 좋아해요?

나: 저는 봄을 좋아해요. 봄에는 날씨가 따뜻해서 _____.

① 꽃이 많이 피어요　　　　　　② 꽃에서 향기가 나요

③ 꽃을 보러 갔어요　　　　　　④ 꽃처럼 예쁘게 생겼어요

8

가: 손님, 머리를 어떻게 해 드릴까요?

나: 이 사진에 있는 모델이 _____ 해 주세요.

① 한 것처럼　　　　　　　　　② 하는 것처럼

③ 한 것보다 진하게　　　　　　④ 하는 것과 비슷하게

9

가: 리차드 씨는 언제 여자 친구와 결혼할 생각이에요?

나: 내년 8월에 _____ 내년 10월쯤 할까 해요.

① 대학원에 졸업하니까　　　　② 대학원을 졸업하니까

③ 대학원으로 졸업하니까　　　④ 대학원에서 졸업하니까

10　다음을 잘 읽고 ㉠과 ㉡에 들어갈 말을 각각 쓰십시오.

벽화 마을로 유명한 '동피랑'이라는 곳은 10년 전에 개발로 인해서 없어질 뻔했습니다. 하지만 마을 사람들이 이곳을 살리기 위해 마을 곳곳에 그림을 그리면서 지금은 많은 사람들이 찾는 (　㉠　) 되었습니다. 이 마을의 벽화에는 바다 경치가 많이 그려져 있는데 이러한 바다 그림을 보고 있으면 마치 제가 바다에 (　㉡　) 느껴집니다.

㉠ _____　　　　　　㉡ _____

① 은/는 〈2〉 보조사

 바꿔 쓰기

1 안녕하세요? 제가 준코라고 해요. 일본에서 왔어요.

→ _____

2 가: 취미가 뭐예요?

나: 제 취미가 영화 보기예요.

→ _____

3 제 방이 작지만 제 친구 방 커요.

→ _____ → _____

 문법 공부

(1) This particle is placed behind a noun and can be placed in the subject position of the sentence.

- 여기는 우리 학교입니다. This is our school.

- 이 가게는 싸고 맛있어서 손님이 많아요.
  Because this store is cheap and delicious, there are many customers.

(2) The following is the form information for this particle.

N	Final consonant ○ + 은		Final consonant × + 는	
	학생	학생은	친구	친구는
	연필	연필은	시계	시계는

(3) If the nouns in front of the particle are people of higher status such as grandmother, father, or teacher, you use 께서는.

- 오늘 어머니께서는 병원에 가셨어요. Mother went to see a doctor today.

(4) This particle is used when you discuss a new topic or when you introduce yourself.

- 제 고향은 경치가 아름답고 음식도 맛있는 곳이에요. (주제)
  My hometown is a place with beautiful scenery and delicious food. (topic)

- 안녕하세요? 저는 마이클이라고 해요. (자기소개)
  Hello? My name is Michael. (self-introduction)

(5) This particle is used when you discuss a known fact or reiterate something that has been said before.

- 제 옆집에 일본 사람이 살고 있습니다. 이 사람은 2년 전에 한국에 왔습니다.
  A Japanese person is living next door. This person came to Korea 2 years ago.

(6) This particle can be used when the preceding clause and the following clause have opposite or contrasting content. In this case, you have to place 은/는 after all the nouns in the subject position of both the preceding and the following clause.

> N은/는 A/V-지만 N은/는 A/V

- 제 방에 컴퓨터는 있지만 텔레비전은 없어요. There is a computer in my room, but there is no television.

> N은/는 A/V-(으)ㄴ데 N은/는 A/V

- 어제는 날씨가 좋았는데 오늘은 비가 와요. Yesterday's weather was great, but it is raining today.

---

1 안녕하세요? 제가 준코라고 해요. 일본에서 왔어요.
   └→ 저는

When you discuss a new topic or introduce yourself, it is natural to use 은/는. However, this sentence is awkward as it uses 이/가. Both 이/가 and 은/는 can be used in the subject position.

- 이 가방이 제 가방이에요. ▶ p.18

2 가: 취미가 뭐예요?

 나: 제 **취미가** 영화 보기예요.
    └→ 취미는

When repeating something that has been said before, you must use 은/는. However, in this dialogue, as 이/가 is used in both the question and the answer, the sentence becomes awkward.

3 제 방이 작지만 제 친구 방 커요.
   └→ 방은   └→ 방은

When the contents of the preceding clause and the following clause contrast with each other, you have to place 은/는 behind the subjects of both the preceding and the following clause. In this sentence, it is mentioned that the subject is small in one clause while the subject is big in the other clause. As the preceding clause 이/가 uses and the following clause does not have a particle, the sentence is incorrect.

---

① 제가 호주에서 온 마이클입니다. 오늘은 제 고향의 음식에 대해 발표하겠습니다.

→ _____

제 ② 고향 음식이 생선으로 만드는 요리가 많습니다. 생선이 싸고 맛있기 때문입니다.

→ _____

그리고 ③ 한국 음식이 매운 음식이 많은데 제 고향 음식 매운 음식이 많지 않습니다.

→ _____

저는 한국 음식을 좋아하지만 가끔 고향 음식도 먹고 싶습니다.

② 부터 〈2〉 보조사

1 작년 8월 **동안** 지금까지 기숙사에 살았어요.

→ _____

2 가: 한국에 특별한 식사 예절이 있어요?

나: 네, 식사를 할 때 **어른 식사를** 시작해야 돼요.

→ _____

3 저는 매일 아침 **7시에서** 8시까지 수영을 해요.

→ _____

(1) This particle is placed behind a noun, and it is used to describe the start of a action or status.

- 가: 몇 시부터 태권도를 배워요? What time does your taekwondo class start?
  나: 저녁 8시부터 배워요. It starts at eight o'clock in the evening.

- 가: 언제부터 한국어를 공부했어요? Since when did you start learning Korean?
  나: 2년 전부터 공부했어요. I started studying 2 years ago.

(2) The following is the form information for this particle.

	부터			
N	월요일	월요일부터	친구	친구부터
	주말	주말부터	12시	12시부터

(3) This particle is used to describe the first activity when one is doing an activity in sequential order.

- 배가 고프니까 식사부터 합시다. 그러고 나서 쇼핑하러 갑시다.
  Let's eat first since we are hungry. Then, let's go shopping.

(4) This particle can be used together with 까지, which describes the end of an action or status. "N에서 N까지," which has a similar meaning, has the differences stated below.

	N부터 N까지	N에서 N까지
Meaning	Describes the start and end of time • 가: 휴가가 언제부터 언제까지예요? When is your vacation? 나: 8월 2일부터 10일까지예요. It's from August 2 to 10.	Describes the starting and ending point of a location • 집에서 학교까지 너무 멀어서 걸어갈 수 없어요. I can't walk from my house to my school as it's too far.

(5) When describing the starting point of a location, this particle can be used as 에서부터, and you can abbreviate it as 서부터.

- 서울에서부터 부산까지 기차로 몇 시간 걸려요?
  = 서울서부터
  How long does it take from Seoul to Busan by train?

1 작년 8월 동안 지금까지 기숙사에 살았어요.
  └→ 8월부터

When describing the start of a movement or status, you must use 부터. The sentence should use 부터 as it is describing from when the person started living in the dormitory rather than 8월 동안. 동안 describes a duration of time from start to finish, and it is used together with nouns with the meaning of time continuity.

- 배낭여행을 가려고 한 달 동안 준비했어요. ▶ p.110

2 가: 한국에 특별한 식사 예절이 있어요?
  나: 네, 식사를 할 때 어른 식사를 시작해야 돼요.
      └→ 어른부터

When describing an event in sequential order, 부터 should be used to describe the first part of the event. The response to this dialogue should be 어른부터 to describe "when eating a meal, adults should eat first," Yet the sentence does not have this particle. Sometimes the particles can be removed in the colloquial form of the language, but you cannot omit 부터.

3 저는 매일 아침 7시에서 8시까지 수영을 해요.
          └→ 7시부터

When describing the start and end of a time, you should use "N부터 N까지." However, in this sentence, the person misuses the form by using 7시에서. "N에서 N까지" is normally used to describe the start and end of a location.

- 요즘 집에서 회사까지 걸어서 다닌다. ▶ p.24

헨리에게

안녕? 나 지민이야. 나는 다음달 ① 15일에 25일까지 영국에 갈 거야. 먼저 ② 런던에서 여행하
     →_____   →_____

고 다른 도시로 가고 싶어. 너의 집이 런던이라고 들었는데 ③ 공항부터에서 너의 집까지 멀어?
                                          →_____

멀지 않으면 너의 집에 놀러 가고 싶어. 시간이 어떤지 알려 줘. 답장 기다릴게.

1 저는 매주 월요일부터 **수요일에** 편의점에서 아르바이트를 해요.

→ _____

2 가: 그 책 다 봤어요?

나: 아니요, 너무 바빠서 아직 **끝에서** 못 봤어요.

→ _____

3 생일 파티는 재미있었는데 **늦게 놀아서** 다음날 좀 피곤했어요.

→ _____

(1) This particle comes behind a noun, and it is used to describe the end of a certain movement or a status.

- 바빠서 이 영화를 끝까지 못 봤어요. I was too busy to see the ending of the movie.

- 통장을 만들려면 은행에 3시 30분까지 가야 돼요.
  If you want to open a bank account, you must go to the bank by 3:30.

(2) The following is the form information for this particle.

	까지			
N	월요일	월요일까지	회사	회사까지
	집	집까지	12월	12월까지

(3) You can use either 부터 or 에서 in front of the particle to describe the start and end.

- 가: 점심시간이 몇 시부터 몇 시까지예요? What time is lunch?
  나: 오후 1시부터 2시까지예요. It's from 1 p.m. to 2 p.m.

- 저는 1층에서 5층까지 매일 걸어서 올라가요. I walk up from first floor to the fifth floor every day.

(4) This particle is used when you are adding a status or situation to an existing status or situation.

- 가: 오늘 날씨가 어때요? How's the weather today?
  나: 추운 데다가 눈까지 와요. It's cold, and it's also snowing.

(5) This particle can be used behind adverbs describing time as noted below. In this case, the meaning of the adverb is emphasized.

| 아직/ 이제/ 지금 | **+ 까지** | –았/었어요 |
| 늦게 | **+ 까지** | –았/었어요, –아/어요, –(으)ㄹ 거예요 |

- 피자를 주문한 지 한 시간이 지났는데 아직까지 배달되지 않았어요.
  It has been an hour since we ordered pizza, yet it has not been delivered.

오답노트

1 저는 매주 월요일부터 수요일에 편의점에서 아르바이트를 해요.
　　　　　　　　└→ 수요일까지

When describing the end of an action or a status, you must use 까지. 까지 must be used since the meaning conveyed in the sentence is "I work from the beginning of Monday to the end of Wednesday." 에 is used to describe the time or location of an event.
- 저는 작년 여름에 바다에 다녀왔어요. `▶ p.22`

2 가: 그 책 다 봤어요?

나: 아니요, 너무 바빠서 아직 끝에서 못 봤어요.
　　　　　　　　　└→ 끝까지

"N에서 N까지" describes the start and end of a location. 에서 either describes the location where a certain activity is taking place, or it describes the start of an action or a status.
- 어제 친구하고 노래방에서 노래를 불렀어요. `▶ p.24`

3 생일 파티는 재미있었는데 늦게 놀아서 다음날 좀 피곤했어요.
　　　　　　　　　　└→ 늦게까지

늦게까지 must be used since the meaning of the sentence is "I played until late at night, so I was tired." If you want to use verbs such as 놀다, 기다리다, and 쉬다 behind 늦게, you must add 까지.

연습하기

나는 오늘부터 다음 주 ① 월요일 동안 휴가이다. 그래서 오늘 친구와 함께 서울에서 ② 춘천을
　　　　　　　　　　　→ ＿＿＿＿＿＿＿　　　　　　　　　　　→ ＿＿＿

기차를 타고 여행 가기로 했다. 아침 8시에 기차역에서 친구를 만나기로 했는데 내가 늦잠을 자

버리고 말았다. 자고 있는데 친구가 전화를 해서 "이렇게 ③ 늦게 자고 있으면 어떻게 해?"라고
　　　　　　　　　　　　　　　　　　　　　→ ＿＿＿＿＿＿

말했다. 나는 친구에게 너무 미안했다.

④ (이)나

1 햇빛이 강하니까 모자든지 선글라스를 쓰고 나와.

→ _____

2 강남역에 가려면 지하철나 버스를 타세요.

→ _____

3 가: 미카엘 씨 반에 일본 사람이 몇 명 있어요?

나: 우리 반 학생이 11명인데 일본 사람이 7명밖에 있어요.

→ _____

(1) This particle is used in the form of "N(이)나 N" and is used when selecting one noun from two or more nouns.

- 가: 휴가 때 어디에 가고 싶어요? Where do you want to go on your vacation?

  나: 저는 설악산이나 경주에 가고 싶어요. I want to go to Seoraksan Mountain or Gyeongju.

- 저는 시간이 있으면 드라마나 영화를 봐요.
  If I have time, I watch TV dramas or movies.

(2) The following is the form information for this particle.

N	Final consonant ○ + 이나		Final consonant × + 나	
	학생	학생이나	아이	아이나
	가방	가방이나	시계	시계나

(3) This particle can be used when a number or amount exceeds the thoughts or expectations of the speaker.

- 시험이 어려웠는데 90점이나 받아서 너무 기뻐요.
  The exam was difficult, but I am thrilled to get a 90.

(4) This particle can be used when you cannot select the best choice but instead settle for the next best choice. In this case, you can use it in the "location N + 에나" form to describe a location.

- 가: 날씨가 더운데 뭘 할까? The weather is hot. What should we do?

  나: 바다에 가고 싶지만 너무 머니까 수영장이나 가자.
  = 수영장에나
  I want to go to the sea, but since it's too far, let's go to the swimming pool.

(5) This particle is used when you want to make a subtle suggestion to reduce another person's burden.

- 가: 미선 씨, 시간 있으면 영화나 볼까요? Misun, if you have time, shall we watch a movie?
- 나: 미안하지만 오늘은 안 돼요. 약속이 있어요. I am sorry. I can't do it today. I have plans.

 오답 노트

1 햇빛이 강하니까 **모자든지** 선글라스를 쓰고 나와.
  └→ 모자나

If you are selecting one noun from two or more nouns, you must use the form "N(이)나 N." In this sentence, you are given the choice of choosing from a hat and sunglasses, but the incorrect form of 모자든지 is used. 이(든)지 also means choosing one from a variety of choices, but the correct form in this case is "N(이)든지 N(이)든지."

- 버스든지 택시든지 아무거나 타고 오세요. ▶ p.164

2 강남역에 가려면 **지하철나** 버스를 타세요.
  └→ 지하철이나

지하철나 is incorrect because 이나 is attached to a noun with a final consonant while 나 is attached to a noun without a final consonant. You must be careful as you can omit "-(으)" behind nouns with the final consonant ㄹ and make the mistake of attaching just 나 from the (이)나 form.

3 가: 미카엘 씨 반에 일본 사람이 몇 명 있어요?
  나: 우리 반 학생이 11명인데 일본 사람이 **7명밖에** 있어요.
                     └→ 7명이나

If there are numbers or amounts bigger than expected, you must use (이)나 after the noun. The response to the dialogue means "we have 7 Japanese people in our class, and 7 is a number bigger than I expected," but in this case, it is incorrectly written as 7명밖에. 밖에 refers to a situation when it is below the expectation, and a negative sentence follows.

- 저는 어제 네 시간밖에 못 잤어요.

 연습 하기

제 한국어 공부 방법을 소개할게요. 저는 매일 9시부터 1시까지 수업을 들어요. 쉬는 시간에

는 ① 커피이나 차를 마시면서 친구들과 한국어로 이야기를 해요. 그리고 모르는 것이 있으면

  →

② 선생님이든지 친구에게 물어봐요. 저녁에는 보통 도서관에서 숙제를 해요. 어제는 숙제가 많

  →

아서 숙제를 하는 데에 ③ 두 시간밖에 걸렸어요. 힘들 때도 있지만 한국어 공부는 재미있어요.

  →

바꿔 쓰기

1 가: 이번 여행도 혼자 갈 거예요?

나: 아니요. 이번에는 **가족들을** 여행을 갈까 해요.

→ ‾‾‾‾‾‾‾‾‾‾‾‾‾‾‾‾

2 사소한 일로 **친구한테** 싸우게 됐어요.

→ ‾‾‾‾‾‾‾‾‾‾‾‾‾‾‾‾

3 한국 음식은 우리 나라 **음식 맛** 비슷해서 잘 먹어요.

→ ‾‾‾‾‾‾‾‾‾‾‾‾‾‾‾‾

문법 공부

(1) This particle comes behind a noun, and it is used between nouns or when connecting many nouns.

- 가: 뭘 시킬까요? What shall I order?
  나: 피자하고 스파게티를 시킵시다. Let's order pizza and spaghetti.

- 가: 생일 파티에 우리 반 친구들이 모두 참석해요?
  Will all my classmates attend the birthday party?
  나: 아니요. 다들 바빠서 못 오고 바바라 씨하고 쳉 씨만 온대요.
  No. They can't make it as they are all busy. Only Barbara and Cheng can make it.

(2) The following is the form information for this particle.

	하고			
N	아들	아들하고	언니	언니하고
	공책	공책하고	사과	사과하고

(3) The form 하고 같이 or 하고 함께 is used when you have someone working with you. In this case, you can omit 같이 or 함께.

- 저녁에 동생하고 (같이/함께) 산책하기로 했어요.
  I have made plans with my brother to take a walk in the evening.

(4) As shown below, this particle can be used with a verb or an adjective that has a comparative nature, and in this case, 하고 must be used after the noun.

> N + **하고** 같다, 다르다, 비교하다, 비슷하다

- 사진에서 본 옷 색깔하고 달라서 교환하고 싶어요.
  I want to change it because the color of the clothes is different from the picture.

(5) As shown below, this particle can be used with a verb or an adjective that cannot be used alone, and in this case, 하고 must be used after the noun.

> N + **하고** 사귀다, 싸우다, 친하다, 어울리다, 결혼하다

- 같은 반에서 공부하더니 빌리가 나오코하고 사귀게 되었대요.
  After they studied together in the same class, Billy and Naoko began dating.

---

1 가: 이번 여행도 혼자 갈 거예요?

　 나: 아니요. 이번에는 **가족들을 여행을** 갈까 해요.
　　　　　　　　　　└→ 가족들하고

하고 is used when you have someone working with you. However, in this dialogue, the people that the person is traveling with are 가족들, but it is incorrectly written as 가족들을. 여행하다 depends on the noun that comes before it, and it can be used as "location N + 을/를 여행하다" or "people N + 하고 여행하다."

2 사소한 일로 **친구한테 싸우게** 됐어요.
　　　　　　 └→ 친구하고

Regarding a verb or an adjective that cannot be used alone, you must use "N하고." 싸우다 requires at least two people for the word to make sense. 한테 is attached behind a noun, and it is used when the noun is the object of an action.
- 이 소포를 고향에 있는 친구한테 보낼 거예요. ▶p.30

3 한국 음식은 우리 나라 **음식 맛 비슷해서** 잘 먹어요.
　　　　　　　　　　 └→ 음식 맛하고

"N하고" must be used in front of a verb or an adjective with a comparative nature. If a verb or an adjective with a comparative nature comes after "N하고," you cannot omit 하고.

언니와 나는 쌍둥이지만 성격은 전혀 다르다. 언니는 활동적인 사람이라서 ① 다른 사람들에게
　　　　　　　　　　　　　　　　　　　　　　　　　　　　 →＿＿＿＿＿＿＿＿＿＿

잘 어울려 다닌다. 하지만 나는 조용한 편이라서 주로 집에 있다. 그래서 부모님은 내가

② 언니 너무 다르다고 하신다. 하지만 ③ 언니를 내가 같은 점도 있다. 그것은 스트레스가 쌓
　 →＿＿＿＿＿＿＿　　　　　　 →＿＿＿＿＿＿＿

일 때 게임 하러 같이 PC방에 간다는 점이다.

1 부산은 <u>서울 달리</u> 겨울에 눈이 거의 오지 않는다.

→ _____

2 용산 전자 상가에는 <u>컴퓨터와 카메라와 휴대 전화와 오디오가</u> 다양하게 있습니다.

→ _____

3 가: 지나친 경제 개발로 인해 어떤 문제가 생겼습니까?

나: <u>환경 파괴과</u> 환경 오염 문제가 생겼습니다.

→ _____

(1) This particle is attached behind a noun, and it is used when listing two or more nouns.

- 한국의 대표적인 명절은 설날과 추석이에요.
  Korea's main holidays are Lunar New Year's Day and *Chuseok*.

- 가: 한국에서 어떤 일을 해 봤습니까? What kinds of tasks have you done in Korea?

- 나: 무역 회사와 자동차 회사에서 홍보를 담당했었습니다.
  I was in charge of PR at a trading company and an automobile company.

(2) The following is the form information for this particle.

	Final consonant ○ + 과		Final consonant × + 와	
N	동생	동생과	누나	누나와
	공책	공책과	과자	과자와

(3) This particle, like 하고, can be used with verbs or adjectives that have a comparative nature, and in this case, 와/과 must come after the noun.

> N + **와/과** 같다, 다르다, 비교하다, 비슷하다

- 나는 체격이 형과 <u>비슷해서</u> 옷을 같이 입는다.
  I have a similar build as my brother, so we share clothes.

(4) This particle, like 하고 can be used with verbs and adjectives that cannot be conducted alone, and in this case, 와/과 must be used.

> N + **와/과** 사귀다, 싸우다, 친하다, 어울리다, 결혼하다

- 남동생은 10년 동안 만나 온 여자 친구와 <u>결혼하기로</u> 했습니다.
  My brother decided to marry his girlfriend, whom he has been seeing for 10 years.

(5) This particle, when used in the form of "N와/과 달리," describes the difference between two objects.

● 하숙은 자취와 달리 하루에 두 번 식사를 제공한다.
Unlike when you live alone, two meals were provided every day when you live in a boarding home.

 1 부산은 서울 달리 겨울에 눈이 거의 오지 않는다.
↳ 서울과

When you list many nouns, 와/과 can be changed to the form of 와/과 달리 to express differences between objects. However, in this sentence, a particle is not used when comparing winter in Busan and Seoul. When using the 와/과 달리 form, you cannot omit 와/과.

2 용산 전자 상가에는 컴퓨터와 카메라와 휴대 전화와 오디오가 다양하게 있습니다.
↳ 컴퓨터와 카메라, 휴대 전화, / 컴퓨터, 카메라, 휴대 전화와

When connecting three or more nouns, it would be odd if you continuously used 와/과. The form in this sentence is incorrect as 와/과 is used extensively to list 4 electronic appliances as in 컴퓨터와 카메라와 휴대 전화와 오디오. When you link 3 or more nouns, it is natural to use it in the form of "N와/과 N, N, N…" or "N, N, N 와/과 N."

3 가: 지나친 경제 개발로 인해 어떤 문제가 생겼습니까?
나: 환경 파괴과 환경 오염 문제가 생겼습니다.
↳ 환경 파괴와

In terms of 와/과, if there is a final consonant on the noun, 과 is attached while 와 is attached if there isn't a final consonant on the noun. Normally, in other particles, if there is a final consonant on the noun, a particle starting with a vowel is attached while if there isn't a final consonant on the noun, a particle starting with a consonant is attached. However, in terms of 와/과, it is the opposite as 과 is attached if the noun has a final consonant while 와 is attached if the noun does not have a final consonant. Therefore, it is suggested that you be careful when using the particle.

 한국은 ① 우리 나라 달리 엘리베이터에 4층 버튼이 없는 경우가 많습니다. '4' 대신에 영어로
→

'F'라고 표시합니다. 왜냐하면 한국 사람들은 '4'를 싫어하기 때문입니다. 숫자 '4'가 한자어로

'죽음'을 의미하는 ② '사'와 발음이 같기 때문입니다. 어제 병원에 가서 엘리베이터를 탔는데
→

거기에도 숫자는 ③ '1'과 '2'와 '3'과 '5'의 버튼만 있었습니다.
→

1 조사 결합

1 저는 물건을 살 때 물건값이과 질을 꼭 봐요.

→ _____

2 가: 외국 학생들은 보통 휴일에는 쉬지요?

나: 네. 하지만 운동이나 요리, 게임을 하는 사람이도 많은 것 같아요.

→ _____

3 김치나 밥은 한국 사람들이 옛날에부터 계속 먹어 온 음식이다.

→ _____

(1) A particle is normally attached to a noun to describe the grammatical relationship with a different noun or to clarify the meaning. In addition, two or more particles can be combined to strengthen the meaning.

- 가: 노란색 티셔츠를 살까? Shall I buy a yellow T-shirt?
  나: 노란색보다는 파란색이 너에게 더 잘 어울리는 것 같아.
  I think blue looks better on you than yellow.

- 부부 싸움은 보통 사소한 것에서부터 시작하는 것 같아요.
  Normally, quarrels between a husband and a wife begin with small things.

(2) In terms of particle combinations, normally, an auxiliary particle is added to the case particle.

- 이 화분을 저기 탁자 위에다가 올려 두세요. Please put this flowerpot on top of the table over there.
  에(case particle) + 다가(auxiliary particle)

(3) Regarding the auxiliary particle, 은/는 and 도 cannot be combined with 이/가, 을/를, and 의 while 와/과 and 하고 cannot be combined with 이/가 or 을/를.

- 제가 운동을 좋아하니까 우리 반 친구들이도 운동을 좋아하면 좋겠어요. (×)
  → 제가 운동을 좋아하니까 우리 반 친구들도 운동을 좋아하면 좋겠어요. (○)
  Since I like sports, I hope my classmates like sports, too.

(4) The following are common particle combinations.

Particle	Meaning/Example
에다가	Used when describing the object being added • 목도리에다가 모자까지 썼더니 아주 따뜻해요. I felt very warm when I wore the hat after putting on the muffler.
으로부터	Used when describing the starting point of an action or an event • 지금으로부터 3년 전쯤에 한국에 왔어요. I came to Korea 3 years ago.

에게로 = 한테로	Used to describe the object of an action • 갑자기 모두의 시선이 나에게로 쏠렸어요. 　All of a sudden, all eyes were on me.
에서부터	Used to describe the starting point of a range or an action • 아마 여기에서부터 한 시간 이상은 걸어야 할 거야. 　I think you will have to walk more than an hour from here.
에는 = 엔	Used to stress the location or time, or to describe a contrast • 이번 여름에는 시원한 바닷가로 휴가를 갑시다. 　Let's go to the cool beach for vacation this summer.

1 저는 물건을 살 때 물건**값이**과 질을 꼭 봐요.
　　　　　　　　└▸ 값과

When connecting a noun with a noun or connecting many nouns together, 와/과 cannot be uses together with the particle 이/가 or 은/는. In the case of this sentence, as the person used the rudimentary expression 값이 얼마예요? as a habit, 값이과 is used incorrectly.

● 저는 고양이**와** 개를 같이 키우고 싶어요.　▶ p.46

2 가: 외국 학생들은 보통 휴일에는 쉬지요?
　　나: 네. 하지만 운동이나 요리, 게임을 하는 **사람이도** 많은 것 같아요.
　　　　　　　　　　　　　　　　　　└▸ 사람도

도 is a particle used when adding something to an existing one, and it cannot be used together with 이/가, 은/는, and 의. You must remember the particles that cannot be used with particle 도.

3 김치나 밥은 한국 사람들이 **옛날에부터** 계속 먹어 온 음식이다.
　　　　　　　　　　　　　　└▸ 옛날부터

부터 is a particle used to describe the start of a certain event, and it cannot be used together with the particle 에. As we attach 에 to the word 옛날 quite often, it is common to attach the particle to the word. We must be careful not to use 에 in front of 부터.

● 오늘 회의는 오후 2시**부터** 시작합니다.　▶ p.38

나는 매일 일찍 일어납니다. 일어나자마자 먼저 ① <u>부모님을하고</u> 동생들에게 문자로 안부 인사
　　　　　　　　　　　　　　　　　　　→ _____

부터 합니다. 그러고 나서 조깅을 합니다. 오늘도 아침 ② <u>7시에부터</u> 30분 동안 조깅을 했습니
　　　　　　　　　　　　　　　　　　　　　　　→ _____

다. 조깅을 한 후에는 가볍게 ③ <u>스트레칭이도</u> 합니다. 운동이 끝나면 샤워를 하고 아침을 먹은
　　　　　　　　　　　　　→ _____

후에 학교에 갑니다.

[1~3] (   )에 들어갈 가장 알맞은 것을 고르십시오.

1

> 가: 안녕하세요? (   ) 싱가포르에서 온 콴이라고 해요.
> 나: 콴 씨, 만나서 반가워요.

① 저와   ② 저는   ③ 저하고   ④ 저에게

2

> 가: 서울에서 (   ) 얼마나 걸려요?
> 나: 기차를 타면 1시간 30분 쯤 걸려요.

① 대전을   ② 대전과   ③ 대전부터   ④ 대전까지

3

> 가: 이 코트를 어디에 두면 좋을까요?
> 나: 저한테 주세요. 제가 저 의자 (   ) 올려 놓을게요.

① 위에는   ② 위에까지   ③ 위에다가   ④ 위에서부터

[4~6] 다음 밑줄 친 부분과 의미가 비슷한 것을 고르십시오.

4

> 가: 영주 씨, 언니의 결혼식을 왜 일본에서 했어요?
> 나: 제 언니가 <u>일본 사람하고</u> 결혼했거든요.

① 일본 사람과   ② 일본 사람을   ③ 일본 사람에게   ④ 일본 사람께서

5

> 서울을 구경하고 싶으면 <u>남산이나 한강에</u> 가 보세요.

① 남산에서 한강 쪽으로   ② 남산하고 한강 두 곳에
③ 남산과 한강 중에서 한 곳에   ④ 남산에서 한강까지 모든 장소에

6

> 가: 하연 씨는 무슨 음식을 좋아해요?
> 나: 저는 한국 사람이지만 <u>한식보다는</u> 양식을 더 잘 먹어요.

① 한식만 먹고   ② 한식을 먹다가

③ 한식을 못 먹고   ④ 한식을 먹기는 하지만

[7~9] 다음을 잘 읽고 이어질 수 있는 말을 고르십시오.

7

> 가: 첸 씨, 지금 잠깐 통화할 수 있어요? 뭐 좀 물어볼 게 있어서요.
> 나: 지금은 좀 곤란해요. _____ 점심시간이니까 그때 전화하세요.

① 한 시간에는   ② 한 시나 두 시

③ 한 시간 전부터   ④ 한 시부터 두 시까지

8

> 가: 우진 씨, 제주도 날씨는 어때요? 여긴 이틀 전부터 계속 비가 와요.
> 나: 어제까지는 맑았는데 _____.

① 오늘은 많이 흐려요   ② 오늘도 하늘이 맑아요

③ 오늘부터 기온이 올라갔어요   ④ 오늘 낮엔 구름이 하나도 없어요

9

> 가: 얼굴이 많이 안 좋은데 무슨 일이 있어요?
> 나: 일주일 동안 _____ 장염까지 걸려서 너무 아팠거든요.

① 감기까지 걸리고   ② 감기 때문에 아파서

③ 감기로 고생한 데다가   ④ 감기와 배탈로 인해

10 다음을 잘 읽고 ㉠과 ㉡에 들어갈 말을 각각 쓰십시오.

> 직장인들은 (㉠) 업무가 끝나는 시간까지 회사에 있는 동안 내내 업무에만 집중할 수 있을까요? 최근 한 신문사에서는 남녀 직장인 700명을 대상으로 '근무 시간에 업무와 관계없는 일로 가장 많이 하는 것'에 대해서 조사했습니다. 그 결과 'SNS나 메신저'가 64%로 가장 높았습니다. 이러한 결과가 (㉡) 컴퓨터 혹은 스마트폰으로 SNS나 메신저를 쉽게 이용할 수 있기 때문일 것입니다.

㉠ _____   ㉡ _____

02

어순・의문사・접속 부사

Word Order, Interrogatives, Conjunctive Adverbs

In this unit, we will learn about word order, interrogatives, and conjunctive adverbs in the Korean language.

First, word order refers to the order that the subject, object, and verb are used. In Korean, the order is "Subject + Object + Verb."

In addition, in terms of interrogatives, there are words like 누구, 언제, 어디, 무엇, 왜, 어떻게, and 얼마 that indicate the object of the inquiry.

Lastly, conjunctive adverbs are adverbs that connect words and sentences like nouns or pronouns from the preceding sentence with words and sentences like nouns or pronouns from the following sentence. In the process, they modify the words in the back. Examples include 그러나, 그런데, 그리고, and 하지만.

1 어순

1 한국에서 여행을 하면서 <u>많이</u> 사진을 찍었어요.

→ _____

2 일요일 9시 아침에 일어나서 기차를 타러 서울역에 갔어요.

→ _____

3 가방 위에 책상이에요.

→ _____

(1) Word order is the certain order that is used to make a sentence, and in the Korean language, the word order is "Subject + Object + Verb (S + O + V)."

- <u>메리가</u> <u>빵을</u> <u>먹어요</u>. Mary eats bread.
      S   O   V
- <u>저는</u> <u>한국어를</u> <u>공부해요</u>. I study Korean.
      S   O   V

* If the user has anything he or she would like to stress, it can be moved in front of the subject.

- <u>**빵을**</u> 메리가 먹어요.
- <u>**학교에**</u> 메리가 가요.

(2) Word order in the Korean language is quite free, but you cannot change positions in the following cases.

> ① N이/가[은/는] N이/가 되다/아니다

- 동생이 대학생이 <u>되었어요</u>. My brother became a college student.
- 캘리는 회사원이 <u>아니에요</u>. Kelly is not an office worker.

> ② N의 N
> A/V-(으)ㄴ/는/(으)ㄹ + N   +   A/V-아/어요
> 잘, 푹, 아주, 많이, 매우······   N이에요/예요
> 아주 잘, 아주 많이, 매우 많이······

- <u>룸메이트의 누나가</u> 케이크를 만들었어요. The sister of my roommate made some cake.
- <u>내가 먹고 싶은 음식은</u> 비빔밥이다. The food I am craving is *bibimbap*.

(3) The following is the word order when describing time, location, and numerals.

Time	요일 + <u>때</u> (아침, 오전 등) + 시간 + 에
	• 토요일 오전 11시에 만납시다. Let's meet at 11 a.m. on Saturday.
	N에서 N까지 <u>교통수단</u> (지하철, 배 등) + (으)로 시간N 걸리다
	• 서울에서 부산까지 버스로 네 시간쯤 <u>걸려요</u>. It takes about four hours from Seoul to Busan by bus.
Location	N이/가 사물N (가방, 책상 등) + <u>위치</u>N (위, 아래 등) 에 있다/없다
	• 고양이가 의자 아래에 <u>있어요</u>. The cat is underneath the chair.
Numerals	<u>N</u> (사람, 사물 등) + 숫자 + <u>단위</u> (명, 개 등) N
	• 빵 두 개 주세요. Please give me two pieces of bread.

1 한국에서 여행을 하면서 **많이** 사진을 찍었어요.
↳ **많은** 사진을 찍었어요 / 사진을 **많이** 찍었어요

Korean word order should be in the "많은 + N" and "많이 + A/V" form, but in this sentence, 많이 is incorrectly written in front of the word 사진. We must remember that in Korean word order, a noun comes after "-(으)ㄴ" while adverbs like 매우 and 많이 come before the predicate.

2 일요일 **9시 아침**에 일어나서 기차를 타러 서울역에 갔어요.
↳ **아침 9시**에

When telling the time, as in 일요일 아침 9시에, the correct word order is "the day of the week + the time of the day (morning, afternoon, etc.)." However, in this sentence, the time and moment of the day are in the incorrect place as they are used as 9시 아침. Such mistakes are common for English speakers as the two languages have different word order.

3 **가방 위에 책상**이에요.
↳ **책상 위에 있어요**

When telling the location, the correct word order is "N이/가 object N(가방, 책상 등) + location N(위, 아래 등)에 있다/없다" as in 가방이 책상 위에 있어요. However, in this sentence, the words are incorrectly used as 위에 책상이에요.

① 여섯 살이 제 동생이 되었어요. 요즘 동생은 집에서 가까운 곳은 혼자 ② 잘 아주 갔다 와요.
→ _____   → _____

그래서 오늘은 제가 동생에게 집 앞에 있는 슈퍼마켓에 가서 ③ 세 병 오렌지 주스를 사 오라고
→ _____

하면서 만 원을 주었어요. 그리고 남은 돈으로 먹고 싶은 것을 하나만 사라고 했어요. 그런데 동생은 남은 돈으로 과자와 초콜릿을 많이 사 왔어요.

1 가: 어렸을 때 커서 **무슨** 사람이 되고 싶었어요?

→ _____

나: 그때는 군인이 멋있어 보여서 군인이 되고 싶었어요.

2 가: 빨간색 티셔츠랑 파란색 티셔츠 중에서 **어느** 저한테 더 잘 어울릴까요?

→ _____

나: 음, 파란색 티셔츠가 더 잘 어울릴 것 같아요.

3 가: 용돈을 받은 지 열흘 만에 다 써 버렸어요. 돈을 아껴서 써야겠어요.

나: 매번 후회만 하면 **어떤** 소용이 있겠어요? 실천하세요.

→ _____

(1) The interrogatives 무슨 and 어느 can be combined with nouns to inquire about things regarding the nouns.

① "무슨 + N" is used when one does not know about certain information or does not know about the kind of information, and you normally use it with nouns like mentioned below.

무슨 + 요일, 일, 차, 책, 꽃, 영화, 계절, 음식……

- 가: 무슨 영화를 볼까? (볼 영화의 종류에 대해 질문함.)
  Which movie should we watch? (asking about the type of movie.)
  나: 코미디 영화를 보자. Let's watch a comedy.

* You cannot use 무슨 사람, 무슨 나라, and 무슨 곳.

- 무슨 곳에 가고 싶어요? (x) → 어느 곳(어떤 곳)에 가고 싶어요? (○)
  Where do you want to go?

② The form "어떤 + N" is used to inquire about the nature of an object, specific content, type, and selection, and it is used with the following nouns.

어떤 + 사람, 나라, 영화, 책, 일, 때, 종류, 것, 데……

- 가: 어떤 영화를 볼까? (볼 영화의 특징에 대해 질문함.)
  What kind of movie should we watch? (asking about the features of the movie they are going to watch)
  나: 재미있지만 감동을 주는 영화를 보자. Let's watch a movie that is both fun and inspiring.

* You cannot use 어떤 요일 and 어떤 소용이 있겠어요?

- 오늘은 어떤 요일이에요? (x) → 오늘은 무슨 요일이에요? (○)
  Which day of the week is it today?

③ The form "어느 N" is used to ask another person to choose from two choices, and you normally use it with the following nouns.

어느 + 바지, 신발, 나라, 계절, 때, 방향, 쪽, 것, 분 ……

- 가: 어느 영화를 볼까? (듣는 사람에게 여러 영화 중에서 하나를 선택하게 하려고 질문함.)
  Which movie should we watch? (The speaker has the listener choose from one of the choices.)
  나: 나는 <u>이 영화</u>를 보고 싶어. I want to watch this movie.

1 가: 어렸을 때 커서 <u>무슨</u> 사람이 되고 싶었어요?
                └→ 어떤

나: 그때는 군인이 멋있어 보여서 군인이 되고 싶었어요.

"무슨 + N" is used to inquire about general types while "어떤 + N" is used to inquire about specific details. In this dialogue, the speaker is talking specifically about what kind of person he wants to become, yet the inquirer is incorrect in using 무슨 사람.

2 가: 빨간색 티셔츠랑 파란색 티셔츠 중에서 <u>어느</u> 저한테 더 잘 어울릴까요?
                                          └→ 어느 것이

나: 음, 파란색 티셔츠가 더 잘 어울릴 것 같아요.

"어느 + N" is used to inquire about which choice a person is going to make from the choices given. In the dialogue, however, 어느 is only used without noun behind, so the sentence is incorrect. Remember that a noun always comes after 어느.

3 가: 용돈을 받은 지 열흘 만에 다 써 버렸어요. 돈을 아껴서 써야겠어요.
나: 매번 후회만 하면 <u>어떤</u> 소용이 있겠어요? 실천하세요.
                        └→ 무슨

무슨 소용이 있겠어요? is an expression meaning that "it is of no use." However, the usage in the sentence is incorrect as it is used as 어떤 소용이 있겠어요?

친구들과 ① <u>무슨 곳</u>으로 놀러 갈지 고민하다가 에이미 씨가 자전거를 타고 싶다고 해서 한강
     →

공원에 갔어요. 한강 공원에 도착한 후에 배가 고파서 음식을 시켜 먹기로 했어요. 마침 공원

주변에 배달 광고지가 있었어요. 폴 씨가 그 광고지를 보면서 오늘이 ② <u>어떤 요일</u>이냐고 했어
                                                 →

요. 광고지에는 요일마다 할인되는 음식이 있는데 오늘은 치즈 피자를 할인해 준다고 했어요.

그래서 우리는 치즈 피자를 주문했어요. 우리는 피자를 먹으면서 ③ <u>어느 사람</u>을 만나고 싶은

지에 대해 이야기했어요.
                                                         →

1 어머니, 이제 회사 일에 익숙해져서 잘 지내고 있어요. 그래서 걱정하지 마세요.
→ ‾‾‾‾‾‾‾‾‾‾‾‾‾‾

2 가: 주야 씨한테 물어볼 게 있는데 방에 없나 봐요.

나: 네. 아까 운동한다고 헬스장에 갔어요.

가: 아, 그래요? 그러니까 헬스장에 가 봐야겠네요.
→ ‾‾‾‾‾‾‾‾‾

3 밤마다 룸메이트와 야식을 시켜 먹었어요. 그리고 오늘부터는 건강을 위해서
야식을 안 시켜 먹을 거예요. → ‾‾‾‾‾‾‾‾‾‾‾

(1) Conjunctive adverbs show the relationship between the preceding and following sentences when connected.

- 밤 열 시쯤 집에 도착했다. 그리고 바로 잠이 들었다. (연결)
  We arrived home around 10 p.m. Then, we went straight to bed. (connect)

- 민수 씨는 여행을 무척 좋아합니다. 그러나 일이 많아서 자주 못 갑니다. (반대)
  Minsu likes to travel a lot. However, he cannot travel often as he has a lot of work. (opposite)

- 가: 일기 예보에서 내일부터 장마가 시작된다고 하던데요.
  According to the weather report, the monsoon season will start tomorrow.

  나: 네. 그래서 친구와 내일 자전거 타고 한강에 가기로 했다가 취소했어요. (원인과 결과)
  Yes. That's why I canceled my bicycle trip to the Hangang River with my friend. (cause and effect)

(2) According to the meaning, conjunctive adverbs can be divided as follows.

Meaning	Relationship between preceding and following sentences	Conjunctive adverbs
List	The content of the two sentences is the same.	그리고
Opposite	The content of the two sentences is the opposite.	그러나, 하지만, 그런데, 그렇지만
Cause and effect	The two sentences are cause and effect, or the following sentence explains the reason for the preceding sentence.	그래서, 따라서, 그러므로, 그러니까, 왜냐하면
Transition	The content of the following sentence has changed from the content of the preceding sentence.	그런데, 한편
Condition	The preceding sentence is a condition for the following sentence.	그러면
Addition	The content of the following sentence adds to the content of the preceding sentence.	또한, 게다가, 뿐만 아니라

(3) The following describes the difference between 그래서, 그러므로, and 그러니까, which describe cause and effect.

그래서, 그러므로 + 명령형, 청유형 (×)	
그러니까 + 명령형, 청유형 (○)	

- 곧 공연이 시작될 거예요. 그래서 서둘러서 가세요. / 갑시다. / 갈까요? (×)
  → 곧 공연이 시작될 거예요. 그러니까 서둘러서 가세요. / 갑시다. / 갈까요? (○)
  The performance will begin soon. So, hurry up and go. / So, let's hurry up and go. / So, shall we hurry up and go?

1 어머니, 이제 회사 일에 익숙해져서 잘 지내고 있어요. 그래서 걱정하지 마세요.
                                                        ↳ 그러니까

When two sentences are connected in a cause-and-effect relationship, imperatives and propositives cannot come after 그래서 unlike 그러니까. However, this sentence is incorrect as it completes the sentence by using the imperative 걱정하지 마세요, which cannot come after 그래서.

2 가: 주야 씨한테 물어볼 게 있는데 방에 없나 봐요.
나: 네. 아까 운동한다고 헬스장에 갔어요.
가: 아, 그래요? 그러니까 헬스장에 가 봐야겠네요.
                ↳ 그러면

When connecting two sentences in a conditional relationship, 그러면 is used. However, in this dialogue, the person mentions the condition 헬스장에 가 봐야겠어요 after finding out about the fact 주야 씨가 헬스장에 갔다 but incorrectly uses 그러니까, which we use to describe cause.

3 밤마다 룸메이트와 야식을 시켜 먹었어요. 그리고 오늘부터는 건강을 위해서 야식을
안 시켜 먹을 거예요.   ↳ 그러나, 하지만

When connecting two sentences in an opposite relationship, we use 그러나 or 하지만. However, in this sentence, the sentences 밤마다 야식을 먹었다 and 오늘부터는 야식을 먹지 않겠다 are opposites, so 그리고 is incorrect.

한국 사람들은 여름에 삼계탕을 자주 먹어요. 삼계탕은 닭, 인삼 등을 넣어서 끓인 음식이에요.

① 그리고 더운 여름에 왜 차가운 음식이 아닌 뜨거운 삼계탕을 먹을까요?
  → _____

사람들은 보통 더운 여름에 차가운 음식을 많이 먹어요. ② 그러므로 소화가 안되고 건강이 나
                                          → _____

빠질 수 있어요. 이럴 때 뜨거운 삼계탕을 먹으면 건강에도 좋고 힘도 나요. ③ 그래서 여러분
도 이번 여름에는 건강을 위해서 삼계탕 한 그릇을 먹어 보는 게 어때요?   → _____

[1~3] ( )에 들어갈 가장 알맞은 것을 고르십시오.

1

가: 미아 씨, 오늘이 ( ) 요일이에요?
나: 오늘은 수요일이에요.

① 무슨 ② 어느 ③ 어떤 ④ 언제

2

가: 어제 마이클 씨하고 태권도를 배우러 갔다면서요?
나: 네. 마이클 씨가 처음인데도 아주 ( ) 하더라고요.

① 잘 ② 푹 ③ 많이 ④ 매우

3

가: 살레 씨는 ( ) 사람을 만나고 싶어요?
나: 제가 내성적인 편이라서 성격이 활발한 사람을 만나고 싶어요.

① 어느 ② 어떤 ③ 무슨 ④ 누구

[4~6] 다음 밑줄 친 부분과 의미가 비슷한 것을 고르십시오.

4

수업 시간에 선생님께서 내 이름을 계속 부르셨다. <u>하지만</u> 나는 다른 생각을 하느라고 듣지 못했다. 그래서 선생님께 야단을 맞았다.

① 그리고 ② 그래서 ③ 그러므로 ④ 그렇지만

5

가: <u>어느</u> 곳에 가고 싶어요?
나: 날씨가 따뜻한 곳에 가고 싶어요.

① 몇 ② 무슨 ③ 어떤 ④ 어디

6

가: 면접 준비를 좀 더 했어야 했는데 잘 못해서 속상해요.
나: 다 끝난 일인데 후회한다고 해도 <u>무슨 소용이 있겠어요?</u>

① 도움이 많이 돼요 ② 도울 방법이 없어요
③ 도울 방법이 많아요 ④ 아무 도움이 안 돼요

7

> 가: 메뉴가 너무 많아서 뭘 먹어야 할지 잘 모르겠어.
>
> 나: 그러게. 나도 고르기가 어렵네. 그럼, 종업원한테 _____ 추천해
> 달라고 하자.

① 누구 음식이 맛있는지   ② 어느 음식이 맛있는지

③ 무슨 음식이 맛있는지   ④ 어디 음식이 맛있는지

8

> 가: 유아야, 화장이 너무 진한 것 같다. 그리고 치마는 왜 그렇게 짧니?
> 다른 걸로 입고 나가라.
>
> 나: 아버지, 저도 이제 성인이에요. _____. 요즘 이렇게 하는 게
> 유행이에요.

① 따라서 칭찬을 많이 해요   ② 그러니까 간섭 좀 그만하세요

③ 그래서 잔소리를 안 해요   ④ 그러므로 불평은 하지 않아요

9

> 가: 아미나 씨랑 동생이 한 살 차이니까 동생은 대학교 2학년이겠네요.
>
> 나: 아니요. 동생이 올해 _____. 작년에 대학교 입학시험을 봤는데
> 점수가 안 좋아서 재수를 했거든요.

① 대학생이에요   ② 대학생이 되었어요

③ 대학생이 있어요   ④ 대학생이 아니에요

10   다음을 잘 읽고 ㉠과 ㉡에 들어갈 말을 각각 쓰십시오.

> 여러분이 서울에서 본 택시는 (㉠   ) 색이 많았습니까? 아마 주황색 택시를 많이
> 보셨을 겁니다. (㉡   ) 왜 주황색 택시가 많을까요? 그것은 주황색이 눈에 잘 띄며
> 도로의 색과 잘 어울리기 때문입니다. 그리고 하늘색 택시도 있는데 그것은 기름이 아닌
> 전기로 가는 택시입니다.

㉠ _____   ㉡ _____

03

시제
Tenses

In this unit, we will learn about tenses in the Korean language. Tense is the grammar that describes past, present, and future times.

The present tense is the tense that describes present events, actions, and status, and it can be described via the adnominal endings "A–(으)ㄴ" and "V–는" and the final endings "A–다," "V–(느)ㄴ다," "A/V–아/어요," and "A/V–(스)ㅂ니다." It can also be used together with the adverbs 지금, 현재, and 요즈음.

The past tense is the tense that describes past events, actions, and status, and it can be described via the adnominal ending "V–(으)ㄴ" and can be described by adding "–았/었–," "–더–," and "–았었/었었–" to verbs or adjectives. Furthermore, it can be used together with adverbial expressions such as 어제 and 작년.

The future tense is the tense that describes future events, actions, and status, and it can be described via the adnominal "V–(으)ㄹ" as well as by adding "–겠–" and "–(으)ㄹ 것이다" to the verbs. It can also be used together with expressions that describe the future such as 내일, 내년에, and 나중에.

1 우리는 가끔 **싫는** 일도 해야 할 때가 있다.

→ ....

2 가: 신문을 보니까 요즘에는 사람들이 아침을 잘 안 먹는대요.

나: 맞아요. 저도 출근 준비하다 보면 아침을 **먹은** 시간이 없어서 자주 안 먹거든요.

→ ....

3 친구 생일에 제가 친구에게 **준** 인형이었어요.

→ ....

(1) This expression modifies a noun, and it is used to describe past, present, or future tense of an action or status.

- 가: 저기 키가 큰 사람은 누구예요? Who is that tall man?
- 나: 저 사람은 우리 반에서 같이 한국어를 공부하는 마이클 씨예요.
  That person is Michael, who is in my Korean class.

- 가: 편의점에 들러서 내일 아침에 먹을 음식 좀 사 가지고 가자.
  Let's stop by the convenience store to buy some food for breakfast tomorrow.
- 나: 안 사도 돼. 내가 어제 마트에서 산 음식이 좀 남았거든.
  We don't need to. I have some leftovers from my trip to the mart yesterday.

(2) The form information for this expression is as follows:

	Past		Present		Future	
A			Final consonant ○ + −은	Final consonant × + −ㄴ		
			작다 작은	싸다 싼		
V	Final consonant ○ + −은	Final consonant × + −ㄴ	는		Final consonant ○ + −을	Final consonant × + −ㄹ
	먹다 먹은	가다 간	먹다	먹는	먹다 먹을	가다 갈

* "−는" is attached to the present form of 있다/없다.

(3) When this expression is used to describe the future, assumptions, and schedules, the form "V−(으)ㄹ + N" is used without using expressions describing the future like 내일, 다음 주, and 앞으로.

- 요즘 주말도 없이 출근하니까 놀 생각은 전혀 못해요.
  Because I go to work every day, even on weekends, playing never crosses my mind.

(4) If the negative expression "–지 않다" comes after this expression, you can use it in the form stated below.

Past	Present	Future
V – 지 않은 + N	A – 지 않은 + N V – 지 않는 + N	V – 지 않을 + N

● 주변에 시끄럽지 않은 곳이 있으면 좋겠어요.
I wish there were a place nearby that is not noisy.

1 우리는 가끔 **싫는** 일도 해야 할 때가 있다.
   ↳ 싫은

"–(으)ㄴ/는/(으)ㄹ" describes tense, and the form changes depending on the parts of speech that come before them. 싫다 is an adjective in this sentence, but it is incorrectly used as 싫는. There are instances when users get confused with parts of speech, such as when they use adjectives and verbs. There are many errors in using the adjectives 싫다, 좋다, 피곤하다, and 불가능하다 and the verbs 싫어하다 and 좋아하다, so users must be careful.

2 가: 신문을 보니까 요즘에는 사람들이 아침을 잘 안 먹는대요.
   나: 맞아요. 저도 출근 준비하다 보면 아침을 **먹은** 시간이 없어서 자주 안 먹거든요.
   ↳ 먹을

"–(으)ㄹ" is used to describe future events that have not taken place yet. In this sentence, the speaker refers to the assumption 아침 먹을 것 but incorrectly uses the past tense 먹은. Please remember to use "–(으)ㄹ" when making an assumption or talking about a schedule.

3 친구 생일에 제가 친구에게 **준 인형이었어요.**
   ↳ 준 선물은 인형이었어요

After "–(으)ㄴ/는/(으)ㄹ," there should be a noun modified by it. In the sentence, the speaker refers to the meaning of "I gave my friend a gift on his birthday" and "that gift was a doll." However, after 준, a noun like 선물 is not used, and 인형이었어요 is incorrectly used.

집에서 회사까지 가는 데 지하철로 두 시간쯤 걸린다. 그래서 회사에서 ① 멀지 않는 곳으로 이
   →＿＿＿＿＿＿＿＿＿

사 가려고 한다. 나와 아내는 곧 ② 태어난 아기를 위해서 ③ 넓는 집으로 이사했으면 좋겠다.
   →＿＿＿＿＿   →＿＿＿＿＿

하지만 회사 근처에는 원룸이나 오피스텔만 있어서 어떻게 할지 고민하고 있다.

2) –았/었 –

1 중학교 때 수학 선생님의 연세가 50대 있었어요.

→ _____

2 가: 설 연휴를 잘 보냈어요?

나: 아니요. 연휴 내내 아파서 아무것도 못 하고 집에서 쉬기만 해요.

→ _____

3 한국에 처음 왔을 때 겨울이였어요. 그때 처음 눈을 봤어요.

→ _____

(1) This expression is used to describe past events or status.

- 아까 사무실에 전화했는데 통화 중이었어요.
  I called the office a while ago, but the line was busy.

- 가: 어제 소개팅한 사람이 어땠어요? How was your blind date yesterday?
  나: 괜찮았어요. 연락이 오면 다음에 또 만나 볼까 해요.
  It was all right. If I get a call, I will meet him next time.

(2) The form information for this expression is as follows:

A/V	ㅏ, ㅗ + – 았다	ㅓ, ㅜ, ㅡ, ㅣ + – 었다	하다 → 했다
	만나다 + – 았다 → 만났다	마시다 + – 었다 → 마셨다	공부하다 → 공부했다
N	Final consonant ○ + 이었다		Final consonant × + 였다
	지하철이었다		버스였다

(3) This expression is used to describe a state of completion for an activity, which is continuous in the present time.

- 민수하고 어렸을 때부터 친하게 지냈어요. 그래서 유학도 같이 오게 됐어요.
  I had been friends with Minsu since I was young, so we came abroad to study together.

(4) This expression differs from "–았었/었었–," which describes the past, as mentioned below.

A/V – 았/었 –	A/V – 았었/었었 –
① A certain activity or action took place in the past.	① An event that has happened in the past is completed, and the state in the past is different from the present time.
② An action was completed in the past, and it is continuous to the present time.	② An event is no longer maintained in the present time.

- 어제 컴퓨터가 고장 났다.

  (지금도 컴퓨터가 고장 나 있음을 의미함.)

  The computer broke down yesterday.
  (The computer is still broken down.)

- 어제 컴퓨터가 고장 **났었다**.

  (지금은 컴퓨터가 괜찮음을 의미함.)

  The computer broke down yesterday.
  (In the present time, the computer is okay.)

---

1 중학교 때 수학 선생님의 연세가 50대 있었어요.

　　　　　　　　　　└→ 50대셨어요

If a noun is used while using past tense, the form "N이었다/였다" is used while the honorific form would be "N이셨다/셨다." However, in this sentence, the user confuses "N이에요/예요" and 있어요 and incorrectly uses 50대 있었어요. Users must be careful with the usage as they could translate the be-verb from the English language to 있다 or 이다 and make similar mistakes.

2 가: 설 연휴를 잘 보냈어요?

나: 아니요. 연휴 내내 아파서 아무것도 못 하고 집에서 쉬기만 해요.

　　　　　　　　　　　　　　　　　　　　└→ 했어요

When describing past events or status, "-았/었-" should be used, but in this dialogue, the user mistakenly uses 해요, the present tense form. Users must be careful when using tenses as one can make mistakes by using the past tense for a present tense situation and vice versa.

3 한국에 처음 왔을 때 겨울이였어요. 그때 처음 눈을 봤어요.

　　　　　└→ 겨울이었어요

Users should use "N이었어요" when there is a final consonant in the noun while "N였어요" should be used when there is no final consonant. However, in this sentence, although 겨울 has a final consonant, the user incorrectly mixes 이었어요 and 였어요 and uses 겨울이였어요.

한국에 오기 전부터 비빔밥으로 유명한 '전주'에 한번 ① 가 보고 싶어요. 드디어 지난 주말에

　　　　　　　　　　　　　　　　　→ ＿＿＿＿＿＿＿＿＿＿

친구들과 KTX를 타고 전주에 갔어요. 미리 기차표를 예매하고 탔지만 우리 자리는 기차가 가

는 방향과 ② 반대 방향였어요. 제가 표를 예매했는데 좌석이 반대 방향도 있는 줄 몰랐어요.

　　　　→ ＿＿＿＿＿＿＿＿

기차를 타고 얼마 동안은 좀 ③ 불편 있었어요. 하지만 친구들과 이야기를 하다 보니 금방 전주

　　　　　　　　　　→ ＿＿＿＿＿＿＿＿＿＿

에 도착해서 괜찮았어요.

1 가: 사라 씨가 이번 회식에는 올 거래요?

나: 아니요. 사라 씨는 그날이 결혼기념일이라서 **못 올게요**.

→

2 다음 주에 제가 좋아하는 가수가 나오는 뮤지컬을 보러 **가겠을 거예요**.

→

3 한 달 후에 승진 시험이 있어서 퇴근 후에 도서관에서 영어 **공부할 거예요**.

→

(1) This expression is attached to a verb and describes future events or action.

● 가: 내일 졸업 사진 찍을 때 무슨 옷을 입을 거예요?
What will you wear for the graduation photo session tomorrow?

나: 아직 결정하지 못했어요. 유미 씨가 좀 골라 주세요.
I haven't decided yet. Why don't you choose my clothes for me, Yumi?

● 엄마, 저는 이따가 운동하러 나갈 거예요. 빨리 오세요.
Mother, I am planning to go out to exercise. Please come quickly.

(2) The form information for this expression is as follows:

	Final consonant ○ + -을 거예요		Final consonant ✕ + -ㄹ 거예요	
V	먹다	먹을 거예요	가다	갈 거예요
	입다	입을 거예요	보다	볼 거예요

(3) This expression is used as stated below.

Informal setting	Formal setting
Used as "-(으)ㄹ 거예요" or "-(으)ㄹ 거야," a very informal form	Used as "-(으)ㄹ 것입니다" or the abbreviated form "-(으)ㄹ 겁니다"
• 민재야, 오늘 저녁에는 삼겹살을 먹을 거야. 마트에 가서 고기랑 야채 좀 사 와. Minjae, we are going to have *samgyeopsal* for dinner. Go to the mart and buy some meat and vegetables.	• 봄을 맞이하여 우리 아파트에서는 이번 주말에 대청소를 실시할 것입니다. As spring is upon us, there will be a huge cleaning activity at our apartment complex.

(4) This expression is used to describe one's plans or aspirations.

● 이번에도 너는 거짓말을 했어. 나는 너를 절대로 믿지 않을 거야.
You lied again. I will never believe you again.

(5) This expression, when the subject is in first person, has differences as mentioned below, with "–(으)ㄹ게요," which conveys the meaning of will and promise.

V–(으)ㄹ 거예요	V–(으)ㄹ게요
① Describes the weak will of the speaker	① Describes the strong will of the speaker
② Describes the simple future	② Used to make a promise to the listener
• 올해 여름에는 미국으로 여행을 갈 거예요. I will travel to the United States this summer.	• 엄마, 다시는 연락 없이 늦게 들어오지 않**을게요**. Mother, I will never come home late without any contact.

1 가: 사라 씨가 이번 회식에는 올 거래요?

나: 아니요. 사라 씨는 그날이 결혼기념일이라서 **못 올게요**.
　　　　　　　　　　　　　　　　　└▸ 못 올 거예요

"–(으)ㄹ 거예요" is generally used to describe the future, and it can be used in all subjects regardless of any type of personal pronoun. However, "–(으)ㄹ게요" describes the will and promise of the speaker and can only be used when the subject is in the first person. The usage of 못 올게요 in this sentence is incorrect as the subject is "Sarah," which is in the third person.

● 제가 청소하는 걸 도와드릴게요. ▶p.260

2 다음 주에 제가 좋아하는 가수가 나오는 뮤지컬을 보러 **가겠을 거예요**.
　　　　　　　　　　　　　　　　　　└▸ 갈 거예요

You cannot place "–겠–" in front of "–(으)ㄹ 거예요," yet in this sentence, the speaker mentions the activity that needs to be done next week and uses the incorrect form of 가겠을 거예요.

3 한 달 후에 승진 시험이 있어서 퇴근 후에 도서관에서 영어 **공부핼 거예요**.
　　　　　　　　　　　　　　　　　　　└▸ 공부할 거예요

The form of verb in front of "–(으)ㄹ 거예요" has to be a basic form. But in this sentence, the user incorrectly uses 공부해요, not the basic form 공부하다, and writes 공부핼 거예요." Please note that students learn "–(으)ㄹ 거예요" after learning "–아/어요," so they incorrectly think of the basic form as "–아/어요."

이번에 한국으로 여행을 가게 됐어요. 한국은 5년 만에 다시 가는 거라서 설레요. 2박 3일만 가기 때문에 쇼핑할 시간이 많지 않아요. 그래서 명동에 가서 화장품을 잔뜩 ① 사요. 제가 한국
　　　　　　　　　　　　　　　　　　　　　　　　　　　　　　　　　　→

에 간다니까 친구들이 화장품을 많이 사다 달라고 부탁했거든요. 그리고 비만 오면 생각났던 파전을 ② 먹을게요. 또 제가 공부했던 학교에도 ③ 가겠을 거예요. 학교가 그대로 있을지, 아
　　　　　　　　→　　　　　　　　　　　　　　　　　　　　→

니면 많이 변했을지 궁금해요.

[1~3] ( )에 들어갈 가장 알맞은 것을 고르십시오.

1

> 가: 해수 씨, 어제 ( ) 영화 제목이 뭐였지요? 친구한테 이야기해 주고 싶은데 잊어 버렸어요.
>
> 나: 그 영화 제목은 '봄, 여름, 가을, 겨울'이었어요.

① 본 ② 볼 ③ 보는 ④ 보는데

2

> 가: 갑자기 머리가 아픈데 두통약 좀 있어요?
>
> 나: 네, 있어요. 저도 머리가 아파서 조금 전에 약국에서 약을 사 ( ).

① 와요 ② 왔어요 ③ 올게요 ④ 올 거예요

3

> 가: 대니 씨, 이번에 출장을 가면 언제 돌아옵니까?
>
> 나: 금요일에 회의를 마치고 주말에는 ( ).

① 돌아올 겁니다 ② 돌아왔습니다

③ 돌아와도 됩니다 ④ 돌아오지 않습니다

[4~6] 다음 밑줄 친 부분과 의미가 비슷한 것을 고르십시오.

4

> 가: 이따가 저녁 모임에 올 수 있지요?
>
> 나: 글쎄요. <u>할 일이</u> 많아서 모임에 갈 수 있을지 모르겠어요.

① 끝낸 일이 ② 끝내고 싶은 일이

③ 끝내는 일이 ④ 끝내야 하는 일이

5

> 가: 헬레나 씨, 경주에 다녀왔어요? 이 사진은 경주에서 찍은 것 같은데요.
>
> 나: 네, 지난 주말에 경주에 <u>갔었어요</u>. 벚꽃이 많이 피어서 아주 아름다웠어요.

① 갈 뻔했어요 ② 가고 말겠어요

③ 갔다가 왔어요 ④ 가 봤으면 해요

6

> 가: 이번 학기에 1교시 수업을 들어 보니까 어땠어?
>
> 나: 아침에 일어나기가 너무 힘들었어. 다시는 1교시 수업을 <u>듣지 않을 거야.</u>

① 들을 만했어   ② 듣지 말 걸 그랬어

③ 듣기가 쉽지 않았어   ④ 듣지 않기로 결정했어

[7~9] 다음을 잘 읽고 이어질 수 있는 말을 고르십시오.

7

> 가: 올해는 작년보다 많이 추운 것 같아요.
>
> 나: 그러게요. 작년에는 _____ 올해는 눈도 많이 내리잖아요.

① 눈이 많이 내리지만   ② 눈이 많이 내리지 않도록

③ 눈이 많이 내리지 않았었는데   ④ 눈이 많이 내리는 것에 비해서

8

> 가: 인삼이 건강에 좋다고 해서 샀는데 너무 써서 못 먹겠어요.
>
> 나: 원래 _____ 건강을 위해서 참고 먹어 봐요.

① 쓸 음식이 몸에는 좋으니까   ② 썼던 음식이 몸에는 좋으니까

③ 쓴 음식이 몸에는 좋으니까   ④ 쓰는 음식이 몸에는 좋으니까

9

> 가: 요즘 도시를 떠나서 시골로 내려가는 사람이 많대.
>
> 나: 도시 생활은 늘 바쁘고 정신이 없잖아. 나도 60세 이후에는 _____.

① 시골에서 살아 봤어   ② 시골에서 살 계획이야

③ 시골에서 살고 있어   ④ 시골에서 사는 것도 좋아

10   **다음을 잘 읽고 ㉠과 ㉡에 들어갈 말을 각각 쓰십시오.**

> 여러분은 콜라나 맥주를 마신 후에 그 유리병을 어떻게 하세요? 분리수거하는 곳에 버리시나요? 이제부터는 음료수나 술을 (㉠) 버리지 말고 모아서 슈퍼마켓이나 마트에 갖다주세요. 그러면 병의 크기에 따라 적게는 70원에서 많게는 350원까지 돌려받을 수 있어요. 이렇게 (㉡) 깨끗하게 씻어서 재활용하면 환경 오염도 줄일 수 있어요.

㉠ _____   ㉡ _____

04

부정 표현
Negative Statements

In this unit, we will learn about negative statements in the Korean language.

Negative statements are expressions that give negative thoughts, and it also means that a person decides not to agree or expresses opposition to something.

In negative statements, there are forms such as "안/–지 않다," "못/–지 못하다," and "–지 말다."

"안/–지 않다" is used when the user expresses a negative statement made by his/her will.

"못/–지 못하다" is used when a person cannot do something regardless of his/her will but due to that person's limits in capability or external forces.

"–지 말다" is used to deny an imperative or propositive statement.

1 안/-지 않다

1 내 친구는 지금 안 공부해요.

      → _____

2 일본에 갈 때는 비자가 필요 안 해요.

      → _____

3 가: 이 피자 좀 먹을래?

    나: 아니, 지금은 배가 좀 아파서 못 먹을래.

        → _____

(1) This expression is used when you deny or refuse a certain status or action with your own will.

- 가: 주말에 바쁘세요? Are you busy on the weekend?

  나: 아니요, 안 바빠요. No. I am not busy.

      = 바쁘지 않아요.

- 저는 고기를 먹지 않아요. I don't eat meat.

      = 안 먹어요.

(2) The following is the form information for when you attach 안.

	안			
A/V	작다	안 작다	가다	안 가다
	먹다	안 먹다	크다	안 크다

* In case of 하다, you attach 안 in front of an adjective. For verbs, you use the form "N 안 하다."

- 여자 친구 생일에 놀라게 해 주고 싶어서 연락 안 하고 갑자기 집에 찾아갔어요.
  I wanted to surprise my girlfriend on her birthday, so I went to her house abruptly without contacting her.

(3) The following is the form information for attaching "-지 않다."

	-지 않다			
A/V	작다	작지 않다	가다	가지 않다
	중요하다	중요하지 않다	운동하다	운동하지 않다

(4) In case of adjectives with more than 4 syllables, it is more natural to attach "-지 않다" as opposed to 안.

- 빨래를 했는데도 옷이 깨끗하지 않아요. Although I did my laundry, my clothes are still not clean.

(5) This expression is used when the speaker does not engage in certain activities due to his/her will. It can be used in descriptive and interrogative sentences while it cannot be used in imperative and propositive sentences.

- 커피를 많이 마시지 않으세요. (×)
  → 커피를 많이 마시지 마세요. (○) Do not drink too much coffee.
- 비도 오는데 여행을 안 갑시다. (×)
  → 비도 오는데 여행을 가지 맙시다. (○) It's raining, so let's not go on this trip.

1 내 친구는 지금 안 공부해요.
　　　　└→ 공부 안 해요 / 공부하지 않아요

When making a negative sentence using 안, in case of 하다, you place 안 in front of the adjective while in terms of verbs, you have to use the "N 안 하다" form. In this sentence, the verb is 공부하다, but the user incorrectly writes 안 공부해요.

2 일본에 갈 때는 비자가 필요 안 해요.
　　　　└→ 안 필요해요 / 필요하지 않아요

When you make an adjective into a negative sentence, you place 안 in front or place "-지 않다" at the back. However, in this sentence, the user incorrectly writes 필요 안 해요. 필요하다 is an adjective, but users must be careful as there are many instances when it is mistaken for a verb.

3 가: 이 피자 좀 먹을래?
나: 아니, 지금은 배가 좀 아파서 못 먹을래.
　　　　　　　└→ 안 먹을래 / 먹지 않을래

Using "-(으)ㄹ래요" shows the will of the speaker, so if you are making a negative statement, you have to use "안 -(으)ㄹ래요" or "-지 않을래요." However, in this sentence, it is incorrectly written as 못 먹을래. 못 is used when you are not capable of doing so or due to other reasons.

- 저는 운전을 못 해요. 그래서 지금 배우고 있어요. ▶ p.76

저는 한국에 오기 전에는 녹차를 ① 좋아 안 했어요. 그런데 한국에 살면서 녹차를 자주 마시게
　　　　　　　　　　　　　　　　　→　　　　　　　　　

되었어요. 녹차를 맛있게 마시려면 한꺼번에 찻잎을 너무 많이 ② 넣어야 안 돼요. 그리고 물의
　　　　　　　　　　　　　　　　　　　　　　　　　　　　→　　　　　　　　　

온도가 70도쯤 되었을 때 찻잎을 넣는 것이 좋아요. 보통 녹차가 쓰다고 하는데 이렇게 마시면

③ 못 써요. 아주 맛있어요.
　→

② 못/-지 못하다

1 시험에 떨어졌어요. 그래서 2급에 **안 가요**.

→ _____

2 조금 늦게 출발해서 약속 시간까지 **못 도착할** 수도 있어요.

→ _____

3 가: 엠마 씨, 내일 개교기념일이라서 수업이 없대요.

나: 정말요? 그건 **알지 않았어요**.

→ _____

(1) The expression is formed by adding 못 in front for a verb or "-지 못하다" to the end of a verb stem, and it is used to describe a situation where you cannot do something due to the lack of ability or due to certain external factors.

- 저는 프랑스어를 못 해요. I can't speak French.

- 가: 택배 보냈어요? Did you send the parcel?
- 나: 미안해요. 오늘 너무 바빠서 아직 보내지 못했어요.
  I'm sorry. I was too busy today, so I couldn't send it yet.

(2) The following is the form information for when you attach 못.

	못			
V	앉다	못 앉다	가다	못 가다
	먹다	못 먹다	오다	못 오다

* When you use 하다, you use it as 못하다 or 못 하다. 못하다 is the opposite of 잘하다, but 못 하다 is the negative form of 하다.

- 동생은 수학을 잘하지만 저는 수학을 못해요.
  My brother does well in math, but I don't do well.

- 지금 회의하고 있어서 전화를 못 해요.
  I can't call because I am in a meeting now.

(3) The following is the form information for "-지 못하다."

	-지 못하다			
V	입다	입지 못하다	가다	가지 못하다
	앉다	앉지 못하다	전화하다	전화하지 못하다

(4) The following shows a comparison between the negative forms 안 and "-지 않다."

못/-지 못하다	안/-지 않다
It is used when a person does not do a certain activity due to his/her will or when it is impossible to do other things. ⓔⓧ 이해하다, 알다, 인식하다, 깨닫다 (○)	It is used only when the person does not do a certain activity due to his/her will. ⓔⓧ 이해하다, 알다, 인식하다, 깨닫다 (×)

● 그때는 어머니의 사랑을 깨닫지 않았어요. (×)
→ 그때는 어머니의 사랑을 깨닫지 못했어요. (○)
 At that time, I was not aware of my mother's love.

1 시험에 떨어졌어요. 그래서 2급에 안 가요.
 └→못 가요 / 가지 못해요

When you cannot do something due to the lack of ability or external factors, you should make a negative sentence using 못 or "-지 못하다." However, in this sentence, although the person was not successful on the exam, 안 가요 is incorrectly used. 안 is used when you deny a certain status or action or when you do not do certain activity due to the will of your own.

● 저는 운전을 안 해요. 운전하는 것을 싫어하거든요. ▶p.74

2 조금 늦게 출발해서 약속 시간까지 못 도착할 수도 있어요.
 └→도착 못 할

When using 하다, you must use the form "N + 못 하다." However, in this sentence, the user incorrectly places 못 in front of the verb and writes 못 도착할.

3 가: 엠마 씨, 내일 개교기념일이라서 수업이 없대요.
 나: 정말요? 그건 알지 않았어요.
   └→몰랐어요

When you use words like 알다 and 이해하다, in which there is nothing you can do with your own will, you can make negative statements using 못 or "-지 못하다." However, in this sentence, the user incorrectly writes 알지 않았어요. 알지 못하다 could be grammatically correct as well, but generally, 모르다 is used.

저는 서울에서 한국어를 배운 후에 사투리에 매력을 느껴서 광주에 있는 대학에 입학했습니다. 처음에는 사투리가 너무 어려워서 ① 못 적응했습니다. 사람들의 말이 빠르고 발음도 어
 →＿＿＿＿＿＿＿＿＿＿

려워서 ② 이해하지 않았습니다. 지금은 많이 익숙해졌지만 아직도 어려운 이야기를 할 때 잘
 →＿＿＿＿＿＿＿＿＿

③ 듣지 않아서 실수를 하기도 합니다. 그렇지만 광주 사투리가 아주 재미있습니다.
 →＿＿＿＿＿＿＿＿＿

① 게리 씨, 수업 시간에 핸드폰 안 보세요.

→ _____

② 부끄럽지 말고 큰 소리로 이야기하세요.

→ _____

③ 텔레비전을 많이 보지 않고 밖에서 운동을 좀 하세요.

→ _____

(1) This expression is attached behind a verb, and it is used when you want the listener not to do something.

- 여기에서는 사진을 찍지 마세요. Do not take photographs here.

- 목이 아프면 찬물을 마시지 마세요. If you have a sore throat, don't drink cold water.

(2) The following is the form information for this expression.

	−지 말다	
V	먹다	먹지 말다
	가다	가지 말다

(3) This expression is used only in imperative and propositive sentences, and it can be used in the "V−지 말고 V−(으)세요" or "V−지 말고 V−(으)ㅂ시다" form.

- 가: 헨리 씨가 많이 늦네요. 조금 더 기다릴까요?
  Henry is really late. Shall we wait a little longer?
  나: 기다리지 말고 시작합시다. 벌써 20분이나 지났어요.
  Let's start without waiting. 20 minutes have passed already.

(4) This expression is used in the "N 말고 N" form and conveys the meaning that "it's the noun in the back, not the one in the front."

- 가: 우리 공포 영화 볼까요? Shall we watch a horror movie?
  나: 공포 영화 말고 코미디 영화를 봅시다. Let's watch a comedy rather than a horror movie.

(5) This expression can only be used in verbs, but as an exception, you can use it with the adjective 아프다. The message conveyed in this case is the hope that they won't get sick.

- 할머니, 아프지 마세요. 건강하게 오래 사세요.
  Grandma, please don't get sick. Be healthy and live long.

(6) If you want to use the expression with adjectives like 부끄럽다, 외롭다, and 창피하다, you must use it in the form of "A-아/어하지 말다."

● 외국어를 배울 때는 누구나 실수를 하니까 틀리더라도 창피해하지 마세요.
You can make mistakes when you are learning a foreign language, so don't be ashamed if you make mistakes.

1 게리 씨, 수업 시간에 핸드폰 안 보세요.
 └→ 보지 마세요

If you want the listener not to do something, you must use the form "-지 말다." However, in this sentence, it is written incorrectly as 안 보세요, when the intent is to prevent Gary from looking at his cell phone. 안 and "-지 않다" are used when you deny a certain status or when the speaker has a will not to do something.

● 저는 매운 음식을 좋아하지 않아요. ▶p.74

2 부끄럽지 말고 큰 소리로 이야기하세요.
 └→ 부끄러워하지 말고

If you want to use this expression with adjectives like 부끄럽다, 외롭다, and 창피하다, you must use the form "-아/어하지 말다." In this sentence, the user incorrectly uses the form as 부끄럽지 말고.

3 텔레비전을 많이 보지 않고 밖에서 운동을 좀 하세요.
 └→ 보지 말고

If you want to prevent someone from doing something, you must attach the form "-지 말다." However, in this sentence, the meaning conveyed is "do not watch too much television. Please do some exercise outdoors," so the correct form would be "-지 말고," but it is incorrectly used as 보지 않고.

인터넷으로 건강에 대한 질문에 대답해 드리는 '서울병원 인터넷 의사'입니다. 오늘은 여러분의 질문 중에서 '겨울에 안전하게 운동하는 법'에 대해 말씀드리겠습니다. 겨울에는 기온이 떨어지기 때문에 준비 운동을 충분히 하셔야 합니다. 그리고 처음에는 심한 운동 ① 아니고 30분
→
정도의 가벼운 운동으로 시작하세요. 또 심장에 안 좋으니까 몸이 약한 분은 새벽에 운동을 ② 안 하세요. 너무 춥거나 눈이 오면 밖에 ③ 나가지 않고 실내에서 운동하도록 하세요.
→   →

[1~3] ( )에 들어갈 가장 알맞은 것을 고르십시오.

1

> 가: 시원한 커피 마실래?
> 나: 아니, 감기에 걸려서 찬 음료수는 ( ).

① 못 마실래   ② 안 마실래   ③ 마실 만해   ④ 마시지 마

2

> 가: 아야코 씨, 지금 오고 있지요? 저는 약속 장소에서 기다리고 있어요.
> 나: 미안하지만 차가 막혀서 5시까지 ( ). 조금만 더 기다려 주세요.

① 가지 마세요   ② 갈 것 같아요
③ 안 갈 것 같아요   ④ 못 갈 것 같아요

3

> 가: 미가 씨한테 내일 농구하러 올 건지 전화해서 물어볼까?
> 나: 지금은 시간이 좀 늦었으니까 전화를 ( ) 메시지를 보내자.

① 못 하고   ② 안 하고   ③ 하지 말고   ④ 하고 보면

[4~6] 다음 밑줄 친 부분과 의미가 비슷한 것을 고르십시오.

4

> 가: 어제 영화 잘 봤어요?
> 나: 아니요, 일이 너무 늦게 끝나서 표를 예매해 놓고도 <u>못 봤어요</u>.

① 안 봤어요   ② 보지 않았어요
③ 볼 수 없었어요   ④ 보면 좋겠어요

5

> 한국에서는 애인에게 구두를 <u>선물하지 않아요</u>. 그 구두를 신고 다른 사람을 만나러 간다는 말이 있거든요.

① 선물 못 해요   ② 선물 안 해요
③ 선물하게 돼요   ④ 선물하지 마세요

6

가: 오늘 수업 시간에 배운 내용이 좀 어려웠는데 알렉스 씨는 다 이해했어요?

나: 아니요, 저도 열심히 들었지만 다 <u>이해 못 했어요</u>.

① 알게 됐어요   ② 모를 만해요

③ 아는 척했어요   ④ 모르는 부분이 있었어요

[7~9] 다음을 잘 읽고 이어질 수 있는 말을 고르십시오.

7

가: 짐은 내일 아침에 싸고 일찍 자야겠어요.

나: 내일 아침에 _____ 지금 싸지 그래요? 아침에 서두르다가 필요한 물건을 못 챙길 수도 있잖아요.

① 싸지 말고   ② 싸느라고   ③ 싼 데다가   ④ 싸는 동안

8

가: 일곱 살부터 쳐 온 피아노를 그만두려고 해요. 아무래도 저는 재능이 없는 것 같아요.

나: 무슨 소리예요? _____. 그동안 노력한 게 너무 아깝잖아요.

① 그만둬야 해요   ② 그만둬 버렸어요

③ 그만두지 마세요   ④ 그만둘 걸 그랬네요

9

가: 저는 요즘 불면증 때문에 커피 대신에 녹차를 마셔요.

나: 녹차에도 카페인이 있는데 당분간 녹차도 _____.

① 마시지 않아요   ② 마시지 마세요

③ 마실 줄 몰라요   ④ 마셨는지 몰랐어요

10 다음을 잘 읽고 ㉠과 ㉡에 들어갈 말을 각각 쓰십시오.

많은 등산객들이 단풍 구경을 하러 가을 산을 찾고 있습니다. 보다 안전하고 즐거운 등산을 위해 다음 주의 사항을 지켜 주시기 바랍니다.

1. 단풍이 아름답더라도 나뭇가지를 꺾지 마십시오.

2. (㉠) 조심하십시오. 작은 불씨가 산불의 원인이 됩니다.

3. 등산 중 생긴 쓰레기는 산에 (㉡) 다시 집으로 가져 가십시오.

㉠ _____   ㉡ _____

05

연결어미
Connective Endings

In this unit, we will learn about connective endings in the Korean language. Connective endings refer to endings that are attached to the stems of verbs and adjectives and have the function of connecting to the next word.

Connective endings can be categorized into coordinate connective endings, subordinate connective endings, and auxiliary connective endings. Coordinate connective endings connect the preceding clause with the following clause. These connective endings include endings that have the functions of listing, contrasting, and making a choice.

Subordinate connective endings are endings that have the preceding clause give the following clause a reason or cause, a condition or assumption, an intent or goal, background, or a figure of speech.

Auxiliary connective endings help verbs or adjectives that give real meaning, and they include "–아/어 버리다," "–고 말다," and "–게 하다."

바꿔쓰기

1 지금 다리도 아파서 배도 고파요.

→ _____

2 가: 형도 학생이에요?

나: 아니요. 형은 학생이 **아니지만** 회사원이에요.

→ _____

3 요즘 저는 한국어를 **배우고** 동생은 일본어를 배워요.

→ _____

문법공부

(1) This expression is used to connect the preceding clause with the following clause without any regard to the sequence of time.

- 가: 요즘 서울 날씨는 어때요? How's the weather in Seoul?
  나: 바람이 많이 불고 추워요. It's windy and cold.

- 동대문 시장에는 예쁜 옷이 많고 명동에는 맛있는 길거리 음식이 많아요.
  You can spot many pretty clothes at Dongdaemun Market while you can spot an abundance of tasty street food in Myeongdong.

(2) The following is the form information for this expression.

	−고			
A/V	작다	작고	크다	크고
	먹다	먹고	가다	가고
N	이고			
	학생이고		남자이고	

(3) If you want to stress meaning in this expression, you can use the form "N도 A/V−고 N도 A/V."

- 친구가 전화도 안 받고 문자메시지에 답도 안 해요.
  My friend is not answering any calls or text messages.

(4) You can use this expression to connect opposing or contrasting content and use the form below.

A/V−고 A/V−(으)ㄴ/는 것은 ~

- 유학을 가고 안 가는 것은 본인이 결정할 일이에요.
  The decision whether to study abroad or not is up to you.

(5) This expression can be used to deny one of the two choices, and it is used in the form below.

N이/가 **아니고** N이다
= 아니라

- 저 사람은 미국 사람이 아니고 한국 사람이에요. He is a Korean, not an American.
= 미국 사람이 아니라

---

1 지금 다리도 아파서 배도 고파요.
└→ 아프고

"–고" is used to connect the preceding clause and the following clause regardless of time and sequence. In this sentence, the person is listing his/her condition as 다리도 아파요 and 배도 고파요. "V–아/어서" is used to describe sequence, but be careful with the usage as many people get confused after they learn about "–고" and "–아/어서."
- 케이크를 만들어서 친구에게 줬어요. ▶p.98

2 가: 형도 학생이에요?
나: 아니요. 형은 학생이 아니지만 회사원이에요.
└→ 아니고

"–고" is used to deny one out of two choices, and it is used in the form "N이/가 아니고 N이다." Although the meaning conveyed in the sentence is "my brother is not a student, but an office worker," it is incorrectly written as 아니지만. "–지만" is used in the context of opposition and contrast.
- 저는 학생이지만 형은 회사원이에요. ▶p.88

3 요즘 저는 한국어를 배우고 동생은 일본어를 배워요.
└→ 배우고

The forms of the verbs and adjectives to which "–고" is attached are in the basic form, not "–아/어요." However, in this sentence, 요 is omitted from 배워요, and 고 is attached to incorrectly form 배워고.

어젯밤부터 머리가 ① 아프니까 콧물도 났다. 약을 먹었지만 효과가 없어서 오늘 병원에 갔다.
→ _____

의사 선생님은 일반 감기가 ② 아니지만 독감이라고 하셨다. 그래서 주사를 ③ 맞고 며칠 동
→ _____   → _____

안 약을 먹으며 집에만 있기로 했다.

1 가: 한국에서는 명절에 무슨 음식을 먹습니까?

　　나: 추석에는 송편을 **먹으면** 설날에는 떡국을 먹습니다.

　　→ ‾‾‾‾‾‾‾‾‾‾‾‾‾‾‾‾‾‾

2 칭찬은 사람들이 더 **노력하게** 살 수 있는 힘을 줍니다.

　　→ ‾‾‾‾‾‾‾‾‾‾‾‾‾‾‾‾‾‾

3 그 사람은 **가수니까** 호텔을 경영하고 있는 사업가이다.

　　→ ‾‾‾‾‾‾‾‾‾‾‾‾‾‾‾‾‾‾

(1) This expression is used to connect the preceding clause and the following clause in a equal term regardless of the sequence of time.

- 가: 환경 오염을 줄이기 위해 우리가 할 일은 무엇입니까?
  What should we do to reduce environmental pollution?
- 나: 음식물 쓰레기를 줄여야 하며 대중교통을 많이 이용해야 합니다.
  We must reduce food waste and use the public transportation system.

- 서울은 한국의 수도이며 정치·문화·경제·교통의 중심지이다.
  Seoul is the capital of Korea, and it is the center of politics, culture, economy, and transportation.

(2) The following is the form information for this expression.

A/V	Final consonant ○ + –으며		Final consonant × + –며	
	높다	높으며	크다	크며
	찾다	찾으며	보다	보며
N	이며			
	학생이며		남자이며	

(3) In this expression, the preceding clause and the following clause can have different subjects, and if the subjects are the same, it is advised to use only one subject in the preceding clause.

- 부모님께서는 중국에 계시며 저와 동생은 한국에서 살고 있습니다.
  My parents live in China, and I live with my brother in Korea.

- 피터는 뉴욕에서 왔으며 (피터는) 경제학을 전공하고 있다.
  Peter is from New York, and he is majoring in economics.

(4) This expression is attached behind a verb, and it is also used to describe two activities in the same time frame.

* You can change it with "–(으)면서," but compared to "–(으)면서," it is used more commonly in writing.

● 민수는 만화책을 읽으며 (민수는) 웃습니다. Minsu is laughing while he is reading the comic book.
　　　　　　= 읽으면서

1 가: 한국에서는 명절에 무슨 음식을 먹습니까?

나: 추석에는 송편을 **먹으면** 설날에는 떡국을 먹습니다.
　　　　　　　↳ 먹으며

"–(으)며" is used to list facts in the preceding clause and the following clause. In the dialogue, two facts regarding "things to do on a Korean holidays" are listed. Therefore, the usage of 먹으면 is incorrect. "–(으)면" is used when describing the preceding clause as the condition for the following clause.

● 재료가 다 준비됐으면 요리를 시작해 볼까요?　▶ p.154

2 칭찬은 사람들이 더 **노력하게** 살 수 있는 힘을 줍니다.
　　　　　　　　↳ 노력하며

"V–(으)며" is used when you do two things at the same time. However, 노력하게 is incorrectly used in this sentence. "–게" is used to describe the intensity or to describe a purpose.

● 사고가 나지 않게 천천히 가세요.　▶ p.344

3 그 사람은 **가수니까** 호텔을 경영하고 있는 사업가이다.
　　　　　　　↳ 가수이며

이며 comes behind nouns related to occupation, and it is used to indicate that you are doing many tasks. In this sentence, it is conveying the message that the person has two jobs. "–(으)니까" is used when the preceding clause is the reason or the basis of the decision in the following clause.

● 여기는 미술관이니까 통화는 밖에서 해 주시기 바랍니다.　▶ p.120

부산은 한국에서 두 번째로 큰 ① 도시여서 바다가 아름답기로 유명한 곳입니다. 이곳은 유명
　　　　　　　　　　　　　　　　　→

한 관광지이기 때문에 한국 사람뿐만 아니라 외국 사람들도 많이 찾습니다. 매년 10월에는 이

곳에서 국제 영화제가 열립니다. 이때 관광객들은 해운대에서 바다의 경치를 ② 즐겠기며 여러
　　　　　　　　　　　　　　　　　　　　　　　　　　　　　　　　　→

나라의 영화를 볼 수 있습니다. 그리고 부산에는 한국에서 가장 큰 수산물 시장이 있습니다. 이

곳에서는 다양한 해산물을 ③ 구경할 수 있으면 사서 먹을 수도 있습니다.
　　　　　　　　　　　　　→

③ -지만　　　　〈1〉나열·대조·배경

1　이메일을 보낸 지 일주일이 **지났고** 아직도 답장을 못 받았어요.

→ ....

2　가: 어제 친구랑 쇼핑 잘 했어요?

나: 네. 친구 때문에 화가 좀 **나지만** 필요한 건 다 샀어요.

→ ....

3　어제도 **말했으니까** 결석하면 사유서를 내야 합니다.

→ ....

(1) This expression is used when the contents of the preceding clause and the following clause are in opposition or in contrast.

- 왕영 씨는 영어는 할 줄 알지만 일본어는 할 줄 몰라요.
  Wangyoung can speak English well, but she cannot speak Japanese.

- 가: 학생 식당 음식이 어때요? How is the food at the school cafeteria?
  나: 맛은 없지만 값은 싸요. It's not delicious, but the price is low.

(2) The following is the form information for this expression.

-지만			
A/V	작다	작지만	크다	크지만
	먹다	먹지만	가다	가지만
N	Final consonant ○ + 이지만		Final consonant × + 지만	
	지하철이지만		버스지만	

(3) This expression can be changed with "-(으)ㄴ데/는데" or "-(으)나," which is used in opposing or contrasting context. However, "-(으)ㄴ데/는데" or "-지만" can be used in both formal and informal situations, but "-(으)나" is used more commonly in formal settings.

- 고속 전철은 빠르지만 값이 비쌉니다. The high-speed trains are fast, but they're expensive.
  = 빠른데 = 빠르나

(4) This expression is used in the preceding clause as an introduction regarding the content before it is dealt with in the following clause. It is generally used for making announcements or delivering messages.

● 이미 알고 있겠지만 한 번 더 설명해 드릴게요.
You might know this already, but let me explain it to you one more time.

(5) This expression is used as an idiomatic expression like 실례지만, 미안하지만, and
수고스럽겠지만 and can be used to ask a favor or a question in a polite manner.

● 실례지만 전화번호 좀 알려 줄래요? Excuse me. Can you tell me your phone number?

1 이메일을 보낸 지 일주일이 **지났고** 아직도 답장을 못 받았어요.
┗→ 지났지만

"–지만" is used when the content of the preceding clause is the opposite or in
contrast with that of the following clause. In this sentence, "I sent email" and "I
didn't receive an answer" are opposites, so 지났고 is incorrectly used. "–고" is used
when you list something or do a sequential activity.

● 여기에서 오른쪽으로 가면 편의점이 보이고 왼쪽으로 가면 약국이 보여요. ▶p.84
● 식사를 하고 이를 닦도록 하세요. ▶p.100

2 가: 어제 친구랑 쇼핑 잘 했어요?
나: 네, 친구 때문에 화가 좀 **나지만** 필요한 건 다 샀어요.
┗→ 났지만

The past or future tense can be used with "–지만." In the dialogue, the speaker is
talking about yesterday's events, yet the present tense 나지만 is incorrectly used.

3 어제도 **말했으니까** 결석하면 사유서를 내야 합니다.
┗→ 말했지만

"–지만" can be used as an introduction before telling a story. "–(으)니까" is used
when the preceding clause becomes the reason for the following clause.

● 교통사고가 났으니까 다른 길로 돌아갑시다. ▶p.120

미역국은 한국 사람들에게 특별한 음식이다. 미역은 별로 ① 맛은 없고 피를 맑게 해 주기 때문
→
에 건강에 좋다고 한다. 그래서 한국 사람들은 아이를 낳은 후에 미역국을 먹는다고 한다. 그리
고 생일에도 미역국을 먹는다고 한다. 외국인인 나도 이런 사실을 ② 알고 있었으니까 아직까
→
지도 잘 못 먹는다. 내 친구는 어제 ③ 생일이지만 시험 때문에 미역국을 먹지 않았다고 한다.
→
그 이유가 보통 한국 사람들은 시험 보는 날에 미역국을 먹으면 미역이 미끄러우니까 시험에
떨어질 거라고 생각하기 때문이라고 했다.

바꿔쓰기

1 가: 요즘 돈도 별로 없으니까 보고 싶은 공연이 많네.

→ _____

나: 그래? 내가 공연 한 편 정도는 보여 줄 수 있어. 네가 보고 싶은 것을 골라 봐.

2 6개월 전에는 기숙사에서 **사는데** 지금은 하숙집에서 살아요.

→ _____

3 휴대폰을 안 가져왔는데 휴대폰 좀 **빌려요**.

→ _____

문법공부

(1) This expression is used when the preceding clause is used to describe a situation or background regarding the following clause.

- 가: 지금 밖에 비가 오는데 우산이 없어요. It's raining outside, but I don't have an umbrella.
  나: 저한테 우산이 있으니까 같이 쓰고 가요. I have an umbrella, so let's share.

- 가: 집을 구하고 싶은데 어떻게 해야 할까요? I want to rent a house, so what can I do?
  나: 부동산부터 가 보세요. Please go to the real estate first.

(2) The following is the form information for this expression.

	Present		Past	
A	Final consonant ○ + –은데	Final consonant × + –ㄴ데	–았/었는데	
	작다 작은데	싸다 싼데	작다 작았는데	
V	–는데		–았/었는데	
	먹다	먹는데	입다 입었는데	
N	인데		Final consonant ○ + 이었는데	Final consonant × + 였는데
	여자	여자인데	휴일 휴일이었는데	친구 친구였는데

(3) This form is used to introduce someone. In this form, the following clause explains the content of the preceding clause.

- 제 친구는 뉴욕에서 왔는데 K–Pop을 아주 좋아해요.
  My friend is from New York, and s/he likes K-Pop a lot.

(4) This expression is used when the content of the preceding clause is in contrast with the content of the following clause. In this case, you can change it with "–지만" or "–(으)나."

● 단 음식은 잘 먹는데 매운 음식은 못 먹어요. I can eat sweet food well, but I can't handle spicy food.
　　= 먹지만 = 먹으나

(5) This expression is used when the preceding clause provides the reason for the following clause. The following is the limit in form as below.

> **-(으)ㄴ데/는데 + V-아/어 주세요, 같이 V-(으)시겠어요? (○)**
> **V-(으)ㄹ까요?, V-(으)ㅂ시다, V-(으)세요 (○), V-아/어요 (×)**

1 가: 요즘 돈도 별로 **없으니까** 보고 싶은 공연이 많네.
　　　　　　　↳ 없는데
　　나: 그래? 내가 공연 한 편 정도는 보여 줄 수 있어. 네가 보고 싶은 것을 골라 봐.

"-(으)ㄴ데/는데" is used when the preceding clause is used to explain the situation or the background of the following clause. Because he lacked money, he had the desire to see many concerts. The meaning conveyed in the sentence refers to the fact that the person wanted to see many concerts, but he did not have much money nowadays. So, it is incorrect to use the form 없으니까. Therefore, be careful not to use the form "-(으)니까" when you confuse the background explanation with a reason.
● 날씨가 추우니까 따뜻하게 입고 나가세요. ▶p.120

2 6개월 전에는 기숙사에서 **사는데** 지금은 하숙집에서 살아요.
　　　　　　　　　　　　　↳ 살았는데

"-(으)ㄴ데/는데" can be used together with the past and future tenses. Although there is the past tense expression 6개월 전, the present tense 사는데 is incorrectly used.

3 휴대폰을 안 가져왔는데 휴대폰 좀 **빌려요.**
　　　　　　　　　　　　↳ 빌려주세요

When the preceding clause of "-(으)ㄴ데/는데" becomes the reason for the following clause, forms such as imperatives, propositives, and propositions are used in the following clause. In this sentence, 휴대폰을 안 가져왔는데, becomes the reason for the following clause, but it is incorrectly used in the declarative form of 빌려요.

한국 사람들은 보통 이사를 한 후에 집에 친구나 가족을 ① 초대하니까 이것을 '집들이'라고 해
　　　　　　　　　　　　　　　　　　　　　→ ＿＿＿＿＿＿＿＿＿＿＿
요. 집들이에 갈 때는 보통 세제나 휴지를 사 가지고 ② 간데 세제는 사용할수록 거품이 많이 나
　　　　　　　　　　　　　　　　　　　　→ ＿＿＿＿＿＿＿＿＿＿＿
니까 거품처럼 돈을 많이 벌라는 의미가 있어요. 그리고 휴지는 일이 잘 풀리라는 의미가 있어
요. 저는 어제 친구 집들이에 가면서 세제를 사 가지고 갔는데 친구 집에 벌써 선물 받은 세제
가 많았어요. 그래서 제가 "우리 집에는 세제가 없는데 이건 저한테 다시 선물로 ③ 줄 거예요."
라고 농담을 했어요.　　　　　　　　　　　　　　　　　　→ ＿＿＿＿＿＿＿＿＿

1 가: 이 컵을 깨트린 사람이 하영 씨죠?

나: 네, 미안해요. 제가 **깨트렸지만** 민수 씨가 제 팔을 치는 바람에 그랬어요.

→ _____

2 이따가 서점에 **가겠기는 하지만** 몇 시에 갈지는 잘 모르겠어요.

→ _____

3 아직도 한국 생활이 **익숙하지 않기지만** 처음보다 나아졌어요.

→ _____

(1) This expression is used when you acknowledge the content of the preceding clause but have a different opinion in the following clause.

- 가: 채소가 건강에 좋다고 하니까 매일 드세요.
  Eat vegetables every day as they say vegetables are good for your health.
- 나: 채소가 건강에 좋다는 것을 알기는 하지만 매일 먹는 것이 쉽지는 않아요.
  I know that vegetables are good for my health, but it's not easy to eat them every day.

- 이 운동화는 신기가 편하기는 하지만 디자인은 별로 마음에 안 들어요.
  These sneakers are comfortable, but I don't like their design too much.

(2) The following is the form information for this expression.

	Present		Past	
	−기는 하지만		**−기는 했지만**	
A/V	좁다	좁기는 하지만	크다	크기는 했지만
	입다	입기는 하지만	보다	보기는 했지만
N	Final consonant ○ + 이기는 하지만	Final consonant × + (이)기는 하지만	Final consonant ○ + 이기는 했지만	Final consonant × + (이)기는 했지만
	동생 / 동생이기는 하지만	남자 / 남자기는 하지만	동생 / 동생이기는 했지만	남자 / 남자기는 했지만

* When using the future tense, attach "−기는 하겠지만" to the verb or adjective.

(3) This expression uses repetitive verbs or adjectives and can be used in the form of "−기는 −지만."

- 이 식당은 음식값이 싸기는 싸지만 재료는 신선하지 않은 것 같아요.
  The price of food at this restaurant is cheap, but I don't think the ingredients are fresh.

(4) The following shows the difference this expression has with "−지만," which has the meaning of contrast.

	A/V-기는 하지만	A/V-지만
Meaning	선행절 −기는 하지만 후행절 [Accept] [Contrast, Stress]	선행절 −지만 후행절 [Fact] [Opposition/Contrast]

Relationship between preceding and following clause	Relation to content (○)
	• 이 가방이 가볍기는 하지만 가격이 너무 비싸요.
	  This bag is light, but it is too expensive.
		Relation to content (×)
		• 저는 한국 음식을 잘 먹지만 동생은 잘 못 먹어요.
		  I like to eat Korean food, but my brother cannot eat it.

1 가: 이 컵을 깨트린 사람이 하영 씨죠?

나: 네, 미안해요. 제가 **깨트렸지만** 민수 씨가 제 팔을 치는 바람에 그랬어요.
                  ↳ 깨트리기는 했지만

"−기는 하지만" is used when you accept the content of the preceding clause but have a different opinion to offer in the following clause. In this dialogue, the person accepts the fact that she broke the cup and wants to say that it was due to someone else's actions. However, 깨트렸지만 is incorrectly written as it conveys a different message. "−지만" is used when the contents of the preceding clause and the following clause are in contrast.

● 이번 시험을 위해 최선을 다했지만 점수가 좋지 않아요. ▶p.88

2 이따가 서점에 **가겠기는 하지만** 몇 시에 갈지는 잘 모르겠어요.
             ↳ 가기는 하겠지만

When you describe the tense of this expression, the past tense form is "−기는 했지만," and the future tense form is "−기는 하겠지만." However, the future tense is incorrectly used as 가겠기는 하지만 in this sentence. Please remember that you cannot use "−았/었−" or "−겠−" in front of "−기는 하지만."

3 아직도 한국 생활이 **익숙하지 않기지만** 처음보다 나아졌어요.
                ↳ 익숙하지 않기는 하지만

The negative form of "−기는 하지만" is "−지 않기는 하지만" or "−지 못하기는 하지만." Please be careful not to incorrectly use the form "−기는 하지만."

지금 사는 집이 회사와 멀어서 이사 가려고 했다. 지난주에 본 집이 마음에 ① 들었기는 하지만
                                                 →

월세가 너무 비쌌다. 내가 월세 때문에 걱정하니까 직장 동료는 전세를 생각해 보라고 했다. 물론 전세를 구하면 매달 돈을 안 ② 내지만 계약할 때 아주 많은 돈이 필요하다. 사실 지금 사는
                      →

집이 불편한 점이 ③ 있기 지만 월세가 싸고 집도 깨끗하니까 아무래도 이사는 다시 생각해 봐
                   →

야겠다.

6 −는데도 〈1〉나열·대조·배경

바꿔쓰기

1 꾸준히 약을 **먹고도** 감기가 낫지 않아서 걱정이에요.

→ _____

2 가: 꽃이 활짝 피었네요.

나: 그러게요. 자주 물을 안 **준데도** 꽃이 피었어요.

→ _____

3 배가 **부른데도** 계속 먹읍시다.

→ _____

문법공부

(1) This expression is used when there is a different situation in the following clause that is not predictable by the content of the preceding clause.

- 가: 지금 중급반에서 공부한다고요? 그럼, 한국어를 잘하겠네요.
  So you are studying in the intermediate class? You must be good at Korean.
  나: 아니요. 중급반에서 공부하는데도 아직 잘 못해요.
  No. Although I study in the intermediate level, I'm not good at Korean.

- 날씨가 안 좋은데도 공연장에 사람들이 많이 왔어요.
  Despite the bad weather, many people came to the concert hall.

(2) The following is the form information for this expression.

	Present		Past	
A	Final consonant ○ + −은데도	Final consonant × + −ㄴ데도	−았/었는데도	
	작다 작은데도	싸다 싼데도	작다	작았는데도
V	−는데도		−았/었는데도	
	먹다 먹는데도		입다	입었는데도
N	인데도		Final consonant ○ + 이었는데도	Final consonant × + 였는데도
	여자 여자인데도		휴일 휴일이었는데도	친구 친구였는데도

(3) This expression is used in the "−(으)ㄴ데도/는데도 불구하고" form to stress the meaning.

- 부모님이 반대했는데도 (불구하고) 두 사람은 결혼했다.
  They got married despite the fact that their parents were against the marriage.

(4) This expression can be used interchangeably with "V−고도," but there are differences as noted below.

	A-(으)ㄴ데도 / V-는데도	V-고도
Tense	Past tense: -았/었는데도	Cannot use with "-았/었-" or "-겠-" • 늦게 왔**고도** 미안해하지 않았어요. (×) → 늦게 <u>오**고도**</u> 미안해하지 않았어요. (○) Although he came late, he wasn't sorry.
Same subjects	The subject of the preceding clause and the following clause can be the same or different. • 닭갈비가 매운데도 <u>스티븐은</u> 잘 먹어요. Even though the chicken *galbi* is spicy, Steven is enjoying it. • (<u>저는</u>) 매일 단어를 외우는데도 (<u>저는</u>) 단어 시험 점수가 안 좋아요. I memorize words every day, but I don't do well on vocabulary tests.	The subject of the preceding clause and the following clause should be the same. • (언니는) 하루 종일 자**고도** (언니는) 또 자고 싶다고 해요. Although my sister slept all day, she says she wants to go back to sleep again.

1 꾸준히 약을 **먹고도** 감기가 낫지 않아서 걱정이에요.
           └→ 먹는데도

In terms of "-(으)ㄴ데도/는데도," the subjects of the preceding clause and the following clause can be the same or different. "V-는데도" can be used interchangeably with "V-고도," but in this case, the subjects of both the preceding clause and the following clause must be the same. The subjects of the preceding clause and the following clause are different as they are 내가 and 감기가, so it's incorrect to write 먹고도 in this sentence.

2 가: 꽃이 활짝 피었네요.

나: 그러게요. 자주 물을 안 **준데도** 꽃이 피었어요.
                 └→ 줬는데도

The past tense form of "-(으)ㄴ데도/는데도" is "-았/었는데도," yet in this sentence, the past tense is incorrectly written as 준데도. "-(으)ㄴ데도" is used when the adjective is attached, not when the past tense form of verb is attached.

3 배가 **부른데도** 계속 **먹읍시다.**
                └→ 먹어요 / 먹어요?

In the following clause "-(으)ㄴ데도/는데도," you cannot use imperative or propositive statements. However, 먹읍시다, is incorrectly used in this sentence.

지난주에 휴대폰을 ① <u>고치고도</u> 잘 안 돼서 새 휴대폰을 사러 갔어요. 마음에 드는 휴대폰이 있
               → _____

었지만 비쌌어요. 직원은 그 휴대폰이 ② <u>비싸는데도</u> 인기가 많다고 했어요. 그렇지만 나는 싼
                     → _____

휴대폰을 샀어요. 휴대폰을 샀는데도 집에 오는 내내 처음에 봤던 휴대폰 생각만 ③ <u>나세요.</u>
                                        → _____

[1~3] ( )에 들어갈 가장 알맞은 것을 고르십시오.

1

> 가: 교수님, 학생들 출석 확인이 끝났습니다. 다음에는 뭘 할까요?
> 나: 그럼 ( ) 이것 좀 20장만 복사해 주세요.

① 수고스럽게　　　② 수고스러운데　　　③ 수고스러워서　　　④ 수고스럽겠지만

2

> 가: 아멜리아 씨, 주말에 뷔페에 갔다면서요? 맛있게 먹었어요?
> 나: 아니요. 음식이 ( ) 제 입맛에 맞는 음식은 별로 없어서 많이 못 먹었어요.

① 많았을 텐데　　　② 많은 데다가　　　③ 많은 셈 쳐도　　　④ 많기는 했지만

3

> 가: 다시냥 씨는 언제나 학교에 일찍 오네요.
> 나: 네. 다시냥 씨는 집이 ( ) 항상 일찍 오는 것 같아요.

① 멀며　　　② 멀도록　　　③ 먼데도　　　④ 멀 테니까

[4~6] 다음 밑줄 친 부분과 의미가 비슷한 것을 고르십시오.

4

> 가: 미아 씨의 어릴 때 사진을 보니까 <u>여자가 아니고</u> 남자 같아 보이더라고요.
> 나: 맞아요. 그래서 어릴 때는 오해를 많이 받았어요.

① 여자인 탓에　　　② 여자가 아니라　　　③ 여자이기 때문에　　　④ 여자가 아니라서

5

> 한국의 사계절은 변화가 <u>뚜렷하며</u> 여름과 겨울의 온도 차이가 큽니다.

① 뚜렷하고　　　② 뚜렷한데　　　③ 뚜렷해서　　　④ 뚜렷하지만

6

> 가: 집 근처에 시장도 있고 마트도 있는데 어디로 갈까요?
> 나: 마트는 <u>시장보다 쇼핑하기는 편한데</u> 값은 좀 비싸요. 그러니까 시장으로 갑시다.

① 시장보다 쇼핑하기는 편하면　　　　② 시장보다 쇼핑하기는 편하니까

③ 시장보다 쇼핑하기는 편하고　　　　④ 시장보다 쇼핑하기는 편하지만

[7~9] 다음을 잘 읽고 이어질 수 있는 말을 고르십시오.

7

> 가: 이번에도 보나 마나 우리 팀이 질 거야. 상대 팀이 우리 팀보다 훨씬 잘하잖아.
>
> 나: 무슨 소리야? '_____ 끝까지 가 봐야 안다.'는 말도 있잖아.
> 우리 팀이 이길 수도 있으니까 그런 말 하지 마.

① 이기려면   ② 이겼으니까

③ 이기고 지는 것은   ④ 이겼다가 졌을 때

8

> 가: 지금 교통사고가 난 현장을 연결해 보겠습니다. 이현수 기자, 어떻게 하다가 사고가
> 났습니까?
>
> 나: 트럭이 _____ 맞은편 차와 부딪쳤습니다. 이 사고는 트럭 운전
> 기사의 졸음으로 인하여 발생한 것으로 보입니다.

① 중앙선을 넘으며   ② 중앙선을 넘기 위해서

③ 중앙선을 넘었는데도   ④ 중앙선을 넘을까 봐서

9

> 가: 남자 친구한테 바람 맞아서 기분이 너무 안 좋아.
>
> 나: 그래? 나도 회사 일 때문에 좀 우울한데 같이 _____ 기분을 좀
> 풀어 보자.

① 술을 마셨고   ② 술을 마셨지만   ③ 술을 마시며   ④ 술을 마시는데도

10 다음을 잘 읽고 ㉠과 ㉡에 들어갈 말을 각각 쓰십시오.

> 오늘 아침부터 눈이 내려서 많은 분들이 못 오실까 봐 걱정했습니다. 그런데 희수의 돌잔
> 치에 많은 분들이 와 주셨습니다. 이렇게 눈이 (㉠   ) 불구하고 참석해 주신 여러
> 분께 진심으로 감사드립니다. 여러분도 아시다시피 희수가 태어났을 때는 다른 아이들보
> 다 (㉡   ) 약했습니다. 그런데 지금은 아주 잘 자라고 있습니다. 희수가 지금처럼
> 건강하고 행복하게 살 수 있도록 앞으로도 잘 키우겠습니다.

㉠ _____   ㉡ _____

① −아/어서 ① 〈2〉 시간·순차적 행동

1 가: 굽이 높은 구두를 신어서 다리가 좀 아파요.

　　나: 그럼, 저 의자에 **앉고** 좀 쉬었다가 가요.

　　　　　→ _____

2 내일 선물을 **사겠어서** 친구한테 줄 거예요.

　　　→ _____

3 제가 김밥을 만들어서 **동생이** 친구들과 먹었어요.

　　　　　→ _____

(1) This expression is attached to a verb, and it is used when the events in the preceding clause and following clause occur according to sequence in time. However, in this case, the activities in the preceding clause and following clause must be related.

- 가: 고향에 가서 맛있는 음식을 실컷 먹을 거예요.
  I am going to my hometown, and then I will eat as much tasty food as I can.
- 나: 그래요. 1년 만에 가는 거니까 고향 음식을 많이 먹고 오세요.
  Okay. Since it has been a year since you visited your hometown, so, eat as much hometown food as you can.

- 가: 시간도 없는데 음식을 배달시켜서 먹을까요?
  Shall we order and eat some food since we don't have time?
- 나: 아니요. 반찬은 많이 있어요. 그러니까 밥만 해서 먹읍시다.
  No. We have many side dishes. Let's just cook the rice.

(2) The following is the form information for this expression.

	ㅏ, ㅗ + −아서		ㅓ, ㅜ, ㅡ, ㅣ + −어서		하다 → 해서	
V	만나다	만나서	내리다	내려서	공부하다	공부해서
	오다	와서	배우다	배워서	운전하다	운전해서

(3) This expression commonly uses the following verbs in the preceding clause.

가다, 오다, 사다, 앉다, 서다, 걷다, 씻다 만나다, 만들다, 내리다, 빌리다, 건너다, 일어나다	+ −아/어서

- 티셔츠를 사서 동생한테 생일 선물로 줬어요.
  I bought a T-shirt and gave it to my brother for his birthday.

(4) When you use this expression, the subjects of the preceding clause and the following clause must be the same, and in this case, it is natural for the subject to be used only once in the preceding clause.

- 제가 도서관에서 책을 빌려서 동생이 (그 책을) 읽었어요. (×)
  → 제가 도서관에서 책을 빌려서 (제가) (그 책을) 읽었어요. (○)
  I borrowed a book from the library and read it.

1 가: 굽이 높은 구두를 신어서 다리가 좀 아파요.

나: 그럼, 저 의자에 앉고 좀 쉬었다가 가요.
　　　　　　　└→앉아서

"-아/어서" describes the sequence of time, and in this case, if the action of the preceding clause does not happen, the action of the following clause cannot happen. In the dialogue, the activity of 쉬다 will happen after (우리가) 의자에 앉다, yet it is incorrectly written as 앉고. "-아/어서" should be always attached to verbs, especially ones like 앉다, 서다, and 내리다. As in the case of "-아/어서," "-고" also describes time, but there is no relationship to the actions of the preceding clause and the following clause.
- 백화점에서 친구 선물을 사고 모임 장소로 갔어요. ▶p.100

2 내일 선물을 사겠어서 친구한테 줄 거예요.
　　　　　　└→사서

Forms like "-았/었-" and "-겠-," which describe the tense, cannot be used in front of "-아/어서." However, in this sentence, "-겠-," which describes the future, is incorrectly used in 사겠어서.

3 제가 김밥을 만들어서 동생이 친구들과 먹었어요.
　　　　　　　　└→(제가)

As the actions of the preceding clause and the following clause are connected, the subjects have to be the same when using "-아/어서." However, in this sentence, the subject of the preceding clause is 제가 while the subject of the following clause is incorrectly used as 동생이. When the subjects of the preceding clause and the following clause are the same, normally, the subject of the following clause is omitted.

안녕하십니까? 저희 '행복 여행사'를 이용해 주셔서 감사합니다. 오늘 하루 동안의 여행 일정에 대해 말씀드리겠습니다. 먼저 한라산에 올라가겠습니다. 버스로 한라산 중간까지 간 후에 ① 내리고 걸어 올라가도록 하겠습니다. 그리고 점심을 먹은 후에 여러분이 귤 농장에서 직접

→ _____

귤을 따서 ② 제가 봉지에 담는 체험을 할 겁니다. 마지막으로 요즘 제주도에서 인기가 많은 바

　　　　　→ _____

닷가로 ③ 가겠어서 구경하겠습니다.

　　→ _____

1 가: 여기에서 버스를 타면 남대문 시장에 갈 수 있나요?

　　나: 네, 버스를 **타서** 두 정거장만 가면 남대문 시장이에요.

　　　　→ _____

2 그 식당은 유명해서 **예약했고** 갔어요. 안 그랬으면 아주 오래 기다렸을 거예요.

　　　　→ _____

3 빨리 점심을 **먹어고** 아르바이트하러 가야 돼요.

　　　　→ _____

(1) This expression is used to indicate that the activities in the following clause are performed after the activities of the preceding clause in the order of time. In this case, the activities in the preceding clause and the following clause are not connected, but the events take place in a sequence.

- 가: 미안해. 내가 너무 늦게 왔지? 뭐부터 하면 돼?
  I am sorry. I am awfully late, aren't I? What should I do?
- 나: 괜찮아. 우선 옷부터 갈아입고 와. 좋은 옷에 페인트가 묻으면 안 되잖아.
  It's okay. First, change your clothes. You can't get paint on your good clothes.
- 아직 시간이 있으니까 쇼핑부터 하고 영화를 보자.
  We still have time, so let's go shopping and watch movies.

(2) The following is the form information for this expression.

	−고			
V	먹다	먹고	사다	사고
	씻다	씻고	보내다	보내고

(3) The following verbs are not used with "−아/어서," which describes the sequence of time, and are used with "−고."

보다, 듣다, 읽다, 먹다, 입다, 신다, 타다, 끼다, 메다, (모자를) 쓰다　　＋ −고

- 지하철 7호선을 타고 고속터미널역에서 내리세요.
  Take subway line number 7 and get off at Express Bus Terminal Station.

(4) This expression is different from "−고," which lists things as noted below.

	V−고 (시간의 순서)	A/V−고 (나열)
	If the content of the preceding clause and the following clause changes, the meaning also changes.	This can change the content of the preceding clause and the following clause.

Meaning	• 숙제를 하고 친구와 놀았어요. (먼저 숙제를 했어요. 그 다음에 친구와 놀았어요.) I did my homework and played with friend. (I did my homework first. Then, I played with my friend.)	• 숙제를 하**고** 친구와 놀았어요. (한 일에 대해 나열해서 말함.) I did my homework and played with my friend. (listed the things I did) = 친구와 놀**고** 숙제를 했어요. I played with my friend and did my homework.
Subject	Has to be the same	Can be different
Tense expression	–았/었–, –겠– (×)	–았/었–, –겠– (○)

1 가: 여기에서 버스를 타면 남대문 시장에 갈 수 있나요?

나: 네, 버스를 타서 두 정거장만 가면 남대문 시장이에요.

　　　　　└→ 타고

In case of using the verb 타다, it is used with "–고" when it is happening in a time sequence. If "–아/어서" shows sequence, the content of the preceding clause and the following clause must be related to each other.

● 시청역에서 내려서 3번 출구로 나오세요. ▶ p.98

2 그 식당은 유명해서 **예약했고** 갔어요. 안 그랬으면 아주 오래 기다렸을 거예요.

　　　　　　　　└→ 예약하고

When events happen in a time sequence, you can attach an expression that describes tense in front of "–고." However, in this sentence, although it describes the events that occurred in a time sequence, 예약했고 is incorrectly written. But you can attach "–았/었–" or "–겠–" in front of "–고" if you are listing events regardless of the sequence.

● 저는 비빔밥을 먹었고 친구는 불고기를 먹었어요. ▶ p.84

3 빨리 점심을 **먹어고** 아르바이트하러 가야 돼요.

　　　　└→ 먹고

Normally, when you use "–고," you attach only "–고," but in this sentence, 먹어고 is incorrectly used. You must be careful not to get the base form of verb confused with "–아/어요" as you get accustomed to the form "–아/어요."

어제는 하루 종일 바빴다. 먼저 아침을 ① 먹어서 헬스장에 갔다. 그리고 아르바이트를 ② 해고

　　　　　　　　　　　　　　→ ＿＿＿＿＿＿＿＿　　　　　　　　　　　　　→ ＿＿＿＿

숙제를 하려고 도서관에 갔다. 그런데 도서관에서 우연히 선배를 만나서 이야기를 하고 선배와

저녁을 먹었다. 저녁을 ③ 먹었고 기숙사에 와서 책을 보다가 밤 12시쯤 잤다.

　　　　　　　　　→ ＿＿＿＿＿＿＿＿

③ −기 전에 〈2〉시간·순차적 행동

1 한국에 **온 전에** 한국어는 물론이고 한국에 대해서도 아는 게 없었어요.

→ _____

2 가: 다음 달에 결혼한다고요? 신혼집은 구했어요? 요즘 집 구하기가 힘들다던데요.

나: 그러게요. 그래서 결혼식 준비를 **하겠기 전에** 신혼집부터 알아보려고 해요.

→ _____

3 한국에서는 집안에 들어가기 전에 신발을 **신으세요.**

→ _____

(1) This expression is attached to a verb, and it is used when the actions in the following clause happen before the actions in the preceding clause.

- 가: 잠깐만요. 준비 운동도 안 했는데 물에 들어가려고 해요?
  Wait a minute. You are going into the water without doing any warmup exercises?
- 나: 아, 잊어버렸어요. 물에 들어가기 전에는 꼭 준비 운동을 해야 하는데 자꾸 잊어버려요.
  Oh, I forgot. I should do warmup exercises before going into the water, yet I constantly forget about them.

- 가: 민재야, 손 씻었니? 엄마가 밥을 먹기 전에 꼭 씻으라고 했는데.
  Minjae, did you wash your hands? Mother told you to wash your hands before eating.
- 나: 네. 지금 손을 씻으러 화장실에 가고 있어요.
  Yes. I am on my way to the bathroom to wash my hands.

(2) The following is the form information for this expression.

	−기 전에			
V	입다	입기 전에	쓰다	쓰기 전에
	찾다	찾기 전에	자다	자기 전에

(3) This expression can be used with verbs. It cannot be used with adjectives in general, yet it can be used with adjectives like 늦다 and 아프다.

- 벌써 밤 10시예요. 더 늦기 전에 출발하세요. 그렇지 않으면 막차를 탈 수 없을 거예요.
  It's already 10 p.m. Please go before it's too late. If you don't go, you won't be able to take the last train.
- 기침을 한 지 2주일이 지났는데도 낫지 않네요. 더 아프기 전에 병원에 가 봐야겠어요.
  I have been coughing for two weeks, yet I am not getting better. I should go to see a doctor before I get sicker.

(4) If a noun comes before this expression, it is written as "N 전에."

- 1년 전에 한국에 왔는데 아직 한국에서 여행을 많이 못 했어요.
  I came to Korea a year ago, yet I haven't done much traveling in Korea.

- 건강을 위해서 내일부터 출근 전에 조깅하기로 했어요.
  For health reasons, starting tomorrow, I have decided to go jogging before going to work.

1 한국에 온 전에 한국어는 물론이고 한국에 대해서도 아는 게 없었어요.
  └→ 오기 전에

When certain activities happen first in a time sequence, you use "V-기 전에" or "N 전에." However, it is incorrectly written as 온 전에 as the person had confused "-(으)ㄴ 후에," which points out that certain activities are behind in terms of time, with "-기 전에." Please be advised that people can get "-기 전에" and "-(으)ㄴ 후에" confused.

- 식사를 한 후에 양치질을 꼭 하세요. ▶p.104

2 가: 다음 달에 결혼한다고요? 신혼집은 구했어요? 요즘 집 구하기가 힘들다던데요.
  나: 그러게요. 그래서 결혼식 준비를 하겠기 전에 신혼집부터 알아보려고 해요.
  └→ 하기 전에

You cannot use "-았/었-" or "-겠-" in front of "-기 전에." However, as the tense of the following clause is 알아보려고 해요, the form "-겠-," which describes the future tense, is incorrectly used in front of "-기 전에."

3 한국에서는 집안에 들어가기 전에 신발을 신으세요.
  └→ 벗으세요

For "-기 전에," in terms of sequence of time, activities in the following clause are conducted, and then the activities in the preceding clause are conducted. However, although 집안에 들어가다 should come after 신발을 벗다, the incorrect verb is used, and 신발을 신으세요 is incorrectly used in the following clause.

우리 집에는 제가 어렸을 때부터 지켜야 하는 규칙들이 있었어요. 먼저 집에서 ① 나갔기 전에
  →

함께 사는 할머니께 꼭 인사를 해야 했어요. 그리고 학교에 ② 간 전에 30분 동안 책을 읽어야
  →

했어요. 마지막으로 ③ 일어나기 전에 일기를 써야 했어요. 그런데 이것이 습관이 되어서 어른
  →

이 된 지금도 계속 하고 있어요.

④ –(으)ㄴ 후에 〈2〉시간·순차적 행동

1 가: 닌징 씨는 고등학교도 한국에서 다녔어요?

나: 아니요. 몽골에서 고등학교를 **졸업할 때** 한국에 왔어요.

→ ───────────

2 한국에서는 아기를 **낳는 후에** 미역국을 먹어요.

→ ───────────

3 곧 영화가 시작되니까 영화를 **보기 후에** 저녁을 먹으러 갑시다.

→ ───────────

(1) This expression is attached to a verb, and it is used when the actions in the preceding clause have ended, and the actions in the following clause will start at a later time.

- 가: 충치 치료가 다 끝났습니다. 앞으로는 밥을 먹은 후에 꼭 이를 닦도록 하세요.
  Your cavity treatment is now finished. From now on, please brush your teeth after you eat a meal.
  나: 네, 알겠습니다. 감사합니다.
  Yes, I understand. Thank you.

- 가: 청소랑 요리 중에서 뭘 먼저 할까?
  What should I do first, cleaning or cooking?
  나: 청소한 후에 요리하자. 요리하려면 시간이 좀 걸리잖아.
  Let's cook after cleaning. Cooking takes time anyway.

(2) The following is the form information for this expression.

	Final consonant ○ + –은 후에		Final consonant × + –ㄴ 후에	
V	씻다	씻은 후에	타다	탄 후에
	입다	입은 후에	연습하다	연습한 후에

(3) If a noun comes before this expression, use the form "N 후에."

- 지금은 회의 중이니 1시간 후에 다시 연락 주시기 바랍니다.
  I am in a meeting right now, so please contact me again in an hour.
- 별일 없으면 퇴근 후에 저하고 맥주 한잔해요.
  If you don't have anything to do, let's grab a beer after work.

(4) This expression can be used interchangeably with "–(으)ㄴ 뒤에" and "–(으)ㄴ 다음에" as there is no difference in meaning.

- 인터넷에서 자료를 찾아본 후에 보고서를 작성하는 게 좋겠어요.
  = 찾아본 뒤에
  It is a good idea to write the report after looking up information on the Internet.

● 컵라면에 뜨거운 물을 부은 후에 3분 정도 기다리세요.
= 부은 다음에
Wait 3 minutes after you pour hot water onto the cup noodles.

1 가: 닌징 씨는 고등학교도 한국에서 다녔어요?

나: 아니요. 몽골에서 고등학교를 졸업할 때 한국에 왔어요.
┗→ 졸업한 후에

"–(으)ㄴ 후에" is used when you do a different activity after you do a certain activity. Although contextually, the speaker means to say that he came to Korea after graduating from high school, 졸업할 때 is incorrectly written in the sentence. "–(으)ㄹ 때" refers to "the duration of an event or the moment the event is taking place."

● 몸이 아플 때 부모님 생각이 제일 많이 나요. ▶ p.106

2 한국에서는 아기를 낳는 후에 미역국을 먹어요.
┗→ 낳은 후에

The form "–(으)ㄴ 후에" is always used in the "–(으)ㄴ 후에" form. However, in this sentence, "–는," which is used to describe the present tense, is incorrectly added and used as 낳는 후에.

3 곧 영화가 시작되니까 영화를 보기 후에 저녁을 먹으러 갑시다.
┗→ 본 후에

The "V–(으)ㄴ 후에" or "N 후에" form is used when you describe the actions in the following clause after the actions in the preceding clause have ended. Although, in this sentence, the intended sequence of events is 저녁을 먹으러 가다 after 영화를 보다, 보기 후에 is incorrectly used. The form "–기 전에" should be used when you are describing events that happened before in terms of time, and the form "–(으)ㄴ 후에" should be used when the events happened afterward. However, be careful when using these forms. Many users mix up the two forms and make the mistake of incorrectly using the forms.

● 청소하기 전에 창문을 열어야 해요. ▶ p.102

한국에서는 나이가 많은 어른들과 함께 있을 때 지켜야 하는 예의가 있습니다. 식사할 때는 어른이 먼저 수저를 ① 드는 후에 아랫사람이 들어야 합니다. 그리고 어른이 음식을 다 드시고 자
→ _____

리에서 ② 일어나기 후에 아랫사람이 일어나야 합니다. 또한, 술을 마시는 경우에는 어른이 주
→ _____

시는 술을 ③ 받을 때 고개를 돌리고 술을 마셔야 합니다.
→ _____

⑤ -(으)ㄹ 때 〈2〉시간·순차적 행동

1 저는 비가 조금 왔을 때 우산을 펼까 말까 해요.

→ _____

2 가: 토미 씨는 언제 외로움을 느껴요?

나: 어려운 때나 슬플 때 같이 이야기할 수 있는 사람이 없으면 외로워요.

→ _____

3 아침을 안 먹을 때 학교에 오는 길에 빵집에 들러요.

→ _____

(1) This form is used to describe the period or time when a certain action or situation occurs, or the circumstances regarding an event.

- 저는 운동할 때 항상 음악을 들어요.
  I always listen to music when I exercise.
- 밥을 먹을 때 소리를 내는 것은 예의가 아닙니다.
  It is bad manners to make sounds when you are eating.

(2) The following is the form information for this expression.

	Present				Past	
	Final consonant ○ + -을 때		Final consonant × + -ㄹ 때		-았/었을 때	
A/V	적다	적을 때	바쁘다	바쁠 때	많다	많았을 때
	웃다	웃을 때	쉬다	쉴 때	먹다	먹었을 때

(3) This expression, if used in the past tense form, describes the occurrence of an action or situation in the following clause at the point of time that the action or situation has been completed in the preceding clause.

- 공항에 도착했을 때 부모님께서 기다리고 계셨어요.
  When I arrived at the airport, my parents were waiting.

(4) This expression can be used in the form of "N + 때" with nouns that describe periods of time like 시험, 휴가, 장마, and 지진. However, it cannot be used with the following set of nouns that describe time, and in such cases, the form "N + 에" must be used.

아침, 오전, 오후 주(지난주, 이번 주 등), 주말 요일(일요일, 월요일, 화요일 등)	+ 때 (×) 에 (○)

- 저는 학생 때 운동을 즐겨 했어요.
  I enjoyed sports when I was in school.
- <u>아침 때</u> 일어나자마자 찬물을 마시면 건강에 안 좋아요. (×)
  → <u>아침에</u> 일어나자마자 찬물을 마시면 건강에 안 좋아요. (○)
    It's not good for your health if you drink cold water right after waking up in the morning.

---

1 저는 비가 조금 **왔을 때** 우산을 펼까 말까 해요.
　　　　　　　└→ 올 때

"-(으)ㄹ 때" is used when you describe the period or time when a certain action or situation occurs, or the circumstances regarding an event. In the sentence, the circumstances of having hesitation as to whether to open the umbrella or not are occurring when it is still raining. However, 왔을 때, which is used to describe the completion of action by the preceding clause, is incorrectly used.

2 가: 토미 씨는 언제 외로워요?
나: **어려운 때나** 슬플 때 같이 이야기할 수 있는 사람이 없으면 외로워요.
　　└→ 어려울 때나

When using "-(으)ㄹ 때," you must always use the form "-(으)ㄹ 때." However, in this sentence, the form is incorrectly written as 어려운 때나. "-(으)ㄹ" is an determiner ending that describes the future, but be careful in its usage as users often make the mistake of using it in the past or present form.

3 저는 아침을 안 **먹을 때** 학교에 오는 길에 빵집에 들러요.
　　　　　　　└→ 먹었을 때

The past tense form is used when you describe the start of action or situation for the following clause after the action or situation in the preceding clause has been completed. However, in this sentence, 먹을 때 is incorrectly used as it is normally used to describe the moment when the speaker is eating.

나는 감기에 ① <u>걸릴 때</u> 가족들 생각이 많이 난다. 지난 ② <u>주말 때</u>도 감기에 걸려서 가족들이
　　　　　　 →　　　　　　　　　　　　　　　　　 →
많이 보고 싶었다. 그래서 엄마한테 전화를 걸었는데 엄마가 전화를 ③ <u>받은 때</u> 엄마 목소리는
　　　　　　　　　　　　　　　　　　　　　　　　　 →
안 들리고 이상한 소리만 들렸다. 그래서 전화를 끊었더니 엄마가 문자를 보내서 엄마 휴대
폰은 고장이 났으니까 아빠한테 전화를 하라고 하셨다. 바로 아빠한테 전화를 해서 통화를 했
더니 기분이 좋아졌다.

6 −(으)면서 〈2〉 시간 · 순차적 행동

 바꿔쓰기

1 가: 왜 그렇게 얼굴이 빨개져서 와요?

　　나: 뛰어오다가 넘어졌는데 다른 사람들이 <u>웃고</u> 저를 쳐다봐서 너무 창피했거든요.

　　→ _____

2 선생님의 이야기를 <u>들었으면서</u> 다른 생각을 했어요.

　→ _____

3 엄마, 제가 운전하면서 졸면 안 되니까 <u>동생이 좀 쉬다가 갈게요.</u>

　　　　　　→ _____

문법공부

(1) This expression is attached to a verb, and it is used to describe two or more actions that happen simultaneously at a certain time.

- 저는 친구와 커피를 마시면서 이야기하는 것을 좋아해요.
  I like chatting with friends while drinking coffee.

- 가: 왜 그렇게 옷이 젖었어?
  Why are your clothes so wet?
- 나: 우산이 없어서 비를 맞으면서 집까지 걸어왔어요.
  I walked home in the rain because I didn't have an umbrella.

(2) The following is the form information for this expression.

	Final consonant ○ + −으면서		Final consonant × + −면서	
V	받다	받으면서	기다리다	기다리면서
	입다	입으면서	회의하다	회의하면서

(3) If we use the forms "A−(으)면서" and "N(이)면서" with adjectives and nouns, they mean that there are two situations simultaneously.

- 남대문 시장은 물건 종류가 다양하면서 값도 쌉니다.
  At Namdaemun Market, there are a wide variety of items, and the items are cheap.
- 제 오빠는 고등학교 선생님이면서 대학원생이에요.
  My brother is a high school teacher as well as a graduate school student.

(4) The subject of the preceding clause and the following clause should be the same, and you can omit the subject of the following clause.

- <u>저는</u> 영화를 보면서 <u>여자 친구는</u> 팝콘을 먹었어요. (×)
  → <u>저는</u> 영화를 보면서 (저는) 팝콘을 먹었어요. (○)
  I ate popcorn while I was watching the movie.

(5) This expression can be used interchangeably with "-(으)며" as there is no big difference in meaning. However, "-(으)며" is used in written language or in formal settings while "-(으)면서" is commonly used in spoken language or in informal settings.

- 우리 부모님은 사시면서 많은 실패를 하셨지만 결국에는 성공하셨습니다.
  = 사시며
  My parents experience many failures during their lives, but in the end, they were successful.

---

1 가: 왜 그렇게 얼굴이 빨개져서 와요?
　　나: 뛰어오다가 넘어졌는데 다른 사람들이 웃고 저를 쳐다봐서 너무 창피했거든요.
　　　　　　　　　　　　　　　　　　↳ 웃으면서

You must use "-(으)면서" when describing two or more movements performed at the same time. Although contextually, the people in the sentence are laughing and looking at the same time, 웃고 is incorrectly used. "-고" is used when the events in the preceding clause and the following clause happen in a sequential order.

- 저녁을 먹기 전에 손을 씻고 오세요. ▶ p.100

2 선생님의 이야기를 들었으면서 다른 생각을 했어요.
　　　　　　　　↳ 들으면서

"-았/었-" or "-겠-," which describes the tense, cannot come before "-(으)면서." However, in this sentence, because the following clause has 다른 생각을 했어요 in past tense form, the preceding clause is incorrectly written as 들었으면서. If you want to use tense in this expression, you must describe it in the following clause.

3 엄마, 제가 운전하면서 졸면 안 되니까 동생이 좀 쉬다가 갈게요.
　　　　　　　　　　　↳ (제가)

The subject of the preceding clause and the following clause should be the same in "-(으)면서," and the subject of the following clause is commonly omitted. However, in this sentence, the subject of the preceding clause is 제가 while the subject of the following clause is incorrectly written as 동생이. When you use this expression, please be careful not to incorrectly use the subject.

내가 어제 급한 일로 문자를 보내면서 길을 걷다가 ① 아저씨가 자전거하고 부딪칠 뻔했다. 너
　　　　　　　　　　　　　　　　　　　　　　→ _____

무 당황했지만 우선 자전거를 타고 있던 아저씨께 고개를 ② 숙였으면서 죄송하다고 말했다.
　　　　　　　　　　　　　　　　　　　　　　　　　　→ _____

그랬더니 아저씨께서는 괜찮다고 하시며 앞으로는 길을 ③ 걸어서 휴대 전화를 사용하지 말라
　　　　　　　　　　　　　　　　　　　　　　　　　　→ _____

고 하셨다.

7 –는 동안 〈2〉 시간 · 순차적 행동

바꿔 쓰기

1 한국에 <u>사는 중에</u> 새로운 경험도 많이 하고 친구도 많이 사귀었다.

→ _____

2 가: 아까 쉬는 시간인 것 같아서 전화를 했는데 왜 안 받았어요?

나: 9시부터 11시까지 <u>2시간에</u> 시험을 봐서 휴대폰을 꺼 뒀어요.

→ _____

3 가: 몇 시간 동안 비행기를 탔어요?

나: <u>세 시 동안</u> 비행기를 탔어요.

→ _____

문법 공부

(1) This expression is attached to the back of a verb and describes the duration of time of an act or a situation.

● 엄마가 요리를 하시는 동안 나는 방을 청소했다.
　 While my mother cooked, I cleaned the room.

● 가: 언제 한국어를 배웠어요? When did you learn Korean?

　 나: 제가 한국 회사에서 일하는 동안 배웠어요. I learned it while I was working at a Korean company.

(2) The following is the form information for this expression.

V	–는 동안			
	듣다	듣는 동안	자다	자는 동안
	읽다	읽는 동안	쉬다	쉬는 동안

(3) This expression can be used in the form "N 동안," and in this case, only nouns that have the meaning of continuing time like 하루, 4시간, 두 달, or 방학 can be used together.

● 방학 동안 아르바이트도 하고 영어도 배우려고 해요.
　 I plan to learn English and work part time during the break.

● 가: 얼마 동안 여행을 가세요? How long will you be gone on your trip?

　 나: 나흘 동안 갈 거예요. I plan to go for four days.

(4) 에는, 에만, and 에도 can be attached to this expression.

● 저는 식사하는 동안에만 텔레비전을 봐요. I watch television only when I am having a meal.

● 요즘 친구를 만나고 있는 동안에도 휴대폰을 보는 사람들이 많아요.
　 There are many people who are looking at their cell phones even while they are hanging out with their friends.

오답노트

1 한국에 사는 **중에** 새로운 경험도 많이 하고 친구도 많이 사귀었다.
　　　　└→ 사는 동안

When you are describing the time that an act or situation continues, you must use the form "−는 동안." The contextual meaning in the sentence is "I lived in Korea. During my time there, I experienced new things and met new friends," but 사는 중에 is incorrectly used. "−는 중" is used when you are describing a situation when an action is underway.
- 지금은 운전하는 중이라서 전화를 받을 수 없습니다. ▶p.236

2 가: 아까 쉬는 시간인 것 같아서 전화를 했는데 왜 안 받았어요?
　나: 9시부터 11시까지 **2시간에** 시험을 봐서 휴대폰을 꺼 뒀어요.
　　　　　　　　　　└→ 2시간 동안

You can use the form "N 동안" after a noun that has a meaning of continuous time. However, in the sentence, the contextual meaning is "I took the test from 9 to 11 for 2 hours," yet 2시간에 is incorrectly used. 에 is attached to a noun to describe a place or time, yet you have to be careful since there are many instances when it is habitually attached to time nouns.
- 제 아버지는 매일 아침 8시에 출근하세요. ▶p.22

3 가: 몇 시간 동안 비행기를 탔어요?
　나: **세 시 동안** 비행기를 탔어요.
　　　└→ 세 시간 동안

When attaching 동안 after a noun, the noun must have the meaning of continuous time. 세 시간, which has the meaning of continuous time, must be used, yet 세 시 동안 is incorrectly used. Please be careful not to get confused with 시 "at o'clock" and 시간 "an hour."

연습하기

'우리 마트'를 찾아 주신 손님 여러분께 안내 말씀 드립니다. 오늘 저녁 6시부터 7시까지

① <u>1시간에</u> 피자를 40% 싸게 판매합니다. ② <u>세일 동안에는</u> 손님 한 분이 피자를 한 판만 구매
　→ ＿＿＿＿＿＿＿＿＿＿　　　　　　　　→ ＿＿＿＿＿＿＿＿＿＿

할 수 있음을 알려 드립니다. 그리고 피자 코너 옆에서는 음료수 시음 행사도 하고 있으니 쇼핑

을 ③ <u>하는 중에</u> 많이 이용하시기 바랍니다.
　　→ ＿＿＿＿＿＿＿＿＿＿

1 침대에 **눕는 대로** 전화가 와서 전화를 받으려고 다시 일어났어요.

→ _____

2 방학이 **되었자마자** 고향에 돌아갔어요.

→ _____

3 가: 아까 청소했는데 또 청소해요?

나: 청소가 끝나자마자 다시 **더러워요.** 그래서 다시 하는 거예요.

→ _____

(1) This expression is attached to a verb, and it is used when the event or situation in the following clause happens right after the events and situations in the preceding clause.

● 학교에 늦어서 신호등이 바뀌자마자 급하게 길을 건넜어요.
  I was late for school, so I hurriedly crossed the street as soon as the traffic lights changed.

● 제 동생은 항상 집에 오자마자 컴퓨터부터 켜요.
  My brother always turns on the computer when he arrives home.

(2) The following is the form information for this expression.

V	-자마자			
	받다	받자마자	나오다	나오자마자
	열다	받자마자	보내다	보내자마자

(3) This expression cannot be used with negative statements like "안/-지 않다" and "못/-지 못하다."

● 어제는 너무 피곤해서 집에 안/못 도착하자마자 잠이 들었어요. (×)

→ 어제는 너무 피곤해서 집에 도착하자마자 잠이 들었어요. (○)
  I was so tired yesterday that I fell asleep right after arriving home.

(4) This expression describes a moment or the moment after when a certain activity or situation draws to a close. It can be used interchangeably with "-는 대로," and the following are some differences.

	-자마자	-는 대로
Coincidental situation	Can be used • 부산에 도착하자마자 비가 오기 시작했어요. As soon as I arrived in Busan, it started to rain.	Cannot be used • 부산에 도착하는 대로 비가 오기 시작했어요. (×)

	All tenses can be used.	Cannot use past tense
Following clause limit	• 아침에 일어나자마자 세수를 했어요./할 거예요……. (O) I washed my face as soon as I woke up in the morning. / I will wash my face as soon as I wake up in the morning.	• 아침에 일어나**는 대로** 세수를 했어요. (×)

1 침대에 눕는 대로 전화가 와서 전화를 받으려고 다시 일어났어요.
      └→ 눕자마자

In "–자마자," the content of the preceding clause refers to the moment when the activity has occurred, so it can be used to describe a coincidental event that happens in the following clause. However, in case of "–는 대로," the event in the following clause must happen while the event in the preceding clause has ended and is being maintained. Therefore, "–는 대로" cannot be used in coincidental circumstances.

2 방학이 되었자마자 고향에 돌아갔어요.
      └→ 되자마자

"–자마자" is used when the events and circumstances in the following clause have happened right after the events and circumstances in the preceding clause. Forms that describe tense like "–았/었–" and "–겠–" cannot be used in front of it. However, in this sentence, it is incorrectly written as 되었자마자. There are instances when tense cannot come in front of any Korean language connective ending, so you have to be careful when you are using the form.

3 가: 아까 청소했는데 또 청소해요?
   나: 청소가 끝나자마자 다시 더러워요. 그래서 다시 하는 거예요.
                      └→ 더러워졌어요

In "–자마자," verbs have to be used in both the preceding clause and the following clause, and you cannot use adjectives or the "N이다" form. However, in this sentence, the adjective 더러워요 is incorrectly used in the following clause. If you want to use an adjective in the following clause, you must change the adjective to a verb by using the form "A–아/어지다."

나는 서점 구경하는 것을 좋아한다. 새로 나온 책과 여러 분야의 책들을 보면 정말 기분이 좋아진다. 그래서 한국에 처음 왔을 때도 기숙사에 ① 도착했자마자 짐도 풀지 않고 서점에 갔었다.
                                                   → _____

그리고 책을 여러 권 사 와서 집에 ② 오는 대로 그 책을 다 읽었었다. 요즘에도 서점에 자주 간
                                 → _____

다. 내일도 수업이 ③ 끝나지 않자마자 친구하고 같이 서점에 갈 것이다.
                   → _____

바꿔쓰기

1 가: 잘 도착했어요?

나: 네. 공항에 **도착할 때** 부모님께서 마중 나와 계셨어요.

→ _____

2 룸메이트가 갑자기 배가 **아프자** 바로 병원에 갔어요.

→ _____

3 자야 씨는 나를 보자 고개를 돌릴 거예요.

→ _____

문법공부

(1) This expression is attached to a verb, and it is used when an act or situation in the following clause happens in sequence after the completion of the act or circumstance of in preceding clause.

- 초인종을 누르자 마이클 씨가 바로 문을 열어 줬어요.
  As soon as I pressed the door button, Michael opened the door.

- 불이 나자 사람들이 119에 신고를 했습니다.
  As soon as there was a fire, people called 119.

(2) The following is the form information for this form.

	-자			
V	먹다	먹자	보다	보자
	앉다	앉자	켜다	켜자

(3) The subject of the preceding clause and the following clause must be different in this expression, and a first-person subject is not used in the following clause.

- 쉬는 시간이 되자 <u>내가</u> 화장실에 갔어요. (×)
  → 쉬는 시간이 되자 <u>반 친구들이</u> 화장실에 갔어요. (○)
  As soon as it was break time, my classmates went to the bathroom.

(4) This expression can be used when the event of the preceding clause becomes the reason or the motivating factor for the result in the following clause. In this case, you can use a first-person subject in the following clause.

- 남자 친구가 갑자기 화를 내자 (나는) 너무 당황했어요.
  I was dumbfounded when my boyfriend got angry all of a sudden.

(5) The following clause limitation of the expression is as follows:

> V-자 + Past / Present tense (○)
> Future tense (×)
> V-(으)세요 (×)
> V-(으)ㄹ까요?, V-(으)ㅂ시다 (×)

1 가: 잘 도착했어요?

나: 네. 공항에 **도착할 때** 부모님께서 마중 나와 계셨어요.

　　　　 └▶ 도착하자

"−자" must be used to describe an event in the following clause that happens after the activities in the preceding clause are completed. However, in the sentence, the contextual meaning is that after arriving at the airport, the person's parents were there to greet him or her, yet 도착할 때 is incorrectly used. "−(으)ㄹ 때" is used to describe the duration of certain activity or state as well as situations when certain things have happened.

● 한국에서 음식을 먹을 때 소리를 내는 것은 예의가 아니에요.　▶ p.106

2 룸메이트가 갑자기 배가 **아프자** 바로 병원에 갔어요.

　　　　　　　 └▶ 아파지자

Regarding "−자," only verbs can be used for both the preceding and following clauses. However, 아프자 is incorrectly used in front of "−자" as it is an adjective. When using expressions describing the sequence of time, please make sure not to use them with adjectives.

3 자야 씨는 나를 보자 고개를 **돌릴 거예요.**

　　　　　　　 └▶ 돌렸어요

It is natural that this expression is used with the past or present tense in the following clause of "−자." However, 돌릴 거예요 is incorrectly used in the following clause as it uses the future tense.

어제 좋아하는 가수의 콘서트에 갔어요. 공연장에 ① 도착했자 갑자기 폭우가 내리기 시작했어

　　　　　　　　　　　　　　　　　　　 →＿＿＿＿＿＿＿＿

요. 그래서 서둘러서 공연장 안으로 들어갔어요. 잠시 후에 가수가 무대에 나오자 ② 내가 소리

　　　　　　　　　　　　　　　　　　　　　　　　　　 →＿＿＿＿＿

를 지르며 박수를 쳤어요. 가수의 노래를 큰 소리로 따라 부르면서 공연을 보고 나자 스트레스

가 다 ③ 풀릴 거예요. 앞으로도 가끔 공연장에 가야겠어요.

＿＿＿ →＿＿＿＿＿

[1~3] (   )에 들어갈 가장 알맞은 것을 고르십시오.

1

> 가: 오늘 엄마하고 하루 종일 쇼핑하러 다녔더니 다리가 너무 아파요.
> 나: 힘들었겠네요. 이 의자에 (   ) 좀 쉬세요.

① 앉자   ② 앉는데   ③ 앉아서   ④ 앉기 전에

2

> 가: 내일 벤자민이랑 공원에 산책하러 갈 건데 같이 갈래?
> 나: 그래. 그럼 내일 (   ) 전화해. 바로 나갈게.

① 출발해서   ② 출발할 때   ③ 출발하는데도   ④ 출발하느라고

3

> 가: 김 대리, 이따 오후에 택배 올 게 있는데 내 대신 좀 받아 줄 수 있어?
> 나: 네, 그럴게요. 택배를 (   ) 과장님께 바로 연락드릴게요.

① 받고   ② 받는데   ③ 받기 전에   ④ 받기 때문에

[4~6] 다음 밑줄 친 부분과 의미가 비슷한 것을 고르십시오.

4

> 갑자기 비가 오자 사람들이 지하철역 안으로 뛰어들어 갔다.

① 비가 오면   ② 비가 오니까   ③ 비가 오다가   ④ 비가 온 후에

5

> 가: 로라 씨, 저 빨래방에 가 봤어요? 저 빨래방은 안이 카페처럼 되어 있어요.
> 나: 그래요? 빨래가 끝나기를 기다리면서 커피도 마실 수 있는 곳이군요.

① 기다린 만큼   ② 기다리자마자   ③ 기다리는 동안   ④ 기다리는 대로

6

> 가: 제이미 씨, 2시 기차를 잘 탔어요? 아까 늦게 출발했잖아요.
> 나: 조금만 늦었더라면 놓칠 뻔했어요. 제가 기차에 올라타자 바로 출발하더라고요.

① 올라탔다가   ② 올라타자마자   ③ 올라타려다가   ④ 올라타느라고

[7~9] 다음을 잘 읽고 이어질 수 있는 말을 고르십시오.

7

> 가: 한복을 한번 입어 보고 싶은데 값이 너무 비싸요.
>
> 나: 그럼, 한복을 _____. 경복궁 근처에 가면 대여해 주는 가게가 많거든요.

① 맡기고 가 봐요   ② 빌려서 입어 봐요

③ 입고 나가 봐요   ④ 만들어서 입어 봐요

8

> 가: 에이미 씨가 쇼핑을 많이 하던데 돈이 많은가 봐요.
>
> 나: 아니에요. _____ 쇼핑만 해요. 남자 친구와 헤어진 후에 계속 그러네요.

① 돈이 없길래   ② 돈도 없으면서

③ 돈이 없을 때   ④ 돈도 없는 데다가

9

> 가: 아까 부장님이 _____ 화를 내셔서 깜짝 놀랐어요. 무슨 일이 있었어요?
>
> 나: 부장님이 거래처 일로 계속 전화했는데 상준 씨가 안 받았잖아요.

① 저를 만나길래   ② 저를 만나는 대로

③ 저를 만나자마자   ④ 저를 만나기 전에

10   다음을 잘 읽고 ㉠과 ㉡에 들어갈 말을 각각 쓰십시오.

> 저희 소아과를 찾아 주셔서 감사합니다. 요즘 감기가 유행이라서 환자가 많아 대기 시간이 길어지고 있습니다. 이 종이에 성함을 (㉠   ) 기다려 주시기 바랍니다. 그리고 부모님께서는 (㉡   ) 저쪽에서 아이의 키와 몸무게를 측정해 주시기 바랍니다.

㉠ _____   ㉡ _____

1 가: 잘 찾아왔어요?

　　나: 네. 우리 옆에 한국 사람이 있고 길을 물어봤습니다.

　　→ ....

2 선생님이 친절하게 가르쳐 주셨어서 기타를 칠 줄 알게 됐다.

　　→ ....

3 저를 항상 도와주니까 감사합니다.

　　→ ....

(1) This expression is used when the preceding clause is the reason or cause for the following clause.

- 가: 왜 배가 아파요? Why do you have a stomachache?
  나: 매운 음식을 먹어서 배가 아파요. I have a stomachache because I ate something spicy.

- 가: 왜 옷을 안 사요? Why don't you buy the clothes?
  나: 너무 비싸서 못 사겠어요. I can't buy them because they are too expensive.

(2) The following is the form information for this expression.

A/V	ㅏ, ㅗ + −아서		ㅓ, ㅜ, ㅡ, ㅣ + −어서		하다 → 해서	
	만나다	만나서	마시다	마셔서	공부하다	공부해서
N	Final consonant ○ + 이어서		Final consonant ✕ + 여서			
	지하철이어서		버스여서			

(3) This expression can be used interchangeably with "−기 때문에" as there is no big difference in meaning.

- 선생님이 친절하게 가르쳐 주셔서 기타를 잘 치게 됐어요.
  　　　= 가르쳐 주셨기 때문에
  I was able to play the guitar well as the teacher was kind in teaching me.

(4) This expression is used together with expressions such as 미안하다/죄송하다, 고맙다/감사하다, and 반갑다, which describe apologies or greetings.

- 만나서 반갑습니다. Glad to meet you.
- 선생님, 잘 가르쳐 주셔서 감사합니다. Teacher, thank you for teaching me.

(5) In this expression, imperative and propositive sentences cannot come in the following clause.

- 내일 여행을 가서 집에 일찍 가세요./ 갑시다./ 갈까요?/ 가는 게 어때요? (×)
  → 내일 여행을 가서 집에 일찍 갔어요./ 가요./ 갈 거예요. (○)
    I went home early/I am going home early/I will go home early because I am going on a trip tomorrow.

---

1 가: 잘 찾아왔어요?

나: 네. 우리 옆에 한국 사람이 있고 길을 물어봤습니다.
└→ 있어서

"-아/어서" has two meanings: to describe sequence and to describe reason or cause. There are cases where you can use "-아/어서" interchangeably with "-고," but you cannot change it when you are describing a reason or cause. As "-고" does not describe a reason, you cannot change "-아/어서" with "-고" if it is describing a reason or cause.

- 오늘 수업 후에 영화를 보고 집에 갔어요. ▶ p.100

2 선생님이 친절하게 **가르쳐 주셨어서** 기타를 칠 줄 알게 됐다.
└→ 가르쳐 주셔서

You cannot use "-았/었-," which indicates the past tense, and "-겠-," which indicates the future tense, in front of "-아/어서." However, 가르쳐 주셨어서 is used incorrectly in the past tense. When you want to use tense, you can use expressions like 알게 됐다 and 알게 될 것이다 in the following clause.

3 저를 **도와주니까** 감사합니다.
└→ 도와주셔서

You have to use "-아/어서," not "-(으)니까," when you are describing a reason for a greeting or apology like 고맙다, 미안하다, and 반갑다. When you want to make a greeting, you must use "-아/어서" in the preceding clause.

지수 씨, 생일 파티에 늦게 ① 도착하니까 미안해요. 버스를 탔는데 버스가 다른 곳으로
→ _____

② 가는데 깜짝 놀랐어요. 제가 버스를 반대로 탔어요. 그리고 ③ 잊어버렸어서 생일 선물을 못
→ _____   → _____

샀어요. 나중에 사 줄게요. 오늘 정말 미안해요.

2 –(으)니까   〈3〉 이유·근거

바꿔쓰기

1 비가 오기 때문에 우산을 가지고 가세요.

→ _____

2 가: 엄마, 조금만 더 놀면 안 돼요?

나: 이제 그만 놀아. 많이 노니까 이제 집에 가자.

→ _____

3 수미 씨, 시간이 없을 것 같으니까 먼저 식사를 해요?

→ _____

문법공부

(1) This expression is used when the preceding clause is the reason or cause in the following clause.

- 수업을 곧 시작하니까 빨리 오세요. Please come quickly as class is about to start.

- 가: 저 영화가 재미있다고 하니까 저 영화를 볼까요?
  Since I heard that the movie was fun, shall we watch that movie?
  나: 네. 좋아요. 같이 봐요. Yes. Sure. Let's watch it together.

(2) The following is the form information for this expression.

A/V	Final consonant ○ + –으니까		Final consonant × + –니까	
	작다	작으니까	공부하다	공부하니까
N	Final consonant ○ + 이니까		Final consonant × + 니까	
	휴일이니까		연휴니까	

(3) "–았/었–," which describes the past tense, can be used together in front of this expression.

- 저는 지금 도착했으니까 마리아 씨도 빨리 오세요.
  Maria, come quickly as I arrived right now.

(4) In this expression, the following expressions are used in the following clause.

> V–(으)니까 + V–으세요, V–(으)ㄹ까요?, V–(으)ㅂ시다
> V–는 게 어때요?, V–지 그래요?
> V–아/어야 해요

(5) This expression has differences with "–아/어서," which describes a reason.

	–(으)니까	–아/어서
Tenses	You can use either "–았/었–" or "–겠–." • 감기에 걸렸으니까 일찍 가서 쉬려고 해요. I plan to get some rest early because I caught a cold.	You cannot use "–았/었–" or "–겠–." • 감기에 걸려서 일찍 가서 쉬려고 해요. I plan to get some rest early since I caught a cold.
Following clause	Imperative and propositive sentences can be used. • 늦을 것 같으니까 택시를 타세요. / 탑시다. Grab a cab since you are going to be late. / Let's grab a cab since we are going to be late.	Imperative and propositive sentences cannot be used. • 늦을 것 같아서 택시를 탔어요. / 탈 거예요. I took a cab / I will take a cab since I think I would be late.

1 비가 **오기 때문에** 우산을 가지고 가세요.
  └→ 오니까

"–기 때문에" describes the reason, but you cannot use imperative forms in the following clause. When you want to describe a reason in the preceding clause and use imperative and propositive sentences in the following clause, you must use "–(으)니까" in the preceding clause.

● 내가 오해를 했기 때문에 그 친구와 싸우게 됐어요. ▶p.122

2 가: 엄마, 조금만 더 놀면 안 돼요?
　　나: 이제 그만 놀아. 많이 **노니까** 이제 집에 가자.
　　　　　　　　　　└→ 놀았으니까

You can use "–았/었–," which describes the past tense, in front of "–(으)니까." The meaning conveyed in this sentence is "You played a lot. So let's go home." 노니까 is incorrectly used. However, in the form "–아/어서," which also describes reason, you cannot use the past tense in front of it.

● 어제는 피곤해서 일찍 잤어요. ▶p.118

3 수미 씨, 시간이 없을 것 같으니까 먼저 식사를 **해요**?
　　　　　　　　　　　　　　　└→ 할까요 / 하는 게 어때요

Because you have "–(으)니까" in the preceding clause, it is advisable to have an imperative, propositive, or suggestive expression in the following clause. However, 식사를 해요? makes the sentence awkward. You must remember expressions that go well with "–(으)니까."

오늘 ① 휴일니까 쇼핑하러 간다고 했지요? 어제 저하고 같이 백화점에 가 ② 주니까 내가 같이
　　　→ _____　　　　　　　　　　　　　　　　　　　　　→ _____

가 주고 싶은데 오늘은 시간이 없어요. 미안해요. 오늘은 비가 ③ 와서 택시를 타지 마세요. 아
　　　　　　　　　　　　　　　　　　　　　　　　　　　→ _____

마 길이 많이 막힐 거예요. 그럼 쇼핑 잘 하세요.

③ -기 때문에 〈3〉이유·근거

1 가: 한국 생활에서 뭐가 힘들어요?

　　나: 저는 아직 한국어를 잘 **못하느라고** 쇼핑하기가 어려워요.

　　　　　→ _____

2 중학교 때부터 한국 문화에 관심이 **있기 때문에** 한국어를 배우게 되었어요.

　　　　　→ _____

3 이번 주말에 액션 영화를 볼 겁니다. **이유는** 저는 액션 영화를 좋아합니다.

　　　　　→ _____　　　　　→ _____

(1) This expression is used when the preceding clause is the reason or cause in the following clause.

- 가: 발이 아플 텐데 왜 항상 높은 구두를 신어요?
  Your feet must hurt, yet why do you always wear high heels?
  나: 저는 키가 작기 때문에 높은 구두 신는 것을 좋아해요.
  I am small, so I like to wear high heels.

- 가: 왜 남대문 시장에 가요?
  Why are you going to Namdaemun Market?
  나: 방학 때 고향에 가기 때문에 부모님 선물을 사러 가요.
  I am going there to buy presents for my parents as I plan to go home during the break.

(2) The following is the form information for this expression.

	−기 때문에			
A/V	작다	작기 때문에	가다	가기 때문에
	먹다	먹기 때문에	크다	크기 때문에

(3) This expression is attached to a noun and can be use as "N(이)기 때문에." The following describes the differences it has with 때문에.

N(이)기 때문에	N 때문에
Used in the "N은/는 N예요/이에요. 그래서 ~" form • 아기이기 때문에 혼자 밥을 먹을 수 없어요. (이 사람은 아기예요. 그래서 아기가 혼자 밥을 먹을 수 없어요.) She cannot eat alone as she is a baby. (This person is a baby. Therefore, the baby cannot eat alone.)	① The subjects of the preceding clause and the following clause are different. ② Used when the preceding clause is the direct reason for the following clause • 아기 때문에 아무것도 먹지 못해요. (아기가 있어요. 그래서 제가 아무것도 먹지 못해요.) I cannot eat because of the baby. (I have a baby. Therefore, I cannot eat anything.)

(4) This expression can be used in the "(왜냐하면) −기 때문이다" form when you are describing a reason in a formal setting. When using this form, 왜냐하면 is an expression of emphasis and can be omitted, yet "−기 때문이다" cannot be omitted.

- 여행을 가서 재미있게 놀지 못했습니다. (왜냐하면) 거기에서 지갑을 잃어버렸기 때문입니다.
  I didn't have fun on my trip because I lost my wallet there.

---

1 가: 한국 생활에서 뭐가 힘들어요?

나: 저는 아직 한국어를 잘 **못하느라고** 쇼핑하기가 어려워요.
　　　　　　　　　　└→ 못하기 때문에

Both "−기 때문에" and "−느라고" are used to describe a reason or cause, and "−느라고" is commonly used when the events in the preceding clause and the following clause happen in the same time frame. Although the events in the sentence do not take place in the same time frame, 잘 못하느라고 is incorrectly used. In addition, you cannot use the negative forms 안 or 못 in front of "−느라고." In this sentence, you can use "−아/어서" in addition to "−기 때문에."

- 어젯밤에 발표 준비를 하느라고 두 시간밖에 못 잤어요. ▶ p.126
- 저는 한국어를 잘 못해서 쇼핑하기가 힘들어요. ▶ p.118

2 중학교 때부터 한국 문화에 관심이 **있기 때문에** 한국어를 배우게 되었어요.
　　　　　　　　　　　　　└→ 있었기 때문에

You can use "−았/었−," which describes the past tense, in front of "−기 때문에." Although the tense in the following clause is the past tense, as noted in 한국어를 배우게 되었어요, the tense in the preceding clause is incorrectly described as the present tense as 관심이 있기 때문에. When describing a reason, you cannot use the past tense in front of "−아/어서," but you can use it with "−기 때문에."

- 약속 장소를 잊어버려서 친구한테 다시 물어봤어요. ▶ p.118

3 이번 주말에 액션 영화를 볼 겁니다. **이유는** 저는 액션 영화를 **좋아합니다.**
　　　　　　　　　　　　└→ 왜냐하면　　　　　　└→ 좋아하기 때문입니다

When you want to say or write a reason in a formal way, use the form "(왜냐하면) −기 때문이다."

오늘 오후에 한국 친구와 함께 인사동에 가기로 했습니다. 저는 한국 문화에 관심이 ① 많은 탓에
　　　　　　　　　　　　　　　　　　　　　　　　　　　　　　　　　　　　→ _____

경복궁이나 민속촌에 자주 갔습니다. 그런데 이번에는 새로운 경험을 ② 하고 싶겠기 때문에
　　　　　　　　　　　　　　　　　　　　　　　　　　　　　　　　→ _____

인사동에 갈 겁니다. 왜냐하면 인사동에는 한국의 옛날 물건들을 파는 가게와 전통찻집이

③ 많습니다.
　→ _____

④ (이)라서 〈3〉 이유·근거

1 제 친구는 멋있고 키가 큰 **남자지만** 여자 친구들이 많아요.
→ _____

2 가: 요즘에 사람들이 설악산에 많이 가는 것 같아요.

나: **가을라서** 단풍을 구경하려고 많이 가요.
→ _____

3 우리는 **유학생 때문에** 생활비를 아껴야 해요.
→ _____

(1) This expression is attached behind a noun, and it is used when the preceding clause becomes the reason and cause in the following clause.

- 가: 아까 전화했는데 왜 안 받았어요?
  I called you a while ago, but why didn't you answer?
- 나: 미안해요. 회의 중이라서 못 받았어요.
  I am sorry. I was in a meeting, so I couldn't answer your call.

- 가: 지난주에 본 영화인데 또 볼 거예요?
  You saw the movie last week, yet you are going to watch it again?
- 나: 주인공이 제가 좋아하는 배우라서 또 보고 싶어요.
  My favorite actor is the main character, so I want to see it again.

(2) The following is the form information for this form.

	Final consonant ○ + 이라서	Final consonant × + 라서
N	회사원이라서	주부라서
	주말이라서	연휴라서

(3) This expression is used when the form "N은/는 N이다. 그래서~" is used, so it can be interchangeable with "N(이)기 때문에" without any differences. However, you cannot change it with "N 때문에."

- 요즘 세일 기간이라서 백화점에 사람이 많아요.
  = 세일 기간이기 때문에
  Since there is a sale going on, there are many people at the department store.

- 니콜라스 씨는 이번 주가 휴가 때문에 회사에 안 와요. (×)
  → 니콜라스 씨는 이번 주가 휴가라서 회사에 안 와요. (○)
  = 휴가(이)기 때문에
  As he is on leave, Nicholas won't be coming to work this week.

오답 노트

1 제 친구는 멋있고 키가 큰 **남자지만** 여자 친구들이 많아요.
　　　　　　　　└→ 남자라서

(이)라서 is used after a noun when the preceding clause is the reason or cause in the following clause. In this sentence, although it is necessary to mention the reason why he has many girlfriends, 남자지만 is awkward and incorrectly used. "−지만" is used when the content in the preceding clause and the following clause are the opposite or in contrast.

● 제 친구는 멋있고 키가 큰 남자지만 여자들에게 인기가 없어요. ▶p.88

2 가: 요즘에 사람들이 설악산에 많이 가는 것 같아요.

　　나: **가을라서** 단풍을 구경하려고 많이 가요.
　　　　└→ 가을이라서

When using (이)라서, 이라서 is used when there is a final consonant on the noun while 라서 is used when there is no final consonant. However, 가을라서 is incorrectly used in this sentence. Caution is advised for words with final consonant such as 서울 and 지하철 as people tend to make mistakes when there is a ㄹ final consonant.

3 우리는 **유학생 때문에** 생활비를 아껴야 해요.
　　　　　└→ 유학생이라서 / 유학생이기 때문에

The meaning conveyed in the sentence is "We are foreign students. Therefore, we must save money." However, it is incorrectly used as 유학생 때문에. You must be careful not to get confused with "N 때문에," "N(이)기 때문에," or "N(이)라서."

● 내일은 공휴일이기 때문에 은행 문을 열지 않아요. ▶p.122

오늘 개강 파티를 하는 ① 날이고 학교 근처에 있는 식당에 갔다. 그곳에서 교수님과 선배들을
　　　　　　　　　　　→ ＿＿＿＿＿＿＿＿＿＿

만났다. 나는 ② 신입생 때문에 개강 파티가 처음이었다. 우리는 삼겹살을 먹으면서 전공 공부
　　　　　→ ＿＿＿＿＿＿＿＿＿＿

와 학교생활에 대해서 많은 이야기를 했다. 나는 ③ 외국인라서 한국의 대학 문화에 대해서 잘
　　　　　　　　　　　　　　　　→ ＿＿＿＿＿＿＿＿＿＿

모르기 때문에 선배들한테 많은 것을 물어봤다. 선배들이 친절하게 잘 설명해 줘서 고마웠다.

1 수업 시간에 친구가 웃겨서 웃음을 **참는 바람에** 힘들었어요.

→ _____

2 가: 미호 씨, 어제 왜 학교에 안 왔어요?

　　나: 갑자기 머리가 아파서 병원에 **갔느라고** 학교에 못 왔어요.

→ _____

3 내가 기숙사에서 게임을 하느라고 **룸메이트가 잠을 못 잤다.**

→ _____

(1) This expression is attached to a verb, and it is used when the preceding clause is the reason or cause of the following clause. There are also negative consequences happening in the following clause.

- 가: 왜 그렇게 피곤해 보여요? Why do you look so tired?

　나: 어젯밤에 시험공부를 하느라고 잠을 못 잤어요.
　　I couldn't get any sleep last night as I was up studying for my exams.

- 혼자 음식을 만드느라고 시간이 오래 걸렸어요. It took a long time as I was making food by myself.

(2) The following is the form information for the expression.

	−느라고			
V	찾다	찾느라고	가다	가느라고
	읽다	읽느라고	보다	보느라고

(3) "−았/었−" and "−겠−," which describe tense, cannot be placed in front of this expression.

- 공항에 갔느라고 결석했어요. (×)
- → 공항에 가느라고 결석했어요. (○) I was absent because I was going to the airport.

(4) The subjects in the preceding clause and the following clause must be the same, and the subject in the following clause can be omitted.

- 부모님께서 한국에 오시느라고 제가 비행기 표를 샀어요. (×)
- → 부모님께서 한국에 오시느라고 (부모님께서) 비행기 표를 샀어요. (○)
　　My parents bought plane tickets, so they could come to Korea.

(5) This expression is commonly used when the events in the preceding clause and the following clause happen in the same time frame, and it is also used when you say you couldn't do the task in the following clause due to the events in the preceding clause.

- 요즘 다이어트를 하느라고 (요즘) 밥을 많이 못 먹고 있어요.

요즘 하고 있는 일   선행절 일 때문에 못하고 있는 일

(The thing I am doing nowadays)   (The task I am not able to do due to the preceding clause)

Because I am on a diet, I am not eating much nowadays.

(6) In this expression, you can use verbs and adjectives like 고생하다, 힘들다, 바쁘다, 수고하다, and 피곤하다 in the following clause.

- 일을 빨리 끝내느라고 정말 고생하셨습니다. You had a rough time finishing the work fast.

---

 1 수업 시간에 친구가 웃겨서 웃음을 참는 바람에 힘들었어요.

     └→ 참느라고

Among the expressions that describe negative situations and results, if you want to use expressions like 고생하다, 힘들다, 바쁘다, 수고하다, and 피곤하다 in the following clause, it is advisable to use "–느라고" in the preceding clause. "–는 바람에" is used to describe the results of a reason or the cause of an unexpected and sudden event when a negative situation and results happen in the following clause.

- 비가 오는 바람에 캠핑을 못 가게 되었다. ▶ p.128

2 가: 미호 씨, 어제 왜 학교에 안 왔어요?

나: 갑자기 머리가 아파서 병원에 갔느라고 학교에 못 왔어요.

            └→ 가느라고

You cannot use "–았/었–," which describes the past, or "–겠–," which describes the future, in front of "–느라고." Past or present expressions can come only in the following clause of "–느라고."

3 내가 기숙사에서 게임을 하느라고 **룸메이트가 잠을 못 잤다.**

         └→ 내가 잠을 못 잤다

The subjects of the preceding clause and the following clause must be the same. However, the expression 룸메이트가 잠을 못 잤다 is incorrectly used.

 주위 사람들이 언제 결혼할 거냐고 자주 물어보는데 나는 요즘 ① 일하는 바람에 결혼

                                          → _____

할 생각도 못 해요. 결혼할 돈을 ② 모았느라고 5년 동안 고생했는데 갑자기 아버지께서

                             → _____

아프셔서 그 돈을 모두 드렸거든요. 그래도 아버지께서 치료를 받으시느라고 ③ 내가 힘드시기

                                                 → _____

는 했지만 거의 다 나으셔서 괜찮아요. 앞으로 더 열심히 일해서 돈을 많이 모은 후에 결혼하면 되니까요.

6 −는 바람에 〈3〉 이유 · 근거

1 갑자기 물이 안 **나왔는** 바람에 세수를 못 했어요.
→ _____

2 가: 왜 그렇게 표정이 안 좋아요?
　　나: 오늘 수업 시간에 너무 긴장하는 바람에 **발표를 잘했어요.**
　　　　　　　　　　　　　　　　　　　　　　→ _____

3 늦게 일어나는 바람에 학교에 **지각해요.**
　　　　　　　　　　→ _____

(1) This expression is attached to a verb, and it is used when the preceding clause is the reason or cause in the following clause. Commonly, the unexpected reason or cause comes in the preceding clause.

- 가: 왜 이렇게 늦었어요? Why are you so late?
  나: 퇴근 시간이라서 길이 막히는 바람에 늦었어요. 미안해요.
  It was rush hour, so the roads were congested. I am sorry.

- 아이들이 시끄럽게 떠드는 바람에 집중을 할 수가 없었어요.
  I couldn't concentrate as some kids were talking loudly.

(2) The following is the form information for this expression.

V	−는 바람에			
	먹다	먹는 바람에	자다	자는 바람에
	앉다	앉는 바람에	오다	오는 바람에

(3) Mostly negative results appear in the following clause, and the following expressions can be used in the following clause of this expression.

> V−**는 바람에**　+　Past tense (○)
> 　　　　　　　　　Present / Future tense (×)
> 　　　　　　　　　V−(으)세요 (×)
> 　　　　　　　　　V−(으)ㄹ까요?, V−(으)ㅂ시다 (×)

- 유학을 떠나는 친구가 우는 바람에 다른 친구들도 모두 따라 울 거예요. (×)
  → 유학을 떠나는 친구가 우는 바람에 <u>다른 친구들도 모두 따라 울었어요.</u> (○)
  　　　　　　　　　　　　　　　　　　　　　　↑
  　　　　　　　부정적인 결과, 과거형 (negative results, the past form)
  Because the friend, who was going abroad to study cried, the other friends cried, too.

(4) Normally, negative results appear in the following clause, yet positive results appear when you achieve something you wanted or when an unexpected good thing happens.

● 축구 경기에서 상대 선수가 퇴장을 당하는 바람에 우리가 쉽게 이겼어요.

               ↑

        예상하지 못한 좋은 결과 (unexpected good results)

Because a player from the opposing team was sent off, we were able to win easily.

---

1 갑자기 물이 안 **나왔는** 바람에 세수를 못 했어요.

        ↳ 나오는 바람에

"–았/었–" and "–겠–" are expressions that describe tense, and they cannot be used in front of "–는 바람에." However, 나왔는 바람에 is used incorrectly in this sentence. When studying this expression, please check the form of the tense that you can use with it.

2 가: 왜 그렇게 표정이 안 좋아요?

나: 오늘 수업 시간에 너무 긴장하는 바람에 **발표를 잘했어요.**

           ↳ 발표를 못했어요

In the following clause of "–는 바람에," normally, a negative result is used. However, a positive result of 발표를 잘했어요 is incorrectly used. Positive results can be used in the following clause, but they are used when something has been achieved or when something good has happened unexpectedly.

3 늦게 일어나는 바람에 학교에 **지각해요.**

      ↳ 지각했어요

"–는 바람에" normally ends in the past tense form. It is advisable to double-check as there are limits on the form when using "–는 바람에" in the following clause.

오늘 아침에 영국으로 출장을 가야 하는데 늦잠을 자 버렸어요. 늦잠을 자는 바람에 서두르다가 여권을 집에 놓고 ① 나오고 말아요. 여권을 가지러 다시 집에 들어갔다 ② 나왔는 바람에

         →   →

빨리 가기 위해서 택시를 타야 했어요. 그런데 길이 ③ 막힐까 봐서 택시에서 내려서 지하철로

           →

갈아타야 했어요. 공항까지 가기가 너무 힘들었어요.

⑦ –(으)ㄹ까 봐(서) <3> 이유·근거

1 가: 오늘은 열심히 공부하네요.

나: 다음 주에 보는 **시험에 떨어져서** 열심히 공부하고 있어요.

→ _____

2 식사할 때마다 아주머니는 반찬이 **부족하겠을까 봐서** 항상 더 줬다.

→ _____

3 사람들은 눈이 왔을 때 계단에서 미끄러질까 봐서 **조심하세요.**

→ _____

(1) This expression is used when you do or try to do the task in the following clause as you worry about whether the event has occurred or will occur in the preceding clause.

- 부모님께서 걱정하실까 봐서 매일 전화를 해요.
  I call my parents every day as I don't want them to worry.

- 무서울까 봐서 그 영화를 못 보겠어요.
  I can't watch the movie as I am afraid it will be scary.

(2) The following is the form information for this expression.

	Present				Past	
	Final consonant ○ + –을까 봐(서)		Final consonant × + –ㄹ까 봐(서)		–았/었을까 봐(서)	
A	작다	작을까 봐서	크다	클까 봐서	작다	작았을까 봐서
	Final consonant ○ + –을까 봐(서)		Final consonant × + –ㄹ까 봐(서)		–았/었을까 봐(서)	
V	먹다	먹을까 봐서	가다	갈까 봐서	전화하다	전화했을까 봐서

(3) This expression is used frequently in the form of "A/V–(으)ㄹ까 봐(서) 걱정이다."

- 날씨가 추워서 감기에 걸릴까 봐서 걱정이에요.
  I am worried that I will catch a cold as the weather is cold.

(4) The limitations of the following clause regarding this expression are as follows.

A/V–(으)ㄹ까 봐서 + Present / Past tense (○)

V–(으)세요 (×), V–(으)ㄹ까요?, V–(으)ㅂ시다 (×)

V–아/어 해요/돼요 (×)

V–(으)ㄹ 거예요 (×)

- 못 알아들을까 봐서 집중해야 돼요. (×)
  - → 못 알아들을까 봐서 집중했어요. (○)
    I paid attention as I feared that I would not understand.
- 기차를 놓칠까 봐서 뛰어갈 거예요. (×)
  - → 기차를 놓칠까 봐서 뛰어갔어요./ 뛰어가고 있어요. (○)
    I ran/I am running as I fear missing the train.

1 가: 오늘은 열심히 공부하네요.

　　나: 다음 주에 보는 시험에 떨어져서 열심히 공부하고 있어요.
　　　　　　　　 └→ 시험에 떨어질까 봐서

You use "–(으)ㄹ까 봐서" when you do or try to do the task in the following clause as you are worried about an event that has happened or could happen in the preceding clause. Although contextually, the speaker is studying hard as he or she is worried about not passing the test next week, 시험에 떨어져서 is incorrectly used.

2 식사할 때마다 아주머니는 반찬이 **부족하겠을까 봐서** 항상 더 줬다.
　　　　　　　　　　　　└→ 부족할까 봐서

About the tense of this expression, "–(으)ㄹ까 봐서" and "–았/었을까 봐서," which describe the present and the past, are allowed to be used in front of "–(으)ㄹ까 봐서." However, the future tense form 부족하겠을까 봐서 is incorrectly used. It is awkward when the future tense form comes in the following clause.

3 사람들은 눈이 왔을 때 계단에서 미끄러질까 봐서 **조심하세요.**
　　　　　　　　　　　　　　　　　　 └→ 조심했어요

You cannot use propositive or imperative sentences or expressions describing appropriateness such as "–(으)ㄹ까요?," "–(으)ㅂ시다," "–(으)세요," and "–아/어야 하다" in the following statements of the form "–(으)ㄹ까 봐서."

나는 어릴 때 먹는 것을 별로 좋아하지 않아서 부모님은 내 키가 앞으로 더 안 ① 크니까 걱정하
　　　　　　　　　　　　　　　　　　　　　　　　　　　　　　　→ ＿＿＿＿＿＿＿＿

셨다. 그래서 부모님이 ② 걱정하겠을까 봐서 항상 많이 먹는 척을 했다. 그렇지만 부모님은 내
　　　　　　　　　→ ＿＿＿＿＿＿＿＿

가 많이 먹는 척만 하는 것을 아시고 자주 혼을 내셨다. 그래서 부모님께 또 혼날까 봐서 많이

③ 먹을 것이다. 그때부터 음식을 많이 먹은 덕분에 지금은 키가 아주 크다.
　→ ＿＿＿＿＿＿＿＿

1 동생이 새 옷을 샀길래 **동생이** 입어 봤어요.

→ _____

2 가: 또 에어컨을 켰어요?

나: 네. 아까 손님들이 덥다고 했길래 켰어요.

→ _____

3 한국 친구가 전화번호를 물어보길래 **가르쳐 줘야 돼요.**

→ _____

(1) This expression is used when the following clause describes the reason, cause, or basis of the situation in the preceding clause.

- 저녁에 카레를 만들었는데 좀 많길래 옆집에도 줬어요.
  I made curry for dinner, but as I made too much, I gave some to my neighbor.

- 날씨가 더워서 땀이 나길래 에어컨을 틀었어요.
  I turned on the air conditioner as I was sweating.

(2) The following is the form information for this expression.

A/V	−길래			
	작다	작길래	가다	가길래
	먹다	먹길래	크다	크길래

(3) The subjects in the preceding clause and the following clause cannot be the same. It is natural for the subject in the preceding clause to be in the second person or third person while the subject in the following clause is in the first person.

- <u>조카들이</u> 쿠키를 먹고 싶다고 하길래 <u>(내가)</u> 만들어 줬어요

  3인칭 (the third person)　　　1인칭 (the first person)

  As my nephews wanted to eat cookies, I made some for them.

(4) You can use the past tense "−았/었−" or the expression for assumption "−겠−" or "−(으)ㄹ 듯하다" in front of this expression.

- 우리 팀이 이겼길래 기분이 좋아서 한턱냈어요.
  I bought a round of drinks as I felt good after our team won.

- 비가 올 듯하길래 집에 뛰어갔어요.
  As it was just beginning to rain, I ran home.

(5) The following is the limitation for the following clause in this expression.

A/V-**길래** + Past tense (○), Present / Future tense (×)
V-(으)세요, V-(으)ㄹ까요?, V-(으)ㅂ시다, V-아/어 해요/돼요 (×)

1 동생이 새 옷을 샀길래 **동생이 입어 봤어요.**
　　　　　　　↳(내가)

When "-길래" is used in a sentence, the subjects of the preceding clause and the following clause cannot be the same. However, in this sentence, 동생이 is used incorrectly as the subject in both the preceding clause and the following clause. In the case of the following clause, if the subject is in the first person, there are many cases where the subject is omitted. Furthermore, if the subjects in the preceding clause and the following clause are the same, it is advisable to use "-아/어서." In addition, if the subjects in the preceding clause and the following clause are the same, it is advisable to use the subject only once.

● 친구가 가고 싶은 회사에 취직을 해서 (친구가) 기뻐해요. ▶p.118

2 가: 또 에어컨을 켰어요?
　　나: 네. 아까 손님들이 **덥다고 했길래 켰어요.**
　　　　　　　↳덥다고 하길래

You can use the past tense form of "-았/었-" in front of "-길래," but you must use the form "-고 하길래" when you are quoting someone.

3 한국 친구가 전화번호를 물어보길래 **가르쳐 줘야 돼요.**
　　　　　　　↳가르쳐 줬어요

In the following clause of the sentence that uses "-길래," you cannot use the future tense, propositive, interrogative sentences, and expressions that describe appropriateness, obligation, and necessity. However, in this sentence, 가르쳐 줘야 돼요 is incorrectly used to make the sentence awkward. It is advisable to use "-아/어서" or "-기 때문에" if you want to use an expression that describes appropriateness in the following clause.

● 친구가 전화번호를 물어봐서 가르쳐 줘야 돼요. ▶p.118
● 친구가 전화번호를 물어봤기 때문에 가르쳐 줘야 돼요. ▶p.122

집에 돌아오는 길에 치킨이 ① 맛있길래 한 마리 사왔어요. 집에 도착했는데 동생이 자길래 깨우지

→ _____

않고 혼자 ② 먹을 거예요. 그런데 자던 동생이 갑자기 일어나서 자기도 ③ 먹겠다고 했길래 같이

→ _____ 　　　　　　　→ _____

먹었어요. 오랜만에 먹어서 정말 맛있었어요.

바꿔쓰기

1 가: 어디 다녀오세요?

　　나: 네. 과식을 **한 덕분에** 배가 아파서 병원에 다녀왔어요.

　　→ _____

2 기숙사 생활이 **힘들 탓에** 원룸으로 이사했다.

　　→ _____

3 제 동생은 **고등학생 탓에** 마음대로 옷을 못 입어요.

　　→ _____

문법공부

(1) This expression is used to describe the reason and cause in the preceding clause regarding a bad result described in the following clause.

- 날씨가 더운 탓에 음식이 다 상했어요.
  The food went bad due to the hot weather.

- 차가 막힌 탓에 중요한 약속에 늦고 말았습니다.
  I was late for my appointment due to traffic congestion.

(2) The following is the form information for this expression.

	Present			Past			
A	Final consonant ○ + –은 탓에		Final consonant × + –ㄴ 탓에				
	작다	작은 탓에	비싸다	비싼 탓에			
V	–는 탓에				Final consonant ○ + –은 탓에		Final consonant × + –ㄴ 탓에
	먹다		먹는 탓에		입다	입은 탓에	오다	온 탓에
N	N이다 + 인 탓에		N + 탓에				
	생일이다	생일인 탓에	감기	감기 탓에			

(3) If you want to use this expression at the end of the sentence, use it in the forms "–(으)ㄴ/는 탓이다" and "N 탓이다."

- 날씨가 좋지 않은 탓에 비행기가 지연되었습니다.
  = 비행기가 지연된 것은 날씨가 좋지 않은 탓입니다.
  The flight was delayed due to bad weather.

- 나쁜 날씨 탓에 비행기가 지연되었습니다.
  = 비행기가 지연된 것은 나쁜 날씨 탓입니다.
  The flight was delayed because of the bad weather.

1　가: 어디 다녀오세요?

　나: 네. 과식을 <u>한 덕분에</u> 배가 아파서 병원에 다녀왔어요.
　　　　　└→ 한 탓에

You must use the form "–(으)ㄴ 탓에" if there is a negative result in the following clause. However, 배가 아파서 병원에 다녀왔어요 is a negative result, yet the speaker makes the mistake of mentioning it in the form of 과식을 한 덕분에. "–(으)ㄴ 덕분에" is used to describe a good result in the following clause.

● 내 조카는 가정 교육을 잘 받은 덕분에 항상 예의가 바르다.

2　기숙사 생활이 <u>힘들 탓에</u> 원룸으로 이사했다.
　　　　　　└→ 힘든 탓에

"–(으)ㄴ 탓에" can be used when adjectives or past tense form of verbs come before it. However, although 힘들다 is an adjective, 힘들 탓에 is incorrectly used in this sentence. Please be careful not to use "–(으)ㄹ 탓에" after adjectives.

3　제 동생은 <u>고등학생 탓에</u> 마음대로 옷을 못 입어요.
　　　　　　└→ 고등학생인 탓에

The meaning conveyed in the sentence is "My brother is a high school student. Therefore, he cannot choose what he wears as he likes." In this case, "N인 탓에" must be used rather than "N 탓에," yet it is incorrectly written as 고등학생 탓에 in this sentence. Normally, when using "N 탓에," the subjects in the preceding clause and the following clause must be different.

요즘 더운 ① <u>날씨인 탓에</u> 잠을 잘 못 잔다. 그래서 오늘도 학교에서 공부할 때 너무 피곤했다.
　　　　　　→ _____

② <u>피곤하는 탓에</u> 잠깐 졸다가 선생님께 걸려서 혼이 나고 말았다. ③ <u>혼이 난 덕분에</u> 기분이
　→ _____　　　　　　　　　　　　　　　→ _____

안 좋았다.

1 가: 요즘 사람들의 건강이 왜 나빠지고 있다고 생각하십니까?

　　나: <u>스트레스로 인한</u> 요즘 사람들의 건강이 나빠지고 있다고 생각합니다.

　　→ _____

2 과학의 <u>발달 인해서</u> 환경 오염도 심각해졌다.

　　→ _____

3 지나친 <u>담배로 인해서</u> 폐암에 걸린 사람이 많다고 합니다.

　　→ _____

(1) This expression is used when the preceding clause is the reason or cause in the following cause.

- 짙은 안개로 인해서 교통사고가 났습니다.
  There was a car accident due to the thick fog.

- 당분간 개인 사정으로 인해서 휴업합니다.
  The place will be closed for the time being due to personal issues.

(2) The following is the form information for this expression.

	Final consonant ○ + 으로 인해(서)		Final consonant ✕ + 로 인해(서)	
N	지진	지진으로 인해서	감기	감기로 인해서
	노력	노력으로 인해서	스트레스	스트레스로 인해서

(3) This expression is commonly used in written language like news, newspapers, or theses and for the spoken form, it is used in formal situations. Nouns that come before this expressions also include certain incidents, phenomena, diseases, and accidents.

- 오늘 축구 경기는 갑자기 쏟아진 비로 인해 취소되었습니다.
  Today's soccer game was canceled due to the sudden pouring rain.

- 사소한 오해로 인해서 친한 친구와 싸우게 되었습니다.
  I fought with my good friend over a small misunderstanding.

(4) This expression is used in the forms "N(으)로 인하여" and "N(으)로 해서." 인해(서) is omitted, and only (으)로 is used.

- <u>화재로 인해서</u> 큰 피해를 입었습니다.
  = 화재로 인하여 = 화재로 해서 = 화재로
  There was severe damage due to the fire.

(5) This expression is used in the form "N(으)로 인한 N."

- 화재로 인한 피해가 매우 컸습니다.
  The damage due to the fire was very extensive.

(6) This expression can be used interchangeably with (으)로 말미암아 without much difference.

- 요즘 대학생들은 취업 문제로 인해서 스트레스를 많이 받고 있습니다.
  = 취업 문제로 말미암아
  College students have a lot of stress due to job employment issues.

---

1 가: 요즘 사람들의 건강이 왜 나빠지고 있다고 생각하십니까?

나: **스트레스로 인한** 요즘 사람들의 건강이 나빠지고 있다고 생각합니다.
↳스트레스로 인해서

The result of a cause or reason comes after (으)로 인해서. However, 스트레스로 인한 is incorrectly used when the contextual meaning is that people's health is getting worse due to stress. A noun should come after (으)로 인한.

2 한 과학의 발달 **인해서** 환경 오염도 심각해졌다.
↳발달로 인해서

In the form (으)로 인해서, 인해서 can be omitted and be used in the (으)로 form, but (으)로 can never be omitted. There are many forms that can be changed interchangeably with (으)로 인해서.

3 지나친 **담배로 인해서** 폐암에 걸린 사람이 많다고 합니다.
↳흡연으로 인해서

The nouns that come before (으)로 인해서 are normally certain events, phenomena, diseases, and accidents. However, 담배로 인해서 is incorrectly used when the reason many people have lung cancer is not due to cigarettes themselves but to the act of smoking cigarettes.

올해는 우리 마을에 안 좋은 일이 많이 발생했다. 지난봄에는 ① 화재 인해서 마을 뒤에 있는
→ _____

산이 다 탔다. 여름에는 ② 폭우로 인한 마을에 있는 집의 반 이상이 물에 잠겼다. 그리고 지난
→ _____

달에는 도로 ③ 공사로 했으니까 사고가 나서 마을 사람들이 많이 다쳤다. 제발 내년에는 우리
→ _____

마을에 좋은 일들만 있었으면 좋겠다.

[1~3] (   )에 들어갈 가장 알맞은 것을 고르십시오.

1

> 가: 오랜만이네요. 지영 씨, 1년 만이지요?
> 나: 네, 다시 (   ) 반갑습니다.

① 만나서   ② 만나니까   ③ 만나느라고   ④ 만난 덕분에

2

> 가: 보고서에 대해 이야기하고 싶은데 시간 있어요?
> 나: 미안해요. 지금은 조금 (   ) 나중에 얘기합시다.

① 피곤해서   ② 피곤하니까   ③ 피곤하길래   ④ 피곤할까 봐서

3

> 가: 왜 이렇게 전화를 안 받아?
> 나: 미안해. 영화를 (   ) 전화벨 소리를 못 들었어.

① 보니까   ② 보길래   ③ 보느라고   ④ 보기 때문에

[4~6] 다음 밑줄 친 부분과 의미가 비슷한 것을 고르십시오.

4

> 가: 오늘 저녁에 시간 있으면 같이 운동할까요?
> 나: 내일 아르바이트가 <u>있어서</u> 오늘은 일찍 자려고 해요.

① 있길래   ② 있을까 봐   ③ 있는 덕분에   ④ 있기 때문에

5

> 다리를 <u>다치는 바람에</u> 졸업 여행을 못 갔어요.

① 다칠까 봐   ② 다친 탓에   ③ 다쳤으니까   ④ 다친 덕분에

6

> 룸메이트가 <u>공부하길래</u> 텔레비전 소리를 줄였다.

① 공부해서   ② 공부할까 봐   ③ 공부한 탓에   ④ 공부하느라고

7

> 가: 도서관에서 공부하다가 늦게 올 거라고 했잖아요. 왜 벌써 와요?
>
> 나: 사람들이 너무 _____

① 떠드는 탓에 집중이 안 돼요.   ② 떠드느라고 집중할 수 없어서요.

③ 떠든 덕분에 집중하지 못 해서요.   ④ 떠들까 봐서 집중하기가 힘들어서요.

8

> 가: 안나 씨, 안색이 안 좋아 보여요. 무슨 일 있어요?
>
> 나: 내일 대학교 입학시험 결과가 나와요. _____

① 좋지 않은 결과라서 걱정해요.   ② 나쁜 결과로 인해서 걱정해요.

③ 결과가 나쁠까 봐서 걱정이에요.   ④ 결과가 나쁘기 때문에 걱정이에요.

9

> 가: 스티븐 씨, 어제 왜 결석했어요?
>
> 나: _____

① 감기라서 결석했어요.   ② 감기 덕분에 결석했어요.

③ 감기에 걸려서 결석했어요.   ④ 감기이기 때문에 결석했어요.

10   **다음을 잘 읽고 ㉠과 ㉡에 들어갈 말을 각각 쓰십시오.**

> 김진경 교수님께
>
> 안녕하십니까? 저는 영국에서 교환 학생으로 온 스티븐이라고 합니다.
>
> 이번 학기에 교수님께서 강의하실 '한국 문학의 이해' 과목을 수강하려고 신청했습니다. 한국 생활을 하면서 한국 문학에 관심이 많아졌지만 저는 (㉠) 한국 문학에 대해서 아는 것이 별로 없습니다. 그래서 교수님께서 강의하실 때 제가 (㉡) 걱정입니다. 제가 무엇을 예습하면 좋을지 알려 주셨으면 좋겠습니다.
>
> 그럼, 답장 기다리겠습니다.
>
> 스티븐 올림

㉠ _____   ㉡ _____

바꿔쓰기

1 가: 나한테 공짜 표가 있는데 내일 영화나 보러 갈까?
　　나: 내일은 시간이 없으니까 모레 **보려고** 가자.
　　　　　　　　　　　　　　　　　→ _____

2 버스를 타러 **정류장에서 기다렸어요.**
　　　　　　→ _____

3 가: 공항에 왜 가요?
　　나: 부모님이 오신다고 해서 공항에 **가러 가요.**
　　　　　　　　　　　　　　　　　→ _____

문법공부

(1) This expression is attached to a verb, and it is used to describe the act of going and coming with the intent of engaging in a certain activity.

- 가: 마크 씨, 뭐 먹으러 가요?
  Mark, where are you going for a meal?
- 나: 스파게티를 먹으러 가요.
  I am on my way to eat spaghetti.

- 책을 빌리러 도서관에 가려고 해요.
  I am about to go to the library to borrow some books.

(2) The following is the form information for this expression.

	Final consonant ○ + −으러		Final consonant × + −러	
V	먹다	먹으러	쉬다	쉬러
	읽다	읽으러	운동하다	운동하러

(3) We do not use "−았/었−" or "−겠−," which describes tense, in front of this expression.

- 유학을 했으러 외국에 갔어요. (×)
  → 유학을 하러 외국에 갔어요. (○)
  I went overseas to study abroad.

(4) Verbs with meanings of movement should come after this expression as follows.

−(으)러 + 가다, 오다, 다니다, 나가다, 나오다, 들어오다, 들어가다

- 영어를 배우러 학원에서 공부했어요. (×)
  → 영어를 배우러 학원에 다녔어요. (○)
  I went to an academy to study English.

(5) This expression cannot be used with verbs with meanings of movement such as 가다, 오다, and 다니다.

- 저녁을 먹은 후에 공원에 <u>가러 갔다</u>. (×)
  → 저녁을 먹은 후에 공원에 <u>산책하러 갔다</u>. (○)
  I went to the park to take a walk after having dinner.

---

1 가: 나한테 공짜 표가 있는데 내일 영화나 보러 갈까?
나: 내일은 시간이 없으니까 모레 **보려고** 가자.
└→ 보러

"-(으)러 가다/오다" is used to describe the act of going and coming with the intent of doing the activity mentioned before. Although the meaning conveyed in the dialogue is "on the day after tomorrow, let's go to the theater," 보려고 is incorrectly used. "-(으)려고" is also used to describe purpose, but propositive or imperative sentences cannot come after "-(으)려고."

- 좋아하는 가수의 콘서트 표를 <u>사려고</u> 돈을 모았어요. ▶ p.142

2 버스를 타러 **정류장에서 기다렸어요.**
└→ 정류장에 갔어요

Verbs with meanings of movement such as 가다 and 오다 should come after "-(으)러," yet 기다렸어요 is incorrectly used in the sentence. Users must be careful not to place verbs without meanings of movement after "-(으)러."

3 가: 공항에 왜 가요?
나: 부모님이 오신다고 해서 공항에 **가러 가요.**
└→ 마중하러 가요

Verbs with meanings of movement such as 가다, 오다, and 다니다 cannot come in front of "-(으)러," yet 가러 가요 is incorrectly used in this dialogue. We must remember to use verbs that describe purpose in front of "-(으)러" and place verbs with meanings of movement in the following clause.

곧 어머니의 생신이다. 그래서 언니와 나는 백화점에 선물을 ① 사니까 갔다. 화장품을 사려고
→ _____

했는데 생각보다 비싸서 신발을 ② 골라러 갔다. 그런데 갑자기 어머니의 발 사이즈가 헷갈려
→ _____

서 점원에게 이야기했더니 신발이 맞지 않으면 ③ 오러 교환하라고 했다. 선물을 사느라 조금
→ _____

고생했지만 좋은 선물을 사서 기분이 좋았다.

② –(으)려고　　　　　　　　　　〈4〉목적·의지

1 축제 때 열리는 노래 대회에 **나가러** 요즘 매일 연습하고 있다.

→ _____

2 가: 민호 씨, 살도 빠지고 멋있어진 것 같아요.

나: 요즘 **건강하려고** 매일 운동하거든요.

→ _____

3 여행을 가기 전에 여행지에 대해 미리 알아 놓으려고 안내책을 **보세요.**

→ _____

(1) This expression is attached to a verb, and it indicates that a speaker does what is stated in the following clause with the plans or purposes mentioned in the preceding clause.

- 가: 왜 케이크를 샀어요?
  Why did you buy a cake?
  나: 미나 씨의 생일 파티를 하려고 샀어요.
  I bought it for Mina's birthday party.

- 돈을 벌려고 아르바이트를 시작했어요.
  I started a part-time job to earn money.

(2) The following is the form information for this expression.

	Final consonant ○ + –으려고		Final consonant × + –려고	
V	받다	받으려고	가다	가려고
	읽다	읽으려고	연습하다	연습하려고

(3) The following is the limitation of the following clause regarding this expression.

V–(으)려고 ＋ Past / Present / Future tense (○)

V–(으)세요 (×)

V–(으)ㄹ까요?, V–(으)ㅂ시다 (×)

V –아/어야 해요/ 돼요 (×)

- 여행을 가려고 여권을 만드세요. (×)

  → 여행을 가려고 여권을 만들었어요. (○) I made a passport to go on a trip.

(4) The subjects in the preceding clause and the following clause must be the same in this expression.

- (내가) 불고기를 만들려고 (내가) 재료를 샀어요.
  I bought some ingredients to make *bulgogi*.

---

1 축제 때 열리는 노래 대회에 **나가러** 요즘 매일 연습하고 있다.
　　　　　　　　　　　└▸ 나가려고

"-(으)려고" must be used when the following clause's actions are due to the purpose in the preceding clause. Although the meaning conveyed in this sentence is "I am practicing with the purpose of entering the singing contest," 나가러 is incorrectly used. Various verbs other than 가다 and 오다 can come in the following clause of "-(으)려고," yet only verbs with meanings of movement such as 가다 and 오다 can come after "-(으)러."

- 겨울옷을 사러 옷가게에 갔어요.　▶ p.140

2 가: 민호 씨, 살도 빠지고 멋있어진 것 같아요.

　　나: 요즘 **건강하려고** 매일 운동하거든요.
　　　　　　└▸ 건강해지려고

The form "-(으)려고" can be used with verbs. Although 건강하다 is an adjective, 건강하려고 is incorrectly used. To use adjectives in front of this expression, you must use the form "-아/어지려고."

3 여행을 가기 전에 여행지에 대해 미리 알아 놓으려고 안내책을 **보세요.**
　　　　　　　　　　　　　　　　　　　　└▸ 봤어요

Propositve and imperative sentences cannot come in the following clause of "-(으)려고." However, the imperative form 보세요 is incorrectly used in the following clause of this sentence. Please check the limitations of the following clause regarding "-(으)려고."

컴퓨터가 고장 나서 컴퓨터를 ① 고치고 싶으려고 룸메이트와 A/S센터에 갔다. 그런데 가는
　　　　　　　　　　　　　　　→ ＿＿＿＿＿＿＿＿＿＿

중에 갑자기 비가 와서 비를 ② 피했으려고 커피숍으로 들어갔다. 나는 따뜻한 커피를 사려고
　　　　　　　　　　　　　　　→ ＿＿＿＿＿＿＿＿＿＿

③ 룸메이트가 돈을 냈다. 커피를 마신 후에 A/S센터에 가서 컴퓨터를 고쳤다.
→ ＿＿＿＿＿＿＿＿＿＿

1 가: 요즘 재미있는 마케팅 방법이 많다면서?

　나: 맞아. 어떤 의류 회사는 홍보를 **하니까** 연예인에게 공짜로 옷을 주기도 한대.

　　　　　　　　　　→ _____

2 지난여름에 부모님을 **만났기 위해서** 고향에 갔어요.

　　　　　　→ _____

3 저는 **통역사를 위해서** 열심히 외국어를 공부할 겁니다.

　　　→ _____

(1) This expression is attached to a verb, and it is used to indicate that the action in the preceding clause is the purpose in the following clause.

- 가고 싶은 회사에 지원하기 위해서 열심히 자기소개서를 썼다.
  I enthusiastically wrote my resume to apply to the company I wanted to work at.

- 가: 밤에는 아파도 약을 살 곳이 없어서 너무 불편해요.
  It's so inconvenient as there's nowhere to buy medicine when one is sick at night.
- 나: 이 문제를 해결하기 위해서 24시간 문을 여는 약국이 생긴대요.
  I heard a 24-hour pharmacy is opening soon to resolve this problem.

(2) The following is the form information for this expression.

	−기 위해(서)			
V	먹다	먹기 위해서	가다	가기 위해서
	찾다	찾기 위해서	쉬다	쉬기 위해서

(3) The "N을/를 위해서" form must be used if you want to use this expression with a noun, and the following explains the meanings.

① The noun in front describes the objective of the action regarding the following clause.

- 대학 입학을 위해서 열심히 공부했다. I studied hard to enter college.

② It indicates that the objective of the action regarding the following clause helps the noun before.

- 신입 사원 마리코입니다. 이 회사를 위해서 열심히 일하겠습니다.
  I am Mariko, and I am new. I will work hard for this company.

(4) If you want to use the expression with adjectives, you must use the form "-아/어지기 위해서."

- 새로 이사한 동네에 익숙하기 위해서 매일 동네를 걸어 다녀요. (×)
  → 새로 이사한 동네에 익숙해지기 위해서 매일 동네를 걸어 다녀요. (○)
    I walk around the neighborhood to get used to the new neighborhood that I've moved to.

---

1 가: 요즘 재미있는 마케팅 방법이 많다면서?

나: 맞아. 어떤 의류 회사는 홍보를 하니까 연예인에게 공짜로 옷을 주기도 한대.
                              └→ 하기 위해서

"-기 위해서" indicates that the actions in the preceding clause are the objective of the task in the following clause. Although the conveyed meaning is "clothes are given to the celebrities as a method to promote," 하니까 is incorrectly used. "-(으)니까" is used when the preceding clause is the reason or cause in the following clause.

- 비가 오니까 우산을 가지고 가세요. ▶ p.120

2 지난여름에 부모님을 만났기 위해서 고향에 갔어요.
                    └→ 만나기 위해서

You cannot use forms that describe tense like "-았/었-" or "-겠-" in front of "-기 위해서." If you want to describe tense in sentences with "-기 위해서," you can use "-았/었-" or "-겠-" in the following clause.

3 저는 통역사를 위해서 열심히 외국어를 공부할 겁니다.
          └→ 통역사가 되기 위해서

"N을/를 위해서" is used to indicate the objective of the action in the following clause is for the noun in front or to indicate the objective of the action in the following clause is to help the noun. The meaning conveyed in this sentence is "the objective of my foreign language studies is to become an interpreter," yet 통역사를 위해서 is incorrectly used. 통역사를 위해서 refers to the fact that "the objective is to help the interpreter."

저는 요즘 자전거로 출퇴근을 합니다. 처음에는 교통비를 ① 아껴서 시작했는데 생각보다 장
                                          →
점이 많습니다. 우선 운동을 ② 하려면 따로 체육관에 갈 필요가 없습니다. 그리고 아침에 출근
              →
시간을 ③ 지키겠기 위해서 사람이 많은 지하철 속에서 시달릴 필요도 없습니다. 이렇게 자전
        →
거로 출퇴근하면 장점이 많으니 여러분도 한번 해 보시기 바랍니다.

④ -(으)려다(가)   〈4〉목적·의지

1 주말에 친구와 부산에 **가거든** 보고서를 다 못 써서 못 갔어요.

→ _____

2 가: 올해 하고 싶었는데 못 한 일이 뭐예요?

나: 탁구를 배우고 **싶으려다가** 못 배워서 좀 아쉬워요.

→ _____

3 의사가 되려다가 힘들어서 다른 것을 **전공할 거예요.**

→ _____

(1) This expression is attached to a verb, and it is used to describe a situation when the speaker tries to act with intent or objective, yet the speaker either quits or changes to a different behavior.

- 가: 연수 씨, 뉴욕에 잘 다녀왔어요?
  Yeonsu, did you have a good trip to New York?
- 나: 아니요, 뉴욕에 가려다가 비행기 표가 너무 비싸서 가까운 일본에 갔다 왔어요.
  No. I was planning to go to New York, but I went to nearby Japan instead as the airplane ticket was too expensive.

- 핸드폰을 새로 사려다가 1년만 더 쓰기로 했어요.
  I was going to buy a cell phone, but I decided to use mine for one more year.

(2) The following is the form information for this expression.

V	Final consonant ○ + -으려다(가)		Final consonant ✕ + -려다(가)	
	먹다	먹으려다가	가다	가려다가
	읽다	읽으려다가	요리하다	요리하려다가

(3) You cannot use forms that express tense, such as "-았/었-" or "-겠-," in front of this expression.

- 일찍 일어나겠으려다가 너무 피곤해서 늦게까지 잤어요. (✕)
  → 일찍 일어나려다가 너무 피곤해서 늦게까지 잤어요. (○)
  I was going to wake up early, but I slept late as I was too tired.

(4) The following are the limitations of the following clause regarding this expression.

V-(으)려다(가)   +   Past / Present tense (○)
                Future tense (✕)
                V-(으)세요, V-(으)ㄹ까요?, V-(으)ㅂ시다 (✕)

- 친구를 기다리려다가 비가 와서 먼저 집에 갈 거예요. (×)
  → 친구를 기다리려다가 비가 와서 먼저 집에 갔어요. (○)
   I was going to wait for my friend, but I went home first as it was raining.

(5) The subjects in the preceding clause and the following clause must be the same, and you can omit the subject in the following clause.

- (나는) 아버지가 오시면 같이 밥을 먹으려다가 너무 배가 고파서 (나는) 먼저 먹었다.
  I was going to eat a meal with my father when he came, but I ate first as I was very hungry.

---

1 주말에 친구와 부산에 **가거든** 보고서를 다 못 써서 못 갔어요.
  └→ 가려다가

If you are trying to do something but are not successful, you must use the form "–(으)려다가." Although the meaning conveyed in this sentence is "I promised to go to Busan, but I couldn't make it because of the report," 가거든 is incorrectly used. "–거든" is used when the action in the following clause takes place once the things in preceding clause was realized

- 이 책이 어렵거든 다른 책을 읽으세요. ▶ p.158

2 가: 올해 하고 싶었는데 못 한 일이 뭐예요?
  나: 탁구를 배우고 **싶으려다가** 못 배워서 좀 아쉬워요.
     └→ 배우려다가

Verbs should come before "–(으)려다가," yet 배우고 싶으려다가 is incorrectly used. If "–고 싶다" is attached to a verb, remember that "V–고 싶다" becomes an adjective.

3 의사가 되려다가 힘들어서 다른 것을 **전공할 거예요.**
     └→ 전공했어요

You cannot use "–겠–" or "–(으)ㄹ 거예요" as they describe the future tense, yet 전공할 거예요 is incorrectly used. In the following clause of "–(으)려다가," you can only use expressions that describe the present or the past.

올해를 돌아보면 후회되는 일도 많고 잘한 일도 많다. 제일 후회되는 일은 가족들과 시간을 많이 못 보낸 것이다. 여름에 함께 여행을 ① 가다가 취소한 것이 지금도 마음에 걸린다. 그리고
  →

다이어트를 하려다가 바빠서 ② 못 하겠는데 이것도 후회가 된다. 잘한 일은 컴퓨터 자격증 준
  →

비가 힘들어서 ③ 그만두고 싶으려다가 포기하지 않고 계속 노력해서 자격증을 취득한 것이다.
  →

바꿔쓰기

1 버스 시간에 **늦지 않기 때문에** 뛰어가세요.

→ _____

2 한국에 온 지 두 달이 **넘은 다음에** 아직 한 번도 여행을 못 가 봤다.

→ _____

3 가: 선생님, 이 문법을 이해했지만 사용하기가 어려워요. 어떻게 해요?

　나: 일상생활에서 말하기를 **연습하도록이에요.**

→ _____

문법공부

(1) This expression is used when you do the action in the following clause or ask someone to do the action in the following clause with the intent of doing the action in the preceding clause.

- 가: 발표를 시작하기 전에 무엇을 해야 해요?
  What should I do before the start of the presentation?
- 나: 사람들 앞에서 실수하지 않도록 발표 자료를 다시 한 번 보세요.
  Look at the presentation figures again, so you will not make any mistakes in front of people.

- 이 선반은 키가 작은 사람도 물건을 꺼내기 편하도록 설계되었습니다.
  This rack is designed so that even short people can take objects out.

(2) The following is the form information for this expression.

A/V	－도록			
	쉽다	쉽도록	크다	크도록
	먹다	먹도록	가다	가도록

(3) The following expressions are used in the following clause of this expression.

A/V**-도록** ＋ V-(으)세요, V-(으)ㅂ시다, V-(으)ㄹ까요?, V-는 게 어때요?
V-아/어야 해요/ 돼요

(4) This expression uses the form "V-도록 하다," and it is used to subtly demand that the listener do certain tasks. The negative forms of "-도록 하다" are "-지 않도록 하다" and "-지 말도록 하다."

- 식사를 마치고 30분 후에 이 약을 먹도록 하세요.
  Please be sure to take this medicine 30 minutes after having meals.

- 수업 시간에 늦지 않도록 하세요. Please be sure not to be late for class.

(5) This expression is used in the following ways to describe a length of time.

시간 N이/가 되도록	시간 N이/가 넘도록/지나도록
Shows that "the time is near" • 밤 12시가 되도록 룸메이트가 안 왔어요. My roommate didn't come as it turned midnight.	Describes "until that time has passed" • 강연은 두 시간이 넘도록 끝나지 않았다. The lecture has continued for over 2 hours.

1 버스 시간에 늦지 <u>않기 때문에</u> 뛰어 가세요.
└→ 않도록

"-도록" is used when you are doing the action in the following clause with the purpose of doing the action in the preceding clause. Although the meaning conveyed in the sentence is "I have to run so that I would not be late for my bus," 않기 때문에 is incorrectly used. "-기 때문에" is used to describe a reason for doing the action in the following clause.

● 요즘 비가 많이 <u>오기 때문에</u> 빨래가 잘 안 말라요. ▶p.122

2 한국에 온 지 두 달이 <u>넘은 다음에</u> 아직 한 번도 여행을 못 가 봤다.
└→ 넘도록

If you want to describe "until that time has passed," you must use the form "time N + 이/가 넘도록/지나도록." The meaning conveyed in the sentence is "I could not travel until two months had passed," yet 넘은 다음에 is incorrectly used. "-(으)ㄴ 다음에" is used when you do the task in the following clause after the task in the preceding clause has ended.

● 식사를 <u>한 다음에</u> 볼링을 쳤어요.

3 가: 선생님, 이 문법을 이해했지만 사용하기가 어려워요. 어떻게 해요?
　　나: 일상생활에서 말하기를 <u>연습하도록이에요</u>.
　　　　　　　　　　　└→ 연습하도록 하세요

"-도록 하다" must be used when you are subtly asking or demanding that the listener do something.

다음은 우리 도서관 이용 규칙입니다. 잘 지켜 주시기 바랍니다.

1. 핸드폰은 도서관 밖에서 ① <u>사용하도록입니다</u>.
　　　　　　　　　　　→ _____

2. 여러 사람들이 책을 쉽게 ② <u>찾아서</u> 읽은 책은 제자리에 놓아 주십시오.
　　　　　　　　　　　→ _____

3. 도서관 안에서 음료수는 ③ <u>안 마시도록</u> 하십시오.
　　　　　　　　　　　→ _____

6 -(으)ㄹ 테니까 ① 〈4〉목적·의지

1 가: 아주머니, 이 모자랑 저 우산이 마음에 드는데 좀 비싸네요.

나: 그럼, 내가 좀 **깎아 줄 텐데** 두 개 다 사세요.

→

2 길이 막힐 것 같아요. 제가 조금 일찍 **출발하겠을 테니까** 주희 씨도 일찍 나오세요.

→

3 가: 아야코 씨, 장학금 받았다면서요? 축하해요.

나: 미영 씨가 도와준 덕분이에요. 내가 오늘 한턱 낼 테니까 같이 식당에 **갑니다.**

→

(1) This expression is attached to a verb and shows the determination of the person in the preceding clause, and it is used as a source and reason regarding the following clause.

- 가: 내가 청소를 할 테니까 너는 설거지를 해.
  I'll do the cleaning; you do the dishes.
- 나: 알았어. 설거지를 빨리 하고 내가 널 도와줄게.
  Okay. I'll help you after I quickly do the dishes.

- 이제부터 거짓말을 안 할 테니까 믿어 주세요.
  Please believe me as I won't lie to you from now on.

(2) The following is the form information for this expression.

	Final consonant ○ + -을 테니까		Final consonant × + -ㄹ 테니까	
V	먹다	먹을 테니까	가다	갈 테니까
	읽다	읽을 테니까	공부하다	공부할 테니까

(3) Forms that describe tense like "-았/었-" and "-겠-" cannot be used in front of this expression.

- 간식을 준비해 두겠을 테니까 배고플 때 먹어요. (×)
- → 간식을 준비해 둘 테니까 배고플 때 먹어요. (○)
  I'll prepare some snacks, so eat them when you are hungry.

(4) In this expression, the subject of the preceding clause is in the first person while the subject of the following clause is in the second person or third person.

- (내가) 주소를 이야기해 줄 테니까 (민수 씨가) 이 주소로 소포를 좀 보내 주세요.
  I'll tell you the address, so please send the parcel to this address.

(5) The following expressions are used in the following clause of this expression.

V-(으)ㄹ 테니까 + V-(으)세요
+ V-(으)ㅂ시다, V-(으)ㄹ까요?
+ V-지 그래요?, V-는 게 어때요?

1 가: 아주머니, 이 모자랑 저 우산이 마음에 드는데 좀 비싸네요.
나: 그럼, 내가 좀 **깎아 줄 텐데** 두 개 다 사세요.
↳ 깎아 줄 테니까

When you are describing the determination of the speaker in the preceding clause, if the determination becomes the reason or cause in the following clause, "-(으)ㄹ 테니까" must be used. However, the answer in this dialogue conveys the message that "I will give you a discount. Therefore, buy two things," yet 깎아줄 텐데 is incorrectly used. "-(으)ㄹ 텐데" is used to describe the assumed situation addressed by the speaker. "-(으)ㄹ 테니까" also has the meaning of assumption, and in this case, you can change it with "-(으)ㄹ 텐데."

- 아침을 안 먹어서 배가 고플 텐데 식사부터 합시다. ▶ p.174
- 백화점은 값이 비쌀 테니까 시장에 갑시다. ▶ p.172

2 길이 막힐 것 같아요. 제가 조금 일찍 **출발하겠을 테니까** 주희 씨도 일찍 나오세요.
↳ 출발할 테니까

Forms that describe tense like "-았/었-" and "-겠-" cannot be used in front of "-(으)ㄹ 테니까." However, 출발하겠을 테니까 is incorrectly used in this sentence.

3 가: 아야코 씨, 장학금 받았다면서요? 축하해요.
나: 미영 씨가 도와준 덕분이에요. 내가 오늘 한턱 낼 테니까 같이 식당에 **갑니다.**
↳ 갑시다

The expressions for demanding or recommending to the listener come in the following clause of "-(으)ㄹ 테니까." Thus, 식당에 가다 must change into 식당에 갑시다 or 식당에 갈까요? Yet it is incorrectly used as 식당에 갑니다.

지은 씨, 이번 토요일에 있을 졸업 파티 때 저는 케이크를 ① 준비하기 때문에 지영 씨는 음료
→

수를 좀 준비해 주세요. 그리고 제가 우리 반 친구들에게 연락할 테니까 지영 씨는 선생님께 좀
② 연락하겠어요. 제가 일이 늦게 끝나기 때문에 좀 늦겠지만 서둘러서 ③ 가니까 먼저 준비를
→   →

시작해 주세요. 그럼 토요일에 만나요.

[1~3] ( )에 들어갈 가장 알맞은 것을 고르십시오.

1

> 가: 이번 주말에 뭐 할 거예요?
> 나: 아버지 생신이라서 선물을 ( ) 백화점에 갈 거예요.

① 사서   ② 사러   ③ 사는데   ④ 사니까

2

> 가: 유진 씨, 이 일을 언제까지 끝낼 수 있어요?
> 나: 오늘 오후까지는 ( ) 너무 걱정하지 마세요.

① 끝내려고   ② 끝내려다가   ③ 끝낼 테니까   ④ 끝내기 위해서

3

> 가: 자야 씨, 지난 주말에 한국어능력시험을 봤어요?
> 나: 아니요, 시험을 ( ) 준비가 부족한 것 같아서 다음에 보기로 했어요.

① 보도록   ② 보고 나서   ③ 보려다가   ④ 볼 테니까

[4~6] 다음 밑줄 친 부분과 의미가 비슷한 것을 고르십시오.

4

> 가: 요즘 왜 이렇게 바빠요?
> 나: 유학을 <u>가기 위해서</u> 외국에 있는 대학들을 알아보고 있거든요.

① 가려고   ② 갈수록   ③ 갈 텐데   ④ 가려다가

5

> 친구와 2시에 만나기로 했는데 <u>3시가 되도록</u> 오지 않아서 화가 났어요.

① 3시부터   ② 3시가 되기 전에

③ 3시가 넘을 때까지   ④ 3시에 가까워질 때까지

6

> 제가 <u>이해할 수 있도록</u> 좀 천천히 말해 주세요.

① 이해할 수 있게   ② 이해할 수 있어도

③ 이해하면 할수록   ④ 이해하기 위해서

[7~9] 다음을 잘 읽고 이어질 수 있는 말을 고르십시오.

7

> 가: 이번 달부터 요가 학원에 다닐 거라고 했잖아요. 잘 다니고 있어요?
> 나: 아니요. _____ 원하는 시간에 수업이 없어서 그만뒀어요.

① 요가 학원에 다니려다가   ② 요가 학원에 다니는데도

③ 요가 학원에 다니는 바람에   ④ 요가 학원에 다니기 위해서

8

> 가: 여보, 밤 11시인데 아직도 일해요? 오늘은 그만하고 좀 쉬세요.
> 나: 내일까지 보고서를 제출해야 해요. _____ 먼저 들어가서 자요.

① 다 끝내고 쉬려면   ② 다 끝내고 쉬다가는

③ 다 끝내고 쉬기 전에   ④ 다 끝내고 쉴 테니까

9

> 가: 어제 주문한 그릇이 왔는데 깨져 있더라고요. 새 것으로 교환하고 싶은데요.
> 나: 정말 죄송합니다. 이번에 보낼 때에는 _____ 주의하겠습니다.

① 그릇이 깨질까 봐서   ② 그릇이 깨지는 반면에

③ 그릇이 깨지지 않도록   ④ 그릇이 깨지지 않아야

10 다음을 잘 읽고 ㉠과 ㉡에 들어갈 말을 각각 쓰십시오.

> 〈행복 백화점 이용 안내〉
> 저희 백화점에서는 고객님께서 편하게 (㉠   ) 몇 가지 편의 시설을 마련했습니다. 아이와 함께 쇼핑하시는 (㉡   ) 9층에 놀이방을 마련했습니다. 그리고 옥상 공원에 그림을 보면서 쉴 수 있는 공간도 마련하였으니 많은 이용 바랍니다.

㉠ _____   ㉡ _____

① -(으)면　〈5〉조건

1 가: 토마스 씨, 버스 탔어요?

　나: 아니요, 아직 못 탔어요. 5분만 더 기다려 보고 그때도 버스가 안 **오려면**

　　지하철을 탈게요.　　　　　　　　　　　　　　→ ＿＿＿＿＿＿＿＿＿

2 어제 지영 씨도 같이 만났으면 재미있게 **놀았어요.**

　　　　　　　　　　　　　　→ ＿＿＿＿＿＿＿＿＿

3 　자동차를 사면 취직할 거예요.

　→ ＿＿＿＿＿＿＿＿＿

(1) This expression is used when the preceding clause is the condition for the following clause and the content of this condition is generally about a certain fact.

- 가: 지금 강남역으로 가는 중인데 어디에 있어요?
  I am on my way to Gangnam Station. Where are you?
- 나: 강남역 근처 커피숍에 있어요. 강남역에 도착하면 전화하세요. 제가 나갈게요.
  I'm in a coffee shop near Gangnam Station. Call me when you arrive at Gangnam Station. I'll go out.

- 가: 학교 도서관을 이용하려면 꼭 학생증이 있어야 되지요?
  Do I need my student ID card if I want to use the school library?
- 나: 네. 학생증이 없으면 들어갈 수 없어요.
  Yes. You can't go in if you don't have a student ID card.

(2) The following is the form information for this expression.

	Final consonant ○ + −으면		Final consonant × + −면	
A/V	작다	작으면	크다	크면
	읽다	읽으면	공부하다	공부하면

(3) This expression can be used in the form "−았/었으면" and has the meaning of completion. In this case, you cannot use the past tense in the following clause.

- 모두 참석하셨으면 지금부터 회의를 시작하겠습니다.
  If everyone is present, we will start the meeting.

(4) "−았/었으면" can be used when you are assuming a situation that is opposite what happened in the past. The following expressions can be used in the following clause.

> A/V-**았/었으면** ＋ A/V-았/었을 거예요, A/V-았/었을 텐데요

- 내가 지금보다 5cm만 더 컸으면 모델이 됐을 거예요. I would have been a model if I were 5cm taller.

(5) The following expressions are used in the following clauses.

> A/V–**(으)면** + V–(으)세요, V–(으)ㅂ시다
> V–(으)ㄹ 거예요, V–(으)ㄹ 수 있어요/없어요, V–고 싶어요

---

1 가: 토마스 씨, 버스 탔어요?

나: 아니요, 아직 못 탔어요. 5분만 더 기다려 보고 그때도 버스가 안 **오려면** 지하철을 탈게요.
↳ 오면

"–(으)면" is used when the preceding clause becomes the condition for the following clause. The meaning conveyed in this sentence is "if the bus won't come in 5 minutes, I will take the subway." However, 오려면 is incorrectly used. "–(으)려면" can be used to describe a condition where there is an intention to do something.

● 시청에 <u>가려면</u> 지하철 1호선을 타고 가야 해요. ▶ p.156

2 어제 지영 씨도 같이 만났으면 재미있게 **놀았어요.**
↳ 놀았을 거예요

"–았/었을 거예요" and "–았/었을 텐데요" are used in the following clause when the form "–았/었으면" is assuming a situation that is opposite what happened in the past. Although the person assumes the opposite situation of the fact 지영 씨를 같이 안 만났다, 놀았어요 is incorrectly used.

3 자동차를 사면 **취직할 거예요.**
↳ 취직하면 자동차를 살 거예요

Conditions come before "–(으)면" and results of the conditions come after "–(으)면." However, the result 자동차를 사다 and the condition 취직하다 have switched places in this sentence. Please be aware that English-language speakers can sometimes mix up the preceding clause with the following clause.

마리아 씨, 드디어 제가 다음 주에 고향에 가요. 고향에 ① 가려면 제일 먼저 엄마가 해 주시는
→ _____

요리를 먹고 싶어요. 그리고 오랫동안 만나지 못했던 친구들도 만날 거예요. 친구들과 수다를 떨면 그동안 쌓였던 스트레스도 ② 풀렸어요. 또 가족들과 ③ 시간이 맞겠으면 같이 여행할 거
→ _____   → _____

예요. 빨리 다음 주가 왔으면 좋겠어요.

② –(으)려면 〈5〉 조건

1 가: 이번 학기에는 꼭 개근상을 받고 싶어요.

나: 개근상을 **받으면** 한 번이라도 지각이나 결석을 하면 안 돼요.

→ ⸺⸺⸺⸺⸺⸺

2 오늘 일을 다 끝내려면 밥 먹을 시간도 없이 **일했어요.**

→ ⸺⸺⸺⸺⸺⸺

3 한국에 있는 회사에 **취직하고 싶으려면** 우선 한국어와 영어를 잘해야 돼요.

→ ⸺⸺⸺⸺⸺⸺

(1) This expression is an abbreviated form of "–(으)려고 하면," and it is attached behind a verb and describes the intent of doing a task.

- 가: 지하철로 남대문 시장에 가려고 하는데 어느 역에서 내려야 해요?
  I intent to go to Namdaemun Market by subway. Which station should I get off at?
- 나: 거기에 가려면 회현역에서 내리면 돼요.
  You can get off at Hoeheon Station if you want to go there.

- 가: 제가 좋아하는 가수가 다음 달에 콘서트를 해요. 꼭 앞자리에서 보고 싶어요.
  My favorite singer is having a concert next month. I really want to sit in the front row.
- 나: 앞자리에 앉으려면 빨리 예매해야겠네요.
  If you want the front row, you had better reserve tickets fast.

(2) The following is the form information for this expression.

	Final consonant ○ + –으려면		Final consonant × + –려면	
V	찾다	찾으려면	보다	보려면
	읽다	읽으려면	예약하다	예약하려면

(3) This expression is only attached to verbs that show intention or will, so you cannot use 못 in front of those verbs. In addition, you cannot use 모르다.

- 좋은 성적을 못 받으려면 공부를 포기해야 해요. (×)
  → 좋은 성적을 받으려면 공부를 포기하지 말아야 해요. (○)
  If you want good grades, you must not give up on your studies.

(4) The following expressions are used in the following clause of this expression.

> V–(으)려면 + A/V–아/어야 해요/돼요
> V–(으)세요
> N이/가 필요해요

1 가: 이번 학기에는 꼭 개근상을 받고 싶어요.

나: 개근상을 **받으면** 한 번이라도 지각이나 결석을 하면 안 돼요.
┗, 받으려면

When you use "-(으)려면," the preceding clause describes the intent of doing something while the following clause describes the condition. The intent in this sentence is 개근상을 받으려고 한다, so the condition should be 한 번도 지각하면 안 된다. However, 받으면 is incorrectly used. "-(으)면" is used to describe a condition and the results that come with it.

● 가을이 되면 사람들이 단풍을 구경하러 산에 많이 간다. ▶ p.154

2 오늘 일을 다 끝내려면 밥 먹을 시간도 없이 **일했어요.**
┗, 일해야 해요

Imperatives and expressions of appropriateness are used in the following clause as a condition after "-(으)려면" to realize the intent in the preceding clause. However, 일했어요 is incorrectly used in this sentence. Please check the usable expressions for the following clause in sentences with the form "-(으)려면."

3 한국에 있는 회사에 **취직하고 싶으려면** 우선 한국어와 영어를 잘해야 돼요.
┗, 취직하려면

Only verbs can come before "-(으)려면." However, 취직하고 싶으려면 is incorrectly used in this sentence. Please be aware that if you use the form "V-고 싶다," it becomes an adjective, not a verb.

대학교에 입학하는 후삼 씨, 축하해요! 제가 선배로서 대학 생활을 위한 몇 가지 기본 정보를 알려 줄게요. 먼저 장학금을 받으려면 좋은 성적을 ① 받으니까 열심히 공부하도록 하세요. 그
→ _____

리고 도서관에 ② 들어가려고 학생증이 필요하니까 꼭 준비해서 가도록 하세요. 마지막으로 우
→ _____

리 학교는 ③ 졸업하고 싶으려면 토익(TOEIC) 점수가 높아야 하니까 지금부터 영어 공부를 꾸
→ _____

준히 하도록 하세요.

① 가: 단풍 구경하러 가고 싶은데 비가 내리네요.

나: 그러게요. 날씨가 **좋아야** 단풍 보러 갑시다.

→ _____

② 제가 이번 시험에서 **일등하겠거든** 한턱낼게요.

→ _____

③ 현주 씨, 눈이 오거든 같이 스키를 타러 가요?

→ _____

(1) This expression is used when the preceding clause provides the necessary condition for a task to be realized and when the following clause describes a necessary action for a task.

- 가: 비가 많이 내리네요. 우산이 없는데 어떡하죠?
  It's pouring. I don't have an umbrella. What should I do?

  나: 소나기라서 금방 그칠 것 같아요. 조금 더 기다렸다가 비가 그치거든 나가세요.
  It's a rain shower, so it will stop soon. Wait it out and go out when it's over.

- 지금 바쁘지 않거든 같이 방 정리 좀 합시다.
  If you are not too busy, let's tidy up the room.

(2) The following is the form information for this expression.

A/V	−거든			
	작다	작거든	가다	가거든
	먹다	먹거든	크다	크거든

(3) The following expressions come in the following clause for this expression.

> **A/V−거든** + V−(으)세요, V−아/어 주세요, V−(으)ㅂ시다, V−(으)ㄹ까요?
> V−겠어요, V−(으)ㄹ 거예요, V−(으)려고 해요

* If the sentence that uses this expression ends in a declarative sentence, the subject in the following clause can only be in the first person.

- 우리 부서의 프로젝트가 끝나거든 (저는) 여행을 가야겠어요.
  When the project for our department is done, I shall go on a trip.

(5) This expression can be used interchangeably with "−(으)면," which describes a condition, yet there are differences in the preceding clause as noted below.

A/V-거든	A/V-(으)면
Tasks that are personal and can be realized	Task that are general and are certain facts
• 크리스 씨, 모르는 단어가 있거든 사전을 찾아보세요. Chris, if there are any words you don't know, look them up in the dictionary. (when you speak to certain students)	• 모르는 단어가 있으면 사전을 찾아보세요. If you don't know some words, look them up in the dictionary. (when you are generally talking to students who are studying)

1 가: 단풍 구경하러 가고 싶은데 비가 내리네요.

나: 그러게요. 날씨가 **좋아야** 단풍 보러 갑시다.

┗→ 좋거든, 좋으면, 좋아지거든

"-거든" is used when the preceding clause provides the condition and the following clause provides the necessary action for the condition. In the sentence, the speaker suggests seeing the fall foliage if the weather is good, as in 단풍 보러 갑시다, yet 좋아야 is incorrectly used. "-아/어야" is used when the result in the following clause appears only after the condition in the preceding clause is met.

● 여권이 있어야 해외 여행을 갈 수 있어요. ▶p.160

2 제가 이번 시험에서 **일등하겠거든** 한턱낼게요.

┗→ 일등하거든

"-거든" can be used together with "-았/었-," which describes the past tense, but it cannot be used together with "-겠-," which describes the future tense.

3 현주 씨, 눈이 오거든 같이 스키를 타러 **가요?**

┗→ 갈까요

Expressions that describe the imperative form, propositive form, proposals, wills, and assumptions come after "-거든." However, 가요? is incorrectly used in this sentence.

가: 인터넷에서 산 티셔츠를 교환하고 싶은데 택배비가 오천 원이나 해요.

나: 택배비가 너무 비싸네요. 제가 이용하는 사이트는 교환하거나 환불할 때도 택배비가 없어요. 앞으로 인터넷으로 ① 쇼핑하고 싶으려면 그 쇼핑몰을 이용해 보세요.

　　　　　　　　→ ＿＿＿＿＿＿＿＿＿＿＿＿＿

가: 그래요? 택배비를 안 받는 사이트도 있군요.

나: 네. 주문한 물건을 교환하거나 환불하고 싶거든 전화만 ② 할 거예요. 그러면 택배 기사가

　　　　　　　　　　　　　　　　　　　　→ ＿＿＿＿＿＿＿＿＿＿＿＿＿

바로 가져가요. 지금부터는 쇼핑한 물건이 마음에 안 ③ 들겠거든 바로 전화해서 바꾸세요.

　　　　　　　　　　　　　　→ ＿＿＿＿＿＿＿＿＿＿＿＿＿

1 가: 인터넷으로 수강 신청할 때 학번을 몰라도 되나요?

　　나: 아니요. 학번을 꼭 **알면** 수강 신청을 할 수 있어요.

　　→ _____

2 미리 기차표를 **예매해야** 같이 갈 수 있었을 텐데요. 같이 못 가서 아쉬워요.

　　→ _____

3 우리 학교에 다니는 외국인 학생**이어야** 한국어 말하기 대회에 **참석하세요.**

　　　　　→ _____

(1) This expression is used when the condition in the preceding clause is imperative for achieving the situation in the following clause.

● 주말이라서 식당에 예약을 먼저 하고 가야 기다리지 않을 거예요.
Since it's the weekend, you should make a reservation before going to the restaurant if you don't want to wait in line.

● 신분증이 있어야 비자를 연장할 수 있어요.
You must have your ID to extend your visa.

(2) The following is the form information for this expression.

	ㅏ, ㅗ + ─아야		ㅓ, ㅜ, ㅡ, ㅣ + ─어야		하다 → 해야	
A/V	작다	작아야	느리다	느려야	조용하다	조용해야
	만나다	만나야	마시다	마셔야	공부하다	공부해야
N	Final consonant ○ + 이어야		Final consonant × + 여야			
	학생이어야		어린이여야			

(3) This expression is used in the "─았/었어야" form and describes a feeling of regret or remorse.

● 음식을 좀 더 준비했어야 부족하지 않았을 텐데요.
The food would not have been lacking if we had prepared more food.

(4) The following expressions mainly come in the following clause of the expression.

　A/V-**아/어야** + V-(으)ㄹ 거예요, V-(으)ㄹ 수 있어요

(5) In this expression, there is a difference in meaning when compared to "─(으)면," which describes the following conditions.

A/V-아/어야	A/V-(으)면
선행절 ─ -아/어야 ─ 후행절	선행절 ─ -(으)면 ─ 후행절
[Necessary condition] ← [Result]	[Condition regarding certain facts] → [Results]
• 눈이 쌓여야 눈사람을 만들 수 있어요. You can make a snowman when there is a lot of snow on the ground. (mean that "if you want to make a snowman, it is imperative that there be a lot of snow on the ground")	• 눈이 쌓이면 눈사람을 만들 수 있어요. You can make a snowman when there is a lot of snow on the ground. (means that "the condition for making a snowman is when there is a lot of snow on the ground")

1 가: 인터넷으로 수강 신청할 때 학번을 몰라도 되나요?

나: 아니요. 학번을 꼭 **알면** 수강 신청을 할 수 있어요.
    └→ 알아야

There should be a necessary condition for a certain task before the form "–아/어야." However, 알면, which describes a general condition or certain fact, is incorrectly used in this sentence. Unlike "–아/어야," "–(으)면" does not describe an imperative condition that is a prerequisite for a certain result.

● 봄이 오면 꽃이 피기 마련이에요. ▶p.154

2 미리 기차표를 **예매해야** 같이 갈 수 있었을 텐데요. 같이 못 가서 아쉬워요.
        └→ 예매했어야

"–아/어야" generally describes a condition in the present tense form, and if it is used in a past tense form like "–았/었어야," it describes regret and remorse from the past. Please remember that when you use it in a past tense form, the meaning also changes.

3 우리 학교에 다니는 외국인 학생이어야 한국어 말하기 대회에 **참석하세요.**
                                    └→ 참석할 수 있어요

Propositive and imperative statements cannot come after "–아/어야." However, 참석하세요 is incorrectly used in this sentence. As "–아/어야" has the meaning of appropriateness, it is advisable to use the form "–(으)ㄹ 수 있다" for possibility and "–(으)ㄹ 거예요" for assumption in the following clause.

여러분, 규칙적인 식습관을 ① <u>가지려면</u> 건강해질 수 있어요. 또 흡연이나 음주를 하지 말아야
                    →

건강한 몸을 ② <u>유지하는 게</u> 어때요? 저는 과식을 하는 습관이 있어서 위가 안 좋아졌어요. 건
            →

강에 좀 더 ③ <u>신경을 써야</u> 아프지 않았을 텐데 지금 후회가 많이 돼요.
            →

① -거나   〈6〉 선택

1 가: 요즘 잠이 안 와서 걱정이에요.

　나: 잠이 안 올 때는 우유를 **마시거든** 따뜻한 물로 샤워를 하세요.

　→ ....

2 너무 바쁘면 약속을 **취소이나** 미루세요.

　→ ....

3 요즘 문자를 보낼 때 유행어를 **쓰건** 이모티콘을 많이 보낸다.

　　→ ....

(1) This expression is used to choose one from actions or conditions in the preceding clause or the following clause.

- 가: 방학에 뭐 할 거예요? What will you do during the break?

　나: 여행을 가거나 아르바이트를 하고 싶어요. I want to travel or work part time.

- 머리가 아프거나 열이 나면 식사 후에 이 약을 꼭 드세요.
  If you have a headache or fever, please take this medicine after a meal.

(2) The following is the form information for this expression.

	-거나			
A/V	작다	작거나	크다	크거나
	먹다	먹거나	가다	가거나

(3) It is advisable to have different verbs in the proceding clause or following clause. If the verb is the same, use the form "N(이)나 N + V."

- 가: 고향에 갈 때 무슨 선물을 살 거예요?
  What kinds of gifts will you buy when you go to your hometown?

　나: 글쎄요, 화장품을 사거나 옷을 사려고 해요.

　　= 화장품이나 옷을 사려고 해요.
  Well, I am going to buy cosmetics or some clothes.

(4) This expression is used when there is no effect on the following clause despite choosing various actions or situations in the preceding clause. In this case, you can abbreviate "-거나" to "-건."

- 아버지는 비가 오거나 눈이 오거나 아침마다 산책을 하셨다.
  　　= 비가 오건 눈이 오건
  My father took a stroll every morning whether it rained or snowed.

(5) This expression is used in the "A/V-거나 말거나" form, and it is used to emphasize that any choices made in the preceding clause have no effect on the following clause. In the following clause, the following expressions are used.

-거나 말거나 + 상관없다/ 관계없다/ 신경 쓰지 않다

- 다른 사람이 너에 대해 이야기하거나 말거나 신경 쓰지 마.
  Disregard what others say or don't say about you.

---

1 가: 요즘 잠이 안 와서 걱정이에요.

나: 잠이 안 올 때는 우유를 **마시거든** 따뜻한 물로 샤워를 하세요.
           ↳ 마시거나

"-거나" refers to making a choice between the actions in the preceding clause and the following clause. Although it is implied that you have to choose between 우유 마시는 것 and 샤워하는 것, 마시거든 is incorrectly used. The form "-거든" is used when the preceding clause provides the necessary conditions needed for certain tasks to be realized while the following clause provides actions needed for realization.

- 교실이 덥거든 에어컨을 켜세요. ▶p.158

2 너무 바쁘면 약속을 **취소이나** 미루세요.
          ↳ 취소하거나

When the verbs of the preceding clause and the following clause are the same using "-거나," if you can use the form "N(이)나 N + V." Although the verbs are different, as in 취소하다 and 미루다, in this sentence, 취소이나 is incorrectly used. (이)나 is used when you are choosing one out of two nouns.

3 요즘 문자를 보낼 때 유행어를 **쓰건** 이모티콘을 많이 보낸다.
           ↳ 쓰거나

You can abbreviate "-거나" into "-건" when the following clause is not affected regardless of the selection made in the preceding clause. It is implied in the sentence that people choose between 유행어를 쓰는 것 and 이모티콘을 보내는 것. In this case, you cannot abbreviate "-거나" to "- 건," yet 쓰건 is incorrectly used.

저는 쇼핑할 때 주로 전통 시장에 가요. 전통 시장에는 재미있는 물건도 많고 음식도 싸요. 그래서 먹을 것을 ① 사는데 구경을 하러 가요. 같은 가게에 자주 가면 그 가게의 주인이 저를

→ _____

알아보고 물건값을 ② 깎아 주건 덤을 주기도 하세요. 주말이나 휴일에 가면 사람들이 너무

→ _____

③ 많겠거나 가게 문을 일찍 닫으니까 저는 주로 평일에 가요.

→ _____

② -든지

1 가: 봄이 되니까 꽃가루 때문에 콧물이 계속 나요.

나: 그럼 약을 **먹으며 병원에 가며** 하세요.

→ ....

2 그동안 한국에서 살면서 많은 일이 있었는데 이제는 **좋은 일든지 나쁜 일든지**
다 추억이 되었어요. → ....

3 한국의 고속버스는 싸고 편리하며 **어디에** 갈 수 있다.

→ ....

(1) This expression is used when you are selecting one of many actions or situations.

- 가: 손님, 무슨 일로 오셨어요? What brings you here?
  나: 이 옷이 좀 작아요. 환불해 주든지 바꿔 주세요. This is too small. I want a refund or an exchange.

- 저는 스트레스를 받으면 잠을 자든지 음악을 들어요.
  When I am stressed, I sleep or listen to music.

(2) The following is the form information for this expression.

	-든지			
A/V	먹다	먹든지	작다	작든지
	가다	가든지	크다	크든지

(3) Without much difference in meaning, this expression can be used interchangeably with
"-거나," and you can use "-든지" repetitively in the form of "A/V-든지 A/V-든지 하다."

- 아침에 샌드위치를 먹든지 김밥을 먹어요. I have sandwiches or rice rolls for breakfast.
  = 먹든지 김밥을 먹든지 해요.

(4) If this expression is used with a noun, it becomes the form "N(이)든지," and in this case,
(이)든지 is a particle. This particle is attached to interrogative forms like 어디, 누구, 무엇,
언제, and 어떻게 and also describes the meaning "everything."

> 어디든지/ 누구든지/ 무엇이든지(=뭐든지)/ 언제든지/ 어떻게든지

- 입학 선물을 사 줄 테니까 필요한 것은 뭐든지 말해 봐.
  Let me buy you a gift since you are starting school, so tell me what you want.

* The following shows the difference between "N(이)든지" and "아무 N(이)나," which
describes that nothing is set, in terms of usage in the following clause.

	N(이)든지	아무 N(이)나
Following clause limit	A positive statement is used. • 언제든지 출발할 수 있어요. I can start whenever.	Positive and negative statements are used. • 배가 고프면 **아무거나** 먹어도 돼요. If you're hungry, you can eat something. • 우리 기숙사에서는 **아무 때나** 외출하면 안 돼요. In our dormitory, you cannot go out anytime.
Predicate limit	Both adjectives and verbs can be used. • 누구든지 질문이 있으면 하세요. Whoever has questions, please ask.	Only verbs can be used. Regarding adjectives, 좋다 and 괜찮다 are used. • 날씨가 좋으면 **아무 때나** 가도 괜찮아요. If the weather is good, you can go anytime.

1 가: 봄이 되니까 꽃가루 때문에 콧물이 계속 나요.

나: 그럼 약을 **먹으며** 병원에 **가며** 하세요.
↳ **먹든지** 병원에 **가든지** 하세요

You must use "-든지" if you are selecting one out of many actions and situations. "-(으)며" is used when the actions and the situations in the preceding clause and the following clause happen in the same time frame.

● 경주는 역사가 길며 아름다운 도시이다. ▶p.86

2 그동안 한국에서 살면서 많은 일이 있었는데 이제는 **좋은 일든지 나쁜 일든지** 다 추억이 되었어요.
↳ **좋은 일이든지 나쁜 일이든지**

이든지 is used when there is a final consonant in the noun, and 든지 is used when there isn't a final consonant. In this sentence, 좋은 일 and 나쁜 일 are both nouns with final consonants, yet it is incorrectly used as 좋은 일든지 나쁜 일든지.

3 한국의 고속버스는 싸고 편리하며 **어디에** 갈 수 있다.
↳ **어디든지**

To mean "everything regardless of place," 어디든지 must be used, yet 어디에 is incorrectly used in this sentence.

나는 대학에서 역사를 공부하고 싶지만 가족들은 취직에 도움이 되는 법학을 ① 전공하면 경영
→
학을 공부하라고 했다. 하지만 나는 주변 사람들이 뭐라고 ② 말하는데 내가 좋아하는 역사학
→
을 선택했다. 좋아하는 공부를 하다 보니까 학교생활이 즐겁고 ③ 무슨든지 할 수 있다는 자신
→
감도 생겼다. 앞으로 훌륭한 역사학자가 되고 싶다.

[1~3] (   )에 들어갈 가장 알맞은 것을 고르십시오.

1

> 가: 지아 씨, 저기가 어디예요? 사람들이 아주 많네요.
>
> 나: 저기는 서울광장 스케이트장인데 누구나 (   ) 스케이트를 탈 수 있어요.

① 천 원만 내면　　　② 천 원만 내서　　　③ 천 원만 내려고　　　④ 천 원만 내거나

2

> 가: 아멜리아 씨, 대학원 입학시험 결과가 어때요?
>
> 나: 떨어졌어요. 다시 (   ) 6개월이나 기다려야 해서 너무 속상해요.

① 시험을 보면　　　② 시험을 보고　　　③ 시험을 보다가　　　④ 시험을 보려면

3

> 가: 요즘 샤워만 하면 피부가 빨개져요.
>
> 나: 피부가 (   ) 샤워를 자주 하지 말고 샤워 후에는 꼭 보습제를 바르세요.

① 빨개지려면　　　② 빨개지거든　　　③ 빨개지든지　　　④ 빨개지거나

[4~6] 다음 밑줄 친 부분과 의미가 비슷한 것을 고르십시오.

4

> 가: 언니, 저녁 안 먹을 거야?
>
> 나: 안 먹어. 내가 지금 다이어트 중이니까 <u>밥을 먹든지 말든지</u> 신경 쓰지 마.

① 식사를 할 때마다　　　　　　② 식사를 하기는 하지만

③ 식사를 하거나 말거나　　　　④ 식사를 하다가 말다가

5

> 아버지는 건강을 위해서 <u>비가 오거나 눈이 오거나</u> 먼 길을 걸어서 출근하셨다.

① 비나 눈이 올까 봐　　　　　② 비나 눈이 와도

③ 비나 눈이 올 텐데　　　　　④ 비나 눈이 오는 바람에

6

> 가: 케이트 씨, 제가 이 책을 좀 빌려 가도 돼요?
>
> 나: 그 책은 지금 리포트를 쓰면서 보는 중이라 안 돼요. <u>리포트를 끝내야</u> 빌려줄 수 있는데요.

① 리포트를 끝내려면   ② 리포트를 끝내도록

③ 리포트를 끝내고 나서   ④ 리포트를 끝내려다가

[7~9] 다음을 잘 읽고 이어질 수 있는 말을 고르십시오.

7

> 가: 사미 씨가 왜 아직까지도 여자 친구가 없을까요? 저한테 _____
> 벌써 소개해 줬을 거예요.
> 나: 맞아요. 저도 좋은 사람이 있으면 얼른 소개해 주고 싶네요.

① 여동생이 있거든   ② 여동생이 있었으면

③ 여동생이 있어도   ④ 여동생이 있을지라도

8

> 가: 안젤라 선물로 이 모자를 산 거야? 안젤라는 모자를 잘 안 쓰는데.
> 나: 그래? 내가 그걸 몰랐네. 하지만 벌써 샀으니까 안젤라가 _____
> 이걸 줄 수밖에 없어.

① 어찌나 싫어하는지   ② 좋아하거나 싫어하거나

③ 좋아할 뿐만 아니라   ④ 좋아하는지 싫어하는지

9

> 가: 이 식당 메뉴판을 보니까 반찬도 많이 나오고 음식도 맛있어 보여.
> 나: 글쎄. 식당 앞에 놓여 있는 메뉴판을 보면 다 맛있는 것 같아. 하지만 사진이랑 다른
> 게 많아서 _____.

① 먹든지 말든지 마음대로 해   ② 이걸 먹느니 차라리 굶는 게 낫겠어

③ 먹어 보나 마나 맛있을 거야   ④ 먹어 봐야 맛을 알 수 있을 것 같아

10   다음을 잘 읽고 ㉠과 ㉡에 들어갈 말을 각각 쓰십시오.

> 대구 배드민턴 동호회에서 신입 회원을 모집합니다. 저희 동호회에서는 배드민턴을 치고
> 싶어 하시는 분이면 연령에 상관없이 (㉠) 다 가입할 수 있습니다.
> 운동 시간은 매주 화요일과 목요일 저녁 8시부터 10시까지이며 장소는 대구 시청 체육관
> 입니다. 저희 동호회에 (㉡) 이번 달 30일까지 대구 시청 홈페이지에서 신청해
> 야 합니다. 많은 분들의 관심과 참여를 바랍니다.

㉠ _____   ㉡ _____

1 가: 병원에 입원했다던데 어떻게 된 거예요?

나: 자전거를 <u>타서</u> 넘어져서 다리가 부러졌어요.

→ ~~~~~~~~~~~~~~~~~~~~~~~~~~~~

2 요리<u>했다가</u> 재료가 부족해서 다 만들지 못했어요.

→

~~~~~~~~~~~~~~~~~~~~~~~~~~~~

3 횡단보도를 건너다가 <u>오른쪽으로 가세요.</u>

→

~~~~~~~~~~~~~~~~~~~~~~~~~~~~

(1) This expression is attached to a verb, and it is used when you stop midway during an activity or a situation and conduct a different activity or change into a different situation.

- 잡채를 만들다가 힘들어서 한국 친구에게 부탁해서 같이 만들었어요.
  I had a hard time making *japchae* by myself, so I asked a Korean friend to help and we made it together.

- 민수 씨는 서울에서 지내다가 직장을 옮기는 바람에 부산으로 이사했어요.
  Minsu was staying in Seoul, but he moved to Busan after he got a new job.

(2) The following is the form information for this expression.

−다(가)			
V	먹다	먹다가	가다	가다가
	읽다	읽다가	오다	오다가

(3) This expression is used when the preceding clause is the reason or cause for the following cause, and in this case, the content in the following clause is negative.

- 계속 숙제를 안 해 오다가 선생님께 야단을 맞았어요.
  I got scolded by the teacher after I continuously did not do my homework.

(4) The subjects in the preceding clause and the following clause must be the same, and the subject in the following clause is generally omitted.

- 저는 책을 읽다가 친구가 운동하러 나갔어요. (×)
  → 저는 책을 읽다가 (제가) 운동하러 나갔어요. (○)
  I went to work out while reading a book.

(5) This expression can also be used to find directions. However, you cannot use it when the action in the following clause continues after the action in the preceding clause has ended.

- 명동역에서 3번 출구로 <u>나오다가</u> 왼쪽으로 가세요. (×)
  - → 명동역에서 3번 출구로 <u>나와서</u> 왼쪽으로 가세요. (○)
    Go out Exit 3 at Myeongdong Station and turn left.

1 가: 병원에 입원했다던데 무슨 일이에요?

나: 자전거를 <u>타서</u> 넘어져서 다리가 부러졌어요.
　　　　　└→ 타다가

"–다가" is used when actions and situations are switched. In this sentence, falling down while "riding a bicycle" is the reason, and it switched to "the state of having legs broken," yet 타서 is incorrectly used. "–아/어서" is used for both reason or sequence of time, so be aware that it could be incorrectly used by only thinking about sequence of time.

- 길이 미끄러<u>워서</u> 교통사고가 났어요. (이유) ▶ p.118
- 직접 케이크를 만들<u>어서</u> 친구한테 선물로 줬어요. (시간의 순서) ▶ p.98

2 어젯밤에 <u>요리했다가</u> 재료가 부족해서 다 만들지 못했어요.
　　　　　　└→ 요리하다가

"–다가" is used when you are switching to another movement or situation while in the middle of doing a certain movement or while you are in a situation. Unlike "–다가," "–았/었다가" is used when the movement is switched after the completion of the preceding movement.

- 더워서 문을 열<u>었다가</u> 시끄러워서 닫았어요. ▶ p.170

3 횡단보도를 <u>건너다가</u> 오른쪽으로 가세요.
　　　　　　　└→ 친구를 만났어요

"–다가" can only be used when the action in the following clause continues after the action in the preceding clause has ended. However, as the person is "crossing the crosswalk," it is not connected with the following clause in terms of meaning. Users need to be careful when verbs like 건너다 and 나오다 are used with "–다(가)" as awkward expressions like (으)로 가세요 can be used incorrectly in the following clause.

요즘 회사에 일이 많아서 이번 주 내내 야근을 했다. 너무 힘들어서 오늘은 ① <u>일했다가</u> 코피까
　　　　　　　　　　　　　　　　　　　　　　　　　　　　　　　　→ _____

지 흘렸다. 그래서 쉬어야 할 것 같아서 조금 일찍 퇴근했다. 그런데 집에 ② <u>가고</u> 배가 고파져
　　　　　　　　　　　　　　　　　　　　　　　　　　　　　　　→ _____

서 분식점에 들어갔다. 배가 많이 고파서 주문한 라면이 나오자마자 급하게 라면을 ③ <u>먹었다가</u>
　　　　　　　　　　　　　　　　　　　　　　　　　　　　　　　　→ _____

뜨거워서 입안을 데고 말았다.

2 -았/었다(가)   ⟨7⟩ 전환

① 가: 휴대폰을 잃어버렸다고 하더니 새로 샀어요?

    나: 아니요. 잃어버리다가 다시 찾았어요.

        → _____

② 다음 주 토요일 아침에 전주에 가겠었다가 밤에 돌아오려고 해요.

                → _____

③ 옷을 입었다가 실내가 더워서 교환했어요.

            → _____

(1) This expression is attached to a verb, and it is used when the action in the following clause is conducted after the action in the preceding clause has ended.

- 박물관에 갔다가 휴관이라서 못 보고 그냥 왔어요.
  I went to the museum, but I came back as the museum was closed.

- 컴퓨터 화면이 안 보이면 모니터를 껐다가 다시 켜 보세요.
  If you can't see the computer screen, turn off the monitor and try turning it on again.

(2) The following is the form information for this expression.

V	ㅏ, ㅗ + -았다(가)		ㅓ, ㅜ, ㅡ, ㅣ + -었다(가)		하다 → 했다(가)	
	앉다	앉았다가	벗다	벗었다가	약속하다	약속했다가
	오다	왔다가	신다	신었다가	예약하다	예약했다가

(3) Regarding this expression, you can only use verbs in the preceding clause and the following clause that are either opposites in meaning or are related to one another.

- 바지를 샀다가 마음에 안 들어서 환불했어요.
  I bought a pair of pants, but I returned them as I didn't like them.

(4) The following are the differences this expression has with "-다가," which is used to switch verbs.

Meaning	V-았/었다가			V-다가		
	Preceding clause	-았/었다가	Following clause	Preceding clause	-다가	Following clause
	[End of movement]		[Transition of movement]	[Stop progression of movement]		[Movement transition]
	• 도서관에 갔다가 친구를 만났다. (도서관에 간 후에 거기에서 친구를 만났다.)			• 도서관에 가다가 친구를 만났다. (도서관에 가고 있는 도중에 친구를 만났다.)		

	I met a friend when I went to the library. (After I went to the library, I met a friend there.)	I met a friend while I was going to the library. (While I was going to the library, I met a friend.)
Vocabulary limit	You cannot use verbs that cannot describe the meaning of completion accurately. • 복도에서 <u>뛰었다가</u> 넘어졌다. (×) → 복도에서 <u>뛰다가</u> 넘어졌다. (○) I fell down while I was running in the corridor.	You cannot use verbs with the meaning of completion such as 잊어 버리다 and 잃어버리다. • 지갑을 잃어버리**다가** 다시 찾았다. (×) → 지갑을 잃어버렸**다가** 다시 찾았다. (○) I found my wallet after I had lost it.

1 가: 휴대폰을 잃어버렸다고 하더니 새로 샀어요?

나: 아니요. <u>잃어버리다가</u> 다시 찾았어요.
 └→ 잃어버렸다가

Unlike "-다가," "-았/었다가" is used when a movement is switched to another movement after the completion of the movement. Although the contextual meaning in the sentence is that the person found the cell phone after he had lost it earlier, 잃어버리다가, which does not have a meaning of completion, is incorrectly used.

● 식사하<u>다가</u> 전화가 와서 전화를 받았어요. ▶ p.168

2 다음 주 토요일 아침에 전주에 <u>가겠었다가</u> 밤에 돌아오려고 해요.
 └→ 갔다가

"-았/었-" and "-았/었다가" are not the past tense, but they describe that a movement has been completed. Although it is implied that the person is trying to come back at night after the act of going to Jeonju has been completed, 가겠다가 is incorrectly used.

3 옷을 입었다가 실내가 더워서 <u>교환했어요</u>.
 └→ 벗었어요

The verbs in the preceding clause and the following clause of "-았/었다가" should be opposites or related. However, 교환했어요, which does not have a relationship with 입었어요, is incorrectly used.

룸메이트가 교통사고로 병원에 ① <u>입원하다가</u> 내일 퇴원한다. 룸메이트가 없으니까 너무 심심
→

했다. 오늘도 빈둥거리면서 여러 번 텔레비전을 켰다가 ② <u>돌렸다</u>. 이제 룸메이트에게 잘해 줘
→

야겠다. 내일은 학교에 ③ <u>가겠었다가</u> 와서 룸메이트에게 맛있는 음식을 만들어 줘야겠다.
→

바꿔 쓰기

1 아마 민수 씨에게 공짜 영화표가 3장 있어서 같이 갑시다.

→ ~~~~~~~~~~~~~~~~~~~~~

2 가: 미나 씨가 도착했을까요?

나: 벌써 도착할 테니까 궁금하면 전화해 보세요.

→ ~~~~~~~~~~~~~~~~

3 해외여행은 비쌀 테니까 국내 여행을 갑니다.

→ ~~~~~~~~~~~~~~~~~~

문법 공부

(1) This expression is used when you make assumptions about certain proof in the preceding clause to discuss the content in the following clause. In this case, the subject is always in the second-person or third-person perspective.

- 사만다 씨, 곧 취직이 될 테니까 너무 걱정하지 마세요.
  Don't worry too much Samantha as you will get a job soon.

- 니디 씨는 매운 음식을 잘 못 먹을 테니까 고추장을 조금만 넣읍시다.
  Mr. Needy cannot eat very spicy food, so let's add a small amount of *gochujang*.

(2) The following is the form information for this expression.

	Final consonant ○ + –을 테니까		Final consonant ✕ + –ㄹ 테니까	
A/V	작다	작을 테니까	크다	클 테니까
	읽다	읽을 테니까	공부하다	공부할 테니까

(3) The following shows the difference in assumption and will regarding this expression.

	Assumption	Will
Subject of preceding clause	2nd and 3rd person	1st person
Combination	Verb, adjective ○	Verb ○, adjective ✕
Past tense –았/었–	Combination ○ • 수업이 벌써 시작됐을 테니까 빨리 뛰어가세요. 　Go fast as the class has already started.	Combination ✕ • 나도 선물을 준비하지 않았을 테니까 너도 그냥 오는 게 어때? (✕) → 나도 선물을 준비하지 않을 테니까 너도 그냥 오는 게 어때? (○) 　I will not bring a gift, so why don't you come empty handed?

| | Use expressions for imperative statements, propositive statements, and proposals.
 • 이제 곧 날씨가 따뜻해질 테니까 여행을 가세요./갈까요?/갑시다./가는 게 어때요?
 As the weather gets warmer, we go on a trip/ shall we go on a trip?/let's go on a trip/ how about going on a trip? | Normally, only imperative statements are used.
 • 운전은 내가 할 테니까 마르코 씨는 좀 주무세요.
 I will drive so you can get some sleep, Marco. |
| Following clause | | |

1 **아마 민수 씨에게 공짜 영화표가 3장 있어서 같이 갑시다.**

└→ 있을 테니까

In front of this sentence, there is the adverb 아마, which is used to make assumptions. Therefore, in terms of connective endings, an expression with a meaning of assumption should come, but 있어서 is incorrectly used. "−아/어서" is used to describe a reason or sequence of time.

● 저는 일이 좀 있어서 먼저 가겠습니다. (이유) ▶ p.118
● 친구를 만나서 같이 영화를 볼 거예요. (시간의 순서) ▶ p.98

2 **가: 미나 씨가 도착했을까요?**

나: 벌써 도착할 테니까 궁금하면 전화해 보세요.

└→ 도착했을 테니까

If you use "−(으)ㄹ 테니까" as an expression of assumption, you can use the past tense form "−았/었−" in front of "−(으)ㄹ 테니까." However, as you are assuming that Mina had already arrived, you must use the past tense, but it is incorrectly used as 도착할 테니까.

3 **해외여행은 비쌀 테니까 국내 여행을 갑니다.**

└→ 갑시다/가세요/갈까요?/가는 게 어때요?

Sentences with "−(으)ㄹ 테니까" generally end with expressions in the imperative, propositive, and proposal forms. However, the declarative 갑니다 is incorrectly used.

가: 이 음식이 정말 맛있어 보여요.

나: 조금 ① 맵겠을 테니까 맛을 먼저 보세요.

→ _____

가: 네. 조금 맵기는 하지만 맛있어요. 지금 배가 고파서 한 그릇 다 먹을 수 있을 것 같아요.

나: 매운 음식을 많이 먹으면 배가 ② 아파서 조금만 드세요. 다른 음식도 좀 먹고요.

→ _____

가: 하지만 이 음식이 맛있어서 다 먹고 싶은데요.

나: 나중에 또 사 줄 테니까 오늘은 조금만 ③ 먹습니다.

→ _____

② –(으)ㄹ 텐데 〈8〉추측

 바꿔쓰기

1 내일 날씨가 추울 텐데 옷을 따뜻하게 입을 거예요.

→ _____

2 가: 말하기 대회가 내일인데 준비 많이 했어요?

나: 아니요, 시간이 있을 때 말하기 연습을 많이 했으면 좋을 텐데요.

→ _____

3 시간이 없을 테니까 도와줘서 고마워요.

→ _____

 문법공부

(1) This expression is used when you are proposing a strong assumption in the preceding clause to talk about the task in the following clause.

- 이 시간에는 길이 복잡할 텐데 조금 이따가 출발합시다.
  The roads should be congested at this hour, so let's leave in a while.

- 가: 태진 씨가 오늘 할 일이 많을 텐데 벌써 퇴근하네요.
  Taijin should have a lot of work to do, but he is going home.
- 나: 어제부터 몸살 기운이 있어서 몸이 안 좋대요.
  I heard he is not in good shape as he got sick yesterday.

(2) The following is the form information for this expression.

	Present				Past	
	Final consonant ○ + –을 텐데		Final consonant × + –ㄹ 텐데		–았/었을 텐데	
A/V	작다	작을 텐데	싸다	쌀 텐데	작다	작았을 텐데
	먹다	먹을 텐데	가다	갈 텐데	먹다	먹었을 텐데

(3) This expression may be used at the end of a sentence in the form of "–(으)ㄹ 텐데(요)."

- 먼저 가 보세요. 바쁘실 텐데요. Please go first as you may be busy.

(4) This expression is used to describe apologetic feelings, thankful feelings, and worried feelings by using 미안하다, 고맙다, and 걱정이다 in the following clause.

- 시험이 어려울 텐데 공부를 많이 못 해서 걱정이에요.
  I am worried that I have not studied much as I expect the test to be hard.

(5) This expression is used to express regret regarding tasks that were not done in the past, and the "–았/었으면 –았/었을 텐데(요)" form is used.

● 가: 기차가 방금 출발해 버렸어요. The train has just left.

　나: 그래? 조금 더 일찍 왔으면 좋았을 텐데. Really? I should have come early.

 오답노트

1 내일 날씨가 추울 텐데 옷을 따뜻하게 **입을 거예요.**

　　　　　　　　└▶ **입으세요/입는 게 어때요?**

When using "-(으)ㄹ 텐데," it is advisable to use expressions that describe imperative, propositive, and proposal forms such as "-(으)세요," "-(으)ㄹ까요?," "-(으)ㅂ시다," and "-는 게 어때요?" However, in this sentence, 입을 거예요 is incorrectly used. Please remember the form that can be used in the following clause of "-(으)ㄹ 텐데."

2 가: 말하기 대회가 내일인데 준비 많이 했어요?

　　나: 아니요, 시간이 있을 때 말하기 연습을 많이 했으면 **좋을 텐데요.**

　　　　　　　　　　　　　　　└▶ **좋았을 텐데요**

"-(으)ㄹ 텐데" is used in the "-았/었으면 -았/었을 텐데(요)" form, and it can be used when expressing regret about tasks that were not done in the past. However, 좋을 텐데 is incorrectly used.

3 시간이 **없을 테니까** 도와줘서 고마워요.

　　　└▶ **없을 텐데**

"-(으)ㄹ 텐데" can be used in the form of "-(으)ㄹ 텐데 (-아/어서) 고맙다/미안하다/걱정이다" when you feel gratitude or sorry or when you have something to worry about. Although there is 도와줘서 고마워요 in the following clause in this sentence, 없을 테니까 is incorrectly used. Please check the expressions that can be used with "-(으)ㄹ 텐데."

 연습하기

가: 고향에 계신 할머니께서 건강이 안 좋으셔서 음식을 잘 못 드신대.

나: 그래? 잘 드셔야 건강해지실 텐데 ① <u>걱정해</u>.

　　　　　　　　　　　　　→ _____

가: 오랫동안 할머니를 못 봬서 보고 싶어. 지난 방학에 고향에 ② <u>갔으면 좋을 텐데</u>.

　　　　　　　　　　　　　　　　　　　→ _____

나: 그럼 고향이 가까워서 금방 다녀올 수 있을 텐데 이번 주말에라도 잠깐 ③ <u>다녀오지 않아?</u>

　　　　　　　　　　　　　　　　　　　　　　　　　　→ _____

가: 나도 그렇게 하고 싶어. 비행기 표가 있는지 한번 알아봐야겠다.

나: 그래. 그렇게 해.

[1~3] (   )에 들어갈 가장 알맞은 것을 고르십시오.

1

> 가: 1월에 호주에 가려고 하는데 뭘 준비해야 할까요?
>
> 나: 그때 호주에 가면 날씨가 (   ) 선글라스하고 선크림을 꼭 준비하세요.

① 더워서　　　　　② 덥거든　　　　　③ 더울까 봐서　　　　④ 더울 테니까

2

> 가: 지하철역에 어떻게 가는지 아세요?
>
> 나: 이쪽으로 쭉 (   ) 횡단보도를 건너면 오른쪽으로 보일 거예요.

① 가거든　　　　　② 가니까　　　　　③ 가다가　　　　　④ 가거나

3

> 가: 신디 씨, 이번 학기에 '한국의 역사' 강의를 들을 거지요?
>
> 나: 아니요, 강의를 (   ) 친구들이 어렵다고 해서 취소했어요.

① 신청하면서　　　② 신청했다가　　　③ 신청하느라고　　④ 신청하기 전에

[4~6] 다음 밑줄 친 부분과 의미가 비슷한 것을 고르십시오.

4

> 가: 준영 씨, 소피아 씨의 집에 다 왔어요. 내리세요.
>
> 나: 벌써 다 왔어요? 이렇게 가까운 줄 알았으면 택시를 <u>안 탔을 텐데요</u>.

① 안 타도 돼요　　　　　　　　　　② 타면 안 돼요

③ 안 타기로 했어요　　　　　　　　④ 타지 말 걸 그랬어요

5

> 운전을 하면서 전화를 <u>받다가</u> 사고가 날 뻔했다.

① 받은 탓에　　　　② 받는다면　　　　③ 받는 대신　　　　④ 받는데도

6

> 가: 자야 씨, 배우 민경수 씨를 봤어요? 방금 전까지 여기에 있었는데요.
>
> 나: 정말이에요? 못 봤어요. <u>조금만 일찍 왔으면 봤을 텐데</u>.

① 조금 일찍 와도 돼요　　　　　② 조금 일찍 올 걸 그랬어요

③ 조금 일찍 오면 안 돼요　　　　④ 조금 일찍 올 줄 몰랐어요

[7~9] 다음을 잘 읽고 이어질 수 있는 말을 고르십시오.

7

> 가: 엄마, 면접 때 입을 옷을 세탁소에 맡기셨어요? 또 잊어버리셨죠?
>
> 나: 아니, 맡기고 왔어. 오전까지 _____ 조금 전에 생각났거든.

① 잊어버려도　　　　　　　　　② 잊어버리고 있다가

③ 잊어버릴까 봐서　　　　　　　④ 잊어버리고 있을 정도로

8

> 가: 여보, 지우를 데리러 유치원에 가는 중인데 길이 많이 막히네요. 당신은 아직도 회사
> 　　예요?
>
> 나: 아니요, 난 거의 집에 다 와 가요. _____ 당신은 바로 집으로 와요.

① 내가 유치원에 가는 게 빠를 때　　② 내가 유치원에 가는 게 빠른 탓에

③ 내가 유치원에 가는 게 빠를 테니까　④ 내가 유치원에 가는 게 빠를까 봐서

9

> 가: 세미 씨, 옷에 얼룩이 묻었는데 흰색이라서 잘 안 지워질 것 같아요.
>
> 나: 그러게요. 아까 _____ 얼룩이 묻었어요. 그때 바로 얼룩을 지웠
> 　　어야 했는데요.

① 김치찌개를 먹다가　　　　　　② 김치찌개를 먹으려다가

③ 김치찌개를 먹길래　　　　　　④ 김치찌개를 먹는 데다가

10　다음을 잘 읽고 ㉠과 ㉡에 들어갈 말을 각각 쓰십시오.

> 인터넷 연결에 문제가 있을 때는 다음과 같은 사항을 확인한 후에 수리 센터에 연락하시
> 기 바랍니다. 먼저 인터넷 연결선이 컴퓨터에 제대로 꽂혀 있는지 확인해 주십시오. 그리
> 고 컴퓨터를 (　㉠　) 다시 켜 주십시오. 그런데도 인터넷 연결이 안 된다면 연락해
> 주십시오. 저희 직원이 최대한 빨리 고객님 댁으로 (　㉡　) 걱정하지 마시고 기다려
> 주시기 바랍니다.

㉠ _____　　　　㉡ _____

① –는 대신(에)

1 가: 유우 씨, 직장이 너무 멀어서 회사 근처로 이사한다더니 어떻게 됐어요?

나: 집값이 너무 비싸서요. **이사하기 대신에 중고차를 한 대 샀어요.**

→ _____

2 건강을 위해서 담배를 피우는 대신에 **그 돈을 모을 것이다.**

→ _____

3 제가 고기를 못 먹어서 **비빔밥 대신 갈비탕을 먹었어요.**

→ _____

(1) This expression is used when the event in the preceding clause has not happened, and it is replaced with that of the following clause. In this case, 에 is omitted, and you can abbreviate it "–는 대신."

- 휴대폰으로 문자를 보낼 때 글자를 쓰는 대신에 이모티콘을 보내기도 해요.
  When you are sending a text message to a cell phone, you can send emoticons instead of text.
- 비가 와서 등산을 가는 대신 집에서 영화를 봤다.
  As it rained, we watched a movie instead of going hiking.

(2) The following is the form information for this expression.

	Present		Past		
A	Final consonant ○ + –은 대신(에)	Final consonant ✕ + –ㄴ 대신(에)			
	작다 작은 대신에	비싸다 비싼 대신에			
V	–는 대신(에)		Final consonant ○ + –은 대신(에)	Final consonant ✕ + –ㄴ 대신(에)	
	입다 입는 대신에		먹다 먹은 대신에	가다 간 대신에	
N	대신(에)				
	친구 친구 대신에				

(3) This expression is used when the content in the preceding clause is compensated by the content in the following clause.

- 이 회사는 일을 늦게까지 하는 대신에 월급을 많이 받는다.
  Although you work late at this company, you get a high salary instead.

(4) This expression can be used in the "N 대신에 N" form and describes a change in roles or responsibilities.

- 민수야, 형이 오늘 바쁘니까 형 대신에 네가 심부름 좀 갔다 와.
  Minsu, since your brother is busy, please run some errands instead of your brother.

(5) This expression cannot be used in the "N 대신에 N + V" form if the verbs in the preceding clause and the following clause are the same.

- 목이 아파서 커피를 마시는 대신에 유자차를 마셨어요.

  = 커피 대신에 유자차를 마셨어요.

  As my throat hurt, I had citrus tea instead of coffee.

1 가: 유우 씨, 직장이 너무 멀어서 회사 근처로 이사한다더니 어떻게 됐어요?

나: 집값이 너무 비싸서요. **이사하기 대신에** 중고차를 한 대 샀어요.
　　　　　　　　　　　↳ 이사하는 대신에

"-는 대신에" must be used when the event in the preceding clause has not happened, and it is replaced by the event in the following clause. Although contextually, the meaning conveyed in the sentence is "because the housing price is high, I did not move and bought a used car instead," 이사하기 대신에 is incorrectly used. "-기" is attached behind the verb, and it is used when verbs are changed into nouns.

- 나는 영화 보기를 좋아해요. ▶ p.338

2 건강을 위해서 **담배를 피우는** 대신에 **그 돈을 모을 것이다.**
　　　　　　　　　　　　　↳ 껌을 씹을 것이다

"-는 대신(에)" can be used when the event in the preceeding clause can replace the event in the following clause. However, 담배를 피우다 and 돈을 모으다 cannot replace each other. As tasks that can replace 담배 피우는 일 are actions like 껌을 씹다, 사탕을 먹다, and 물을 마시다, you have to change the content in the following clause.

3 제가 고기를 못 먹어서 **비빔밥 대신 갈비탕을** 먹었어요.
　　　　　　　　　　↳ 갈비탕 대신 비빔밥을

"N₁ 대신에 N₂" describes a situation in which the event N₁ hasn't happened, and it is replaced to N₂. The meaning conveyed in this sentence is "I don't eat meat, so I ate 비빔밥 instead of 갈비탕," so N₁ should be 갈비탕 while N₂ is 비빔밥, yet the opposite is written.

요즘 스트레스가 많아서 그런지 건강이 안 좋아졌다. 그래서 다음과 같은 일을 하기로 했다. 우선 바빠서 운동할 시간이 부족하니까 가까운 거리는 버스를 ① 타는 것 대신에 걸어 다닐 것이다. 그리고 음식도 건강을 생각해서 ② 과일과 야채 대신에 라면을 먹을 것이다. 또 주말에 텔레비전 앞에서 시간을 ③ 보내겠는 대신 친구와 등산을 하며 지낼 것이다.

② -(으)ㄹ 뿐(만) 아니라 〈9〉대체·추가

1 가: 방송국에서 아르바이트 한다면서요? 어때요?

나: 일이 <u>재미있을 뿐이고</u> 유명한 연예인도 볼 수 있어서 좋아요.

→ _____

2 제 형은 <u>회사원뿐만 아니라</u> 요리사입니다.

→ _____

3 제 고향은 경치가 <u>아름다울 뿐 아니라</u> **공기가 나빠요**.

→ _____

(1) This expression is used when the situation described in the following clause is added to that of the preceding clause, and you can omit 만 to use the form "-(으)ㄹ 뿐 아니라."

● 오늘은 비가 올 뿐만 아니라 바람도 많이 분다.
  Not only is it raining today, but the wind is also blowing hard.
● 이곳은 교통이 좋을 뿐 아니라 물가도 싸서 살기에 좋아요.
  This place is a good place to live as not only is the transportation good, but the prices are low, too.

(2) The following is the form information for this expression.

	Present				Past	
A	Final consonant ○ + -을 뿐(만) 아니라		Final consonant × + -ㄹ 뿐(만) 아니라		-았/었을 뿐(만) 아니라	
	작다	작을 뿐만 아니라	싸다	쌀 뿐만 아니라	많다	많았을 뿐만 아니라
V	Final consonant ○ + -을 뿐(만) 아니라		Final consonant × + -ㄹ 뿐(만) 아니라		-았/었을 뿐(만) 아니라	
	먹다	먹을 뿐만 아니라	쉬다	쉴 뿐만 아니라	가다	갔을 뿐만 아니라

(3) The following shows the difference between "N일 뿐만 아니라" and "N뿐만 아니라."

N일 뿐(만) 아니라 N	N뿐(만) 아니라 N
The meaning conveyed is "N이다. 그리고 동시에 N이다," and the preceding noun and following noun describe a qualification as well as an atrribute of the subject. • 제 친구는 <u>의사일 뿐만 아니라</u> 선생님이에요. (의사예요. 그리고 동시에 선생님이에요.) Not only is my friend a doctor, but my friend is also a teacher. (My friend is a doctor. At the same time, my friend is also a teacher.)	Used to describe the meaning of "N와/과 N 모두" • 빵을 만들 때 밀가루뿐만 아니라 버터도 필요해요. (밀가루와 버터 모두 필요해요.) Not only do you need flour, but you also need butter to make bread. (You need both flour and butter.)

1 가: 방송국에서 아르바이트 한다면서요? 어때요?

나: 일이 **재미있을 뿐이고** 유명한 연예인도 볼 수 있어서 좋아요.
┗→ 재미있을 **뿐만 아니라**

When you add the situation in the following clause to the preceding clause, "-(으)ㄹ 뿐(만) 아니라" must be used. Although the meaning conveyed in the sentence is "work is fun. It is also great that I get to see a celebrity," 재미있을 뿐이고 is incorrectly used. This expression has a similar form as "-(으)ㄹ 뿐만 아니라," but "-(으)ㄹ 뿐이다" is used when there are only actions and situations in the preceding clause and nothing else.

● 오늘은 너무 피곤해서 잠을 자고 싶을 <u>뿐이다</u>.

2 제 형은 **회사원뿐만 아니라 요리사입니다.**
┗→ 회사원일 **뿐만 아니라** 요리사입니다

"N일 뿐(만) 아니라 N" means that "it's N, and it's N at the same time," and it describes the qualities of the subject. Although the meaning conveyed in the sentence is "my brother is an office worker and cook," it is incorrectly used as 회사원뿐만 아니라 요리사입니다.

3 제 고향은 경치가 아름다울 뿐 아니라 **공기가 나빠요.**
┗→ 공기도 좋아요

In this expression, the preceding clause and the following clause should be paired in accordance to the positive and positive or negative and negative forms. In this sentence, since the preceding clause has a positive statement 고향의 경치가 아름답다, positive statements like 공기가 좋다/깨끗하다/맑다 are expected in the following clause, yet the negative statement 공기가 나빠요 is incorrectly used.

최근에 본 영화 중에서 '한강'이라는 영화가 기억에 남는다. 이 영화는 배우들의 연기가 ① 좋아서
→ _____

컴퓨터 그래픽이 멋있는 장면도 많았다. 이 영화는 감동적일 뿐만 아니라 ② 재미가 없었다. 가족
→ _____

에 대한 영화라서 ③ 한국 사람일 뿐만 아니라 외국 사람들도 모두 재미있게 볼 수 있을 것 같다.
→ _____

3 -(으)ㄴ/는 데다(가) 〈9〉 대체·추가

1 가: 미나 씨, 회사 근처로 이사한다면서요?

나: 네, 지금 집이 너무 **멀어서 교통도 안 좋아서** 이사하려고요.

→ _____

2 저희 아버지는 **보수적에다가** 엄격하세요.

→ _____

3 과일 주스는 맛이 좋은 데다가 **나는 매일 아침 마신다.**

→ _____

(1) This expression is used when the content in the following clause is added to the content of the preceding clause. 가 is omitted, and it can be abbreviated to "–(으)ㄴ/는 데다."

- 오늘은 바람이 부는 데다가 눈까지 와서 길이 많이 막힐 거예요.
  The roads will be very congested as it's windy and even snowy.

- 가: 집에서 먼데 왜 꼭 대형마트까지 가서 장을 보려고 해?
  Why do you insist on buying groceries when your home is so far away?
  나: 거기가 물건이 다양한 데다 값도 싸니까 그렇지.
  The reason is that there are a variety of items, and the prices there are cheap.

(2) The following is the form information for this expression.

	Present				Past		
	Final consonant ○ + –은 데다(가)		Final consonant × + –ㄴ 데다(가)				
A	작다	작은 데다가	싸다	싼 데다가			
V	–는 데다(가)				Final consonant ○ + –은 데다(가)		Final consonant × + –ㄴ 데다(가)
	먹다	먹는 데다가	가다	가는 데다가	입다	입은 데다가	오다	온 데다가

(3) The following shows the difference between "N인 데다가" and "N에다가."

N인 데다(가) N	N에다(가) N
It is used to describe the meaning "N이다. 게다가 N이다."	It is used to describe the meaning "N와/과 N 을/를 모두."
• 이 집은 남향인 데다가 환기도 잘 된다. (이 집은 남향이다. 게다가 환기도 잘 된다.)	• 친구들이 집에 온다고 해서 과일**에다가** 음료수도 준비해 두었어요. (과일과 음료수를 모두 준비해 두었어요.)

The house is facing south, and on top of that, it has good ventilation. (The house is facing south. And on top of that, it has good ventilation.)

I prepared some fruits as well as drinks since some friends are coming over. (All the fruits and drinks are prepared.)

1 가: 미나 씨, 회사 근처로 이사한다면서요?

나: 네, 지금 집이 너무 **멀어서** 교통도 안 좋아서 이사하려고요.
　　　　　　　　　└→ 먼 데다가

When the content of the following clause is added to the preceding clause, you must use "-(으)ㄴ/는 데다가." Although the meaning conveyed in the sentence is "the house is far, and the transportation is bad, too," 멀어서 is incorrectly used. "-아/어서" is used to describe a reason.

● 머리가 아픈 데다가 열까지 나서 일찍 퇴근했다. ▶p.118

2 저희 아버지는 **보수적에다가** 엄격하세요.
　　　　　　　└→ 보수적인 데다가

"-적" is attached to a noun that has an abstract meaning or state, and it is used together with 이다. The meaning conveyed in the sentence is "My father is conservative. He is also very strict," yet 보수적에다가 is incorrectly used.

3 과일 주스는 맛이 좋은 데다가 **나는 매일 아침 마신다.**
　　　　　　　　　　　　└→ 건강에도 좋다

In case of "-(으)ㄴ/는 데다가," the subjects in the preceding clause and the following clause must be the same, and the content must be consistent. Although the subject of the preceding clause is 과일 주스, the following clause is grammatically incorrect as the subject 나는 is used. As the content in the preceding clause is 과일 주스는 맛이 좋다, the following clause must have consistent content like 과일 주스는 건강에도 좋다.

우리 학교에는 국제 학생회가 있다. 이 학생회에는 한국, 일본, 중국, 미국 등 국적이 다양한 친구들이 많다. 그리고 ① <u>유학생인 데다가</u> 교환학생까지 모두 가입할 수 있다. 내가 한국에 처음
　　　　　　　　　　　　　　→ _____

왔을 때 ② <u>한국말을 하는 데다가</u> 친구도 없어서 힘들었다. 그래서 국제 학생회에 들어갔는데
　　　　　　→ _____

거기 친구들은 마음이 ③ <u>따뜻했는 데다가</u> 친절해서 도움을 많이 받았다. 그래서 지금은 다른
　　　　　　　　　　→ _____

외국인 학생을 보면 국제 학생회에 들어가라고 이야기한다.

① –(으)면 –(으)ㄹ수록 〈10〉 정도

1 가: 한국에서 사니까 고향 생각이 많이 나지요?

나: 아니요. 한국에서 살면 **살도록** 한국이 좋아져서 지금은 고향 생각을 별로 안 해요.

→ _____

2 친하면 **지낼수록** 상대방을 존중해 줘야 해요.

→ _____

3 무슨 운동이든지 연습하면 연습할수록 **잘해요.**

→ _____

(1) This expression is used to describe a situation or time when the intensity gets higher or lower in the preceding clause, so the result or situation in the following clause gets changed accordingly.

- 가: 일주일 동안 여행할 건데 가방이 너무 작은 거 아니에요?
  Isn't the bag too small for a one-week trip?
  나: 여행 가방은 작으면 작을수록 좋아요. 가방을 들고 계속 돌아다녀야 하잖아요.
  The smaller the travel bag is, the better. You have to carry the bag around.

- 가: 지난번에 본 영화 같은데 또 봐요?
  I think you've already seen this move, yet you are watching it again?
  나: 네. 이 영화는 보면 볼수록 더 재미있어지네요.
  Yes. The more I watch this movie, the more interesting it is.

(2) The following is the form information for this expression.

	Final consonant ○ + –으면 –을수록		Final consonant × + –면 –ㄹ수록	
A/V	작다	작으면 작을수록	크다	크면 클수록
	읽다	읽으면 읽을수록	운동하다	운동하면 운동할수록

(3) The following expressions can be used in the following clause.

A/V–(으)면 A/V–(으)ㄹ수록 + A–아/어져요
V–게 돼요
V–기가 A
A/V–(으)ㄴ/는/(으)ㄹ 것 같아요

1 가: 한국에서 사니까 고향 생각이 많이 나지요?

나: 아니요. 한국에서 살면 <u>살도록</u> 한국이 좋아져서 지금은 고향 생각을 별로 안 해요.
       ↳ 살수록

"-(으)면 -(으)ㄹ수록" is used when you repeat an act continuously or when the intensity gets higher. Although "the change that occurs as the years in Korea gets longer" is mentioned in the answer, 살도록 is incorrectly used. "-도록" is used when the preceding clause becomes the purpose of the following clause.

● 아이가 깨지 않도록 조용히 해 주세요. ▶ p.148

2 친하면 <u>지낼수록</u> 상대방을 존중해 줘야 해요.
   ↳ 친할수록

When using "-(으)면 -(으)ㄹ수록," the same verbs or adjectives are repeatedly used. However, 친하면 지낼수록 is incorrectly used in this sentence. To emphasize the intensity, you must use the verbs or adjectives repeatedly.

3 무슨 운동이든지 연습하면 연습할수록 <u>잘해요</u>.
         ↳ 잘하게 돼요

When you use "-(으)면 -(으)ㄹ수록," the situation in the following clause changes according to the situation in the preceding clause, so forms which have the meaning of change such as "A-아/어지다" and "V-게 되다" are used frequently. However, 잘해요 is incorrectly used without the meaning of change. Please remember an expression that goes well with this expression in the following clause.

오늘 학교에서 수수께끼를 배웠는데 재미있었어요. 먹으면 ① <u>먹도록</u> 많아지는 것은 '나이'예
                 → _____

요. 왜냐하면 한국 사람들은 '나이가 많아지는 것'을 '나이 먹다'라고 표현하기 때문이에요. 그

리고 뚱뚱하면 뚱뚱할수록 ② <u>가벼운 건</u> '풍선'이에요. 풍선은 크기가 크면 ③ <u>많을수록</u> 더 높이
         → _____   → _____

날 수 있게 돼서 그래요. 이렇게 수수께끼를 알면 알수록 한국어 실력도 더 좋아질 것 같아요.

② -(으)ㄹ 정도로 〈10〉 정도

1 가: 저 프로그램에 나오는 아이가 다섯 살인데 기억력이 무척 좋다면서요?

나: 네, 잠깐 본 것도 완벽하게 **기억할 만하게** 머리가 좋대요.

→

2 세대 차이로 인한 문제는 서로 대화하기가 **어려운 정도로** 심각해졌다.

→

3 세일 기간이라서 백화점에는 사람들이 안에 **들어갈 정도로** 많다.

→

(1) This expression is used to explain that the situation in the following clause has the same level of intensity as the situation in the preceding clause.

● 가: 안젤라 씨는 학교에서 유명한가 봐요. Angela seems to be famous at school.

　나: 그럼요. 우리 학교에서 모르는 사람이 없을 정도로 유명하죠.
　　 Of course, she is so famous that I am positive that there is no one who doesn't know her at school.

● 가: 요즘 한국 날씨는 어때요? 많이 추워요?
　　 How is the weather in Korea nowadays? Is it very cold?

　나: 네. 장갑을 안 끼고 나가면 손이 얼 정도로 추워요.
　　 Yes. Your hands will be on the brink of freezing if you don't wear gloves.

(2) The following is the form information for this expression.

	Final consonant ○ + -을 정도로		Final consonant × + -ㄹ 정도로	
A/V	없다	없을 정도로	아프다	아플 정도로
	읽다	읽을 정도로	모르다	모를 정도로

(3) You can use this form interchangeably with "-(으)ㄹ 만큼" without much difference.

● 어제 집들이에 가서 배가 터질 정도로 많이 먹었어요.

　　　= 터질 만큼

I went to the housewarming party yesterday, and I ate so much that my stomach was on the brink of exploding.

(4) This expression can use both "-(으)ㄹ 정도로" and "-았/었을 정도로" when you are describing an event from the past, yet they have the following differences.

A/V-(으)ㄹ 정도로	A/V-았/었을 정도로
선행절　-(으)ㄹ 정도로　후행절	선행절　**-았/었을 정도로**　후행절
[It is not certain what happened.]	[Some event took place.]

• 한밤중에 가족이 모두 잠에서 깰 정도로 밖이 무척 시끄러웠다. (실제로 가족이 잠에서 깼는지 알 수 없음.) It was so noisy outside that it seems everyone in the family woke up in the middle of the night. (It is not certain that everyone in the family woke up.)	• 한밤중에 가족이 모두 잠에서 **깼을 정도로** 밖이 무척 시끄러웠다. (실제로 가족이 잠에서 깼음.) It was so noisy outside that everyone in the family woke up in the middle of the night. (It is certain that everyone in the family woke up.)

1 가: 저 프로그램에 나오는 아이가 다섯 살인데 기억력이 무척 좋다면서요?

나: 네, 잠깐 본 것도 완벽하게 **기억할 만하게** 머리가 좋대요.

       └→ 기억할 정도로

"–(으)ㄹ 정도로" is used when the intensity level of events in the following clause is like that in the preceding clause. In the answer, the meaning conveyed is "the level of this kid's memory was enough to remember everything perfectly even that was caught a glimpse," yet 기억할 만해요 is incorrectly used. "–(으)ㄹ 만하다" is used when it is worth doing something or if there is the possibility of doing something.

 ● 중고 가게에서 쓸 만한 물건을 많이 찾았어요.

2 세대 차이로 인한 문제는 서로 대화하기가 **어려운 정도로** 심각해졌다.

           └→ 어려울 정도로

You cannot attach "–(으)ㄴ" and "–는," which describe the tense, in front of "–(으)ㄹ 정도로." However, in the sentence, 어려운 정도로 is incorrectly used. Regarding the tense of this expression, only "–(으)ㄹ 정도로" and "–았/었을 정도로" can be used.

3 세일 기간이라서 백화점에는 사람들이 안에 **들어갈 정도로** 많다.

           └→ 못 들어갈 정도로

This sentence emphasizes a situation where a department store is packed with people during a sale, so you can use "–(으)ㄹ 정도로."

우리 학교에 제가 짝사랑하는 여학생이 있어요. 그녀는 연예인이라고 해도 사람들이

① **믿을 만하게 예뻐요.** 저와 그녀는 반이 달라서 자주 볼 수 없어요. 그래서 그녀를 보려고 쉬

 →

는 시간마다 복도에 나와 있어요. 어제도 복도에서 목이 ② **빠졌을 정도로** 기다렸지만 수업이

               →

끝날 때까지 한 번도 못 봤어요. 그런데 오늘 쉬는 시간에 그녀가 우리 반 선생님을 만나러 교

실에 왔어요. 저는 하늘을 날 정도로 기분이 ③ **나빴어요.**

       →

③ -(으)ㄴ/는/(으)ㄹ 만큼 〈10〉 정도

1 가: 저도 아이를 키워 보니 이제야 부모님의 사랑을 알 것 같아요.

　　나: 맞아요. 부모님이 우리에게 준 사랑은 **바다 정도로** 크지요.

　　　　　　　　　　　→ _____

2 새로 출시된 휴대폰은 전보다 더 다양한 기능을 **추가할 만큼** 가격도 비쌀 것이다.

　　　　　　　　　　　→ _____

3 너무 많이 먹어서 배가 **터질 만큼이에요.** 정말 배가 불러요.

　　　　　　→ _____

(1) This expression is used when the content in the following clause is in proportion to that of the preceding clause or when the contents in the preceding clause and the following clause are similar in intensity or number.

● 가: 미리 공부를 하고 여행을 가니까 훨씬 더 재미있더라고요.
　　It was very fun when we did research on our trip before traveling.

　나: 그랬군요. 그래서 '아는 만큼 보인다'고 하잖아요.
　　I see. That's why they say, "You see what you know."

● 가: 월급을 안 준 지 벌써 세 달이나 지났어. 이 회사에서는 더 이상 일을 못 하겠어.
　　It has been three months since my last paycheck. I can't work for this company anymore.

　나: 그래. 그동안 참을 만큼 참았어. 그만두고 다른 곳을 알아보는 게 좋겠어.
　　Right. You have endured long enough. It's a good idea to quit your job and find employment elsewhere.

(2) The following is the form information for this expression.

	Present			Past			
A	Final consonant ○ + -은 만큼		Final consonant × + -ㄴ 만큼				
	작다	작은 만큼	싸다	싼 만큼			
V	-는 만큼				Final consonant ○ + -은 만큼		Final consonant × + -ㄴ 만큼
	먹다	먹는 만큼	가다	가는 만큼	받다	받은 만큼	오다	온 만큼

* Regarding the future tense of this expression, "-을 만큼" is used when there is a final consonant while "-ㄹ 만큼" is used when there is no final consonant.

(3) This expression has the following differences when compared to "N처럼."

	N만큼	N처럼

Meaning	The number and intensity are the same as N.
	• 우리 아들은 아빠**만큼** 먹어요.
	  My son eats as much as his dad.
		The shape and state are the same as N.
		• 우리 아들은 아빠**처럼** 먹어요.
		  My son eats like his dad.

Predicate limit	'되다, 생기다' (×)
	• 아이의 눈이 강아지만큼 생겼어요. (×)
	• 드디어 나도 형만큼 어른이 <u>되었다</u>. (×)
		'되다, 생기다' (○)
		• 아이의 눈이 강아지**처럼** 생겼어요. (○)
		  The eyes of the child look like those of a puppy.
		• 드디어 나도 형**처럼** 어른이 되었다. (○)
		  I finally became an adult like my brother.

1 가: 저도 아이를 키워 보니 이제야 부모님의 사랑을 알 것 같아요.

  나: 맞아요. 부모님이 우리에게 준 사랑은 **바다 정도로** 크지요.
  └→ 바다만큼

"N만큼" is used to describe similar content or intensity as the preceding content. In this sentence, the depth of a parents' love is compared to 바다, yet 바다 정도로 is incorrectly used. You must use "N만큼" if it's a noun.
  ● 부모님의 사랑은 말로 표현할 수 없을 정도로 커요. ▶ p.186

2 새로 출시된 휴대폰은 전보다 더 다양한 기능을 **추가할 만큼** 가격도 비쌀 것이다.
  └→ 추가한 만큼

If the meaning conveyed is "cause" and not "comparison in proportion or quantity," you cannot use the future tense form of "-(으)ㄹ 만큼." The meaning conveyed in the sentence is "As more functions are added than before, the price will go up," yet 추가할 만큼 is incorrectly used.

3 너무 많이 먹어서 배가 **터질 만큼이에요**. 정말 배가 불러요.
  └→ 터질 만큼 불러요

When you use "-(으)ㄹ 만큼," a predicate describing a certain situation as similar as the preceding clause is needed after it. However, in this sentence, 터질 만큼이에요 is incorrectly used without an explanation of the situation.

지난 주말에 뷔페식당에서 가족들과 식사를 했다. 그런데 그 식당은 음식을 남기면 벌금을 내야 했다. 그래서 우리는 음식을 먹을 만큼만 가져왔다. 하지만 동생은 ① <u>나 정도로 먹을 수 있</u>
  →
다면서 음식을 많이 담아 왔다. 동생은 숨도 ② <u>못 쉴 만큼이다.</u> 그렇지만 가져온 음식을 다 먹
  →
지 못했다. 그래서 벌금을 내려고 했는데 식당 사장님은 동생의 나이가 ③ <u>어리는 만큼</u> 이번에
  →
는 그냥 봐 주겠다고 하셨다.

[1~3] (　　)에 들어갈 가장 알맞은 것을 고르십시오.

1

> 가: 에릭 씨, 새로 이사한 집은 어때요?
> 나: 월세가 (　　　) 깨끗하고 시설도 좋아요.

① 비싸거든　　　　② 비싸든지　　　　③ 비싼 만큼　　　　④ 비싼 데다

2

> 가: 면세점에서 물건을 사고 싶은데 면세점에 갈 때 여권만 가지고 가면 돼요?
> 나: 아니요, (　　　) 비행기 표도 가지고 가야 해요.

① 여권 대신에　　　　② 여권은커녕　　　　③ 여권에 대해서　　　　④ 여권뿐만 아니라

3

> 가: 주안 씨가 일하는 걸 보면 너무 느려서 답답해요.
> 나: 그래도 일을 천천히 (　　　) 정확하게 하잖아요. 회사에는 주안 씨 같은 사람도 필요해요.

① 하는 대신　　　　② 할 테니까　　　　③ 할까 봐서　　　　④ 하면 할수록

[4~6] 다음 밑줄 친 부분과 의미가 비슷한 것을 고르십시오.

4

> 가: 오늘 서울 시내가 왜 이렇게 막히지요?
> 나: 주말인 데다가 광화문 광장에서 축제도 해서 그런 것 같아요.

① 주말이라서　　　　　　　　　② 주말인 만큼
③ 주말이면서　　　　　　　　　④ 주말일 뿐만 아니라

5

> 어제 들은 강연은 하품이 날 정도로 지루했어요.

① 하품이 날 텐데　　　　　　　② 하품이 날 만큼
③ 하품이 나는 대신　　　　　　④ 하품이 나다 보면

6

> 가: 어제 시장에 가니까 아주 작은 당근을 팔더라고요. 너무 신기했어요.
> 나: 저도 <u>귤만큼 작은</u> 사과를 봤는데 먹어 보니까 맛있더라고요

① 귤처럼 생긴   ② 귤보다 작은

③ 크기가 귤만 한   ④ 맛이 귤과 비슷한

[7~9] 다음을 잘 읽고 이어질 수 있는 말을 고르십시오.

7

> 가: 처음에는 김치가 매워서 먹기 힘들어하더니 지금은 김치를 잘 먹네요.
> 나: 네, 이제는 김치가 없으면 _____ 잘 먹게 됐어요.

① 밥을 먹을 만큼   ② 밥을 못 먹을 정도로

③ 밥을 못 먹는다면   ④ 밥을 먹으면 먹을수록

8

> 가: 집을 구해야 하는데 부동산은 수수료가 있어서 좀 부담스러워요.
> 나: 그럼, _____ 인터넷 홈페이지를 이용해 보세요.

① 부동산이라도   ② 부동산까지   ③ 부동산 대신에   ④ 부동산을 통해서

9

> 가: 고속도로에서 큰 사고가 났다던데 왜 사고가 났는지 아세요?
> 나: 네, 버스 운전기사가 _____ 제한 속도도 지키지 않았대요.

① 졸음운전을 하거나   ② 졸음운전을 한 데다가

③ 졸음운전을 했다가   ④ 졸음운전을 했는데도

10 다음을 잘 읽고 ㉠과 ㉡에 들어갈 말을 각각 쓰십시오.

> 우리 도시에서는 '가을 꽃 축제'를 오늘부터 일주일 동안 호수 공원에서 엽니다. 실내와 야외에 마련되어 있는 꽃 축제 전시관에서 다양한 (㉠) 각종 꽃도 구입할 수 있습니다. 우리 도시의 꽃 축제가 시작된 지 벌써 3년이 지났습니다. 매년 축제가 열릴 때마다 다양한 행사를 진행하고 있는데 시간이 (㉡) 시민들의 관심이 커지고 있습니다. 이번에도 시민들의 많은 참여를 바랍니다.

㉠ _____   ㉡ _____

① 가: 두통은 좀 어때요?

　　나: 일주일이 넘었는데 약을 **먹더라도** 낫지 않아요.

　　→ _____

② 우리 딸은 아파트 엘리베이터에서 사람을 만나면 아는 사람이 **아니여도** 인사해요.

　　→ _____

③ **아무리** 내일 날씨가 **나쁘지만** 강릉에 갈 거예요.

　　→ _____

(1) This expression is used when you are making assumptions or accepting the content in the preceding clause, yet it does not have any effect or have any connection to the content in the following clause.

- 가: 왜 이렇게 얼굴 표정이 안 좋아요? Why does your face look so bad?
  나: 지갑을 잃어버렸는데 아무리 찾아도 찾을 수 없어서 속상해요.
  I am frustrated that I lost my wallet, and I can't find it anywhere.

- 저는 아무리 피곤해도 꼭 이메일을 확인하고 자요. Even if I am tired, I always check my email.

(2) The following is the form information for this expression.

	ㅏ, ㅗ + -아도		ㅓ, ㅜ, ㅡ, ㅣ + -어도		하다 → 해도	
A/V	작다	작아도	힘들다	힘들어도	조용하다	조용해도
	보다	봐도	배우다	배워도	운동하다	운동해도
N	Final consonant ○ + 이어도		Final consonant × + 여도			
	지하철이어도		의사여도			

* "-았/었어도" is the past tense form of this expression.

(3) This expression is used with the "-아/어도 -아/어도" form, and it is used to emphasize the result of the following clause that has nothing to do with the intent or content of the preceding clause even though the action of the preceding clause repeats.

- 일이 많아서 해도 해도 끝이 없어요. There is so much work that it's endless.

- 밥을 먹어도 먹어도 계속 배가 고파요. I am still hungry even though I eat continuously.

1 가: 두통은 좀 어때요?

나: 일주일이 넘었는데 약을 먹더라도 낫지 않아요.
　　　　　　　　　　└→ 먹어도

You can use "-아/어도" although if you accept or assume the content of the preceding clause, which does not affect the following clause. In this answer, the meaning conveyed is that "having a pill" and "getting rid of a headache" are unrelated. However, 먹더라도 is incorrectly used. "-더라도" also conveys the meaning that the assumption in the preceding clause has no relation to the following clause, yet "-아/아도" tends to emphasize a negative or extreme situation.

● 그 산이 아무리 높더라도 끝까지 올라갈 거예요.

2 우리 딸은 아파트 엘리베이터에서 사람을 만나면 아는 사람이 **아니여도** 인사해요.
　　　　　　　　　　　　　　　　　　　　　　　　　　　　　　└→ 아니어도

When attaching "-아/어도" after "N이/가 아니다," you must use the form "N이/가 아니어도." However, 아니여도 is used incorrectly. The following explains why there are so many similar mistakes. When you use "-아/어도," you can use 이어도 or 여도 depending on the presence of a final consonant. Koreans tend to shorten the pronunciation from "N이어도" to "N여도." As "N여도" is spoken a lot, you attach "N여도" to 아니다. Therefore, 아니여도 is used incorrectly.

3 아무리 내일 날씨가 **나쁘지만** 강릉에 갈 거예요.
　　　　　　　　　　└→ 나빠도

"-아/어도" can be used together with 아무리 to emphasize the meaning. However, 나쁘지만 is incorrectly used after 아무리 in this sentence. Generally, 아무리 can be used with expressions with the meaning of assumption such as "-아/어도," "-더라도," and "-(으)ㄹ지라도." "-지만" is used when a meaning of contrast, opposition, or comparison is conveyed.

● 형은 키가 크지만 나는 키가 작다. ▶ p.88

나는 성격이 느긋한 편이다. 느긋한 성격의 단점은 시간이 부족한 ① 상황여도 서두르지 않기
　　　　　　　　　　　　　　　　　　　　　　　　　　　　　　→ ＿＿＿＿＿＿＿＿

때문에 약속 시간에 자주 늦는다는 것이다. 하지만 이런 성격의 장점도 있다. 기분이 나쁜 일이

② 있더니 바로 화를 내지 않아서 다른 사람들과 싸우는 일이 별로 없다는 것이다. 그리고 어떤
　→ ＿＿＿＿＿＿＿＿

것을 배울 때 아무리 오래 ③ 걸리면서 끝까지 한다.
　　　　　　　　　　　　　　→ ＿＿＿＿＿＿＿＿

② -(느)ㄴ다면 〈11〉 가정·후회·소용없음

1 저는 고등학생 때로 **돌아가면** 열심히 공부할 것 같아요.

　　　→ ....

2 아무리 머리가 좋아도 노력하지 **않다면** 이번 시험에 합격하기 힘들 거예요.

　　　→ _____

3 하루밖에 살 수 없다면 남은 시간을 가족과 같이 **보내요**.

　　　→ ....

(1) This expression in used to assume a situation with a low possibility of happening as well as the impossible.

- 하늘을 날 수 있다면 어머니를 보러 고향에 가고 싶어요.
  If I could fly, I want to go to my hometown to see my mother.

- 내가 너라면 아르바이트를 해서 돈을 모았을 거야.
  If I were you, I would have worked part time to save money.

(2) The following is the form information for this expression.

	Present		Past	
A	−다면		−았/었다면	
	작다	작다면	많다	많았다면
V	Final consonant ○ + −는다면	Final consonant × + −ㄴ다면	−았/었다면	
	먹다	먹는다면	자다 ┃ 잔다면	입다 ┃ 입었다면
N	Final consonant ○ + 이라면	Final consonant × + 라면	Final consonant ○ +이었다면	Final consonant × + 였다면
	생일 ┃ 생일이라면	의사 ┃ 의사라면	생일 ┃ 생일이었다면	의사 ┃ 의사였다면

* "N이/가 아니다" uses the form "N이/가 아니라면."

(3) If you use this form in the past tense form of "−았/었다면," there are two meanings as mentioned below.

① An assumption about the opposite situation of an event that already happened.

- 네가 거짓말을 하지 않았다면 문제가 안 커졌을 거야. (거짓말을 해서 문제가 커졌어.)
  If you hadn't lied, the problem would not have become bigger. (The problem became bigger because you lied.)

② An assumption about the opposite situation of a present fact.

- 오늘이 휴일이었다면 늦잠을 잤을 텐데……. (오늘이 휴일이 아니라서 늦잠을 못 잤어요.)
  If today was a holiday, I would have slept in... (As today is not a holiday, I could not sleep longer.)

V-(느)ㄴ다면	V-(으)면
It is used when you are assuming things that could not have happened in real life. • 복권에 당첨된다면 큰 집을 사고 싶어요. (복권에 당첨될 가능성이 거의 없음.) If I won the lottery, I want to buy a big house. (The probability of winning the lottery is almost zero.)	It is used to describe an event that could happen in real life, and it is not used in impossible situations. • 취직하면 차를 사고 싶어요. (취직할 가능성이 있음.) I want to buy a car when I get a job. (There is a possibility that I will get a job.)

(4) In the following clause in this expression, the following expressions are used.

A/V-**(느)ㄴ다면** + V-(으)세요
V-고 싶어요
A/V-(으)ㄹ 거예요
A/V-(으)ㄹ 것 같아요

A/V-**았/었다면** + A/V-았/었을 거예요
A/V-았/었을 텐데……

1 저는 고등학생 때로 **돌아가면** 열심히 공부할 것 같아요.
　　　　　　↳ 돌아간다면

You can use "-(느)ㄴ다면" to make assumptions and to talk about events that have a low probability of happening. Although the sentence refers to "an impossible event going back to high school," 돌아가면 is incorrectly used. "-(으)면" can be used to assume an event that has a chance of happening.

● 이때가 비가 오면 이 우산을 가지고 가세요. ▶ p.154

2 아무리 머리가 좋아도 노력하지 **않다면** 이번 시험에 합격하기 힘들 거예요.
　　　　　　　　　　　↳ 않는다면

The negative forms of "-(느)ㄴ다면" are "A-지 않다면" and "V-지 않는다면." Although 노력하다 is the verb in the sentence, 않다면 is incorrectly used.

3 하루밖에 살 수 없다면 남은 시간을 가족과 같이 **보내요**.
　　　　　　　　　　　　　　↳ 보내고 싶어요 / 보낼 거예요

"-(으)세요" and "-고 싶어요," which describe the speaker's wish, and "-(으)ㄹ 거예요," which describes his/her will, must be used in the following clause of "-(느)ㄴ다면," yet 보내요 is incorrectly used.

왕양 씨, 노트북을 살 때 주의할 점을 알려 달라고 해서 답글 남깁니다. 먼저 용도와 가격을 결정해야 합니다. 그리고 여러 제품을 비교할 수 있는 가게가 ① 있는다면 그곳으로 가는 것이 좋
　　　　　　　　　　　　　　　　　　　　　→ ＿＿＿＿＿＿＿＿
습니다. 노트북을 고를 때 품질이 비슷하다면 싼 걸 ② 고릅니다. 마지막으로 A/S가 중요하니
　　　　　　　　　　　　　　　　　　→ ＿＿＿＿＿＿＿＿
까 만약 고장이 ③ 나서 어떻게 해야 하는지도 꼭 확인하세요.
　　　　　→ ＿＿＿＿＿＿＿＿

1 가: 오늘 밤부터 주말 내내 비가 온다는데 내일 여행은 어떻게 하지?

나: 비가 와도 가야지. 비가 온다는 소식을 미리 **안다면** 여행을 취소했을 텐데…….

→ _____

2 조금만 **늦더라면** 기숙사에 못 들어갈 뻔했다.

→ _____

3 다른 사람에게 물어봤더라면 헤매지 않고 길을 **찾을 뻔했어요.**

→ _____

(1) This expression is used when you make opposite assumptions of events and situations of the past.

● 인터넷으로 필요한 서류를 미리 찾아 봤더라면 준비해 갔을 텐데…….
If I had searched on the Internet to find the necessary documents in advance, I would have been prepared.

● 날씨가 이렇게 추울 줄 알았더라면 두꺼운 옷을 준비했을 거예요.
If I had known that the weather was this cold, I would have worn a heavy jacket.

(2) The following is the form information for this expression.

	ㅏ, ㅗ + -았더라면		ㅓ, ㅜ, ㅡ, ㅣ + -었더라면		하다 → 했더라면	
A/V	좋다	좋았더라면	힘들다	힘들었더라면	똑똑하다	똑똑했더라면
	가다	갔더라면	먹다	먹었더라면	공부하다	공부했더라면
N	Final consonant ○ + 이었더라면		Final consonant × + 였더라면			
	학생	학생이었더라면	친구	친구였더라면		

(3) This expression is used to express the regret and remorse felt by the speaker regarding past events and facts.

A/V-**았/었더라면** + A/V-았/었을 거예요, A/V-았/었을 텐데……, A/V-았/었을 걸……

● 국제 학생증이 있었더라면 박물관 입장료를 할인받았을 텐데…….
If I had an international student card, I would have received a discount on the museum ticket.

(4) This expression is used to describe a feeling of relief regarding an event that did not happen in the past.

A/V-**았/었더라면** + A/V-(으)ㄹ 뻔했어요, A/V-았/었을 거예요

● 출발 전에 기름을 넣지 않았더라면 고속도로에서 차가 멈출 뻔했어요.
If I hadn't filled the car with gas before we left, it would have stopped in the middle of the highway.

(5) The following shows the difference compared to expressions with the meaning of opposite assumptions on past events such as "-았/었다면," "-았/었으면," and "-았/었더라면."

	V-았/었더라면	V-았/었다면, V-았/었으면
Difference	Can't make assumptions on real situations • 오늘 아침에 방에 불을 켜 놓고 나왔더라면 큰일인데. (×)	Can make assumptions on real situations • 오늘 아침에 방에 불을 켜 놓고 나**왔다면/** 나**왔으면** 큰일인데. (○) I am worried that I left my room lights on/ I might have left my room lights on before going out this morning.

1 가: 오늘 밤부터 주말 내내 비가 온다는데 내일 여행은 어떻게 하지?

　　나: 비가 와도 가야지. 비가 온다는 소식을 미리 **안다면** 여행을 취소했을 텐데…….

　　　　　　　　　　　　　└→ 알았더라면

You must use "-았/었더라면" when you describe past events or situations in an opposite manner. Although the meaning conveyed in the answer is "I regret not being able to cancel the trip as I did not know a typhoon will be coming," 안다면 is incorrectly used. "-(느)ㄴ다면" is used in situations with a very low chance of probability.

● 내가 복권에 당첨된다면 세계 여행을 떠날 거예요. ▶ p.194

2 조금만 **늦더라면** 기숙사에 못 들어갈 뻔했다.

　　　　└→ 늦었더라면

You must use "-았/었더라면" when you are relieved that events did not occur in the past, yet 늦더라면 is used incorrectly in this sentence.

3 다른 사람에게 물어봤더라면 헤매지 않고 길을 **찾을** 뻔했어요.

　　　　　　　　　　　　　└→ 찾았을 텐데 / 찾았을 거예요

In the following clause of "-았/었더라면," "-았/었을 텐데" is used to refer to a feeling of regret while "-(으)ㄹ 뻔했어요" is used to refer a feeling of relief. The meaning conveyed in this sentence is "I got lost as I did not ask other people for directions," but the following clause is incorrectly written as 찾을 뻔했어요.

며칠 전에 회사 면접 시험을 보러 가려고 택시를 탔는데 면접 수험표를 택시에 놓고 내리고 말았다. 그때 택시 기사가 나를 도와주지 않았더라면 ① 큰일날 것이다. 면접장에서 수험표가 없
　　　　　　　　　　　　　　　　　→

는 것을 알고 당황하고 있을 때 택시 기사가 면접장으로 와서 나에게 수험표를 주고 갔다. 그 택시 기사가 ② 없더라면 면접시험을 못 볼 뻔했다. 연락처를 ③ 물어보면 만나서 고맙다는 말
　　　　　　→　　　　　　　　　　　　　　　　　　　　→

을 할 수 있었을 텐데…….

④ –아/어 봤자   〈11〉 가정 · 후회 · 소용없음

1 네가 그렇게 **울었자** 소용없어. 엄마는 그 장난감을 안 사 주실 거야.

→ _____

2 가: 얼른 서두르세요. 그러다가 7시 기차를 못 타겠어요.

나: 지금 출발해 봤자 기차는 벌써 **떠났어요**. 8시 기차를 타야겠어요.

→ _____

3 계속 과로하면 감기약을 먹어 봤자 감기가 **나을 거예요**.

→ _____

(1) This expression is used after a verb to describe a situation when the action in the preceding clause is no good or below expectations. Also, when it is attached behind the adjective, it is used to describe the situation when you agree with the content of the preceding clause, yet you are describing it as something not too significant.

- 가: 이거 치통에 좋은 약이라는데 한번 먹어 봐.
  Try this. I heard this medicine is good for toothaches.
  나: 안 먹을래. 너무 아파서 먹어 봤자 소용없을 것 같아. 내일 병원에 가야겠어.
  I'll pass. It's so painful that the medicine will probably not work. I'll go to the dentist tomorrow.

- 가: 요즘 초등학교 수학이 어려운가 봐요. 조카가 1학년인데 벌써 수학 학원에 다닌대요.
  I guess elementary school mathematics is quite difficult. My nephew is in first grade, and he is already going to a private academy to get help.
  나: 그건 좀 심한 것 같네요. 초등학교 1학년 수학이 어려워 봤자 얼마나 어렵겠어요?
  I think that's a bit extreme. How hard can first grade mathematics be?

(2) The following is the form information for this expression.

	ㅏ, ㅗ + –아 봤자		ㅓ, ㅜ, ㅡ, ㅣ + –어 봤자		하다 → 해 봤자	
A/V	좋다	좋아 봤자	길다	길어 봤자	똑똑하다	똑똑해 봤자
	만나다	만나 봤자	마시다	마셔 봤자	공부하다	공부해 봤자

(3) The following expressions are generally used in the following clause.

① Although you have conducted the actions of the preceding clause, it did not meet expectations.

(아무리/그렇게)	A/V-**아/어 봤자** + V–(으)ㄹ 수 없을 거예요, V–(으)ㄹ 텐데요 V–(으)ㄹ 거예요, V–았/었을 거예요 소용이 없어요 , 무슨 소용이 있겠어요?

② When you acknowledge the content of the preceding clause yet it is something not very substantial.

잘, 아주, 빨리   A/V-**아/어 봤자** + N만 하겠어요?, 얼마나 A/V-겠어요?

1 네가 그렇게 울었자 소용없어. 엄마는 그 장난감을 안 사 주실 거야.
               ↳ 울어 봤자

"-아/어 봤자" is used when you indicate that all attempts were futile. However, in this sentence, 울었자 is incorrectly used as the past tense "-았/었-" is added to "-자," which describes the actions in the following clause that happened directly after the actions in the preceding clause.

● 창문을 열자 공사하는 소리가 나서 다시 문을 닫았다.   ▶ p.114

2 가: 얼른 서두르세요. 그러다가 7시 기차를 못 타겠어요.

나: 지금 출발해 봤자 기차는 벌써 **떠났어요**. 8시 기차를 타야겠어요.
                            ↳ 떠났을 거예요

When "-아/어 봤자" makes assumptions on past situations, expressions like "-았/었을 거예요" must appear in the following clause. However, in this sentence, 떠났어요 is incorrectly used in the following clause.

3 계속 과로하면 감기약을 먹어 봤자 감기가 **나을 거예요**.
                           ↳ 낫지 않을 거예요

In the following clause "-아/어 봤자," negative content must be used. However, the positive statement 감기가 나을 거예요 is incorrectly used in this sentence.

저는 요즘 어떤 일을 할 때 '그 일을 해 봤자 ① 소용이 있어.' 라는 생각을 자주 해요. 그러다 보

니까 안 좋은 일이 자꾸 생기는 것 같아요. 어제도 기획안을 작성하면서 '이걸 ② 쓰자 부장님이

다시 쓰라고 하실 거야.' 라고 생각했어요. 다음 날 실제로 부장님이 제 보고서를 보고 다시 쓰

라고 하셨어요. 일의 결과는 생각하기에 따라 달라진다는 말이 맞는 것 같아요. 앞으로는 '노력

해 봤자 ③ 잘할 수 없었어.' 라고 생각하지 말고 '반드시 잘할 수 있어.' 라는 생각으로 바꿔야

겠어요.

① −다(가) 보니(까)　〈12〉 경험

1 가: 수잔 씨, 1년 전에는 요리를 못하더니 이제는 꽤 잘하네요?

　　나: 혼자 살면서 매일 식사 준비를 <u>하고 보니</u> 요리를 잘하게 됐어요.

　　　→ _____

2 성적이 잘 <u>나오다가 보니까</u> 공부를 열심히 했어요.

　→ _____

3 처음 입사했을 때는 모든 것이 낯설었는데 시간이 <u>지나다 보니</u> **익숙해질 거예요.**

　　　　　　→ _____

(1) This expression is attached to a verb, and it is used when you have found a new fact or have received a certain result in the process of repeating the activity in the preceding clause.

● 가: 이번 주말에 쇼핑하러 동대문에 갈래?
　Do you want to go shopping in Dongdaemun this weekend?
　나: 나는 안 갈래. 인터넷 쇼핑만 하다가 보니까 직접 가서 사는 게 귀찮아.
　I'll pass. I find it hard to buy things offline since I am used to buying things online.

● 한국에 와서 한국어만 쓰다가 보니까 가끔 모국어 단어가 생각이 안 날 때가 있어요.
　As I have used only Korean since I arrived in Korea, I sometimes cannot remember words in my native language.

(2) The following is the form information for this expression.

	−다(가) 보니(까)			
V	먹다	먹다가 보니까	가다	가다가 보니까
	읽다	읽다가 보니까	오다	오다가 보니까

(3) This expression can be abbreviated to "−다 보니까," "−다가 보니," and "−다 보니."

● 휴대폰으로 게임을 <u>하다 보니까</u> 눈이 많이 나빠졌어요.
　　　= 하다가 보니 = 하다 보니
　Because I played mobile games on my cell phone, my eyesight became poor.

(4) You cannot use "−았/었−" or "−겠−" which describes tense in front of this expression.

● 매일 야식을 <u>먹었다 보니까</u> 살이 쪘어요. (×)
　→ 매일 야식을 <u>먹다 보니까</u> 살이 쪘어요. (○)
　I gained weight as I ate snacks at night every day.

(5) The following expressions are used in the following clause.

V−다(가) 보니(까)　+　V−았/었어요, A−아/어졌어요, V−게 됐어요

1 가: 수잔 씨, 1년 전에는 요리를 못하더니 이제는 꽤 잘하네요?

나: 혼자 살면서 매일 식사 준비를 하고 보니 요리를 잘하게 됐어요.
　　　　　　　　　　　　　　　↳ 하다 보니

When you have obtained the result in the following clause due to the repeated actions in the preceding clause, you must use "−다가 보니까." Although the meaning conveyed in the answer is "I became good at cooking after I repeatedly made meals," 하고 보니 is incorrectly used. "−고 보니" does not have a meaning of repetition, and it is used to describe a fact recognized new after conducting a certain action.

● 인터넷으로 싼 청바지를 샀는데 물건을 받고 보니 작아서 못 입겠어요.

2 성적이 잘 나오다가 보니까 공부를 열심히 했어요.
　　↳ 공부를 열심히 하다가 보니까 성적이 잘 나왔어요

The repeated action of the speaker is described in the preceding clause of "−다가 보니까," and the result of the action should come in the following clause. Although the meaning conveyed in the sentence is "After I studied hard, I received good grades," both contents in the preceding clause and the following clause are written in reverse order.

3 처음 입사했을 때는 모든 것이 낯설었는데 시간이 지나다 보니 익숙해질 거예요.
　　　　　　　　　　　　　　　　　　　　　　↳ 익숙해졌어요

Past tense expressions such as "−아/어졌어요" and "−게 됐어요" should appear in the following clause of "−다가 보니까," yet 익숙해질 거예요 is incorrectly used in this sentence. You cannot use the future tense in the following clause of "−다가 보니까," yet you must be careful as you can get confused with "−다가 보면," which describes the result in the following clause due to the repeated actions in the preceding clause.

● 어려운 발음도 연습하다 보면 잘하게 될 거예요. ▶ p.202

나는 지난 방학에 택배 회사에서 아르바이트를 했다. 물건을 포장하는 일을 했는데 처음에는 너무 힘들었다. 하지만 계속 하다가 보니까 방법을 알게 돼서 ① 잘하게 될 것이다. 그리고 아
　　　　　　　　　　　　　　　　　　　　　　→
르바이트를 하면서 회사에서 한국 직원들과 ② 어울려서 한국어 실력이 좋아졌다. 돈도 벌고
　　　　　　　　　　　　　　　→
한국어도 잘하게 돼서 기분이 아주 좋았다. 그런데 일주일 내내 아르바이트를 ③ 했다 보니까
　　　　　　　　　　　　　　　　　　　　　　　　　　　　　　→
시간이 부족해서 전공 공부를 하나도 못했다. 오늘부터는 공부를 열심히 해야겠다.

1 가: 제가 물을 무서워하는 편인데 수영을 배울 수 있을까요?

　　나: 너무 걱정하지 마세요. 천천히 **하더니** 배울 수 있을 거예요.

　　　　→

2 쇼핑을 너무 많이 하다 보면 **즐거운 시간을 보내요.**

　　　　→

3 가: 샘 씨, 문자에 답장이 늦었지요? 회의를 하느라 문자를 못 봤어요.

　　나: 괜찮아요. 회의를 하다가 보면 핸드폰에 신경을 못 **썼어요.**

　　　　　　　　　　　　　　　→

(1) This expression is attached to a verb, and it is used to indicate that the result in the following clause in obtained due to a repeated action in the preceding clause.

- 가: 미국 대사관에 어떻게 가요?
  How do I get to the American Embassy?
- 나: 이쪽으로 쭉 가다가 보면 대사관이 나올 거예요.
  Go straight on this path, and you'll see the embassy.

- 좋아하는 노래를 듣다가 보면 스트레스가 풀려요.
  I relieve stress by listening to songs that I like.

(2) The following is the form information for this expression.

	–다(가) 보면			
V	먹다	먹다가 보면	가다	가다가 보면
	읽다	읽다가 보면	오다	오다가 보면

(3) In this expression, you can omit 가 and use it as "–다 보면."

- 뉴스를 보다가 보면 아는 것이 많아져요.
  = 보다 보면
  You get to learn a lot when you watch the news.

(4) The following expressions are used in the following clause.

> V–**다(가) 보면** ＋ Past tense (×)
>
> 　　　　V–(으)세요, V–(으)ㄹ까요?, V–(으)ㅂ시다 (×)
>
> 　　　　A/V–(으)ㄹ 거예요, A–아/어질 거예요 (○)
>
> 　　　　V–게 돼요, V–게 될 거예요, V–(으)ㄹ 수 있어요 (○)

1 가: 제가 물을 무서워하는 편인데 수영을 배울 수 있을까요?

나: 너무 걱정하지 마세요. 천천히 ~~하더니~~ 배울 수 있을 거예요.

└→ 하다가 보면

The form "-다가 보면" is used when you describe the fact that you will obtain the results in the following clause due to the repeated actions in the preceding clause. Although the meaning conveyed in the answer is "if you practice swimming a lot, you can learn swimming," 하더니 is incorrectly used. "-더니" is used when the result of an observation by the speaker becomes the reason for an event which happens in the following clause.

● 샤샤는 어릴 때부터 노래를 잘하더니 커서 가수가 되었다. ▶ p.212

2 쇼핑을 너무 많이 하다 보면 ~~즐거운 시간을 보내요.~~

└→ 용돈이 부족할 수 있어요 / 과소비를 하게 돼요

Regarding "-다가 보면," the repeated actions of the speaker must be used in the preceding clause, while the results are used in the following clause. However, in this sentence, the result of 쇼핑을 많이 하는 것 in the preceding clause is incorrectly used as 즐거운 시간을 보내요. It is natural that the direct result of 쇼핑을 많이 하는 것 should be content like 용돈이 부족하다 and 과소비를 하다.

3 가: 샘 씨, 문자에 답장이 늦었지요? 회의를 하느라 문자를 못 봤어요.

나: 괜찮아요. 회의를 하다가 보면 핸드폰에 신경을 못 ~~썼어요.~~

└→ 쓸 수 있어요

When using "-다(가) 보면," generally, expressions such as "-게 될 거예요," "-아/어질 거예요," and "-(으)ㄹ 수 있어요" can be used together as the results are used in the following clause.

오늘은 한국의 유명한 쇼핑거리 명동에 대해 알려 줄게요. 명동에 가려면 을지로입구역에서 내려서 6번 출구로 나가세요. 거기에서 앞으로 쭉 ① 가다가 보니 왼쪽으로 큰 길이 보일 거예요.

→ _____

명동에는 화장품 가게와 옷 가게가 많으니까 먼저 그 가게들을 구경하세요. 구경을 하고 쇼핑도 하다가 보면 배가 ② 고파졌어요. 배가 고파지면 길에서 파는 음식을 먹어 보세요. 싸고 맛

→ _____

있는 음식이 많아요. 명동에서 시간을 ③ 보내서 시간이 어떻게 가는지 모를 거예요.

→ _____

[1~3] ( )에 들어갈 가장 알맞은 것을 고르십시오.

1

> 가: 요즘 바빠서 잠을 잘 시간이 부족해요. 그래서 그런지 눈도 아프고 피곤하네요.
> 나: 아무리 ( ) 건강을 위해 잠은 푹 자야 해요.

① 바빠도　　　　② 바쁘지만　　　　③ 바쁜 데다가　　　　④ 바빴더라면

2

> 가: 주말에 여행을 갈 건데 산으로 갈지 바다로 갈지 모르겠어.
> 나: 내가 ( ) 산으로 갈 거야. 요즘 단풍이 아름답잖아.

① 너라서　　　　② 너라면　　　　③ 너 때문에　　　　④ 너뿐만 아니라

3

> 가: 이 집은 거실은 넓은데 베란다가 없어서 조금 불편할 것 같아요.
> 나: 그런데 거실이 넓으니까 ( ) 익숙해져서 괜찮을 거예요.

① 살다가 보면　　　　② 살다 보니까　　　　③ 살기로 해서　　　　④ 살기 위해서

[4~6] 다음 밑줄 친 부분과 의미가 비슷한 것을 고르십시오.

4

> 가: 핸드폰 충전기를 하나 사려고 하는데 어떤 것을 사는 게 좋을까?
> 나: 가격이 조금 비싸도 무선 충전기를 사는 게 어때?

① 비싸 봤자　　　　② 비쌀 테니까　　　　③ 비싸더라도　　　　④ 비쌀까 봐서

5

> 그 회사의 주식이 이렇게 오를 줄 알았더라면 미리 사 둘 걸 그랬어요.

① 오를까 봐서　　② 오를 줄 알아서　　③ 오를 줄 알았는데　　④ 오를 줄 알았으면

6

> 가: 여보, 잠깐 세차하러 나갔다 올게요.
> 나: 내일 비가 온대요. 지금 세차를 해 봤자 비가 오면 또 더러워질 테니까 나중에 해요.

① 해도　　　　② 하다가　　　　③ 했더라면　　　　④ 하다 보면

[7～9] 다음을 잘 읽고 이어질 수 있는 말을 고르십시오.

7

가: 저 코미디언이 또 음주 운전을 했는데 기자들한테는 안 했다고 거짓말했대요.
나: 그래요? 거짓말하지 말고 솔직하게 _____.

① 말한다면 좋을 거예요   ② 말해 봤자 소용이 없어요
③ 아무리 말해도 안 돼요   ④ 말했더라면 좋았을 텐데요

8

가: 기사님, 5시까지 공항에 도착해야 하는데 갈 수 있을까요?
나: 출퇴근 시간이 아니니까 _____ 도착할 수 있을 거예요.

① 별일이 없다면   ② 별일이 없어서
③ 별일이 있어야   ④ 별일이 있는 탓에

9

가: 유리코 씨, 이번 시험에서 듣기 점수가 많이 올랐네요.
나: 네, 요즘 매일 라디오를 듣고 있어요. _____ 듣기 실력이 좋아진 것 같아요.

① 라디오를 듣는데도   ② 라디오를 듣기는커녕
③ 라디오를 듣다가 보면   ④ 라디오를 듣다가 보니까

10 다음을 잘 읽고 ⑦과 ⓒ에 들어갈 말을 각각 쓰십시오.

피터야,
다음 달에 열리는 마라톤 대회를 준비하느라고 고생이 많지? 더운 날씨에 매일 연습하는데도 기록이 좋아지지 않아서 걱정한다는 소리를 들었어. 지금은 연습한 지 얼마 안 돼서 힘들 거야. 그래도 꾸준히 (⑦   ) 기록이 점점 좋아질 거야. 그러니까 (ⓒ   ) 포기하지 말고 끝까지 연습하도록 해. 힘내!

너를 응원하는 민수가

⑦ _____   ⓒ _____

1 가: 자동차를 새로 샀어요?

　　나: 아니요. 형이 **탄** 건데 새 차를 사면서 저한테 준 거예요.

　　→ ＿＿＿＿＿＿＿＿＿＿＿＿＿

2 여러분, 힘내서 **했던** 일을 빨리 마치고 식사하러 갑시다.

　　→ ＿＿＿＿＿＿＿＿＿＿＿＿＿

3 지금 남자 친구는 고등학교 때부터 **사귀었던** 사람이야. 벌써 사귄 지 7년이나 됐네.

　　→ ＿＿＿＿＿＿＿＿＿＿＿＿＿

(1) This expression is used to recall a continuously repeated action or the state of a certain period in the past.

- 가: 저 드라마에 나오는 노래를 알아요? 좀 오래된 노래인 것 같은데요.
  Do you know that song from that TV drama? I think it's an old song.
- 나: 그럼요. 제가 어렸을 때 어머니께서 자주 부르시던 노래예요.
  Of course, I do. My mother used to sing this song often when I was young.

- 가: 저 둘이 단짝이었는데 요즘은 사이가 안 좋은 것 같아.
  Those two were best friends, but nowadays, they are not on good terms.
- 나: 그러게. 사이가 좋던 두 사람이 요즘은 만나기만 하면 싸우네.
  Yes. Those two were on good terms, but nowadays, they only fight when they meet with each other.

(2) The following is the form information for this expression.

	-던			
A/V	작다	작던	크다	크던
	먹다	먹던	가다	가던

(3) Adverbs like 여러 번, 항상, 자주, and 가끔 can come in front of the form "-던" to describe an activity when you did it repeatedly in the past, but you don't do it anymore.

- 한국에서 유학했을 때 도서관에서 항상 같이 공부하던 영국 친구가 있었어요.
  When I studied in Korea, I always went to the library to study with a friend from Great Britain.

(4) If you use the verbs 입다, 신다, and 타다 before this expression, the meaning of this expression is "the secondhand goods used so far."

- 제가 타던 자전거를 지금은 동생이 타고 있어요.
  My sister is riding the bicycle I used to ride.

(5) This expression is used when an action in the past has not been completed and you are looking back at it. In this case, expressions such as 아까, 어제, 조금 전에, and 지난주에 can be used together.

- 이 빵은 <u>아까</u> 동생이 먹던 거예요. This is the bread that my brother was eating a while ago.

1 가: 자동차를 새로 샀어요?

나: 아니요. 형이 **탄** 건데 새 차를 사면서 저한테 준 거예요.
　　　　　　└→ 타던

If verbs like 입다, 신다, and 타다 are used before "-던," it means "secondhand goods." The meaning conveyed in the answer is "This car was passed down to me by my brother." yet 탄 건데 is incorrectly used. When you are describing an event that happened in the past, you can use "-(으)ㄴ + N," yet it is used only when you are describing a simple activity in the past.

- 지난달에 <u>산</u> 옷인데 갑자기 살이 쪄서 안 맞네요. ▶ p.64

2 여러분, 힘내서 **했던** 일을 빨리 마치고 식사하러 갑시다.
　　　　　　　└→ 하던

"-던" is used when you are looking back and describing a past activity that has been stopped without being completed. Although the meaning conveyed in this sentence is "Let's finish all the tasks that have not been finished," 했던 is used incorrectly. "-았/었던" is used to look back and to describe an activity or state that was completed in the past.

- 그 사람은 소개팅에서 한 번 <u>만났던</u> 사람이에요. ▶ p.208

3 지금 남자 친구는 고등학교 때부터 **사귀었던** 사람이야. 벌써 사귄 지 7년이나 됐네.
　　　　　　　　　　　　└→ 사귀던

"-던" refers to a repeated activity or state of a period that has continued until the present time. However, as 지금 is used in this sentence, the term 사귀었던, which has a meaning of being discontinued, is incorrectly used. You must differentiate between "-던" and "-았/었던" as they have different meanings.

지수야, 이건 고등학교 졸업식 때 찍은 사진인데 이 친구, 기억 나니? 지연이라는 친구인데 둘째라서 늘 언니가 ① 입은 옷을 물려받는다고 불평했었잖아. 그리고 이 친구는 내 짝이었던 수
　　　　　　　→ ＿＿＿＿＿＿＿＿

희인데 내가 ② 먹었던 과자를 서랍에 넣어두면 이 애가 가져가서 다 먹어 버리곤 했지. 그 옆
　　　　　　→ ＿＿＿＿＿＿＿＿

에 있는 도연이는 그때 벌써 ③ 만났던 남자 친구가 있었는데 그 사람과 올봄에 결혼하기로 했
　　　　　　→ ＿＿＿＿＿＿＿＿

대. 이렇게 사진을 보니 친구들이 보고 싶어진다.

② −았/었던 〈13〉 회상

1 가: 이번 여름휴가는 어디로 갈까요?

　　나: 작년 여름에 **가던** 동해에 또 가는 게 어때요?

　　　　　　→ ＿＿＿＿＿＿

2 3년 정도 만나다가 **헤어지는** 사람을 최근에 다시 만나서 사귀고 있다.

　　　　　　→ ＿＿＿＿＿＿

3 어렸을 때 키가 **작은** 친구가 고등학교에 들어가면서 농구 선수처럼 키가 컸어요.

　　　　　　→ ＿＿＿＿＿＿

(1) This expression is used to describe a situation or activity that was completed in the past but has not continued until today.

- 지난번에 먹었던 한정식이 먹고 싶네요.
  I want to have the Korean course meal I had the last time.

- 몇 년 전에 샀던 옷인데 계속 안 입다가 오늘 처음 입었어요.
  I bought it a few years ago, but I am wearing it for the first time today.

(2) The following is the form information for this expression.

A/V	ㅏ, ㅗ + −았던		ㅓ, ㅜ, ㅡ, ㅣ + −었던		하다 → 했던	
	작다	작았던	느리다	느렸던	조용하다	조용했던
	앉다	앉았던	입다	입었던	약속하다	약속했던
N	Final consonant ○ + 이었던		Final consonant × + 였던			
	학생이었던		아이였던			

(3) This expression, when used together with an adjective, can be used when the states of the past and present are different or when a past state has continued until today.

- 고등학교 때 과학 점수가 제일 좋았던 승훈이는 결국 과학자가 되었다.
  Seunghun, who had the best science scores in high school, became a scientist.

(4) This expression has the following differences when compared to "−던," which has the meaning of looking back at the past.

–았/었던		–던	
과거에 완료됨 / 현재와 단절됨		과거에 자주 함 – 현재도 계속될 수 있음	
Completed in the past	/ Discontinued today	Did it frequently before	– Can be continuous until the present
(Focused on the fact that the experience occurred one-time)		(Focused on the experience part)	
• 그 남자는 소개팅 때 한 번 만났던 사람이에요.		• 3년 동안 만나던 사람과 작년에 헤어졌어요.	
That man is a man I met once for a blind date.		I broke up with a person I had been seeing for 3 years.	

1 가: 이번 여름휴가는 어디로 갈까요?

나: 작년 여름에 **가던** 동해에 또 가는 게 어때요?
　　　　　└→ 갔던

"–았/었던" is used when a past experience ended in one or two attempts. In the answer, 작년 여름에 간 동해 refers to a one-time experience, yet 가던 is incorrectly used. "–던" is used for frequent experiences, so you would not use it for a one-time experience.

● 샌드위치는 제가 혼자 살 때 자주 먹던 음식이에요. ▶p.206

2 3년 정도 만나다가 **헤어지는** 사람을 최근에 다시 만나서 사귀고 있다.
　　　　　　　　　└→ 헤어졌던 / 헤어진

"–았/었던" is used to look back and to describe actions that were completed in the past. However, 헤어지는 is incorrectly used. Verbs like 헤어지다, 잊어버리다, and 잃어버리다, which have the meaning of completion, must be used with "–았/었던" or "–(으)ㄴ," which describes the simple past.

● 이건 제가 어제 읽은 책이에요. ▶p.64

3 어렸을 때 키가 **작은** 친구가 고등학교에 들어가면서 농구 선수처럼 키가 컸어요.
　　　　　　　└→ 작았던

"A–았/었던" is used when the states of the past and present have changed or when a past state has continued until today. However, 작은 is incorrectly used. You cannot use "A–(으)ㄴ" to describe a changed state.

오늘 갑자기 한국에 와서 처음 같이 ① 살던 룸메이트가 생각이 났어요. 그래서 그 룸메이트와
　　　　　　　　　　　　　　　　　→ ＿＿＿＿＿

자주 가던 식당에 가 봤어요. 우리가 자주 갔을 때 ② 고등학생인 식당 주인의 딸이 이제는 그
　　　　　　　　　　　　　　　　　　　　→ ＿＿＿＿＿

식당을 운영하고 있었어요. 그 딸과 한참 이야기하다 보니 ③ 잊어버리던 기억들이 생각났어
　　　　　　　　　　　　　　　　　　　　　→ ＿＿＿＿＿

요. 추억을 이야기할 수 있는 사람을 만나서 좋았어요.

1 지난주에 경복궁에 가 보니까 야경이 **아름다운데** 마이클 씨도 한번 가 보세요.

→ _____

2 가: 여기에서 지하철역까지 얼마나 걸려요? 걸어서 갈 수 있어요?

나: 아니요, 조금 멀어요. 마을버스가 **있었던데** 마을버스를 타고 가세요.

→ _____

3 제가 돈이 **없던데** 10만 원만 빌려줄 수 있어요?

→ _____

(1) This expression is used when the events that the speaker knows through his/her experience in the preceding clause become background or states in the following clause.

- 가: 오늘 스즈키 씨는 학교에 안 왔어요? Suzuki didn't come to school today?
  나: 아니요, 왔어요. 아까 도서관에서 책을 읽던데 거기로 가 보세요.
  Yes, he came. He was reading a book in the library a while ago. Why don't you go there?

- 가: 어제 입고 온 원피스가 참 예쁘던데 어디에서 샀어요?
  The dress that you were wearing yesterday was beautiful. Where did you buy it?
  나: 집 근처에 있는 할인점에서 샀어요. I bought it at a discount store near my home.

(2) The following is the form information for this expression.

A/V		-던데		
	작다	작던데	예쁘다	예쁘던데
	읽다	읽던데	가다	가던데
N	Final consonant ○ + 이던데		Final consonant × + 던데	
	학생이던데		아이던데	

(3) This expression can describe an opposite situation and event to one that the speaker experienced.

- 아침에는 안개가 껴서 앞이 안 보이던데 지금은 날씨가 좋아졌네요.
  I couldn't see clearly in the morning due to the fog, but the weather is good now.

(4) This expression can be used in the past tense like "A/V-았/었던데." In this case, a verb is used when the speaker describes an event after watching the completed result of it while an adjective is used when the speaker recognizes the difference between the states in the past and present.

- 아침에 일어나 보니까 눈이 쌓였던데 어제 밤에 눈이 오는 걸 못 봐서 아쉬워요.
  When I woke up this morning, there was a lot of snow on the ground, yet I am sad that I didn't get to see snow falling last night.
- 작년에 찍은 사진을 보니까 머리가 아주 짧았던데 지금은 머리가 기네요.
  When I looked at the photograph taken last year, your hair was very short, but now it's long.

(5) The following expressions are used in the following clause.

> **–던데** + V–아/어 주세요, 같이 V–(으)시겠어요?, A/V–아/어요?
> V–(으)ㄹ까요?, V–(으)ㅂ시다, V–(으)세요

1 지난주에 경복궁에 가 보니까 야경이 **아름다운데** 마이클 씨도 한번 가 보세요.
　　　　　　　　　　　　　　└→ 아름답던데

"–던데" is used to describe past experiences that were done directly by the speaker. Although the experience of the speaker regarding "When I went to Gyeongbokgung Palace last week" is described, 아름다운데 is incorrectly used. "–(으)ㄴ데" is used to describe a general situation or background regarding a certain task rather than an experience.
- 남산에서 보는 서울 야경이 아름다운데 같이 가는 게 어때요? ▶p.90

2 가: 여기에서 지하철역까지 얼마나 걸려요? 걸어서 갈 수 있어요?
　　 나: 아니요, 조금 멀어요. 마을버스가 **있었던데** 마을버스를 타고 가세요.
　　　　　　　　　　　　　　　　└→ 있던데

"–던데" is used to describe past experiences. 마을버스가 있었다 refers to a past experience, yet 있었던데, the perfect tense form, is incorrectly used. "V–았/었던데" does not describe the simple past but instead describes a situation when you are talking about a certain event after looking at the completed result.

3 제가 돈이 **없던데** 10만 원만 빌려줄 수 있어요?
　　└→ ○○ 씨가 ('나'가 아닌 '다른 사람'이)

Generally, second-person or third-person forms are used as subjects for "–던데," yet 제가 is incorrectly used.

아키코 씨, 광고지를 보니까 집 근처에 있는 백화점이 오늘부터 ① <u>세일 기간던데</u> 내일 같이 가
　　　　　　　　　　　　　　　　　　　　　　　　　　　　　　　　　　 →　＿＿＿＿＿＿

볼래요? 세일 기간 동안 자동차 경품 행사도 하고 만 원 이상 사면 커피도 무료로 준대요. 내일

은 유명한 배우의 사인회도 ② <u>있는다던데</u> 얼굴도 볼 겸 같이 갑시다. 요즘 주인공으로 나오는
　　　　　　　　　　　　　　　　 →　＿＿＿＿＿＿＿＿

드라마에서 보니까 옛날보다 ③ <u>예뻐지던데</u> 실제로 보면 어떨지 궁금해요.
　　　　　　　　　　　　　　 →　＿＿＿＿＿＿

1 가: 리차드 씨가 고향에 돌아가자마자 취직했다면서요?

　　나: 네. 한국에서부터 열심히 취업 준비를 했더니 가고 싶어 하던 회사에 들어갔대요.

　　　　　　　　　　→ ＿＿＿＿＿＿＿＿＿＿＿

2 어제는 날씨가 좋더니 오늘은 하루 종일 비가 오겠습니다.

　　　　　　　　　　→ ＿＿＿＿＿＿＿＿＿＿＿

3 내가 꾸준히 발음 연습을 하더니 한국어 발음이 많이 좋아졌어요.

　　　→ ＿＿＿＿＿＿＿＿＿＿＿

(1) This expression is used to describe a changed result in the following clause when the experience or fact in the preceding clause is the cause.

- 샐리 씨가 시간 날 때마다 연습하더니 한국어 말하기 대회에서 1등을 했대요.
  As Sally practiced every day whenever she had time, she won the first prize at the Korean speech contest.

- 가: 박 과장님이 오늘 일하다가 쓰러지셨어요. Mr. Park collapsed at work.

  나: 매일 야근을 해서 힘들어하시더니 결국 그렇게 됐군요.
  He collapsed after he was having trouble working overtime.

(2) The following is the form information for this expression.

A/V	-더니			
	작다	작더니	크다	크더니
	앉다	앉더니	가다	가더니

(3) This expression is also used when the situation or experience that the speaker knows in the preceding clause changes in the following clause.

- 아까는 두통이 심하더니 지금은 괜찮아졌어요. I had a bad headache a while ago, but now I am okay.

(4) This expression is used when the experience or situation in the preceding clause is continued or added with different facts or situations in the following clause.

- 동생이 집에 울면서 들어오더니 곧장 자기 방으로 들어갔어요.
  My sister was crying when she came home and went straight to her room.

(5) The following shows the difference this expression has with "-았/었더니," which describes a result due to an activity in the past.

A/V-더니	V-았/었더니
Refers to a situation when the speaker saw the other person conduct an activity in the past and talks about the result. Mainly used in the second- or third-person perspective. • <u>동생이</u> 어제 매운 음식을 많이 먹더니 배탈이 났어요. My brother ate a lot of spicy food yesterday, so now he has a stomachache.	Shows a result after an activity conducted by the speaker in the past. Can only be used with verbs and is generally used to describe the experiences of the first-person subject. • (제가) 여자 친구에게 꽃을 선물**했더니** 여자 친구가 무척 좋아했어요. My girlfriend was very happy when I gave her some flowers as a gift.

1 가: 리차드 씨가 고향에 돌아가자마자 취직했다면서요?

나: 네. 한국에서부터 열심히 취업 준비를 했더니 가고 싶어 하던 회사에 들어갔대요.
　　　　　　　　　　　　└▸준비를 하더니

"-더니" is used when the speaker's experience becomes the cause, and the result is described in the following clause. The subjects of the preceding clause and the following clause are in the second- or third-person. Although the subject in this answer is "Richard," which is in the third person, 준비를 했더니 is incorrectly used.

2 어제는 날씨가 좋더니 오늘은 하루 종일 비가 오겠습니다.
　　　　　　　　　　　　　　　└▸왔습니다

The future tense cannot be used with "-더니" as it refers to a past experience. 오겠습니다 is incorrectly used.

3 내가 꾸준히 발음 연습을 하더니 한국어 발음이 많이 좋아졌어요.
　└▸○○ 씨가

Generally, "-더니" is used with second or third person subjects in the preceding clause, and you can use first person subjects only when you describe the state of your feelings or body. However, 내가 is incorrectly used.

오늘 학교 앞에서 사람들이 빨간색 꽃이 들어 있는 꽃바구니를 팔고 있었습니다. 어제까지 그 걸 파는 사람이 ① <u>없었더니</u> 오늘은 파는 사람이 많았습니다. 그래서 한국 친구한테 왜 사람들
　　　　　　　　　　　→　　　　　　　　

이 빨간 꽃을 파느냐고 물었더니 내일모레가 '어버이 날'이라서 그렇다고 하면서 그 꽃 이름은 '카네이션'이라고 했습니다. 친구는 꽃바구니를 두 개 사더니 하나를 저에게 ② <u>주십시오</u>. 그리
　　　　　　　　　　　　　　　　　　　　　　　　　　　　　　→　　　　　　

고 ③ <u>나는</u> 꽃바구니를 들고 있는 내 모습을 카메라로 찍더니 그 사진을 부모님께 보내라고 했
　└→　　　　　

습니다.

① 에 따르면   〈14〉 수단·기준·판단

1 최근 **뉴스에 따라서** 독감이 크게 유행하고 있으므로 지금이라도 예방 주사를 맞아야

　　→ _____

한다고 합니다.

2 통계 자료에 따르면 한국의 고령 인구 비율이 10년 후에는 20%를 **넘을 것이라고 했다.**

　　　　　　　　　　　　　　　　　　　　　　　　　　　→ _____

3 가: 아들이 매일 스마트폰으로 게임하더니 눈이 안 좋아져서 안경을 쓰게 됐어요.

　　나: 그렇군요. 신문 기사에 따르면 젊은 사람들의 시력이 스마트폰 때문에 급격하게

　　나빠지고 있어요.

　　→ _____

(1) This expression is attached to a noun, and it is used to describe professional knowledge of an area or a quote from a credible source or also to provide the source of some material.

- 가: 배추김치를 담글 때 제일 신경 써야 하는 게 뭔지 아세요?
  Do you know what you have to be concerned about when you make *kimchi* with cabbage?
- 나: 네. 요리 전문가에 따르면 배추를 절이는 시간이 가장 중요하다고 합니다.
  Yes. According to culinary experts, the time for marination is the most important.

- 가: 제주 공항에서 서울로 오던 비행기가 추락했다는데 승객들은 괜찮대요?
  I heard that a flight from Jeju airport to Seoul crashed. Are the passengers all right?
- 나: 아니요. 뉴스 보도에 따르면 다행히 사망자는 없지만 다친 사람이 50명쯤 된대요.
  No. According to the news report, fortunately, there were no fatalities, but about 50 people were injured.

(2) The following is the form information for this expression.

	에 따르면			
N	선생님 말씀	선생님 말씀에 따르면	설문 조사	설문 조사에 따르면
	안내 방송	안내 방송에 따르면	뉴스 보도	뉴스 보도에 따르면

(3) The following shows the difference between this expression and 에 따라서, which is used to describe a standard in certain facts or change.

N에 따르면	N에 따라서
Source of information + 에 따르면	Standard + 에 따라서 + result
• 일기 예보에 따르면 내일 비가 올 거라고 한다.	[Due to standard] → [Limited result]
	• 날씨에 따라서 내일의 여행 일정이 달라질 것이다.

(정보를 얻는 곳이 일기 예보임.)	(여행 일정이 달라지는 기준이 '날씨'임.)
According to the weather report, it is supposed to rain. (The information is obtained from the weather report.)	Tomorrow's travel plans will depend on the weather. (The standard of the travel plans is "weather".)

1 최근 뉴스에 따라서 독감이 크게 유행하고 있으므로 지금이라도 예방 주사를 맞아야
└→ 뉴스에 따르면

한다고 합니다.

에 따르면 is used to describe the source of some information. Although the information regarding receiving vaccinations was obtained through the news, 뉴스에 따라서 is incorrectly used. 에 따라서 is used when the result in the following clause is limited due to a proposed standard.

2 통계 자료에 따르면 한국의 고령 인구 비율이 10년 후에는 20%를 넘을 것이라고 했다.
└→ 넘을 것이라고 한다

You must use the present tense in the following clause of 에 따르면. However, the past tense form of 넘을 것이라고 했다 is incorrectly used. Even though the information obtained is about in the past, you must remember that the sentence ends in the present tense, as in "-았/었다고 하다."

3 가: 아들이 매일 스마트폰으로 게임하더니 눈이 안 좋아져서 안경을 쓰게 됐어요.

나: 그렇군요. 신문 기사에 따르면 젊은 사람들의 시력이 스마트폰 때문에 급격하게

나빠지고 있어요.
└→ 나빠지고 있다고 해요 / 나빠지고 있대요

Generally, 에 따르면 provides the source of information based on newspaper articles and research materials, so quoted expressions should come in the following clause. However, in this sentence, 나빠지고 있어요 is incorrectly used without an expression including a quote.

어젯밤 꿈에 제가 큰 돼지 한 마리를 잡았어요. 그 꿈의 의미가 궁금해서 인터넷에서 정보를 찾

았어요. 그 정보에 따르면 돼지는 재물을 의미하기 때문에 돈이 ① 생길 거라고 했어요. 기분이
→ _____

좋아서 한국 친구에게 꿈 이야기를 했어요. 그런데 한국 친구는 옛날부터 전해오는 말에 따르

면 이런 꿈은 다른 사람한테 이야기하면 좋은 일이 ② 안 생겨요. 하지만 저는 복권을 샀어요.
→ _____

③ 뉴스에 따라서 복권 당첨 확률은 10% 정도라고 하는데 저도 당첨됐으면 좋겠어요.
→ _____

1 가: 이번에 발표하는 주제가 뭐예요?

나: 우리나라의 **문화에 대한** 발표해요.

→ _____

2 오늘은 최근에 발생한 지진과 관련해 전문가를 모시고, 발생 원인부터 앞으로의 대안까지 자세히 알아보도록 하겠습니다. 김 박사님, 시민 여러분이 이번에 발생한 **지진을** 이해하기 쉽도록 설명해 주시기 바랍니다.

→ _____

3 프랑스어는 좀 할 줄 아는데 프랑스 문화에 대해서는 **잘 못해요.**

→ _____

(1) This expression is attached to a noun, and it is used when the noun becomes the object of the content that comes after.

- 가: 오늘 박 교수님의 강연 내용이 무엇인지 아세요?
  Do you know the content of Professor Park's lecture today?
  나: 네. '행복한 삶'에 대해서 강연하신대요. Yes. He will be lecturing on happy lives.

- 요즘 '한국의 역사'에 대해서 알고 싶어서 한국 역사책을 읽고 있어요.
  These days, I am reading books on Korean history because I want to learn about Korean history.

(2) The following is the form information for this expression.

	에 대해(서)			
N	가족	가족에 대해서	가수	가수에 대해서
	전쟁	전쟁에 대해서	역사	역사에 대해서

(3) This expression can be used interchangeably with 에 대하여, 에 관하여, and 에 관해.

- 나는 '한국 예절'에 대해서 아는 것이 별로 없다. I have no knowledge of Korean etiquette.
  = '한국 예절'에 대하여 = '한국 예절'에 관하여

(4) This expression is used in the form "N에 대해서 V" as it is used to describe the topic. If you use the form "N에 대해서," it describes detailed information that will be included in the content of the topic.

- 한국어에 대해서 공부해요. (한국어와 관계가 있는 한글, 문법, 발음, 특징 등과 같은 것을 공부한다는 의미임.) I am studying the Korean language. (This means that the person is learning about Hangeul, grammar, pronunciation, and features of the Korean language.)

(5) Verbs always come after this expression, and if a noun comes after this expression, it is used in the "에 대한 N" form.

- 이 기계의 사용법에 대해서 설명해 줄게요. Let me explain to you how to use this machine.
- 어제 발생한 교통사고에 대한 뉴스를 봤어요?
  Have you seen the news regarding the traffic accident that happened yesterday?

(6) The following verbs come in the following clause of this expression.

> 에 대해(서) + 알다, 모르다, 관심이 많다
> 생각하다, 말하다, 이야기하다, 발표하다, 논문을 쓰다
> 배우다, 공부하다, 가르치다

---

1 가: 이번에 발표하는 주제가 뭐예요?
나: 우리나라의 **문화에 대한** 발표해요.
    ↳ 문화에 대해서

Verbs come after 에 대해서. Although the verb 발표해요 is behind it, 문화에 대한 is incorrectly used. Nouns come after 에 대한.

2 오늘은 최근에 발생한 지진과 관련해 전문가를 모시고, 발생 원인부터 앞으로의 대안까지 자세히 알아보도록 하겠습니다. 김 박사님, 시민 여러분이 이번에 발생한 **지진을 이해하기 쉽도록** 설명해 주시기 바랍니다.
    ↳ 지진에 대해서

에 대해서 is used to describe detailed information regarding the object of the content. However, 지진을 is incorrectly used as detailed information such as the cause of the earthquake and preparations are provided in the first sentence.

3 프랑스어는 좀 할 줄 아는데 프랑스 문화에 대해서는 **잘 못해요.**
    ↳ 잘 몰라요

Generally, verbs such as 알다, 모르다, 생각하다, and 이야기하다 come after 에 대해서. However, 잘 못해요 is incorrectly used.

요즘 학교에서 ① 관용 표현에 대한 공부합니다. 그래서 ② 관용 표현을 발표를 하고 싶어졌습
     →_____   →_____

니다. 발표 준비를 하면서 재미있는 관용 표현을 알게 됐습니다. 아는 사람이 아주 많은 사람을 '발이 넓은 사람'이라고 합니다. 그리고 다른 사람이 자기에 대해서 ③ 이야기를 듣는 것처럼 느
                                                    →_____

껴질 때는 '귀가 가렵다'고 합니다.

바꿔 쓰기

1 가: 집을 구하려는데 인터넷 정보는 믿기가 힘들어요.

나: 그럼, **부동산으로** 구해 보세요.

→ _____

2 용돈 인상 문제는 부모님과 **대화할 통해서** 해결하는 게 빠를 거야.

→ _____

3 사진 동호회 활동을 통해서 사진작가의 꿈을 꾼다.

→ _____

 문법 공부

(1) This expression is attached to a noun, and it is used when a certain object or person becomes the intermediary.

- 가: 폴 씨를 어떻게 알게 됐어요? How do you know Paul?

  나: 룸메이트인 카트린을 통해서 알게 됐어요. I know him through Katherine, who is my roommate.

- 가: 한국에 있으면서도 고향 친구들 소식을 잘 아네요.
  Although you are in Korea, you are up to speed with news regarding your hometown friends.

  나: SNS를 통해서 거의 매일 친구들과 연락하고 있거든요.
  I am in contact with my friends almost every day through social media.

(2) The following is the form information for this expression.

	Final consonant ○ + 을 통해(서)		Final consonant × + 를 통해(서)	
N	가족	가족을 통해서	친구	친구를 통해서
	신문	신문을 통해서	뉴스	뉴스를 통해서

(3) This expression is used to describe going through a certain process or experience.

- 나는 3년 동안의 유학 생활을 통해서 가족의 소중함을 알게 됐다.
  Through my 3 years abroad as a student, I learned the value of family.

(4) This expression can be used in the 을/를 통하여 form or in the abbreviated form 을/를 통해.

- 사장님을 만나시려면 먼저 비서를 통해서 연락해 주십시오.

  = 비서를 통하여 = 비서를 통해

  If you want to meet the CEO, please contact him/her through his secretary.

(5) The following expressions can be used in the following clause of this expression.

을/를 통해(서) + V-게 되다
V-(으)ㄹ 수 있다
V-았/었을 것이다

1 가: 집을 구하려는데 인터넷 정보는 믿기가 힘들어요.

나: 그럼, **부동산으로** 구해 보세요.

　　　　　└→ 부동산을 통해서

"을/를 통해서" is used when you are using an object or a person as an intermediary. The intermediary in this sentence is 부동산, yet 부동산으로 is incorrectly used. (으)로 is used to describe method or ways.

● 제주도에 갈 때 배로 가면 오래 걸리니까 비행기로 가도록 하세요. ▶ p.28

2 용돈 인상 문제는 부모님과 **대화할 통해서** 해결하는 게 빠를 거야.

　　　　　　　　└→ 대화를 통해서

A noun comes before 을/를 통해서, yet 대화할 통해서 is incorrectly used in this sentence. If you want to attach a verb to this expression, you can use "V-는 것을 통해서."

3 사진 동호회 활동을 통해서 사진작가의 꿈을 **꾼다.**

　　　　　　　　　　　　└→ 꾸게 됐다.

을/를 통해서 is used to describe going through certain process or experience, and the changing state is generally mentioned in the following clause. In the sentence, the person is dreaming of becoming a professional photographer through the activities at the photography club, yet 꾼다 is incorrectly used.

저는 대학교를 졸업하기 전에 유럽으로 배낭여행을 가 보고 싶었어요. 그래서 1년 전부터 아르바이트를 하면서 돈을 모으기 시작했어요. 그런데 시간도 없고 계획을 세우는 것도 쉽지 않아서 ① 여행사로 가기로 했어요. 해외여행이 처음이라서 걱정했는데 인터넷을 통해서 여행에 대한 정보를 많이 ② 얻어요. 이번 ③ 여행핼 통해서 지금까지 알지 못했던 많은 것들을 경험하게 되면 좋겠어요.

[1~3] (   )에 들어갈 가장 알맞은 것을 고르십시오.

1

가: 토마스 씨, 다음 주에 제가 그림 전시회를 하는데 시간이 있으면 오세요.
나: 취미로 그림을 (   ) 전시회까지 하는군요.

① 그려 봤자   ② 그리더니   ③ 그렸더라면   ④ 그리기는 했지만

2

가: 준아 씨, '아름다운 가게'가 어떤 가게예요?
나: 그 가게는 사람들이 (   ) 물건을 모아서 싸게 파는 가게예요.

① 사용하는   ② 사용하던   ③ 사용하도록   ④ 사용하다가

3

가: 이 극장에서는 제가 보고 싶었던 영화 상영이 끝나 버렸네요.
나: 그래요? '우리 극장'에서는 그 영화를 이번 주말까지 (   ) 거기에 가서 보세요.

① 상영하더니   ② 상영하다가   ③ 상영하던데   ④ 상영하는 만큼

[4~6] 다음 밑줄 친 부분과 의미가 비슷한 것을 고르십시오.

4

축제 일정에 따르면 저녁 9시부터 불꽃놀이가 시작된다고 해요.

① 일정에 의하면   ② 일정에 의해서   ③ 일정을 통하면   ④ 일정에 통해서

5

월간 '한국 음악'에서는 가수 '강이수' 씨와 인터뷰를 진행했습니다. 그의 이번 앨범에 대해서 알고 싶은 분은 이 인터뷰를 주목해 주십시오.

① 앨범에 따른   ② 앨범에 관한   ③ 앨범에 관해서   ④ 앨범에 따라서

6

가: 엄마, 이 콜라를 마셔도 돼요?
나: 그건 누나가 마시던 콜라야. 엄마가 새로 줄 테니까 잠깐만 기다려.

① 모두 마신 콜라   ② 모두 마셔 버린 콜라

③ 모두 마실 콜라   ④ 모두 마시지 않은 콜라

[7~9] 다음을 잘 읽고 이어질 수 있는 말을 고르십시오.

7

> 가: 정진우 씨, 영화에서 _____ 가수를 해 볼 생각은 없나요?
>
> 나: 가수라니요? 노래하는 장면을 찍으려고 보컬 선생님께 한 달이나 배웠는데도 잘 못 불러서 창피한데요.

① 노래를 잘 부른다면   ② 노래를 잘 불렀더니

③ 노래도 잘 부르던데   ④ 노래도 잘 불렀는데도

8

> 가: 지금 당장 이 서류를 팩스로 보내야 하는데 우리 집에는 팩스가 없어요.
>
> 나: 그럼, 스마트폰의 _____ 보내세요. 팩스를 보낼 수 있는 앱만 있으면 집에서도 보낼 수 있거든요.

① 앱이라도 ② 앱에 대해서 ③ 앱 대신에 ④ 앱을 통해서

9

> 가: 어제 동창회에서 태민이를 봤는데 정말 몰라보게 달라졌더라고. 너무 멋있어져서 난 다른 사람인 줄 알았어.
>
> 나: 그래? 고등학생 때 태민이는 키도 작고 _____. 그런데 많이 달라졌나 봐.

① 뚱뚱한 친구잖아   ② 뚱뚱했던 친구잖아

③ 뚱뚱해 보이는 친구잖아   ④ 뚱뚱한 것 같은 친구잖아

10 다음을 잘 읽고 ㉠과 ㉡에 들어갈 말을 각각 쓰십시오.

> 아직도 금연을 못하고 있으십니까? 보건 복지부가 2014년부터 현재까지 금연 성공률에 대해서 조사한 (㉠) 금연 성공률이 40%를 넘었다고 합니다. 이렇게 많은 사람들이 금연을 하게 된 것은 보건소에서 제공하는 '금연 프로그램' 덕분이라고 합니다. 여러분도 보건소의 (㉡) 이번에는 꼭 성공해 보십시오.

㉠ _____   ㉡ _____

06

종결 어미
Final Endings

In this unit, we will learn about final endings in the Korean language. A final ending refers to an ending that has the function of finishing a sentence. Functions include finishing a sentence and describing information depending on the type of sentence, honorifics, and the mental state of the speaker.

Final endings can be categorized into declarative sentence, interrogative sentence, imperative sentence, propositive sentence, and exclamatory sentence, depending on the attitude of the speaker.

Declarative sentences state and narrate acknowledgement of facts, and interrogative sentences ask for more information regarding certain facts, and in the process, they ask the listener to provide some kind of decision or explanation.

Imperative sentences ask the listener to conduct activities in accordance with the will of the speaker, and the subject is always in the second-person perspective. Only present tense expressions of the verb can be used.

Propositive sentences propose or ask the listener to join the speaker in doing something while exclamatory sentences describe an exclamation or the emotion of the speaker.

① –(으)ㄹ까요? ① 〈1〉 제안

1 가: 돈이 모자라면 제가 좀 **빌려줄래요?**

→ _____

나: 네, 좀 빌려주세요. 내일 갚을게요.

2 더운 것 같은데 창문을 좀 **열을까요?**

→ _____

3 가: 내일 강남에 갈 때 지하철을 타고 갈까요?

나: 좋아요. 그럼 1시에 지하철역에서 **만날 거예요.**

→ _____

(1) This expression is used with a verb and it is used to propose something to another person.

● 가: 날씨가 좋은데 함께 산책할까요? Since the weather is so gorgeous, shall we go for a walk?
나: 네, 좋아요. Yes, sure.

● 가: 오늘 저녁에 같이 저녁을 먹을까요? Shall we have dinner together this evening?
나: 미안해요. 오늘은 할 일이 있어서 좀 바빠요.
I'm sorry. I am quite busy as I have some things to take care of.

(2) The following is the form information for this expression.

	Final consonant ○ + –을까요?		Final consonant × + –ㄹ까요?	
V	먹다	먹을까요?	가다	갈까요?
	읽다	읽을까요?	만나다	만날까요?

(3) This expression can be used interchangeably without much difference with "–(으)ㄹ래요?" which describes a proposal.

● 내일 같이 등산 갈까요? Shall we go hiking tomorrow?
= 갈래요?

(4) This expression is used when we confirm others' thoughts and receive permission, and in this case, the subject becomes 나, and you can omit 나.

● 가: 이매 씨, (제가) 콜라를 한 병 더 주문할까요? Yimae, should I order another bottle of Coke?
나: 아니요, 괜찮아요. 지금도 충분한 것 같아요. No, that's all right. I have enough to drink right now.

(5) This expression can have different answers according to the meaning

When proposing to another person	When confirming others' thoughts or receiving permission
가: (우리) V-(으)ㄹ까요? 나: 네, V-(으)ㅂ시다 V-아/어요	가: (제가) V-(으)ㄹ까요? 나: 네, V-(으)세요 V-아/어요

오답 노트

1 가: 돈이 모자라면 제가 좀 **빌려줄래요?**
　　　　　　　　　└→ 빌려줄까요?

나: 네, 좀 빌려주세요. 내일 갚을게요.

We must use "-(으)ㄹ까요?" when we confirm the thoughts of other people and receive permission. Although the meaning conveyed in the sentence is "I want to lend you some money. How's that?" 빌려줄래요? is incorrectly used. Only when you are making proposals to other can you change "-(으)ㄹ까요?" to "-(으)ㄹ래요?"
● 저랑 시장에 같이 <u>갈래요?</u> ▶p.226

2 더운 것 같은데 창문을 좀 **열을까요?**
　　　　　　　　└→ 열까요?

When you are attaching "-(으)ㄹ까요?" after the verb with final consonant ㄹ, only "까요?" can be attached due to the consonant ㄹ. However, 열을까요? is incorrectly used.

3 가: 내일 강남에 갈 때 지하철을 타고 갈까요?
나: 좋아요. 그럼 1시에 지하철역에서 **만날 거예요.**
　　　　　　　　　　　　└→ 만나요 / 만납시다

Answers to the form "-(으)ㄹ까요?" can be in declarative or propositive sentence form. Although the proposal is regarding going on the metro together, 만날 거예요 is incorrectly used. "-(으)ㄹ 거예요" is used when you are describing future events or activities.
● 다음 달에 꼭 고향에 돌아갈 <u>거예요.</u> ▶p.68

연습 하기

가: 다음 주에 테드 씨가 고향에 돌아간대요.

나: 그래요? 그럼 테드 씨하고 주말에 같이 점심을 ① 먹어요?
　　　　　　　　　　　　　　→ _____

가: 좋아요. 그럼 제가 식당을 ② 예약할래요? 맛있는 식당을 알아요.
　　　　　　　　　　→ _____

나: 네. 예약해 주세요. 그리고 제인 씨한테도 연락할까요? 테드 씨하고 친하잖아요.

가: 네. 제인 씨한테 ③ 연락해 줄 거예요. 아마 제인 씨도 좋다고 할 거예요.
　　　→ _____

② −(으)ㄹ래요? ⟨1⟩ 제안

1 빌 씨, 볼펜이 없으면 이 볼펜을 <u>쓸까요</u>? 저는 두 자루 있거든요.

→ _____

2 가: 청계천에 가 보고 싶어요.

나: 그럼, 이번 주말에 같이 <u>가지 않을까요</u>?

→ _____

3 사장님, 이쪽으로 <u>앉을래요</u>?

→ _____

(1) This expression is attached to a verb, and it is used when you are proposing something to another person.

- 가: 전자 상가에 휴대폰 사러 갈 건데 같이 갈래요?
  I am going to the electronics market to buy a cell phone. Do you want to go with me?
  나: 좋아요. 같이 가요. Sure. Let's go together.

- 가: 줄리아 씨, 함께 사진 찍을래요? Julia, do you want to take a photo with me?
  나: 좋아요. 그럼, 케빈 씨도 불러서 같이 찍읍시다. Sure. Let's also ask Kevin to join us.

(2) The following is the form information for this expression.

	Final consonant ○ + −을래요?		Final consonant ✕ + −ㄹ래요?	
V	먹다	먹을래요?	가다	갈래요?
	읽다	읽을래요?	오다	올래요?

(3) This expression can be used to ask for a favor or to make a subtle demand. You can use "−아/어 주세요" interchangeably with the expression without much difference.

- 아주머니, 여기 빈 그릇 좀 <u>치워 주실래요</u>?
  = 치워 주세요.
  Excuse me. Could you take away these empty plates, please?

(4) This expression is used mostly in speech, and it is used to suggest something or to ask for an opinion. It would be rude to use this form to elders or superiors.

- 부장님, 커피 <u>마실래요</u>? (✕)
  → 부장님, 커피 <u>드시겠어요</u>? (○) Senior Manager, would you like some coffee?

(5) This expression can have different answers according to the meaning.

When making suggestions to someone	When asking for a favor/demanding something	When asking for an opinion
가: (우리) V-(으)ㄹ래요? 나: 네, V-(으)ㅂ시다 　　 V-아/어요	가: V-(으)ㄹ래요? 나: 네, V-(으)ㄹ게요	가: V-(으)ㄹ래요? 나: 네, V-(으)ㄹ게요 　　 V-(으)ㄹ래요

1 빌 씨, 볼펜이 없으면 이 볼펜을 쓸까요? 저는 두 자루 있거든요.
　　　　　　　　　　└→ 쓸래요?

You must use "-(으)ㄹ래요?" when you are asking for someone's thoughts or opinion. Although the person is asking Bill for his opinion regarding using a ballpoint pen, 쓸까요? is incorrectly used. If "-(으)ㄹ까요?" is used together with a first-person subject, the speaker is asking the other person for permission.

● 제가 우유랑 빵을 사 올까요?　▶p.224

2 가: 청계천에 가 보고 싶어요.
　　나: 그럼, 이번 주말에 같이 가지 않을까요?
　　　　　　　　　　　　　　└→ 가지 않을래요

When you are making a suggestion to another person, you can use both "-(으)ㄹ래요?" and "-지 않을래요?" However, 가지 않을까요? is incorrectly used in this sentence.

3 사장님, 이쪽으로 앉을래요?
　　　　　　　└→ 앉으시겠어요

When you are using "-(으)ㄹ래요?" to make suggestions or to ask for opinions, it is rude to use this form to elders or superiors. Although the subject of the question is the CEO, 앉을래요? is incorrectly used.

가: 윌리엄 씨, 뭘 ① 먹어요?
　　　→ _____

나: 전주 음식은 처음이니까 지연 씨가 추천하는 음식을 먹을게요.

가: 그럼 전주비빔밥을 ② 먹지 않을까요? 아주 맛있거든요.
　　　　　→ _____

나: 네, 좋아요.

가: 윌리엄 씨가 ③ 주문할까요?
　　　→ _____

나: 좋아요. 제가 해 볼게요. 아주머니, 여기 비빔밥 두 그릇 주세요.

1 가: 민수 씨의 생일 파티 장소를 정했어요?

나: 네. 학교 앞 식당에서 할게요.

→ _____

2 내년에는 대학교에 입학해야 하기 때문에 지금부터 열심히 공부하겠기로 했습니다.

→ _____

3 어떤 음식을 먹을지 고민하다가 결국 한식을 먹은 결정했어요.

→ _____

(1) This expression is attached to the stem of a verb, and it is used to make decisions, to make up one's mind, or to make promises.

- 가: 존 씨, 올해 무슨 계획을 세웠어요? John, what plans did you make for this year?
  나: 건강이 많이 안 좋아져서 올해는 꼭 담배를 끊기로 했어요.
  Because my health has gotten worse, I made a resolution to quit smoking this year.

- 이번 연휴에는 친구랑 경주에 가기로 했어요.
  I have decided to go to Gyeongju with my friend during the holidays.

(2) The following is the form information for this expression.

	-기로 하다			
V	먹다	먹기로 하다	가다	가기로 하다
	읽다	읽기로 하다	오다	오기로 하다

(3) This expression can be used with the following verbs.

V + **-기로** 결정하다 / 정하다 / 결심하다 / 약속하다

- 부산에 갈 때 기차표 예매를 못 해서 고속버스를 타고 가기로 정했어요.
  = 고속버스를 타고 가기로 했어요.
  I decided to take the express bus to Busan as I could not reserve the tickets for the train.

(4) You cannot use "-았/었-" or "-겠-" in front of this expression.

- 친구의 결혼식에서 제가 노래를 불렀기로 했어요. (×)
  → 친구의 결혼식에서 제가 노래를 부르기로 했어요. (○)
  I decided to sing at my friend's wedding.

(5) This expression has the following differences with "-(으)ㄹ게요" when it is used to convey the meaning of promise.

V-기로 하다	V-(으)ㄹ게요
This is used when you are making plans now or when you are giving information that you have other plans. • 가: 어디에서 만날까요? Where should we meet? • 나: 지하철 역 앞에서 만나기로 해요. (지금 같이 약속을 함.) Let's meet in front of the subway station. (making plans now)	This is used when a person is making plans or a promise and also showing the will to keep it. • 가: 흐투 씨, 수업 시간에 휴대폰을 사용하지 마세요. 알겠죠? Hutoo, please don't use your cell phone in class. Do you understand? • 나: 네, 선생님. 앞으로는 수업 시간에 절대 휴대폰을 사용하지 않**을게요**. (약속을 하면서 말하는 사람이 꼭 그렇게 하겠다는 의지를 나타냄.) Okay, teacher. I will never use my cell phone in class again. (The person is telling the other person his will to keep his promise as he is making a promise.)

1 가: 민수 씨의 생일 파티 장소를 정했어요?

나: 네. 학교 앞 식당에서 **할게요.**
 └→ 하기로 했어요

"-기로 하다" is used when you are making a decision, making up your mind, or making a promise. Although the venue of the birthday party is decided on as the restaurant in front of school, 할게요 is incorrectly used. Only a first-person subject can be used for "-(으)ㄹ게요," and it is used to describe will, determination, and promise.

● 내일 여행 갈 때 제가 카메라를 가져갈게요. ▶p.260

2 내년에는 대학교에 입학해야 하기 때문에 지금부터 열심히 **공부하겠기로 했습니다.**
 └→ 공부하기로 했습니다

"-았/었-" or "-겠-" cannot come before "-기로 하다." However, 공부하겠기로 했습니다 is incorrectly used in this sentence.

3 어떤 음식을 먹을지 고민하다가 결국 한식을 **먹은 결정했어요.**
 └→ 먹기로 결정했어요

You can use 결정하다/결심하다/약속하다 instead of 하다 from "-기로 하다." However, 먹은 결정했어요 is incorrectly used as "-기로" does not come in front of 결정했어요.

요즘 운동을 시작하려고 했는데 마침 회사 근처에 있는 수영장에서 할인 이벤트를 하길래 거기에 ① 등록했기로 했어요. 운동은 출근 전에 하면 좋을 것 같아서 오전 6시에 ② 할게요. 제 얘
　　　→ ＿＿＿＿＿＿＿　　　　　　　　　　　　　　　　　　　→ ＿＿＿＿

기를 듣고 김 대리도 수영을 하고 싶다고 해서 같이 수영장에 ③ 다닌 것을 약속했어요.
　　　　　　　　　　　　　　　　　　　　　　　　→ ＿＿＿＿＿＿

② -(으)려고 하다

1 오늘 아침에 등산을 **갈 거예요.** 그런데 비가 와서 못 갔어요.

→ ────────────────────

2 여자 친구와 약속했으니까 오늘부터 게임을 **하지 않으려고 합니다.**

→ ────────────────

3 가: 오늘도 야근할 거예요?

나: 아니요. 오늘은 결혼기념일이라서 6시에 **퇴근할려고 해요.**

→ ────────────────

(1) This expression is attached to a verb, and it describes an intention or scheme regarding a certain activity. In this case, only people can be used as subjects in this case.

- 가: 여보세요. 다니엘 씨, 시간이 있으면 저랑 같이 배드민턴 치러 갈래요?
  Daniel, would you like to play badminton with me when you have time?
- 나: 미안해요. 저녁에 손님이 오기로 해서 지금 음식을 만들려고 하거든요.
  I am sorry. I am making dinner as I am expecting some guests in the evening.
- 이번 휴가에는 집에서 푹 쉬려고 합니다. I plan to rest at home during my holiday.

(2) The following is the form information for this expression.

	Final consonant ○ + -으려고 하다		Final consonant × + -려고 하다	
V	찾다	찾으려고 하다	사다	사려고 하다
	읽다	읽으려고 하다	운동하다	운동하려고 하다

(3) This expression is used to describe the imminent start of an event. Both people and objects can be used as subjects.

- 공연이 곧 시작되려고 해서 빨리 자리로 돌아갔어요. (곧 일어날 것 같음.)
  As the concert was about to start, I quickly went back to my seat. (The start of the event is imminent.)

(4) The past tense form of this expression is "-(으)려고 했다," and it describes the fact that the person had an intent or plan to do the activity in the past, yet the person could not do it.

- 어제 보고서를 다 작성하려고 했지만 시간이 부족해서 못 했어요.
  I was planning to finish writing the report yesterday, but I couldn't finish it as I was short on time.

(5) This expression has the following differences with "-(으)ㄹ 거예요," which has the meaning of future.

V-(으)려고 하다	V-(으)ㄹ 거예요
Just have the intent to do something but don't have detailed plans • 설날 연휴에 고향에 갔다 오려고 해요. I plan to visit my hometown during the Lunar New Year holiday.	Have already made plans and have detailed plans to do something • 설날 연휴에 고향에 갔다 올 **거예요**. 그래서 한 달 전에 비행기 표를 사 뒀어요. I plan to visit my hometown during the Lunar New Year holiday. So I bought my plane ticket a month ago.

1 오늘 아침에 등산을 갈 거예요. 그런데 비가 와서 못 갔어요.
　　　　　　└→ 가려고 했어요

When describing the past intent of the speaker, the past tense form of "-(으)려고 하다." However, 갈 거예요 is incorrectly used in this sentence. "-(으)ㄹ 거예요" is only used to describe plans for the future, so you cannot use it to describe the past.

● 오늘 저녁에는 피자를 배달시켜서 먹을 거예요. ▶ p.68

2 여자 친구와 약속했으니까 오늘부터 게임을 하지 않으려고 합시다.
　　　　　　　　　　　└→ 하지 않으려고 합니다

"-(으)려고 하다" describes the intent of the speaker, so imperative and propositive sentences cannot be used in the following clause. However, 하지 않으려고 합시다 is incorrectly used in this sentence.

3 가: 오늘도 야근할 거예요?

나: 아니요. 오늘은 결혼기념일이라서 6시에 퇴근할려고 해요.
　　　　　　　　　　　　　　└→ 퇴근하려고 해요

When using "-(으)려고 하다," there are instances when you incorrectly add ㄹ to "-(으)려고 하다" and incorrectly pronounce it as "-(으)ㄹ려고 하다." Therefore, 퇴근할려고 해요 is incorrectly used. Even Koreans sometimes add ㄹ when speaking, but be aware that it is not standard usage of the language.

고향 친구와 함께 한강에서 유람선을 ① 타려고 하는데 사람이 많아서 못 탔어요. 그래서 자전
　　　　　　　　　　　　　　→ ＿＿＿＿＿＿＿＿＿

거를 타고 한강 주변을 돌다가 재미있는 자세로 사진을 찍는 사람들을 봤어요. 우리도 그 사람

들처럼 웃기는 모습으로 사진을 ② 찍으려고 하세요. 그렇지만 휴대폰 배터리가 없어서 사진을
　　　　　　　　　　　　　　→ ＿＿＿＿＿＿＿＿＿

못 찍었어요. 오늘 하루 한강에서 즐거운 시간을 보냈어요. 내일은 뭘 할지 아직 안 정했지만

한국의 전통을 느낄 수 있는 인사동에 ③ 갈 거예요.
　　　　　　　　　　　　　　→ ＿＿＿＿＿＿＿＿＿

[1~3] (   )에 들어갈 가장 알맞은 것을 고르십시오.

1

> 가: 가방이 무거워 보이는데 제가 좀 (   )?
>
> 나: 아, 고마워요. 저기까지만 좀 들어 주세요.

① 들어 줄까요   ② 들어 주세요   ③ 들어 줄래요   ④ 들어주지 않아요

2

> 가: 애니 씨, 관리 사무소에 무슨 일로 왔어요?
>
> 나: 이사할 때 엘리베이터를 (   ) 괜찮은지 물어보러 왔어요.

① 사용하든지   ② 사용할 텐데

③ 사용하려고 하는데   ④ 사용하기로 했는데

3

> 가: 남자 친구가 너한테 청혼했다면서? 그럼 곧 결혼하는 거야?
>
> 나: 아니. 먼저 돈을 좀 모으고 2년 후에 (   ).

① 결혼해도 돼   ② 결혼한 것 같아   ③ 결혼하기로 했어   ④ 결혼할 줄 알았어

[4~6] 다음 밑줄 친 부분과 의미가 비슷한 것을 고르십시오.

4

> 가: 콘서트 표가 두 장 있는데 내일 같이 보러 <u>갈래요?</u>
>
> 나: 네, 좋아요. 오랜만에 기분 전환도 하고 좋겠네요.

① 갈까요   ② 가지 않아요   ③ 가기로 했어요   ④ 가려고 해요

5

> 가: 누나, 며칠 후에 할머니 생신인데 뭘 사면 좋을까?
>
> 나: 선물이라니? 이번에는 선물 대신 가족들이 함께 <u>여행을 가기로 결정했는데.</u>

① 여행을 가 봤는데   ② 여행을 간 셈 치자는데

③ 여행을 하고 싶었는데   ④ 여행을 가자고 약속했는데

6

> 가: 이 책은 니콜 씨가 읽기에는 좀 어려워 보여요.
>
> 나: 그렇지요? 그래서 오늘 서점에 가서 다른 책으로 <u>바꾸려고 해요.</u>

① 바꿨어요   ② 바꾸기 힘들어요

③ 바꿀 계획이에요   ④ 금방 바꿀 수 있어요

[7~9] 다음을 잘 읽고 이어질 수 있는 말을 고르십시오.

7

> 가: 이 초콜릿 케이크 좀 먹어 봐. 네가 좋아하는 거잖아.
> 나: 맛있겠네. 그런데 난 당분간 _____. 5kg 정도 뺄 예정이거든.

① 케이크를 먹어야겠어   ② 케이크를 먹을 줄 몰랐어

③ 케이크를 안 먹어도 돼   ④ 케이크를 안 먹기로 결심했어

8

> 가: 오늘 밤에 한강에서 불꽃 축제가 있다는데 거기에 가 볼까요?
> 나: 그걸 보면 좋겠지만 사람이 많을 것 같아요. 거기 말고 _____?

① 경복궁 야경을 볼 건가요   ② 경복궁 야경을 보러 갈래요

③ 경복궁 야경을 보러 간다면서요   ④ 경복궁 야경을 본다는 말이에요

9

> 가: 어제 영화 본다더니 재미있었어요? 좋아하는 배우가 나온다고 기대가 컸잖아요.
> 나: 아니요. 어제 퇴근 후에 _____ 갑자기 집에 일이 생겨서 못 봤
> 어요.

① 영화를 보기로 해서   ② 영화를 보려고 했지만

③ 영화를 보는 것을 좋아해서   ④ 영화를 볼 뿐만 아니라

10 다음을 잘 읽고 ㉠과 ㉡에 들어갈 말을 각각 쓰십시오.

> 피에르 씨, 다음 주에 한국에 온다고요? 아키코 씨한테서 그 이야기를 들었어요. 지난번
> 에 한국에 왔을 때는 제가 출장을 가서 못 봤잖아요. 하지만 이번에는 저도 시간이 돼서
> 만날 수 있어요. 어제 아키코 씨랑 만날 장소에 대해서 얘기해 봤는데 우리 셋이 자주 가
> 던 (㉠)? 그 식당이 새롭게 바뀌었대요. 그래서 피에르 씨만 괜찮으면 거기에서
> (㉡). 다 같이 오랜만에 모일 생각을 하니 무척 설레네요.
> 그럼, 한국에 도착하면 전화하세요.

㉠ _____   ㉡ _____

1 저는 2년 전부터 서울에 살아 있어요.

→ ~~~~~~~~~~~~~~~~~~~~

2 가: 엄마, 지금 누나한테 전화해도 돼요?

나: 누나가 지금은 바쁘고 있을 테니까 이따 점심시간에 전화해.

→ ~~~~~~~~~~~~~~~~~~~~

3 지금 눈이 내리는 중이에요.

→ ~~~~~~~~~~~~~~~~~~~~

 (1) This expression is attached to a verb, and it is used to indicate that a certain activity has been continuously going on.

- 가: 민주야, 지금 통화 괜찮아? Minju, can you talk on the phone?
- 나: 지금 밥을 먹고 있어. 다 먹고 나서 내가 전화할게.
  I am in the middle of eating my meal. I'll call you once I am done with my meal.

- 가: 지금 뭐 하고 있어요? What are you doing now?
- 나: 지금 텔레비전을 보고 있어요. I am watching television.

(2) The following is the form information for this expression.

	−고 있다			
V	먹다	먹고 있다	가다	가고 있다
	읽다	읽고 있다	오다	오고 있다

(3) "−고 계시다" is used when this expression is in the honorific form.

- 가: 할머니께서 뭐 하고 계세요? What is your grandmother doing?
- 나: 지금 의자에 앉아서 쉬고 계세요. She is sitting down and resting on the chair.

(4) This expression can be used interchangeably with "−는 중이다" without much difference, but you should only use "−고 있다" if you are describing a natural phenomenon.

- 지금 비가 <u>오는 중</u>이에요. (×)
  → 지금 비가 <u>오고 있</u>어요. (○) It is currently raining.

(5) Forms such as "−았/었−" and "−겠−," which describe tense, cannot be used in front of this expression.

- 내일 저녁에 난 아마 부산으로 가겠고 있을 거야. (×)
  - → 내일 저녁에 난 아마 부산으로 가고 있을 거야. (○)
    Tomorrow evening, I will probably be on my way to Busan.

---

1 저는 2년 전부터 서울에 **살아 있어요**.
    └→ 살고 있어요

You must use the form "-고 있다" to indicate that a certain activity is being continued. Although the meaning conveyed in the sentence is "I have been living in Seoul for 2 years," 살아 있어요 is incorrectly used. Be aware that "-고 있다" and "-아/어 있다" are constantly confused as "-고 있다" describes an ongoing activity, yet "-아/어 있다" describes a constant state.

- 동생은 의자에 앉아 있어요. ▶p.282

2 가: 엄마, 지금 누나한테 전화해도 돼요?
나: 누나가 지금은 **바쁘고 있을 테니까** 이따 점심시간에 전화해.
         └→ 바쁘게 일하고 있을 테니까

"-고 있다" must be used with verbs, yet in the sentence, "-고 있다" is attached to the adjective 바쁘다 in the incorrect form of 바쁘고 있을 테니까. Be careful not to confuse adjectives that describe feelings and state of people such as 피곤하다, 행복하다, 바쁘다, and 아프다 as verbs that can be used with "-고 있다."

3 지금 눈이 **내리는 중이에요**.
         └→ 내리고 있어요

In most cases, "-고 있다" and "-는 중이다," which describe the continuous state of the verb, can be used interchangeably. However, if you are discussing a natural phenomenon, you can only use "-고 있다." In the sentence, 내리는 중이에요 is incorrectly used.

- 저는 지금 지하철을 타고 강남역에 가는 중이에요. ▶p.236

닉 씨, 아까 전화를 못 받아서 미안해요. 감기에 걸려서 기숙사에서 ① 자 있었어요. 어제 비
                                                              →
를 맞으면서 농구를 했더니 감기에 걸렸나 봐요. 약을 먹었는데도 계속 머리가 아프고 기침을
② 했고 있어요. 그래서 지금 병원에 가려고 하는데 밖에 비가 ③ 오는 중이에요. 병원이 먼 데
  →   →
다가 비까지 와서 걱정이에요. 이 메시지를 보면 연락해 주세요.

바꿔 쓰기

1. 가: 지수야, 지금 어디에 가?
   나: 영어 학원에 **가 있어.**
   → _____

2. 저는 지금 **일 중이에요.** 그래서 자리를 비울 수 없어요.
   → _____

3. 저는 친구를 만나러 대전에 **도착하는 중이에요.**
   → _____

문법 공부

(1) This expression is attached to a verb and indicates that an action has taken place for a certain period of time.

- 가: 대니 씨, 지금 어디예요? Danny, where are you now?
  나: 집에 가는 중이에요. 왜요? I am on my way home. Why do you ask?

- 아까 샤워하는 중이라서 전화를 못 받았어요.
  I couldn't answer the phone previously because I was in the shower.

(2) The following is the form information for this expression.

	–는 중이다			
V	먹다	먹는 중이다	가다	가는 중이다
	읽다	읽는 중이다	오다	오는 중이다

(3) This expression can be used in the "N 중이다" form if it is used with a noun that conveys meaning with regard to conducting an activity for a certain period of time.

회의, 출장, 휴가, 공사, 학기······ + **중이다**

- 지금 휴가 중입니다. 급한 일이 있으시면 메시지를 남겨 주세요.
  I am currently on leave. If you have an urgent matter, please leave a message.

① Expressions that use the form "N하다" such as 식사하다, 운전하다, and 여행하다 can be also used in the "N 중이다" form.

- 지금 운전하고 있어요. I am currently driving.
  = 운전 중이에요.

② You can change 전화하다 and 일하다 to the following forms.

- 지금 일 중이에요. (×) → 근무 중이에요. (○) I am working.
- 어머니는 전화 중이에요. (×) → 통화 중이에요. (○) I am on the phone.

(4) Generally, this expression is used as a final ending, but like "-는 중에," "-는 중이니까," and "-는 중이어서," you can use it as a connective ending.

- 식사하는 중에 시험에 합격했다는 전화를 받았어요.
  While I was eating, I received a call that I had been admitted.

(5) This expression can be used with adjectives such as 바쁘다, 슬프다, and 아프다.

- 바쁘신 중에 결혼식에 와 주신 여러분께 감사드립니다.
  Thank you all for coming to the wedding despite having busy schedules.

(6) This expression cannot be used with verbs that describe sudden events such as 죽다, (시험에) 떨어지다, 도착하다, 다치다, and 빠지다.

- 길에서 넘어져서 <u>다치는 중이에요</u>. (×) → <u>다쳤어요</u>. (○) I got hurt when I fell down on the road.

---

1 가: 지수야, 지금 어디에 가?

나: 영어 학원에 **가 있어.**
      └→ 가는 중이야

You must use "-는 중이다" if the actions are conducted for a certain period of time. Although the meaning conveyed in the sentence is "I am currently going to the English academy," 가 있다 is incorrectly used. If "-아/어 있다" is used with 가다 or 오다, which has the meaning of movement, it describes that the state is maintained after going back and forth.

- 친구들이 집에 <u>와 있어요</u>. ▶ p.282

2 저는 지금 일 **중이에요.** 그래서 자리를 비울 수 없어요.
    └→ 근무 중이에요

If you want to add "N 중이다" to 전화하다 or 일하다, you must change it to 통화 중이다 or 근무 중이다. However, 일 중이에요 is incorrectly used.

3 저는 친구를 만나러 대전에 **도착하는 중이에요.**
       └→ 가는 중이에요

"-는 중이다" cannot be used with verbs that describe sudden movement such as 죽다, 다치다, and 도착하다, yet 도착하는 중이에요 is incorrectly used.

가: 언니, 공항에 잘 도착했어?

나: 응, 그런데 공항에 도착하고 보니까 비행기 출발 시간이 1시간이나 늦어졌어.

   오래 기다려야 해서 좀 ① <u>피곤하는 중이야.</u>
      →_____

가: 지금 뉴스에서 제주도에 바람이 많이 불고 ② <u>비 중이라고</u> 해서 좀 걱정돼.

   ③ <u>도착하는 중에</u> 꼭 전화해.   →_____
   →_____

나: 응, 전화할 테니까 너무 걱정하지 마.

1 나는 노래를 잘 불러서 어릴 때부터 칭찬을 많이 **받고 왔다.**

→ _____

2 아버지는 20년 전부터 이 회사에서 **일해 가셨어요.**

→ _____

3 가: 지아 씨, 요즘 기타 배운다면서요? 잘 쳐요?
    나: 아니요, **5개월 전에 배워 왔는데** 아직 두 곡밖에 못 쳐요. 생각보다 어렵더라고요.

→ _____

(1) This expression is attached to a verb, and it is used to describe a certain movement and status that are being continuously maintained. "-아/어 오다" is used when the actions have been conducted and maintained from the past to the present, "-아/어 가다" is used when the action being conducted in the present will go on in the future.

-아/어 오다			-아/어 가다		
past	→	→	Present	→	→	future
작년부터 지금까지 책을 써 왔어요. I have been writing a book since last year.			이제 책을 다 써 가요. 조금만 더 쓰면 돼요. I am almost done writing a book. I just need to write some more.		

- 저희 아버지는 지금까지 가족을 위해 열심히 살아오셨습니다.
  Up to now, my father has been living diligently for his family.
- 가: 보고서 다 썼어? Did you finish writing the report?
  나: 거의 다 써 가. 이제 마무리만 하면 돼. I'm almost done with it. Now, I just need to finish it.

(2) The following is the form information for this expression.

	ㅏ, ㅗ + -아 오다/가다		ㅓ, ㅜ, ㅡ, ㅣ + -어 오다/가다		하다 → 해 오다/가다	
V	살다	살아오다/가다	사귀다	사귀어 오다/가다	공부하다	공부해 오다/가다
	만나다	만나 오다/가다	배우다	배워 오다/가다	일하다	일해 오다/가다

(3) This expression is used with some adjectives like 밝다, 아프다, and 가깝다, and it describes progress or a change of state.

- 중요한 시험이 가까워 오니까 좀 긴장돼요. I am kind of nervous as an important test is drawing near.
- 네 이야기를 들으니까 머리가 더 아파 온다. I am getting another headache as I listen to your story.

(4) This expression can be used the following form according to the tense.

Continued from past to present	Conducted from present to the future
−아/어 왔다	−아/어 가다 −아/어 갈 것이다
• 저는 2년 전부터 그 사람을 만나 왔어요. I have been dating the person for 2 years.	• 가: 식사 준비가 아직 안 됐어요? Is the meal ready yet? 나: 다 되어 가요. 조금만 기다리세요. It's almost ready. Hold on a minute.

* The expression 목적지에 거의 다 도착했다 is commonly used as 다 와 가요.

1 나는 노래를 잘 불러서 어릴 때부터 칭찬을 많이 받고 왔다.
└→ 받아 왔다

You must use "−아/어 오다" when you reach the present time from the past while maintaining a certain movement or state. Although the meaning conveyed in this sentence is that the person has received praise from the past until the present, 받고 왔다 is incorrectly used. "−고 오다/가다" describes the going and coming after the movement in the preceding clause has ended.

● 시간이 늦었으니까 밥을 먹고 갑시다.

2 아버지는 20년 전부터 이 회사에서 일해 가셨어요.
└→ 일해 오셨어요

This expression must differentiate "−아/어 오다" and "−아/어 가다" when it is used. This sentence describes the fact that "actions from 20 years ago are maintained until the present time," but 일해 가셨어요 is incorrectly used.

3 가: 지아 씨, 요즘 기타 배운다면서요? 잘 쳐요?
나: 아니요, 5개월 전에 배워 왔는데 아직 두 곡밖에 못 쳐요. 생각보다 어렵더라고요.
└→ 5개월 전부터

"−아/어 오다" is used when it started in the past, and it is approaching the present time. Therefore, you must use it with an expression that describes a period of time such as "N부터 (N까지)," but 5개월 전에 is incorrectly used.

안녕하십니까? 저는 마케팅 부서에 지원한 앤드류 테일러입니다. 저는 마케팅에 관심이 많아서 대학교 1학년 때부터 매년 공모전에 작품을 ① 내 봤습니다. 그리고 ② 3년 전에 한국어를
→   →
배워 와서 지금은 한국어로 의사소통을 하거나 문서를 작성하는 데 불편이 없습니다. 이 회사에 취직이 된다면 최선을 다해 열심히 ③ 배워 오며 일하겠습니다.
→

① -아/어 보다 〈4〉경험

1 가: 전주에 가 봤어요?

나: 아니요, 저는 아직 안 **가는데** 가 본 사람들이 좋다고 하더라고요.

→ _____

2 저는 한 번도 소개팅을 **하지 않아 봤어요**.

→ _____

3 처음 간 장소인데 과거에 **갔어 본** 것 같은 느낌이 드는 것을 '기시감'이라고 한다.

→ _____

(1) This expression is used in the past tense form of a verb, and it describes an experience from the past.

- 가: 이 음식 먹어 봤어요? Have you tried this food?
  나: 그럼요, 여러 번 먹어 봤어요. Yes, I have tried it many times.

- 저는 어릴 때 집에서 강아지를 키워 봤어요.
  When I was young, I took care of a dog at home.

(2) The following is the form information for this expression.

	ㅏ, ㅗ + -아 봤다		ㅓ, ㅜ, ㅡ, ㅣ + -어 봤다		하다 → 해 봤다	
V	살다	살아 봤다	만들다	만들어 봤다	연습하다	연습해 봤다
	오다	와 봤다	먹다	먹어 봤다	공부하다	공부해 봤다

(3) If you use this form in the present tense, it means that a person is attempting an action.

- 가: 손님, 이 옷이 잘 어울릴 것 같은데 한번 입어 보세요.
  I think this would look good on you. Why don't you try it on?
  나: 어디에서 입어 보면 좋을까요? Where should I try it on?

(4) In this expression, the speaker can only describe events that s/he has experienced with his/her own will. Therefore, you cannot use it with verbs that do not describe the will of a person, like 사고가 나다, 다치다, 잃어버리다, and 잊어버리다.

- 그때의 힘든 기억은 다 잊어 봤어요. (×)
  → 그때의 힘든 기억은 다 잊었어요. (○) I forgot about the difficult memories of that period.

(5) The negative form of this expression is "안 -아/어 봤다" or "못 -아/어 봤다," and you cannot use the form "-지 않아 봤다."

● 가: 한국에서 운전해 봤어요? Have you driven a car in Korea?

　나: 아니요, 국제 운전 면허증이 없어서 한국에서는 하지 않아 봤어요. (×)

　　→ 아니요, 국제 운전 면허증이 없어서 한국에서는 못 해 봤어요. (O)
　　　　No, I haven't. I don't have an international driver's license, so I haven't driven in Korea yet.

(6) You cannot use "-았/었-" or "-겠-," which describes the tense, in front of this expression.

● 어렸을 때 아버지와 함께 장난감 자동차를 만들었어 봤어요. (×)

　→ 어렸을 때 아버지와 함께 장난감 자동차를 만들어 봤어요. (O)
　　When I was young, I made a toy car with my dad.

---

1 가: 전주에 가 봤어요?

　나: 아니요, 저는 아직 안 **가는데** 가 본 사람들이 좋다고 하더라고요.
　　　　　　　　　　└→ 가 봤는데

You must use "-아/어 봤다" when you experienced a certain event in the past. Although, "the experience in Jeonju" is discussed in the sentence, 가는데 is incorrectly used. "-(으)ㄴ데/-는데" is used to describe the situation or background in the following clause.

● 영화표가 있는데 같이 보러 갈래요? ▶ p.90

2 저는 한 번도 소개팅을 **하지 않아 봤어요.**
　　　　　　　　　└→ 안 해 봤어요 / 못 해 봤어요

The negative form of "-아/어 봤다" must be "안 -아/어 봤다" or "못 -아/어 봤다." However, 하지 않아 봤어요 is incorrectly used in this sentence. Be aware that you could incorrectly use "-지 않아 봤어요" since you could easily think that you could use 안 and "-지 않다" interchangeably.

3 처음 간 장소인데 과거에 **갔어 본** 것 같은 느낌이 드는 것을 '기시감'이라고 한다.
　　　　　　　　　　　└→ 가 본

"-았/었-" or "-겠-," which describes the tense is not attached in front of "-아/아 보다." The sentence is incorrect as "-았/었-" is attached to make 갔어 본.

작년 겨울방학에 나는 혼자 부산으로 여행을 갔다. 혼자 여행하는 것이 처음이라서 기분이 좋았다. 지금까지 한국에서 기차를 ① 타지 않아 봤는데 타 보니까 빠르고 편리했다. 부산에 도착
　　　　　　　　　　　　　　　　　　　　　　　→ ＿＿＿＿＿＿＿＿

해서 아름다운 바닷가를 구경하고 부산 어묵을 ② 먹고 봤다. 그리고 유명한 시장을 구경한 후
　　　　　　　　　　　　　　　　　　　　　　　→ ＿＿＿＿＿＿＿＿

기차를 타고 서울로 돌아왔다. 부산에서 어묵을 사 와서 집에서 한번 ③ 요리하는데 부산에서
　　　　　　　　　　　　　　　　　　　　　　　　　→ ＿＿＿＿＿＿＿＿

먹은 맛이 안 났다. 친구들에게 맛있는 어묵 요리를 해 주고 싶었는데 좀 아쉬웠다.

② -(으)ㄴ 적이 있다/없다   〈4〉경험

1 가: 여행을 하다가 휴대폰을 잃어버려 봤어요?
        → _____

     나: 네, 강릉을 여행하다가 그런 적이 있어요.

2 제가 농담을 심하게 해서 다른 사람을 울리는 적이 있어요.
                → _____

3 오늘 아침에 룸메이트 대신 화장실 청소를 한 적이 있어요.
              → _____

(1) This expression is attached to a verb, and it describes whether you did or did not experience something in the past. If you experienced something, you use "-(으)ㄴ 적이 있다" while if you don't have a certain experience, you use "-(으)ㄴ 적이 없다."

     ● 가: 미셸 씨, 한강에 간 적이 있어요? Michelle, have you been to the Han River?
        나: 아니요, 한강에 간 적이 없어요. 날씨가 좋을 때 한번 가 보고 싶어요.
          No, I haven't been to the Hangang River. I want to go there when the weather is nice.

     ● 저는 예전에 이 회사에서 일한 적이 있어요. I have previously worked for this company.

(2) The following is the form information for this expression.

	Final consonant ○ + -은 적이 있다/없다		Final consonant ✕ + -ㄴ 적이 있다/없다	
V	먹다	먹은 적이 있다/없다	가다	간 적이 있다/없다
	읽다	읽은 적이 있다/없다	보다	본 적이 있다/없다

(3) This expression is awkward if it is used for a task that is repeated on a daily basis.

     ● 아침마다 창문을 연 적이 있어요. (✕)
       → 아침마다 창문을 열어요. (○) I open the window every morning.

(4) This expression is used in the form "-아/어 본 적이 있다/없다" along with the "-아/어 보다" form to emphasize and to describe whether a person has or has not attempted certain experiences.

     ● 저는 배낭여행을 해 본 적이 없어요. 항상 패키지 여행만 했거든요.
       I have never done a backpacking trip. I have always traveled on package tours.

(5) This expression has the following differences compared to "-아/어 봤다," which describes the experience of the person.

–(으)ㄴ 적이 있다/없다	–아/어 봤다
Can be used for both coincidental experiences and experiences based on the will of the speaker • 초등학교 때 선생님을 길에서 만난 적이 있어요. I met my elementary school teacher on the street.	Can be used for experiences based on will rather than coincidence • 옛날에 다닌 초등학교가 그리워서 얼마 전에 다시 **가 봤어요.** I missed the elementary school that I attended before, so I recently went to the school again.

1 가: 여행을 하다가 휴대폰을 <u>잃어버려 봤어요?</u>
                               ↳ <u>잃어버린 적이 있어요</u>

나: 네, 강릉을 여행하다가 그런 적이 있어요.

You must use "–(으)ㄴ 적이 있다/없다" to discuss coincidental experiences. Although the speaker in the dialogue is asking about the "experience of losing a cell phone," 잃어버려 봤어요 is incorrectly used. "–아/어 봤다" also describes experience, but it must be used only for experiences based on one's will.

● 이 단어를 사전에서 <u>찾아봤는데</u> 정확한 의미를 알 수 없었어요. ▶ p.240

2 제가 농담을 심하게 해서 다른 사람을 울리는 <u>적이 있어요.</u>
                                   ↳ <u>울린 적이 있어요</u>

Regarding "–(으)ㄴ 적이 있다/없다," you must use "–은 적이 있다/없다" if there is final consonant and "–ㄴ 적이 있다/없다" if there is no final consonant. However, 울리는 적이 있다 is incorrectly used in this sentence.

3 오늘 아침에 룸메이트 대신 화장실 청소를 한 <u>적이 있어요.</u>
                                   ↳ <u>했어요</u>

It will be awkward to use "–(으)ㄴ 적이 있다/없다" for a usual routine. 화장실 청소를 했어요 is the correct form for this sentence.

사람들은 보통 아버지는 잘 울지 않는 사람이라고 생각해요. 그런데 저는 아버지께서 우는 모습을 ① <u>보는 적이 있어요</u>. 제가 10살 때 스키를 타다가 다리를 ② <u>다쳐 봤어요</u>. 그날 병원으로

가는 구급차 안에서 아버지는 제 손을 잡고 많이 우셨어요. 지금은 다리가 나았지만 걱정하시

던 아버지 생각이 나서 그 뒤로 스키를 ③ <u>안 탄 적이 있어요</u>.

[1~3] ( )에 들어갈 가장 알맞은 것을 고르십시오.

1

> 가: 지금 날씨가 어때요?
>
> 나: 눈이 ( ). 우산을 가지고 나가세요.

① 내릴 거예요   ② 내리고 있어요   ③ 내리면 좋겠어요   ④ 내리는 중이에요

2

> 가: 나드르 씨, 서울 시티 투어 버스를 ( )?
>
> 나: 네, 버스에 앉아서 서울의 명소를 구경하니까 편하고 좋았어요.

① 탈 거예요   ② 타고 있어요

③ 탈 줄 알아요   ④ 타 본 적이 있어요

3

> 가: 엘리 씨, 방학에 아르바이트도 하고 여행도 간다더니 다 했어요?
>
> 나: 아니요, 방학이 다 ( ) 방학 동안 하려고 계획한 일을 거의 못 했어요.

① 끝날 테니까   ② 끝났기 때문에   ③ 끝나 가는데   ④ 끝났기는 하지만

[4~6] 다음 밑줄 친 부분과 의미가 비슷한 것을 고르십시오.

4

> 가: 거기 한국 여행사지요? 다나카 씨 계세요?
>
> 나: 지금 다나카 씨는 <u>통화 중인데요</u>. 누구라고 전해 드릴까요?

① 통화했는데요   ② 통화하고 싶은데요

③ 통화하고 있는데요   ④ 통화한 적이 있는데요

5

> 가: 아르바이트를 하고 싶은데 아르바이트 자리를 어떻게 찾을 수 있는지 아세요?
>
> 나: 인터넷을 이용해 보세요. 저도 인터넷을 통해서 아르바이트를 <u>구한 적이 있어요</u>.

① 구해 왔어요   ② 구해도 돼요   ③ 구해 봤어요   ④ 구하고 있어요

6

> 제 형은 건강이 안 좋아서 이 약을 <u>10년 전부터 먹어 왔어요</u>.

① 먹은 지 10년이 됐어요   ② 10년 후에 먹기로 했어요

③ 10년 전에 먹은 적이 있어요   ④ 앞으로 10년 동안 먹을 거예요

[7~9] 다음을 잘 읽고 이어질 수 있는 말을 고르십시오.

7

> 가: 여러분, 오늘은 한국 대학교 김남훈 교수님을 모시고 '인공 지능과 인간'에 대한 강연을 듣겠습니다.
>
> 나: 안녕하십니까? 김남훈입니다. 먼저 _____ 제 강연에 와 주신 여러분께 감사드립니다.

① 바쁜 탓에   ② 바쁘더라도   ③ 바쁘신 중에도   ④ 바쁠 테니까

8

> 가: 여보세요. 존 씨, 어디예요? 아직도 길이 막혀요? 다른 사람들은 다 왔는데요.
>
> 나: 아니요, 지금은 안 막혀요. _____ 조금만 더 기다려 줘요.

① 거의 다 와 가니까   ② 거의 다 됐으니까

③ 곧 출발할 거니까   ④ 지금 오는 중이니까

9

> 가: 저 화장품을 _____? 정말 광고에서 말한 대로 피부가 좋아질까?
>
> 나: 글쎄. 나도 써 보지는 않았는데 사람들의 평가는 괜찮더라고.

① 사용한다고   ② 사용하려고 해   ③ 사용해 봤어   ④ 사용할 줄 알아

10   다음을 잘 읽고 ㉠과 ㉡에 들어갈 말을 각각 쓰십시오.

> 여러분, 국수를 손으로 직접 뽑아서 (㉠   )? 춘천에 가면 막국수를 손으로 직접 뽑아서 먹어 볼 수 있는 박물관이 있습니다. 이곳에서는 막국수 역사에 대한 전시를 본 후 막국수를 직접 만들어 먹을 수 있습니다.
>
> 체험을 원하십니까? 지금 (㉡   ) 전화 주십시오.

㉠ _____   ㉡ _____

① –(으)ㄹ 수 있다/없다 〈5〉가능성·능력

1 요즘 시력이 안 좋아져서 안경을 안 쓰면 밤에는 **운전할 줄 몰라요.**
→ _____

2 가: 니콜 씨, 한국에서 산 지 2년쯤 됐죠? 이제 한국 사람과 대화를 잘하겠네요.
나: 아니요. 아직도 한국 사람이 말을 빨리 하면 무슨 말인지 **이해할 수 못해요.**
→ _____

3 초등학교 때는 피아노 학원에 다녀서 피아노를 **쳤을 수 있어요.** 하지만 지금은
다 잊어버려서 하나도 못 쳐요. → _____

(1) This expression is attached to a verb, and it is used to describe a capability of a certain task or to describe whether a certain event will happen or not.

● 가: 저는 이쪽은 수심이 너무 깊어서 수영할 수 없어요. 저스틴 씨는 이렇게 깊은 곳에서도 수영할 수 있어요?
I can't swim in this part of the pool as it is too deep. Justin, can you swim in the deep area of the pool like this?
나: 그럼요. 전 이런 데에서 수영하는 게 더 재미있어요.
Of course, I can. I actually find swimming in this kind of area quite fun.

● 가: 학생증이 없으면 입장료 할인이 안 되나요?
So we can't get a discount on tickets if we don't have a student ID?
나: 네. 이건 대학생만을 위한 이벤트라서 학생증이 없으면 할인을 받을 수 없어요.
Yes. This event is for college students only, so you can't get a discount if you don't have a student ID.

(2) The following is the form information for this expression.

V	Final consonant ○ + –을 수 있다/없다		Final consonant × + –ㄹ 수 있다/없다	
	찾다	찾을 수 있다/없다	자다	잘 수 있다/없다
	앉다	앉을 수 있다/없다	전화하다	전화할 수 있다/없다

(3) You can use "–(으)ㄹ 수 없다" interchangeably with 못 or "–지 못하다."

● 교통사고가 나서 제시간에 도착할 수 없어요.
= 도착 못 해요. = 도착하지 못해요.
I cannot arrive on time as there was a traffic accident.

(4) For this expression, "–(으)ㄹ 수 있었다/없었다" is used for past events while "–(으)ㄹ 수 있을 것이다/없을 것이다" is used for future events and predictions.

● 시험 문제가 쉬워서 문제를 잘 풀었을 수 있어요. (×)
→ 시험 문제가 쉬워서 문제를 잘 풀 수 있었어요. (○)
I could do the problems quite easily as the test questions were easy.

(5) The following shows how this expression is different in meaning with "-(으)ㄹ 줄 알다/모르다," which has the meaning of capability.

V-(으)ㄹ 수 있다/없다	V-(으)ㄹ 줄 알다/모르다
① A capability to do something ② A capable situation • 여러분이 도와준 덕분에 이 일을 빨리 끝낼 수 있었습니다. I was able to do it thanks to your help.	An ability obtained by learning or acquiring a method to some task • 아버지께서 컴퓨터 학원에 다니시더니 이제는 블로그도 만들 줄 아세요. My father can now make a blog after he attended a computer academy.

1 요즘 시력이 안 좋아져서 안경을 안 쓰면 밤에는 **운전할 줄 몰라요.**
　　　　　　　　　　　　　└→ 운전할 수 없어요

"-(으)ㄹ 수 있다/없다" is used when you are describing a capability or the possibility of doing a task. However, 운전할 줄 몰라요 is incorrectly used in this sentence. "-(으)ㄹ 줄 알다/모르다" can be used to describe a capability obtained through learning or the acquisition of knowledge, yet it cannot be used to describe possibility.

● 한국에 온 지 얼마 안 돼서 지하철이나 버스를 탈 줄 몰라요. ▶p.248

2 가: 니콜 씨, 한국에서 산 지 2년쯤 됐죠? 이제 한국 사람과 대화를 잘하겠네요.
　　나: 아니요. 아직도 한국 사람이 말을 빨리 하면 무슨 말인지 **이해할 수 못해요.**
　　　　　　　　　　　　　└→ 이해할 수 없어요 / 이해하지 못해요

"-(으)ㄹ 수 없다," 못, and "-지 못하다" are negative expressions that describe inability or having no possibility. However, in this sentence, "-(으)ㄹ 수 없다" and "-지 못하다" are mixed up incorrectly to produce 이해할 수 못해요.

3 초등학교 때는 피아노 학원에 다녀서 피아노를 **쳤을 수 있어요.** 하지만 지금은 다 잊어
버려서 하나도 못 쳐요.　　　　　└→ 칠 수 있었어요

The past tense form of "-(으)ㄹ 수 있다/없다" is "-(으)ㄹ 수 있었다/없었다." However, 쳤을 수 있어요 is incorrectly used in this sentence. You cannot have "-았/었-" or "-겠-" in front of "-(으)ㄹ 수 있다/없다."

오늘 아침에 버스에 사람이 너무 많아서 회사 앞에서 ① 내릴 수 못해요. 결국 다음 정류장에서
　　　　　　　　　　　　　　　　　　　　　　　　→ _____

내려서 뛰어갔어요. 회사에 도착해서 엘리베이터를 탔는데 제가 타자마자 정원 초과로 소리가

나서 ② 탈 줄 몰랐어요. 그래서 어쩔 수 없이 계단으로 올라갔어요. 다행히 정각 9시에 사무실
　　　→ _____

에 ③ 들어갔을 수 있어요. 안 늦어서 정말 다행이었어요.
　　→ _____

② -(으)ㄹ 줄 알다/모르다 〈5〉가능성·능력

1 처음 한국에 왔을 때 지하철을 <mark>어떻게 탄 줄 몰라서</mark> 당황했어요.

→ _____

2 가: 타오 씨, 어제 제가 보낸 문자 메시지를 받았어요?

나: 네. 하지만 한국어로 문자 메시지를 <mark>보낸 줄 몰라서</mark> 답장을 못 했어요.

→ _____

3 첸 씨, 국제 전화를 <mark>걸 줄 아십시오</mark>.

→ _____

(1) This expression is used to describe a method or ability regarding a certain task. "-(으)ㄹ 줄 알다" is used when you know a method or have an ability, and "-(으)ㄹ 줄 모르다" is used when you don't know a method or don't have an ability.

- 가: 이따가 아키코 씨하고 탁구 치러 갈 건데 같이 갈래요?
  I am going to play table tennis with Akiko later today. Do you want to join us?
- 나: 좋아요. 하지만 전 탁구를 칠 줄 모르니까 좀 가르쳐 주세요.
  Sure. I am not good at table tennis, so you should teach me how to play it.

- 가: 지희 씨, 김밥을 만들 줄 알아요?
  Jeehee, do you know how to make *gimbab*?
- 나: 그럼요. 별로 어렵지 않아요. 제인 씨도 시간이 있으면 저랑 같이 만들어 봐요.
  Sure. It's not too hard. Jane, if you have time, let's make *gimbab* together sometime.

(2) The following is the form information for this expression.

	Final consonant ○ + -을 줄 알다/모르다		Final consonant × + -ㄹ 줄 알다/모르다	
V	먹다	먹을 줄 알다/모르다	가다	갈 줄 알다/모르다
	읽다	읽을 줄 알다/모르다	수영하다	수영할 줄 알다/모르다

(3) You cannot use imperative or propositive sentences in the following clause of this expression.

- 스키를 탈 줄 압시다./아십시오./알지 그래요? (×)
  → 스키를 탈 줄 알아요. (○) I know how to ski.

1 처음 한국에 왔을 때 지하철을 <u>어떻게 탄 줄 몰라서</u> 당황했어요.
                         ↳ 탈 줄 몰라서 / 어떻게 타는지 몰라서

"-(으)ㄹ 줄 모르다" is used to describe when you don't know a method or don't have an ability. However, in this sentence, the speaker mixes both "어떻게 -(으)ㄴ/는지 모르다" and "-(으)ㄹ 줄 모르다" to use the incorrect form 어떻게 탄 줄 몰라서. Interrogatives like 누가, 어디, and 어떻게 are used in front of "-(으)ㄴ/는지 알다/모르다" to describe whether you know or don't know certain facts.

- 여기에서 공항까지 어떻게 <u>가는지 몰라서</u> 한국 친구한테 물어봤어요. ▶p.272

2 가: 타오 씨, 어제 제가 보낸 문자 메시지를 받았어요?
나: 네. 하지만 한국어로 문자 메시지를 <u>보낸 줄 몰라서</u> 답장을 못 보냈어요.
                               ↳ 보낼 줄 몰라서

You must use the "-(으)ㄹ 줄 알다/모르다" form to describe a method or ability. However, 보낸 줄 몰라서 is incorrectly used in this sentence.

3 쳉 씨, 국제 전화를 <u>걸 줄 아십시오</u>.
             ↳ 걸 줄 알아요?

Regarding "-(으) 줄 알다/모르다," you cannot use imperative or propostive expressions, so you can only use declarative or interrogative expressions. However, in this sentence, the imperative 걸 줄 아십시오 is incorrectly used.

한국에서 산 지 벌써 2년이 지났어요. 처음에는 한국어를 한 마디도 ① <u>했을 줄 몰라서</u> 생활하
                                            → _____

는 데 어려웠어요. 하지만 이제는 일상생활을 하는 데에 불편하지 않아요. 시장에 가서 물건값

도 ② <u>어떻게 깎을 줄 알고</u> 대중교통도 잘 ③ <u>이용해 알아요</u>. 특히 처음에는 버스나 지하철을
      → _____   → _____

이용할 때 노인이나 임산부를 위한 자리가 있는 것을 모르고 거기에 앉을 때도 있었어요. 하지

만 이제는 그 자리에 앉지 않고 할머니나 할아버지께서 서 계시면 제가 자리를 양보해 드려요.

1 가: 한국어를 배우면서 실수한 적 있어요?

　　나: 네, 있어요. 사과할 때 '죄송합니다.'라고 **말해도 되는데** '감사합니다.'라고
　　　 말한 적이 있어요.　　→ _____

2 어제 일이 많아서 야근을 **했어야 해요**. 그래서 밤 10시가 넘어서 퇴근했어요.

　　→ _____

3 돈을 아끼려면 외식을 못 해야 해요.

　　→ _____

(1) This expression is used to describe when you do certain tasks, when you need to be in a certain state, or when you have an obligation.

- 내일 회의가 있어서 회사에 일찍 가야 해요.
  I have to go to the company early as I have a meeting tomorrow.

- 가: 이 옷을 교환하고 싶어서 왔는데요. I came here to exchange this clothing.

  나: 손님, 이 옷을 교환하려면 영수증이 있어야 합니다. 영수증 좀 보여 주세요.
  If you want to exchange this clothing, you must have the receipt. Please show me the receipt.

(2) The following is the form information for this expression.

	ㅏ, ㅗ + –아야 하다		ㅓ, ㅜ, ㅡ, ㅣ + –어야 하다		하다 → 해야 하다	
A/V	좁다	좁아야 하다	적다	적어야 하다	깨끗하다	깨끗해야 하다
	살다	살아야 하다	쉬다	쉬어야 하다	공부하다	공부해야 하다
N	Final consonant ○ + 이어야 하다		Final consonant × + 여야 하다			
	외국인이어야 하다		친구여야 하다			

(3) The negative forms of this expression are "A–지 않아야 하다" and "V–지 말아야 하다," and you must attach a noun for the form "N이/가 아니어야 하다."

- 실수를 하지 않으려면 서두르지 않아야 해요.
  If you don't want to make a mistake, you must not hurry.

- 아파트에 살면 늦은 시간에 청소기를 돌리거나 노래를 부르지 말아야 합니다.
  You must not turn on the vacuum cleaner or sing songs late at night when you live in an apartment.

(4) "–아/어야 했다" is used for past expressions while "–아/어야 할 것이다" is used for future expressions or predictions.

- 가: 어제 왜 동창회에 안 왔어요? Why didn't you come to the alumni meeting yesterday?

  나: 갑자기 몸이 아파서 병원에 가야 했어요. I had some sudden pain, so I had to see a doctor.

- 감기가 나으려면 하루나 이틀 정도는 푹 쉬어야 할 거예요.
  If you want to get well from cold, you need to fully rest for one or two days.

---

1 가: 한국어를 배우면서 실수한 적 있어요?

　 나: 네, 있어요. 사과할 때 '죄송합니다.'라고 **말해도 되는데** '감사합니다.'라고 말한 적이
　　　　　　　　　　　　　　　 └→ 말해야 하는데
　　 있어요.

You must use "-아/어야 하다" when you are doing a certain action, when you need to be in a certain state, or when you are obliged to do something. Although the sentence discusses some expressions to use when you are apologizing in Korean, 말해도 되는데 is incorrectly used. "-아/어도 되다" can be used when you are permitting a certain action.

- 심심하면 텔레비전을 <u>봐도 돼요</u>. ▶ p.252

2 어제 일이 많아서 야근을 **했어야 해요**. 그래서 밤 10시가 넘어서 퇴근했어요.
　　　　　　　　　　　　 └→ 해야 했어요

Although you must use "-아/어야 했다" when you describe the past for the expression "-아/어야 하다," 했어야 해요 is incorrectly used. "-았/었어야 하다" is used when you have regrets about not doing a certain task which you were required to do.

- 잠이 안 와요. 아까 저녁 때 커피를 마시지 <u>말았어야 해요</u>.

3 돈을 아끼려면 외식을 **못 해야 해요**.
　　　　　　　　　 └→ 하지 말아야 해요

When using "-아/어야 하다" in the negative form, you cannot use "못 -아/어야 하다," yet 못 해야 해요 is incorrectly used in this sentence.

조안나 씨, 내일 한국 친구 집에 간다고 했지요? 조안나 씨 나라와 한국 문화가 조금 다르니까 주의 사항을 알려 줄게요. 먼저 집 안에 들어갈 때는 신발을 ① 벗을 거예요. 실내용 슬리퍼가
　　　　　　　　　　　　　　　　　　　　　　　　　　　 →

있으면 슬리퍼를 신고 들어가세요. 그리고 친구의 부모님을 만나면 고개를 숙이면서 인사하세요. 모자를 썼으면 인사할 때는 모자를 벗는 게 좋아요. 인사가 끝나고 친구의 가족과 같이 식사를 하게 되면 어른이 먼저 식사를 ② 시작해도 돼요. 조안나 씨가 먼저 식사를 시작하면 실례
　　　　　　　　　　　　　　　　　　　 →

니까 먼저 ③ 못 먹어야 해요. 이것만 기억하고 내일 즐거운 시간 보내세요.
　　　　　 →

바꿔 쓰기

1 외국어를 배울 때 조금 실수를 <u>하면 괜찮아요</u>.

→ _____

2 가: 대사관에 가려면 지하철을 타는 게 좋지요?

나: 지하철 대신 211번 버스를 <u>타겠어도 돼요</u>.

→ _____

3 가: 켈리 씨, 오늘 파티에 갈 때 꼭 정장을 입어야 돼요?

나: 아니요, 정장을 <u>안 입어야 돼요</u>. 편한 옷을 입고 오세요.

→ _____

문법 공부

(1) This expression is used to approve certain actions or states.

- 가: 주인아주머니, 월세를 이번 주말까지 드려도 돼요?
  Can I give you the monthly rent by this weekend?
- 나: 네, 주말까지 줘도 돼요. Sure. Give it to me by the weekend.

- 전 매운 음식도 잘 먹으니까 음식이 조금 매워도 돼요.
  I can eat spicy food well, so I don't mind the food if it's a bit spicy.

(2) The following is the form information for this expression.

	ㅏ, ㅗ + −아도 되다		ㅓ, ㅜ, ㅡ, ㅣ + −어도 되다		하다 → 해도 되다	
A/V	좁다	좁아도 되다	적다	적어도 되다	준비하다	준비해도 되다
	살다	살아도 되다	울다	울어도 되다	공부하다	공부해도 되다
N	Final consonant ○ + 이어야 되다		Final consonant × + 여야 되다			
	외국인이어야 되다		의사여야 되다			

(3) You can use 좋다, 괜찮다, or 상관없다 instead of 되다 in this expression.

- 가: 선생님, 드릴 말씀이 있는데 이따가 사무실에 가도 돼요?
  Teacher, I have something to discuss. Can I go to your office later today?
- 나: 네, 오늘은 바쁘지 않으니까 아무 때나 와도 상관없어요.
  Sure. I am not busy today, so come by anytime.

(4) You can use it when you want to receive permission from another person, and in this case, you can use it in the following forms.

가: A/V−아/아도 돼요?
나: 네, A/V−아/아도 돼요
　　아니요, A/V−(으)면 안 돼요

- 가: 이 피자를 제가 먹어도 돼요?
  Can I eat this pizza?
- 나: 네, 먹어도 돼요. Sure, you can.
  　아니요, 먹으면 안 돼요. No, you can't.

(5) This expression is used with "-아/어야 되다," and it is used to describe necessity or obligation. Here are some forms.

가: A/V-아/아야 돼요?
나: 네, A/V-아/아야 돼요
　　아니요, 안 A/V-아/어도 돼요
　　A/V-지 않아도 돼요

● 가: 회원 카드를 만들어야 돼요?
　　Do I have to make a membership card?
　나: 네, 만들어야 돼요. Yes, you do.
　　아니요, 안 만들어도 돼요.
　　　　= 만들지 않아도 돼요.
　　No, you don't.

1 외국어를 배울 때 조금 실수를 <u>하면 괜찮아요</u>.
　　　　　　　　　　　　└→ 해도 괜찮아요

You must use "-아/어도 되다" when you are approving or permitting certain actions or states. Although the meaning conveyed in this sentence is "It is reasonable that you make mistakes while learning a foreign language. So it's okay," 하면 괜찮아요 is incorrectly used. "-(으)면 되다" is used to describe when there will be no issues if a certain act is done or a certain state is reached.
● 은행 계좌를 만드는 건 아주 쉬워요. 은행에 신청서랑 신분증만 가지고 가면 <u>돼요</u>.

2 가: 대사관에 가려면 지하철을 타는 게 좋지요?
　　나: 지하철 대신 211번 버스를 <u>타겠어도 돼요</u>.
　　　　　　　　　　　　　　　└→ 타도 돼요

"-아/어도 되다" cannot be used together with "-겠-," which describes the future tense, yet 타겠어도 돼요 is incorrectly used.

3 가: 켈리 씨, 오늘 파티에 갈 때 꼭 정장을 입어야 돼요?
　　나: 아니요, 정장을 <u>안 입어야 돼요</u>. 편한 옷을 입고 오세요.
　　　　　　　　　　　└→ 안 입어도 돼요 / 입지 않아도 돼요

When asked if you have the necessity or obligation to do a certain task, you can use "안 -아/어도 되다" or "-지 않아도 되다" to give an answer that you don't have the necessity or obligation to do the task. However, 안 입어야 돼요 is incorrectly written in this sentence.

다음 주에 있을 체육대회에 대한 공지 사항입니다. 경기에 참가하는 선수들은 모두 10시까지

운동장에 모여 주세요. 응원하는 사람들은 11시까지 ① <u>올게요</u>. 응원하는 사람들은 모두 하얀
　　　　　　　　　　　　　　　　　　　　　　　　→
　　　　　　　　　　　　　　　　　　　　　　　　‾‾‾‾‾‾‾‾‾‾‾‾‾‾‾

색 티셔츠를 입기로 했는데 티셔츠가 없으면 남방을 ② <u>입겠어도 됩니다</u>. 응원을 하고 싶은 사
　　　　　　　　　　　　　　　　　　　　　　　　　→
　　　　　　　　　　　　　　　　　　　　　　　　　‾‾‾‾‾‾‾‾‾‾‾‾‾‾‾

람은 누구나 ③ <u>와야 괜찮습니다</u>. 많은 관심 부탁드립니다.
　　→
　　‾‾‾‾‾‾‾‾‾‾‾‾‾‾‾

3 -(으)면 안 되다   ⟨6⟩ 의무·허락·금지

1 가: 기숙사에서 동물을 키워도 돼요?

    나: 아니요, 동물을 **키워도 안 돼요.**

    → _____

2 가: 내일 뮤지컬을 보러 가는데 공연 중에 사진을 찍어도 될까요?

    나: 저도 잘 모르지만 아마 공연 중에는 사진을 **찍겠으면 안 돼요.**

    → _____

3 그 나라에 가려면 미리 비자를 **받지 않아서 안 돼요.**

    → _____

(1) This expression is used to describe the meaning of prohibition when you do a certain act or reach a certain state.

- 가: 박물관에서 사진을 찍어도 돼요? Can I take pictures in the museum?

  나: 아니요, 사진을 찍으면 안 돼요. No, you cannot take pictures in the museum.

- 요리를 할 때 손이 더러우면 안 돼요. Your hands should not be dirty when you cook.

(2) The following is the form information for this expression.

	Final consonant ○ + –으면 안 되다		Final consonant ✕ + –면 안 되다	
A/V	먹다	먹으면 안 되다	가다	가면 안 되다
	많다	많으면 안 되다	크다	크면 안 되다

(3) With a first person subject, this expression can be used as an interrogative that asks for permission. The following are some forms.

가: (제가/내가) –(으)면 안 돼요?
나: 네, –(으)면 안 돼요
    아니요, –아/어도 돼요

가: (제가) 이 숙제를 내일까지 내면 안 돼요?
Can't I hand in this homework by tomorrow?
나: 네, 내일까지 내면 안 돼요.
No. You cannot hand it in by tomorrow.
아니요, 내일까지 내도 돼요.
Yes. You can hand it in by tomorrow.

(4) If this expression is used in the "–지 않으면 안 되다" form, it emphasizes a necessary action or state.

- 초등학교 앞에서는 자동차 속도를 줄이지 않으면 안 됩니다.
= 반드시 줄여야 됩니다.
It's imperative that the speed of cars must be reduced in front of elementary schools.

(5) You cannot use "–았/었–" or "–겠–," which describes tense, in front of this expression.

- 시험 중에 휴대폰을 <u>사용했으면 안 됩니다.</u> (×)
  → 시험 중에 휴대폰을 <u>사용하면 안 됩니다.</u> (○) You must not use your cell phone during an exam.

1 가: 기숙사에서 동물을 키워도 돼요?

나: 아니요, 동물을 **키워도 안 돼요.**
       ┗ 키우면 안 돼요

The form "–(으)면 안 되다" must be used for a negative answer regarding in inquiry for an approval. However, 키워도 안 돼요 is incorrectly used in this dialogue. As you use "–아/어도 되다" for approvals, you must be careful not to use "–아/어도 안 되다" as the negative form.

2 가: 내일 뮤지컬을 보러 가는데 공연 중에 사진을 찍어도 될까요?

나: 저도 잘 모르지만 아마 공연 중에는 사진을 **찍겠으면 안 돼요.**
          ┗ 찍으면 안 될 거예요

Expressions describing tense cannot come before "–(으)면 안 되다," and the "–(으)면 안 될 거예요" form is used to describe predictions on content that is being prohibited. However, 찍겠으면 안 돼요 is used incorrectly for this sentence.

3 그 나라에 가려면 미리 비자를 **받지 않아서 안 돼요.**
        ┗ 받지 않으면 안 돼요

"–지 않으면 안 되다" is used to emphasize tasks that are to be done out of necessity or obligation. The meaning conveyed in this sentence is "You must obtain a visa if you are going to that country." 받지 않아서 안 돼요 is incorrectly used in this sentence.

〈안 내〉

수영장을 이용할 때 다음 사항을 꼭 지켜 주십시오.

① 수영장에서는 수영 모자를 <u>쓰지 않아서 안 됩니다.</u>

    → _____

② 물이 깊지 않으니 물로 <u>뛰어들려면 안 됩니다.</u>

    → _____

③ 바닥이 미끄러워서 넘어질 수 있으니까 <u>안 뛰면 됩니다.</u>

    → _____

[1~3] ( )에 들어갈 가장 알맞은 것을 고르십시오.

1

> 가: 내일 몇 시에 출발할까요?
>
> 나: 비행기를 타려면 6시에는 ( ).

① 출발할 거예요　　② 출발했거든요　　③ 출발해야 해요　　④ 출발하지 않아요

2

> 가: 메이린 씨, 주말에 같이 놀이 공원에 갈래요?
>
> 나: 미안하지만 다음에 가요. 발을 다쳐서 많이 ( ).

① 걷겠어요　　② 걷고 있어요　　③ 걸을 줄 몰라요　　④ 걸을 수 없어요

3

> 가: 마라톤 대회에 참가 신청서를 낼 때 신청서에 사진을 붙여야 돼요?
>
> 나: 아니요, 사진을 ( ). 이름을 쓰고 사인만 하면 돼요.

① 붙여야 돼요　　② 안 붙여도 돼요　　③ 붙일 수 없어요　　④ 붙일 줄 몰라요

[4~6] 다음 밑줄 친 부분과 의미가 비슷한 것을 고르십시오.

4

> 가: 헨리 씨, 제 프린터가 고장 난 것 같은데 고칠 줄 알아요?
>
> 나: 아니요. 저는 못 고쳐요. 혼자 고치려고 하지 말고 A/S센터에 가세요.

① 고쳐야 해요　　② 고치면 안 돼요　　③ 고칠 수 없어요　　④ 고칠 수 있어요

5

> 여기에 쓰레기를 버리면 안 됩니다.

① 버리지 마십시오　　② 버리려고 합니다　　③ 버릴 줄 모릅니다　　④ 버릴 수 있습니다

6

> 수영을 하기 전에 준비 운동을 해야 해요.

① 하려고 해요　　　　　　② 할 수 있어요

③ 하는 줄 알았어요　　　④ 하지 않으면 안 돼요

[7~9] 다음을 잘 읽고 이어질 수 있는 말을 고르십시오.

7

> 가: 이번에 입사 지원서를 낼 때 외국어 능력 시험 증명서도 같이 제출해야 하나요?
>
> 나: 아니요, 이번에는 꼭 _____.

① 제출하면 돼요

② 제출해야 해요

③ 제출할 수 있어요

④ 제출하지 않아도 돼요

8

> 가: 이 약은 복용법이 일본어로만 쓰여 있어서 _____.
>
> 나: 그래요? 제가 한번 볼게요. 고등학교 때 일본어를 좀 배웠거든요.

① 읽기가 쉬워요

② 읽을 수 없어요

③ 읽을 줄 알아요

④ 읽을 줄 몰랐어요

9

> 가: 오늘 저녁에 '수원 시민을 위한 무료 공연'이 있다는데 같이 갈래요?
>
> 나: 좋아요. 그런데 저는 수원 시민이 아닌데 _____?

① 가지 그래요

② 가지 않아요

③ 가는지 알아요

④ 가도 괜찮을까요

10 다음을 잘 읽고 ⊙과 ⓒ에 들어갈 말을 각각 쓰십시오.

> 우리 대학교에서는 오는 10월 9일에 한국어 말하기 대회를 개최합니다. 이 대회는 한국에 사는 외국인 대학생을 대상으로 하며 주제는 '나의 한국 생활'입니다. 참가를 원하는 대학생은 참가 신청서와 발표 원고를 이메일로 보내시기 바랍니다. 참가 신청서와 발표 원고는 반드시 컴퓨터로 (⊙   ) 제출 기한은 10월 2일까지입니다. 본선 참가 여부는 10월 4일에 홈페이지에서 (ⓒ   ).

⊙ _____

ⓒ _____

바꿔쓰기

1 가: 손님, 주문하실래요?
　　　→ _____
　　나: 네, 비빔밥 한 그릇 주세요.

2 가: 이번 질문에 대답할 사람은 누구입니까?
　　나: 이번에는 클라라 씨가 대답하겠습니다.
　　　　　　　　→ _____

3 저는 나중에 꼭 통역사가 됐습니다.
　　　　　　　　　　→ _____

문법공부

(1) This expression is attached to a verb, and it describes the will of the speaker.

- 가: 이번 출장은 누가 갑니까? Who is going on the upcoming business trip?
  나: 이번에는 제가 가겠습니다. I will go this time.

- 선생님께서 자리에 안 계시면 다음에 다시 찾아오겠습니다.
  If the teacher is not in his place, I will visit again another time.

(2) The following is the form information for this expression.

	−겠−			
	−겠어요		−겠습니다	
V	읽다	읽겠어요	읽다	읽겠습니다
	오다	오겠어요	오다	오겠습니다

(3) This expression can be used for future events or assumptions, and it is used frequently in weather reports or announcements.

- 내일은 전국에 비가 오겠습니다. It will rain across the nation tomorrow.
- 제주행 비행기는 12시부터 탑승을 시작하겠습니다. The flight for Jeju will start boarding at 12 p.m.

(4) This expression is attached to a verb or an adjective and can be used to describe an assumption made by the speaker. In such a case, a first-person subject is not used, and you can use it with "−았/었−," which describes tense, and "−(으)시−," which is an honorific form.

- 가: 우리 할머니께서 혼자 이사를 하셨어요. My grandmother moved alone.
  나: 그래요? (할머니께서) 연세도 많으신데 힘드셨겠어요.
  Really? She must have had a hard time as she is old.

(5) This expression is commonly used in the following situations.

Situation	Expression
When you greet someone for the first time	• 처음 뵙겠습니다. Nice to meet you.
When you receive an order from a customer at a restaurant	• 뭘 주문하시겠어요? What do you want to order?
When you tell your superior that you are going out	• 다녀오겠습니다. I'll be back.
When you give a positive answer to the word of your superior	• 알겠습니다. All right.
When you mention your gratitude before a meal	• 잘 먹겠습니다. Thank you for the meal.

1 가: 손님, **주문하실래요?**
　　　　↳ 주문하시겠어요
나: 네, 비빔밥 한 그릇 주세요.

When you take an order at a restaurant, you commonly use "-(으)시겠어요?" yet in this dialogue, 주문하실래요? is incorrectly used, which make it unnatural.

2 가: 이번 질문에 대답할 사람은 누구입니까?
나: 이번에는 **클라라 씨가** 대답하겠습니다.
　　　　　　↳ 제가

When "-겠-" is used as an answer that describes the will of the speaker, you must use it with a first-person subject. However, in this answer, a third-person subject 클라라 씨가 is incorrectly used. If "-겠-" is used with a third-person subject, it describes the assumption of the speaker.

3 저는 나중에 꼭 통역사가 **됐습니다.**
　　　　　　　　↳ 되겠습니다

"-겠-" is used to describe the will of the speaker. In this sentence, 꼭, which has the meaning of emphasis, is used to state the speaker's strong will to be an interpreter. Furthermore, although 나중에 is present, 됐습니다 is incorrectly used.

준수: ① 처음 만납니다. 저는 한준수라고 합니다.
　　　→ _____

미셸: 만나서 반갑습니다. 저는 프랑스에서 온 미셸입니다. 주문부터 할까요?

준수: 네, 좋아요. 뭐 드시겠어요? 먼 곳에서 오셨으니까 오늘은 제가 ② 사시겠습니다.
　　　　　　　　　　　　　　　　　　　　　　→ _____

미셸: 감사합니다. 그럼 저는 커피로 하겠습니다. ③ 잘 마실 거예요.
　　　　　　　　　　　　　　→ _____

② −(으)ㄹ게요 〈7〉 의지

① 가: 이렇게 늦게 오면 어떻게 해요? 20분이나 늦었잖아요.

나: 정말 미안해요. 다음부터는 약속을 꼭 **지키기로 했어요.**
　　　　　　　　　　　　　　　　　　　　　　→
　　　　　　　　　　　　　　　　　　　　　　⎯⎯⎯⎯⎯⎯⎯⎯⎯⎯

② 가: 오늘 할 일이 너무 많아서 걱정이에요.

나: 제가 **도와줄 거예요.** 걱정하지 마세요.
　　　　　→
　　　　　⎯⎯⎯⎯⎯⎯

③ 가: 빌 씨, 이것 좀 복사해 줄래요?

나: 알았어요. 제가 **복사해 줄래요.** 조금만 기다리세요.
　　　　　　　　　　→
　　　　　　　　　　⎯⎯⎯⎯⎯⎯⎯⎯⎯⎯

(1) This expression is attached to a verb, and it is used to express the will of the speaker or to make a promise to another person with a strong intention of keeping it.

- 이번 주 화장실 청소는 제가 할게요. I will do this week's bathroom-cleaning duties.

- 가: 너 운동화 필요하다고 했지? 내가 생일 선물로 사 줄게.
  You said you needed sneakers? I will buy them for you as a birthday present.
  나: 그래? 정말 고마워. Really? Thank you very much.

(2) The following is the form information for this expression.

V	Final consonant ○ + −을게요		Final consonant × + −ㄹ게요	
	먹다	먹을게요	가다	갈게요
	읽다	읽을게요	공부하다	공부할게요

(3) This expression is used to describe a will or promise when you agree to do so after listening to someone's request or advice.

- 가: 건강을 위해서 탄산음료를 줄이셔야 해요.
  You must reduce your consumption of carbonated drinks for your health.
  나: 네, 앞으로 줄일게요. Yes, I will reduce my consumption.

(4) This expression is used with a first-person subject and is commonly used in informal settings rather than in formal settings.

- 마리 씨가 자료를 준비해 갈게요. (×)
  → 제가 자료를 준비해 갈게요. (○) I will prepare the documents.

1 가: 이렇게 늦게 오면 어떻게 해요? 20분이나 늦었잖아요.

나: 정말 미안해요. 다음부터는 약속을 **지키기로 했어요.**
　　　　　　　　　　　　　 └→ 지킬게요

You must use "–(으)ㄹ게요" when you describe the will of the speaker or make a promise you intend to keep. In the dialogue, the speaker is telling the other person that he or she will keep the promise the next time, yet 지키기로 했어요 is incorrectly used. "–기로 하다" can be used to describe decisions or promises, yet it is used to describe decisions and promises made before a discussion with another person.

● 다음 주에 친구와 영화를 보기로 했어요.　▶ p.228

2 가: 오늘 할 일이 너무 많아서 걱정이에요.

나: 제가 **도와줄 거예요.** 걱정하지 마세요.
　　　　 └→ 도와줄게요

You must use "–(으)ㄹ게요" when you make promises to other people, yet 도와줄 거예요 is incorrectly used in this sentence. Generally, if you are describing future events or actions, "–(으)ㄹ 거예요" is used, but it is not used when you are making a promise to another person. However, many people habitually use the form incorrectly.

● 다음달 15일부터 올림픽을 시작할 거예요.　▶ p.68

3 가: 빌 씨, 이것 좀 복사해 줄래요?

나: 알았어요. 제가 **복사해 줄래요.** 조금만 기다리세요.
　　　　　　 └→ 복사해 줄게요

If you are listening to certain advice or are receiving a request, you must use "–(으)ㄹ게요" in your answer. In this dialogue, the speaker is giving a positive answer to a request regarding copying, yet 복사해 줄래요 is incorrectly used. Please be aware that there are instances when a speaker habitually and incorrectly uses the same expression for both the question and the answer.

가: 사무실이 추운데 에어컨 좀 꺼 줄래요?

나: 네, 제가 ① 꺼 줄래요.
　　　　　→ ＿＿＿＿＿＿＿＿＿

가: 요즘 에어컨을 너무 오래 켜 놓아서 머리가 아파요.

나: 그러면 물을 많이 마시고 가끔 나가서 산책을 해 보세요.

가: 앞으로 그렇게 ② 해요. 오늘 할 일이 많은데 머리가 아파서 걱정이네요.
　　　　　　　　→ ＿＿＿＿＿＿＿＿＿

나: 저한테 약이 있으니까 ③ 줄 거예요. 점심 먹고 드세요.
　　　　　　　　　　→ ＿＿＿＿＿＿＿＿＿

1 가: 지수야, 식사 준비 다 됐어. 밥 먹어라.

　　나: 입맛이 없어서 먹기 싫어요. 오늘 저녁은 안 먹을게요.

　　　　　　　　　　　　　　　　　　→ _____

2 가: 스티븐 씨, 내일 영화 보러 갈 거예요?

　　　　　　　　　　　　→ _____

　　나: 네, 좋아요. 같이 갑시다.

3 가: 뭘 드시겠어요?

　　나: 우리 누나는 커피를 마실래요.

　　　→ _____

(1) This expression is attached to a verb, and it is used to describe the will of the speaker.

- 가: 커피랑 차가 있는데 뭐 드시겠어요? There are coffee and tea. What would you like to drink?
  나: 저는 그냥 물을 마실래요. I'll just have water.
- 가: 영화 보러 같이 가자. Let's watch a movie.
  나: 날씨가 추우니까 오늘 나는 집에 있을래. 혼자 다녀와.
  The weather is cold, so I will stay home. You can go by yourself.

(2) The following is the form information for this expression.

	Final consonant ○ + −을래요		Final consonant × + −ㄹ래요	
V	먹다	먹을래요	가다	갈래요
	읽다	읽을래요	공부하다	공부할래요

(3) This expression is used with a first-person subject, and it is commonly used in informal settings.

- 지윤아, 나 몸이 안 좋아서 오늘은 일찍 집에 갈래.
  Jiyoon, I think I'll go home early today as I don't feel well.

(4) This expression can be used in the interrogative form, and it can be used to suggest or inquire about certain things. You can use the suggestive form "−(으)ㄹ까요?" interchangeably without much difference in meaning.

- 가: 방학에 어디로 놀러 갈래요? Where shall we go during the break?
  　　　　　　　　　= 갈까요?
  나: 평창이 좋대요. 거기에 한번 가 봅시다. I heard Pyeongchang is nice. Let's go there.

(5) This expression can be used to give subtle demands or to request tasks.

- 가: 다 먹은 접시를 좀 치워 줄래요? Do you mind getting rid of the dishes after you eat?

  나: 네, 알겠습니다. No, I don't mind.

 오답노트

1 가: 지수야, 식사 준비 다 됐어. 밥 먹어라.

나: 입맛이 없어서 먹기 싫어요. 오늘 저녁은 안 **먹을게요**.
　　　　　　　　　　　　　　　　　┗→ 먹을래요

"-(으)ㄹ래요" is used when you are describing the speaker's will. Although the person has stated a will not to eat, 먹을게요 is incorrectly used in this dialogue. "-(으)ㄹ게요" can describe the will of the speaker, but it is used when you are making a promise to another person.

- 가: 라면을 너무 자주 먹지 마세요.

  나: 알겠어요. 자주 안 먹을게요. ▶p.260

2 가: 스티븐 씨, 내일 영화 보러 **갈 거예요?**
　　　　　　　　　　　　┗→ 갈래요 / 갈까요

나: 네, 좋아요. 같이 갑시다.

When you suggest something or ask for an opinion, you should use the interrogative form "-(으)ㄹ래요?" or "-(으)ㄹ까요?" Although the person is making a suggestion to the other person to watch a movie tomorrow, 갈 거예요? is incorrectly used. "-(으)ㄹ 거예요 ①" is used to describe future events or actions.

- 저는 다음 학기에 '중국어 2' 수업을 신청할 거예요. ▶p.68

3 가: 뭘 드시겠어요?

나: **우리 누나는** 커피를 마실래요.
　　┗→ 나는 / 저는

"-(으)ㄹ래요" describes the will of the speaker, so you must use it with a first-person subject. However, in the answer in this discussion, the subject is incorrectly used as 우리 누나는.

 연습하기

가: 어서 오세요. 뭘 찾으세요?

나: 겨울에 입을 코트를 좀 ① 보여 주실 거예요?
　　　　　　　　　　　　→ _____

가: 네, 이 코트는 어떠세요? 따뜻하고 가벼워요. 한번 ② 입어 봤어요?
　　　　　　　　　　　　　　　　　　　　　→ _____

나: 아니요, 괜찮아요. ③ 그건 안 입어 봐요. 저기에 있는 회색 코트 좀 보여 주세요.
　→ _____

가: 네, 알겠습니다. 금방 보여 드릴게요.

1 –(으)ㄹ 거예요 ②　　　　　　　　　〈8〉추측 · 의문

1 저는 아마 이번 주말에는 집에서 쉴래요.

→ _____

2 가: 이 시간에 집 앞에 있는 약국에 가도 약을 살 수 있겠지요?

나: 네. 그 약국은 보통 9시에 문을 닫으니까 지금 가도 살게요.

→ _____

3 마이클 씨는 어제 미국으로 떠날 거예요.

→ _____

(1) This expression is used to make assumptions.

- 박 선생님은 아마 부산에 살고 계실 거예요. Mr. Park might be living in Busan.
- 존 씨가 지금쯤은 영국에 도착했을 거예요. John might have landed in England.

(2) The following is the form information for this expression.

	Final consonant ○ + –을 거예요		Final consonant × + –ㄹ 거예요	
A/V	작다	작을 거예요	크다	클 거예요
	읽다	읽을 거예요	공부하다	공부할 거예요

(3) You can use the past expression "–았/었–" in front of the expression, but you cannot use the future expression "–겠–."

- 그 소식을 듣고 할머니께서 많이 놀라셨을 거예요. (○)
  Grandma must have been very surprised to hear the news.
- 메리 씨가 다리를 다쳐서 내일은 학교에 못 오겠을 거예요. (×)
  → 메리 씨가 다리를 다쳐서 내일은 학교에 못 올 거예요. (○)
  Mary won't be able to come to school tomorrow as she hurt her legs.

(4) This expression has the following differences in meaning with "–겠어요," which describes an assumption.

–(으)ㄹ 거예요	–겠어요
Used to make an assumption based on past experiences or objectives as well as general cases • 지금 출발하면 한 시간쯤 걸릴 거예요. (과거의 경험에 근거하여 객관적으로 추측함.)	Used to make a subjective assumption of a situation or state during the time of discussion • 지금 출발하면 한 시간쯤 걸리겠어요. (도로 상황을 보거나 지도를 검색해 본 후에 주관적으로 추측함.)

| If I leave now, it will take about an hour. (made an objective assumption based on past experience) | If you leave now, it might take an hour. (made a subjective assumption after looking at a the traffic conditions and browsing the map on the Internet) |

1 저는 아마 이번 주말에는 집에서 **쉴래요**.
└→ 쉴 거예요

You must use "-(으)ㄹ 거예요" when you are making assumptions. Although there is the adverb 아마, which is used when describing assumptions, 쉴래요 is incorrectly used. As "-(으)ㄹ 거예요" can be used interchangeably with "-(으)ㄹ래요" when expressing will, please be advised that many users make the mistake of thinking they can use it interchangeably even when they are making assumptions. "-(으)ㄹ래요" is used to express the will or opinion of the speaker.

● 지수 씨는 거기에 앉으세요. 저는 여기에 앉을래요. ▶ p.262

2 가: 이 시간에 집 앞에 있는 약국에 가도 약을 살 수 있겠지요?
나: 네. 그 약국은 보통 9시에 문을 닫으니까 지금 가도 **살게요**.
└→ 살 수 있을 거예요

You must use "-(으)ㄹ 거예요" when you are making assumptions based on past experiences or on objective and general cases. Although there is objective information that the pharmacy closes at 9, 살게요, which describes a promise or will, is incorrectly used.

3 마이클 씨는 어제 미국으로 **떠날 거예요**.
└→ 떠났을 거예요

You can use the past expression "-았/었-" in front of "-(으)ㄹ 거예요." However, 떠날 거예요 is incorrectly used when yesterday's events are mentioned in the sentence. Please remember that "-(으)ㄹ 거예요" cannot be used with past expressions when it describes future will, but it can be used with past expressions when it describes assumptions.

● 저는 다음 달부터 피아노 학원에 다닐 거예요. ▶ p.68

오늘따라 잠은 안 오고 가족들 생각만 나요. 서울은 새벽이지만 고향은 오전 시간이라서 가족들은 모두 바쁠 거예요. 아버지께서는 평소처럼 회사에서 열심히 ① 일하시나 봐요. 그리고 어머니께서는 아침 일찍 병원에 ② 가실 거예요. 어제 통화할 때 감기에 걸려서 오늘 병원에 갈 거라고 하셨거든요. 그리고 동생은 학교에서 열심히 ③ 공부할게요. 다음 달에 대학교 입학시험을 봐야 하거든요. 빨리 방학이 돼서 고향에 돌아가면 좋겠어요.

1 가: 미선 씨도 중국 음식을 좋아할까요?

　　나: 네. 아마 **좋아해요**.

　　→ _____

2 가: 이 교수님께서 많이 **바쁠까요**?

　　→ _____

　　나: 네. 학기 말이라서 많이 바쁘실 거예요.

3 어제 축구 경기에서 누가 **이길까요**?

　　→ _____

(1) This expression is used when the speaker is making assumptions and asking questions regarding events that are unknown or that have not happened.

● 가: 오후에도 고속도로가 많이 막힐까요?
　　Do you think the highway will be congested this afternoon?
　나: 주말이 아니니까 괜찮을 거예요. It will be okay since it's not the weekend.

● 가: 창문을 열면 추울까요? Would it be cold if I open the window?
　나: 아마 추울 거예요. I assume it would be.

(2) The following is the form information for this expression.

	Final consonant ○ + −을까요?		Final consonant × + −ㄹ까요?	
A/V	작다	작을까요?	크다	클까요?
	읽다	읽을까요?	만나다	만날까요?

(3) This expression has the following difference when it is used to make an assumption or a suggestion.

	Assumption	Suggestion
Subject	2nd · 3rd person • 지선 씨가 언제쯤 돌아올까요? 　When will Jisun return?	1st person • 우리 좀 걸을까요? 　Shall we walk?
−았/었−	○	×
−겠−	×	×
−(으)시−	○	×

Answer	가: A/V-(으)ㄹ까요? 나: (아마) A/V-(으)ㄹ 거예요	가: V-(으)ㄹ까요? 나: 네, V-(으)ㅂ시다/ V-아/어요

1 가: 미선 씨도 중국 음식을 좋아할까요?

나: 네. 아마 **좋아해요.**
　　　　　└→ 좋아할 거예요

You should use "–(으)ㄹ까요?" when you are making assumptions and asking about events that have not happened. It is also advisable that "–(으)ㄹ 거예요," which has a meaning of assumption, be used as the answer. However, as the usage of "–(으)ㄹ까요?" which is also used for suggestions, is confused in the dialogue, the answer 좋아해요 is awkward. Please note that answers can vary according to the meaning of "–(으)ㄹ까요?"

• 가: 이 음악을 들을까요?　　　나: 네. 좋아요. 같이 들어요. ▶ p.224

2 가: 이 교수님께서 많이 바쁠까요?
　　　　　　　　　└→ 바쁘실까요

나: 네. 학기 말이라서 많이 바쁘실 거예요.

Unlike the case when "–(으)ㄹ까요?" is used for making suggestions, you cannot have the honorific expression "–(으)시–" in front of "–(으)ㄹ까요?" when it is used to describe an assumption. Although the subject of the sentence is 교수님, 바쁠까요? is incorrectly used.

3 어제 축구 경기에서 누가 이길까요?
　　　　　　　　　└→ 이겼을까요

You can use the tense form "–았/었–" in front of "–(으)ㄹ까요?" when describing assumptions. Although the person is asking about yesterday's event, 이길까요? is incorrectly used. Please remember that past expressions can come before "–(으)ㄹ까요?" which is used for making assumptions.

가: 일이 너무 많네요. 지수 씨에게 이 서류를 좀 봐 달라고 하면 봐 줄까요?

나: 아마 ① 봐 줘요. 지수 씨는 친절하잖아요.
　　　→ _____

가: 어제 민수 씨에게 부탁한 기획안은 작성이 ② 끝날까요?
　　　　　　　　　　　　　　　　　　　　　　→ _____

나: 아마 끝냈을 거예요. 민수 씨는 손이 빠르잖아요.

가: 일을 많이 해서 너무 피곤해요. 내일 휴가를 쓰겠다고 하면 부장님께서 ③ 허락할까요?
　　　　　　　　　　　　　　　　　　　　　　　　　　　　　　　　　→ _____

나: 아마 허락해 주실 거예요. 부장님도 철수 씨가 일이 많은 것을 아시잖아요.

③ –(으)ㄴ/는/(으)ㄹ 것 같다 〈8〉추측·의문

1 저는 발이 **작은가 봐요**. 이 신발이 안 맞네요.

→ _____

2 기차를 **놓친 것 같으니까** 서둘러 주세요.

→ _____

3 가: 손님, 입어 보신 옷이 어떠세요?

나: 역시 흰색은 저한테 **어울리지 않을 것 같아요**. 다른 색으로 보여 주세요.

→ _____

(1) This expression is used to make an assumption about an event in the past, present, or future in various situations.

- 가: 사토 씨는 오늘도 야근을 한대요? Is Sato working late again?
  나: 네. 요즘 신제품 발표 준비 때문에 일이 많은 것 같아요.
  Yes. I think he has a lot of work because of the preparation for the new product launch.

- 가: 모아드 씨랑 유리 씨가 사귀는 것 같아요. I think Mohad and Yuri are going out.
  나: 그렇지요? 요즘 두 사람이 계속 같이 다녀요.
  Do you think so? Recently, they have been going around together.

(2) The following is the form information for this expression.

	Present	Past		Future	
	–는 것 같다	Final consonant ○ + –은 것 같다	Final consonant × + –ㄴ 것 같다	Final consonant ○ + –을 것 같다	Final consonant × + –ㄹ 것 같다
V	가다 가는 것 같다	먹다 먹은 것 같다	오다 온 것 같다	먹다 먹을 것 같다	오다 올 것 같다
	먹다 먹는 것 같다	읽다 읽은 것 같다	쉬다 쉰 것 같다	읽다 읽을 것 같다	쉬다 쉴 것 같다

(3) The forms "–(으)ㄴ 것 같다" and "–(으)ㄹ 것 같다" are used when this expression is used with adjectives. The following describes the differences according to each form.

A–(으)ㄴ 것 같다	A–(으)ㄹ 것 같다
Make an assumption based on a certain and direct basis. The speaker makes an assumption after having an experience. • 이 바지는 저한테 작은 것 같아요. (바지를 입어 본 후에 추측함.) I think these trousers might be too small for me. (made an assumption after trying them on.)	Make an assumption on a vague and indirect basis. The speaker makes an assumption without directly going through an experience. • 이 바지는 저한테 작을 것 같아요. (바지를 입어 보기 전에 바지만 보고 추측함.) I think these trousers will be too small for me. (made an assumption before trying them on.)

(4) This expression is used when the speaker is expressing his/her view in a subtle way without being too direct.

● 가: 콘서트 표가 있는데 이번 토요일에 저랑 같이 보러 갈래요?
I have a ticket to a concert. Would you like to go to the concert with me on Saturday?

나: 미안해요. 주말에는 좀 힘들 것 같아요. I'm sorry. I don't think I'll have time on the weekend.

1 저는 발이 **작은가 봐요**. 이 신발이 안 맞네요.
    └→ 작은 것 같아요

You can use "-(으)ㄴ/는 것 같다" when you describe personal assumptions based on various situations. Therefore, you can assume about one's situation as well. However, in this sentence, the speaker is assuming and talking about the speaker's shoe size based on his/her experience, yet 작은가 봐요 is incorrectly used. When using the form "-(으)ㄴ가 보다," because you can make assumptions only when you have experienced something and have concrete proof based on your experience, you generally don't use it to make assumptions about yourself.

● 스티븐 씨가 전화를 안 받는 걸 보니 바쁜가 봐요. ▶p.270

2 기차를 **놓친 것 같으니까** 서둘러 주세요.
    └→ 놓칠 것 같으니까

You can use "V-(으)ㄹ 것 같다" when you are making assumptions about the future. Although the speaker is making the assumption that "if you don't hurry, you will miss the train," the past expression 놓친 것 같으니까 is incorrectly used.

3 가: 손님, 입어 보신 옷이 어떠세요?

나: 역시 흰색은 저한테 **어울리지 않을 것 같아요**. 다른 색으로 보여 주세요.
    └→ 어울리지 않는 것 같아요

The present tense negative expression of "V-는 것 같다" is "V-지 않는 것 같다," and the future tense negative expression is "V-지 않을 것 같다." However, the future tense 어울리지 않을 것 같아요 is incorrectly used when the speaker is indirectly commenting that the clothes do not look good on him.

어제 청바지를 샀어요. 가게에서 볼 때는 청바지 사이즈가 ① 맞는 것 같았는데 집에 와서 입어
            →_____

보니까 사이즈가 작았어요. 그래서 오늘 지수랑 청바지를 교환하러 갔어요. 그런데 한 사이즈

가 큰 건 없다고 해서 어떻게 할지 망설였어요. 그때 지수가 ② 환불이 된 것 같다면서 직원에
                        →_____

게 가서 물어봤어요. 다행이 제가 영수증을 가지고 있어서 환불할 수 있었어요. 혼자 갔으면 환

불을 받지 못했을 텐데 지수랑 같이 가기를 ③ 잘했나 봐요.

                →_____

④ -나 보다 　　　　　　　　　　〈8〉추측·의문

1 가: 오늘도 애나 씨가 학교에 안 왔어요.

　　나: 그래요? 벌써 사흘째 안 왔어요. 무슨 일이 있어 <u>보여요</u>.

　　　　　　　　　　　　　　　　→ _____

2 출근 시간도 아닌데 길이 막히네요. 사고가 <u>난가 봐요</u>.

　　　　　　　　　　　　→ _____

3 저 가게 앞에 사람들이 줄을 많이 서 있는 걸 보니까 음식이 <u>맛있어요</u>.

　　　　　　　　　　　　　　　　→ _____

(1) This expression is used to make objective assumptions regarding certain actions or states after seeing or hearing about certain things.

- 가: 폴 씨가 자전거를 타고 학교에 오네요. Paul is riding his bicycle to school.
  나: 그래요? 학교하고 가까운 곳에서 사나 봐요. Really? He must live near the school.
- 가: 안나 씨는 아직도 시험을 보고 있어요? Is Anna still taking the test?
  나: 네, 시험이 많이 어려운가 봐요. Yes, the test seems very difficult.

(2) The following is the form information for this expression.

	Present		Past
	Final consonant ○ + -은가 보다	Final consonant ✕ + -ㄴ가 보다	-았/었나 보다
A	작다　작은가 보다	비싸다　비싼가 보다	작다　작았나 보다
	-나 보다		-았/었나 보다
V	먹다　　　먹나 보다		쉬다　쉬었나 보다

(3) Generally, the following forms are used for this expression.

> **-(으)ㄴ/는 걸 보니(까)** ＋ -(으)ㄴ가 봐요 / -나 봐요
> 　　　　　　　　　　　　 -(으)ㄴ가 보지요? / -나 보지요?
> 　　　　　　　　　　　　 -(으)ㄴ가 보네요 / -나 보네요

- 지우 씨가 웃고 있는 걸 보니 좋은 일이 있나 봐요.
  Something good must have happened since Jiwoo is smiling.

(4) This expression has the following difference with "-(으)ㄴ/는 것 같다," which describes an assumption.

A–(으)ㄴ가 보다 / V–나 보다	A–(으)ㄴ 것 같다 / V–는 것 같다
Direct experience of the speaker (×)	Direct experience of the speaker (○)
Indirect experience of the speaker (○)	Indirect experience of the speaker (○)
• 어제 밤에 눈이 많이 왔나 봐요. 여기 저기 눈이 많이 쌓여 있네요. It must have snowed a lot last night. There is snow everywhere. • 저는 자나 봐요. (×) → 매튜 씨는 자나 봐요. (○) Matthew must be asleep.	• 어제 밤에 눈이 많이 온 **것 같아요**. 여기저기 눈이 많이 쌓여 있네요. I think it snowed a lot last night. There is snow everywhere. • 이 옷이 저한테 안 어울리는 **것 같아요**. I don't think these clothes look good on me.

1 가: 오늘도 애나 씨가 학교에 안 왔어요.

나: 그래요? 벌써 사흘째 안 왔어요. 무슨 일이 있어 보여요.

                                   └→ 있나 봐요

"–(으)ㄴ가 보다/나 보다" is used when you acknowledge something and make an assumption based on it. Although it is implied that they are assuming that something has happened as Anna has not been seen for three days, 있어 보여요 is incorrectly used. "–아/어 보이다" can be only used for things that a person has seen firsthand.

- 수잔 씨, 무슨 일이 있어요? 안색이 안 좋**아 보여요**.

2 출근 시간도 아닌데 길이 막히네요. 사고가 난가 봐요.

                            └→ 났나 봐요

"–았/었나 보다" is used in this expression to make an assumption about the past. However, 난가 봐요 is incorrectly used as the speaker confuses the form with "–(으)ㄴ+ N," which can be used when the past tense comes before the noun.

3 저 가게 앞에 사람들이 줄을 많이 서 있는 걸 보니까 음식이 맛있어요.

                                └→ 맛있나 봐요

Generally, "–(으)ㄴ가 보다/나 보다" is used after "–(으)ㄴ 걸 보니(까)," which forms the basis of an assumption. Although the expression 줄을 많이 서 있는 걸 보니까, which hints at an assumption, 맛있어요 is incorrectly used.

새 학기가 시작돼서 친구들을 만나니까 아주 즐거워요. 히엔 씨가 커플 반지를 아직도 끼고 있는 걸 보니 남자 친구랑 잘 지내고 ① 있어 보여요. 마이클 씨는 개강 첫날인데 또 졸고 있어요.

                                  →

어제도 새벽까지 게임을 ② 하나 봐요. 그리고 장호 씨가 점심에 한턱내겠다고 해요. 지난번에

                         →

장학금을 받으면 한턱내겠다고 했는데 정말 장학금을 ③ 받아요.

                                      →

5 –는지 알다/모르다　　　〈8〉추측·의문

1 가: 부산은 뭐가 **유명한지 몰라요**?

→ _____

나: 네. 알아요. 바다가 아름답기로 유명해요.

2 가: 김치를 **만드는지 알아요**?

→ _____

나: 아니요. 김치를 어떻게 만드는지 잘 몰라요.

3 모세 씨가 지난주에 어디에 **간지 몰라요**.

→ _____

(1) This expression is used to confirm whether a person knows a fact or to express a vague suspicion regarding an unknown topic.

- 가: 다니엘 씨가 지금 어디에 사는지 알아요? Do you know where Daniel currently lives?
  나: 네. 알아요. 북촌에 살아요. Yes, I do. He lives in Bukchon.

- 저는 한국 사람들이 왜 생일에 미역국을 먹는지 잘 몰라요.
  I don't know why Koreans have seaweed soup on their birthdays.

(2) The following is the form information for this expression.

A	Final consonant ○ + –은지 알다/모르다		Final consonant × + –ㄴ지 알다/모르다	
	작다	작은지 알다/모르다	비싸다	비싼지 알다/모르다
V	–는지 알다/모르다			
	먹다	먹는지 알다/모르다	가다	가는지 알다/모르다

(3) This expression must be used with the following interrogatives.

누구/누가, 어디, 무엇, 어떻게, 왜, 얼마나, 언제……
어떤 N, 몇 N, 어느 N, 무슨 N……　　+　–(으)ㄴ/는지 알다/모르다

- 여기에서 명동에 가려면 몇 호선을 타야 하는지 알아요?
  Do you know which line I should take if I want to go to Myeongdong from here?

(4) The answer for this expression changes depending on whether or not you know the answer to the question.

When you know the answer	When you don't know the answer
가: Interrogative + A/V–(으)ㄴ/는지 알아요? 나: 네. 알아요. (구체적인 대답) (Detailed answer) • 가: 이게 <u>무엇인지 알아요</u>? Do you know what this is? 나: 네, 알아요. 젓가락이에요. Yes, I know. It's a chopstick.	가: Interrogative + A/V–(으)ㄴ/는지 알아요? 나: 아니요. Interrogative + A/V–(으)ㄴ/는지 몰라요 글쎄요. Interrogative + A/V–(으)ㄴ/는지 모르겠어요 • 가: 이게 <u>무엇인지 알아요</u>? Do you know what this is? 나: 글쎄요. 그게 <u>무엇인지 모르겠어요</u>. Well, I don't know what it is.

1 가: 부산은 뭐가 **유명한지 몰라요?**
    └→ 유명한지 알아요

나: 네. 알아요. 바다가 아름답기로 유명해요.

You can use "–(으)ㄴ/는지 알다/모르다" to confirm whether a person knows a fact or to ask a vague question about an unknown topic. In addition, if the other person comes back with the answer 네, 알아요, you must use the form "–(으)ㄴ/는지 알아요?" to ask a question.

2 가: 김치를 **만드는지 알아요?**
    └→ 어떻게 만드는지 알아요

나: 아니요. 김치를 어떻게 만드는지 잘 몰라요.

Interrogatives such as 누가, 어디, and 무엇 must be used together with "–(으)ㄴ/는지 알다/모르다" when you are using this expression. However, 만드는지 알아요? is incorrectly used without interrogatives in this dialogue.

3 모세 씨가 지난주에 어디에 **간지 몰라요.**
        └→ 갔는지 몰라요

If you want to use "–(으)ㄴ/는지 알다/모르다" in the past tense form, you must use the "–았/었는지 알다/모르다" form. However, 간지 몰라요 is incorrectly used and makes the sentence awkward.

가: 미야코 씨, 남대문 시장에 어떻게 ① <u>간지 아세요?</u>
    →
    _____

나: 네. 알아요. 지하철 4호선을 타고 가다가 회현역에서 내리면 돼요.

가: 그렇군요. 여기는 2호선인데 ② <u>4호선으로 갈아타는지 알아요?</u>
    →
    _____

나: 네. 알아요. 2호선을 타고 가다가 사당역에서 갈아타면 돼요.

가: 고마워요. 그럼 남대문 시장의 어느 가게가 옷이 ③ <u>쌀 줄 알아요?</u>
                                        →
나: 글쎄요. 어느 가게가 싼지는 잘 모르겠네요. _____

6 –(으)ㄹ지 모르겠다 〈8〉 추측·의문

1 가: 내일 시험을 잘 볼 것 같아요?

나: 글쎄요. 시험을 잘 보는지 모르겠어요.

→

2 지갑을 잃어버렸는데 어디에서 찾아야 한지 모르겠어요.

→

3 계속 가뭄인데 언제 비가 오겠을지 모르겠습니다.

→

(1) This expression is used when the speaker expresses doubts about vague situations or facts.

- 졸업 후에 무슨 일을 해야 할지 모르겠어요. I don't know what I'll do after graduation.

- 가: 이 옷이 동생한테 맞을지 모르겠다. I don't know if these clothes will fit my sister.

나: 저랑 체격이 비슷하니까 잘 맞을 거예요. 걱정하지 말고 사세요.
This will fit her well as she has a similar build as me. Don't worry. Just buy it.

(2) The following is the form information for this expression.

	Final consonant ○ + –을지 모르겠다		Final consonant × + –ㄹ지 모르겠다	
A/V	작다	작을지 모르겠다	크다	클지 모르겠다
	먹다	먹을지 모르겠다	가다	갈지 모르겠다

(3) This expression is used in the "–(으)ㄹ지 –(으)ㄹ지 모르겠다" form, and it is also used when you have doubts about one of the two choices.

- 면접 시험장에 사장님께서 오실지 안 오실지 모르겠습니다.
I don't know whether or not the CEO will come to the interview room.

(4) This form "–(으)ㄹ지(요)?" without 모르겠다 is used to ask another person in a subtle manner regarding something the speaker has doubts about. In this case, the question and answer can be used in the following form.

When you know the exact answer	When you don't know the exact answer
가: A/V–(으)ㄹ지(요)? 나: 아마 + –(으)ㄹ 거예요 –(으)ㄹ 것 같아요 (assumption)	가: A/V–(으)ㄹ지(요)? 나: 글쎄(요). + A/V–(으)ㄹ지 모르겠다

- 가: 회의가 몇 시에 끝날지요?
  Do you know when the meeting will end?
- 나: 아마 한 시간쯤 후에 끝날 거예요.
  I believe it will end in an hour.

- 가: 회의가 몇 시에 끝날지요?
  Do you know when the meeting will end?
- 나: 글쎄요. 저도 회의가 몇 시에 끝날지 모르겠습니다.
  Let's see. I honestly don't know when the meeting will end.

1 가: 내일 시험을 잘 볼 것 같아요?

나: 글쎄요. 시험을 잘 <u>보는지 모르겠어요</u>.
         └→ 잘 볼지 모르겠어요

You must use "-(으)ㄹ지 모르겠다" when the speaker has doubts about vague situations or facts. However, 잘 보는지 모르겠어요 is incorrectly used as the person is confused with the form "-(으)ㄴ/는지 알다/모르다." "-(으)ㄴ/는지 알다/모르다" is used when you are confirming a fact or when you have vague doubts about something that is unknown.

- 동생이 어디에 <u>갔는지 몰라요</u>. ▶p.272

2 지갑을 잃어버렸는데 어디에서 찾아야 <u>한지 모르겠어요</u>.
                         └→ 할지 모르겠어요

Regarding the form "-(으)ㄹ지 모르겠다," you must always use this form. However, it is incorrectly used as 한지 모르겠어요 in this sentence. You must check before using this expression as you may think that when you have "-(으)ㄴ," "-는," or "-(으)ㄹ," you can use them interchangeably depending on the tense, yet there are many instances when you can't.

3 계속 가뭄인데 언제 비가 <u>오겠을지 모르겠습니다</u>.
                    └→ 올지 모르겠습니다

You cannot use the future tense "-겠-" in front of "-(으)ㄹ지 모르겠다." However, 오겠을지 모르겠습니다 is incorrectly used, and it makes the sentence awkward.

가: 사장님께서 언제 돌아오실지요?

나: 아마 오후에 돌아오세요.
       → _____

가: 오후에는 사무실에 계실까요?

나: 글쎄요. 사무실에 계신지 안 계신지 모르겠어요.
       → _____

가: 그럼, 지금 문자를 보내면 보실 수 있을까요?

나: 글쎄요. 지금 거래처 사장님하고 미팅 중이라서 문자를 <u>보시겠을지 모르겠습니다</u>.
                      → _____

1 어젯밤에 책을 읽느라고 시간이 **갈 줄 몰라요**. 시계를 보니까 새벽 3시였어요.

→ _____

2 가: 왜 그렇게 놀라요?

　나: 저는 저 아저씨가 **40대이신 줄 아는데** 예순이시래요.

→ _____

3 오늘 지갑을 안 가지고 **온 줄 몰랐고** 점심을 산다고 했어요.

→ _____

(1) This expression is used when you know or don't know about a certain fact or state.

- 가: 미키 씨가 오늘도 늦네요. Mickey is late again today.

　나: 나는 미키 씨가 오늘도 늦을 줄 알았어요. I knew that Mickey would be late again today.

- 평일 오전 시간에도 이렇게 차가 많이 막히는 줄 몰랐어요.
  I didn't know the traffic congestion was so bad in the morning.

(2) The following is the form information for this expression.

	Present		Past		Future	
	Final consonant ○ + –은 줄 알았다/몰랐다	Final consonant ✕ + –ㄴ 줄 알았다/몰랐다			Final consonant ○ + –을 줄 알았다/몰랐다	Final consonant ✕ + –ㄹ 줄 알았다/몰랐다
A	작다 → 작은 줄 알았다/몰랐다	크다 → 큰 줄 알았다/몰랐다			작다 → 작을 줄 알았다/몰랐다	크다 → 클 줄 알았다/몰랐다
	–는 줄 알았다/몰랐다		Final consonant ○ + –은 줄 알았다/몰랐다	Final consonant ✕ + –ㄴ 줄 알았다/몰랐다	Final consonant ○ + –을 줄 알았다/몰랐다	Final consonant ✕ + –ㄹ 줄 알았다/몰랐다
V	먹다 → 먹는 줄 알았다/몰랐다		먹다 → 먹은 줄 알았다/몰랐다	가다 → 간 줄 알았다/몰랐다	먹다 → 먹을 줄 알았다/몰랐다	가다 → 갈 줄 알았다/몰랐다

(3) This expression can be used when the speaker has the wrong facts and information information. The forms "–(으)ㄴ/는/(으)ㄹ 줄 알았다" and "–(으)ㄴ/는/(으)ㄹ 줄 몰랐다" are opposites, yet they can mean the same thing by using negative forms.

- 저는 서울의 물가가 싼 줄 알았어요. I thought the prices in Seoul would be cheap.

　= 비싼 줄 몰랐어요.

(4) This expression is used as it is if it combines with other expressions, but if it combines with "–고" or "–(으)면서도," it changes into the present tense.

- 일찍 일어나는 게 힘들 줄 몰랐고 영어 학원을 새벽시간에 등록했어요. (×)
  - → 일찍 일어나는 게 힘들 줄 모르고 영어 학원을 새벽시간에 등록했어요. (○)
    Not knowing how hard it is to wake up early, I registered for an early-morning English language class.

- 일찍 일어나는 게 힘들 줄 알았으면서도 영어 학원을 새벽시간에 등록했어요. (×)
  - → 일찍 일어나는 게 힘들 줄 알면서도 영어 학원을 새벽시간에 등록했어요. (○)
    Knowing how hard it is to wake up early, I registered for an early-morning English class.

---

1 어젯밤에 책을 읽느라고 시간이 **갈 줄 몰라요**. 시계를 보니까 새벽 3시였어요.
　　　　　　　　　　└→ 가는 줄 몰랐어요

You must use "–(으)ㄴ/는/(으)ㄹ 줄 알았다/몰랐다" if you are indicating whether you know or don't know about a certain fact or state. However, 갈 줄 몰라요 is incorrectly used in this sentence. "–(으)ㄹ 줄 알다/모르다" is used when you describe how to do something or an ability.

- 우리 아이는 아직 숫자를 셀 줄 몰라요. ▶ p.248

2 가: 왜 그렇게 놀라요?

나: 저는 저 아저씨가 **40대이신 줄 아는데** 예순이시래요.
　　　　　　　　　　└→ 40대이신 줄 알았는데

You must use "–(으)ㄴ/는/(으)ㄹ 줄 알았다/몰랐다" without changing the form when combining with other expressions. However, 40대이신 줄 아는데 is incorrectly used in this dialogue.

3 오늘 지갑을 안 가지고 **온 줄 몰랐고** 점심을 산다고 했어요.
　　　　　　　　　　└→ 온 줄 모르고

"–(으)ㄴ/는/(으)ㄹ 줄 알았다/몰랐다" does not change forms when it is combined with other expressions, yet if it is combined with "–고" or "–(으)면서도," you have to change it to the present form. However, 온 줄 몰랐고 is incorrectly used in this sentence.

저는 거의 매일 게임을 해요. 한국에 오기 전에는 제가 매일 게임을 ① 할 줄 몰라요. 어젯밤에
　　　　　　　　　　　　　　　　　　　　　　　　　　→ _____
도 늦게까지 게임을 하다가 새벽 2시가 넘어서 숙제를 시작했어요. 숙제를 하다 보니 시간이 너무 오래 걸렸어요. 시간이 이렇게 많이 ② 걸릴 줄 알면 게임을 조금만 할 걸 그랬어요. 하지만
　　　　　　　　　　　　　　　　　　　　　　→ _____
매일 ③ 후회할 줄 알았으면서도 게임을 끊을 수가 없어요. 제가 게임을 끊을 수 있도록 좀 도
→ _____
와주세요.

[1~3] (　　)에 들어갈 가장 알맞은 것을 고르십시오.

1

> 가: 엄마, 아빠. 학교에 (　　　).
> 나: 그래. 조심해서 잘 다녀와.

① 다녀와요　　　　② 다녀올래요　　　　③ 다녀올 거예요　　　　④ 다녀오겠습니다

2

> 가: 앤드류 씨, 저는 저 컴퓨터가 마음에 드는데 가격이 (　　　)?
> 나: 네. 비쌀 것 같아요. 성능도 좋은 데다가 디자인도 예쁘잖아요.

① 비쌀까요　　　　② 비싼지 알아요　　　　③ 비싸면 좋겠어요　　　　④ 비쌀 줄 알았어요

3

> 가: 지난달에 회사 사정이 안 좋아서 직원들이 모두 걱정했는데 이제는 괜찮아졌대요.
> 나: 다행이네요. 사장님도 말은 하지 않았지만 무척 (　　　).

① 힘들 거래요　　　　② 힘든 줄 알았어요　　　　③ 힘드셨을 거예요　　　　④ 힘든 편이었어요

[4~6] 다음 밑줄 친 부분과 의미가 비슷한 것을 고르십시오.

4

> 가: 마틴 씨, 사람들이 저 놀이기구를 타면서 소리를 많이 지르네요.
> 나: 그러게요. 저 놀이기구가 <u>재미있나 봐요</u>. 우리도 타러 가요.

① 재미있거든요　　　　　　　　② 재미있는 것 같아요

③ 재미있는지 몰라요　　　　　　④ 재미있을지 모르겠어요

5

> 가: 피터 씨! 준비 다 됐지요? 오늘도 늦으면 안 되잖아요.
> 나: 그러니까요. 오늘도 늦으면 선배들이 <u>화를 낼 것 같은데</u> 일찍 가야지요.

① 화를 낼까 봐서　　　　　　　② 화를 낼 텐데

③ 화를 내려고 하면　　　　　　④ 화를 내면 안 되는데

6

> 가: 운전을 배워서 직접 해 보니까 어때요?
> 나: 너도나도 운전을 하니까 <u>쉬울 줄 알았는데</u> 막상 해 보니까 생각보다 어려워요.

① 어려운 탓에   ② 아무리 어려워도

③ 어려울 줄 몰랐는데   ④ 어려우면 어려울수록

[7~9] 다음을 잘 읽고 이어질 수 있는 말을 고르십시오.

7

> 가: 박재은 씨, 어제 퇴근할 때 사무실 불을 안 끄고 갔던데요. 앞으로는 주의해 주세요.
> 나: 죄송합니다. 다음부터는 그런 일이 없도록 _____.

① 조심하겠습니다   ② 조심하고 싶습니다

③ 조심해야 합니다   ④ 조심할 것 같습니다

8

> 가: 쓰던 소파를 버리려는데 그냥 버려도 될까요?
> 나: _____. 이런 걸 버릴 때는 대형 폐기물 스티커를 붙여야 해요.

① 그런가 봐요   ② 그러면 안 돼요

③ 그럴 줄 몰랐어요   ④ 그래도 되는지 잘 모르겠어요

9

> 가: 죄송하지만, 지하철 표를 _____?
> 나: 네, 저 기계에서 사면 돼요.

① 어디에서 살지 아세요   ② 어디에서 살지 모르세요

③ 어디에서 사는지 아세요   ④ 어디에서 사는지 모르세요

10 다음을 잘 읽고 ㉠과 ㉡에 들어갈 말을 각각 쓰십시오.

> 여러분은 한국에서 어떤 사람을 처음 만났을 때 어떻게 (㉠   )?
> '처음 (㉡   ).'라고 말하면서 고개를 숙입니다. 그러면 일상생활에서는 어떻게 인사할까요? 먼저 웃어른을 만났을 때는 '안녕하십니까?'라고 하면서 고개를 숙입니다. 하지만 친구나 가까운 사람을 만났을 때는 '안녕?'이라고 하면서 고개를 숙이지 않고 보통 한 손을 흔듭니다. 이제 아시겠지요? 앞으로 한국 사람을 만나면 오늘 배우신 대로 해 보시기 바랍니다.

㉠ _____   ㉡ _____

① –고 있다 ② 　　　　　　　　　　〈9〉완료

1 가: 누가 마이클 씨예요?

나: 저기 빨간색 코트를 입어 있는 사람이 마이클 씨예요.

→ _____

2 줄리아 씨가 늘 반지를 끼었고 있어서 결혼한 줄 알았어요.

→ _____

3 우리 할머니는 안경을 입고 계세요.

→ _____

(1) This expression is attached to certain verbs, and it describes the maintenance of a state after a certain activity has ended.

- 그 사람은 티셔츠에 청바지를 입고 있어요. He is wearing jeans with a T-shirt.

- 가: 추운데 이제 그만 놀고 집으로 들어와. It's cold, so stop playing and come home.
- 나: 엄마, 코트를 입고 목도리도 하고 있어서 안 추워요. 더 놀다가 들어갈게요.
  Mom, I am wearing a coat and a muffler, so I am not cold. I will go in after I play some more.

(2) The following is the form information for this expression.

V	–고 있다			
	입다	입고 있다	쓰다	쓰고 있다
	신다	신고 있다	메다	메고 있다

(3) This expression is used together with verbs that have the meaning of wearing or attaching to the body like 들다, 걸다, and 차다.

코트, 청바지, 원피스 등	+ 을/를 입다
모자, 안경, 선글라스, 우산 등	+ 을/를 쓰다
목걸이, 귀고리, 목도리 등	+ 을/를 하다

- 아기가 운동화를 신고 있는 모습이 아주 귀여워요. The image of a baby wearing sneakers is so cute.
- 저기 빨간 배낭을 메고 있는 사람이 제 동생이에요. That person with the red rucksack is my brother.

(4) Tense forms such as "–았/었–" and "–겠–" cannot come before this expression.

- 린 씨가 선글라스와 모자를 썼고 있어서 못 알아봤어요. (×)
  → 린 씨가 선글라스와 모자를 쓰고 있어서 못 알아봤어요. (○)
  I didn't recognize Lynn as she was wearing sunglasses and a hat.

(5) The honorific form of this expression is "-고 계시다."

- 할아버지께서 안경을 안 쓰고 계셔서 휴대폰 문자를 못 보셨어요.
  My grandfather could not see the text message on the cell phone as he was not wearing his glasses.

(6) This expression is used with nouns that describe transportation methods in the "N을/를 타고 있다" form.

- 어제 버스를 타고 있을 때 앞차가 갑자기 멈춰서 깜짝 놀랐다.
  Yesterday, I was surprised that the car in front stopped abruptly when I was in the bus.

오답 노트

1 가: 누가 마이클 씨예요?

나: 저기 빨간색 코트를 <u>입어 있는</u> 사람이 마이클 씨예요.
   ↳ 입고 있는

You must use "-고 있다" when you describe maintenance of a state after it has been worn, yet 입어 있는 is incorrectly used in this dialogue. "-아/어 있다" can also be used to describe maintenance of a state and, in many cases, the form is attached to all kinds of verbs. However, "-고 있다" should be used after the verb describing the state of wearing something.

- 더운데 창문이 닫혀 있네요. 좀 열어 주세요. ▶ p.282

2 줄리아 씨가 늘 반지를 <u>끼었고 있어서</u> 결혼한 줄 알았어요.
         ↳ 끼고 있어서

You cannot use "-고 있다" together with "-았/었-" or "-겠-," yet 끼었고 있어서 is incorrectly used in this sentence. If you want to use this expression in the past tense, you must use the form "-고 있었어요."

3 우리 할머니는 안경을 <u>입고 계세요.</u>
            ↳ 쓰고 계세요

You must use the verb 쓰다 for wearing glasses or a hat, but in the case of 입고 계세요, the incorrect verb is used in this sentence. Unlike English, the Korean language has different verbs for wearing items depending on the parts of the body. Be careful not to get confused with them.

연습 하기

이건 우리 가족사진이에요. 우리 가족은 아버지, 어머니, 누나, 그리고 저 이렇게 4명이에요.

① <u>모자를 입고 코트를 입으신</u> 분이 제 아버지세요. 아버지는 회사원이세요. 파란 치마에 구두
→ _____

를 ② <u>신어 계신</u> 분이 제 어머니세요. 제 어머니는 학교 선생님이세요. ③ <u>목도리를 했고 있는</u>
   → _____   → _____

사람은 우리 누나예요. 지금 학생인데 저를 많이 도와줘요. 저는 우리 가족을 무척 사랑해요.

② -아/어 있다 〈9〉완료

1 동생은 음악을 들으면서 침대에 눕고 있었다.
→ _____

2 지금 눈을 쌓아 있으니까 걸을 때 조심하세요.
→ _____

3 가: 이번 주에 제주도에 간다고 했지요? 여행 준비는 다 했어요?
나: 저는 벌써 제주도에 오고 있어요. 지난 토요일에 도착했어요.
→ _____

(1) This expression is attached to a verb and describes the maintenance of a state after a certain activity has been finished.

- 가: 방바닥에 왜 이렇게 물이 많아요? Why is there so much water on the floor?
  나: 창문이 열려 있어서 비가 들어왔나 봐요. The rain must have come in as the window was open.
- 의자에 앉아 계신 분이 제 선생님이세요. The person sitting on the chair is my teacher.

(2) The following is the form information for this expression.

	ㅏ, ㅗ + -아 있다		ㅓ, ㅜ, ㅡ, ㅣ + -어 있다		하다 → 해 있다	
A/V	가다	가 있다	서다	서 있다	입원하다	입원해 있다
	앉다	앉아 있다	피다	피어 있다		

(3) This expression is used together with an intransitive verbs that do not need an object, such as 서다, 앉다, and 눕다, and passive verbs like 열리다, 닫히다, and 쌓이다.

> **N이/가 V-아/어 있다**

- 준코 씨가 저쪽에 서 있어요. (자동사)
  Junko is standing over there. (intransitive verb)
- 기숙사 문이 열려 있어서 옆방의 소리가 다 들려요. (피동사)
  I can hear everything as the dormitory door is open. (passive verb)

(4) Of the verbs ending with 하다, only 입원하다 can be used with this expression.

- 제 동생이 다리를 다쳐서 일주일 전부터 입원해 있어요.
  My brother has been hospitalized for a week because his leg was broken.

1 동생은 음악을 들으면서 침대에 **눕고 있었다.**
　　　　　　　　　　　　 └→ 누워 있었다

When you are describing the maintenance of a state after a certain activity has been finished, you must use "–아/어 있다." Although the meaning conveyed is "the state of lying down after the act of lying down," 눕고 있었다 is incorrectly used. "–고 있다 ②" can be confused with the expression above, but it must be used with verbs related to wearing an item.

● 우리 할아버지께서는 늘 안경을 <u>쓰고 계세요.</u>　▶ p.280

2 지금 **눈을 쌓아 있으니까** 걸을 때 조심하세요.
　　　└→ 눈이 쌓여 있으니까

Intransitive verbs and passive verbs, which do not have an object, must come before "–아/어 있다." This sentence is indicating that "the state of there being a lot of snow on the ground is maintained," yet 눈을 쌓아 있으니까 is incorrectly used.

3 가: 이번 주에 제주도에 간다고 했지요? 여행 준비는 다 했어요?
　 나: 저는 벌써 제주도에 **오고 있어요.** 지난 토요일에 도착했어요.
　　　　　　　　　　　　 └→ 와 있어요

If you use "–아/어 있다" after a verb with a meaning of movement, such as 가다 and 오다, it describes the maintenance of a state after the movement. The meaning conveyed by the dialogue is "I came to Jeju Island last Saturday, and I am still on Jeju Island," yet 오고 있어요 is incorrectly used. If you add "–고 있다①" to verbs such as 가다 and 오다, it describes the meaning of progress as 가는 중이다 and 오는 중이다.

● 저는 지금 버스를 타러 <u>가고 있어요.</u>　▶ p.234

안녕? 지원아. 나 켈리야. 갑자기 부탁할 일이 생겨서 문자 보내. 내가 갑자기 출장을 가게 돼서

집 정리를 못 하고 나왔어. 미안하지만 내 방 창문이 ① <u>열어 있으면</u> 좀 닫아 줘. 그리고 화장실
　　　　　　　　　　　　　　　　　　　　　→＿＿＿＿＿＿＿＿＿＿＿

불이 ② <u>켜지고 있으면</u> 좀 꺼 줘. 그리고 냉장고 안에 요구르트랑 우유가 ③ <u>들고 있는데</u> 이번
　　　→＿＿＿＿＿＿＿　　　　　　　　　　　　　　　　　→＿＿＿＿＿＿＿

출장이 오래 걸릴 것 같으니까 네가 좀 먹어 줄래? 잘 부탁해.

③ –아/어 버리다 〈9〉완료

1 가: 아까 메신저로 연락했는데 왜 답장을 안 했어요?

　나: 회의 중에 메시지가 많이 오길래 귀찮아서 메신저를 <u>꺼 있었거든요</u>.
　　　　　　　　　　　　　　　　　　　　　　→ _____

2 그 사람한테 솔직하게 얘기를 다 <u>하고 말았어</u>. 그러니까 오히려 마음이 편해.
　　　　　　　　　　　　　　　→ _____

3 시험을 못 봐서 스트레스를 <u>받아 버렸어요</u>.
　　　　　　　　　　→ _____

(1) This expression is attached to a verb, and it is used to describe a state in which nothing is left after an action is completely finished.

- 가: 비행기 표 예약했어요? Did you book a flight?
- 나: 아니요, 못 했어요. 어제 찾아봤는데 다 팔려 버리고 없더라고요.
  No, I didn't. I looked everywhere yesterday, but tickets were all sold out.
- 남은 숙제를 다 해 버렸더니 기분이 좋다.
  I feel great now that I've finished all of my remaining homework.

(2) The following is the form information for this expression.

	ㅏ, ㅗ + –아 버리다		ㅓ, ㅜ, ㅡ, ㅣ + –어 버리다		하다 → 해 버리다	
V	가다	가 버리다	주다	줘 버리다	숙제하다	숙제해 버리다
	오다	와 버리다	끊다	끊어 버리다	청소하다	청소해 버리다

(3) This expression describes the state of a person's mind. Therefore, the user must use it with care when describing the state of mind that is contextually and circumstantially adequate.

Meaning	Example
A feeling of joy after finishing a task	• 겨울옷을 정리해 버리고 나니까 기분이 좋다. I feel great after organizing my winter clothes.
A feeling of regret or pity	• 선물 받은 목걸이가 끊어져 버렸다. The necklace I received as a gift is broken.
A feeling of regret or anger	• 사소한 일로 친구에게 화를 내 버렸는데 어떻게 사과해야 할 지 모르겠어요. I got angry at my friend regarding a small thing, and I don't know how to apologize to him/her.

1 가: 아까 메신저로 연락했는데 왜 답장을 안 했어요?
　　나: 회의 중에 메시지가 많이 오길래 귀찮아서 메신저를 <u>꺼 있었거든요.</u>
　　　　　　　　　　　　　　　　　　　　　　　└→ 꺼 버렸거든요

After a certain activity is completely finished, you must use "-아/어 버리다" to describe a feeling of joy or pity. The meaning conveyed in the dialogue is regarding the joy after turning off an annoying messenger, yet 꺼 있었거든요 is incorrectly used. "-아/어 있다" is used with certain verbs to describe the maintenance of a state after conducting a certain activity. 끄다 should be used in the form of 꺼져 있다.

● 문이 <u>닫혀 있어서</u> 말소리를 못 들었어요. ▶ p.282

2 그 사람한테 솔직하게 얘기를 다 <u>하고 말았어.</u> 그러니까 오히려 마음이 편해.
　　　　　　　　　　　　　　　　 └→ 해 버렸어

You must use "-아/어 버리다" to express joy after a certain activity has been completely finished. The meaning conveyed in this sentence is "I feel comfortable after I talked with the person," yet the incorrect form 하고 말았어 is used. "-고 말다" is used to describe regret or remorse after the completion of a certain task. Therefore, the only time "-아/어 버리다" and "-고 말다" can be used interchangeably when describing regret.

● 이번에도 시험에 <u>떨어지고 말았어요.</u> ▶ p.286

3 시험을 못 봐서 스트레스를 <u>받아 버렸어요.</u>
　　　　　　　　　　　└→ 받았어요

"-아/어 버리다" describes joy and regret after a certain activity has been completed. However, 받아 버렸어요 is incorrectly used as the person is under stress but is not feeling joy and does not have any regrets.

나는 물건을 자주 잃어버린다. 며칠 전에도 친구한테 빌린 책이 ① <u>없어 버렸다.</u> 어디에서 잃어
　　　　　　　　　　　　　　　　　　　　　　　　　　　　　→ ＿＿＿＿＿＿

버렸는지 통 생각이 안 나서 자주 가는 장소를 다 찾아 봤지만 ② <u>못 찾아 버렸다.</u> 다행히 며칠
　　　　　　　　　　　　　　　　　　　　　　　　　　　　　　　 → ＿＿＿＿＿＿

후에 기숙사에서 그 책을 찾았는데 책이 커피에 다 젖어 있었다. 친구가 좋아하는 책이라서 너

무 미안했다. 친구한테 말도 못하고 고민하다가 오늘 책에 대해서 이야기했다. 친구는 화를 냈

지만 내 잘못을 솔직하게 ③ <u>이야기한 탓에</u> 마음은 가벼워졌다. 내일 새 책을 사 주면서 다시
　　　　　　　　　　　　　→ ＿＿＿＿＿＿＿

사과해야겠다.

④ -고 말다 〈9〉 완료

1 가: 마이클 씨, 시험공부 많이 했어요?

　나: 아니요. 어제 공부하러 도서관에 갔는데 저도 모르게 그냥 **잘 걸 그랬어요**.

　→ _____

2 제가 공항에 도착하자마자 비행기가 **출발하고 말아요**.

　→ _____

3 화장실에 간 사이에 가방하고 지갑이 **없고 말았다**.

　→ _____

(1) This expression is attached to a verb, and it describes the fact that an unwanted state has occurred.

- 눈길에서 넘어져서 다리가 부러지고 말았다. My leg is broken by falling down on a snowy road.

- 가: 축구 경기 어떻게 됐어요? What's the score of the soccer game?
  나: 우리 팀이 2:1로 지고 말았어요. 너무 아쉬워요. Our team lost 2 to 1. I feel sad about it.

(2) The following is the form information for this expression.

V	-고 말다			
	찾다	찾고 말다	떨어지다	떨어지고 말다
	울다	울고 말다	끝나다	끝나고 말다

(3) This expression has the following difference with "-아/어 버리다," which describes sadness or joy after a certain activity has been completely finished.

	V-고 말다	V-아/어 버리다
Similarities	Used when the person is sad or regretful due to an unwanted result • 열심히 물을 주고 키웠는데도 꽃이 죽고 말았다. = 죽어 버렸다. The flower died even though I gave it water and took care of it.	
Differences	① Used for results unrelated to the will of the speaker ② A feeling of accomplishment after finishing a task (x) • 운전을 하다가 사고가 나고 말았어요. (원하지 않은 결과가 생겨서 섭섭함.) While driving, I got into an accident. (felt disappointed because the speaker did not want the result)	① Used for tasks regarding the will or plan of the speaker ② A feeling of accomplishment after finishing a task (○) • 빌린 돈을 다 갚아 버렸어요. I paid back all the money that was borrowed.

* When you want to emphasize a feeling of sadness or regret, "–아/어 버리고 말다" can be used.

(4) If the speaker is the subject in this expression, the following forms can be used to describe the strong will to accomplish a hard task.

> 꼭 / 반드시 + V–고 말겠다, V–고 말 것이다

- 내년에는 꼭 시험에 합격하고 말겠다. I must pass the exam next year.

---

1 가: 마이클 씨, 시험공부 많이 했어요?

나: 아니요. 어제 공부하러 도서관에 갔는데 저도 모르게 그냥 <u>잘 걸 그랬어요.</u>
└→ 자 버리고 말았어요

You must use "–고 말다" if you feel sorry or sad. The meaning conveyed in this dialogue is "I went to the library to study, but, unfortunately, I took a nap," yet 잘 걸 그랬다 is incorrectly used. "–(으)ㄹ 걸 그랬다" also describes sadness and regret, but you can only use it for regrets as the person did nothing in the past.

- 가: 다음 달부터 에어컨을 30% 싸게 판대요.
  나: 그래요? 전 지난주에 샀는데 조금 더 기다릴 걸 그랬네요.

2 제가 공항에 도착하자마자 비행기가 <u>출발하고 말아요.</u>
└→ 출발하고 말았어요

"–고 말다" is used to describe sadness regarding an event that has already happened, so generally, the past form "–고 말았다" is used. However, 출발하고 말아요 is incorrectly used.

3 화장실에 간 사이에 가방하고 지갑이 <u>없고 말았다.</u>
└→ 없어지고 말았다

Verbs are used with "–고 말다," yet in this sentence, 없고 말았다 is incorrectly used. After adjectives like 없다, you must use forms like "–아/어지고 말았다."

나는 아침잠이 많은 편이다. 오늘도 9시까지 출근해야 하는데 아침에 일어나서 시계를 보니 벌써 8시 반이었다. 빨리 가려고 서두르는 바람에 식탁 위에 있는 컵을 떨어뜨려서 ① 깨 있었다.
→ _____

컵도 못 치우고 버스 정류장으로 뛰어갔는데 눈앞에서 버스가 ② 떠나고 말다. 아쉬워하고 있
→ _____

는데 부장님한테 전화가 와서 급한 일이 있으니 거래처로 바로 가라고 하셨다. 정말 다행이었다. 내일부터는 꼭 일찍 일어나서 천천히 준비한 다음 ③ 출근하고 말았다.
→ _____

1 〈10〉 희망

1 -고 싶다

1 가: 운전면허를 따고 싶은데 어떻게 하면 빨리 딸 수 있을까요?

　　나: 운전면허를 빨리 **따고 싶으려면** 운전면허 학원에 등록하세요.

　　　→ ‒‒‒‒‒‒‒‒‒‒‒‒‒‒‒‒

2 친구들과 여행을 **했고 싶지만** 할 일이 많아서 가지 못했어요.

　　　→ ‒‒‒‒‒‒‒‒‒‒‒‒‒‒‒‒

3 저는 여러 나라의 친구들을 **사귀고 싶어 합니다.**

　　　　　→ ‒‒‒‒‒‒‒‒‒‒‒‒‒‒‒‒

(1) This expression is attached to a verb, and it is used when a speaker wishes to do a certain action.

- 가: 생일에 무슨 선물을 받고 싶어요? What do you want for your birthday?
  나: 글쎄요. 특별히 받고 싶은 선물은 없는데요.
  　　Well, there isn't anything special I want to receive as a gift.

- 어제 한강 공원에 가고 싶었지만 일이 많아서 못 갔어요.
  I wanted to go to the Hangang River Park, but I had too much work to do, so I couldn't.

(2) The following is the form information for this expression.

	−고 싶다			
V	먹다	먹고 싶다	가다	가고 싶다
	읽다	읽고 싶다	오다	오고 싶다

(3) "−고 싶어 하다" is used when the subject is in the third person.

- 우리 아들은 커서 군인이 되고 싶어 해요. Our son wants to become a soldier when he grows up.

(4) You must use "−고 싶었다" to describe the past tense for this expression.

- 액션 영화를 봤고 싶은데 친구가 다른 영화를 보자고 했어요. (×)
  → 액션 영화를 보고 싶었는데 친구가 다른 영화를 보자고 했어요. (○)
  　I wanted to watch an action movie, but my friend wanted to see another movie.

(5) This expression is used to describe an assumption. "−고 싶겠다" is used for the present tense, and "−고 싶었겠다" is used for the past tense.

- 가: 어제 발표 준비하느라고 밤을 새웠어요. I spent all night preparing for my presentation yesterday.
  나: 그럼, 오늘은 빨리 집에 가서 쉬겠고 싶어요. 이야기는 다음에 하지요. (×)
  　→ 그럼, 오늘은 빨리 집에 가서 쉬고 싶겠어요. 이야기는 다음에 하지요. (○)
  　　You must want to go home quickly to get some rest. Let's talk later.

(6) This expression uses the "A-아/어지고 싶다" form when attached to the adjective.

- 날씬해지고 싶어서 다이어트를 시작했어요. I started a diet because I wanted to be thinner.

1 가: 운전면허를 따고 싶은데 어떻게 하면 빨리 딸 수 있을까요?
나: 운전면허를 빨리 **따고 싶으려면** 운전면허 학원에 등록하세요.
↳ 따고 싶으면

Since the verb becomes an adjective when "-고 싶다" is attached, you cannot use "-(으)려면" after "-고 싶다." However, 따고 싶으려면 is incorrectly used in the answer segment of this dialogue.

- 면접시험에서 실수하지 않으려면 긴장하지 마세요. ▶p.156

2 친구들과 여행을 **했고 싶지만** 할 일이 많아서 가지 못했어요.
↳ 하고 싶었지만

The past tense form of "-고 싶다" is "-고 싶었다." However, 했고 싶지만 is incorrectly used since "-고 싶다" is attached to the past tense form of 하다. Please remember that "-았/었-" and "-겠-" cannot come before "-고 싶다."

3 저는 여러 나라의 친구들을 **사귀고 싶어 합니다.**
↳ 사귀고 싶습니다

This is used when the subject of "-고 싶다" is in the first person and the subject of "-고 싶어 하다" is in the third person. However, 사귀고 싶어 합니다 is incorrectly used in this sentence as the subject is the first person 저는.

제가 좋아하는 제인 씨와 처음으로 영화를 보러 갔어요. 저는 액션 영화를 ① 봤고 싶지만 제인
→

씨가 공포 영화를 ② 보고 싶어서 공포 영화를 봤어요. 영화를 보는 중간에 화장실에 가고 싶
→

었어요. 하지만 제인 씨는 영화가 너무 무섭다면서 제 손을 꼭 잡고 있어서 영화가 끝날 때까지
화장실에 가지 못했어요. 그 후에 제인 씨와 저는 사귀게 되었어요. 혹시 여러분도 마음에 드는
이성 친구가 있으세요? 그 친구와 ③ 가깝고 싶으면 저처럼 같이 공포 영화를 보러 가 보세요!
→

가까워질 수 있는 좋은 기회가 될 거예요.

2 −았/었으면 좋겠다 〈10〉 희망

바꿔쓰기

1 저는 부모님께서 건강하게 오래 **살고 싶어요.**

→ _____

2 가: 오늘 부동산에 갔다 왔다면서요? 오늘 본 집은 어땠어요?

나: 네. 괜찮기는 했지만 집에서 지하철역이 좀 더 **가까웠으면 좋았어요.**

→ _____

3 가: 케이 씨는 죽기 전에 꼭 뭘 해 보고 싶어요?

나: 죽기 전에 세계 일주 한 번 **하면 좋아요.**

→ _____

문법공부

(1) This expression is used when a speaker describes a hope or wish regarding a future event.

• 저는 졸업 후에 제 전공을 살려서 무역과 관련된 일을 했으면 좋겠어요.
I hope to utilize my major and get a job related to trade upon graduation.

• 이 넥타이는 색깔이 너무 화려한 것 같아요. 좀 더 어두웠으면 좋겠어요.
The color on this necktie is too flashy. I would like the color to be a bit darker.

(2) The following is the form information for this expression.

	ㅏ, ㅗ + −았으면 좋겠다		ㅓ, ㅜ, ㅡ, ㅣ + −었으면 좋겠다		하다 → 했으면 좋겠다	
A/V	만나다	만났으면 좋겠다	마시다	마셨으면 좋겠다	공부하다	공부했으면 좋겠다
	보다	봤으면 좋겠다	배우다	배웠으면 좋겠다	수영하다	수영했으면 좋겠다

(3) You can use "−았/었으면 하다" or "−았/었으면 싶다" instead of "−았/었으면 좋겠다," and you can use "−았/었으면 좋겠다" when you are emphasizing the meaning.

−았/었으면 좋겠다/하다/싶다	−(으)면 좋겠다/하다/싶다
When you emphasize a hope or wish	When you describe a hope or wish
• 주말에 여행을 가는데 비가 안 왔으면 좋겠어요./해요./싶어요. I am going on a trip this weekend, so I hope it doesn't rain.	• 다음 주에 결혼하는 친구가 있는데 행복하게 살면 좋겠어요./해요./싶어요. I have a friend who is getting married next week, so I hope my friend lives a happy life.

(4) You can use this expression interchangeably with "−고 싶다," and the following describes the differences regarding using the subject.

A/V-았/었으면 좋겠다	A/V-고 싶다
① No limit in subject • <u>친구가</u> 약속 시간에 늦게 오지 않았으면 좋겠어요. I hope my friend is not late for the appointment. ② It's okay if it's not a person or animal. • 크리스마스에 <u>눈이</u> 내렸으면 좋겠어요. I wish it would snow on Christmas.	① First-person subject: '-고 싶다' Third-person subject: '-고 싶어 하다' • <u>저는</u> 따뜻한 차를 마시**고 싶은데** <u>이리나 씨는</u> 주스를 마시**고 싶어 해요.** I want to drink hot tea, but Irena wants to drink juice. ② Only for humans or animals • 내일 <u>날씨가</u> 따뜻하**고 싶어요.** (×) → 내일 <u>날씨가</u> 따뜻했으면 좋겠어요. (O) I hope it is warm tomorrow.

1 저는 부모님께서 건강하게 오래 <u>살고 싶어요</u>.
└→ 사셨으면 좋겠어요

"-았/었으면 좋겠다" is used when you describe the hope or wish of a person without limitation in the subject. Although the speaker is hoping for "the parents to have a healthy life," 부모님께서 ~ 살고 싶어요 is incorrectly used. "-고 싶다" is also used to describe a hope or wish of the speaker, but the subject has to be in the first person.

● 저는 큰 집을 사서 부모님과 함께 <u>살고 싶어요</u>. ▶p.288

2 가: 오늘 부동산에 갔다 왔다면서요? 오늘 본 집은 어땠어요?
나: 네. 괜찮기는 했지만 집에서 지하철역이 좀 더 <u>가까웠으면 좋았어요</u>.
└→ 가까웠으면 좋겠어요

"-았/었으면 좋겠다" is used to emphasize a hope or wish regarding a future event. So only the form "-았/었으면 좋겠다" is used for past, present, and future expressions. Just remember that the "-았/었-" and "-겠-" from "-았/었으면 좋겠다" are used to describe emphasis, not tense.

3 가: 케이 씨는 죽기 전에 꼭 뭘 해 보고 싶어요?
나: 죽기 전에 세계 일주 한번 <u>하면 좋아요</u>.
└→ 했으면 좋겠어요 / 하면 좋겠어요

Both "-았/었으면 좋겠다" and "-(으)면 좋겠다" describe a hope or wish of a speaker, but "-았/었으면 좋겠다" is used to give more emphasis.

저에게 '알라딘의 요술 램프'가 있어서 '세 가지 소원'을 말해 보라고 ① <u>하면 좋아요</u>. 저의 첫 번
→ _____

째 소원은 동생의 건강이에요. 동생이 아파서 병원에 있는데 빨리 나아서 집에 ② <u>오고 싶어요</u>.
→ _____

두 번째는 제 취직이에요. 빨리 취직했으면 좋겠어요. 그리고 마지막은 헤어진 남자 친구와 다

시 ③ <u>사귀었으면 좋았어요</u>. 헤어지고 나니까 남자 친구가 너무 그리워요.
→ _____

[1~3] (   )에 들어갈 가장 알맞은 것을 고르십시오.

1

> 가: 저기 모자를 (   ) 사람이 누구예요?
>
> 나: 저 사람은 타오 씨예요.

① 입고 있는　　　② 쓰고 있는　　　③ 메고 있는　　　④ 차고 있는

2

> 가: 지아 씨, 왜 교실에 안 들어가고 밖에 있어요?
>
> 나: 교실 문이 (   ) 못 들어가고 있어요.

① 닫히다가　　　② 닫히거든　　　③ 닫힐 테니까　　　④ 닫혀 있어서

3

> 가: 마리아가 요즘 공부를 열심히 하나 봐. 어제도 도서관에 있더라고.
>
> 나: 맞아. 마리아가 졸업하기 전에 마지막으로 꼭 장학금을 (   ).

① 받고 싶어 해　　　② 받고 말았어　　　③ 받을 걸 그랬어　　　④ 받을 줄 몰랐어

[4~6] 다음 밑줄 친 부분과 의미가 비슷한 것을 고르십시오.

4

> 가: 빌리 씨, 댄 씨하고 같은 부서에서 근무했지요? 연락처를 알아요?
>
> 나: 아니요, 댄 씨가 회사를 그만두면서 연락이 <u>끊기고 말았어요</u>.

① 끊겨도 돼요　　　② 끊겨 버렸어요　　　③ 끊긴 셈 쳤어요　　　④ 끊기면 좋겠어요

5

> 가족들이 건강하고 행복하게 <u>지냈으면 좋겠어요</u>.

① 지내나 봐요　　　② 지내면 좋아요　　　③ 지내면 좋겠어요　　　④ 지낼 것 같아요

6

> 드디어 오늘 밀린 겨울옷 정리를 <u>끝내 버렸어요</u>.

① 끝내서 후회돼요　　　　　　　　② 끝내서 걱정이에요

③ 끝내서 안타까워요　　　　　　　④ 끝내서 기분이 좋아요

[7~9] 다음을 잘 읽고 이어질 수 있는 말을 고르십시오.

7

> 가: 벌써 우리가 등산을 시작한 지 두 시간이나 지났어. 너무 힘드니까 이제 그만 내려가자.
> 나: 그러지 말고 산 정상까지 가자. 난 이번엔 꼭 정상까지 _____.

① 올라가 버렸어 ② 올라가고 말 거야 ③ 올라가고 있어 ④ 올라가고 싶어 해

8

> 가: 헨리 씨는 성격이 활발해서 처음 만난 사람과 말도 잘하고 친구들도 많은 것 같아요.
> 나: 그러게요. 저도 헨리 씨처럼 _____.

① 성격이 활발해졌어요 ② 성격이 활발한 편이에요
③ 성격이 활발했으면 좋겠어요 ④ 성격이 얼마나 활발한지 몰라요

9

> 가: 앤지 씨 옆에 장미꽃을 들고 있는 사람이 필립 씨예요?
> 나: 아니요, 필립 씨는 저 창문 앞에 있는 소파에 _____.

① 서 있는 사람이에요 ② 앉아 있는 사람이에요
③ 졸고 있는 사람이에요 ④ 안경을 끼고 있는 사람이에요

10 다음을 잘 읽고 ㉠과 ㉡에 들어갈 말을 각각 쓰십시오.

> 오늘 낮에 형의 태블릿 PC를 몰래 쓰다가 실수로 떨어뜨렸는데 태블릿 PC가 (㉠). 형이 이 사실을 알게 되면 틀림없이 화를 낼 것이다. 다행히 형은 지금 출장 중이라서 내일까지만 태블릿 PC를 고치면 될 것 같다. 지금 컴퓨터 수리 센터에 가고 있는데 형이 오기 전까지 태블릿 PC를 (㉡).

㉠ _____   ㉡ _____

1 출퇴근 시간에 길이 얼마나 **복잡하는지** 몰라요.

→ _____

2 자취방을 찾는 것이 얼마나 **힘들었다.**

→ _____

3 가: 동생 사진이에요? 정말 귀엽게 생겼네요.

나: 네. 제 동생이 얼마나 귀엽게 **생기는지** 몰랐어요.

→ _____

(1) This expression is used to emphasize a certain situation or degree of status.

- 가: 설악산이 어때요? How is Seoraksan Mountain?

  나: 설악산이 얼마나 예쁜지 몰라요. You probably don't know how beautiful Seoraksan Mountain is.

- 제 동생은 매운 음식을 얼마나 잘 먹는지 모릅니다.
  You probably don't know how well my brother can eat spicy food.

(2) The following is the form information for this expression.

	Present		Past
A	Final consonant ○ + 얼마나 −은 지 모르다	Final consonant × + 얼마나 −ㄴ지 모르다	얼마나 −았/었는지 모르다
	작다 얼마나 작은지 모르다	싸다 얼마나 싼지 모르다	많다 얼마나 많았는지 모르다
V	얼마나 −는지 모르다		얼마나 −았/었는지 모르다
	먹다 얼마나 먹는지 모르다		먹다 얼마나 먹었는지 모르다

(3) This expression must be used with adverbs that describe degree such as 많이, 열심히, and 잘 when used with verbs. However, you don't have to use adverbs when you describe expressions such as 신나다, 흥분하다, 실망하다, and 놀라다.

- 매일 얼마나 <u>열심히</u> 공부하는지 몰라요. You don't know how hard I study every day.
- 대학교 합격 소식을 듣고 얼마나 신났는지 모릅니다.
  You don't know how excited I was when I heard that I got accepted to college.

(4) This expression must use the form "얼마나 −(으)ㄴ/는지 몰라요/모릅니다" for the present tense while using the form "얼마나 −았/었는지 몰라요/모릅니다" for the past tense.

- 어제 비가 얼마나 많이 왔는지 몰랐어요. 우산을 썼는데도 옷이 다 젖었어요. (×)
  → 어제 비가 얼마나 많이 왔는지 몰라요. 우산을 썼는데도 옷이 다 젖었어요. (○)
  You don't know how much rain came down yesterday. I got wet even though I used an umbrella.

1 출퇴근 시간에 길이 얼마나 **복잡하는지 몰라요.**
       ↳복잡한지 몰라요

To emphasize a certain situation or degree of status, a verb is used with the form "얼마나 –는지 모르다" while an adjective is used with the form "얼마나 –(으)ㄴ지 모르다." In this sentence, 복잡하다 is an adjective, but 얼마나 복잡하는지 몰라요 is incorrectly used. Be careful with the usage as sometimes users become confused about verbs and adjectives.

2 자취방을 찾는 것이 얼마나 **힘들었다.**
     ↳얼마나 힘들었는지 몰라요

When emphasizing a certain situation or the degree of a status in the past, the form "얼마나 –았/었는지 모르다" is used. Although it is emphasized that finding the room is a difficult task, 얼마나 힘들었다 is incorrectly used.

3 가: 동생 사진이에요? 정말 귀엽게 생겼네요.
 나: 네. 제 동생이 얼마나 **귀엽게 생기는지 몰랐어요.**
        ↳생겼는지 몰라요

When emphasizing a certain situation or degree of status, The form "얼마나 –았/었는지 모르다" should be used for events in the past. However, in this dialogue, 생기는지 몰랐어요 is incorrectly used. This expression is not difficult to use, but it is frequently misused in terms of form, so the user must be careful when using this expression.

저는 커피숍에 앉아서 책 읽는 것을 좋아해요. 커피를 마시면서 책을 읽는 것이 얼마나

① 행복한지도 몰라요. 어제도 하루 종일 커피숍에 앉아서 얼마나 ② 책을 읽었는지 몰라요.
 → _____   → _____

책을 2권 가지고 갔는데 그 책을 모두 읽었어요. 오랫동안 앉아 있으니까 커피숍 사장님이 자

기네 커피숍에 자주 와 줘서 고맙다고 하면서 커피를 여러 번 리필해 줬어요. 그래서 얼마나

③ 고마운지 몰랐어요.
 → _____

1 가: 아까 주머니에서 휴대폰 꺼낼 때 만 원을 흘렸나 봐요. 아무리 찾아도 없네요.

나: 잃어버린 것 같아요. 가난한 사람 **도와준 셈이에요**. 안 그러면 계속 생각 날
거예요.   → _____

2 가: 세희 씨, 제 커피를 사면서 하나 더 샀으니까 드세요.

나: 고마워요. 그런데 지금 배가 아파서 못 마시겠어요. **마실 셈 칠게요**.
  → _____

3 어제 부모님께 결혼 허락을 받으러 갔어요. 하지만 부모님은 결혼을 반대하시면서
'자식 하나 **없은 셈 치고** 살겠다'고 하셨어요.

  → _____

(1) This expression is used after a verb, and it is used when an event does not really take place but when it is assumed to have taken place.

- 가: 유제 씨, 지난번에 이사하는 거 도와줘서 식사 한번 대접하고 싶은데 시간 좀 내주세요.
  Yoojae, could you spare some time for a meal? I would like to thank you for the help you gave me when I moved the last time.
  나: 제가 요즘은 회사 프로젝트 때문에 좀 바빠요. 그냥 밥을 먹은 셈 칠게요. 고마워요.
  I am currently busy with a project at work. Let's just assume that we had a meal. Thank you.

- 가: 아침에 눈이 많이 와서 버스가 안 오길래 지하철역까지 걸어서 왔더니 다리가 아파요.
  The bus did not come today as it snowed a lot this morning. Since I had to walk to the subway station, my legs are sore.
  나: 피곤하겠네요. 그래도 건강에는 좋잖아요. 운동한 셈 치세요.
  You must be tired, But it's good for your health. Let's just say that it was a workout.

(2) The following is the form information for this expression.

	Present		Past			
	−는 셈 치다		Final consonant ○ + −은 셈 치다		Final consonant ✕ + −ㄴ 셈 치다	
V	먹다	먹는 셈 치다	읽다	읽은 셈 치다	오다	온 셈 치다
	가다	가는 셈 치다	읽다	읽은 셈 치다	자다	잔 셈 치다

* This expression is commonly used after verbs, and it can be attached to adjectives such as 있다 and 없다.

- 남자 친구가 이번에 미국 지사로 1년 동안 일하러 나간대요. 그래서 1년 동안은 남자 친구가 없는 셈
  치고 열심히 공부만 할 거예요.
  This time, my boyfriend will be working in the U.S. office for a year. So I would like to consider it as if I didn't have a boyfriend and focus on my studies.

(3) This expression has the following difference in meaning compared to "–(으)ㄴ 셈이다," which is used to make decisions on certain situations.

V–(으)ㄴ 셈 치다	V–(으)ㄴ 셈이다
① It is not true but tends to indicate that a certain activity has actually happened. ② Used to get rid of a psychological burden • 큰 화면으로 영화를 봤으니까 극장에서 영화를 본 셈 쳐도 돼. Since we watched the movie on a big screen, let's just say that we watched the movie at a movie theater.	A certain situation has not actually taken place, but it is used when results that are similar to the facts are presented. • 친구랑 피자를 먹었는데 저는 한 조각밖에 못 먹었어요. 그러니까 친구가 다 먹은 셈이에요. I had pizza with a friend, but I had only one slice. Therefore, we can say that my friend had all of the pizza.

1 가: 아까 주머니에서 휴대폰 꺼낼 때 만 원을 흘렸나 봐요. 아무리 찾아도 없네요.

나: 잃어버린 것 같아요. 가난한 사람 **도와준 셈이에요.** 안 그러면 계속 생각 날 거예요.
　　　　　　　　　　↳ 도와준 셈 치세요

"–(으)ㄴ/는 셈 치다" is used when something is not true but when we assume a certain event took place. Although the intent of the meaning is to make the other person feel less annoyed about losing money by saying that he should consider it a donation to the poor, 도와준 셈이에요 is incorrectly used.

2 가: 세희 씨, 제 커피를 사면서 하나 더 샀으니까 드세요.

나: 고마워요. 그런데 지금 배가 아파서 못 마시겠어요. **마실 셈 칠게요.**
　　　　　　　　　　　　　　↳ 마신 셈 칠게요

"–는 셈치다" is used to describe a current action or fact while "–(으)ㄴ 셈치다" is used to describe a fact that has been completed in the past. Although the meaning conveyed in this dialogue is 커피를 마셨다고 생각하겠다, 마실 셈 칠게요 is incorrectly used.

3 어제 부모님께 결혼 허락을 받으러 갔어요. 하지만 부모님은 결혼을 반대하시면서 '자식 하나 **없은 셈 치고** 살겠다'고 하셨어요.
　　　↳ 없는 셈 치고

"–는 셈 치다" should be attached after 있다 or 없다. However, in this sentence, 없은 셈 치고 is incorrectly used.

아내에게 이번 여름휴가는 ① 없은 셈 치고 시골에 사시는 부모님 농사를 도와드리러 가자고
　　　　　　　　　　　　→ ＿＿＿＿＿＿＿＿＿

했어요. 그러자 아내는 "도시 생활을 그만두고 시골에 가서 부모님을 모시고 사는 사람들도 있

는데요. 저도 잠시나마 ② 부모님을 모시는 셈이고 즐겁게 지낼게요." 라고 했어요. 우리 부부는
　　　　　　　　　　　→ ＿＿＿＿＿＿＿＿＿

공기 좋은 시골에 가서 좋은 경험을 ③ 하겠는 셈 치고 즐겁게 갔다 오려고 해요.
　　　　　　　　　　→ ＿＿＿＿＿＿＿＿＿

1 가: 리샤 씨, 점심시간이 지났는데 배가 **고프지 말아요?**

→ _____

나: 네, 배가 고프네요. 편의점에 가서 도시락이라도 사 옵시다.

2 가: 저 가수가 캐나다 **사람지 않아요?**

→ _____

나: 아니요. 저 가수는 캐나다 사람이 아니고 영국 사람이에요.

3 가: 개강 모임 회비가 만 원이라는데 좀 **비싸지 않아?**

나: **아니, 비싸.** 오천 원 정도면 충분할 것 같아.

→ _____

(1) This expression is used to confirm known facts or to ask for agreement with the speaker's opinion. This expression is commonly used in spoken language.

● 가: 케빈 씨, 어제 정민 씨를 만나지 않았어요? Kevin, did you meet Jungmin yesterday?
  나: 네, 어제 수업 후에 잠깐 정민 씨를 만났어요. 왜요?
  Yes. I met her briefly after class. Why are you asking?

● 가: 히카리 씨, 이 커피숍은 좀 시끄럽지 않아요? Hikari, don't you think this coffee shop is a bit noisy?
  나: 좀 시끄럽네요. 우리 다른 곳으로 가요. It's quite noisy. Let's go somewhere else.

(2) The following is the form information for this expression.

	Present		Past	
	−지 않아요?		**−지 않았어요?**	
A/V	작다	작지 않아요?	작다	작지 않았어요?
	가다	가지 않아요?	가다	가지 않았어요?
N	Final consonant ○ + 이지 않아요?	Final consonant × + 지 않아요?	Final consonant ○ + 이지 않았어요?	Final consonant × + 지 않았어요?
	휴일 / 휴일이지 않아요?	버스 / 버스지 않아요?	휴일 / 휴일이지 않았어요?	버스 / 버스지 않았어요?

(3) This expression is used in the form "−지 않을래요?" to ask favors or to present proposals. It is similar in meaning to the expression "−(으)ㄹ래요?" but it has a much softer and polite feel.

● 가: 유진 씨, 짐도 무겁고 비도 오는데 그냥 택시를 타지 않을래요?
  Yoojin, the luggage is heavy, and it's raining. Should we just take a taxi?
  나: 그게 좋겠어요. 버스를 기다리기가 너무 힘드네요.
  I think that's a good idea. It's so hard to wait for the bus.

1 가: 리샤 씨, 점심시간이 지났는데 배가 **고프지 말아요?**
　　　　　　　　　　　　　└→ 고프지 않아요

나: 네, 배가 고프네요. 편의점에 가서 도시락이라도 사 옵시다.

The form "-지 않아요?" is used to confirm information that another person already knows or when the speaker is asking for agreement with another person. The question in this conversation conveys the message "I am hungry; how about you, Lisa?" yet 고프지 말아요? is incorrectly used. "-지 말다" can be used when you cannot do anything to another person.

● 불이 났을 때는 엘리베이터를 타지 마세요. ▶ p.78

2 가: 저 가수가 **캐나다 사람지 않아요?**
　　　　　　　　└→ 캐나다 사람이지 않아요

나: 아니요. 저 가수는 캐나다 사람이 아니고 영국 사람이에요.

When this expression is attached behind nouns, "이지 않아요?" is used if there is a final consonant while "지 않아요?" is used if there isn't a final consonant. However, in this sentence, 캐나다 사람지 않아요? is incorrectly used.

3 가: 개강 모임 회비가 만 원이라는데 좀 비싸지 않아?
나: **아니, 비싸.** 오천 원 정도면 충분할 것 같아.
　　└→ 맞아, 좀 비싸 / 응, 좀 비싸

"-지 않아요?" can be used when a speaker is talking about his/her opinion and s/he is asking for another person's agreement. In this case, it is not a negative interrogative sentence but an expression stressing the content. However, in the dialogue, the speaker misunderstands the context of the question "I think the membership fee is expensive. Do you agree?" as an interrogative sentence regarding how it is not expensive. Therefore, the reply 아니, 비싸 makes the dialogue awkward.

가: 왕웨이 씨, '박준호' 감독을 ① 좋아할까요?
　　　　　　　　　　　　　　→ _____

나: 맞아요. 아주 좋아해요. 그 감독의 영화도 다 봤고요. 그런데 왜요?

가: 다음 주 월요일에 그 감독이 우리 학교에 와서 강연을 할 거예요. 같이 ② 가지 않아요?
　　　　　　　　　　　　　　　　　　　　　　　　　→ _____

나: 가고 싶지만 아르바이트가 있어서 안 돼요.

가: 그래요? 월요일에는 아르바이트를 ③ 쉰다고 하지 않아요?
　　　　　　　　　　　　　　　→ _____

나: 네. 그런데 다른 학생이 그만두는 바람에 당분간 월요일에도 일을 해야 해요. 좋은 기회인데 너무 아쉽네요.

① −잖아요  〈12〉 이유

1 가: 이번 겨울에 남이섬에 갈까요?

　 나: 지난여름에도 같이 **다녀왔거든요**. 또 가고 싶어요?

　　　　　→ ＿＿＿＿＿＿＿＿＿＿＿＿＿＿

2 다음 주가 **크리스마스일 거잖아요**. 아이들에게 무슨 선물을 주면 좋을까요?

　　→ ＿＿＿＿＿＿＿＿＿＿＿

3 가: 지우야, 요즘 많이 바빠?

　 나: 당연히 바쁘지. 지난주에 아르바이트 시작했다고 **얘기했어**.

　　　　　　　　　　　　→ ＿＿＿＿＿＿＿＿＿＿＿

---

(1) This expression is used when you are presenting a certain reason or proof that both the speaker and the listener know about.

- 가: 어! 벌써 4시 반이네요. 저는 환전하러 은행에 좀 다녀올게요.
  Wow! It's already four thirty. I am going to go to the bank to exchange some currency.
- 나: 은행은 4시에 끝나잖아요. 너무 늦었으니까 내일 가세요.
  The bank closes at four. It's too late, so go tomorrow.

- 가: 올리버 씨, 담배 끊었어요? Oliver, did you quit smoking?
- 나: 네, 끊었어요. 담배가 건강에 나쁘잖아요. Yes, I quit smoking. Smoking is bad for health.

(2) The following is the form information for this expression.

	Present		Past	
	−잖아요		−았/었잖아요	
A/V	크다	크잖아요	많다	많았잖아요
	먹다	먹잖아요	배우다	배웠잖아요
N	Final consonant ○ + 이잖아요	Final consonant × + 잖아요	Final consonant ○ + 이었잖아요	Final consonant × + 였잖아요
	휴일 휴일이잖아요	버스 버스잖아요	휴일 휴일이었잖아요	버스 버스였잖아요

(3) This expression can be used when you are confirming certain facts.

- 가: 지연 씨. 우리 내일 12시에 만나기로 했잖아요. 미안하지만 1시로 바꿔도 될까요?
  Jiyoun, we are scheduled to meet at noon tomorrow. I am sorry, but can we change the time to one o'clock?
- 나: 네, 괜찮아요. Yes. No problem.

(4) This expression is used when you believe another person has forgotten a certain fact and you are notifying that person of it.

- 가: 마리코 씨가 왜 회사에 안 왔지요? Why didn't Mariko come to work?
- 나: 어제부터 휴가잖아요. 어제 과장님께 말씀 드렸는데요.
  She went on leave yesterday. She told you yesterday.

1 가: 이번 겨울에 남이섬에 갈까요?

나: 지난여름에도 같이 **다녀왔거든요**. 또 가고 싶어요?
    └→ 다녀왔잖아요

When you present certain reason or proof, if you are talking about a fact that both the speaker and the listener know already, you must use "–잖아요." However, in this conversation, although the dialogue is about "the trip to Namiseom Island," which both the speaker and the listener know about, the incorrect expression 다녀왔거든요 is used. "–거든요" can only be used when you are presenting a reason or proof that the other person presumably knows about.

- 가: 서울 타워에 왜 그렇게 자주 가세요?
  나: 저는 거기에서 사진 찍는 것을 좋아하거든요. ▶ p.302

2 다음 주가 **크리스마스일 거잖아요**. 아이들에게 무슨 선물을 주면 좋을까요?
        └→ 크리스마스잖아요

"–잖아요" cannot be used in the future tense. However, due to the expression 다음 주 in this sentence, the incorrect form 크리스마스일 거잖아요 is used.

3 가: 지우야, 요즘 많이 바빠?

나: 당연히 바쁘지. 지난주에 아르바이트 시작했다고 **얘기했어**.
                            └→ 얘기했잖아

When you are telling someone about certain facts that he or she might have forgotten, it is advisable to use the form "–잖아요." Although the answer in the conversation is reiterating the meaning of "The other person forgot that I have a part-time job," the usage of 얘기했어 makes the conversation awkward.

가: 테디 씨, 이것 좀 보세요. 우리가 작년 여름에 설악산에 올라가서 찍은 사진이에요.

나: 사진을 보니 그때 생각이 나네요. 3박4일 동안 아주 ① 재미있잖아요.
                                            →_____

가: 맞아요. 그런데 왜 신디 씨는 사진에 없지요? 여행을 같이 ② 갔거든요.
                                            →_____

나: 신디 씨는 산에 가기 전에 발을 다쳐서 등산을 못 ③ 했어요. 생각 안 나요?
                                    →_____

가: 아! 생각나요. 그때 신디 씨가 많이 아쉬워했지요.

② -거든요   〈12〉 이유

바꿔
쓰기

1 가: 손님, 어떻게 오셨어요?

나: 핸드폰 액정이 **깨졌잖아요**. 그래서 고치러 왔어요.

→ _____

2 엄마, 집에 계시지요? 20분 후에 택배가 **올 거든요**. 좀 받아 주세요.

→ _____

3 가: 토니 씨, 왜 그렇게 멀리 있는 빵집으로 가세요? 그 빵집이 맛있어요?

나: 제 아내가 좋아하는 빵을 거기에서만 **팔아요**.

→ _____

문법
공부

(1) This expression is used when the speaker brings up a reason, proof, or information that the other person does not know.

- 저는 고기를 먹지 않아요. 채식주의자거든요. I don't eat meat. I am a vegetarian.

- 가: 백화점에 사람이 왜 이렇게 많아요? Why are there so many people in the department store?

  나: 오늘부터 세일을 하거든요. Today marks the start of a sale period.

(2) The following is the form information for this expression.

	Present		Past	
	\-거든요		\-았/었거든요	
A/V	크다	크거든요	많다	많았거든요
	먹다	먹거든요	배우다	배웠거든요
N	Final consonant ○ + 이거든요	Final consonant × + 거든요	Final consonant ○ + 이었거든요	Final consonant × + 였거든요
	책상 책상이거든요	학교 학교거든요	휴일 휴일이었거든요	버스 버스였거든요

* For the future tense of this expression, "-(으)ㄹ 거거든요" or "-겠거든요" comes behind a verb.

(3) When you use this expression to mean a reason, you must use it to answer a question from another person. It has a friendlier feel than the forms "-아/어서요" and "-(으)니까요."

- 가: 왜 택시를 안 타고 지하철을 타세요? Why are you taking the subway instead of a taxi?

  나: 지금은 차가 막히는 시간이거든요. Because it's the time of the day when there's road congestion.

  = 시간이니까요. = 시간이라서요.

(4) This expression is used when you are presenting a topic to the listener.

> 가: 오늘 졸업생 환송회가 있거든요. 윌슨 씨도 올래요?
> There's a farewell party for the graduation class today. Will you come too, Mr. Wilson?
>
> 나: 졸업생 환송회요? 당연히 가야지요. A graduation farewell party? Of course, I must go.

1 가: 손님, 어떻게 오셨어요?

나: 핸드폰 액정이 **깨졌잖아요**. 그래서 고치러 왔어요.
　　　　　　 ↳ 깨졌거든요

You must use the form "-거든요" when you are discussing a reason proof, and information that you assume another person does not know. In the conversation, the person asks about the reason for the visit, but the other person answers incorrectly by saying 깨졌잖아요. "-잖아요" can be used to describe reason or proof, yet you must use it regarding content the other person already knows about.

> 내일이 주원 씨 생일이<u>잖아요</u>. 뭘 사면 좋을까요? ▶ p.300

2 엄마, 집에 계시지요? 20분 후에 택배가 올 거든요. 좀 받아 주세요.
　　　　　　　　　　 ↳ 오거든요 / 올 거거든요

In this sentence, "-거든요" must be used as the person is telling his/her mom about a delivery that she is not aware of. Although the person must use the present or future tense as he is describing content that occurs in the near future, 올 거든요 is incorrectly used.

3 가: 토니 씨, 왜 그렇게 멀리 있는 빵집으로 가세요? 그 빵집이 맛있어요?

나: 제 아내가 좋아하는 빵을 거기에서만 **팔아요**.
　　　　　　　　　　　 ↳ 팔거든요

In this sentence, as the listener is not aware, the person is telling the other person why he is going to a bakery that is located far away. However, the speaker does not use "-거든요" but uses 팔아요, which makes the answer awkward.

가: 제주 관광 안내소입니다. 손님, 뭘 도와드릴까요?

나: 제가 제주도에 처음 ① 왔잖아요. 3일 동안 있을 건데 어디에 가 보면 좋을까요?
　　　　　　　　　　 →　　　　　　　　　　

가: 먼저 바다에 가 보세요. 6월이니까 수영도 할 수 있을 거예요.

나: 그런데 일기 예보에서 내일 비가 온다고 ② 할 거예요. 비가 오면 어디에 가는 게 좋을까요?
　　　　　　　　　　　　 →　　　　　　　　　　

가: 비가 오면 '여미지' 식물원에 가 보세요. 그곳은 온실 안에 ③ 있기 때문이에요.
　　　　　　　　　　　　　　　 →　　　　　　　　　　

나: 네. 감사합니다.

[1~3] ( )에 들어갈 가장 알맞은 것을 고르십시오.

1

> 가: 내일 중국에서 손님이 오시는데 제가 중국어를 잘 못해서 어떻게 해야 할지 모르겠어요.
> 나: 월터 씨가 중국어를 ( ). 월터 씨한테 좀 도와 달라고 하세요.

① 하는 셈 쳐요 　　② 하는 척했어요 　　③ 할 줄 몰랐어요 　　④ 할 줄 알잖아요

2

> 가: 엠마 씨, 오늘 걸음걸이가 이상하네요. 어디 아프세요?
> 나: 네, 허리가 좀 아파요. 지난주에 교통사고가 나서 허리를 좀 ( ).

① 다쳤잖아요 　　　　　　　　② 다쳤거든요
③ 다칠 만했어요 　　　　　　　④ 다치기 마련이에요

3

> 가: 이번 프로젝트를 다음 주 월요일까지 끝내야 해요.
> 나: 그럼, 우리 팀은 이번 주말은 ( ) 일해야겠네요.

① 없어도 　　② 없을 테니까 　　③ 없는 셈 치고 　　④ 없는 셈이니까

[4~6] 다음 밑줄 친 부분과 의미가 비슷한 것을 고르십시오.

4

> 가: 사무실이 좀 <u>덥지 않아요?</u>
> 나: 그러게요. 조금 덥네요. 지금 에어컨을 켤게요.

① 덥지요 　　② 더워요 　　③ 더울까요 　　④ 덥다고요

5

> 가: 어제 리나 씨한테 거짓말한 거 사실대로 이야기했어요?
> 나: 네, 리나 씨가 <u>얼마나 눈치가 빠른지 몰라요.</u> 다 이야기하고 사과했어요.

① 눈치가 빠를 거예요 　　　　　② 눈치가 빨라졌어요
③ 눈치가 아주 빨라요 　　　　　④ 눈치가 빠른지 몰랐어요

6

> 가: 왕팡 씨, 왜 이 길로 가요? 큰 길이 더 가깝잖아요.
> 나: 지금 큰 길은 <u>공사 중이거든요.</u> 이 길로 가는 게 더 빠를 거예요.

① 공사를 하게 됐어요   ② 공사를 하고 있어서요

③ 공사를 하기로 했어요   ④ 공사를 한 적이 있어요

[7~9] 다음을 잘 읽고 이어질 수 있는 말을 고르십시오.

7

> 가: 지원 씨, 지난번에 여기에서 저쪽으로 _____?
>
> 나: 아! 그런 것 같아요. 오랜만에 오니까 헷갈리네요.

① 나가지 않아요   ② 나가지 않았어요

③ 나가지 않을까요   ④ 나가지 않을래요

8

> 가: 너 성준이한테 또 돈을 빌려줬어? 지난번에도 성준이가 거짓말하고 빌려 갔잖아.
>
> 나: 나도 알아. 하지만 울면서 빌려 달라는데 거절을 못 하겠더라고. 이번에는 어머님 병
> 원비가 없다고 해서 그냥 _____.

① 속았더라면 빌려줬어   ② 속는 셈 치고 빌려줬어

③ 속고 말아서 빌려줬어   ④ 속을 줄 모르고 빌려줬어

9

> 가: 신당동 떡볶이가 유명하다던데 넌 먹어 봤어? 난 아직 못 먹어 봤거든.
>
> 나: 그럼, 먹어 봤지. 떡볶이가 _____. 시간이 있을 때 나랑 같이 가
> 서 먹어 보자.

① 맛있을 게 뻔해   ② 맛있을 줄 알았어

③ 맛있으면 좋겠어   ④ 얼마나 맛있는지 몰라

10 다음을 잘 읽고 ㉠과 ㉡에 들어갈 말을 각각 쓰십시오.

> 여진아,
> 엄마가 오늘 회식이 있어서 좀 늦을 거라고 아빠한테 (㉠   )? 아빠가 전화를 안 받
> 으시네. 그리고 너는 식탁 위에 있는 간식을 먹고 바로 학원에 갔다 와. 참, 지난주에 버스
> 에 두고 내린 휴대폰은 아직도 못 찾았지? 계속 그것만 생각하고 있는 것 같던데. 그건 그
> 냥 다른 사람에게 (㉡   ) 이제 그만 잊어버리는 게 어때? 계속 어두운 표정으로 있
> 는 널 보니까 엄마도 계속 신경이 쓰이네. 사랑하는 우리 딸, 이따가 집에서 보자.

㉠ _____   ㉡ _____

① -아/어지다　　〈13〉 변화·속성·그럴듯함

1 처음에는 힘들었지만 이제 한국 생활에 **익숙하게 됐어요.**

→ _____

2 가: 요리책이 많네요.

나: 네. 요리에 관심이 있어서 모으다 보니 **많아져요.**

→ _____

3 한국 드라마를 보고 한국 문화를 더 **알고 싶게 되었어요.**

→ _____

(1) This expression is attached to an adjective and describes a change of state or a changed result over a period of time.

- 가: 요즘 서울 날씨가 어때요?
  How's the weather these days in Seoul?
- 나: 11월이 되니까 점점 추워지고 있어요.
  It is getting colder as we enter November.

- 슬픈 영화를 보고 울어서 눈이 빨개졌어요.
  My eyes were red as I cried while watching a sad movie.

(2) The following is the form information for this expression.

	ㅏ, ㅗ + -아지다		ㅓ, ㅜ, ㅡ, ㅣ + -어지다		하다 → 해지다	
A	작다	작아지다	적다	적어지다	건강하다	건강해지다
	좁다	좁아지다	길다	길어지다	깨끗하다	깨끗해지다

(3) This expression has differences in meaning according to the tense as mentioned below.

-아/어지다	-아/어졌다
Used to describe a general change when conducting a certain activity	Used to describe a changed result or state due to a past action
• 스트레스를 많이 받으면 건강이 안 좋아져요. 　Your health will deteriorate if you get too much stress.	• 열심히 운동을 해서 건강해졌어요. 　I became very healthy by exercising hard.

1 처음에는 힘들었지만 이제 한국 생활에 익숙하게 됐어요.
└→ 익숙해졌어요

When you are describing a change of state according to time, "-아/어지다" must be used behind an adjective, yet 익숙하게 됐어요 is incorrectly used. Please be careful not to put "-게 되다" after 심하다 and 익숙하다 as you can make the mistake of thinking of an adjective as a verb.

● 한국 친구 덕분에 한국어를 잘하게 되었어요. ▶ p.308

2 가: 요리책이 많네요.
나: 네. 요리에 관심이 있어서 모으다 보니 **많아져요**.
└→ 많아졌어요

You must use the form "-아/어졌어요" when you are talking about a changed result due to a past action. The meaning of this dialogue is "as I liked cooking, I collected books on cooking. As a result, I have many cookbooks," yet 많아져요 is incorrectly used. "-아/어지다" is generally used to describe changes that occur due to certain actions.

3 한국 드라마를 통해서 한국 문화를 더 알고 **싶게 되었어요**.
└→ 알고 싶어졌어요

If "-고 싶다" is attached to a verb, it becomes an adjective. If you want to describe a change, you must use it in the "-고 싶어지다" form, yet 알고 싶게 되었어요 is incorrectly used. Be aware that as verbs come before "-고 싶다," there are many cases when "-게 되다" is attached instead.

어제 길에서 우연히 중학교 때 친구를 만났다. 거의 10년 만에 만나서 처음에는 그 친구를 알아보지 못했다. 그 친구는 중학교 때는 키가 작았는데 지금은 키가 아주 큰 데다가 안경도 쓰고 있었다. 고등학교 때 눈이 ① 나빠서 그때부터 안경을 썼다고 했다. 우리는 오랜만에 만났는데
→ _____

도 다시 중학생 때로 돌아간 것처럼 금방 ② 친해진다. 친구와 함께 이야기를 하다 보니까 중학
→ _____

교 때 선생님도 ③ 보고 싶게 돼서 시간이 있을 때 같이 만나러 가기로 했다.
→ _____

② –게 되다 〈13〉 변화·속성·그럴듯함

 바꿔 쓰기

1 가: 제이미 씨는 한국의 예절을 잘 아는 것 같아요.

　나: 처음에는 잘 몰랐는데 한국 사람들을 자주 만나면서 점점 **알아졌어요.**

→ _____

2 내 친구는 비를 맞아서 감기에 **걸렸게 됐어요.**

→ _____

3 가: 박 감독님, '올해의 영화상' 받으신 것을 축하드립니다.

　나: 이 영화를 사랑해 주신 덕분에 제가 이 상을 **받게 했습니다.** 감사합니다.

→ _____

문법 공부

(1) This expression is attached to a verb, and it is used to describe a change to a different situation due to a certain condition or state.

- 가: 저는 말하기는 잘하는데 쓰기는 잘 못해요. I can speak well, but I can't write well.

　나: 한국어로 일기를 써 보세요. 자주 쓰다 보면 쓰기를 잘하게 될 거예요.
　　Try writing a journal in Korean. If you write often, you'll get the hang of it.

- 집에 있는 텔레비전을 없애니까 가족들이 이야기를 많이 하게 돼서 좋아요.
　I like the fact that we can talk more now that we got rid of the television.

(2) The following is the form information for this expression.

		–게 되다		
V	먹다	먹게 되다	가다	가게 되다
	살다	살게 되다	오다	오게 되다

(3) You cannot use "–았/었–" or "–겠–," which describes tense, before this expression.

- 손님이 너무 많아서 아르바이트 직원을 한 명 더 **뽑았게 됐어요.** (×)

→ 손님이 너무 많아서 아르바이트 직원을 한 명 더 뽑게 됐어요. (O)
　There were so many customers, so we had to select one more part-time worker.

(4) This expression is used to describe what has happened to the speaker in a subtle and humble way.

① When you are talking about good news: being humble

- 가: 이번에 누가 장학금을 받아요? Who is getting the scholarship this time?

　나: 제가 받게 됐어요. I am receiving it.

② When talking about bad news: telling a person you are sorry as something turned out to be different than the speaker's will

- 미안하지만 제가 급한 일이 생겨서 미카 씨 생일에 못 가게 됐어요.
  I am sorry. I can't make it to Mika's birthday as I have an urgent matter to attend to.

1 가: 제이미 씨는 한국의 예절을 잘 아는 것 같아요.

나: 처음에는 잘 몰랐는데 한국 사람들을 많이 만나면서 점점 **알아졌어요**.
↳ 알게 됐어요

When you are describing the process of change, you can use "-게 되다" with verbs and "-아/어지다" with adjectives. Be careful when using these expressions as many users get the two expressions mixed up. However, 알아졌어요 is incorrectly used as 알다 is a verb.

- 야식을 많이 먹으면 건강이 안 좋아져요. ▶ p.306

2 내 친구는 비를 맞아서 감기에 **걸렸게 됐어요**.
↳ 걸리게 됐어요

You cannot use a tense form like "-았/었-" or "-겠-" in front of "-게 되다," yet 걸렸게 됐어요 is incorrectly used. As 걸리다, 생기다, and 닮다 are normally used in the past tense as 걸렸어요, 생겼어요, and 닮았어요, you must be careful with the usage as you might use the past tense for all situations.

3 가: 박 감독님, '올해의 영화상' 받으신 것을 축하드립니다.

나: 이 영화를 사랑해 주신 덕분에 제가 이 상을 **받게 했습니다**. 감사합니다.
↳ 받게 됐습니다

You must use "-게 되다" to humbly mention something good that happened to the speaker when talking to other people. However, 받게 했습니다 is incorrectly used when the person is humbly mentioning his award in the dialogue. "-게 하다" has the meaning of demanding that another person do something.

- 엄마가 아이에게 따뜻한 우유를 마시게 했어요.

한국의 수도인 서울은 1960년대부터 개발을 시작하면서 크기도 커지고 인구도 빠르게
① 늘어졌다. 도시 개발 때문에 여러 문제도 ② 생겼게 되었는데 그중의 하나가 쓰레기 문제였
→ _____   → _____

다. 그래서 서울시는 쓰레기를 '난지도'에 모았는데 쓰레기가 너무 많아서 이곳은 쓰레기 산이
되고 말았다. 하지만 이곳의 쓰레기를 재활용하고 환경을 깨끗하게 하기 위해 노력하면서 '난
지도'는 다시 아름다운 공원으로 ③ 변하고 말았다.
→ _____

③ -는 편이다 〈13〉 변화·속성·그럴듯함

1 가: 레이 씨, 한국에 온 지 한 달이 됐는데 친구는 많이 사귀었어요?

　　나: 아니요, 제 성격이 **조용해 보여서** 친구를 사귀는 데 시간이 좀 걸려요.

　　　→ ＿＿＿＿＿＿＿＿＿＿

2 제 누나는 어렸을 때 감기에 자주 **걸린 편이에요.**

　　　→ ＿＿＿＿＿＿＿＿＿＿

3 가: 어젯밤에 급한 일 때문에 문자를 보냈는데 답이 없더라고요. 문자를 못 봤어요?

　　나: 네. 제가 좀 **자는 편이라** 문자를 못 봤어요. 미안해요.

　　　　→ ＿＿＿＿＿＿＿＿＿＿

(1) This expression is used to describe approximately what something is associated with rather than giving a conclusive opinion on a certain fact.

- 서울의 물가는 제 고향보다 싼 편이에요. The prices in Seoul seem cheaper than those of my hometown.
- 제 동생은 영어를 잘하는 편이에요. My sister is pretty good at speaking English.

(2) The following is the form information for this expression.

	Final consonant ○ + -은 편이다		Final consonant × + -ㄴ 편이다	
A	작다	작은 편이다	싸다	싼 편이다
V	-는 편이다			
	먹다		먹는 편이다	

(3) The negative form of this expression can come in various forms as shown below.

	안 + -(으)ㄴ/는 편이다		-지 않은 편이다		-(으)ㄴ/은 편이 아니다	
A	예쁘다	안 예쁜 편이다	예쁘다	예쁘지 않은 편이다	예쁘다	예쁜 편이 아니다
V	안 + -는 편이다		-지 않는 편이다		-는 편이 아니다	
	먹다	안 먹는 편이다	먹다	먹지 않는 편이다	먹다	먹는 편이 아니다

(4) When this expression is used with verbs, you must use adverbs like 일찍, 자주, 많이, and 잘 in front of the verb. However, 잘하다 and 못하다 don't need an adverb.

- 가: 피자 쿠폰 10장을 벌써 다 모았어요? So you've collected 10 pizza coupons already?
- 나: 네. 우리 가족이 피자를 <u>자주</u> 먹는 편이거든요. Yes. My family orders pizza regularly.

(5) For this expression, you can use "-(으)ㄴ 편이다" and "-는 편이었다" when you are describing past events. The following shows the difference.

V-(으)ㄴ 편이다	V-는 편이었다
Used for a past event that happened just once	Used for a past event that continued for a certain period or was habitually repeated
• 오늘은 다른 날보다 일찍 일어난 편이에요. Today, I woke up earlier than on other days.	• 저는 어릴 때 운동을 잘하는 편이었어요. When I was growing up, I was quite athletic.

1 가: 레이 씨, 한국에 온 지 한 달이 됐는데 친구는 많이 사귀었어요?

나: 아니요, 제 성격이 <u>조용해 보여서</u> 친구를 사귀는 데 시간이 좀 걸려요.
                  ↳ 조용한 편이라서

When you are mentioning that certain fact is close a side, you must use "-(으)ㄴ/는 편이다." However, 조용해 보여서 is incorrectly used as the meaning conveyed in the dialogue is "my personality is closed to the reserved side." "-아/어 보이다" is used when the speaker is directly seeing and making decisions or talking about feelings based on certain state.

● 창 밖을 보니까 날씨가 <u>따뜻해 보이네요.</u>

2 제 누나는 어렸을 때 감기에 자주 <u>걸린 편이에요.</u>
                             ↳ 걸리는 편이었어요

With regard to using the past tense with this expression, "-는 편이었다" must be used for past events that were repeated for a certain period of time, and "-(으)ㄴ 편이다" must be used for past events that occurred just once. However, 걸린 편이에요 is incorrectly used as it is mentioned that the speaker's sister caught colds quite frequently.

3 가: 어젯밤에 급한 일 때문에 문자를 보냈는데 답이 없더라고요. 문자를 못 봤어요?

나: 네. 제가 좀 <u>자는 편이라</u> 문자를 못 봤어요. 미안해요.
              ↳ 일찍 자는 편이라

Adverbs like 잘, 자주, 많이, 일찍, and 늦게 are needed in front of the verb when "-(으)ㄴ/는 편이다" is used with a verb. However, 자는 편이라 is incorrectly used without an adverb.

김치는 대표적인 한국 음식이지만 김치를 좋아하는 외국인은 ① <u>많지 않는 편이에요</u>. 조금 맵
                       →

고 짜거든요. 만약 김치를 먹기가 어려우면 김치로 만든 요리부터 한번 먹어 보세요. 김치전이

나 보쌈은 맵지 않아서 외국인들도 ② <u>먹는 편이에요</u>. 저도 처음에는 김치를 ③ <u>싫어한 편인데</u>
                        →   →

김치로 만든 요리를 먹기 시작하면서 김치도 잘 먹게 됐어요.

바꿔쓰기

1 롤러코스터가 무서웠지만 여자 친구 앞이라서 안 **무서운 셈 쳤어요.**

→ _____

2 가: 오빠! 왜 라면을 먹어? 저녁 먹고 들어왔다고 했잖아.

나: 사실은 못 먹었는데 가족들은 다 먹고 치운 것 같아서 **먹는 척했어.**

→ _____

3 오늘 배운 문법을 잘 모르는데 아까 수업 시간에는 **안 척했어요.**

→ _____

 문법공부

(1) This expression is used to pretend or act as if something is a fact, and it is used to describe such a situation.

● 아침에 버스에서 넘어져서 아팠지만 너무 창피해서 안 아픈 척했어요.
It was painful when I fell in the bus, but I pretended that I wasn't painful since I was so embarrassed.

● 남자 친구의 요리가 맛이 없었지만 맛있는 척하면서 다 먹었어요.
My boyfriend's cooking was bad, but I pretended that it was tasty and ate all of it.

(2) The following is the form information for this expression.

	Present			Past		
A	Final consonant ○ + –은 척하다	Final consonant × + –ㄴ 척하다				
	좋다 → 좋은 척하다	바쁘다 → 바쁜 척하다				
V	–는 척하다			Final consonant ○ + –은 척하다		Final consonant × + –ㄴ 척하다
	먹다	먹는 척하다		찾다 → 찾은 척하다	보다	본 척하다
N	인 척하다					
	의사	의사인 척하다				

* You must attach "–는 척하다" behind 있다 and 없다.

(3) If this expression is used in the past tense, both "–(으)ㄴ 척했다" and "–는 척했다" can be used, and the following display shows some differences in meaning.

V–는 척했다	V–(으)ㄴ 척했다
Used when you are not actually doing something but are pretending that you are doing it	Used when you have not actually done something but are pretending the action was completed

• 어머니가 제 방에 들어오셔서 숙제를 하는 척했어요. (실제로는 숙제를 안 하면서 숙제를 하고 있는 것처럼 행동함.) My mother entered my room, so I pretended to be doing my homework. (He acted as if he were doing his homework when he actually wasn't doing his homework.)	• 친구와 놀고 싶어서 숙제를 다 한 척했어요. (숙제를 안 했지만 숙제가 끝난 것처럼 행동함.) I acted as if I had finished my homework because I wanted to play with friend. (I hadn't done my homework, but I acted as if my homework was done.)

* 알다 is used as 아는 척하다 not 안 척하다.

(4) This expression can be changed with "-(으)ㄴ/는 체하다" without much difference.

- 심부름을 가기가 싫어서 자는 척했어요. I pretended to sleep as I did not want to run any errands.
  = 자는 체했어요.

---

1 롤러코스터가 무서웠지만 여자 친구 앞이라서 안 무서운 셈 쳤어요.
　　　　　　　　　　　　　　　　　　　└→ 무서운 척했어요

"-(으)ㄴ/는 척하다" must be used if you act out something that wasn't true. The meaning conveyed in the sentence is "I acted as if I weren't afraid, but, in fact, I was scared," yet the expression 무서운 셈 쳤어요 is incorrectly used. "-(으)ㄴ/는 셈 치다" is used when you do something assuming that a certain event has happened even though it has not happened in reality.

- 엘리베이터가 고장 나서 운동하는 셈 치고 계단으로 올라갔다. ▶p.296

2 가: 오빠! 왜 라면을 먹어? 저녁 먹고 들어왔다고 했잖아.
　　나: 사실은 못 먹었는데 가족들은 다 먹고 치운 것 같아서 먹는 척했어.
　　　　　　　　　　　　　　　　　　　　　　　└→ 먹은 척했어

"-(으)ㄴ 척했다" and "-는 척했다" are the past tense forms of "-(으)ㄴ/는 척하다," and you can use them according to their meanings. 먹는 척했어 is incorrectly used when the meaning conveyed is "although I did not have a meal in reality, I acted as if I had finished a meal when I was talking to my sister." 먹은 척했다 conveys the meaning that the person acted as if he had eaten when he was talking to his sister.

3 오늘 배운 문법을 잘 모르는데 아까 수업 시간에는 안 척했어요.
　　　　　　　　　　　　　　　　　　　└→ 아는 척했어요

알다 must always be used as 아는 척하다, yet it is used as 안 척했어요 in this sentence.

오늘은 민영우 감독의 〈천천히 가다〉를 소개하려고 합니다. 사회생활을 하다 보면 자신을 속여야 하는 상황이 많지요? 싫어하는 직장 상사를 ① 존경하는 듯해야 하기도 하고 잘 모르는 것을
　　　　　　　　　　　　　　　　　　　→ ＿＿＿＿＿＿＿＿＿＿

② 안 척해야 하기도 합니다. 또 힘든 일이 있어도 아무 문제가 ③ 없은 척할 때도 많습니다. 이
＿＿→ ＿＿＿＿＿＿＿＿　　　　　　　　　　　　　　　→ ＿＿＿＿＿＿＿＿＿＿

영화는 실패한 경험에 대해 이야기하면서 우리를 위로하는 영화입니다.

1 그 영화를 보고 나서 동생은 아주 슬프더라고요.

→ _____

2 가: 캐롤 씨, 마리아 씨 못 봤어요?

나: 아까 학생 식당 앞에서 봤는데 하오 씨하고 같이 집에 **갔더라고요**.

→ _____

3 같은 반 친구한테 들으니까 이번 MT가 정말 **재미있더라고요**.

→ _____

(1) This expression is used when the speaker obtained a new experience through a past experience and is conveying that information to another person.

- 가: 민수 씨는 퇴근 안 한대요? Minsu is not getting off work?
- 나: 조금 전에 보니까 많이 바쁘더라고요. 일 다 끝내고 퇴근하겠대요.
  I checked on him a moment ago, and he was busy. He said he would get off work after he finishes his work.

- 미야코 씨가 요즘 정말 열심히 공부해요. 어제도 도서관에서 늦게까지 공부하더라고요.
  These days, Miako is studying very hard. Even yesterday, she was at the library until late at night.

(2) The following is the form information for this expression.

	Present		Past	
	−더라고요		**−았/었더라고요**	
A/V	따뜻하다	따뜻하더라고요	따뜻하다	따뜻했더라고요
	먹다	먹더라고요	먹다	먹었더라고요
N	Final consonant ○ + 이더라고요	Final consonant × + 더라고요	Final consonant ○ + 이었더라고요	Final consonant × + 였더라고요
	학생 학생이더라고요	친구 친구더라고요	학생 학생이었더라고요	친구 친구였더라고요

(3) The subject in this expression is generally in the second or third person. However, when the speaker is telling other people in an objective way regardless of his/her intention or will, you can use a first-person subject.

- 어젯밤 꿈에 내가 대통령이 되었더라고요. (꿈에 본 일이므로 본인의 의지와 상관 없음.)
  I was the president in my dream yesterday. (It was something I saw in my dream, so it was unrelated to will.)

(4) The subject must be in the first person when you are describing a feeling or the state of your heart.

- 남자 친구한테 예쁘다는 말을 들으니까 (남자 친구는) 기분이 좋더라고요. (×)
  → 남자 친구한테 예쁘다는 말을 들으니까 (저는) 기분이 좋더라고요. (○)
  I felt very good when my boyfriend told me I was pretty.

(5) In this expression, "-더라고요" is used if a action is in progress or when a speaker has experienced such a state while the past tense "-았/었더라고요" is used if it is a completed state or when the speaker has experienced such a state.

- 사키 씨가 어제 식당에서 친구하고 밥을 먹더라고요. (어제 밥을 먹고 있는 것을 봄.)
  Saki was seen eating meal with her friend at a restaurant yesterday. (saw her eating meal)
- 사키 씨가 어제 식당에서 밥을 다 먹었더라고요. (어제 밥을 다 먹은 것을 봄.)
  Saki ate meal at a restaurant yesterday. (saw her finish eating meal)

1 그 영화를 보고 나서 동생은 아주 슬프더라고요.
　　　　　　　　　　 └→ 저는

Regarding "-더라고요," the subject must be in the first person if you are describing a feeling or the state of one's heart. However, 동생은 is incorrectly used when the person is talking about his feelings in the sentence. You can use the "-아/어하더라고요" form as in 슬퍼하더라고요 if you want to mention another person's feelings or the state of that person's heart.

2 가: 캐롤 씨, 마리아 씨 못 봤어요?
　　 나: 아까 학생 식당 앞에서 봤는데 하오 씨하고 같이 집에 갔더라고요.
　　　　　　　　　　　　　　　　　　　　 └→ 가더라고요

더라고요 is used when the speaker is in the middle of a action or has experienced such a state. However, 갔더라고요 is awkward and is incorrectly used as both Maria and Hao were seen going home. "-았/었더라고요" is used when a situation is completed or when the speaker has experienced such a state.

3 같은 반 친구한테 들으니까 이번 MT가 정말 재미있더라고요.
　　　　　　　　　　　　　　　　 └→ 재미있겠더라고요

"-더라고요" can be used with "-았/었-" or "-겠-," which describes tense or assumption. Since the speaker does not go to the membership training and conveyes an assumption regarding the trip based on accounts by the speaker's friends, 재미있더라고요 yet is incorrectly used.

어제 식당에서 혼자 밥을 먹고 있었어요. 그런데 옆자리에 앉은 사람이 전화 통화를 하는데 한국말을 정말 ① 잘하겠더라고요. 당연히 한국 사람일 거라고 생각하고 그 사람을 봤는데
　　　　→ _____

② 외국인이었더라고요. 외국인이 한국말을 잘하는 것을 보니까 정말 ③ 부러워하더라고요. 저
→ _____　　　　　　　　　　　　　　　　　　　　　　　→ _____

도 한국어를 더 열심히 공부해서 그 사람처럼 말을 잘해야겠어요.

② –(으)ㄹ 걸 그랬다   〈14〉 회상·후회

1 친구하고 쇼핑하면서 한 달 용돈을 다 써 버렸어요. **친구가 쇼핑을 가지 말 걸 그랬어요.** → _____

2 가: 비를 다 맞고 왔어요?

　나: 비가 올 줄 몰랐어요. 아침에 우산을 가지고 **왔을 걸 그랬어요.** → _____

3 치마를 입어서 너무 추워요. **치마를 안 입을 걸 그랬어요.** → _____

(1) This expression is used to describe regret or remorse regarding a certain past event.

● 친구가 약속 시간에 늦어서 싸우고 말았어요. 조금만 참을 걸 그랬어요.
I fought with my friend because s/he was late for an appointment. I should have kept my cool.

● 어제 그 모자를 살 걸 그랬어. 오늘 다시 가 보니까 다 팔렸더라고.
I should have bought the hat yesterday. It was sold out when I went there today.

(2) The following is the form information for this expression.

	Final consonant ○ + –을 걸 그랬다		Final consonant × + –ㄹ 걸 그랬다	
V	먹다	먹을 걸 그랬다	가다	갈 걸 그랬다
	읽다	읽을 걸 그랬다	공부하다	공부할 걸 그랬다

(3) The negative form of this expression is "–지 말 걸 그랬다," and it has the following differences with "–(으)ㄹ 걸 그랬다."

–(으)ㄹ 걸 그랬다	–지 말 걸 그랬다
Used to describe a regret or sadness because a certain thing was not done in the past • 벌써 배가 고프네요. 아까 점심을 좀 많이 먹을 걸 그랬어요. (아까 밥을 많이 안 먹은 걸 후회함.) I am already hungry. I should have eaten more for lunch. (The person regrets not having eaten lunch before.)	Used when you regret or feel sad about having done something in the past • 너무 많이 먹어서 배가 아파요. 많이 먹지 말 걸 그랬어요. (아까 밥을 많이 먹을 것을 후회함.) My stomach hurts because I ate so much. I should not have eaten so much. (I regret the fact that I ate so much.)

(4) Only a first person subject can be used, and the form "–(으)ㄹ걸" can be used without 그랬다.

● (나는) 늦으면 어쩌지? 조금 더 서두를 걸 그랬어. What if I am late? I should have hurried a bit.
　　　　　= 서두를걸.

(5) You cannot use the tense form "–았/었–" or "–겠–" before this expression.

- 학교에 다닐 때 책을 좀 많이 <u>읽었을 걸 그랬어요</u>. (×)
  → 학교에 다닐 때 책을 좀 많이 <u>읽을 걸 그랬어요</u>. (○)
  I should have read more books when I was in school.

---

1 친구하고 쇼핑하면서 한 달 용돈을 다 써 버렸어요. **친구가 쇼핑을 가지 말 걸 그랬어요.**
└→ (내가)

"–지 말 걸 그랬다" is used to describe regret or sadness regarding what was done in the past. The subject is used only in the first-person form, and you can omit the subject. However, 친구가 is incorrectly used in this sentence as the subject of this sentence is the speaker, who went shopping and spent his/her entire allowance.

2 가: 비를 다 맞고 왔어요?

나: 비가 올 줄 몰랐어요. 아침에 우산을 가지고 **왔을 걸 그랬어요.**
└→ 올 걸 그랬어요

You cannot use the tense form "–았/었–" or "–겠–" in front of "–(으)ㄹ 걸 그랬다." However, 왔을 걸 그랬어요 is incorrectly used in this sentence.

3 치마를 입어서 너무 추워요. **치마를 안 입을 걸 그랬어요.**
└→ 입지 말 걸 그랬어요

The negative form of "–(으)ㄹ 걸 그랬다" is "–지 말 걸 그랬다." However, 안 입을 걸 그랬어요 is incorrectly used in this sentence. Please remember that the only negative form for this expression is "–지 말 걸 그랬다."

한국에서 유학 생활을 마치고 곧 고향에 돌아가는데 한국에 있을 때 물건들을 너무 많이
① <u>안 살 걸 그랬어요</u>. 정리하면서 버리려고 하니까 아까운 것들이 많아요. 이 물건들이 필요한
→ ‾‾‾‾‾‾‾‾‾‾‾‾‾

친구들이 있으면 그 친구들에게 미리 ② <u>줬을 걸 그랬어요</u>. 그리고 집주인에게 고향에 돌아간
→ ‾‾‾‾‾‾‾

다고 일찍 ③ <u>말하지 말 걸 그랬어요</u>. 주인이 지금 집이 빨리 안 나간다고 조금 더 일찍 말해 줬
→ ‾‾‾‾‾‾‾‾‾

으면 좋았겠다고 했거든요. 고향에 돌아가기 전에 집이 나갔으면 좋겠어요.

1 서술문

1 여행을 하려면 돈이 **필요한다**.

→ _____

2 오늘 친구가 **저를** 만나러 한국에 온다.

→ _____

3 좋아하는 가수를 보러 콘서트에 가고 싶은데 표가 **싸지 않는다**.

→ _____

(1) This expression is used to describe an event or a fact, and it is generally used in diaries, newspaper articles, and reports.

- 집에 돌아오니 마음이 편하다. I feel at ease when I come home.
- 지난 주말에 친구를 만났다. I met my friend last weekend.
- 아침에 물을 마시는 것은 좋은 습관이다. Drinking water in the morning is a good habit.

(2) The following is the form information for this expression.

	Present		Past	
A	−다		−았/었다	
	작다	작다	비싸다	비쌌다
V	Final consonant ○ + −는다	Final consonant × + −ㄴ다	찾다	찾았다
	먹다 | 먹는다	가다 | 간다		
N	Final consonant ○ + 이다	Final consonant × + (이)다	Final consonant ○ + 이었다	Final consonant × + 였다
	책상 | 책상이다	시계 | 시계이다/시계다	휴일 | 휴일이었다	버스 | 버스였다

* In this expression, "−(으)ㄹ 것이다" is attached to describe a future event or assumption.

(3) The following is the negative form for this expression.

	안 / 못	−지 않다 / −지 못하다
A	안 −다	−지 않다
V	안 / 못 −(느)ㄴ다	−지 않는다 / −지 못한다

- 이 방은 크지 않다. This room is not big.
- 내일은 휴일이라서 학교에 가지 않는다. I don't go to school tomorrow as it is a holiday.

(4) When using this expression, if there is a 저 or 저희, you must change it as mentioned below.

- 저는 → 나는　　　제가 → 내가　　　저를 → 나를　　　저희가 → 우리가
- 저는 여행을 할 때 읽을 책을 샀다. (×)
  → 나는 여행을 할 때 읽을 책을 샀다. (○) I bought a book to read for my trip.

오답노트

1 여행을 하려면 돈이 **필요한다**.
　　　　　└→ 필요하다

When describing an event or a fact, "-(느)ㄴ다" should come behind the verb while "-다" should come behind the adjective. However, 필요한다 is incorrectly used in this sentence because 필요하다 is used as an adjective. Please be aware that as "need" is a verb in the English language, many people mistakingly think of 필요하다 as a verb.

2 오늘 친구가 **저를** 만나러 한국에 온다.
　　　　　└→ 나를

When using this expression, you must change 저 and 저희 into 나 and 우리, yet 저를 is incorrectly used in this sentence. Please be careful not to habitually use 저 and 저희 when you describe an event or a fact.

3 좋아하는 가수를 보러 콘서트에 가고 싶은데 표가 **싸지 않는다**.
　　　　　　　　　　　　　└→ 싸지 않다

For the negative form of this expression, you must use "-지 않는다" for verbs and "-지 않다" for adjectives, yet 싸지 않는다 is incorrectly used. Although there are instances when the negative form shares the same form for verbs and adjectives, please remember that the form for this expression is different for verbs and adjectives.

20××년 8월 25일 날씨: 맑음

오늘은 친구들과 함께 한강 공원에 있는 수영장에 갔다. 날씨가 더워서 수영장에 사람이 많았다. ① 저희는 시원한 물에서 즐겁게 놀았다. 내가 수영을 못하는 것을 보고 크리스 씨가 나에

　　→

게 수영을 ② 가르쳐 줬어요. 수영장 물을 많이 마셨지만 아주 재미있었다. 다음에는 친구들과

　　　　　→

바다에 가서 수영을 ③ 하고 싶다.

　　　→

[1~3] ( )에 들어갈 가장 알맞은 것을 고르십시오.

1
> 가: 펄 씨, 이 사진을 보니까 중학교 때는 키가 아주 컸네요.
>
> 나: 네, 그때는 반 친구들보다 ( ) 지금은 별로 안 커서 속상해요.

① 큰 대신에   ② 커졌는데   ③ 큰 척했는데   ④ 큰 편이었는데

2
> 가: 이 회의실은 너무 춥네요. 우리 다른 곳으로 옮겨서 회의를 할까요?
>
> 나: 잠시만 기다리세요. 지금 히터를 틀었으니까 금방 ( ).

① 따뜻했어요   ② 따뜻해 보여요

③ 따뜻해질 거예요   ④ 따뜻한 모양이에요

3
> 가: 영주 씨, 다음 주에 중국으로 여행 간다면서요? 비자는 받았어요?
>
> 나: 아니요, 그동안 바빠서 신청을 못 하다가 오늘 했는데 출발 하루 전날에나 나온대요.
> 이럴 줄 알았으면 미리 ( ).

① 신청해 봤어요   ② 신청할 만해요

③ 신청하게 됐어요   ④ 신청할 걸 그랬어요

[4~6] 다음 밑줄 친 부분과 의미가 비슷한 것을 고르십시오.

4
> 가: 승원아, 집 앞에 있는 슈퍼에 잠깐 다녀올게.
>
> 나: 네, 할머니. 밖에 눈이 쌓여서 길이 <u>미끄럽더라고요</u>. 조심히 다녀오세요.

① 미끄러웠어요   ② 미끄럽지 않아요

③ 미끄럽다고 해요   ④ 미끄러울 것 같아요

5
> 가: 아네스 씨의 SNS를 보니까 멋있는 그림이 많던데 모두 직접 그린 거예요?
>
> 나: 네, 지난 2년 동안 그림을 배웠거든요. 처음에는 어려웠는데 계속 연습하다 보니까
> <u>잘 그리게 됐어요</u>.

① 그림 실력이 좋더라고요   ② 그림 실력이 좋을 거예요

③ 그림 실력이 좋아졌어요   ④ 그림 실력이 좋을 걸 그랬어요

6

> 어제 남자 친구와 본 영화가 지루했고 어려웠지만 <u>재미있는 척하면서</u> 봤다.

① 재미있을지라도   ② 재미있을 테니까

③ 재미있는 체하며   ④ 재미있기는 하지만

[7~9] 다음을 잘 읽고 이어질 수 있는 말을 고르십시오.

7

> 가: 타미르 씨도 이따가 송년회에 올 거지요?
> 나: 미안해요. 가려고 했는데 _____. 갑자기 집에 일이 생겨서요.

① 갈 줄 몰랐어요   ② 안 가 버렸어요

③ 못 가게 됐어요   ④ 가지 않으면 안 돼요

8

> 가: 요즘 취직하기가 '하늘의 별 따기'라면서?
> 나: 응, 경제가 안 좋아져서 점점 _____.

① 취직하기가 어려워지고 있대   ② 취직하기가 어려운 적이 있었대

③ 취직하기가 어려울 줄 몰랐대   ④ 취직하기가 어려울까 봐 걱정이래

9

> 가: 전 긴장하면 손톱을 깨무는 버릇이 있어요. 고치고 싶은데 잘 안 되네요.
> 나: 그래요? 전 긴장하면 _____ 저도 고치고 싶어요.

① 다리를 많이 떨면 안 되는데   ② 다리를 많이 떠는 편인데

③ 다리를 많이 떠는 척했는데   ④ 다리를 많이 떨지 말걸 그랬는데

10 다음을 잘 읽고 ㉠과 ㉡에 들어갈 말을 각각 쓰십시오.

> 스마트폰을 보거나 컴퓨터를 할 때 여러분의 자세는 어떻습니까? 요즘 목과 어깨가 아파서 병원을 찾는 환자들이 점점 (㉠   ). 의사들은 이러한 통증의 원인이 스마트폰이나 컴퓨터 화면을 보는 자세에 있다고 합니다. 대부분의 사람들은 스마트폰을 볼 때 화면을 보기 위해 고개를 (㉡   ). 또한 컴퓨터를 할 때는 목을 앞으로 길게 빼게 됩니다. 이와 같은 자세로 오래 있으면 목뼈에 문제가 생길 수 있으니까 목 건강을 지키기 위해 자세를 바르게 하고 자주 스트레칭을 해야 합니다.

㉠ _____   ㉡ _____

07

인용 표현
Quotation Expressions

In this unit, we will learn about quoting in Korean. Quoting refers to the act of rephrasing other people's words and writing into the speaker's own words or writing. There are direct quotes and indirect quotes. Direct quotes bring the words and writing of other people directly to use in one's own speech or writing, but they will not be covered in this unit.

Indirect quotes involve interpreting and quoting other people's words in the current context, and the forms change according to the types of sentences. For instance, "A-다고 하다" and "V-(느)ㄴ다고 하다" are used for declarative sentences, "A-(으)냐고 하다" and "V-(느)냐고 하다" are used used for interrogatives, "V-(으)라고 하다" is used for imperatives, and "V-자고 하다" is used for propositives.

1 리에 씨가 자기는 돈이 많이 **있는다고** 했어요.

→ _____

2 가: 이 우산 누구 거예요?

나: 에이든 씨가 아까 우산을 **잃어버린다고** 했는데 에이든 씨 거 아니에요?

→ _____

3 칭찬이 항상 좋은 영향을 주는 것은 **아니다고** 한다.

→ _____

(1) This expression is used when a person is quoting a declarative sentence made by another person.

- 이번 주말에는 날씨가 춥다고 하니까 감기 조심하세요.
  The weather is forecasted to be cold this weekend, so please be careful about catching a cold.

- 리암 씨가 방학에 고향에 갈 거라고 했어요.
  Liam said he will go to his hometown during summer vacation.

(2) The following is the form information for this expression.

	Present		Past	
A	– 다고 하다		– 았/었다고 하다	
	작다	작다고 하다	좁다	좁았다고 하다
V	Final consonant ○ + –는다고 하다	Final consonant × + –ㄴ다고 하다	– 았/었다고 하다	
	먹다 / 먹는다고 하다	가다 / 간다고 하다	마시다	마셨다고 하다
N	Final consonant ○ + 이라고 하다	Final consonant × + 라고 하다	Final consonant ○ + 이었다고 하다	Final consonant × + 였다고 하다
	휴일 / 휴일이라고 하다	시계 / 시계라고 하다	휴일 / 휴일이었다고 하다	시계 / 시계였다고 하다

* For the future of this expression, "–(으)ㄹ 거라고 하다" or "–겠다고 하다" goes behind verbs.

(3) In this expression, instead of 하다, you can use 말하다 and 듣다 after "–(느)ㄴ다고."

- 잭슨 씨는 미국으로 돌아갔다고 들었어요. I heard Mr. Jackson went back to the United States.

(4) In this expression, if the person uses 나 and 저 or 내 and 제, you must change it to 자기.

● 스티븐 씨가 "제 아버지는 회사원이에요."라고 말했어요.

→ 스티븐 씨가 자기 아버지는 회사원이라고 말했어요.
Mr. Steven told us that his father was an office worker.

1 리에 씨가 자기는 돈이 많이 있는다고 했어요.

┗→ 있다고

If you are quoting a person who made a declarative sentence, you must attach "-다고 하다" behind the adjective. However, in this sentence, 있다 is an adjective, yet it is incorrectly written as 있는다고. You must attach "-다고 하다" behind 있다 and 없다.

2 가: 이 우산 누구 거예요?

나: 에이든 씨가 아까 우산을 잃어버린다고 했는데 에이든 씨 거 아니에요?

┗→ 잃어버렸다고

If a story is told by another person and it's in the past, you must use "-았/었다고 하다." However, the content refers to the fact that Aiden has lost his umbrella, and the speaker is retelling the story, so the user must write 잃어버렸다고 하다, yet it is incorrectly written as 잃어버린다고.

3 칭찬이 항상 좋은 영향을 주는 것은 **아니다고 한다.**

┗→ 아니라고

When quoting "N이다," a positive sentence will have the form "N(이)라고 하다" while a negative sentence will have the form "N이/가 아니라고 하다." However, the user incorrectly writes 아니다고 in this sentence. Make sure you don't make the mistake of incorrectly quoting "N이다."

콜린 씨가 한국에 와서 같이 서울 구경을 했다. 콜린 씨가 자기 고향은 작고 조용한 도시인데 서울은 크고 ① 복잡한다고 했다. 인사동에 가려다가 콜린 씨가 광화문에 ② 가 보고 싶는다고
→ _____ → _____
해서 거기에 갔다. 콜린 씨는 세종 대왕 동상을 보고 한글을 만든 왕에 대해 여행 가이드북에서

③ 읽는다고 말했다. 콜린 씨에게서 세종 대왕의 이야기를 들으니까 반가웠다. 우리는 함께 사
→ _____
진을 찍고 맛있는 것도 먹으면서 즐거운 시간을 보냈다.

1 가: 줄리앙 씨는 사람을 잘 기억하지 못하는 것 같아요.

나: 맞아요. 같이 공부한 중국 친구를 보고 **"일본 사람이에요?"** 냐고 했어요.

→ _____

2 샘 씨가 내일 몇 시에 **출발했느냐고** 물어서 저도 모르겠다고 했어요.

→ _____

3 머리가 아파서 병원에 갔는데 의사 선생님이 요즘 스트레스를 많이 **받으냐고** 했어요.

→ _____

(1) This expression is used when quoting an interrogative sentence asked by another person.

- 가: 아까 노아 씨가 무슨 질문을 했어요? What did Noah ask you about a while ago?

  나: 왜 한국말을 배우느냐고 했어요. He asked me why I was learning Korean.

- 스티븐 씨가 메이슨 씨의 생일이 언제냐고 했어요.
  Steven asked me when Mason's birthday was.

(2) The following is the form information for this expression.

	Present		Past	
	Final consonant ○ + –으냐고 하다	Final consonant ✕ + –냐고 하다	–았/었(느)냐고 하다	
A	좋다 → 좋으냐고 하다	싸다 → 싸냐고 하다	작다 → 작았느냐고 하다	
	–(느)냐고 하다		–았/었(느)냐고 하다	
V	자다 → 자느냐고 하다		먹다 → 먹었느냐고 하다	
	Final consonant ○ + 이냐고 하다	Final consonant ✕ + 냐고 하다	Final consonant ○ + 이었(느)냐고 하다	Final consonant ✕ + 였(느)냐고 하다
N	휴일 → 휴일이냐고 하다	시계 → 시계냐고 하다	휴일 → 휴일이었느냐고 하다	시계 → 시계였느냐고 하다

* After the present tense 있다 and 없다, "–(느)냐고 하다" should be attached, and regarding the future tense of the expression, "–(으)ㄹ 거냐고 하다" or "–겠(느)냐고 하다" should be attached.

(3) In this expression, after "-냐고," 묻다, 말하다, and 질문하다 can be used in place of 하다.

- 한국 친구에게 수강 신청을 언제 해야 하느냐고 물어 봤어요.
  I asked my Korean friend about when I should register for class.

1 가: 줄리앙 씨는 사람을 잘 기억하지 못하는 것 같아요.

나: 맞아요. 같이 공부한 중국 친구를 보고 "일본 사람이에요?" 냐고 했어요.
　　　　　　　　　　　　　　　　　　　↳ 일본 사람이냐고

When quoting a interrogative sentence asked by another person, (이)냐고 하다 should be added after the noun. However, in this dialogue, it is incorrectly written as 일본 사람이에요? 냐고. If you want to reiterate an interrogative sentence asked by another person, you must write the sentence within quotation marks and add "-라고 하다."

- 제 친구가 "너는 언제 올 수 있어?"라고 했어요.

2 샘 씨가 내일 몇 시에 출발했느냐고 물어서 저도 모르겠다고 했어요.
　　　　　　　　　　　↳ 출발할 거냐고

If a story told by another person is in the future tense, you must use "-(으)ㄹ 거냐고 하다" or "-겠(느)냐고 하다." This sentence is quoting the question "What time will you leave tomorrow?" but it incorrectly used as 출발했느냐고. As the story is from the past, one must think that the past tense should be used, but you must remember to use the same tense as the quote from the other person.

3 머리가 아파서 병원에 갔는데 의사 선생님이 요즘 스트레스를 많이 받으냐고 했어요.
　　　　　　　　　　　　　　　　　　　　　↳ 받느냐고 / 받냐고

If the quotation from the interrogative sentence is in the present tense, "-(느)냐고 하다" comes after a verb while "-(으)냐고 하다" comes after an adjective. However, in this sentence, it is incorrectly written as 받으냐고 하다.

지난주에 면접시험을 봤다. 꼭 가고 싶은 회사라서 준비를 많이 했음에도 불구하고 좀 긴장되었다. 면접관은 내 전공이 ① 뭐라고 질문했다. 그리고 이 회사에서 어떤 일을 잘할 수 ② 있으냐고
　　　　　　　　　　　→　　　　　　　　　　　　　　　　　　　　　　　　　　→

했다. 마지막으로 면접관이 어떤 일을 하다가 ③ 실패해 보냐고 물었다. 나는 전공과 그동안의
　　　　　　　　　　　　　　　　　　　→

경험에 대해 솔직하게 이야기했다. 열심히 준비한 만큼 좋은 결과가 있었으면 좋겠다.

1 가: 어제보다 감기가 더 심해졌어요.

　　나: 그러니까 어제 병원에 **가다고** 했잖아요.

　　　　→ ＿＿＿＿＿＿＿＿＿＿＿＿＿

2 어머니가 저에게 컴퓨터 게임을 **하지 마라고 했어요.**

　　　　→ ＿＿＿＿＿＿＿＿＿＿＿

3 지금은 점심시간이니까 밥부터 **먹으자고 했어요.**

　　　　→ ＿＿＿＿＿＿＿＿＿＿＿

(1) "–(으)라고 하다" comes behind a verb, and it is used to quote a statement in which a person insists on or demands something. In addition, "–자고 하다" comes behind the verb, and it is used to quote information that someone has proposed or requested.

● 가: 형한테 전화로 뭐라고 했어요?
　　What did you say to your brother over the phone?
　나: 내가 7시에 도착하니까 공항에서 기다리라고 했어요.
　　I told him that I would be arriving at 7, so I told him to wait at the airport.

● 여자 친구한테 결혼하자고 말할 거예요.
　I am going to tell my girlfriend to marry me.

(2) The following is the form information for this expression.

	Request / Order				Suggestion / Demand	
	Final consonant ○ + –으라고 하다		Final consonant × + –라고 하다		–자고 하다	
V	먹다	먹으라고 하다	가다	가라고 하다	찾다	찾자고 하다
	앉다	앉으라고 하다	쉬다	쉬라고 하다	기다리다	기다리자고 하다

(3) The negative form of "–(으)라고 하다" is "–지 말라고 하다," and the negative form of "–자고 하다" is "–지 말자고 하다."

● 가: 의사 선생님이 뭐라고 했어요? What did the doctor say?
　나: 매운 음식을 먹지 말라고 하셨어요. He told me not to eat anything spicy.

● 선생님께서 조금 늦더라도 준영 씨가 올 때까지 출발하지 말자고 했어요.
　The teacher told us not to start until Junyong gets here even though we could be late.

1 가: 어제보다 감기가 더 심해졌어요.

나: 그러니까 어제 병원에 **가다고** 했잖아요.

└→ 가라고

If you are quoting a statement in which a person insists on or demands something, the form "–(으)라고 하다" should be used. However, in the answer for this dialogue, 병원에 가세요 is quoted yet 가다고 is incorrectly used. "–다고 하다" is attached behind the adjective when quoting a declarative sentence.

● 데이브 씨가 일이 많아서 바쁘다고 했어요. ▶ p.324

2 어머니가 저에게 컴퓨터 게임을 **하지 마라고** 했어요.

└→ 하지 말라고

The negative form of "–(으)라고 하다" is "–지 말라고 하다." Although the sentence is quoting a demand asking a person not to play computer games, it incorrectly uses the form 하지 마라고.

3 지금은 점심시간이니까 밥부터 **먹으자고** 했어요.

└→ 먹자고

When quoting a statement that asks someone to do a certain activity together, you must use the form "–자고 하다." However, in this sentence, it is incorrectly used as 먹으자고.

며칠 동안 목이 아파서 기침을 하니까 형이 병원에 ① 간다고 말했다. 그래서 오늘 오후에 병

→ _____

원에 가서 진찰을 받았다. 의사 선생님은 나쁜 공기 때문에 목이 아픈 거니까 공기가 안 좋

을 때에는 가능하면 ② 안 돌아다니라고 했다. 나는 집에 돌아와서 형한테 이야기를 했다. 형

→ _____

은 내 이야기를 듣고 내일 날씨를 알아보았다. 그리고 내일도 공기가 안 좋으니까 우리 같이

③ 조심하라고 했다.

→ _____

1 제가 수영 씨에게 제 책을 좀 들어 주라고 했어요.

→ _____

2 가: 선생님께서 뭐라고 하셨어요?

나: 준코 씨가 길을 잘 모르니까 준코 씨에게 길을 가르쳐 달라고 하셨어요.

→ _____

3 어머니께서 나에게 동생에게 장난감을 달라고 하셨다.

→ _____

(1) "–아/어 달라고 하다" is used when the speaker directly makes a request to another person while "–아/어 주라고 하다" is used when speaker quotes another person's request for something s/he needs.

- (제가) 택시 기사님께 명동역에서 내려 달라고 했어요.
  I told the taxi driver to drop me off at Myeongdong Station.

- 선생님께서 (저에게) 민수에게 볼펜을 빌려주라고 하셨어요.
  The teacher told me to lend Minsu a ballpoint pen.

(2) The following is the form information for "–아/어 달라고 하다."

		ㅏ, ㅗ + –아 달라고 하다	ㅓ, ㅜ, ─, ㅣ + –어 달라고 하다		하다 → 해 달라고 하다	
V	사다	사 달라고 하다	켜다	켜 달라고 하다	연락하다	연락해 달라고 하다
	오다	와 달라고 하다	들다	들어 달라고 하다	설명하다	설명해 달라고 하다

(3) The following is the form information for "–아/어 주라고 하다."

		ㅏ, ㅗ + –아 주라고 하다	ㅓ, ㅜ, ─, ㅣ + –어 주라고 하다		하다 → 해 주라고 하다	
V	사다	사 주라고 하다	켜다	켜 주라고 하다	연락하다	연락해 주라고 하다
	오다	와 주라고 하다	들다	들어 주라고 하다	설명하다	설명해 주라고 하다

(4) When this expression is used with a noun, it is used in the "N을/를 달라고 하다" and "N을/를 주라고 하다" forms.

- 식당에서 종업원에게 김치를 더 달라고 했어요.
  At the restaurant, I asked the waiter to get me some more *kimchi*.

- 친구가 여자 친구와 화해하려면 여자 친구에게 꽃과 케이크를 주라고 했어요.
  I told my friend to give flowers and cake if he wants to reconcile with his girlfriend.

(5) When using the honorific form of "-아/어 주라고 하다," the form "-아/어 드리라고 하다" is used, and when using the honorific form of "N을/를 주라고 하다," "N을/를 드리라고 하다" is used.

● 아버지께서 동생에게 할머니의 손을 잡아 드리라고 하셨어요.
　 My father told my brother to hold Grandma's hand.

1 제가 수영 씨에게 제 책을 좀 **들어 주라고 했어요.**
　　　　　　　　　　　└→ 들어 달라고 했어요

If the speaker requests something he needs, the form "-아/어 달라고 하다" is used. However, it is incorrectly used in this sentence as 들어 주라고 했어요. When using the forms, it is important to remember that the expression used by the speaker to directly request things is different from the expression requesting things from other people.

2 가: 선생님께서 뭐라고 하셨어요?
　　나: 준코 씨가 길을 잘 모르니까 준코 씨에게 길을 **가르쳐 달라고 하셨어요.**
　　　　　　　　　　　　　　　　　　└→ 가르쳐 주라고 하셨어요

"-아/어 주라고 하다" is used when you are requesting something that a person other than the speaker wants. However, in this sentence, 가르쳐 달라고 하셨어요 is incorrectly used as the request is not for the speaker but for Junko.

3 어머니께서 나에게 동생에게 장난감을 **달라고 하셨다.**
　　　　　　　　　　　└→ 주라고 하셨다

You use 을/를 주라고 하다 when the speaker is quoting a favor from a person asked other than the speaker. However, in this sentence, it is incorrectly used as 달라고 하셨다 as the speaker is quoting a request for something his/her mother wanted him/her to do.

며칠 전에 우리 집에 외국인 친구가 홈스테이를 하러 왔다. 엄마는 나에게 그 친구를 많이

① 도와 달라고 하셨다. 오늘도 그 친구가 강남에 있는 코엑스에 가야 하니까 거기에 가는 방법
→

을 가르쳐 주라고 하셨다. 그리고 교통카드도 친구에게 ② 달라고 하셨다. 그래서 그 친구에게
　　　　　　　　　　　　　　　　　　　　　　　　　　　　→

길을 가르쳐 주고 교통 카드도 주었는데 그 친구는 나에게 길을 잘 못 찾을 수도 있으니까 같이

③ 가 주라고 했다. 할 일이 많아서 조금 망설여졌지만 그 친구를 위해서 같이 가 주기로 했다.
→

[1~3] (   )에 들어갈 가장 알맞은 것을 고르십시오.

1

> 가: 자야 씨는 왜 오늘 모임에 안 왔어요?
>
> 나: 오늘 7시부터 아르바이트를 (   ). 그래서 못 왔어요.

① 한다고 했어요　　② 하냐고 했어요　　③ 하라고 했어요　　④ 해 달라고 했어요

2

> 가: 정은 씨, 제이미 씨는 안 올 것 같은데 그냥 우리끼리 출발합시다.
>
> 나: 잠깐만요. 제이미 씨한테 문자 메시지가 왔는데 5분만 (   ).

① 기다려 주라고 했어요　　　　　　② 기다리자고 했어요

③ 기다려 달라고 했어요　　　　　　④ 기다리겠냐고 했어요

3

> 가: 신이 씨, 1주일 정도 차를 빌리는 데 얼마나 할까요? 루니 씨가 저한테 렌터카 가격이
> (   ) 저는 잘 몰라서요.
>
> 나: 차에 따라 다른데 많이 비싸지는 않을 거예요.

① 얼마였는지　　　② 얼마나 했는지　　　③ 얼마라고 했는데　　④ 얼마냐고 물었는데

[4~6] 다음 밑줄 친 부분과 의미가 비슷한 것을 고르십시오.

4

> 가: 에이미 씨, 오늘이 무슨 날인지 아세요?
>
> 나: 그럼요, 선생님한테서 오늘이 <u>한글날이라고 들었어요</u>.

① "한글날이에요."라고 말했어요　　　　② "한글날이에요?"라고 물었어요

③ "한글날이에요."라고 들었어요　　　　④ "한글날이 아니에요."라고 들었어요

5

> 가: 진이 씨, 일본어 숙제를 도와줄 친구를 찾았어요?
>
> 나: 네. 제가 한자를 잘 못 읽어서 히카루 씨한테 <u>도와 달라고 했어요</u>.

① "도와줍시다."라고 말했어요　　　　② "나를 도와주세요."라고 말했어요

③ "도와줄 수 있어요?"라고 물었어요　④ "히카루 씨를 도와주세요."라고 말했어요

6

가: 주말에 바다에 간다더니 잘 다녀왔어요?

나: 아니요. 갑자기 비가 오길래 제가 친구들한테 <u>가지 말자고 했어요</u>.

① "갑시다."라고 말했어요

② "가세요."라고 말했어요

③ "가지 마세요."라고 말했어요.

④ "가지 맙시다."라고 말했어요

[7~9] 다음을 잘 읽고 이어질 수 있는 말을 고르십시오.

7

가: 준코 씨, 저 지금 마트인데 삼겹살을 얼마나 사야 할까요?

나: 삼겹살이요? 동호회 회원 중에서 돼지고기를 못 먹는 사람들이 있어서 어제 모임에서 우리 모두 삼겹살은 _____.

① 사지 말자고 했는데요

② 사지 말라고 했는데요

③ 사지 않았다고 했는데요

④ 사지 않을 거냐고 했는데요

8

가: 아까 면접 본 회사에서 전화 왔지? 네가 알겠다고 한 것 같은데 무슨 소리야?

나: 최종 합격했는데 일이 많이 밀렸다면서 내일부터 _____ 알겠다고 했어.

① 출근하자고 해서

② 출근하느냐고 해서

③ 출근할 수 있겠냐고 해서

④ 출근할 수 있을 거라고 해서

9

가: 지연아, 어제 돌잔치에서 내 기념품도 받아 왔어?

나: 응, 패트릭이 두 개 주면서 _____.

① 너한테 전해 주라고 했어

② 너한테 전해 달라고 했어

③ 너한테 전해 주자고 했어

④ 너한테 전해 줄 거냐고 했어

10 다음을 잘 읽고 ㉠과 ㉡에 들어갈 말을 각각 쓰십시오.

신디 씨, 오늘 왜 학교에 안 왔어요? 오늘 선생님께서 신디 씨한테 알려 주라는 내용이 있어서 문자 메시지를 보내요. 내일 문화 체험으로 바다에 가는 거 알고 있죠? 선생님께서 아침 8시 반까지 어학원 앞으로 오라고 하셨어요. 늦게 오면 (㉠   ) 일찍 오세요. 그리고 바다에 가니까 수영복이나 바다에서 입을 옷을 하나 더 (㉡   ).

㉠ _____

㉡ _____

08

전성 어미
Transformative Endings

In this unit, we will learn about transformative endings. Transformative endings are endings that attach to verbs and adjectives and change the function of the part of speech from verbs and adjectives to nouns, determiners, and adverbs.

Noun transformative endings transform verbs and adjectives to nouns, and they are "-(으)ㅁ" and "-기." Determiner transformative endings transform verbs and adjectives to determiners, and they are "-(으)ㄴ," "-는," "-(으)ㄹ," and "-던." Adverbial transformative endings transform verbs and adjectives into adverbs, and they are "-게," "-도록," and "-듯이."

1 가: 어제 커피를 5잔이나 마셨더니 잠을 못 잤어요.

나: 그렇게 많이 마시면 잠이 안 **오기가** 당연해요. 커피 대신 물을 드세요.

2 누구나 힘든 때가 끝나면 좋은 때가 **오기를** 알고 있어요.

→ _____

3 건강을 위해 꼭 해야 하는 것은 **운동해요.**

→ _____

 (1) This expression is attached to a verb, and it is used to transform a verb into a noun.

- 저는 스키 타는 것을 좋아해요. I like to ski.

- 가: 핸드폰으로 뭘 보고 있어요? What were you watching on your cell phone?

  나: 동영상으로 아이들이 노래하는 것을 보고 있어요.
  I was watching a video of children singing songs.

(2) The following is the form information for this expression.

	-는 것			
V	먹다	먹는 것	가다	가는 것
	읽다	읽는 것	듣다	듣는 것

(3) In the following clause of this expression, various verbs and adjectives can be used, but here are some common forms.

> V -는 것을 + 좋아하다/ 싫어하다

- 저는 텔레비전 보는 것을 싫어해요. I don't like to watch television.

> V -는 것이 + 많다/ 적다/ 좋다/ 싫다/ 쉽다/ 어렵다/ 당연하다

- 가: 친구 생일인데 어떤 선물을 사는 것이 좋을까요?
  It's my friend's birthday, so what should I buy?

  나: 겨울이니까 따뜻한 목도리를 사는 것이 좋을 것 같아요.
  It's winter, so I think it would be a good idea to buy a warm muffler.

(4) In spoken language, this expression can be abbreviated as shown below.

- 는 것이 → 는 게   는 것을 → 는 걸   는 것은 → 는 건

1 가: 어제 커피를 5잔이나 마셨더니 잠을 못 잤어요.

나: 그렇게 많이 마시면 잠이 안 <u>오기가</u> 당연해요. 커피 대신 물을 드세요.
　　　　　　　　　　└→ 오는 것이

When transforming a verb into a noun, if words such as 좋다, 쉽다, and 당연하다 are used at the end of a sentence, "-는 것" should be attached to a verb. However, 오기가 is incorrectly used in the sentence. "-기" can also transform a verb into a noun, but it is advisable to use this form with words such as 바라다, 원하다, and 그만두다, which are used at the end of a sentence.

● 숙제는 금요일까지 <u>내기</u> 바랍니다.　▶ p.338

2 누구나 힘든 때가 끝나면 좋은 때가 <u>**오기를**</u> 알고 있어요.
　　　　　　　　　　　　　　　└→ 오는 것을

When you want to talk about a fact or an object in an objective way, it is advisable to attach the form "-는 것." The speaker in this sentence is stressing his belief that "good things happen after a struggle," but the sentence is awkward because 오기를 is incorrectly used.

3 건강을 위해 꼭 해야 하는 것은 **운동해요.**
　　　　　　　　　　　└→ 운동하는 거예요 / 운동이에요

The form "N은/는 N이다" is used to define or to explain a certain noun. You can also use the form "N은/는 V-는 것이다." Although the subject of the sentence is 건강을 위해 해야 하는 일, the predicate is incorrectly used as 운동해요. Please be aware that users often do not think about the relationship with the subject and use only verbs when verbs come to the predicate.

내 취미는 ① <u>게임을 한다</u>. 어렸을 때는 주로 컴퓨터로 게임을 했는데 요즘에는 휴대폰으로 심
　　　　　　→ _____

심할 때나 쉴 때 주로 한다. 휴대폰 게임이 시간을 많이 ② <u>빼앗기는</u> 누구나 알고 있는 사실이
　　　　　　　　　　　　　　　　　　　　　　→ _____

다. 그래서 휴대폰으로 게임을 할 때 꼭 지켜야 하는 일은 시간을 ③ <u>정해야 한다</u>. 시간을 정하
　　　　　　　　　　　　　　　　　　　　　　　→ _____

지 않으면 게임을 하다가 중요한 일을 다 못 할 수도 있기 때문이다. 혼자서 시간을 잘 조절할
수 있다면 게임은 스트레스를 풀 수 있는 좋은 취미라고 생각한다.

1 가: 요즘 감기 환자가 많아진 것 같아요.

나: 갑자기 날씨가 추워져서 감기에 **걸림이** 쉬워요. 미사코 씨도 조심하세요.

→ ──────────

2 저는 1년 전부터 서울에서 **살았기** 시작했어요.

→ ──────────

3 생일 축하해요. **행복하기** 그리고 즐거운 생일 **보내기를** 바랍니다.

→ ──────────

(1) This expression is attached to a verb, and it is used to transform a verb into a noun.

- 한국어를 공부할 때 쓰기가 제일 어려워요.
  When studying Korean, I find writing the most difficult.

- 지난주부터 운전을 배우기 시작했는데 아주 재미있어요.
  I started to learn to drive last week, and it's fun.

(2) The following is the form information for this expression.

	−기			
V	살다	살기	가다	가기
	먹다	먹기	자다	자기

(3) The following clause of this expression is used in the following ways.

> V−**기**(를) + 바라다/ 원하다/ 빌다/ 시작하다/ 그만두다

- 시험에 합격하기를 <u>바랍니다</u>. I hope you pass the exam.

> V−**기**(가) + 좋다/ 싫다, 쉽다/ 어렵다, 편하다/ 불편하다 등 (emotional adjective)

- 새집은 주변이 조용해서 살기가 <u>편해요</u>.
  I find the new house livable and comfortable because the surrounding area is quiet.

> V−**기**(에) + 좋다/ 나쁘다

- 이 노트북은 작고 가벼워서 가지고 다니기에 <u>좋아요</u>.
  This notebook computer is portable because it's small and light.

> V−**기**로 결심하다/ 약속하다

- 건강 때문에 담배를 끊기로 <u>결심했어요</u>. I decided to quit smoking due to health issues.

(4) This expression can be used with the adjectives 건강하다 and 행복하다 and can be used with the following forms.

> A(건강하다, 행복하다)-기(를) + 바라다/ 원하다/빌다

- 새해에도 건강하시기를 빕니다. I wish you good health in the new year.

(5) This expression is commonly used for memos or signs that state plans, decisions, or promises.

> ☑ 할머니께 생신 선물 보내기
> Send birthday gift to Grandma
>
> ☑ 다음 달부터 운동하기
> Start workouts next month

> 〈도서관 이용시 주의사항〉
> ▶ 다 본 책은 제자리에 놓기
> Place the book you have read in its original place
> ▶ 도서관 안에서 음식 먹지 않기
> No eating inside the library

1 가: 요즘 감기 환자가 많아진 것 같아요.

나: 갑자기 날씨가 추워져서 감기에 걸림이 쉬워요. 미사코 씨도 조심하세요.
　　　　　　　　　　　　　└→ 걸리기가

If adjectives such as 좋다, 싫다, 쉽다, and 어렵다 come in the following clause when transforming verbs into nouns, "-기" should be used. However, in the sentence, 걸림이 is incorrectly used.

2 저는 1년 전부터 서울에서 살았기 시작했어요.
　　　　　　　　　　　└→ 살기

Forms that show the past or future like "-았/었-" and "-겠-" cannot come before "-기," yet in this sentence, 살았기 is used incorrectly.

3 생일 축하해요. 행복하기 그리고 즐거운 생일 보내기를 바랍니다.
　　　　　　└→ 행복하고 즐거운 생일 보내기를

When writing a birthday greeting or wishing someone a happy new year, the form "-기를 바랍니다/원합니다" is used. However, if you are listing two or more things, you must use the form "A/V-고 A/V-고 A/V-기를 바라다/원하다" without attaching "-기" to each thing. In this sentence, 행복하기 그리고 즐거운 생일 보내기 is incorrectly used.

저는 지난 3월부터 기숙사에 ① 사는 시작했습니다. 살다 보니까 여러 가지 규칙이 필요하다고
　　　　　　　　　　　　　　→＿＿＿＿＿

느꼈습니다. 아래는 저의 의견이니 여러분의 의견도 더 써 ② 주는 바랍니다. 의견을 모아서 기
　　　　　　　　　　　　　　　　　　　　　　　　　→＿＿＿＿＿
숙사 대표 회의 때 이야기하겠습니다.

　(1) 밤 9시 이후에는 악기 연주 하지 않기

　(2) 아침 8시부터 오후 7시까지만 세탁기 ③ 사용하는 것
　　　　　　　　　　　　　　　　　　　　→＿＿＿＿＿

1 이 자료를 통해 도시 인구는 늘고 농촌 인구는 줄고 **있기를** 알 수 있다.

→ _____

2 가: 어제 서울의 20년 전 사진을 봤는데 지금과는 많이 다르더라고요.

나: 네, 경제가 **발전하는 것에 따라** 서울의 모습이 많이 달라졌어요.

→ _____

3 이 블라우스는 반드시 드라이클리닝 **해야 하기**.

→ _____

(1) This expression is used to transform an adjective or a verb into a noun.

- 오랫동안 준비한 시험에 합격하고 나니 힘들었던 만큼 기쁨도 크다.
  After I passed the exam that I had been preparing for for a long time, as hard as it was, that is how much joy I felt.

- 나는 그가 유학 생활에 적응하기 위해서 노력하고 있음을 알고 있다.
  I know that he is doing his best to get accustomed to his life as an international student.

(2) The following is the form information for this expression.

	Present				Past	
	Final consonant ○ + –음		Final consonant × + –ㅁ		–았/었음	
A/V	작다	작음	슬프다	슬픔	작다	작았음
	죽다	죽음	주다	줌	먹다	먹었음

(3) The following clause of this expression is commonly used in the following forms.

> A/V–(으)ㅁ(을) + 알다/모르다/깨닫다/기억하다/보다/느끼다

- 이 책을 읽고 시의 아름다움을 다시 한 번 깨닫게 되었다.
  I experienced the beauty of poetry after reading this book.

> A/V–(으)ㅁ이 + 분명하다/ 확실하다

- 얼굴이 빨개지는 것을 보니 거짓말을 했음이 분명해요.
  It is evident that you are lying since your face is turning red.

(4) This expression is commonly used in simple memos or in dictionaries. It is also used in information, notices, and warnings.

- 메모: 학생증을 다시 만들려면 4시까지 학생회관에 사진을 가지고 가야 함.
  Memo: If I want to make a student ID again, I must bring my photo to the student building by 4:00.

● 공지: 수영 교실 시간 변경 – 3월 1일부터 2시에서 2시 30분으로 변경됨.
　Notice: Change of swimming lesson time – effective March 1, class time has changed from 2:00 to 2:30.

1 이 자료를 통해 도시 인구는 늘고 농촌 인구는 줄고 **있기를** 알 수 있다.
　　　　　　　　　　　　　　　　　　　└→ 있음을

When transforming adjectives and verbs to nouns, if there are verbs such as 알다, 모르다, and 기억하다 in the following clause, "–(으)ㅁ" should be attached to the adjectives and verbs. However, the expression 있기를 is incorrectly used in this sentence. "–기" is also used to transform verbs into nouns, but it is used when emotional adjectives like 좋다, 싫다, and 어렵다 are present in the following clause.
● 이 단어는 발음하기가 어려워요.　▶ p.338

2 가: 어제 서울의 20년 전 사진을 봤는데 지금과는 많이 다르더라고요.
　　나: 네, 경제가 **발전하는 것에 따라** 서울의 모습이 많이 달라졌어요.
　　　　　　　　└→ 발전함에 따라

The form "N에 따라" is used to describe certain situations and standards, and when it is used with verbs, it must be used as "–(으)ㅁ에 따라." However, it is incorrectly used as 발전하는 것에 따라. On the other side, if "N(으)로 인해서," which describes a reason, is used with verbs, it must be used in the "–(으)ㅁ으로 인해서" form.
● 이곳에 고속도로가 생김으로 인해서 대기오염이 심해지고 있다.　▶ p.136

3 이 블라우스는 반드시 드라이클리닝 **해야 하기.**
　　　　　　　　　　　　　　　　　　└→ 해야 함

If you are telling many people about a determined fact or information, you must attach "–(으)ㅁ" after the verb. However, the speaker is giving information on washing clothes in this sentence, yet it is incorrectly written as 해야 하기.

대학생을 대상으로 대학 졸업에 대한 의견을 조사한 결과 다음과 같이 나타났다.

〈질문〉 대학을 꼭 졸업해야 하나?

• 10년 전: 취업에 도움이 되니까 꼭 대학을 ① 졸업해야 하기. - 65%
　　　　　　　　　　　　　　　　　　　→ ＿＿＿＿＿＿＿＿＿

• 현재: 경제 상황이 나빠져서 대학 졸업이 취업에 별로 도움이 되지 않으므로 꼭 졸업하지 않
　　아도 됨. - 55%

결과를 보면 10년 사이에 경제 상황이 ② 나빠지기로 인해서 취업을 위해 대학을 반드시 졸업
　　　　　　　　　　　　　　　　　　　→ ＿＿＿＿＿＿＿＿＿

해야 한다는 생각이 줄어들고 ③ 있기를 알 수 있다.
　　　　　　　　　　　　　　　→ ＿＿＿＿＿＿＿＿＿

1 여행은 스트레스를 **풀기를 좋아요.**

　　→ _____

2 한국 노래를 듣는 것은 한국어를 **공부하는 도움**이 된다고 생각한다.

　　→ _____

3 가: 에이든 씨, 콘서트 시작할 시간이 다 됐어요. 어디예요?

　　나: 도착했어요. 그런데 차가 많아서 **주차하는 것에 시간**이 걸리네요.

　　　→ _____

(1) This expression is used when you transform adjectives and verbs into nouns or describe certain places or parts.

- 이 해수욕장 근처에는 옷을 갈아입고 <u>샤워하는 데</u>가 있어요.

　　　　　　= 샤워하는 장소

There is a place for changing clothes and taking showers near this beach.

- 김 과장은 차가워 보이지만 <u>따뜻한 데</u>도 있다.

　　　　　= 따뜻한 부분

Mr. Kim might look like a cold person, but he has a warm heart.

(2) The following is the form information for this expression.

	Final consonant ○ + −은 데		Final consonant × + −ㄴ 데	
A	작다	작은 데	싸다	싼 데
V	−는 데			
	먹다	먹는 데	내다	내는 데

(3) This expression is used to describe certain facts, circumstances and situations or is used in place of a certain time or event.

- 비행기로 제주도에 가는 데 한 시간 정도가 걸립니다.

It takes about one hour by plane to get to Jeju Island.

- 요즘 과일값이 비싼 데는 이유가 있대요. 태풍이 와서 생산량이 적어서 그렇대요.

There is a reason why fruit is so expensive these days. The reason is that productivity has declined due to the typhoon.

(4) This expression is used in the following forms.

N이/가 + V−**는 데** + 좋다/나쁘다/도움이 되다

- 걷는 것이 건강을 지키는 데 좋아요. Walking is good for maintaining health.

> **V-는 데 + N이/가 필요하다**

- 여권을 만드는 데 사진이 <u>필요해요</u>. We need photos to make passports.

오답노트

1 여행은 스트레스를 풀기를 좋아요.
　　　　　　└→ 푸는 데

If you are describing places, parts, circumstances, and situations by transforming adjectives and verbs into nouns, you must use the form "-는 데." Although the meaning conveyed by the sentence is "traveling is good for relieving stress," it is incorrectly used as 풀기를 instead of "-는 데 좋다."

- 오늘부터 운동을 하<u>기</u>로 결심했어요. ▶ p.338

2 한국 노래를 듣는 것은 한국어를 공부하는 도움이 된다고 생각한다.
　　　　　　　　　　└→ 공부하는 데

If a verb comes before an expression like 좋다 or 도움이 되다, you have to use the form "-는 데 도움이 되다." However, in this sentence, the form is incorrectly used as 데 is omitted in front of 도움이 되다, and it is only written as 공부하는.

3 가: 에이든 씨, 콘서트 시작할 시간이 다 됐어요. 어디예요?
　　나: 도착했어요. 그런데 차가 많아서 주차하는 것에 시간이 걸리네요.
　　　　　　　　　　　　└→ 주차하는 데

If a verb comes before an expression like 시간이 걸리다 or 돈이 들다, you must use the form "-는 데 시간이 걸리다," yet it is incorrectly written as 주차하는 것에. "-는 것" also transforms verbs into nouns, but it is used when a verb or adjective like 좋아하다, 싫다, or 어렵다 is in the following clause.

- 내 친구는 전화로 길게 이야기하<u>는 것</u>을 싫어해요. ▶ p.336

연습하기

많은 사람들이 불면증으로 고생하고 있다. 불면증을 없애기 위해서 다음과 같은 방법을 사용하면 좋다. 먼저 자기 전에 따뜻한 우유를 마시면 불면증을 ① 없애는 것이 좋다. 그리고 침실의

→ ＿＿＿＿＿＿＿

조명을 어둡게 하는 것도 잠을 잘 ② 자는데 도움이 된다. 또 매일 규칙적으로 일어나고 자는

→ ＿＿＿＿＿＿＿

습관도 불면증을 ③ 해결하기를 좋다.

→ ＿＿＿＿＿＿＿

1) -게 〈5〉-게

1 어제 친구와 같이 놀이 공원에 가서 **즐거운** 놀았어요.

→ _____

2 가: 와! 음식이 정말 맛있어 보여요. 잘 먹겠습니다.

나: 집들이에 와 주셔서 감사해요. **천천하게 드세요.**

→ _____

3 **놀라운데도** 어머니의 사랑은 하나도 변하지 않았습니다.

→ _____

(1) This expression is attached behind an adjective, and it is used to describe intensity, a method, or a standard of action that results by transforming an adjective into an adverb.

- 어제 머리를 짧게 잘랐어요. I cut my hair short yesterday.

- 가: 엄마, 오늘 날씨가 춥대요? Mother, is today's weather cold?
  나: 응, 이따 눈도 온다고 하니까 따뜻하게 입고 나가.
  Yes. The forecast is calling for snow later, so make sure you wear some warm clothes.

(2) The following is the form information for this expression.

	-게			
A	작다	작게	크다	크게
	맵다	맵게	비싸다	비싸게

(3) The form "-게도" is used to describe the feeling of the speaker regarding a fact that comes later. Most commonly, it is used with adjectives like 놀랍다, 슬프다, 다행스럽다, and 안타깝다.

- 가: 운전면허 시험 봤다면서? 합격했어?
  So you took the driver's license exam, right? Did you pass?
  나: 안타깝게도 점수가 조금 부족해서 떨어졌어.
  Unfortunately, I did not pass as I didn't get enough points.

(4) This expression can be used for most adjectives when they are transformed into adverbs, but the following adjectives can use both forms.

멀다 → 멀게/멀리   느리다 → 느리게/천천히   빠르다 → 빠르게/빨리

The meaning changes with each form. For instance, 멀다 has a different meaning as mentioned below.

● 멀다 → 멀게: 어제 싸운 친구가 <u>멀게</u> 느껴진다. (심리적 거리를 나타냄.)
  I feel distant from my friend, whom I fought with yesterday. (psychological distance)
→ 멀리: 저 <u>멀리</u> 기차가 들어오는 것이 보였다. (공간적 거리를 나타냄.)
  I can see the train coming from afar. (spatial distance)

1 어제 친구와 같이 놀이 공원에 가서 <u>즐거운</u> 놀았어요.
└▸ 즐겁게

When describing the intensity or method of an action, "–게" must be attached to the adjective in the form of "A–게 V." However, it is incorrectly written as 즐거운 in this sentence. If "–(으)ㄴ" is attached to the adjective, it modifies the noun that comes behind it.

● 우리는 즐거운 점심시간을 기다렸다. ▶p.64

2 가: 와! 음식이 정말 맛있어 보여요. 잘 먹겠습니다.
나: 집들이에 와 주셔서 감사해요. <u>천천하게</u> 드세요.
                        └▸ 천천히

Adverbs like 빨리, 천천히, and 널리 do not use the form "A–게 V." However, it is incorrectly used as 천천하게 in the sentence.

3 <u>놀라운데도</u> 어머니의 사랑은 하나도 변하지 않았습니다.
└▸ 놀랍게도

When describing a feeling regarding a fact that comes behind a sentence, "–게도" must be added after the adjective. In this sentence, the person is surprised about the unchanged love of his/her mother and needs to add "–게도" behind 놀랍다, yet it is incorrectly used as 놀라운데도. "–(으)ㄴ/는데도" is used when an unpredictable situation based on the content in the preceding clause occurs in the following clause.

● 머리가 아픈데도 학교에 왔어요. ▶p.94

아기의 첫 번째 생일을 '돌'이라고 한다. 이때 가족들이 모여서 아기가 ① <u>행복한</u> 자라기를 바라
                                                                    →_____

면서 잔치를 한다. 이 잔치에서 '돌잡이'를 하는데, 이것은 실, 쌀, 책, 돈 등을 놓고 아기에게 마음에 드는 물건을 잡게 하는 것이다. 아이가 돈이나 쌀을 잡으면 미래에 부유하게 산다는 뜻이고 실을 잡으면 ② <u>건강한</u> 오래 살 수 있다는 뜻이다. 또한 돌잔치에서는 여러 가지 떡을 준비
                        →_____

하는데 잔치의 마지막에 이 떡을 손님들과 ③ <u>맛있게도</u> 나누어 먹는다.
                                    →_____

[1~3] ( )에 들어갈 가장 알맞은 것을 고르십시오.

1
> 가: 연수 씨, 늘 이 물병을 가지고 다니네요.
> 나: 네, 이 물병이 가볍고 튼튼해서 가지고 ( ) 편해요.

① 다님이   ② 다니기가   ③ 다니면서   ④ 다니기 때문에

2
> 가: 엠마 씨, 올해 꼭 하고 싶은 일이 있어요?
> 나: 네, 있어요. 제가 올해 하고 싶은 일은 봉사 동아리에 ( ).

① 가입해요   ② 가입함이에요   ③ 가입하기로 해요   ④ 가입하는 거예요

3
> 가: 한국에는 커피숍이 정말 많은 것 같아요.
> 나: 맞아요. 몇 년 사이에 커피 소비량이 ( ) 커피숍도 많이 늘었어요.

① 증가에 비해서   ② 증가함에 따라
③ 증가한 것과 달리   ④ 증가함에도 불구하고

[4~6] 다음 밑줄 친 부분과 의미가 비슷한 것을 고르십시오.

4
> 가: 핸드폰 액정이 깨졌는데 왜 안 고쳐요? 문자를 볼 때 불편하지 않아요?
> 나: 네, 불편해요. 그런데 액정을 <u>고치는 데</u> 오만 원이나 든다고 해서 그냥 다음 달에 새로 사려고요.

① 고칠수록   ② 고치려다가   ③ 고칠 경우에   ④ 고칠 테니까

5
> 가: 어제 지갑을 잃어버렸다면서요? 찾았어요?
> 나: 네. 찾았어요. 잃어버린 장소에 <u>다행스럽게도 그대로 있더라고요</u>.

① 그대로 있으면 다행이에요   ② 그대로 있을 텐데 걱정하지 마세요
③ 그대로 있어서 다행이었어요   ④ 잃어버리기는 했지만 그래도 다행이에요

6

눈이 나빠서 안경을 쓴 사람은 운동하는 데 불편한 점이 많아요. 예를 들어 땀이 많이 나면 안경이 흘러내리기도 하고 안경 때문에 얼굴을 다치기도 해요.

① 운동할 때 상당히 불편해요   ② 불편한데도 운동을 자주 해요

③ 불편해서 운동을 하기가 싫어요   ④ 운동하는 동안 불편할 것 같아요

[7~9] 다음을 잘 읽고 이어질 수 있는 말을 고르십시오.

7

가: 부장님, 어제 말씀하신 상반기 업무 실적 보고서 작성을 끝냈습니다. 결제해 주십시오.

나: 그래? _____ 하루밖에 안 걸렸다니 수고가 많았군.

① 보고서를 작성한 지   ② 보고서를 작성하는 데에

③ 보고서를 어떻게 작성하는지   ④ 보고서를 작성하기가 무섭게

8

가: 이번 피겨 스케이팅 대회에서는 저 선수가 일등을 하겠네요.

나: 그러게요. 실수도 없고 표현력도 좋은 것 같아요. 저렇게 어린 나이에 얼굴 표정과 손 동작만으로 음악을 _____.

① 표현했을 뿐인데요   ② 표현하는 것이 좋은데요

③ 표현했음에 틀림없는데요   ④ 표현하기가 쉽지 않을 텐데요

9

가: 기숙사에서 룸메이트와 같이 살다가 밖에서 혼자 사니까 어때요?

나: 좋은 것도 있는데 너무 외로워요. 역시 _____ 저에게는 기숙사 생활이 더 맞는 것 같아요.

① 사람들과 얘기하기에는   ② 사람들과 얘기하는 게 불편한

③ 사람들과 얘기하는 것을 좋아하는   ④ 사람들과 얘기하기를 힘들어하는

10   **다음을 잘 읽고 ㉠과 ㉡에 들어갈 말을 각각 쓰십시오.**

초등학교 1학년인 민우는 부모님 없이 할머니와 둘이서 삽니다. 그런데 얼마 전 불이 나서 집이 모두 타 버렸습니다. 다행히 민우와 할머니는 다치지 않았지만 돈이 없어서 새 집을 짓지 못했습니다. 지금도 춥고 좁을 뿐만 아니라 잠을 (㉠) 컨테이너에 살고 있습니다. 여러분이 할머니와 민우를 도와주십시오. 여러분의 작은 후원금이 민우와 할머니가 행복하게 살 수 있는 (㉡) 큰 도움이 될 것입니다.

㉠ _____   ㉡ _____

09

피동·사동 표현

Passive & Causative Expressions

In this unit, we will learn about the passive and causative forms in the Korean language.

The passive form refers to a state when the subject's actions are conducted because of another person's actions or when an action is not directly conducted by the subject but as a consequence of other events or another person. To make a passive statement, you can attach "-이-," "-히-," "-리-," or "-기-" to verbs or attach "-아/어지다" to some verbs.

In the causative form, the subject of the sentence does not act on its will but does an action due to the insistence of another person or due to the strength of another person or object. The causative form can be used by attaching "-이-," "-히-," "-리-," "-기-," or "-우-" or "-게 하다" to verbs.

1 피동 표현

1 가: 언제쯤 대학원에 복학할 예정이에요?

　　나: 아르바이트를 해서 **등록금을 모이면** 그때 복학할 거예요.

　　　　　　　　　→ _____

2 제 방에 5년 전에 찍은 가족사진이 **걸어 있어요.**

　　　　　　　　　　　→ _____

3 친구가 커피 잔을 건드려서 커피가 **쏟았어요.**

　　　　　　　　　　→ _____

(1) This expression is attached to the stem of a verb, and it is used when the subject does not act due to its own will but due to another person or power.

- 조금 전에 창문을 열었는데 공사하는 소리가 너무 크게 들려서 다시 닫았다.
  I opened the window a few minutes ago but had to close it because of the construction noise outside.

- 이 집은 창밖으로 한강도 보이는군요.
  I can see the Hangang River from a window in this house.

(2) The following is the form information for this expression.

	-이-	-히-	-리-	-기-
V	보다 → 보이다 쓰다 → 쓰이다 놓다 → 놓이다 바꾸다 → 바뀌다 잠그다 → 잠기다	닫다 → 닫히다 읽다 → 읽히다 먹다 → 먹히다 잡다 → 잡히다 막다 → 막히다	팔다 → 팔리다 열다 → 열리다 걸다 → 걸리다 밀다 → 밀리다 듣다 → 들리다	씻다 → 씻기다 안다 → 안기다 끊다 → 끊기다 쫓다 → 쫓기다 찢다 → 찢기다

(3) This expression is used in the following forms.

Active	□을/를		V	산을	봐요.
	↓	↓		↓	↓
Passive	□이/가	V-이/히/리/기-		산이	보여요.

* 보이다, 바뀌다, 닫히다, 뽑히다, 막히다, 들리다, 밀리다, 열리다, 풀리다, 팔리다, 끊기다, and 찢기다 are verbs that use this form.

Active	□이/가	△을/를	V	경찰이	도둑을	잡았어요.
Passive	△이/가	□에게	V-이/히/리/기-	도둑이	경찰에게	잡혔어요.

* 읽히다, 잡히다, 먹히다, and 쫓기다, are verbs that use this form.

(4) The following passive verbs, when they describe maintaining status, use the form "V–아/어 있다."

놓이다, 쓰이다, 쌓이다			놓여 있다, 쓰여 있다, 쌓여 있다
걸리다, 열리다	+ **–아/어 있다** →		걸려 있다, 열려 있다
닫히다, 잠기다			닫혀 있다, 잠겨 있다

(5) Other passive forms include "V–아/어지다."

	쏟다, 켜다, 쓰다		쏟아지다, 켜지다, 써지다
N이/가	풀다, 찢다, 끊다	+ **–아/어지다** →	풀어지다, 찢어지다, 끊어지다
	만들다, 기다리다		만들어지다, 기다려지다

1 가: 언제쯤 대학원에 복학할 예정이에요?

나: 아르바이트를 해서 등록금을 모이면 그때 복학할 거예요.

↳ 등록금이

Passive forms can use the form "N이/가 (N에게) V–이/히/리/기–." Therefore, the passive form of 등록금을 모으다 should be 등록금이 모이다. However, in this dialogue, the speaker incorrectly uses a particle in 등록금을. Please remember that a particle comes before a passive verb.

2 제 방에 5년 전에 찍은 가족사진이 걸어 있어요.

↳ 걸려 있어요

Passive forms are used when the subject cannot act on its own will. Therefore, because 가족 사진, the subject of this sentence, is an object, a passive verb should be used, but the speaker uses 걸어 있어요 incorrectly.

3 친구가 커피 잔을 건드려서 커피가 쏟았어요.

↳ 쏟아졌어요

Passive forms can be made by adding "–아/어지다" to verbs. However, in this sentence, despite the fact that the subject is coffee, 쏟다 is incorrectly used.

제임스 씨, 지금 방에 들어왔는데 ① 불을 켜져 있네요. 아까 외출할 때 불을 안 끄고 나갔나 봐

→ _____

요. 그리고 지금 비가 많이 오는데 창문이 열려 있어요. 그래서 책상 위에 ② 놓아 있던 책이 다

→ _____

젖었어요. 창문을 아무리 닫으려고 해도 안 ③ 닫겨요. 고장이 난 것 같아요. 이 문자를 보면 빨

→ _____

리 집으로 와 주세요. 같이 창문을 고쳐야 할 것 같아요.

1 동생에게 해열제를 <u>먹혔는데</u> 아직도 열이 안 내려요.

→ _____

2 저는 게시판에 언어 교환을 하고 싶다는 광고를 <u>붙을 거예요</u>.

→ _____

3 가: 왜 정기 씨랑 싸웠어요? 두 사람은 아주 친하잖아요.

나: 제가 <u>정기에게 모자를 벗겼더니</u> 화를 냈어요. 저도 기분이 나빠져서 좀 다퉜어요.

→ _____

(1) This expression is attached to a verb, and it is used when the subject gets another person or animal to do a certain activity.

- 아이가 아직은 혼자 앉을 수 없어서 엄마가 아이를 의자에 앉혔어요.
  As the child could not sit alone yet, the mother placed the child on the chair.
- 제가 팔을 다쳐서 남편이 제 머리를 감겨 줬어요. My husband washed my hair since I have an arm injury.

(2) The following is the form information for this expression.

	-이-	-히-	-리-	-기-	-우-
V	보다 → 보이다 먹다 → 먹이다 죽다 → 죽이다 끓다 → 끓이다 붙다 → 붙이다	넓다 → 넓히다 앉다 → 앉히다 읽다 → 읽히다 입다 → 입히다 눕다 → 눕히다	살다 → 살리다 알다 → 알리다 울다 → 울리다 돌다 → 돌리다 놀다 → 놀리다	웃다 → 웃기다 벗다 → 벗기다 씻다 → 씻기다 감다 → 감기다 남다 → 남기다	깨다 → 깨우다 자다 → 재우다 서다 → 세우다 타다 → 태우다 쓰다 → 씌우다

* Some adjectives have causatine forms, and the representative ones are 높다 → 높이다, 늦다 → 늦추다, and 낮다 → 낮추다.

(3) This expression is used in the following forms.

①

Active	□이/가	△을/를	V	아이가 우유를 먹어요.
Causative	■이/가　□에게	△을/를	V-이/히/리/기/우-	엄마가 아이에게 우유를 먹여요

* Causative verbs using this form are 먹이다, 입히다, 알리다, 맡기다, and 놀리다.

②

Active	□이/가	△을/를	V	동생이 머리를 감아요.
Causative	■이/가　□(의)	△을/를	V-이/히/리/기/우-	엄마가 동생(의) 머리를 감겨요.

* Causative verbs that can use this form are 씻기다, 감기다, 벗기다, and 빗기다.

③	Active	□이/가	V	동생이 웃어요.
		↓	↓	↓ ↓
	Causative	■이/가 □을/를	V – 이/히/리/기/우–	형이 동생을 웃겨요.

* This form is used in most cases other than the first two cases.

(4) The following verb has identical passive and causative forms.

□이/가	+ 보이다, 읽히다 등	여기서는 서울 시내가 다 <u>보여요</u>. (passive verb)
■이/가 □에게 △을/를	+ 보이다, 읽히다 등	친구가 저에게 책을 <u>보여</u> 줬어요. (causative verb)

1 동생에게 해열제를 **먹혔는데** 아직도 열이 안 내려요.
       └→ 먹였는데

Causative forms are used when the subject gets another person to do certain tasks. However, in this sentence, the speaker is getting his brother to have some cold medicine, yet it is incorrectly written in the passive form 먹혔는데. In the passive form, the subject cannot do things on its own will, but it is used to describe when you get a task done due to another person or power.

● 저 작은 물고기가 큰 물고기한테 먹<u>혔</u>어요. ▶ p.350

2 저는 게시판에 언어 교환을 하고 싶다는 광고를 **붙을 거예요**.
            └→ 붙일 거예요

Causative forms are used when there is a main agent that makes people do things. In this sentence, because the person who wants to put the ads on the board is myself, the causative form must be used.

3 가: 왜 정기 씨랑 싸웠어요? 두 사람은 아주 친하잖아요.

 나: 제가 **정기에게 모자를 벗겼더니** 화를 냈어요. 저도 기분이 나빠져서 좀 다퉜어요.
    └→ 정기의

A sentence that uses the causative verbs 감기다, 씻기다, 벗기다, and 빗기다 will use the form "N(의) N을/를 causative verb."

여보, 유치원에서 윤서가 돌아오면 ① <u>손이 씻겨 주세요</u>. 그리고 식탁 위에 있는 간식을
             → _____

② <u>먹어 주세요</u>. 그리고 5시 반쯤 영어 선생님이 오시니까 그 전에 책상에 있는 영어 CD를
→ _____

③ <u>들어 주세요</u>. 매일 영어 CD를 듣는 것이 숙제거든요. 제가 6시쯤 집에 갈 거예요. 그때까지
→ _____

잘 부탁해요.

[1~3] ( )에 들어갈 가장 알맞은 것을 고르십시오.

1

> 가: 더운데 왜 문을 닫고 있어요?
> 나: 바람 때문에 저절로 문이 ( ).

① 닫나 봐요　　② 닫았나 봐요　　③ 닫히나 봐요　　④ 닫혔나 봐요

2

> 가: 방에 큰 벌레가 들어왔어요. 어떻게 할까요?
> 나: ( ) 말고 두세요. 창문을 열고 나갈 때까지 조금 기다립시다.

① 죽지　　② 죽고 있지　　③ 죽이지　　④ 죽이고 있지

3

> 가: 연휴에 휴가를 떠나기 전에 무엇을 확인해야 할까요?
> 나: 잊지 말고 가스 밸브가 잘 ( ) 확인해 보세요.

① 잠그는지　　② 잠겼는지　　③ 잠기는지　　④ 잠갔는지

[4~6] 다음 밑줄 친 부분과 의미가 비슷한 것을 고르십시오.

4

> 가: 엄마, 윤아 손을 <u>씻긴 다음에</u> 과일 좀 먹여 주세요.
> 나: 그래. 알았어.

① 씻은 후에　　② 씻는 대신에　　③ 씻게 한 후에　　④ 씻게 하는 대신에

5

> 마오 씨의 옷장 안에는 입지 않는 옷이 <u>쌓여 있다.</u>

① 하나도 없다　　② 걸려 있다　　③ 많이 들어 있다　　④ 잘 정리해 두었다

6

> 가: 요즘 이 만화책이 <u>초등학생들에게 많이 읽힌대요.</u>
> 나: 그렇군요. 과학을 만화로 배울 수 있으니까 초등학생들이 재미있어할 것 같아요.

① 초등학생들이 많이 읽는대요　　　② 초등학생들이 안 읽는대요

③ 초등학생들이 읽는 셈 친대요　　　④ 초등학생들이 사고 싶어 한대요

7

> 가: 여보세요, 카트린 씨 조금 전에 뭐라고 했어요? 다시 한 번 이야기해 줄래요?
>
> 나: 미안해요. 지금 지하철 안에 있어서 그런지 자꾸 _____.

① 전화가 끊겨요　　　　　　　　　　② 전화를 끊어요

③ 소리가 들려요　　　　　　　　　　④ 소리를 줄여요

8

> 가: 저 장면 너무 멋있지 않니?
>
> 나: 그러게. 남자가 우산 없이 뛰어가는 여자에게 _____ 내 가슴도 떨려.

① 우산을 쓰는 것을 보니　　　　　　② 우산을 돌려주는 것을 보니

③ 우산을 파는 것을 보니　　　　　　④ 우산을 씌워 주는 것을 보니

9

> 가: 이 가방은 가죽인데도 참 가볍네요.
>
> 나: 손님, 그건 가죽이 아니에요. 단지 가죽 느낌이 나도록 _____.

① 만들던 제품이에요　　　　　　　　② 만들어질 제품이에요

③ 만들었던 제품이에요　　　　　　　④ 만들어진 제품이에요

10　다음을 잘 읽고 ㉠과 ㉡에 들어갈 말을 각각 쓰십시오.

> 아파트 관리실에서 알려 드립니다. 요즘 층간 소음으로 인한 주민들의 불만이 많이 접수되고 있습니다. 이른 아침이나 늦은 밤 시간에는 청소기나 세탁기 소리가 (　㉠　) 청소기나 세탁기를 돌리지 마시기를 바랍니다. 또한 개를 (　㉡　) 개가 짖지 않도록 주의해 주시기 바랍니다.

㉠ _____　　　　㉡ _____

10

문장 성분 호응
Sequence of Sentence Constituents

In this unit, we will learn about the sequence of sentence constituents in the Korean language.

The sequence of sentence constituents refers to the sequence of words that follow certain words. This includes the sequence of subjects and predicates, adverbs and predicates, and particles and predicates.

For a sentence to have a basic structure, the subject and the predicate must have a sequence, and the less distance there is between the word that modifies and the word that is being modified the better. Furthermore, the sequence between certain adverbs and predicate is already set. For instance, the adverb 절대 is more natural when it is connected to the predicate with a meaning of denial as in "~지 않다."

1 아주·별로·과연 등 + A/V

1 가: 그 신발 새로 샀나 봐요. 비싸 보이네요.

나: 편한 신발이 필요해서 하나 샀는데 할인 상품이라서 <u>별로</u> **싸요**.

→ _____

2 10년 후에 <u>아마</u> 저는 결혼해서 아이가 **있어요**.

→ _____

3 가: 캐롤 씨, 기다리게 해서 미안해요.

나: 괜찮아요. 저도 <u>방금</u> **도착해요**.

→ _____

(1) Some adverbs in sentences have sequences with verbs or adjectives, and in this case, the forms of verbs and adjectives are limited.

● 가: 그 영화의 예고편을 보니까 살인범이 주인공의 룸메이트던데요. <u>과연</u> 그 사람이 <u>범인일까요</u>?
   When I watch the movie trailer, the murderer is the roommate. Do you really think he is the criminal?

나: 글쎄요. 저도 그 영화를 못 봤는데 <u>설마</u> 그 룸메이트가 <u>범인이겠어요</u>?
   Well, I haven't seen the movie, but do you really think the roommate is the criminal?

● 내일 검사를 다시 할 테니까 오늘 밤부터 <u>절대로</u> 음식을 드시면 <u>안</u> 됩니다.
   We will take the test again tomorrow, so do not eat any food after tonight.

(2) There is a limit in the usage of tense in the following causes if adverbs are used as shown below.

방금 +	V-았/었다	• 학교로 가는 버스가 방금 <u>지나갔어요</u>. The bus that goes to school has just left.
이제 +	V-아/어 가다 V-(으)ㄹ 것이다 V-(으)려고 하다	• 회의가 끝나서 이제 점심을 먹으려고 해요. I am now going to eat lunch now that the meeting has finished.

(3) The following adverbs can only be used with negative statements.

별로 +	A/V-지 않다 N이/가 없다	• 오늘 배운 문법은 별로 <u>어렵지 않아요</u>. The grammar that we learned today was not hard.
절대로 +	V-지 말다 V-(으)면 안 되다 A/V-지 않다	• 이 건물 안에서는 절대로 담배를 <u>피우면 안 돼요</u>. You can not smoke cigarettes in this building.

(4) As shown below, if there is an adverb, and expression with the meaning of assumption, awe, or unbelievable should be used.

▶ Assumption 아마 + A/V-(으)ㄹ 것이다 　　　A/V-(으)ㄴ/는/(으)ㄹ 것 같다 　　　A-(으)ㄴ가 보다/V-나 보다	• 이 건물은 아마 내년에 완공될 거예요. The construction of this building will probably be finished by next year.
▶ Awe and assumption 과연 + N답다, A-군요/A-네요 　　　A/V-(으)ㄹ까요?	• 과연 이 소설이 듣던 대로 재미있네요. Indeed, the novel is fun as it is rumored to be.
▶ Unbelievablity 설마 + A/V-겠어요? 　　　A/V-(으)ㄴ/는 것은 아니겠지요? 　　　A/V-(으)ㄹ 리가 없다	• 여러 곳에 지원서를 냈는데 설마 다 떨어지겠어요? I sent applications to various places, so I don't think I have to be worried about not being accepted to any of them, right?

1 가: 그 신발 새로 샀나 봐요. 비싸 보이네요.

　　나: 편한 신발이 필요해서 하나 샀는데 할인 상품이라서 별로 **싸요**.
　　　　　　　　　　　　　　　　　　　　　　　　　└▶ 안 비싸요 / 비싸지 않아요

A negative statement can only come after 별로, but in this sentence, 싸요 is incorrectly used. In the Korean language, some adverbs have limited forms, so it is imperative to know the forms that go well with adverbs.

2 10년 후에 아마 저는 결혼해서 아이가 **있어요**.
　　　　　　　　　　　　　　　　└▶ 있을 거예요

아마 only works well with expressions which mean prediction in a sentence.

3 가: 캐롤 씨, 기다리게 해서 미안해요.

　　나: 괜찮아요. 저도 방금 **도착해요**.
　　　　　　　　　　　　└▶ 도착했어요

The point of time for 방금 is moments before the current point, so only the past tense can be used with it.

오늘은 제가 대학교를 졸업하는 날이에요. 가운을 입고 학사모를 쓴 제 모습을 보니 그 동안 한국에서 지냈던 추억들이 생각났어요. 처음 한국어를 배울 때는 너무 어려워서 '과연 내가 유학 생활을 잘 ① 끝낼 수 있어.'라고 걱정했어요. 그런데 5년 동안의 유학 생활을 끝내고 이제 한국
　　　　　　　　　　→
　　　─────────────

을 ② 떠났어요. 제가 고향으로 돌아가도 한국에서의 생활은 절대로 ③ 잊을 거예요.
　　　→　　　　　　　　　　　　　　　　　　　　　　　→
　　─────────────　　　　　　　　　　　　　　　─────────────

① –(으)ㄴ 지 N이/가 되다

① 가: 사쿠라코 씨, 한국에서 산 지 얼마나 되었어요?

나: 작년 12월에 왔으니까 한국에서 산 지 벌써 **1년 동안** 되었어요.

→ _____

② 수업을 **시작한 후에** 일주일이 지났어요.

→ _____

③ 머리를 자른 지 6개월이 **돼요.** 그래서 미용실에 가려고 해요.

→ _____

(1) This expression is used to tell time duration when a certain task is done.

- 두통약을 먹은 지 한 시간이 됐는데도 계속 머리가 아파요.
  It's been an hour since I took some headache medicine, but I still have a headache.

- 시청역으로 가는 막차가 출발한 지 10분쯤 됐어요.
  It has been about 10 minutes since the last train left for city hall.

(2) The following is the form information for this expression.

	Final consonant ○ + –은 지 N이/가 되다		Final consonant × + –ㄴ 지 N이/가 되다	
V	먹다	먹은 지 N이/가 되다	가다	간 지 N이/가 되다
	읽다	읽은 지 N이/가 되다	보다	본 지 N이/가 되다

(3) This expression is related to the duration of time, so the following forms come after "–(으)ㄴ 지."

V–(으)ㄴ 지 +	시간N 이/가 되다/ 지나다/ 흐르다/ 경과하다
	한참(= 오래) 되다/ 지나다, 얼마 안 되다/ 지나다

(4) The following are the differences this expression has with "–는 데(에) N이/가 걸리다," which describes time.

	V –(으)ㄴ 지 N이/가 되다	V –는 데(에) N이/가 걸리다
Meaning	Describes the time duration after a certain task has been finished • 빨래를 안 한 지 일주일이 지났어요. A week has passed since we washed our clothes.	Describes how long it takes to do a task • 아직 일이 익숙하지 않아서 이 보고서를 작성하는 데(에) 이틀이 걸렸어요. As I am not accustomed to the task, it took me two days to write the report.

| Tense limit | Always shows past description
 • 치킨을 주문한 지 한 시간이 <u>지났는데</u> 아직도 치킨이 안 왔어요.
 It has been an hour since we ordered chicken, but it has not yet arrived. | All tenses are applicable.
 • 제주도는 멀어서 택배를 받는 **데(에)** 일주일이 **걸렸어요./걸려요./걸릴 거예요.**
 Jeju Island is an area far away, so it took/takes/will take a week to receive the package. |

1 가: 사쿠라코 씨, 한국에서 산 지 얼마나 되었어요?

나: 작년 12월에 왔으니까 한국에서 산 지 벌써 **1년 동안** 되었어요.

　　　　　　　　　　　　　　　　　　└→ 1년이

When describing how much time has passed after a task, the form "V−(으)ㄴ 지 N이/가 되다" is used. However, 1년 동안 is incorrectly used after 산 지 in this sentence. "N 동안" describes an amount of time from one time period to another time period.

● 한 시간 <u>동안</u> 이 문제를 푸시기 바랍니다. ▶p.110

2 수업을 **시작한 후에** 일주일이 지났어요.

　　　　└→ 시작한 지

"−(으)ㄴ 지" is used in front of "N이/가 지났어요" to describe how much time has elapsed. However, 시작한 후에 is incorrectly used in this sentence. "−(으)ㄴ 후에" conveys the meaning "after a certain task."

● 영화를 본 <u>후에</u> 저녁을 먹으러 갑시다. ▶p.104

3 머리를 자른 지 6개월이 **돼요**. 그래서 미용실에 가려고 해요.

　　　　　　　　　　　└→ 됐어요

"−(으)ㄴ 지 N이/가 되다" should be written in the past tense. However, it is written in the present tense as 돼요 in this sentence.

새해에는 꼭 담배를 끊기로 결심했다. 그런데 그 결심을 ① <u>한 다음에</u> 얼마 안 돼서 담배를 다

　　　　　　　　　　　　　　　　　　　　　→ ‾‾‾‾‾‾‾‾‾‾‾‾‾

시 피우고 말았다. 아내는 나에게 '작심삼일'이라면서 잔소리를 했다. '작심삼일'은 어떤 일을

하겠다고 결심한 지 ② <u>사흘밖에</u> 안 돼 그 결심을 포기하는 것을 말한다. 나는 아내에게 다시

　　　　　　　　　　　　→ ‾‾‾‾‾‾‾

한 번 믿어 달라고 했다. 이제 담배를 끊은 지 한 달이 ③ <u>갔다</u>. 이번에는 분명히 성공할 수 있을

　　　　　　　　　　　　　　　　　　　　→ ‾‾‾‾‾‾‾‾‾‾‾

것이다.

① −아/어하다

① 가: 공원에서 산책만 하고 온다더니 밥도 먹고 왔어요?

나: 산책만 하고 오려고 했는데 친구가 너무 **배고파서** 밥도 먹었어요.

→ ....

② 한국에서 만난 미국 친구가 제 고향에 **가고 싶어요.**

→ ....

③ 나는 한국 음식 중에서도 **치킨이** 가장 좋아한다.

→ ....

(1) This expression is used when the speaker objectively describes a psychological state or feeling of another person.

- 가: 요즘 마이클 씨가 오전에는 한국어를 공부하고 오후에는 영어를 가르친다면서요?
  So Michael studies Korean in the morning and teaches English in the afternoon?
- 나: 네. 지난주부터는 가르치는 수업이 많아져서 많이 힘들어하더라고요.
  Yes. He is quite swamped as the number of classes he teaches has increased since last week.
- 집에서 쉬려고 했는데 동생이 심심해해서 같이 게임을 했어요.
  I was going to get some rest at home, but I played games with my brother because he was bored.

(2) The following is the form information for this expression.

	ㅏ, ㅗ + −아하다		ㅓ, ㅜ, ㅡ, ㅣ + −어하다		하다 → 해하다	
A	좋다	좋아하다	싫다	싫어하다	심심하다	심심해하다
	아프다	아파하다	맛있다	맛있어하다	피곤하다	피곤해하다

(3) This expression is used together with adjectives that describe psychological states or feelings or the form "−고 싶다" to become an adjective, and it is commonly used in the following forms.

N이/가	기쁘다, 고프다, 아프다, 슬프다, 덥다, 춥다 부끄럽다, 즐겁다, 외롭다 답답하다, 심심하다, 행복하다, 피곤하다, 우울하다	+ −아/어하다
N이/가 N을/를	좋다, 싫다, 맛있다, 쉽다, 어렵다, 무섭다 *귀엽다, *예쁘다	

- 룸메이트는 공포 영화가 싫어해요. (×)
  → 룸메이트는 공포 영화를 싫어해요. (○)
  My roommate does not like horror movies.

* 예뻐하다 and 귀여워하다 are used to describe the act of loving or caring.

- 동생이 제 딸을 무척 예뻐해요. My brother adores my daughter.

(4) If a first-person subject is used in this expression, it describes the subjective feeling of the speaker into an objective namer.

- 나는 고양이가 무서워요.
  I am afraid of cats.

- 나는 고양이를 무서워해요.

1 가: 공원에서 산책만 하고 온다더니 밥도 먹고 왔어요?

나: 산책만 하고 오려고 했는데 친구가 너무 **배고파서** 밥도 먹었어요.
              └→ 배고파해서

"–아/어하다" is used to describe a psychological state or feeling of another person. Although the speaker needs to talk about the state of a friend in this sentence, 배고파서 is incorrectly used. When describing a psychological state or feeling, it is important to see who the subject is.

2 한국에서 만난 미국 친구가 제 고향에 **가고 싶어요.**
            └→ 가고 싶어 해요

When describing hope, "–고 싶다" is used when the subject is only in the first person while "–고 싶어 하다" is used to describe the hope of another person. However, 가고 싶어요 is incorrectly used in this sentence as it is describing the hope of the American friend.

3 나는 한국 음식 중에서도 **치킨이 가장 좋아한다.**
          └→ 치킨을

The speaker should use the form "을/를 좋아하다/싫어하다," but it is incorrectly used as 치킨이 좋아한다 in this sentence. As the forms are "이/가 좋다/싫다," and "을/를 좋아하다/싫어하다," users must be cautious when using particle.

친구가 서울에서 혼자 생활을 하고 있는데 많이 ① 외로웠어요. 그래서 제가 강아지나 고양이

             → _____

를 한번 키워 보라고 했어요. 친구는 제 조언을 듣고 강아지 한 마리를 키우게 됐어요. 그런데

옆집에 사는 아주머니가 ② 강아지가 싫어해서 강아지를 볼 때마다 짜증을 내신대요. 그래서

         → _____

친구는 강아지를 자유롭게 키울 수 있는 집으로 ③ 이사하고 싶어요.

           → _____

1 아무 + N

바꿔쓰기

1 가: 무슨 음식을 좋아해요? 특별히 먹고 싶은 음식이 있어요?

　　 나: 글쎄요. 전 한국 음식이면 **아무것도** 다 괜찮아요.

　　　　　　　　　　　　　　 →　_____

2 오늘 동문회에 갔는데 내가 아는 사람은 **아무나** 없어서 심심했어요.

　　　　　　　　　　　　　　 →　_____

3 방학 동안 아르바이트를 하느라고 아무 데도 **갔어요.**

　　　　　　　　　　　　　　 →　_____

문법공부

(1) This expression is used to talk about something without setting a certain person or object. The meaning changes according to the particle that comes after 아무.

● 가: 오늘 수업은 휴강이에요. 학생들에게 모두 연락했는데 연락 못 받았어요?
　　 Today's class is canceled. I contacted all the students. Didn't you get contacted?

　 나: 전 아무 연락도 못 받았는데요. No. I didn't get contacted by anyone.

● 가: 친구가 입원해 있는데 아무 때나 병문안을 가도 될까요?
　　 A friend was admitted to the hospital, so shall we visit her sometime?

　 나: 아니요. 요즘에는 시간이 정해져 있어서 아무 때나 갈 수 없어요. 시간을 알아보고 가세요.
　　 No. Nowadays, you can't go there anytime as there are fixed time slots. Please check the times.

(2) Negative statements come after "아무 N도." It is used as stated below.

아무 N도					+	Negative
N	아무 약속도, 아무 계획도, 아무 일도, 아무 말도 ……					없다, 모르다, 아니다 안 - 지 않다
Person	아무도	Object	아무것도	Place	아무 데도	+	못/- 지 못하다 - 지 말다

(3) Both positive and negative expressions can come after "아무 N(이)나," and it can be used in the form mentioned below.

① Meaning "everything is all right"

아무 N(이)나					+	Positive
N	아무 말이나, 아무 음식이나 ……			Time	아무 때나		좋다
Person	아무나	Object	아무거나	Place	아무 데나	+	괜찮다 ……

• 어느 옷을 입어도 다 잘 어울리니까 아무거나 사세요.
　 All the clothes look good on you, so buy anything.

② Meaning "Not all options are possible, but only special certain situations."

아무 N(이)나						+ Negative
N	아무 말이나, 아무 음식이나 ……			Time	아무 때나	없다, 모르다, 아니다 안/-지 않다 못/-지 못하다 -지 말다
Person	아무나	Object	아무거나	Place	아무 데나	

- 이곳은 직원 전용 출입구이므로 아무나 들어올 수 없습니다.
  This is an staff-only entrance, so not everyone can come in.

1 가: 무슨 음식을 좋아해요? 특별히 먹고 싶은 음식이 있어요?
나: 글쎄요. 전 한국 음식이면 **아무것도** 다 괜찮아요.
　　　　　　　　　　　└→ 아무거나

When a positive statement comes after "아무 N(이)나," it indicates the meaning "everything is all right." However, when a negative statement is used, it describes the meaning "only possible for certain special situations." In the sentence, as 아무 is used, the positive statement 괜찮아요 refers to the meaning "everything is all right," but 아무것도 is incorrectly used.

2 오늘 동문회에 갔는데 내가 아는 사람은 **아무나** 없어서 심심했어요.
　　　　　　　　　　　　　　　　　└→ 아무도

The meaning conveyed in this sentence is "I was bored because I knew no one," but 아무나, which has the meaning of "anyone is okay" or "only possible for certain person," is used incorrectly.

3 방학 동안 아르바이트를 하느라고 아무 데도 **갔어요.**
　　　　　　　　　　　　　　　　└→ 못 갔어요

When a negative statement comes after "아무 N," it means "absolutely nothing." However, the positive statement 갔어요 is incorrectly used after 아무 데도.

어제 남대문 시장에 처음 가 봤는데 여러 종류의 가게가 많이 있었어요. 저는 ① 아무 정보나
　　　　　　　　　　　　　　　　　　　　　　　　　　　　　→ _____

없이 갔기 때문에 사고 싶은 물건을 찾기가 어려웠어요. 게다가 오후 늦게 갔더니 대부분의 가

게들이 문을 닫은 상태였어요. 거기는 파는 물건에 따라 영업시간이 달라서 ② 아무 시간이나
　　　　　　　　　　　　　　　　　　　　　　　　　　　　　　　　　　　→ _____

가면 안 되더라고요. 다행히 길거리에서 물건들을 팔고 있어서 옷을 살 수 있었어요. 거기에서

는 아무거나 ③ 안 골라도 오천 원이나 만 원밖에 안 했어요.
　　　　　　→ _____

[1~3] ( )에 들어갈 가장 알맞은 것을 고르십시오.

1

> 가: 여보세요. 서울 안과지요? 지금 병원에 가면 진료를 볼 수 있나요?
>
> 나: 죄송하지만 방금 오전 진료가 ( ). 오후 진료 시간에 와 주세요.

① 끝납니다　　　　② 끝났습니다　　　　③ 끝날 겁니다　　　　④ 끝났을 겁니다

2

> 가: 아야코 씨, 아이들을 데리고 주말에 캠핑 갈래요?
>
> 나: 미안하지만 우리 아이들은 벌레를 ( ) 캠핑은 못 갈 것 같아요.

① 무서워서　　　　② 무섭지만　　　　③ 무서워해서　　　　④ 무서워할 테니까

3

> 폭설로 비행기가 연착돼서 제주 공항에 도착하는 데에 세 시간이나 ( ).

① 걸렸어요　　　　② 보냈어요　　　　③ 흘렀어요　　　　④ 되었어요

[4~6] 다음 밑줄 친 부분과 의미가 비슷한 것을 고르십시오.

4

> 가: 이 휴대폰을 <u>사용한 지</u> 3년이나 됐는데 오래 돼서 그런지 자꾸 고장이 나요.
>
> 나: 요즘 휴대폰 할인 행사를 많이 하던데 새 걸로 바꾸는 게 어때요?

① 사용한 기간이　　　　　　　　② 사용한 기간까지

③ 사용한 기간이나　　　　　　　④ 사용한 기간만큼

5

> 가: 남편이 고양이 키우는 걸 싫어했잖아요. 지금도 그래요?
>
> 나: 아니요. 처음에는 그랬는데 지금은 고양이를 무척 <u>예뻐해요</u>.

① 편안해해요　　　　② 즐거워해요　　　　③ 자랑스러워해요　　　　④ 사랑스러워해요

6

> 가: 선배님, 어학연수에 대해서 조언을 좀 듣고 싶은데요. 언제 만날 수 있을까요?
>
> 나: 이번 주에는 시간이 있으니까 <u>아무 때나</u> 연락해.

① 언제나　　　　② 언제부터　　　　③ 언제든지　　　　④ 언제까지

[7~9] 다음을 잘 읽고 이어질 수 있는 말을 고르십시오.

7

> 가: 로미가 또 운전면허 시험을 본대. 이번에는 합격해야 할 텐데……
> 나: 이번에 보면 다섯 번째인데 설마 또 _____.

① 떨어지나 봐   ② 떨어질 것 같아

③ 떨어지면 안 돼   ④ 떨어질 리가 없어

8

> 가: 여행 내내 비만 오니 큰일이에요. 내일은 제발 _____.
> 나: 그러게요. 오랜만에 떠난 여행인데 비 때문에 구경도 못하고 갈 것 같아요.

① 날씨가 좋을 거예요   ② 날씨가 좋아지고 있어요

③ 날씨가 좋은 편이에요   ④ 날씨가 좋았으면 좋겠어요

9

> 가: 마르텡 씨가 프랑스로 간 지 벌써 1년이 지났네요. 마르텡 씨는 잘 지내고 있어요?
> 나: 글쎄요. 마르텡 씨가 바쁜지 _____ 저도 잘 몰라요.

① 아무 소식도 몰라서   ② 아무 소식이나 좋아서

③ 아무 소식이나 들어서   ④ 아무 소식도 안 전해 줘서

10 다음을 잘 읽고 ㉠과 ㉡에 들어갈 말을 각각 쓰십시오.

> 요즘 인터넷으로 옷을 구입하는 경우가 많다. 이럴 경우에는 옷을 직접 입어보지 않고 구입하기 때문에 사이즈, 색깔, 품질 등에 문제가 있어서 교환하거나 환불하는 경우가 많다. 그런데 다음과 같은 경우에는 교환이나 환불이 안 되므로 주의해야 한다.
>
> 1. 옷을 받은 지 이틀이 (㉠   ) 교환은 할 수 있지만 환불은 할 수 없다.
> 2. 옷을 입었거나 옷에서 향수 냄새가 나면 (㉡   ) 교환이나 환불을 할 수 없다.
> 3. 옷의 라벨(label)을 제거하면 교환이나 환불을 할 수 없다.

㉠ _____   ㉡ _____

11

존댓말·반말
Honorifics & Casuals

In this unit, we will learn about honorifics in the Korean language.

An honorific refers to the level of politeness used when the speaker describes the listener, an object, or an indirect object. With honorifics, there are methods to show respect to the subject, object, or an indrect object in the sentence as well as the listener.

〈1〉 존댓말 · 반말 Honorifics & Casuals

확인 평가 Checkup

① 존댓말 · 반말

1 어머니께 <mark>물어보고 나서</mark> 대답하겠습니다.

→ ⎯⎯⎯⎯⎯⎯⎯⎯⎯

2 가: 이 세상에서 누구를 제일 좋아하세요?

　나: 나는 아버지를 제일 <mark>좋아하세요</mark>.

→ ⎯⎯⎯⎯⎯⎯⎯⎯⎯

3 선생님께서도 친절하시고 잘 <mark>가르쳐 줬어</mark>.

→ ⎯⎯⎯⎯⎯⎯⎯⎯⎯

(1) In Korean honorifics, we use 존댓말 (honorific form) when we show respect, and we use 반말 (casual form) when we talk to a friend or someone younger than you.

● 가: <u>우성 씨</u>, 내일 토요일인데 뭐 <u>하실 거예요</u>?　　　나: 내일은 그냥 집에서 쉬려고 <u>해</u>.

　Social status is lower or younger than the listener.　　Social status is higher or older than the inquirer speaker.
　Woosung, tomorrow is Saturday. What will you do?　**I plan just to rest at home tomorrow.**

● 가: 내일 놀러 <u>갈래</u>?　　　　　　　　　　　　　나: <u>응. 좋아, 가자</u>.

　　　　　The two are friends or very close.
　Shall we go out tomorrow?　　　　　　　**Yes. Let's go tomorrow.**

(2) Normally, 존댓말 (honorific form) is used in the following ways.

① Showing respect to the subject

> ㉮ 동사, 형용사 + -(으)시-
> ㉯ 이/가 → 께서
> ㉰ 명사: 나이 → 연세, 밥 → 진지, 집 → 댁, 말 → 말씀 등
> ㉱ 동사: 먹다/ 마시다 → 드시다/잡수시다, 자다 → 주무시다, 있다 → 계시다 등

- 선생님이 그 책을 <u>읽었다</u>. (×) → 선생님<u>께서</u> 그 책을 <u>읽으셨다</u>. (○)
  The teacher read the book.
- 할머니<u>가</u> 밥을 먹었다. (×) → 할머니<u>께서</u> <u>진지</u>를 잡수셨다. (○)
  Grandma ate her meal.

② Showing respect to direct and indirect objects in English

> ㉮ 에게 → 께
> ㉯ 동사: 주다→ 드리다, 말하다 → 여쭙다/여쭈다, 데려가다 → 모셔가다 등

- 혜미가 할머니<u>에게</u> 시계를 <u>줬다</u>. (×) → 혜미가 할머니<u>께</u> 시계를 <u>드렸다</u>. (○)
  　　　　　　　　　　　Hyemi gave her grandmother a watch.

③ Showing respect to the listener: Normally uses the following ending. The formal form is used for people whose relationship with the speaker is distant while the informal form is used when the relationship with the speaker is close.

Honorific /Casual	Sentence Form	Declarative	Interrogative	Imperative	Propositive
Honorific	Formal	–(스)ㅂ니다	–(스)ㅂ니까?	–(으)십시오	–(으)ㅂ시다
	Informal	–아/어요	–아/어요?	–아/어요	–아/어요
Casual		–아/어	–아/어?, –니?	–아/어	–아/어, –자

(3)　When using casual language, the form changes as follows.

- 저 → 나　　　　제 → 내　　　　네 → 응　　　아니요 → 아니　　　안녕히 → 잘
  고맙습니다./감사합니다. → 고마워.　　　　미안합니다./죄송합니다. → 미안해.

---

1 어머니께 **물어보고 나서** 대답하겠습니다.
　　　　└→ 여쭤 보고 나서

When using honorifics, verbs such as 말하다 and 물어보다 should be changed to verbs like 여쭙다 and 여쭈다 to show respect to the direct and indirect object.

2 가: 이 세상에서 누구를 제일 **좋아하세요?**
　　나: 나는 아버지를 제일 **좋아하세요.**
　　　　　　　　　　└→ 좋아해요

나 is commonly used for casual conversations, and you do not use the honorific form for when describing yourself. However, 좋아하세요 is incorrectly used in this sentence even though the subject is 나.

3 선생님께서도 친절하시고 잘 **가르쳐 줬어.**
　　　　　　　　└→ 가르쳐 주셨습니다

In the Korean language, when you are using the honorific form for the subject, you must attach "–(으)시–" after a verb or adjective. This sentence uses 가르쳐 줬어 incorrectly as the subject of this sentence is 선생님께서.

가: 왜 이렇게 늦게 들어와?

나: 할아버지께서 할머니께 드릴 선물 고르는 것을 ① 도와줬어.

가: 그래? 좋은 선물 골라 드렸어?
　　　　　　　　　　　　　　　　→ ＿＿＿＿＿＿＿＿

나: 글쎄. 잘 모르겠어.

　　② 저는 화장품을 사라고 말씀드렸는데 할아버지께서는 속옷이 ③ 좋대.
　　→ ＿＿＿＿＿＿＿＿　　　　　　　　　　　　　　　　→ ＿＿＿＿＿＿＿＿

가: 그래서 결국 어떤 것으로 샀어?

나: 할아버지께서 원하시는 것으로 샀어.

[1~3] (   )에 들어갈 가장 알맞은 것을 고르십시오.

1

> 가: 여보세요. 아빠! 무슨 일 있으세요? 전화를 여러 번 하셨네요.
> 나: 병원에 입원해 계시던 할머니께서 오늘 오전에 (   ). 지금 바로 병원으로 와.

① 죽었어   ② 죽였어   ③ 돌아가셨어   ④ 돌아오셨어

2

> 가: 하리옹 씨, 오늘 학교에 왜 이렇게 늦게 왔어요?
> 나: 부모님을 공항에 (   ) 오느라고 늦었어요.

① 가져다 주고   ② 데려다주고   ③ 가져다 드리고   ④ 모셔다 드리고

3

> 많은 축구 팬들의 관심 속에서 다음 달 15일에 월드컵의 첫 경기가 (   ).

① 시작된다   ② 시작되다   ③ 시작될게요   ④ 시작될래요

[4~6] 다음 밑줄 친 부분과 의미가 비슷한 것을 고르십시오.

4

> 가: '노인 컴퓨터 교실'을 신청하려면 어떻게 하면 됩니까?
> 나: 이 신청서에 성함과 생년월일 그리고 <u>사시는 곳</u> 주소를 써 주시면 됩니다.

① 집   ② 댁   ③ 장소   ④ 목적지

5

> 가: 할머니 건강은 좀 어떠세요?
> 나: 별로 안 좋으세요. 전보다 식사도 잘 안 하시고 좋아하시던 과일도 <u>안 드세요</u>.

① 먹어요   ② 잡수세요
③ 먹지 않아요   ④ 잡수시지 않으세요

6

> 가: 선배님, <u>처음 뵙겠습니다</u>. 저는 신입생 김민지라고 합니다.
> 나: 안녕? 나는 3학년 이지수야.

① 오랜만입니다　　　　　　　　② 잘 지내셨어요?

③ 별일 없으시지요?　　　　　　④ 만나서 반갑습니다

[7~9] 다음을 잘 읽고 이어질 수 있는 말을 고르십시오.

7

> 가: 엄마, 큰어머니는 올해 _____
>
> 나: 작년에 환갑이 지났으니까 올해 예순 두 살이시지.

① 몇 살이야?　　　　　　　　　② 몇 살이에요?

③ 연세가 어떻게 되세요?　　　　④ 나이가 어떻게 되세요?

8

> 가: 할머니, 가방이 무거워 보이는데 제가 _____?
>
> 나: 아이고, 고마워요. 저기 택시 타는 데까지만 좀 들어 줘요.

① 들어 줘　　　② 들어 줄까요　　　③ 들어 드려　　　④ 들어 드릴까요

9

> 가: 김현우 기자, 태풍이 오고 있는데 현재 제주도 날씨는 어떻습니까?
>
> 나: 지금 바람이 많이 불고 파도도 거세지고 있습니다. 밤부터 태풍의 영향을 받아 전국
> 에 폭우가 내릴 것으로 예상되므로 _____.

① 조심하세요　　　　　　　　　② 조심해야 해요

③ 주의하기로 했습니다　　　　　④ 주의하시기 바랍니다

10 다음을 잘 읽고 ㉠과 ㉡에 들어갈 말을 각각 쓰십시오.

> 한국 사람들은 보통 처음 만나는 사람에게 나이를 묻는데 왜 그러는지 아십니까? 왜냐하
> 면 한국에서는 (　　㉠　　) 높임말과 반말을 구별해서 사용하기 때문입니다. 그렇지만
> 나이와 상관없이 처음 만난 사람에게는 높임말을 사용합니다. 이때는 나이가 적은 사람
> 이 나이가 많은 사람에게 "(　　㉡　　) 놓으세요." 라고 해 주면 서로 편하게 말할 수 있
> 습니다.

㉠ _____　　　　　　　㉡ _____

12

기타
Miscellaneous

In this unit, we will learn about miscellaneous expressions, such as numerals and irregular expressions, in the Korean language. Korean numerals are divided into Sino-Korean numerals and pure Korean numerals. Sino-Korean numerals are "일, 이, 삼, 사...," while Pure Korean numerals are 하나, 둘, 셋, 넷...

Irregular refers to the changing of forms when utilizing verbs or adjectives, and they are "ㅂ," "ㄷ," "르," "ㄹ," "으," "ㅅ," and "ㅎ."

① 숫자 표현

① 육 개달마다 부모님을 뵈러 고향에 다녀오기로 했습니다.

→ _____

② 제주도의 경치가 아름다워서 벌써 삼 번 갔다 왔어요.

→ _____

③ 오늘 할 일이 많아서 커피를 넷 잔이나 마셨어요.

→ _____

(1) Korean numerals can be divided into Sino-Korean numerals and Pure Korean numerals. In the case of Sino-Korean numerals, they are expressed as 일, 이, 삼, 사..., while Pure Korean numerals can be expressed as 하나, 둘, 셋, 넷...

- 오늘은 구월 삼 일이에요. It's September third.
- 사과가 세 개에 이천 원이에요. 2,000 won for three apples.

(2) Sino-Korean numerals are used as follows:

0	1	2	3	4	...	
영/공	일	이	삼	사	...	전화번호, 날짜
	11	20	30	40	...	시간(분, 초)
	십일	이십	삼십	사십	...	주소, 가격 등
100	000	10,000	100,000	1,000,0000		
백	천	만	십만	백만		

(3) If unit nouns like 개, 명, 잔, and 그릇 come after 하나, 둘, 셋, 넷, 스물, you must say 한, 두, 세, 네, 스무.

- 저는 스물세 살이고 동생은 스무 살이에요.
  I am twenty-three years old, and my sister is twenty years old.

(4) The unit nouns that are attached to Sino-Korean and Pure Korean numerals are as follows:

일, 이, 삼, 사, 오…	+ 번, 월, 일, 년, 주일, 원, 층, 페이지 등
한, 두, 세, 네, 다섯…	+ 개, 명(분), 그릇, 권, 잔, 마리, 시(time) 등

(5) Both Sino-Korean and Pure Korean numerals can be used in the following numerical expressions. However, you must be aware that the unit noun used with each numeral is

different. In the case of 주, you can only use 1주, 2주, 3주....

Day 일	하루	이틀	사흘	나흘	...	열흘
	1일	2일	3일	4일		10일
Month 달	한 달	두 달	세 달	네 달	...	열두 달
	1개월	2개월	3개월	4개월		12개월
Year 년	한 해	두 해	세 해	네 해	...	열두 해
	1년	2년	3년	4년		12년
Age 나이	열 살	스무 살	서른한 살	...	마흔 살	쉰 살
	10세	20세	31세		40세	50세

1 육 개달마다 부모님을 뵈러 고향에 다녀오기로 했습니다.
　　└→6개월마다 / 여섯 달마다

For Sino-Korean numbers, you use 1, 2, 3... while you use 하나, 둘, 셋, ... for Pure Korean numbers. However, in this sentence, the speaker uses 개월, which is used with Sino-Korean numerals, with 달, which is used with Pure Korean numerals, and incorrectly creates the expression 육 개달.

2 제주도의 경치가 아름다워서 벌써 삼 번 갔다 왔어요.
　　　　　　　　　　　└→세 번

The unit noun 번, used to describe sequence, is used with 일, 이, 삼... while the unit noun 번, used to describe frequency, is used with 하나, 둘, 셋...

3 오늘 할 일이 많아서 커피를 넷 잔이나 마셨어요.
　　　　　　　　　　└→네 잔

When a unit noun is attached to 하나, 둘, 셋, and 넷, they become 한, 두, 세, and 네.

나는 신입 사원이라서 혼자 많은 일을 하다 보니까 실수가 많다. 오늘도 회의에 필요한 자료를 ① 열둘 장 복사해야 했는데 열한 장만 복사했다. 그리고 결재 서류에 작성한 날짜를
　　→＿＿＿＿＿

② 십월 오일로 써야 했는데 십일월 오일로 썼다. 그래서 부장님께 야단을 맞았다. 다음 신입사
　→＿＿＿＿＿

원은 ③ 한 년 후에 뽑을 계획이라고 하는데 그때까지 일이 익숙해지지 않으면 정말 큰일이다.
　　→＿＿＿＿＿

1 'ㅂ' 불규칙   〈2〉불규칙

 바꿔 쓰기

1 저는 맵은 음식을 싫어해요.

→ _____

2 한국어 공부는 조금 어려우지만 재미있습니다.

→ _____

 문법 공부

(1) If an expression starting with a vowel comes behind some adjectives and verbs ending with ㅂ, ㅂ becomes 우. However, in the cases of 돕다 and 곱다, ㅂ becomes 오.

- 날씨가 추워요. 그래서 뜨거운 커피를 한 잔 마셨어요.
  The weather is cold. Therefore, I drank a cup of hot coffee.

- 제가 이사를 해야 하는데 아야코 씨가 좀 도와줄래요?
  I have to move. Ayako, can you help me?

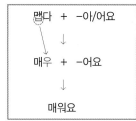

	ㅂ + 모음		ㅂ + 자음	
	–아/어요	–(으)니까	–(스)ㅂ니다	–지만
맵다	매워요	매우니까	맵습니다	맵지만
돕다	도와요	도우니까	돕습니다	돕지만
*입다	입어요	입어서	입습니다	입지만

* 입다, 잡다, and 좁다 are regular verbs and adjectives, and their forms do not change if an expression starting with a vowel comes behind them.

 오답 노트

1 저는 **맵은** 음식을 싫어해요.

    ↳ 매운

ㅂ should be changed to 우 if the form "–(으)ㄴ," which starts with a vowel, comes behind 맵다, an irregular adjective. However, it is incorrectly used as 맵은 in this sentence.

2 한국어 공부는 조금 **어려우지만** 재미있습니다.

    ↳ 어렵지만

The ㅂ irregular does not change if an expression starting with consonant comes after it. Although "–지만" comes after 어렵다, it is incorrectly used as 어려우지만. If you get used to the conventions of the irregular ㅂ, please be careful not to habitually attach 우 before a consonant.

바꿔쓰기

1 사고 싶은 물건이 있었는데 한국말을 몰라서 점원에게 가격을 <u>물을 수 없었어요.</u>
→ _____

2 루이 씨, 추우면 창문을 <u>달아 줄까요?</u>
→ _____

 문법공부

(1) If an expression starting with a vowel comes after a verb ending with ㄷ, ㄷ becomes ㄹ.

- 저는 심심할 때 라디오를 들어요. I listen to the radio when I am bored.
- 건강을 위해서 하루에 30분씩 걸으세요. Walk 30 minutes a day to maintain your health.

듣다 + -아/어요
↓
들 + -어요
↓
들어요

	ㄷ + 모음		ㄷ + 자음	
	-아/어요	-(으)니까	-(스)ㅂ니다	-지만
듣다	들어요	들으니까	듣습니다	듣지만
걷다	들어요	걸으니까	걷습니다	걷지만
***받다**	받아요	받아서	받습니다	받지만

* 받다, 닫다, and 믿다 are regular verbs, and their forms do not change if an expression starting with a vowel comes behind them.

 오답노트

1 사고 싶은 물건이 있었는데 한국말을 몰라서 점원에게 가격을 <u>**묻을 수 없었어요.**</u>
└→ 물을 수 없었어요

묻다 is the ㄷ irregular verb, so if an expression starting with a vowel comes after 묻다, ㄷ has to change to ㄹ. However, it is incorrectly used as 묻을 수 없었어요 in this sentence.

2 루이 씨, 추우면 창문을 <u>달아 줄까요?</u>
└→ 닫아 줄까요

받다, 닫다, and 믿다 are regular verbs, so ㄷ does not change to ㄹ even if a vowel comes behind them. In the sentence, it is incorrectly used as 달아 줄까요?

12. Miscellaneous 379

3 '르' 불규칙

바꿔쓰기

1 배가 **부러서** 음식을 더 못 먹겠어요.

→ _____

2 가: 실례합니다. 명동 호텔에 어떻게 갑니까?
나: 미안하지만 저도 여기가 처음이라서 잘 **몰랍니다**.

→ _____

문법공부

(1) If an expression starting with the vowel "–아/어–" comes after some adjectives and verbs that end with 르, ㅡ is omitted, and another ㄹ is formed to create the form ㄹㄹ.

● 동생과 저는 쌍둥이인데도 얼굴과 성격이 달라요.
My brother and I are twins, but our faces and personalities are different.

● 이번 노래 대회에서 브라운 씨가 노래를 불러서 상을 받았어요.
Mr. Brown sang a song at the singing contest and won an award.

모르다 + –아/어요	르 + –아/어–		르 + –아/어– (×)	
↓	–아/어요	–아/어서	–(스)ㅂ니다	–지만
모름 + ㄹ + –아요				
↓				
몰라요				
모르다	몰라요	몰라서	모릅니다	모르지만
빠르다	빨라요	빨라서	빠릅니다	빠르지만
부르다	불러요	불러서	부릅니다	부르지만

오답노트

1 배가 **부러서** 음식을 더 못 먹겠어요.
└→ 불러서

부르다 is the 르 irregular verb, so if an expression starting with the vowel "–아/어–" comes after, you must use it as 불러서. However, it is incorrectly used as 부러서 in this sentence.

2 가: 실례합니다. 명동 호텔에 어떻게 갑니까?
나: 미안하지만 저도 여기가 처음이라서 잘 **몰랍니다**.
└→ 모릅니다

The 르 irregular does not change if there is a consonant or a vowel without "–아/어–" that comes after it. Although "–(스)ㅂ니다" comes after 모르다, it is incorrectly used as 몰랍니다.

④ '르' 불규칙 〈2〉불규칙

바꿔
쓰기

① 제 동생은 수영을 할 줄 **알습니다**.

→ ‒‒‒‒‒‒‒‒‒‒‒‒‒‒‒‒‒‒‒‒‒‒‒‒‒

② 제가 음식을 **만들을 테니까** 마리아 씨는 청소를 좀 해 주세요.

→ ‒‒‒‒‒‒‒‒‒‒‒‒‒‒‒‒‒‒‒‒

문법
공부

(1) If an expression starting with ㄴ, ㅂ, and ㅅ comes after adjectives and verbs that end with ㄹ, ㄹ is omitted. In the form "‒(스)ㅂ니다," "‒스‒" is omitted while "‒으‒" is omitted if an expression starting with "‒으‒" is used.

● 가: 브라이언 씨는 어디에 **사세요**? Brian, where do you live?

　 나: 저는 인사동에 **살아요**. I live in Insadong.

● 딸기가 아주 **답니다**. The strawberry is very sweet.

살다 + ‒(스)ㅂ니다 (ㄴ, ㅂ, ㅅ)	열다 + ‒(으)세요 (ㄴ, ㅂ, ㅅ)
↓	↓
살 + ‒ㅂ니다	열 + ‒세요
↓	↓
삽니다	여세요

	ㄹ + ㄴ, ㅂ, ㅅ			ㄹ + ‒(으)ㄹ	ㄹ + ‒ㄴ, ㅂ, ㅅ (x)
	‒네요	‒(스)ㅂ니다	‒(으)세요	‒(으)ㄹ 때	‒아/어요
살다	사네요	삽니다	사세요	살 때	살아요
열다	여네요	엽니다	여세요	열 때	열어요
멀다	머네요	멉니다	–	멀 때	멀어요

오답
노트

① 제 동생은 수영을 할 줄 **알습니다**.
　　　　　　 └→압니다

알다 is the ㄹ the irregular verb, so if there is an expression that starts with ㄴ, ㅂ, and ㅅ, comes after, ㄹ will be omitted. Although "‒(스)ㅂ니다" comes after 알다, it is incorrectly used as 알습니다. Please be careful not to habitually change verbs like 만들다, 살다, and 놀다 to the incorrect forms 만들습니다, 살습니다, and 놀습니다.

② 제가 음식을 **만들을 테니까** 마리아 씨는 청소를 좀 해 주세요.
　　　　　　 └→만들 테니까

If an expression starting with "‒(으)ㄹ" comes after the irregular ㄹ, "‒(으)ㄹ" must be omitted, yet it is incorrectly used as 만들을 테니까. In addition, remember to omit "‒(으)ㄹ" in expressions like "‒(으)ㄹ 거예요" and "‒(으)ㄹ래요?"

⑤ '으' 불규칙 〈2〉불규칙

① 가: 마음에 드는 옷이 있어요?

　　나: 이 옷이 너무 **예쁘요**. 그런데 너무 비싸네요.

　　　→ _____

② 오늘은 **바빠지만** 내일은 시간이 있어요.

　　→ _____

---

(1) If an expression starting with the vowel "−아/어−" comes behind adjectives and verbs that end with 으, ㅡ is omitted. After ㅡ is omitted, if the vowel in front is ㅏ, ㅗ and "−아요" is used, while "−어요" is used for other vowels.

● 선생님, 단어를 칠판에 좀 써 주세요.
Teacher, please write the word on the chalkboard.

● 배가 너무 아파서 병원에 갔다 왔어요.
I had to see a doctor because my stomach hurt so badly.

바쁘다 + −아/어요

↓

바쁘 + −어요

↓

바빠요

	ㅡ + −아/어−		ㅡ + −아/어− (×)	
	−아/어요	−아/어서	−(스)ㅂ니다	−지만
바쁘다	바빠요	바빠서	바쁩니다	바쁘지만
크다	커요	커서	큽니다	크지만
쓰다	써요	써서	씁니다	쓰지만

---

① 가: 마음에 드는 옷이 있어요?

　　나: 이 옷이 너무 **예쁘요**. 그런데 너무 비싸네요.

　　　　└→ 예뻐요

예쁘다 is an irregular adjective, so if "−아/어요" comes after it ㅡ must be omitted. However, it is incorrectly used as 예쁘요 in this sentence.

② 오늘은 **바빠지만** 내일은 시간이 있어요.

　　　└→ 바쁘지만

The 으 irregular does not change for a consonant or a vowel except when "−아/어−" comes after it. However, 바빠지만 is incorrectly used in this sentence.

바꿔쓰기

1 어젯밤에 라면을 먹고 잤더니 얼굴이 **붓었어요**.

→ _____

2 오늘 아침에 우유를 한 잔 마신 후에 사과를 **씨어서** 먹었어요.

→ _____

 문법공부

(1) If an expression starting with a vowel comes after adjectives and verbs ending with ㅅ, ㅅ is omitted.

- 밀가루에 달걀을 넣고 10분 동안 저어 주세요.
  Add flour and eggs and stir for 10 minutes.

- 가: 감기가 낫지 않아서 너무 힘들어요.
  I am having a hard time recovering from this cold.

- 나: 이 약을 먹으면 금방 나으니까 한번 먹어 보세요.
  You will get better quickly with this medicine, so try this.

	ㅅ + 모음		ㅅ + 자음	
	- 아/어요	-(으)니까	-(스)ㅂ니다	-지만
낫다	나아요	나으니까	낫습니다	낫지만
짓다	지어요	지으니까	짓습니다	짓지만
***웃다**	웃어요	웃으니까	웃습니다	웃지만

낫다 + 아/어요
↓
낫 + 아요
↓
나아요

* 웃다, 벗다, and 씻다 are regular verbs, so their forms do not change even if an expression with vowels comes after them.

 오답노트

1 어젯밤에 라면을 먹고 잤더니 얼굴이 **붓었어요**.
└→ 부었어요

붓다 is the ㅅ irregular verb, so if an expression starting with a vowel comes after it, ㅅ must be omitted.

2 오늘 아침에 우유를 한 잔 마신 후에 사과를 **씨어서** 먹었어요.
└→ 씻어서

웃다, 벗다, and 씻다 are regular verbs, and ㅅ is not omitted even if a vowel comes after them. However, in this sentence, it is incorrectly used as 씨어서.

바꿔 쓰기

1 제 핸드폰은 **하얀** 색이에요.
→ _____

2 부끄러워서 얼굴이 **빨가졌어요.**
→ _____

 문법 공부

(1) If an expression starting with the vowel "−아/어−" comes after some adjectives ending with ㅎ, 이 is added after ㅎ is omitted and changes to "−애/얘−." If an expression starting with the vowel "−으−" comes after, ㅎ is omitted.

● 노란 장미꽃을 한 송이 샀어요. I bought a bouquet of yellow roses.

● 가: 크리스 씨, 한국 생활이 어때요? Chris, how is life in Korea?
   나: 힘들 때도 있지만 재미있어요. Sometimes it's hard, but it's fun.

빨갛다 + −(으)니까	빨갛다 + −아/어요
↓	↓
빨강 + −니까	빨갛 + −이− + −어요
↓	↓
빨가니까	빨개요

	ㅎ + −으−		ㅎ + −아/어	ㅎ + −(스)ㅂ니다
	−(으)ㄴ	−(으)니까	−아/어요	−(스)ㅂ니다
빨갛다	빨간	빨가니까	빨개요	빨갛습니다
어떻다	어떤	–	어때요	–
하얗다	하얀	하야니까	하얘요	하얗습니다
*좋다	좋은	좋으니까	좋아요	좋습니다

* 좋다, 놓다, and 낳다 are regular adjectives and verbs, and their forms do not change even if the vowel "−으−" or "−아/어−" comes after them.

 오답 노트

1 제 핸드폰은 **하얀** 색이에요.
  └→ 하얀

Regarding the ㅎ irregular adjective, forms change according to each vowel, but it is incorrectly used as 하얜 in this sentence. Users must be aware that many people make mistakes as they are accustomed to "−아/어요" endings.

2 부끄러워서 얼굴이 **빨가졌어요.**
  └→ 빨개졌어요

빨갛다 is the ㅎ irregular adjective, so if an expression starting with the vowel "−아/어−" comes after it ㅎ is omitted, and "−아/어−" becomes "−애−." However, it is incorrectly used as 빨가졌어요 in this sentence.

[1~3] (　　)에 들어갈 가장 알맞은 것을 고르십시오.

1

> 가: 저쪽에서 (　　　) 있는 사람이 누구예요?
>
> 나: 아, 제 친구 카이토 씨예요.

① 거러오고　　　② 걷어오고　　　③ 걸어오고　　　④ 걸러오고

2

> 가: 지우야, 방이 너무 지저분한데 좀 치워.
>
> 나: 엄마, 어제 방이 (　　　) 청소한 건데요.

① 더러워서　　　② 더럽어서　　　③ 더러버서　　　④ 더러우어서

3

> 가: 선생님, 에이미 입술이 (　　　) 변했는데 어떻게 해야 돼요?
>
> 나: 그럼, 에이미를 빨리 수영장 밖으로 데리고 나오세요.

① 파란게　　　② 파랗게　　　③ 파래게　　　④ 파라게

[4~6] 다음 밑줄 친 부분과 의미가 비슷한 것을 고르십시오.

4

> 가: 오늘 이 택배를 보내면 언제쯤 도착해요?
>
> 나: <u>사흘 후</u>에는 도착할 거예요.

① 1일　　　② 2일　　　③ 3일　　　④ 4일

5

> 가: 고향에 언제 갔어요?
>
> 나: <u>두 해</u> 전에 다녀왔어요.

① 2년　　　② 3년　　　③ 4년　　　④ 5년

6

> 가: 세나 씨, 아버지 연세가 어떻게 되세요?
>
> 나: 올해 <u>마흔 다섯 살</u>이세요.

① 35세　　　② 45세　　　③ 55세　　　④ 65세

[7~9] 다음을 잘 읽고 이어질 수 있는 말을 고르십시오.

7

> 가: 카나에 씨, 하품을 많이 하네요. 어제 잠을 못 잤어요?
>
> 나: 네, 과제가 너무 많아서 _____ 못 잤더니 피곤하네요.

① 세 시 반밖에   ② 삼 시 반밖에

③ 삼 시간 반밖에   ④ 세 시간 반밖에

8

> 가: 저 가게에서 신발을 _____ 무료로 준대요.
>
> 나: 그래요? 마침 구두가 필요했는데 한번 들어가서 봐요.

① 두 병 사면 한 병을   ② 두 개 사면 한 개를

③ 두 권 사면 한 권을   ④ 두 켤레 사면 한 켤레를

9

> 가: 눈에 안대를 했네요. 눈병에 걸렸어요?
>
> 나: 네, 안대를 하니까 많이 불편해요. 빨리 _____.

① 좋아질 거예요   ② 나았으면 좋겠어요

③ 안약을 준비할게요   ④ 병원에 가기로 했어요

10 **다음을 잘 읽고 ㉠과 ㉡에 들어갈 말을 각각 쓰십시오.**

> 배가 (㉠   ) 소화가 잘 안될 때는 죽을 먹는 것이 좋습니다. 죽은 쌀에 물을 많이
> (㉡   ) 후 오랫동안 끓이기 때문에 맛이 부드럽고 소화도 잘됩니다. 더 맛있게 먹
> 고 싶으면 죽을 끓일 때 고기나 채소, 해산물 같은 것을 넣으면 됩니다. 죽은 맛도 좋고 빨
> 리 먹을 수 있기 때문에 요즘에는 아침 식사로 먹는 사람도 많습니다.

㉠ _____   ㉡ _____

11 보기에서 알맞은 문법을 골라 ㉠~㉫에 들어갈 말을 각각 쓰십시오.

보기

-게	-고	-는 것	-(으)ㄹ 때	-기는 하지만
(으)로	만큼	(이)라서	대신(에)	에 따르면

한옥 펜션 '경복궁' 홈페이지를 찾아 주셔서 감사합니다. 저희 '경복궁'은 한국 전통 가옥의 모습을 그대로 유지하고 있으나 시설은 현대식으로 갖추어져 있습니다. 객실은 가족이나 친구들이 (　　㉠　　) 이용하실 수 있도록 다양한 형태로 마련되어 있습니다. 자세한 사항은 객실 정보에서 확인해 주시기 바랍니다. 위치는 경주역에서 택시로 10분 거리이며, 평일에 오실 경우에만 저희가 경주역으로 직접 모시러 가는 서비스를 제공하고 있습니다. 이 서비스 이용을 원하시는 분은 (　　㉡　　) 말씀해 주시기 바랍니다. 이 외에 문의하실 내용이 있으면 아래 게시판을 이용해 주시기 바랍니다.

---

1 안녕하세요? 같이 가는 사람 중에 외국인이 있는데 방바닥에서 (　　㉢　　) 좀 힘들 것 같아서요. 침대가 있는 방을 주실 수 있을까요?

┗, 안녕하세요? 저희는 한국 전통 가옥이라서 따로 침대 방은 마련되어 있지 않습니다. 하지만 바닥에서 주무시는 것이 불편한 분들을 위하여 매트리스를 준비해 놓고 있습니다. 매트리스를 원하시면 예약하실 때 말씀해 주시기 바랍니다. 감사합니다.

---

2 이번 주 금요일부터 이틀 동안 8인이 지낼 방이 있는지 알고 싶습니다.

┗, 안녕하세요? 그때 '사랑채' 객실은 예약이 가능합니다. '사랑채'는 최대 10인까지 이용하실 수 있으며 본채에서 조금 떨어진 (　　㉣　　) 단체 손님들이 많이 좋아하시는 곳입니다. 감사합니다.

---

3 주말에 이용하려고 하는데요. 경주역에서 거기까지 택시가 아닌 대중교통을 이용해서 갈 수 있는 방법이 있나요?

┗, 안녕하세요? 대중교통을 (　　㉤　　) 버스를 두 번 갈아타셔야 합니다. 자세한 교통 정보를 원하시면 전화 주시기 바랍니다. 감사합니다.

Appendix

Answers & Explanations

Grammar Explanations in Korean

Grammar Index

Answers & Explanations

01 조사 Particles

〈1〉 격조사 Case Particles

연습하기

① 이/가

① **모임이** 있다 of 있는데 is an adjective, so the noun that is the subject must use 이/가.

② **시청역이** The predicates 되다 and 아니다 must be written in the form of "N이/가 되다/아니다."

③ **김 선생님께서도** The honorific form of 이/가 is 께서, not 께.

② 을/를

① **고등학교를** 졸업하다 is a transitive verb, so we must use "N을/를 졸업하다" form.

② **우리 집을** This sentence has the meaning of "we leave the house to go to Korea," so we must use the "N을/를 떠나다" form.

③ **한국 음식을** 좋아하다 is a transitive verb.

③ 에

① **9시에** 9시 refers to a time.

② **학교에** The verb 오다 comes after the word 학교.

③ **엘리베이터에** The adjective 많다 is used after the word 엘리베이터.

④ 에서

① **뉴욕에서** When a noun that describes a place mentions a starting position, 에서 must be used in front of 오다.

② **1급 반에서** The class that they are studying together is 1급 반, so 에서 must be used.

③ **식당에서** 부터 is used in front of a time noun or a place noun to describe a start, so 에서, which describes the starting place, must be used.

⑤ 의

① **제** 의 cannot be omitted after 저, 나, and 너.

② **숙제가 있었어요** After 동생의, the noun 숙제 must come, and as we have 책상 위에, we must make the predicate 있어요.

③ **동생에** 의 from "N의 N" is pronounced [에], but it should be written as 의.

⑥ 으로

① **첫 번째로** (으)로 is used after 첫 번째, a noun describing sequence.

② **왼쪽으로** It describes the direction of a movement.

③ **한국어로** It describes a method.

⑦ 에게

① **부모님께** 드리다 is an honorific expression of 주다, so you must use 께, an honorific expression of 에게.

② **직원에게** 묻다 must be used in the form of "N에게 묻다."

③ **비둘기들에게** 에게 comes behind a noun that describes animals. 에 is used behind a noun that describes an object.

⑧ 처럼

① **부모님처럼 도와주세요** Verbs or adjectives describing a similar shape or state as the noun before 처럼 must be used.

② **친구처럼** The sentence is referring to the fact that Andy is much older, but they are good friends, so one must use 처럼.

③ **설명하는 것처럼** Because the verb 설명하다 is in front of 처럼, users must use "−는 것처럼."

확인 평가	1 ②	2 ④	3 ①	4 ②
5 ①	6 ③	7 ①	8 ①	9 ②

10 ⓐ 관광지가, 명소가, 유명한 곳이 ⓑ 있는 것처럼

〈2〉 보조사 Auxiliary Particles

연습하기

① 은/는

① **저는** Since the person is introducing himself, it should be 저는.

② **고향 음식은** The new topic discussed by the speaker is 고향 음식.

③ **한국 음식은 매운 음식이 많은데 제 고향 음식은** The predicates from this sentence are 맵다 (spicy) and 맵지 않다 (not spicy), and they are opposites.

② 부터

① **15일부터** It describes the time when the trip will start.

② **런던부터** It describes the first destination in terms of travel sequence.

③ **공항에서부터** When describing the start of a location, you must use "N부터" or "N에서부터."

③ 까지

① **월요일까지** In this sentence, Monday is the last day of the vacation.

② **춘천까지** In this sentence, 춘천 (Chuncheon) is the final destination of the bicycle trip.

③ **늦게까지** The meaning in this sentence is "how could you sleep until such a late time?"

④ (이)나

① **커피나** 커피 is a noun without a final consonant.

② **선생님이나 친구에게** It shows that a choice is made between the two nouns 선생님 and 친구.

③ **두 시간이나** It refers to the fact that there is quite a lot of homework, and it took a longer period than was expected to complete the homework.

〈3〉접속조사 Connective Particles

연습하기

① 하고

① **다른 사람들하고** 어울리다 cannot be used alone, so 하고 is used.

② **언니하고** 다르다 is an adjective with a comparative nature, so 하고 must be used.

③ **언니하고** 저 and 언니 are compared, so 하고 is used.

② 와/과

① **우리 나라와** It compares two nouns and describes the differences, so the form "N와/과 달리" should be used.

② **'사'와** The noun doesn't have a final consonant, so 와 should be attached.

③ **1과 2, 3, / 1, 2, 3과** When you link 3 or more nouns, it is natural to use it in the form of "N와/과 N, N, N…" or "N, N, N 와/과 N."

〈4〉조사 결합 Particle Combinations

연습하기

① 조사 결합

① **부모님하고** The particle 하고 cannot be used together with the particle 을/를.

② **7시부터** The particle 부터 cannot be used together with the particle 에.

③ **스트레칭도** The particle 도 cannot be used together with the particle 이/가.

02 어순・의문사・접속부사
Word Order・Interrogatives・Conjunctive Adverbs

〈1〉어순 Word Order

연습하기

① 어순

① **제 동생이 여섯 살이** One cannot change the word order of "N이/가 되다/아니다."

② **아주 잘** When using adverbs like 아주 or 매우, words like 잘 and 많이 should come after them.

③ **오렌지 주스 세 병을** When counting numbers, the correct word order in the Korean language is "N (person, object, etc.) + unit N."

〈2〉의문사 Interrogatives

연습하기

① 의문사

① **어떤 곳** 곳 cannot come after 무슨.

② **무슨 요일** 요일 cannot come after 어떤.

③ **어떤 사람** It is a question about what kind of person he wants to meet. Therefore, 어떤 사람 is the correct form.

〈3〉접속부사 Conjunctive Adverbs

연습하기

① 접속부사

① **그런데** The content changes from explaining about *samgyetang* to why people eat *samgyetang*.

② **그래서** The two sentences discuss eating cold food as the cause.

③ **그러니까** The sentence finishes in the propositive form 먹어 보는 게 어때요?

03 시제
Tenses

〈1〉 –(으)ㄴ/는/(으)ㄹ

❶ –(으)ㄴ/는/(으)ㄹ

① **멀지 않은 곳** Since 멀다 is an adjective, the negative form should be "–지 않은."

② **태어날 아기** 아기가 태어날 것이다 describes the future, so the form "–(으)ㄹ" must be used.

③ **넓은 집** After an adjective, "–(으)ㄴ" should be added.

〈2〉 –았/었–

❶ –았/었–

① **가 보고 싶었어요** 한국에 오기 전부터 is an expression referring to the past.

② **반대 방향이었어요** The form "N이었어요" must be used for the past tense if there is a final consonant in the noun.

③ **불편했어요** The past tense of 불편하다 is 불편했어요.

〈3〉 –(으)ㄹ 거예요 ①

❶ –(으)ㄹ 거예요 ①

① **살 거예요** It discusses future plans.

② **먹을 거예요** It describes the simple future.

③ **갈 거예요** You cannot place "–겠–" in front of "–(으)ㄹ 거예요."

확인 평가	1 ①	2 ②	3 ①	4 ④
5 ③	6 ④	7 ③	8 ③	9 ②
10 ㉠ 마신 병을 ㉡ 모은 병을				

04 부정 표현
Negative Statements

〈1〉 안/–지 않다

❶ 안/–지 않다

① **안 좋아했어요** 좋아하다 is one word, so 안 should come before 좋아하다.

② **넣으면 안 돼요.** The meaning that is conveyed in this sentence is "do not put too many tea leaves," and it tries to ban a certain activity. Therefore, you must use "–(으)면 안 되다."

③ **안 써요** The message conveyed by this sentence is "if you drink like this, green tea will not be bitter," so you cannot use 못.

〈2〉 못/–지 못하다

❶ 못/–지 못하다

① **적응(을) 못 했습니다** When using 하다, you must use the "N 못 하다" form.

② **이해하지 못했습니다** 이해하다 is something the speaker cannot do with his/her will.

③ **듣지 못해서** The person's listening proficiency is limited, so 못 or "–지 못하다" should be used.

〈3〉 –지 말다

❶ –지 말다

① **말고** In this sentence, the conveyed message is "light exercise, not heavy exercise," so the form "N 말고 N" must be used.

② **하지 마세요** The content of the sentence is preventing weak people from doing exercise early in the morning.

③ **나가지 말고** This sentence is an imperative statement conveying the message "Do not go out. Exercise indoors."

확인 평가	1 ②	2 ④	3 ③	4 ③
5 ②	6 ④	7 ①	8 ③	9 ②
10 ㉠ 산불이 나지 않도록 ㉡ 버리지 말고				

05 연결어미
Connective Endings

〈1〉나열·대조·배경 Lists · Contrasts · Backgrounds

연습하기

1 −고 ①

① **아프고** The speaker is listing the symptoms of his illness.

② **아니고** Between "general cold" and "flu," the speaker is stating that it is not a "general cold."

③ **맞고** The verbs and adjectives that come before "−고" are in the basic form.

2 −(으)며

① **도시이며** The facts of the preceding clause and the following clause are equally connected.

② **즐기며** When you are doing two things at the same time, you use "V−(으)며," but you cannot use it together with expressions that describe the tense.

③ **구경할 수 있으며** Two facts are connected in an equal manner.

3 −지만

① **맛은 없지만** In terms of meaning, the content of the prededing clause is the opposite of the following clause.

② **알고 있지만** It proposes something that the person already knows as an introduction.

③ **생일이었지만** The past and future tense can be used in front of "−지만." 어제 is used, so it should be in the past tense.

4 −는데

① **초대하는데** The preceding clause is about the meaning of 집들이.

② **가는데** "−(으)ㄴ데" is used together with an adjective while "−는데" is used together with a verb.

③ **주세요** When the preceding clause becomes the reason for the following clause, the following clause must use an imperative, propositive, or proposal form.

5 −기는 하지만

① **듣기는 했지만** The past tense form of "−기는 하지만" is "−기는 했지만."

② **내기는 하지만** Because the content of the preceding clause and the following clauses are opposites, you must use "−지만" or "−기는 하지만." In this case, because there is the word 물론, which

acknowledges the content of the preceding clause, it would be better to use "−기는 하지만."

③ **있기는 하지만** If you abbreviate "−기는 하지만," it becomes "−긴 하지만."

6 −는데도

① **고쳤는데도** The meanings in the preceding clause and the following clauses are in contrast, and the subjects of both the preceding and following clauses are different. There is also the past tense expression of 지난주.

② **비싼데도** This must use the "A−(으)ㄴ데도" and "V−는데도" form.

③ **낮아요** When using "−(으)ㄴ데도, −는데도," imperative and propositive sentences cannot come in the following clause.

확인 평가

1 ④	2 ④	3 ③	4 ②
5 ①	6 ④	7 ③	8 ①	9 ③

10 ㉠ (많이) 오는데도/ 내리는데도 ㉡ 작고

〈2〉시간·순차적 행동 Time · Sequential Activities

연습하기

1 −아/어서 ①

① **내려서** "−고" is not used in verbs like 앉다, 서다, and 내리다.

② **(여러분이)** "−아/어서," which describes the sequence of time, should have the same subject in both the preceding clause and the following clause. In this case, it is natural to omit the subject of the following clause.

③ **가서** You cannot use "−겠−" or "−았/었−" in front of "−아/어서."

2 −고 ②

① **먹고** It describes the sequence of time.

② **하고** You must attach "−고" to the basic verb form of 하다.

③ **먹고** You cannot attach "−았/었−" or "−겠−" in front of "−고," which describes a sequence of time.

3 −기 전에

① **나가기 전에** You cannot attach "−았/었−" or "−겠−," which describes the tense, before "−기 전에."

② **가기 전에** "−기 전에" is used when the action in the following clause happens before the action in the preceding clause.

③ **자기 전에** Normally, 일기 is written about the

experience of the day, so 자기 전에 is a more natural expression.

④ -(으)ㄴ 후에

① **든 후에** Regardless of the existence of a final consonant in verbs, the form "-(으)ㄴ 후에" is always used.

② **일어난 후에** You must use the form "V-(으)ㄴ 후에" or "N 후에."

③ **받은 후에** In this sentence, the conveyed meaning is "turning the head after receiving a drink," so you must write the 받은 후에 form.

⑤ -(으)ㄹ 때

① **걸렸을 때** It describes a state when you have cold, so you must use past tense.

② **주말에도** You cannot use 때 with time nouns like 주말, 주, or 요일.

③ **받았을 때** "-았/었을 때" is always used for past tense forms, and you cannot use it with determiner endings.

⑥ -(으)면서

① **(내가)** When using "-(으)면서," the subjects of the preceding clause and the following clause must be the same.

② **숙이면서** You cannot use "-았/었-," a form that describes tense, in front of "-(으)면서."

③ **걸으면서** Contextually, the sentence wants to point out that walking on the road while using a cell phone should not happen simultaneously.

⑦ -는 동안

① **1시간 동안** It describes the duration of time 6시부터 7시까지 when an activity is happening continuously.

② **세일을 하는 동안에는** "Sale" is not a noun that has a meaning of continuous time, so you must attach "-는 동안" to 세일을 하다.

③ **하는 동안에** It shows the time that shopping is conducted continuously.

⑧ -자마자

① **도착하자마자** An expression that describes tense like "-았/었-" or "-겠-" cannot come in front of the form "- 자마자."

② **오자마자** When using "-는 대로," you cannot use the past tense in the following clause.

③ **끝나자마자** The form "-자마자" cannot be used with negative expressions.

⑨ -자

① **도착하자** An expression describing tense like "-았/

었-" and "-겠-" cannot come before "-자."

② **(사람들이)** It is awkward to use the first person for the subject in the following clause.

③ **풀렸어요** The past or present tense should come in the following clause of "-자."

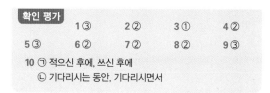

확인 평가 | 1③ | 2② | 3① | 4②
5③ | 6② | 7② | 8② | 9③
10 ㉠ 적으신 후에, 쓰신 후에
㉡ 기다리시는 동안, 기다리시면서

〈3〉 이유 · 근거 Reasons · Basis

연습하기

① -아/어서 ②

① **도착해서** When you are describing the reason for your apology, you must use "-아/어서" in the preceding clause.

② **가서** As you are describing the reason for your surprise, you must use "-아/어서."

③ **잊어버려서** You cannot use forms that describe tense as "-았/었-" or "-겠-" in front of "-아/어서."

② -(으)니까

① **휴일이니까** You must attach 이니까 after 휴일 as there is a final consonant.

② **졌으니까** It is describing a past tense event from yesterday.

③ **오니까** The following clause ends with the imperative form "-지 마세요."

③ -기 때문에

① **많기 때문에** "-(으)ㄴ/는 탓에" is used to describe the reason and cause of a bad result.

② **하고 싶기 때문에** You cannot use the future tense form "-겠-" in front of "-기 때문에."

③ **많기 때문입니다** The speaker is talking about the reason for his visit to 인사동 (Insadong), so the form "(왜냐하면) - 기 때문이다" is used.

④ (이)라서

① **날이라서** The preceding clause is talking about the reason why the person went to a restaurant near school.

② **신입생이라서** As the meaning conveyed in this sentence is "I am a freshman, so ~" and 이라서 is used.

③ **외국인이라서** There is a final consonant in 외국인, so you must attach 이라서.

⑤ −느라고

① **일하느라고** When using "−는 바람에," you commonly use it in the following clause in the past tense form, so you must write it as "−느라고."

② **모으느라고** You do not use "−았/었−," which describes the tense, in front of "−느라고."

③ **아버지께서** In the form "−느라고", the subjects of the preceding clause and the following clause must be the same, so you must change the subject of the following clause to 아버지.

⑥ −는 바람에

① **나오고 말았어요** "−는 바람에" is normally used in the past tense.

② **나오는 바람에** You cannot use forms that describe tense like "−았/었−" in front of "−는 바람에."

③ **막히는 바람에** This sentence is not describing a situation where the person took the subway in advance in fear of traffic congestion but is explaining why he transferred to the subway.

⑦ −(으)ㄹ까 봐(서)

① **클까 봐서** My parents are worried that I won't grow any taller.

② **걱정하실까 봐서** You cannot use "−겠−," which describes the future or an assumption, in front of "−(으)ㄹ까 봐서."

③ **먹었다** You cannot use future expressions in the following clause with the form "−(으)ㄹ까 봐서."

⑧ −길래

① **맛있어 보이길래** The reason the speaker bought a chicken is that he saw some chicken, and it looked good, not that he ate chicken on his way home from school.

② **먹었어요** Future expressions cannot appear in the following clause of "−길래."

③ **먹겠다고 하길래** When you are using "−길래" to quote someone, use the form "−고 하길래."

⑨ −(으)ㄴ/는 탓에

① **날씨 탓에** The reason the speaker could not sleep was due to the hot weather.

② **피곤한 탓에** You attach "−ㄴ 탓에" as 피곤하다 is an adjective without a final consonant.

③ **혼이 난 탓에** Not feeling good is a negative result, so you cannot use "−(으)ㄴ 덕분에."

⑩ (으)로 인해(서)

① **화재로 인해서** (으)로 cannot be omitted from "N(으)로 인해서."

② **폭우로 인해서** A noun that describes a result due to the preceding noun needs to come after (으)로 인한.

③ **공사로 인해서, 공사로 해서, 공사로 말미암아, 공사로** (으)로 인해서 can only be changed into the forms (으)로 인하여, (으)로 해서, (으)로 말미암아, and (으)로.

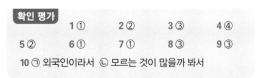

확인 평가	1 ①	2 ②	3 ③	4 ④
5 ②	6 ①	7 ①	8 ③	9 ③

10 ㉠ 외국인이라서 ㉡ 모르는 것이 많을까 봐서

〈4〉 목적·의지 Objectives·Will

연습하기

❶ −(으)러

① **사러** "−(으)러" must be used as the purpose of the visit to the department store is to buy a present for the speaker's mother.

② **고르러** If you add "−(으)러" to the verb 고르다, it becomes 고르러.

③ **교환하러 오라고** "−(으)러" is attached to a verb that describes the purpose, and verbs with meaning of movement must come after this expression.

❷ −(으)려고

① **고치려고** The form "−(으)려고" needs to be used with verbs, so it cannot be used in front of "−고 싶다."

② **피하려고** You cannot use "−았/었−" or "−겠−," which describes tense, in front of "−(으)려고."

③ **(내가)** The subjects of the preceding clause and the following clause should be the same.

❸ −기 위해(서)

① **아끼기 위해서** It refers to the fact that "the reason for commuting by bicycle is to reduce transportation costs."

② **하기 위해서** It means that "the objective of going to the gym is to do some exercise."

③ **지키기 위해서** You cannot use "−겠−," which describes the future tense, in front of "−기 위해서."

❹ −(으)려다(가)

① **가려다가** It means that "I was going to go away, but I didn't."

② **했는데** The present or past tense should come in the following clause of the form "−(으)려다가."

③ **그만두려다가** Verbs should come in front of the form "−(으)려다가."

⑤ -도록

① **사용하도록 하십시오** "-도록 하다" is used when giving orders subtly.

② **찾도록** The objective of why you say, "Please return the books to its original place after reading," is "to find the book easily."

③ **마시지 말도록 하십시오** The negative form of "-도록 하다" is "-지 않도록 하다" or "-지 말도록 하다."

⑥ -(으)ㄹ 테니까 ①

① **준비할 테니까** The meaning conveyed in this sentence is "I will prepare the cake. So Jiyoung will take care of the beverages."

② **연락해 주세요** Normally, propositive and imperative sentences are used in the following clause of "-(으)ㄹ 테니까."

③ **갈 테니까** This sentence conveys the meaning, "I will rush to the place, so Jiyoung should start the preparations first."

확인 평가				
	1 ②	2 ③	3 ③	4 ①
5 ④	6 ①	7 ①	8 ④	9 ③

10 ㉠ 쇼핑하실 수 있도록 ㉡ 고객님을 위해서

〈5〉 조건 Conditions

연습하기

① -(으)면

① **가면** The content in the preceding clause is about a "condition."

② **풀릴 거예요** The past tense cannot be used after "-(으)면."

③ **시간이 맞으면** The form "-겠-" cannot be used in front of "-(으)면."

② -(으)려면

① **받아야 하니까** After "-(으)려면," an imperative or appropriateness expression must be used.

② **들어가려면** It describes the intent of going to the library.

③ **졸업하려면** Verbs can only come before "-(으)려면."

③ -거든

① **쇼핑하고 싶거든, 쇼핑하고 싶으면** "-(으)려면" must be used with verbs.

② **하세요** Expressions describing an imperative form, a propositive form, proposals, wills, and assumptions are used in the following clause of the form "-거든."

③ **들거든** The form "-겠-" cannot be used in front of "-거든."

④ -아/어야

① **가져야** The condition is described regarding achieving a healthy result in the following clause.

② **유지할 수 있어요** Imperative or propositive expressions cannot come after "-아/어야."

③ **신경을 썼어야** It describes a regret or remorse regarding what the person did not do in the past.

〈6〉 선택 Selections

연습하기

① -거나

① **사거나** In the sentence, it is implied that you have to choose between "buying something to eat," and "looking at it."

② **깎아 주거나** You cannot abbreviate "-거나" when you are making a choice.

③ **많거나** You cannot use "-겠-," which describes the future tense, in front of "-거나."

② -든지

① **전공하든지** It means you have to choose between "Law" and "Business Administratiom."

② **말하든지** This sentence indicates that "it is unrelated to other people," so "-든지" must be used.

③ **뭐든지/ 무엇이든지** 뭐든지 must be used when the contextual meaning is "all of it without selecting something."

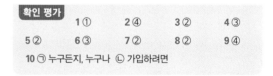

확인 평가				
	1 ①	2 ④	3 ②	4 ③
5 ②	6 ③	7 ②	8 ②	9 ④

10 ㉠ 누구든지, 누구나 ㉡ 가입하려면

〈7〉 전환 Transitions

연습하기

① -다(가)

① **일하다가** "-았/었다가" is used when an action has transitioned to another action after it has ended.

② **가다가** As the action has transitioned, "-다가" is used.

③ **먹다가** In this sentence, the person burned his inner mouth while "conducting the act of eating," so you should use "-다가."

❷ -았/었다(가)

① **입원했다가** 입원하다 has the meaning of completion, so "-았/었다가" is used.

② **껐어요** Verbs that come in front and back of "-았/었다가" should have opposite meaning.

③ **갔다가** The future tense cannot come in front of "-았/었다가."

〈8〉추측 Assumptions

연습하기

❶ -(으)ㄹ 테니까 ②

① **매울 테니까** You cannot use "-겠-" in front of "-(으)ㄹ 테니까."

② **아플 테니까** It is assumed that if the following clause ends in the imperative form and if you have too much very spicy food, your stomach will hurt.

③ **먹어요** In sentences with "-(으)ㄹ 테니까," expressions in the imperative and propositive forms or proposals must be used.

❷ -(으)ㄹ 텐데

① **걱정이다, 걱정이네** When describing feelings of concern, you must use them in the "-(으)ㄹ 텐데 걱정이다" form.

② **갔으면 좋았을 텐데** When you regret things that were not done in the past, you must use the "-았/었으면 -았/었을 텐데(요)" form.

③ **다녀오는 게 어때?, 다녀오지 그래?** In the following clause of the form "-(으)ㄹ 텐데," imperative and propositive expressions and proposals must be used.

확인 평가			
1 ④	2 ③	3 ②	4 ④
5 ①	6 ②	7 ②	8 ③	9 ①

10 ㉠ 껐다가 ㉡ 방문할 테니까, 갈 테니까

〈9〉대체·추가 Substitutes·Additions

연습하기

❶ -는 대신(에)

① **타는 대신에** The meaning conveyed in this sentence is "I will walk instead of taking the bus."

② **라면 대신에 과일과 야채를** Since meaning conveyed in this sentence was "I won't eat ramyun, but I will have fruits and vegetables," "fruits and vegetables" should come after *ramyeon* before

this expression.

③ **보내는 대신** This expression cannot be used together with "-겠-" and "-았/었-."

❷ -(으)ㄹ 뿐(만) 아니라

① **좋을 뿐만 아니라** This sentence refers to the fact that, in addition to the good acting by the actors, the computer graphics were also good.

② **재미도 있었다** The content of the preceding clause is a positive statement, so a positive statement like 재미가 있다 should come in the following clause.

③ **한국 사람뿐만 아니라** The meaning conveyed in the sentence is "Foreigners as well as Koreans can enjoy this movie."

❸ -(으)ㄴ/는 데다(가)

① **유학생에다가** The meaning conveyed in this sentence is "all international students and exchange students can become part of the student association."

② **한국말을 못하는 데다가** As the following clause in this sentence has the negative content 친구가 없다, the preceding clause should also have negative content.

③ **따뜻한 데다가** You cannot attach the past tense form "-았/었-" after the adjective.

〈10〉정도 Degrees

연습하기

❶ -(으)면 -(으)ㄹ수록

① **먹을수록** "-(으)ㄹ수록" is used as you have to describe the intensity in accordance to the number of times you eat.

② **가벼워지는** In general, vocabulary with meaning of change is used after the form "-(으)면 -(으)ㄹ수록." Therefore, 가벼워지다 must be used.

③ **클수록** Verbs and adjectives in the form "-(으)면 -(으)ㄹ수록" are used repeatedly.

❷ -(으)ㄹ 정도로

① **믿을 정도로** The expression "people would believe her to be a celebrity" is used metaphorically to describe "how beautiful she was."

② **빠질 정도로** It does not mean that his neck actually fell off, but it means that "he waited for a long time," so the phrase 빠질 정도로 is used to describe the long wait.

③ **좋았어요** The phrase "하늘을 날 수 있는 정도" must be paired with something positive like "기분이 좋았다."

❸ –(으)ㄴ/는/(으)ㄹ 만큼

① **나만큼** Because the meaning conveyed in the sentence is "my brother can eat as much as I can," the form "N만큼" is used.

② **못 쉴 만큼 너무 많이 먹었다** You must describe the state after 못 쉴 만큼.

③ **어린 만큼** You must attach "–ㄴ 만큼" after the adjective 어리다.

⟨11⟩ 가정·후회·소용없음 Assumptions · Regrets · Futility

연습하기

❶ (아무리) –아/어도

① **상황이어도** 상황 is a noun with a final consonant.

② **있어도** The meaning conveyed in the sentence is that there was an event that made the person feel bad, yet it had no correlation with the person getting mad right away.

③ **걸려도** This can be used with "–아/어도" to emphasize the meaning that although the content in the preceding clause is assumed, it has no effect on the following clause.

❷ –(느)ㄴ다면

① **있다면** "–다면" must be attached to 있다/없다.

② **고르세요** In the following clause with "–(느)ㄴ다면," generally, imperatives and expressions that describe wishes are used.

③ **난다면** In the sentence, it is assuming the state when the laptop is broken.

❸ –았/었더라면

① **큰일났을 것이다, 큰일날 뻔했다** This describes the relief that an action did not occur in the past.

② **없었더라면** The meaning conveyed in the sentence is "I was able to do the interview thanks to the kind taxi driver."

③ **물어봤더라면** The meaning conveyed in the sentence is "I regret not asking about the contact."

❹ –아/어 봤자

① **소용이 없어** Expressions that describe uselessness or underperforming come after "–아/어 봤자."

② **써 봤자** This describes that "any attempts are futile."

③ **잘할 수 없을 거야** An expression that makes assumptions regarding an event different from expectations should come after the form "–아/어 봤자."

⟨12⟩ 경험 Experiences

연습하기

❶ –다(가) 보니(까)

① **잘하게 됐다** Past tense forms such as "–아/어졌다" and "–게 됐다" can be used in the following clause of "–다가 보니까."

② **어울리다 보니까** The meaning conveyed in the sentence is that after repeated socializing with fellow workers, the speaker's Korean improved.

③ **하다 보니까** You cannot use expressions that describe tense such as "–았/었–" or "–겠–" in front of "–다가 보니까."

❷ –다(가) 보면

① **가다가 보면** It is implied that if the action in the preceding clause is repeated, a result will appear in the following clause.

② **고파질 거예요** The following clause of this expression describes a result, so "–(으)ㄹ 거예요" and "–아/어져요," are used.

③ **보내다가 보면** It is implied that the meaning conveyed is "if you continue the task in 명동 (Myeongdong)."

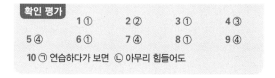

⟨13⟩ 회상 Remembrances

연습하기

❶ –던

① **입던** It refers to "one's sister's clothes, not new ones."

② **먹던** This refers to "all the cookies left over without being eaten."

③ **만나던** This refers to "a boyfriend whom she has been seeing since high school."

❷ –았/었던

① **살았던** This refers to "in the past, I lived with a roommate in Korea once."

② **고등학생이었던, 고등학생이던** This refers to "She was a high school student in the past, but now she has changed since she became an adult."

③ **잊어버렸던** You cannot use 잊어버리다, which has a meaning of completion, with "–던."

❸ –던데

① **세일 기간이던데** 이던데 is used when there is a final consonant while 던데 is used when there isn't a final consonant.

② **있다고 하던데, 있다던데** As the speaker is telling the news after hearing that "there's an autograph session," you can use it as a quote.

③ **예뻐졌던데** The past and present situations are being compared to tell the difference.

❹ –더니

① **없더니** The speaker is talking about a previous situation and a changed situation.

② **주었습니다, 줬습니다** Propositive and imperative statements cannot be used after "–더니."

③ **친구는** The subject of "–더니" is generally in the second or third person.

〈14〉수단 · 기준 · 판단 Methods · Standards · Decisions

연습하기

❶ 에 따르면

① **생길 거라고 해요** Present tense quote expressions must come after 그 정보에 따르면.

② **안 생긴다고 해요** Due to the 뉴스에 따라서, quote expressions should be used.

③ **뉴스에 따르면** This refers to the news.

❷ 에 대해(서)

① **관용 표현에 대해서** The verb 공부하다 comes afterward.

② **관용 표현에 대해서** This refers to the subject of the presentation.

③ **이야기를 하는 것** Verbs like 알다, 모르다, 생각하다, and 이야기하다 are frequently used after 에 대해서.

❸ 을/를 통해(서)

① **여행사를 통해서** This means that the person is going to use a travel agent as an intermediary regarding the trip.

② **얻을 수 있었어요** Through the Internet, the person was able to gain abundant travel information.

③ **여행을 통해서, 여행하는 것을 통해서** You must use the forms "N을/를 통해서" and "V–는 것을 통해서."

---

06 종결어미
Final Endings

〈1〉제안 Suggestions

연습하기

❶ –(으)ㄹ까요? ①

① **먹을까요?** You are suggesting to the other person that you have lunch together.

② **예약할까요?** The speaker is asking for permission from the other person to reserve a table at a restaurant.

③ **연락해 주세요** The person is asking for permission, so you should answer in the "–아/어요" or "–(으)세요" form.

❷ –(으)ㄹ래요?

① **먹을래요?** This question is asking for another person's opinion in the restaurant.

② **먹을래요?, 먹지 않을래요?** The speaker is asking the other person to try *Jeonju Bibimbap*.

③ **주문할래요?** It is asking for the other's thoughts and opinions on ordering food.

〈2〉계획 · 의도 Plans · Intentions

연습하기

❶ –기로 하다

① **등록하기로 했어요** You cannot use "–았/었–" in front of "–기로 하다."

② **하기로 했어요** The speaker is telling his/her decision to swim at 6 in the morning.

③ **다니기로 약속했어요** The form "V–기로" comes before the verbs 약속하다, 결심하다, and 결정하다.

❷ –(으)려고 하다

① **타려고 했는데** This describes the intent of the person who is talking about past facts.

② **찍으려고 했어요** Imperative and propositive sentences cannot come in the following clause of "–(으)려고 하다."

③ **가려고 해요** As you only have the "intent" of going to 인사동 (Insadong) without detailed plans, the usage of "–(으)려고 하다" would be more correct.

〈3〉 진행 Progress

연습하기

❶ –고 있다 ①

① **자고 있었어요** Since this sentence describes that "sleeping activity is continuous," "– 고 있다" is used.

② **하고 있어요** You cannot use forms that describe tense such as "–았/었–" or "–겠–" in front of "–고 있다."

③ **오고 있어요** You can only use "–고 있다" if you are discussing a natural phenomenon.

❷ –는 중이다

① **피곤해** "–는 중이다" can be only used with adjectives such as 바쁘다, 아프다, and 슬프다.

② **비가 오고 있다고** "–는 중이다" cannot be used for natural phenomena.

③ **도착하면** "–는 중이다" cannot be used with verbs that describe sudden movement.

❸ –아/어 가다/오다

① **내 왔습니다** The meaning conveyed in the sentence is that many works were submitted from the past to the present.

② **3년 전부터** "–아/어 가다/오다" is used together with expressions that describe periods of time like "N부터" and "N까지."

③ **배워 가며** The message conveyed in the sentence is that "he will learn work," so you must use an expression that describes the progress from the present to the future.

〈4〉 경험 Experiences

연습하기

❶ –아/어 보다

① **안 타 봤는데** 안 or 못 is used in front of "–아/어 봤다" to make negative form of this expression.

② **먹어 봤다** In this sentence, it is describing the experience of eating fishcakes in 부산 (Busan).

③ **요리해 봤는데** It is talking about the attempt to make fishcakes by using 한번.

❷ –(으)ㄴ 적이 있다/없다

① **본 적이 있어요** You must use the form "–(으)ㄴ 적이 있다" when you are describing a certain experience from the past.

② **다친 적이 있어요** The experience of hurting the leg is not related to the will of the person.

③ **탄 적이 없어요** When you have not experienced something, rather than using 안 or 못, use "–(으)ㄴ 적이 없다."

〈5〉 가능성·능력 Potential · Abilities

연습하기

❶ –(으)ㄹ 수 있다/없다

① **내릴 수 없었어요, 내리지 못했어요, 못 내렸어요** This describes an inability and having no possibility.

② **탈 수 없었어요** This describes the impossibility of taking the bus.

③ **들어갈 수 있었어요** The past tense form of "–(으)ㄹ 수 있다/없다" is "–(으)ㄹ 수 있었다/없었다."

❷ –(으)ㄹ 줄 알다/모르다

① **할 줄 몰라서** You cannot attach "–았/었–" or "–겠–" in front of "–(으)ㄹ줄 알다/모르다," which describes method or ability.

② **깎을 줄 알고** Regarding "–(으)ㄹ줄 알다/모르다," you must omit 어떻게 as the meaning for "method or ability" is already included in the expression.

③ **이용할 줄 알아요** You must always use the form "–(으)ㄹ 줄 알다/모르다."

〈6〉 의무·허락·금지 Obligations · Permissions · Prohibitions

연습하기

❶ –아/어야 하다

① **벗어야 해요** It means that you need to take your shoes off before entering the house.

② **시작해야 돼요** It is about table manners in Korea, so you must use expressions that describe necessity and obligation.

③ **먹지 말아야 해요** You cannot use 못 as a negative form for "–아/어야 하다."

② –아/어도 되다

① **와도 됩니다** The meaning conveyed in this sentence is "people who are cheering, please be there by 11 o'clock. It's okay to come at that time." This means that it is permissible for these people to come at 11 o'clock.

② **입어도 됩니다** "–아/어도 되다" cannot be used with "–겠–," which describes the future tense.

③ **와도 괜찮습니다** You must use the form "–아/어도 되다/괜찮다/상관없다."

③ –(으)면 안 되다

① **쓰지 않으면 안 됩니다** The meaning conveyed in this sentence is "you must wear a swimming cap."

② **뛰어들면 안 됩니다** The meaning conveyed in this sentence is it is forbidden to jump into the water.

③ **뛰면 안 됩니다** The meaning conveyed in this sentence is that running is forbidden.

확인 평가				
	1 ③	2 ④	3 ②	4 ④
5 ①	6 ④	7 ④	8 ②	9 ④
10 ㉠ 작성해야 하며 ㉡ 확인할 수 있습니다				

〈7〉 의지 Will

연습하기

① –겠어요

① **처음 뵙겠습니다** It is a situation when you meet the person for the first time, so you would say, "Nice to meet you."

② **사겠습니다** This displays the will of the first person subject to buy coffee. Therefore, you cannot use it with "–(으)시–."

③ **잘 마시겠습니다** Before you eat or drink something, as a greeting, you use 잘 먹겠습니다 or 잘 마시겠습니다.

② –(으)ㄹ게요

① **끌게요** The speaker is giving a positive answer to a request to turn off the air conditioning.

② **할게요** Regarding the advice that asks me to drink water and go on a stroll, she agreed to do so.

③ **줄게요** Speaker promises to give the other person the medicine.

③ –(으)ㄹ래요

① **보여 주실래요?** I am asking the person to show me the coat in a subtle manner.

② **입어 보실래요?** Salesperson is asking to try on the coat.

③ **안 입어 볼래요** I am expressing my will not to wear the coat the clerk has recommended.

〈8〉 추측 · 의문 Assumptions · Doubts

연습하기

① –(으)ㄹ 거예요 ②

① **일하실 거예요** It is making assumptions based on the objective fact that the father goes to work.

② **가셨을 거예요** This refers to seeing a doctor in the morning, which is a past event.

③ **공부할 거예요** The speaker is making assumptions about what his sister does in school.

② –(으)ㄹ까요? ②

① **봐 줄 거예요** It is advisable to use the form "–(으)ㄹ 거예요" as the answer to "–(으)ㄹ까요?," which describes assumption.

② **끝났을까요?** The speaker is making an assumption regarding a past event.

③ **허락하실까요?** As the subject is a superior, an honorific expression must be used.

③ –(으)ㄴ/는/(으)ㄹ 것 같다

① **맞을 것 같았는데** If verbs are attached in front of "–(으)ㄹ 것 같다," it describes the assumption of a future event.

② **환불이 될 것 같다면서** This describes the assumption of a future event.

③ **잘한 것 같아요** If the speaker is making an assumption based on his actual experience, "–(으)ㄴ/는/(으)ㄹ 것 같다" must be used.

④ –나 보다

① **있나 봐요** The person is making an assumption based on the fact that Hyen is wearing a ring.

② **했나 봐요** You must use "–았/었나 보다" to make assumptions on past events.

③ **받았나 봐요** 한턱내겠다고 해요 is used as the basis of the assumption in the preceding sentence.

⑤ –는지 알다/모르다

① **가는지 아세요?** The present tense form of the verb must be used in the form "–는지 알다/모르다."

② **어디에서 4호선으로 갈아타는지 알아요?** You need interrogatives if you are using "-(으)ㄴ/는지 알다/모르다."

③ **싼지 아세요?** Adjectives must be used in the form "-(으)ㄴ지 알다/모르다."

⑥ -(으)ㄹ지 모르겠다

① **돌아오실 거예요** You must answer with an assumption expression when you are asked "-(으)ㄹ지(요)?"

② **계실지 안 계실지 모르겠어요** You must use the form "-(으)ㄹ지 -(으)ㄹ지 모르겠다."

③ **보실지 모르겠습니다** You cannot use "-겠-" in front of "-(으)ㄹ지 모르겠다."

⑦ -(으)ㄴ/는/(으)ㄹ 줄 알았다/몰랐다

① **할 줄 몰랐어요** This means that the speaker didn't know that he would be playing games every day before coming to Korea.

② **걸릴 줄 알았으면** "-(으)ㄴ/는/(으)ㄹ 줄 알았다/몰랐다" does not change forms when combined with other expressions.

③ **후회할 줄 알면서도** "-(으)ㄴ/는/(으)ㄹ 줄 알았다/몰랐다" changes to the present tense when it is combined with "-고" or "-(으)면서도."

확인 평가				
	1 ④	2 ①	3 ③	4 ②
5 ②	6 ③	7 ①	8 ②	9 ③

10 ㉠ 말하는지 아십니까/ 이야기하는지 아십니까
  ㉡ 뵙겠습니다

〈9〉완료 Completion

연습하기

① -고 있다 ②

① **모자를 쓰고** There are many verbs in the Korean language that refer to the verb "wear," and the verb 쓰다 is used for hats.

② **신고 계신** This describes the maintained state after putting on shoes and as the subject is 어머니, the honorific form of "-고 있다" must be used.

③ **목도리를 하고 있는** "-고 있다," which describes the maintenance of a state, cannot be used with tense forms such as "-았/었-" or "-겠-."

② -아/어 있다

① **열려 있으면** "-아/어 있다" is added to the passive verb 열리다 as the meaning conveyed in this sentence is to close the window if the state of the window being open continues.

② **켜져 있으면** This refers to the maintenance of a state after the light has been turned on.

③ **들어 있는데** This refers to the state that the food in the fridge is being maintained.

③ -아/어 버리다

① **없어져 버렸다** 없다 is an adjective, so "-아/어져 버리다" must be attached to it.

② **못 찾았다** The meaning of 책을 못 찾았다 does not mean that the action has been completely finished.

③ **이야기해 버리니까** This describes the joy after telling a friend about his fault.

④ -고 말다

① **깨고 말았다** This describes that "I broke a cup," an unwanted result.

② **떠나고 말았다** This refers to the regret of missing the bus, so you must use the past tense form.

③ **출근하고 말겠다, 출근하고 말 것이다** This sentence conveys the meaning that I will wake up early tomorrow."

〈10〉희망 Hopes

연습하기

① -고 싶다

① **보고 싶었지만** The past tense of "-고 싶다" is "-고 싶었다."

② **보고 싶어 해서** The subject is the third person "Jane."

③ **가까워지고 싶으면** You attach "-아/어지고 싶다" to an adjective.

② -았/었으면 좋겠다

① **했으면 좋겠어요** This is about a wish.

② **왔으면 좋겠어요** "-고 싶다" can be used only if the subject is in the first person. As the speaker is wishing it for his sister, you use 왔으면 좋겠어요.

③ **사귀었으면 좋겠어요** "-았/었-" and "-겠-" from "-았/었으면 좋겠다" describe emphasis, not tense.

확인 평가				
	1 ②	2 ④	3 ①	4 ②
5 ③	6 ④	7 ②	8 ③	9 ②

10 ㉠ 깨지고 말았다, 깨져 버렸다, 고장 나고 말았다, 고장 나 버렸다 ㉡ 고칠 수 있었으면 좋겠다

⟨11⟩ 강조·가정·확인 Emphasis · Assumptions · Confirmations

연습하기

❶ 얼마나 –는지 모르다

① **행복한지 몰라요** When emphasizing a certain situation or a degree of status, "얼마나 –(으)ㄴ지 모르다" must be used after adjectives.

② **'오래' 책을 읽었는지 몰라요** When used with verbs, you must use adverbs that describe the degree of status in front of the verbs.

③ **고마웠는지 몰라요** When describing the past, you must use the form "얼마나 –았/었는지 몰라요."

❷ –(으)ㄴ/는 셈 치다

① **없는 셈 치고** 있다 and 없다 are adjectives, but you can use them with the form "–는 셈 치다."

② **부모님을 모시는 셈 치고** The speaker does not live with his parents but conveys the message that he is temporarily going to his hometown to help and live with his parents.

③ **하는 셈 치고** "–았/었–" or "–겠–" cannot come before "–(으)ㄴ 셈 치다."

❸ –지 않아요?

① **좋아하지 않아요?** This question confirms some content that the other person knows.

② **가지 않을래요?** When you make a proposal in a soft manner, you should use the interrogative form "–지 않을래요?"

③ **쉰다고 하지 않았어요?, 쉰다고 했지 않아요?** This question confirms again what the other person said in the past about his off day from his part-time job.

⟨12⟩ 이유 Reasons

연습하기

❶ –잖아요

① **재미있었잖아요** This is about events regarding a trip last year.

② **갔잖아요** The speaker and the listener are talking about a "travel story" they already know about.

③ **했잖아요** In this sentence, the speaker assumes that the listener does not remember the fact that Cindy did not go hiking due to her foot injury.

❷ –거든요

① **왔거든요** The speaker is explaining his situation that it is his first time to 제주도 (Jeju Island), a piece of

information the other person does not know.

② **했거든요** A new subject regarding the fact that "it will rain tomorrow" is presented.

③ **있거든요** The tour guide is presenting the reason in a soft manner to the guests.

확인 평가

1 ④	2 ②	3 ③	4 ①
5 ③	6 ②	7 ②	8 ②	9 ④

10 ㉠ 이야기해 주지 않을래 ㉡ 준 셈 치고

⟨13⟩ 변화·속성·그럴듯함 Changes · Attributes · Plausibility

연습하기

❶ –아/어지다

① **나빠져서** This talks about how bad the person's eyes became as time went by.

② **친해졌다** This describes a changed state.

③ **보고 싶어져서** "–아/어지다" is attached to "–고 싶다."

❷ –게 되다

① **늘게 되었다** The verb 늘다 is used in the sentence mentioning population change.

② **생기게 되었는데** You cannot use this expression with "–았/었–," which describes the past tense.

③ **변하게 되었다** The speaker is talking about the result of Nanjido transforming a waste mountain to a park.

❸ –는 편이다

① **많지 않은 편이에요** When making a negative statement, "–지 않은 편이다" is attached to an adjective.

② **잘 먹는 편이에요** When you use "–(으)ㄴ/는 편이다" with verbs, you need adverbs like 많이 and 잘.

③ **싫어하는 편이었는데** This mentions that the dislike for *kimchi* continued for a certain period of time.

❹ –(으)ㄴ/는 척하다

① **존경하는 척해야** I don't respect my superiors at work, but I must pretend that I respect them.

② **아는 척하기도** 알다 is always used as 아는 척하다.

③ **없는 척할** "–는 척하다" must be attached to 있다 and 없다.

연습하기

❶ −더라고요

① **잘하더라고요** You must use it in present tense form as the speaker recalls and talks about an activity in progress.

② **외국인이더라고요** You must use the present tense form as the speaker remembers confusing a foreigner with a Korean.

③ **부럽더라고요** The speaker is expressing his feeling.

❷ −(으)ㄹ 걸 그랬다

① **사지 말 걸 그랬어요** The negative form of "−(으)ㄹ 걸 그랬다" is "−지 말 걸 그랬다."

② **줄 걸 그랬어요** You cannot use the tense form "−았/었−" or "−겠−" in front of "−(으)ㄹ 걸 그랬다."

③ **말할 걸 그랬어요** The speaker is regretting the fact that he did not do something in the past.

〈15〉 서술문 Declarative Sentences

연습하기

❶ 서술문

① **우리는** You must change 저 to 나 and 저희 to 우리 when you describe a fact or an event.

② **가르쳐 줬다** "−(느)ㄴ다" must be used to describe an event or a fact in a diary.

③ **하고 싶다** "−다" must be attached as "−고 싶다" is an adjective.

확인 평가				
	1 ④	2 ③	3 ④	4 ①
5 ③	6 ③	7 ③	8 ①	9 ②

10 ㉠ 많아지고 있습니다, 늘고 있습니다 ㉡ 숙이게 됩니다

07 인용 표현
Quotation Expressions

〈1〉 −(느)ㄴ다고 하다

연습하기

❶ −(느)ㄴ다고 하다

① **복잡하다고** After an adjective like 복잡하다, "−다고 하다" needs to be added.

② **가 보고 싶다고** If "−고 싶다" comes after a verb, it becomes an adjective.

③ **읽었다고** If the story told by another person is from the past, you must attach "−았/었다고 하다."

〈2〉 −(느)냐고 하다

연습하기

❶ −(느)냐고 하다

① **뭐냐고** When quoting an interrogative sentence in the present tense, you add "−냐고 하다" to a noun without a final consonant.

② **있느냐고, 있냐고** After 있다 and 없다, "−(느)냐고 하다" should be attached.

③ **실패해 봤느냐고, 봤냐고** The tense used in the interrogative sentence by the other person must be used as it is.

〈3〉 −(으)라고 하다, −자고 하다

연습하기

❶ −(으)라고 하다, −자고 하다

① **가라고 말했다** It is quoting an imperative sentence that asks the person to "go to see a doctor."

② **돌아다니지 말라고** The negative form of "−라고 하다" is "−지 말라고 하다."

③ **조심하자고 했다** In this sentence, the speaker proposes to the other person to be careful together regarding the bad air.

〈4〉 −아/어 주라고 하다, −아/어 달라고 하다

연습하기

❶ −아/어 주라고 하다, −아/어 달라고 하다

① **도와주라고 하셨다** The request is for another person, not the speaker.

② **주라고 하셨다** This request is for another person, not the speaker.

③ **가 달라고 했다** This request is for the speaker himself.

확인 평가				
	1 ①	2 ③	3 ④	4 ③
5 ②	6 ④	7 ①	8 ③	9 ①

10 ㉠ 안 된다고 하셨으니까
㉡ 준비해 오라고 하셨어요, 가지고 오라고 하셨어요

08 전성어미
Transformative Endings

〈1〉 –는 것

연습하기

① –는 것

① **하는 것이다** You should use the form "N은/는 V–는 것이다."

② **빼앗는 것은** In this sentence, the speaker objectively talks about cell phone video games.

③ **정하는 것이다** As 일은 is used as the subject, you must use the form "N은/는 V–는 것이다." So you need to attach "–는 것이다" to the verb, 정하다.

〈2〉 –기

연습하기

① –기

① **살기** When transforming verbs into nouns, if there are verbs like 시작하다 and 끝내다 at the end, you should attach "–기".

② **주기** If there are verbs like 바라다 and 빌다 at the end, you should attach "–기" to a verb.

③ **사용하기** In a notice, it is common to place "–기" at the end of a sentence to give it the form of a noun.

〈3〉 –(으)ㅁ

연습하기

① –(으)ㅁ

① **졸업해야 함** When you write a memo or report a fact, you attach "–(으)ㅁ" after an adjective or verb.

② **나빠짐으로** If a verb comes before "(으)로 인해서," you use the "–(으)ㅁ으로 인해서" form.

③ **있음을** When you change verbs into nouns, and if there are verbs like 알다, 모르다, and 기억하다 in the following clause, you attach "–(으)ㅁ."

〈4〉 –는 데

연습하기

① –는 데

① **없애는 데 좋다** The meaning conveyed in the sentence is "warm milk is good for insomnia," so

the form "–는 데 좋다" should be used.

② **자는 데** There should a space when you use the form "–는 데."

③ **해결하는 데** Since the meaning conveyed in this sentence is "waking up and sleeping on a regular schedule is good for treatment of insomnia," you use the form "–는 데 좋다."

〈5〉 –게

연습하기

① –게

① **행복하게** In this sentence, an adverb that describes intensity must come in front of the verb 자라기를.

② **건강하게** In this sentence, an adverb that describes intensity must come in front of 오래 살 수 있다.

③ **맛있게** You must add "–게" to the adjective 맛있다 to make it an adverb.

확인 평가			
1 ②	2 ④	3 ②	4 ③
5 ③	6 ①	7 ②	8 ④	9 ③

10 ㉠ 자기에도 불편한, 자기에도 힘든 ㉡ 새 집을 짓는 데

09 피동. 사동 표현
Passive and Causative Expressions

〈1〉 피동 표현 Passive Expressions

연습하기

① 피동 표현

① **불이** The passive verb 켜지다 should be used with the "N이/가 V–아/어지다" form.

② **놓여 있던** As the subject is 책, it should be the passive verb 놓이다, not 놓다.

③ **닫혀요** The passive form of 닫다 is 닫히다.

〈2〉 사동 표현 Causative Expressions

연습하기

① 사동 표현

① **손을** For 씻기다, which means "to wash," the causative and passive forms are same. If it's in causative form, you use the form "N이/가 N을/를 씻기다."

② **먹여 주세요** Causative form of 먹다, which means "to eat," is 먹이다, which means to "get someone to eat."

③ **들려 주세요** Causative form of 듣다, which means to "to listen," is 들리다, which means to "get someone to listen."

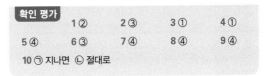

확인 평가

| 1 ④ | 2 ③ | 3 ② | 4 ③ |
| 5 ③ | 6 ① | 7 ① | 8 ④ | 9 ④ |

10 ㉠ 더 크게 들리므로 ㉡ 키우는 집에서는, 키우는 분들은

10 문장 성분 호응
Sequence of Sentence Constituents

〈**1**〉아주 · 별로 · 과연 + A/V

연습하기

❶ 아주 · 별로 · 과연 등 + A/V

① **끝낼 수 있을까?** After the adverb 과연, only endings like 답다, "-군요/-네요," and "-(으)ㄹ까요?" can be used.

② **떠날 거예요, 떠나려고 해요** The future tense should come after the adverb 이제.

③ **잊지 않을 거예요, 잊지 못할 거예요** Negative expressions should come after the adverb 절대로.

〈**2**〉-(으)ㄴ 지 N이/가 되다

연습하기

❶ -(으)ㄴ 지 N이/가 되다

① **결심을 한 지** 얼마 안 되다 is used to describe the passage of time.

② **사흘이** The form "N이/가 되다" should be used after 약속한 지.

③ **지났다, 됐다** This should always be used in the form of "-(으)ㄴ 지 N이/가 됐다."

〈**3**〉-아/어하다

연습하기

❶ -아/어하다

① **외로워했어요** "-아/어하다" is commonly used when the subject is another person.

② **강아지를** The particle 을/를 comes before 싫어하다.

③ **이사하고 싶어 해요** The subject is not in the first person.

〈**4**〉아무 + N

연습하기

❶ 아무 + N

① **아무 정보도** This means there is "absolutely no information."

② **아무 때나** When describing time after 아무, you need to use it as 아무 때나.

③ **골라도** As it conveys the meaning "everything," a positive statement should come after 아무거나.

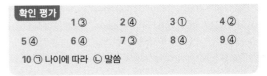

확인 평가

| 1 ② | 2 ③ | 3 ① | 4 ① |
| 5 ④ | 6 ③ | 7 ④ | 8 ④ | 9 ④ |

10 ㉠ 지나면 ㉡ 절대로

11 존댓말 · 반말
Honorifics · Casuals

〈**1**〉존댓말 · 반말 Honorifics · Casuals

연습하기

❶ 존댓말 · 반말

① **도와드렸어** You are helping your grandfather, so you must use 도와드리다, the honorific form of 도와주다.

② **나는** You must use 나 instead of 저 when you speak casually.

③ **좋으시대** You have to use the honorific form as the subject is 할아버지께서는.

확인 평가

| 1 ③ | 2 ④ | 3 ① | 4 ② |
| 5 ④ | 6 ④ | 7 ③ | 8 ④ | 9 ④ |

10 ㉠ 나이에 따라 ㉡ 말씀

12 기타
Miscellaneous

〈1〉숫자 표현 Numerals

연습하기

❶ 숫자 표현

① **열두 장** If the unit noun 장 comes after 둘, you must use it as 두 장.

② **시월** If 십 comes before the unit noun for month 월, it becomes 시월.

③ **1년** When you use 년, you either use 1년, 2년… or 한 해, 두 해…

확인 평가

1 ③	2 ①	3 ②	4 ③
5 ①	6 ②	7 ④	8 ④	9 ②

10 ㉠ 아프거나 ㉡ 부은 11 ㉠ 편하게, 편안하게 ㉡ 예약하실 때 ㉢ 자는 것이 ㉣ 건물이라서 ㉤ 이용할 수 있기는 하지만, 이용하실 수 있기는 하지만

Grammar Explanations in Korean

01 조사 Particles

본 장에서는 한국어의 조사에 대해서 공부할 것이다. 조사란 명사, 대명사, 수사, 부사, 어미 등에 붙어 그 말과 다른 말과의 문법적 관계를 표시하거나 그 말의 뜻을 도와주는 품사를 말한다. 조사는 격조사, 보조사 그리고 접속조사로 나눌 수 있다. 격조사는 명사나 대명사 혹은 수사 뒤에 붙어 그것이 일정한 자격을 갖도록 해주는 조사로서 주격 조사인 '이/가', 목적격 조사인 '을/를, 관형격 조사인 '의', 부사격 조사 중에서 장소를 나타낼 때 사용하는 '에', '에서' 등이 있다. 보조사는 명사나 대명사, 부사 그리고 어미 등에 붙어 특별한 의미를 더해 주는 조사로 대조를 나타내는 '은/는', 이미 있는 어떤 것에 다른 것을 더하거나 포함함을 나타내는 '도', 시작점을 나타내는 '부터' 등이 있다. 접속 조사는 두 단어를 이어 주는 기능을 하는 조사로 '와/과', '하고' '에다(가)', '(이)며', '(이)랑' 등이 있다.

〈1〉 격조사 Case Particles

❶ 이/가

문법 공부

(1) 이 조사는 명사 뒤에 붙어 그 명사가 문장의 주어임을 나타낼 때 사용한다.

(2) 이 조사의 형태 정보는 다음과 같다. ▶ p.18

(3) 이 조사는 주어 자리에 오는 명사가 '할머니, 아버지, 선생님'과 같이 높임의 대상일 때는 '이/가' 대신에 '께서'를 붙인다.

(4) '저'와 '나', '누구'에 '가'가 붙을 때는 다음과 같이 사용한다.

(5) 서술어에 '있다, 좋다, 중요하다, 필요하다, 피곤하다'와 같은 형용사가 오면 꼭 주어에 '이/가'를 써야 한다.

(6) '되다, 아니다' 앞에는 명사에 '이/가'를 꼭 붙여야 한다.

오답 노트

① '필요해요'는 동사가 아니라 형용사이기 때문에 주어에 '이/가'를 붙여야 한다. '필요하다, 중요하다, 피곤하다'와 같은 어휘는 '하다'로 끝나지만 형용사이다. 이런 어휘를 동사로 헷갈려서 주어에 '이/가' 대신에 '을/를'을 붙이는 경우가 많다. 특히, 영어권 학습자들이 자주 틀리므로 주의해야 한다.

② '되다, 아니다' 앞에는 명사에 꼭 '이/가'를 붙여야 한다. 그런데 이 문장에서는 '소설책 아니고'로 '이'를 쓰지 않아서 잘못 썼다. 보통 말할 때는 주어 자리에 오는 명사에 '이/가'를 안 붙일 수도 있지만 서술어에 '되다, 아니다'가 오면 말할 때도 꼭 주어에 '이/가'를 붙여야 한다.

③ '부모님'은 높임의 대상이기 때문에 '이/가' 대신에 '께서'를 붙여야 한다. 그런데 이 문장에서는 '께'를 써서 틀렸다. '께'는 '에게'의 높임 표현이므로 '께서'와 '께'를 헷갈리지 않도록 주의해야 한다.

❷ 을/를

문법 공부

(1) 이 조사는 명사 뒤에 붙어 그 명사가 문장의 목적어임을 나타낼 때 사용한다.

(2) 이 조사의 형태 정보는 다음과 같다. ▶ p.20

(3) 서술어에 목적어가 필요한 타동사가 올 때는 '을/를'을 사용하지만 '피다, 나다, 날다, 내리다' 등과 같이 목적어가 필요 없는 자동사가 올 때는 '이/가'를 사용해야 한다.

(4) 이 조사를 말할 때는 '을/를'을 생략하기도 하고 다음과 같이 줄여서 말하기도 한다.

오답 노트

① '좋아하다'는 타동사이기 때문에 목적어 자리에 오는 명사 다음에 '을/를'을 붙여야 한다. 형용사 '좋다, 싫다'는 'N이/가 좋다, 싫다', 동사 '좋아하다, 싫어하다'는 'N을/를 좋아하다, 싫어하다'의 형태이다. 이것은 고급 학습자들도 자주 틀리므로 주의하기 바란다.

② '떠나다'는 '사람이 어떤 장소로 이동하다'의 의미일 때는 '장소 N+(으)로/에서 떠나다'로 쓰며, '어떤 장소를 벗어나다'의 의미일 때는 '장소N+을/를 떠나다'로 쓴다. 이 문장에서는 '고향을 벗어났다'는 의미인데 '고향에'라고 써서 오류 문장이 되었다. 1급에서 '장소N+에 가다, 오다, 다니다'를 먼저 배우기 때문에 장소가 나오면 무조건 '장소N+에'를 붙이는 경우가 많으므로 서술어에 오는 동사를 꼭 확인해야 한다.

③ '도와주다'는 타동사이기 때문에 'N을/를 도와주다'로 써야 하는데 이 문장에서는 '저에게'라고 써서 오류 문장이 되었다. 이것은 'N에게 N을/를 주다'와 헷갈려서 잘못 사용하는 경우가 많으므로 두 표현을 헷갈리지 말아야 한다.

❸ 에

문법 공부

(1) 이 조사는 명사 뒤에 붙어 위치 및 장소를 나타낼 때 사용한다.

(2) 이 조사의 형태 정보는 다음과 같다. ▶ p.22

✳ 이 조사는 다음과 같은 형태로 많이 쓰인다.

(3) 이 조사는 도착지 및 목적지를 나타낼 때도 사용한다.

(4) 이 조사는 시간을 나타낼 때도 사용한다.

✳ 시간을 나타내는 명사 중에서 '오늘, 어제, 내일, 그제, 모레'에는 '에'를 붙일 수 없다.

오답 노트

① 동사 '가다'는 '장소N + 에 가다'로 사용한다. 동사 중에서 '가다, 오다, 다니다, 도착하다'는 '장소N + 에'와 함께 사용한다. '에서'는 행동이 일어나는 장소를 나타낼 때 사용한다.

② 형용사 '있다, 없다'는 '장소N + 에 있다/없다'로 사용한다. 그런데 이 문장에서는 '아시아의'라고 써서 틀렸다. '의'는 'N의 N' 형태

로 사용되며, '소속'이나 '소유'를 나타낼 때 사용한다.

③ 시간명사 다음에는 '에'를 붙여야 한다. '을/를'은 목적어 자리에 오는 명사 다음에 사용한다.

❹ 에서

문법 공부

(1) 이 조사는 장소명사 뒤에 붙어 그 장소에서 어떤 동작이 일어나는 것을 나타낼 때 사용한다.

(2) 이 조사의 형태 정보는 다음과 같다. ▶ p.24

(3) 이 조사는 '장소N+에서' 뒤에 다음과 같이 이동을 나타내는 동사가 오면 장소명사가 '출발하는 위치'를 나타낸다.

오답 노트

① '에서'는 장소명사 뒤에 붙어서 동작이 일어난 장소를 나타낸다. '장소N + (으)로'는 방향을 나타낼 때 사용하기 때문에 '(으)로' 다음에 '가다, 오다, 떠나다' 등과 같은 동사가 온다.

② 이 대화의 대답에서는 '어머니가 드라마를 보는 장소'가 어디인지를 설명하기 때문에 '에서'를 써야 한다. '에'는 위치를 나타내는 명사 다음에 사용할 수 있다. 보통 1급에서 '위치N+에 있어요/없어요'의 형태로 배운 것이 익숙해져서 무조건 '옆에'라고 말하는 경우가 있으므로 조심해서 사용해야 한다.

③ '오다, 떠나다, 출발하다'와 같이 이동을 나타내는 동사 앞에는 '장소N + 에서'를 써야 한다. '부터'는 시간명사나 장소명사 앞에 붙어 '시작'의 의미를 나타낼 때 사용한다.

❺ 의

문법 공부

(1) 이 조사는 명사 뒤에 붙어서 앞의 명사가 뒤에 오는 명사를 수식하여 소유, 소속, 관계의 의미를 나타낼 때 사용한다.

(2) 이 조사의 형태 정보는 다음과 같다. ▶ p.26
＊ 이 조사는 보통 'N의 N'의 형태로 사용한다.

(3) 이 조사는 소유나 소속의 의미를 나타낼 경우 '의'를 생략하고 말할 수 있다. 그러나 관계의 의미를 나타낼 경우에는 '의'를 생략하고 말하면 어색하다.

(4) '저, 나, 너'에 '의'를 붙일 때는 보통 '제, 내, 네'로 사용하며, '의'를 생략한 '저, 나, 너'로는 사용할 수 없다.

오답 노트

① 소유, 소속, 관계의 의미를 나타낼 때는 명사 다음에 '의'를 붙인다. 'N의 N'에서 '의'의 발음은 [의]나 [에]이다. 그런데 발음을 편하게 하기 위해서 '[에]'로 발음하는 경우가 많다. 그러므로 이것이 습관이 돼서 쓸 때도 '의'가 아닌 '에'로 잘못 쓰는 경우가 있으므로 조심해야 한다. '에'는 다음에 오는 동사에 따라서 ① 위치 및 장소 ② 목적지 ③ 시간을 나타낸다.

② '의'는 'N의 N'의 형태로 써야 한다. 그런데 이 문장에서는 '여러 종류의' 다음에 명사가 오지 않고 바로 '운동해요'라고 틀리게 썼다. '의' 다음에는 이것과 관계가 있는 명사를 꼭 써야 한다.

③ 말을 할 때 '의'가 소유나 소속의 의미가 있으면 '의'를 생략할 수 있다. 하지만 '저, 나, 너' 다음에 붙는 '의'는 생략할 수 없다. 그런데 이 문장에서는 '의'를 생략하고 '너'라고 잘못 썼다. '저의, 나의, 너의'는 '의'를 생략하지 않고 '제, 내, 네'로 써야 한다.

❻ 으로

문법 공부

(1) 이 조사는 위치나 장소를 나타내는 명사 뒤에 붙어 방향을 나타낼 때 사용한다.

(2) 이 조사의 형태 정보는 다음과 같다. ▶ p.28
＊ 명사의 받침이 'ㄹ'일 때는 '으로'를 붙이지 않고 '로'를 붙인다.

(3) 이 조사는 명사 뒤에 붙어 도구, 수단, 방법을 나타낼 때도 사용한다.

(4) 이 조사는 명사 뒤에 붙어 재료를 나타낼 때도 사용한다.

(5) 이 조사는 '직업, 지위, 역할'을 나타내는 명사 뒤에 붙어 신분이나 자격을 나타낼 때도 사용한다.

(6) 이 조사는 '첫째, 첫 번째' 혹은 '처음, 끝, 마지막, 다음' 등에 붙어서 '순서'를 나타낼 때도 사용한다.

오답 노트

① '장소/위치N + (으)로'는 '이동하는 방향'을 나타낸다. '장소/위치N + 에'는 '이동하는 목적지'를 정확하게 나타낼 때 사용한다.

② 'N(으)로'는 '도구, 수단, 방법'을 나타낼 때도 사용한다. 이 대화의 대답에서는 '발표하는 방법이 한국어'라는 의미인데 '한국어를'이라고 써서 오류를 범했다. 'N을/를'은 문장에서 목적어를 나타낸다.

③ 'N(으)로'는 '순서'를 나타낼 때도 사용한다. 특히 설명하는 글이나 주장하는 글쓰기에서 내용을 나열할 때 '우선(먼저), 다음으로, 끝(마지막)으로'와 같이 사용할 수 있다. '시간N+에'는 시간을 나타낼 때 사용한다.

❼ 에게

문법 공부

(1) 이 조사는 사람이나 동물을 나타내는 명사 뒤에 붙어 그 명사가 어떤 행동에 영향을 받는 대상일 때 사용한다.

(2) 이 조사의 형태 정보는 다음과 같다. ▶ p.30

(3) 이 조사 앞에 '할머니, 아버지, 선생님'과 같이 높임의 대상을 나타내는 명사가 올 경우에는 '에게' 대신에 '께'를 붙인다.

(4) 이 조사는 보통 다음과 같은 형태로 사용한다.
＊ 사람이나 동물 명사가 아닌 사물 명사일 때는 '에'를 붙여야 한다.

(5) 이 조사는 '한테'와 바꿔 쓸 수 있는데 '에게'는 뉴스 보도나 신문 기사, 발표와 같은 격식적인 상황에서도 사용하며 '한테'는 보통 말할 때 사용한다.

(6) 이 조사 앞에 '저'와 '나', '너'가 붙을 때는 다음과 같이 줄여서 사용할 수 있다.

① '에게' 앞에는 '사람이나 동물'을 나타내는 명사가 온다. 그런데 이 대화의 대답에서는 사람을 나타내는 명사인 '동생'이 왔는데 '동생에'를 써서 오류 문장이 되었다. '에' 앞에는 사람이나 동물이 아닌 사물 명사가 붙는데 '에게'와 '에'를 혼동해서 쓰는 경우가 있으니 주의해야 한다.

② '드리다'는 '주다'의 높임 표현이기 때문에 'N₁께 N₂을/를 드리다'로 쓴다. '께서'는 '이/가'의 높임 표현임을 기억해야 한다.

③ '연락하다'는 'N에게 연락하다'로 써야 하는데 이 문장에서는 '친구를'이라고 틀리게 썼다. 동사 중에서 '연락하다, 전화하다, 말하다, 묻다'와 같은 동사는 앞에 '에게'를 써야 한다.

⑧ 처럼

⑴ 이 조사는 명사 뒤에 붙어 모양이나 행동이 앞의 명사와 비슷하게 닮았음을 나타낼 때 사용한다.

⑵ 이 조사의 형태 정보는 다음과 같다. ▶ p.32

⑶ 이 조사 앞에 명사 대신에 형용사나 동사가 올 때는 다음과 같이 사용할 수 있다.

⑷ 이 조사 다음에는 꼭 '앞에 오는 명사와 모양이나 상태가 비슷함'을 나타내는 동사나 형용사가 와야 한다.

⑸ 이 조사는 의미를 강조하기 위해서 '마치 N처럼'의 형태로 사용할 수 있으며 '처럼' 대신에 '같이'를 사용할 수 있다.

① '처럼' 다음에는 '처럼' 앞에 오는 명사와 모양이나 상태가 비슷함을 나타내는 동사나 형용사가 와야 한다. '만큼'은 수량이나 정도가 같음을 나타낼 때 사용하며 '처럼'과 달리 '되다', '생기다' 등과 같은 동사는 쓸 수 없다.

② 'N처럼' 다음에는 '처럼' 앞에 붙는 명사와 비슷함을 나타내는 서술어가 와야 된다. 그런데 이 문장에서는 '별'과 같이 '어떻다'는 서술어를 사용하지 않고 '별처럼이다.'라고 잘못 썼다. 이렇게 'N처럼이다'로 잘못 사용하는 경우가 많으므로 주의해야 한다.

③ '처럼' 앞에는 명사만 쓸 수 있는데 이 문장의 '안 먹은 처럼'은 오류 문장이다. '처럼' 앞에 명사 대신 동사나 형용사를 붙이고 싶으면 'V-(으)ㄴ/는 것처럼', 'A-(으)ㄴ 것처럼'과 같은 형태로 사용해야 된다.

〈2〉보조사 Auxiliary Particles

① 은/는

⑴ 이 조사는 명사 뒤에 붙어 문장의 주어 자리에 올 수 있으며 앞에 있는 명사가 말하는 사람이 이야기하고 싶은 주제일 때 사용한다.

⑵ 이 조사의 형태 정보는 다음과 같다. ▶ p.36

⑶ 이 조사 앞에 있는 명사가 '할머니, 아버지, 선생님'과 같이 높임의 대상일 때는 받침이 있을 때와 없을 때 모두 '께서는'을 붙인다.

⑷ 이 조사는 새로운 주제에 대해 말하거나 자기소개를 할 때도 사용한다.

⑸ 이 조사는 이미 알고 있는 것에 대해 말하거나 앞에서 한 번 이야기한 것을 다시 이야기할 때도 사용한다.

⑹ 이 조사는 선행절과 후행절의 내용이 반대이거나 대조일 때도 사용한다. 이 때 선행절과 후행절의 주어 자리에 오는 명사 모두에 '은/는'을 붙여야 한다.

① 새로운 주제에 대해 이야기를 시작하거나 자기소개를 할 때는 '은/는'을 쓰는 것이 자연스럽다. 그런데 이 문장에서는 '이/가'를 사용해서 어색한 문장이 되었다. '이/가'와 '은/는'은 모두 문장의 주어 자리에 올 수 있다.

② 한 번 이야기한 것을 다시 이야기할 때는 '은/는'을 사용해야 한다. 그런데 이 대화에서는 질문과 대답에 모두 '이/가'를 사용해서 어색한 문장이 되었다.

③ 선행절과 후행절의 내용이 대조의 의미를 나타낼 때는 선행절과 후행절의 주어에 모두 '은/는'을 붙여야 한다. 이 문장에서는 '작다'와 '크다'의 반대의 의미를 나타내고 있는데 선행절에 '이/가'를 쓰고 후행절에는 조사를 생략해서 틀렸다.

② 부터

⑴ 이 조사는 명사 뒤에 붙어 어떤 동작이나 상태의 시작을 나타낼 때 사용한다.

⑵ 이 조사의 형태 정보는 다음과 같다. ▶ p.38

⑶ 이 조사는 어떤 행동을 순서대로 하는 경우, 순서 중에서 처음을 나타낼 때도 사용한다.

⑷ 이 조사는 어떤 동작이나 상태의 끝을 나타내는 '까지'와 함께 사용한다. 비슷한 의미가 있는 'N에서 N까지'와 다음과 같은 의미 차이가 있다.

	N부터 N까지	N에서 N까지
의미	주로 시간의 시작과 끝을 나타냄.	주로 장소의 출발점과 도착점을 나타냄.

⑸ 이 조사는 장소의 출발점을 나타낼 때 '에서부터'로도 사용할 수 있으며 이것은 '서부터'로 줄여서 사용할 수 있다.

① 동작이나 상태의 시작을 나타낼 때는 '부터'를 써야 한다. 이 문장은 기숙사에 살기 시작한 때를 이야기하고 있으므로 '부터'를 사용해야 하는데 '8월 동안'이라고 잘못 썼다. '동안'은 어떤 동작을 시작해서 끝날 때까지 시간의 길이를 나타내며 시간이 지속되는 의미가 있는 명사와 함께 사용한다.

② 순서대로 하는 일 중에서 처음을 나타낼 때 '부터'를 사용해야 한다. 이 대화의 대답은 '식사를 할 때 어른이 첫 번째로 식사를 한

다.'라는 의미이므로 '어른부터'라고 써야 하는데 이 조사를 생략해서 오류 문장이 되었다. 조사는 말을 할 때 생략이 가능한 것이 있지만 '부터'는 생략하면 안 된다.

③ 시간의 시작과 끝을 나타낼 때는 주로 'N부터 N까지'를 써야 한다. 그런데 이 문장에서는 '7시에서'라고 잘못 썼다. 'N에서 N까지'는 주로 장소의 시작과 끝을 나타낼 때 사용한다.

❸ 까지

문법 공부

(1) 이 조사는 명사 뒤에 붙어 어떤 동작이나 상태의 끝을 나타낼 때 사용한다.

(2) 이 조사의 형태 정보는 다음과 같다. ▶ p.40

(3) 이 조사는 앞에 '부터'나 '에서'와 함께 사용해서 시작과 끝을 나타낼 수 있다.

(4) 이 조사는 어떤 상태나 상황이 이미 있는데 또 하나의 상태나 상황이 더해짐을 나타낼 때도 사용한다.

(5) 이 조사는 시간을 나타내는 부사 뒤에서 다음과 같은 형태로 사용할 수 있다. 이때는 부사의 의미를 강조한다.

오답 노트

① 어떤 동작이나 상태의 끝을 나타낼 때는 '까지'를 사용해야 한다. 이 문장에서는 '아르바이트가 월요일에 시작해서 수요일에 끝난다.'라는 의미이므로 '까지'를 써야 한다. '에'는 어떤 일이 일어나는 시간을 나타내거나 장소를 나타낼 때 사용한다.

② 'N에서 N까지'는 장소의 시작과 끝을 나타낸다. '에서'는 어떤 행동을 하는 장소를 나타내거나 어떤 동작이나 상태의 시작을 나타낼 때 사용한다.

③ '까지'는 명사뿐만 아니라 시간을 나타내는 부사와도 함께 사용할 수 있다. 이 문장은 '늦은 시간까지 놀아서 피곤했다.'라는 의미이므로 '늦게까지'를 써야 한다. '늦게' 뒤에 '놀다', '기다리다', '쉬다'와 같은 동사를 사용하려면 '까지'를 붙여서 써야 한다.

❹ (이)나

문법 공부

(1) 이 조사는 'N(이)나 N'의 형태로 쓰여 두 개 이상의 명사 중에서 하나를 선택함을 나타낼 때 사용한다.

(2) 이 조사의 형태 정보는 다음과 같다. ▶ p.42

(3) 이 조사는 수나 정도가 말하는 사람의 생각이나 예상보다 많음을 나타낼 때도 사용한다.

(4) 이 조사는 가장 좋은 것을 선택할 수 없는 상황에서 그 다음 것을 선택함을 나타낼 때도 사용한다. 이 경우 장소를 나타낼 때는 '장소N+에나'의 형태로도 사용할 수 있다.

(5) 이 조사는 상대방의 부담을 줄여주기 위해 부드럽게 제안할 때도 사용한다.

오답 노트

① 두 개 이상의 명사 중에서 하나를 선택함을 나타낼 때는 'N(이)나 N'의 형태로 써야 한다. 이 문장에서는 모자와 선글라스 중에서 하나를 골라서 쓰라는 의미인데 '모자든지'라고 잘못 썼다. '(이)든지'도 여러 가지 중에서 하나를 선택함을 나타내지만 'N(이)든지 N(이)든지'의 형태로 써야 한다.

② '(이)나'는 명사에 받침이 있으면 '이나', 없으면 '나'를 붙여야 하므로 '지하철나'는 틀린 표현이다. 'ㄹ' 받침이 있는 명사 뒤에서 '-(으)'가 생략되는 경우를 생각하고 '(이)나'에서도 '나'만 붙이는 경우가 있으니 주의해야 한다.

③ 수나 정도가 생각보다 많을 때 명사 뒤에 '(이)나'를 써야 한다. 이 대화의 대답은 '우리 반에 일본 사람이 7명 있는데 7명은 내 생각보다 많아요.'라는 의미인데 '7명밖에'라고 잘못 썼다. '밖에'는 예상보다 적은 수나 정도를 나타낼 때 사용하며 뒤에는 부정문이 온다.

〈3〉 접속조사 Connective Particles

❶ 하고

문법 공부

(1) 이 조사는 명사 뒤에 붙어 명사와 명사 또는 여러 개의 명사를 연결해서 말할 때 사용한다.

(2) 이 조사의 형태 정보는 다음과 같다. ▶ p.44

(3) 이 조사는 어떤 일을 같이 하는 사람이 있을 때, '하고 같이'나 '하고 함께'로 사용할 수 있다. 이때 '같이'나 '함께'는 생략할 수 있다.

(4) 이 조사는 다음과 같이 비교의 의미가 있는 동사나 형용사와 함께 사용할 수 있으며 이때는 명사 다음에 '하고'를 꼭 써야 한다.

(5) 이 조사는 다음과 같이 혼자서는 할 수 없는 의미가 있는 동사나 형용사와 함께 사용할 수 있으며 이때는 '하고'를 꼭 써야 한다.

오답 노트

① '하고'는 어떤 일을 같이 하는 사람이 있을 때 쓴다. 그런데 이 대화의 대답에서 '여행을 같이 가려는 사람들이 가족들'인데 '가족들을'이라고 잘못 써서 오류문이 되었다. '여행하다'는 앞에 오는 명사에 따라서 '장소N + 을/를 여행하다', '사람N+하고 여행하다'와 같이 사용할 수 있다.

② 혼자서는 할 수 없는 의미가 있는 동사나 형용사 앞에서는 꼭 'N하고'를 써야 한다. '싸우다'는 두 사람 이상의 대상이 필요한 어휘이다. '한테'는 명사 뒤에 붙어서 행동의 대상이 되는 것이 명사임을 나타낼 때 사용한다.

③ 비교의 의미가 있는 동사나 형용사 앞에서는 꼭 'N하고'로 써야 한다. 이처럼 'N하고' 다음에 비교하거나 같이 해야 하는 동사나 형용사가 오면 '하고'를 생략할 수 없다.

❷ 와/과

문법 공부

(1) 이 조사는 명사 뒤에 붙어 두 개의 명사 혹은 여러 개의 명사를 나열해서 말할 때 사용한다.

(2) 이 조사의 형태 정보는 다음과 같다. ▶ p.46

(3) 이 조사는 '하고'처럼 비교의 의미가 있는 동사나 형용사와 함께 사용할 수 있으며 이때는 명사 다음에 '와/과'를 꼭 써야 한다.

(4) 이 조사는 '하고'처럼 혼자서는 할 수 없는 의미가 있는 동사나 형용사와 함께 사용할 수 있으며 이때는 '와/과'를 꼭 써야 한다.

(5) 이 조사가 'N+와/과 달리'의 형태로 쓰이면 비교하는 두 대상에 차이가 있음을 나타낸다.

오답 노트

① 여러 개의 명사를 나열할 때 사용하는 '와/과'는 '와/과 달리'의 형태로 쓰여 비교하는 대상에 차이가 있음을 나타낼 수 있다. 그런데 이 문장은 부산과 서울의 겨울을 비교하는데 조사가 빠져있다. '와/과 달리'의 형태로 쓸 때는 '와/과'를 생략하면 안 된다.

② 세 개 이상의 명사를 연결할 때 '와/과'를 계속 사용하면 어색하다. 그런데 이 문장에서는 4개의 전자 제품을 나열하는데 '컴퓨터와 카메라와 휴대 전화와 오디오'라고 써서 틀렸다. 세 개 이상의 명사를 연결할 때는 'N와/과 N, N, N……'나 'N, N, N와/과 N.'로 쓰는 것이 자연스럽다.

③ '와/과'는 명사에 받침이 있으면 '과'를 붙이고, 명사에 받침이 없으면 '와'를 붙인다. 보통 다른 조사들의 경우 명사에 받침이 있으면 모음으로 시작하는 조사가 붙고, 받침이 없으면 자음으로 시작하는 조사가 붙는다. 하지만 '와/과'는 이와 반대로, 명사에 받침이 있으면 '과'가 붙고 받침이 없으면 '와'가 붙는다. 따라서 잘못 사용하지 않도록 주의하기 바란다.

〈4〉 조사 결합 Combination Particles

문법 공부

(1) 조사는 보통 명사에 붙어 그 명사와 다른 명사와의 문법적 관계를 표시하거나 그 말의 뜻을 도와줄 때 사용하며 두 개 이상의 조사를 결합하여 그 의미를 강조할 때 사용하기도 한다.

(2) 조사 결합은 보통 격조사에 보조사를 붙인다. ▶ p.48

(3) 보조사 중 '은/는'과 '도'는 '이/가', '을/를' 그리고 '의'와 함께 사용할 수 없으며 '와/과'와 '하고'는 '이/가', '을/를'과 함께 사용할 수 없다.

(4) 보통 많이 쓰이는 조사 결합 형태는 다음과 같다.

조사	의미 / 예문
에다가	더해지는 대상을 나타낼 때 사용한다.
으로부터	어떤 행동이나 사건의 출발점이 되는 것을 나타낼 때 사용한다.
에게로 =한테로	어떤 행동이 미치는 대상임을 나타낼 때 사용한다.

에서부터	앞의 말이 어떤 범위의 시작 지점이거나 어떤 행동의 출발점이 되는 것을 나타낼 때 사용한다
에는 = 엔	앞의 말이 나타내는 장소나 시간을 강조하거나 대조하는 뜻을 나타낼 때 사용한다.

오답 노트

① 명사와 명사 또는 여러 개의 명사를 연결해서 말할 때 사용하는 조사 '와/과'는 조사 '이/가'나 '은/는'과 함께 사용할 수 없다. 그런데 이 문장에서는 초급에서 배운 '값이 얼마예요?' 같은 표현을 습관적으로 사용해서 '값이과'라고 잘못 써서 오류문을 만들었다.

② 이미 있는 어떤 것에 다른 것을 더할 때 사용하는 조사인 '도'는 '이/가', '은/는', '의'와 함께 사용할 수 없다. 조사 '도'와 함께 사용할 수 없는 조사를 꼭 기억해야 한다.

③ 어떤 일의 시작이나 처음을 나타낼 때 사용하는 조사 '부터'는 조사 '에'와 함께 사용할 수 없다. '옛날' 다음에 조사 '에'를 붙인 형태로 자주 사용하기 때문에 조사를 붙인 그대로 쓰는 경우가 많다. 시간적인 출발점을 나타내는 조사 '부터' 앞에는 조사 '에'를 사용하지 않도록 주의해야 한다.

---

02 어순 · 의문사 · 접속부사
Word Order · Interrogatives · Conjunctive Adverbs

본 장에서는 한국어의 어순과 의문사 그리고 접속부사에 대해서 공부할 것이다. 먼저, 어순은 한 문장 안에서 주어, 목적어, 서술어 등의 문장 성분이 나오는 순서를 말하는데 한국어는 '주어+목적어+서술어'의 순서를 가지고 있다. 그리고 의문사는 질문을 할 때 궁금한 대상이 되는 것을 가리키는 말로 '누구', '언제', '어디', '무엇', '왜', '어떻게', '얼마' 등이 있다. 마지막으로 접속부사는 앞의 명사나 대명사와 같은 단어 혹은 문장을 뒤의 명사나 대명사와 같은 단어 혹은 문장에 이어 주면서 뒤의 말을 꾸며 주는 부사를 말한다. 여기에는 '그러나', '그런데', '그리고', '하지만' 등이 있다.

〈1〉 어순 Word Order

문법 공부

(1) 어순은 문장을 만들 때 나타나는 일정한 순서를 말하며 한국어의 어순은 '주어 + 목적어 + 서술어(S + O + V)'이다.
＊ 문장에서 특히 강조하고 싶은 것이 있으면 주어 앞으로 위치를 바꿀 수 있다.

(2) 한국어의 어순은 비교적 자유롭지만 다음과 같은 경우에는 위치를 바꿀 수 없다.

(3) '시간, 위치, 숫자'를 나타낼 때의 어순은 다음과 같다.

오답 노트

① 한국어의 어순은 '많은 + N', '많이 + A/V'의 형태로 써야 하는데 이 문장에서는 명사인 '사진' 앞에 '많이'라고 써서 틀린 표현이

되었다. 한국어의 어순에서 '-(으)ㄴ' 다음에 명사가 온다는 점과 '매우, 많이' 등과 같은 부사어는 서술어 앞에 온다는 점을 기억해야 한다.

② 시간을 나타낼 때 어순은 '일요일 아침 9시에'처럼 '요일 + 때(아침, 오전 등) + 시간 + 에'이다. 그런데 이 문장에서는 시간과 때를 바꿔서 '9시 아침'이라고 잘못 썼다. 이러한 오류는 영어와 한국어 어순이 달라 많이 나타나므로 주의해야 한다.

③ 위치를 나타낼 때 어순은 '가방이 책상 위에 있어요.'처럼 'N이/가 사물N(가방, 책상 등) + 위치N(위, 아래 등)에 있다/없다'이다. 그런데 이 문장에서는 '위에 책상이에요.'라고 틀리게 썼다.

〈2〉 의문사 Interrogatives

문법 공부

(1) 의문사 '무슨', '어떤', '어느'는 명사와 결합하며 그 명사와 관련된 것에 대해 물을 때 사용한다.

① '무슨 + N'는 말하는 사람이 어떤 것에 대해 모를 때나 어떤 것의 종류가 무엇인지 모를 때 쓰며 보통 다음과 같은 명사와 같이 사용한다.
* '무슨 사람', '무슨 나라', '무슨 곳'은 쓸 수 없다.

② '어떤 + N'는 사람이나 사물의 특성, 구체적인 내용, 종류, 선택에 대해 물을 때 쓰며 보통 다음과 같은 명사와 같이 사용한다.
* '어떤 요일', '어떤 소용이 있겠어요?'는 쓸 수 없다.

③ '어느 + N'는 두 개 이상의 대상 중에서 무엇을 선택할지를 물을 때 쓰며 보통 다음과 같은 명사와 같이 사용한다.
* '어느 요일'은 쓸 수 없다.

오답 노트

① '무슨 + N'가 단순히 종류를 물어보는 것과 달리 '어떤 + N'는 구체적인 설명이 필요할 때 사용한다. 그런데 이 대화의 대답에서는 어렸을 때 되고 싶었던 사람이 누구인지 구체적으로 이야기하고 있는데 '무슨 사람'이라고 써서 틀렸다.

② '어느 + N'는 두 개 이상의 대상 중에서 무엇을 선택할지를 물을 때 사용한다. 그런데 이 대화의 대답에서는 '어느' 다음에 명사를 쓰지 않고 '어느'만을 써서 오류 문장이 되었다. '어느' 다음에 꼭 명사가 함께 온다는 점을 기억해야 한다.

③ 아무 소용이 없다는 의미로 '무슨 소용이 있겠어요?'라는 표현을 쓴다. 그런데 이 대화의 대답에서는 '어떤 소용이 있겠어요?'라고 잘못 썼다.

〈3〉 접속부사 Conjunctive Adverbs

문법 공부

(1) 접속 부사는 앞 문장과 뒤 문장의 내용이 연결될 때 두 문장이 어떤 관계인지를 나타내 주는 말이다.

(2) 앞뒤 문장을 연결하는 접속 부사는 의미에 따라 다음과 같이 나뉜다.

의미	앞뒤 문장의 관계
열거	앞뒤 문장의 내용이 같음.
반대	앞뒤 문장의 내용이 반대임.
인과	앞뒤 문장이 원인과 결과이거나 뒤 문장이 앞 문장에 대한 이유를 나타냄.
전환	뒤 문장의 내용이 앞 문장의 내용과 다른 내용으로 바뀜.
조건	앞 문장의 내용이 뒤 문장의 조건임.
추가	뒤 문장의 내용이 앞 문장의 내용에 더해짐.

(3) 인과 관계를 나타내는 '그래서, 그러니까, 그러므로'의 차이점은 다음과 같다.

오답 노트

① 두 문장을 인과 관계로 연결할 때 '그러니까'와 달리 '그래서' 다음에는 명령형이나 청유형이 올 수 없다. 그런데 이 문장은 '걱정하지 마세요.'라고 명령형으로 끝났는데 '그래서'로 연결해서 오류 문장이 되었다.

② 두 문장을 조건 관계로 연결할 때는 '그러면'을 쓴다. 그런데 이 대화에서 '주야 씨가 헬스장에 갔다'는 사실을 안 후에 '헬스장에 가 봐야겠네요'라고 조건을 말했는데 원인 관계인 '그러니까'로 연결해서 틀렸다.

③ 두 문장을 반대 관계로 연결할 때는 '그러나'나 '하지만' 등을 쓴다. 그런데 이 글에서는 '밤마다 야식을 먹었다.'와 '오늘부터는 야식을 먹지 않겠다.'의 내용이 반대인데 '그리고'로 연결해서 잘못 썼다. '그리고'는 앞 문장과 뒤 문장의 내용이 비슷한 내용으로 나열될 때 사용한다.

---

03 시제
Tenses

본 장에서는 한국어의 시제에 대해서 공부할 것이다. 시제란 현재, 과거, 미래 등의 시간을 표현하는 문법을 말한다. 현재 시제는 현재의 사건이나 행동, 상태 등을 나타내는 시제로 관형형 어미인 'A-(으)ㄴ', 'V-는', 종결어미인 'A-다', 'V-(느)ㄴ다', 'A/V-아/어요', 'A/V-(스)ㅂ니다' 등으로 표현할 수 있다. 그리고 지금, 현재, 요즘과 같은 부사와 함께 사용할 수 있다. 과거 시제는 과거의 사건이나 행동, 상태 등을 나타내는 시제로 관형형 어미인 'V-(으)ㄴ'으로 표현할 수 있고 동사나 형용사에 '-았/었-', '-더-', '-았/었었-' 등을 붙여서 나타낼 수 있다. 그리고 어제, 작년과 같은 부사적 표현을 같이 쓸 수 있다. 미래 시제는 미래의 사건이나 행동, 상태 등을 나타내는 시제로 관형사형 'V-(으)ㄹ'로 표현할 수 있고, 동사에 '-겠-', '-(으)ㄹ 것이다'를 붙여서 표현한다. 그리고 '내일, 내년에, 나중에'와 같은 미래를 나타내는 표현과 함께 사용할 수 있다.

〈1〉 -(으)ㄴ/는/(으)ㄹ

문법 공부

(1) 이 표현은 명사를 수식하며 어떤 동작이나 상태에 대한 과거, 현재, 미래 시제를 나타낼 때 사용한다.

(2) 이 표현의 형태 정보는 다음과 같다. ▶ p.64

* '있다/없다' 현재는 '-는'을 붙인다.

(3) 이 표현이 미래, 추측, 예정 등의 의미로 쓰일 때는 '내일, 다음 주, 앞으로' 등과 같은 미래를 나타내는 표현이 없어도 'V-(으)ㄹ + N'의 형태로 쓴다.

(4) 이 표현 다음에 부정 표현인 '-지 않다'가 오면 다음과 같은 형태로 사용한다.

오답 노트

① 시제를 나타내는 '-(으)ㄴ', '-는', '-(으)ㄹ'은 앞에 오는 품사에 따라 형태가 달라진다. 이 문장에서는 '싫다'가 형용사인데 '싫는'이라고 잘못 썼다. 형용사와 동사의 경우 품사를 착각해서 잘못 사용할 때가 있다. 특히 형용사인 '싫다', '좋다', '피곤하다', '불가능하다'와 동사인 '싫어하다', '좋아하다'를 사용할 때 오류가 많으므로 주의해야 한다.

② '-(으)ㄹ'은 아직 일어나지 않은 미래의 일에 대해 말할 때 사용한다. 그런데 이 대화의 대답에서는 아직 하지 않은 행동인 '아침 먹을 것'을 추측해서 말하고 있는데 과거형인 '먹은'이라고 써서 오류를 범했다. 추측이나 예정의 의미일 때는 '-(으)ㄹ'이라고 써야 하는 것을 꼭 기억해야 한다.

③ '-(으)ㄴ/는/(으)ㄹ' 다음에는 이것의 수식을 받는 명사가 와야 한다. 이 문장에서는 '친구 생일에 내가 친구에게 선물을 주었다.', '그 선물은 인형이었다.'의 의미인데 '준' 다음에 이것의 수식을 받는 명사인 '선물'을 쓰지 않고 '인형이었어요.'라고 써서 틀렸다.

〈2〉 -았/었-

문법 공부

(1) 이 표현은 과거에 어떤 일이 일어났거나 과거의 상황임을 나타낼 때 사용한다.

(2) 이 표현의 형태 정보는 다음과 같다. ▶ p.66

(3) 이 표현은 동작이 완료된 상태가 현재까지 지속됨을 나타낼 때도 사용한다.

(4) 이 표현은 과거를 나타내는 '-았었/었었-'과 다음과 같은 의미 차이가 있다.

A/V-았/었-	A/V-았었/었었-
① 단순히 어떤 사건이나 행동이 과거에 일어났음.	① 과거에 일어난 사건이 완료되어 현재와 상황이 다름.
② 과거에 완료되어 현재까지 이어지고 있음.	② 현재에는 더 이상 유지되지 않음.

오답 노트

① 과거 시제를 나타낼 때 명사가 오면 'N이었다/였다'이며 높임말은 'N이셨다/셨다'이다. 그런데 이 문장에서는 'N이에요/예요'와 '있어요'를 혼동해서 '50대 있었어요.'라고 써서 틀린 표현이 되었다. 영어의 'be' 동사를 '있다'나 '이다'로 번역할 수 있기 때문에 이런 실수를 자주 하므로 주의해야 한다.

② 과거에 일어난 일이나 상황을 나타낼 때는 '-았/었-'을 써야 하는데 이 대화의 대답에서는 현재인 '해요.'라고 잘못 썼다. 시제를 잘못 사용하여 과거인데 현재를 사용하거나 현재인데 과거를 사용하는 경우가 많으니 주의해야 한다.

③ 명사에 받침이 있으면 'N이었어요', 명사에 받침이 없으면 'N였어요'를 써야 한다. 그런데 이 문장에서는 '겨울'에 받침이 있는데 '이었어요'와 '였어요'를 섞어서 '겨울이였어요.'라고 써서 오류 문장이 되었다.

〈3〉 -(으)ㄹ 거예요 ①

문법 공부

(1) 이 표현은 동사 뒤에 붙어 미래에 일어날 일이나 행동을 나타낼 때 사용한다.

(2) 이 표현의 형태 정보는 다음과 같다. ▶ p.68

(3) 이 표현은 상황에 따라 다음과 같이 사용한다.

비격식적 상황	격식적 상황
'-(으)ㄹ 거예요' 혹은 반말인 '-(으)ㄹ 거야'를 주로 씀.	'-(으)ㄹ 것입니다' 혹은 줄임말인 '-(으)ㄹ 겁니다'를 주로 씀.

(4) 이 표현은 말하는 사람이 자신의 계획이나 의지를 나타낼 때도 사용한다.

(5) 이 표현은 주어가 1인칭일 때 의지나 약속의 의미가 있는 '-(으)ㄹ게요'와 다음과 같은 차이가 있다.

V-(으)ㄹ 거예요	V-(으)ㄹ게요
① 말하는 사람의 의지를 조금 약하게 표현함.	① 말하는 사람의 의지를 확실하게 표현함.
② 단순한 미래를 나타냄.	② 듣는 사람과 약속할 때 사용함.

오답 노트

① '-(으)ㄹ 거예요'는 보통 미래를 나타낼 때 사용하며 인칭과 관계없이 모든 주어에서 쓸 수 있다. 하지만 '-(으)ㄹ게요'는 말하는 사람의 의지나 약속을 나타낼 때 사용하며 주어가 1인칭일 때만 쓸 수 있다. 그런데 이 대화의 대답에서는 주어가 '사라 씨'로 3인칭인데 '못 올게요.' 라고 써서 틀렸다.

② '-(으)ㄹ 거예요' 앞에 '-겠-'을 붙일 수 없는데 이 문장에서는 '다음 주에 할 행동'을 말하면서 '가겠을 거예요.'라고 써서 오류 문장이 되었다.

③ '-(으)ㄹ 거예요' 앞에 붙는 동사는 기본형이다. 그런데 이 문장에서는 기본형인 '공부하다'가 아니라 '공부해요'에 '-(으)ㄹ 거예

요'를 붙여서 '공부핼 거예요.'라고 써서 틀렸다. 보통 '-아/어요'를 배운 후에 '-(으)ㄹ 거예요'를 배우기 때문에 동사의 기본형을 '-아/어요'로 착각해서 잘못 사용하는 경우가 있으니 주의해야 한다.

04 부정 표현
Negative Statements

본 장에서는 한국어의 부정 표현에 대해서 공부할 것이다. 부정 표현이란 어떤 것을 부정하는 표현으로 부정이란 그렇지 않다고 판단하여 결정하거나 옳지 않다고 반대하는 것을 말한다. 부정 표현은 '안/-지 않다', '못/-지 못하다', '-지 말다' 등이 있다. '안/-지 않다'는 말하는 사람의 의지로 부정을 할 때 사용한다. '못/-지 못하다'는 말하는 사람의 의지가 아니라 능력이 안 되거나 외부의 어떤 원인 때문에 그 행동을 할 수 없음을 표현할 때 사용한다. '-지 말다'는 명령문과 청유문을 부정할 때 사용한다.

〈1〉안/-지 않다

문법 공부

(1) 이 표현은 어떤 상태나 행동을 부정하거나 말하는 사람의 의지로 어떤 행동을 하지 않을 때 사용한다.

(2) '안'을 붙이는 경우 형태 정보는 다음과 같다. ▶ p.74
＊ '하다'의 경우 형용사는 앞에 '안'을 붙이지만 동사는 'N + 안 하다'의 형태로 쓴다.

(3) '-지 않다'를 붙이는 경우 형태 정보는 다음과 같다.

(4) 4음절 이상의 형용사에는 '안'보다는 '-지 않다'를 붙이는 것이 자연스럽다.

(5) 이 표현은 말하는 사람의 의지로 어떤 행동을 하지 않을 때 사용하므로 서술형과 의문형에만 쓸 수 있고 명령형과 청유형에는 쓸 수 없다.

오답 노트

① '안'을 붙여서 부정형을 만들 때 '하다'의 경우 형용사는 앞에 '안'을 붙이고 동사는 'N + 안 하다'의 형태로 써야 한다. 이 문장에서는 동사 '공부하다'가 있는데 '안 공부해요.'라고 잘못 썼다.

② 형용사의 부정형을 만들 때 '안'은 앞에 붙이고 '-지 않다'는 뒤에 붙인다. 그런데 이 문장에서는 '필요 안 해요.'라고 써서 틀렸다. '필요하다'는 형용사인데 동사라고 생각해서 틀리게 말하는 경우가 많으므로 조심해야 한다.

③ '-(으)ㄹ래요'를 사용해서 대답하면 말하는 사람의 의지를 나타내므로 부정형은 '안 -(으)ㄹ래요'나 '-지 않을래요'를 써야 한다. 그런데 이 문장에서는 '못 먹을래.'라고 틀리게 썼다. '못'은 능력이 부족하거나 어떤 다른 이유 때문에 그 일을 할 수 없을 때 쓴다.

〈2〉못/-지 못하다

문법 공부

(1) 이 표현은 동사 뒤에 붙어 능력이 부족하거나 외부적인 이유 때문에 어떤 일을 할 수 없음을 나타낼 때 사용한다.

(2) '못'을 붙이는 경우 형태 정보는 다음과 같다. ▶ p.76
＊ '하다'의 경우 '못하다' 또는 '못 하다'로 사용한다. '못하다'는 '잘하다'의 반대 의미로 사용하지만 '못 하다'는 '하다'의 부정 의미로 사용한다.

(3) '-지 못하다'를 붙이는 경우 형태 정보는 다음과 같다.

(4) 이 표현은 부정의 의미가 있는 '안', '-지 않다'와 다음과 같은 차이가 있다.

못/-지 못하다	안/-지 않다
말하는 사람의 의지로 어떤 행동을 하지 않을 때 혹은 어떤 일을 하는 것이 불가능할 때 사용함.	말하는 사람의 의지로 어떤 행동을 하지 않을 때만 사용함.

오답 노트

① 말하는 사람의 능력이 부족하거나 외부적인 요인 때문에 어떤 일을 할 수 없을 때는 '못'이나 '-지 못하다'를 써서 부정형을 만들어야 한다. 그런데 이 문장에서는 능력이 부족해서 시험에 떨어졌는데도 '안 가요.'라고 잘못 썼다. '안'은 어떤 상태나 행동을 부정하거나 말하는 사람의 의지로 어떤 행동을 하지 않을 때 쓴다.

② '하다'의 경우 'N+못하다'의 형태로 써야 한다. 그런데 이 문장에서는 '못'을 동사 앞에 붙여 '못 도착할'이라고 써서 틀렸다.

③ '알다', '이해하다'와 같이 말하는 사람의 의지로 할 수 없는 일에는 '못'이나 '-지 못하다'를 붙여서 부정형을 만들어야 한다. 그런데 이 대화의 대답에서는 '알지 않았어요.'라고 써서 틀렸다. '알지 못하다.'도 문법적으로 맞는 표현이지만 일반적으로 '모르다'를 더 많이 사용한다.

〈3〉-지 말다

문법 공부

(1) 이 표현은 동사 뒤에 붙어 듣는 사람에게 어떤 일을 하지 못하게 할 때 사용한다.

(2) 이 표현의 형태 정보는 다음과 같다. ▶ p.78

(3) 이 표현은 명령형과 청유형에만 사용하며 'V-지 말고 V-(으)세요' 혹은 'V-지 말고 V-(으)ㅂ시다'의 형태로도 사용할 수 있다.

(4) 이 표현은 'N 말고 N'의 형태로 쓰여 '앞의 명사가 아니고 뒤의 명사'라는 의미를 갖는다.

(5) 이 표현은 동사에만 쓸 수 있지만 예외적으로 형용사 '아프다'와 함께 쓸 수 있다. 이때는 그런 일이 생기지 않기를 바란다는 의미가 있다.

(6) 이 표현을 '부끄럽다', '외롭다', '창피하다'와 같은 형용사와 함께

쓰고 싶으면 'A-아/어하지 말다'의 형태로 써야 한다.

오답 노트

① 듣는 사람에게 어떤 행동을 하지 못하게 할 때는 '-지 말다'를 써야 한다. 그런데 이 문장에서는 게리 씨에게 핸드폰을 보지 못하게 하고 있는데 '안 보세요.'라고 잘못 썼다. '안'이나 '-지 않다'는 어떤 상태를 부정하거나 말하는 사람의 의지로 어떤 행동을 하지 않을 때 사용한다.

② 이 표현을 '부끄럽다', '외롭다', '창피하다'와 같은 형용사와 함께 쓰고 싶으면 '-아/어하지 말다'의 형태로 써야 하는데 이 문장에서는 '부끄럽지 말고'라고 써서 틀렸다.

③ 다른 사람에게 어떤 일을 하지 못하게 할 때는 '-지 말다'를 붙여야 한다. 그런데 이 문장에서는 '텔레비전을 많이 보지 마세요. 그리고 밖에서 운동을 좀 하세요.'라는 의미이므로 '-지 말고'로 연결해야 하는데 '보지 않고'라고 잘못 연결했다.

05 연결어미
Connective Endings

본 장에서는 한국어의 연결 어미에 대해서 공부할 것이다. 연결 어미란 동사나 형용사의 어간에 붙어 다음 말에 연결하는 기능을 하는 어미를 말한다. 연결 어미는 대등적, 종속적, 보조적 연결어미로 나뉜다. 대등적 연결어미는 선행절과 후행절을 대등한 관계를 갖도록 연결해 주는 어미이다. 여기에는 나열, 대조, 선택의 의미를 나타내는 어미들이 있다. 종속적 연결어미란 선행절이 후행절에 대한 이유나 원인, 조건이나 가정, 의도나 목적, 배경, 비유 등의 의미를 갖게 해 주는 어미이다. 보조적 연결어미는 실질적인 의미를 나타내는 동사나 형용사를 도와주는 역할을 하는 연결어미로 '-아/어 버리다', '-고 말다', '-게 하다' 등이 있다.

〈1〉 나열 · 대조 · 배경 Lists · Contrasts · Background

❶ -고 ①

문법 공부

(1) 이 표현은 시간의 순서와 관계없이 선행절과 후행절을 연결할 때 사용한다.

(2) 이 표현의 형태 정보는 다음과 같다. ▶ p.84

(3) 이 표현은 의미를 강조할 때 'N도 A/V-고 N도 A/V'의 형태로 사용할 수 있다.

(4) 이 표현은 서로 반대나 대조가 되는 내용을 연결할 때도 사용할 수 있으며 다음과 같은 형태로 사용한다.

(5) 이 표현은 두 개 중의 하나를 부정할 때도 사용할 수 있으며 다음과 같은 형태로 사용한다.

오답 노트

① '-고'는 시간의 순서와 관계없이 선행절과 후행절을 연결할 때 사용한다. 이 문장에서는 말하는 사람이 자신의 상태를 '다리도 아파요.', 그리고 '배도 고파요.'라고 나열하고 있다. 'V-아/어서는 순차를 나타낼 때 사용하는데 '-고'와 '-아/어서'를 배운 뒤에 이것을 혼동해서 사용하는 경우가 많으니 조심해야 한다.

② '-고'는 두 개 중에서 하나를 부정할 때는 'N이/가 아니고 N이다'의 형태로 사용한다. 그런데 이 대화의 대답에서는 '형은 학생이 아니다. 회사원이다.'의 의미인데 '아니지만'이라고 잘못 썼다. '-지만'은 반대나 대조의 의미로 사용한다.

③ '-고' 앞에 붙는 동사나 형용사는 '-아/어요'의 형태가 아닌 기본형이다. 그런데 이 문장에서는 '배워요.'에서 '요'를 빼고 '고'만 붙여 '배워고'라고 잘못 썼다.

❷ -(으)며

문법 공부

(1) 이 표현은 시간의 순서와 관계없이 선행절과 후행절을 대등하게 연결할 때 사용한다.

(2) 이 표현의 형태 정보는 다음과 같다. ▶ p.86

(3) 이 표현은 선행절과 후행절의 주어가 달라도 되며 주어가 같을 경우에는 선행절에 한 번만 쓰는 것이 좋다.

(4) 이 표현은 동사 뒤에 붙어서 두 개의 행동을 같은 시간에 할 때도 사용한다.

＊ 이때 '-(으)면서'와 바꿔 쓸 수 있지만 '-(으)면서'에 비해 '-(으)며'를 문어에서 많이 사용한다.

오답 노트

① '-(으)며'는 선행절과 후행절의 사실을 나열할 때 사용한다. 이 대화의 대답에서는 '한국에서 명절에 하는 일'에 대해 두 가지 사실을 나열하고 있는데 '먹으면'이라고 써서 오류문이 되었다. '-(으)면'은 선행절이 후행절에 대한 조건임을 나타낼 때 사용한다.

② 두 가지 행동을 같은 시간에 할 때는 'V-(으)며'로 쓴다. 그런데 이 문장에서는 '노력하게'라고 잘못 썼다. '-게'는 정도를 나타낼 때 혹은 목적을 나타낼 때 쓴다.

③ '이며'는 직업과 관련된 명사 뒤에 붙어서 여러 일을 같이 하고 있음을 나타낼 때 쓴다. 이 문장에서는 '그 사람'의 직업이 두 개라는 것을 얘기하고 있다. '-(으)니까'는 선행절이 후행절의 이유나 판단의 근거임을 나타낼 때 사용한다.

❸ -지만

문법 공부

(1) 이 표현은 선행절과 후행절이 반대나 대조의 의미일 때 사용한다.

(2) 이 표현의 형태 정보는 다음과 같다. ▶ p.88

(3) 이 표현은 반대나 대조의 의미가 있는 '-(으)ㄴ데/는데'나 '-(으)나'와 바꿔 쓸 수 있다. 그렇지만 보통 '-(으)ㄴ데/는데'나 '-지만'은 격식적인 상황과 비격식적인 상황에서 모두 쓸 수 있지만 '-(으)나'

는 격식적인 상황에서 더 많이 사용한다.

(4) 이 표현은 후행절에서 본격적으로 말하기 전에 선행절에서 이에 대한 도입으로 말할 때도 쓸 수 있다. 주로 발표하거나 공지사항을 전할 때 사용한다.

(5) 이 표현은 '실례지만, 미안하지만, 수고스럽겠지만'과 같이 관용적으로 쓰여 예의 바르게 부탁하거나 질문할 때도 사용한다.

오답 노트

① '-지만'은 선행절과 후행절의 내용이 반대나 대조일 때 사용한다. 이 문장에서는 '이메일을 보냈다.'와 '답장을 못 받았다.'가 반대 내용인데 '지났고'라고 잘못 썼다. '-고'는 나열을 하거나 순차적인 행동을 나타낼 때 사용한다.

② '-지만'은 과거나 미래시제와 함께 사용할 수 있다. 이 문장에서는 어제의 일을 이야기하는데 현재형인 '나지만'으로 잘못 썼다.

③ '-지만'은 하고 싶은 이야기를 하기 전에 이에 대한 도입으로 제시할 때도 사용한다. '-(으)니까'는 선행절이 후행절의 이유가 될 때 사용한다.

❹ -는데

문법 공부

(1) 이 표현은 선행절이 후행절에 대한 상황이나 배경을 설명할 때 사용한다.

(2) 이 표현의 형태 정보는 다음과 같다. ▶ p.90

(3) 이 표현은 어떤 대상을 소개할 때도 사용한다. 이때 후행절에는 선행절의 내용을 설명하는 내용이 온다.

(4) 이 표현은 선행절과 후행절의 내용이 대조가 될 때도 사용한다. 이때는 '-지만'이나 '-(으)나'와 바꿔 쓸 수 있다.

(5) 이 표현은 선행절이 후행절의 이유가 될 때도 사용할 수 있다. 이때 후행절의 형태 제약은 다음과 같다.

오답 노트

① '-(으)ㄴ데/는데'는 선행절이 후행절에 대한 상황이나 배경을 설명할 때 사용한다. 이 대화에서는 '보고 싶은 공연이 많게 된 배경'이 '요즘 돈이 별로 없는 상황'이므로 '없으니까'라고 쓰면 틀린 표현이다. 이처럼 선행절에서 배경을 설명하고 있는데 이것을 이유로 생각해서 '-(으)니까'를 사용하는 경우가 많으니 주의해야 한다.

② '-(으)ㄴ데/는데'는 과거나 미래시제와 함께 사용할 수 있다. 그런데 이 문장에서는 과거 표현인 '6개월 전'이 있는데 현재형인 '사는데'라고 잘못 썼다.

③ '-(으)ㄴ데/는데'의 선행절이 후행절의 이유가 될 때 후행절에는 '명령, 청유, 제안'의 형태가 온다. 이 문장에서는 '휴대폰을 안 가져왔는데'가 후행절의 이유가 되는데 '빌려요.'라고 평서형으로 써서 오류를 범했다.

❺ -기는 하지만

문법 공부

(1) 이 표현은 선행절의 내용을 인정하지만 후행절에서 이에 대한

다른 의견이 있음을 이야기할 때 사용한다.

(2) 이 표현의 형태 정보는 다음과 같다. ▶ p.92
* 미래일 때는 동사나 형용사에 '-기는 하겠지만'을 붙이며 명사의 경우는 받침이 있을 때는 '이기는 하겠지만', 받침이 없을 때는 '기는 하겠지만'을 붙인다.

(3) 이 표현은 반복되는 동사나 형용사를 사용하여 '-기는 -지만'의 형태로도 쓸 수 있다.

(4) 이 표현은 대조의 의미가 있는 '-지만'과 다음과 같은 의미 차이가 있다.

	A/V-기는 하지만			A/V-지만		
의미	선행절 인정	-기는 하지만	후행절 대조 강조	선행절 사실	-지만	후행절 반대 대조
선·후행절 관계	내용 관련성 ○			내용 관련성 ×		

오답 노트

① '-기는 하지만'은 선행절의 내용을 인정하지만 후행절에서 다른 의견을 제시할 때 사용한다. 그런데 이 대화의 대답에서 컵을 깨트린 것은 인정하지만 이것은 다른 사람의 행동 때문에 일어난 것이라고 말하고 있는데 '깨트렸지만'이라고 잘못 썼다. '-지만'은 선행절과 후행절의 내용이 반대이거나 대조일 때 사용한다.

② 이 표현의 시제를 나타낼 때 과거형은 '-기는 했지만'이고 미래형은 '-기는 하겠지만'이다. 그런데 이 문장에서는 '가겠기는 하지만'이라고 미래형을 틀리게 썼다. '-기는 하지만' 앞에 '-았/었-'이나 '-겠-'을 사용할 수 없으므로 조심해야 한다.

③ '-기는 하지만'의 부정형은 '-지 않기는 하지만'이나 '-지 못하기는 하지만'이다. '-기는 하지만'의 문형을 잘못 쓰지 않도록 주의해야 한다.

❻ -는데도

문법 공부

(1) 이 표현은 후행절에 선행절의 내용으로 예측할 수 없는 다른 상황이 있을 때 사용한다.

(2) 이 표현의 형태 정보는 다음과 같다. ▶ p.94

(3) 이 표현은 '-(으)ㄴ데도/는데도 불구하고'의 형태로 쓰여 의미를 강조하기도 한다.

(4) 이 표현은 'V-고도'와 바꿔 쓸 수 있지만 다음과 같은 차이점이 있다.

	A-(으)ㄴ데도 V-는데도	V-고도
시제	과거형: -았/었는데도	'-았/었-', '-겠-'을 함께 사용할 수 없음.
주어 일치	선행절과 후행절의 주어가 같아도 되고 달라도 됨.	선행절과 후행절의 주어 가 같아야 함.

오답 노트

① '-(으)ㄴ데도/는데도'는 선행절과 후행절의 주어가 같아도 되고 달라도 된다. 'V-는데도'는 'V-고도'와 바꿔 쓸 수 있지만 이때는 선행절과 후행절의 주어가 일치해야 한다. 선행절과 후행절의 주어가 '내가', '감기가'로 다른데 '먹고도'라고 써서 틀린 표현이 되었다.

② '-(으)ㄴ데도/는데도'의 과거형은 '-았/었는데도'인데 이 문장에서는 과거형을 '준데도'라고 잘못 썼다. '-(으)ㄴ데도'는 동사의 과거형이 아니라 형용사가 붙을 때 사용한다.

③ '-(으)ㄴ데도/는데도'의 후행절에서는 명령문이나 청유문을 사용할 수 없다. 그런데 이 문장에서는 '먹읍시다.'라고 틀리게 썼다.

〈2〉 시간·순차적 행동 Time · Sequential Activities

❶ -아/어서 ①

문법 공부

(1) 이 표현은 동사 뒤에 붙어 선행절과 후행절의 일이 시간 순서에 따라 일어날 때 사용한다. 이때 선행절과 후행절의 행동은 관련성이 있어야 한다.

(2) 이 표현의 형태 정보는 다음과 같다. ▶ p.98

(3) 이 표현은 선행절에 보통 다음과 같은 동사를 많이 사용한다.

(4) 이 표현은 선행절과 후행절의 주어가 같아야 하며 이때 주어는 선행절에 한 번만 사용하는 것이 자연스럽다.

오답 노트

① 시간의 순서를 나타내는 '-아/어서'는 선행절의 행동이 일어나지 않으면 후행절의 행동이 일어날 수 없다. 이 대화의 대답은 '(우리가) 의자에 앉다.'의 행동이 일어난 다음에 '쉬다'의 행동이 이어지는데 '앉고라'고 잘못 썼다. 특히, '앉다, 서다, 내리다' 등과 같은 동사는 뒤에 항상 '-아/어서'를 써야 한다. '-고'도 '-아/어서'와 마찬가지로 시간의 순서를 나타내지만 선행절과 후행절의 행동에 관련성이 없다.

② '-아/어서' 앞에는 시제를 나타내는 '-았/었-'이나 '-겠-'은 사용할 수 없다. 그런데 이 문장에서는 미래를 나타내는 '-겠-'을 붙여서 '사겠어서'라고 틀리게 썼다.

③ '-아/어서'는 선행절과 후행절의 행동이 이어지기 때문에 주어가 같아야 한다. 그런데 이 문장에서는 선행절인 '김밥을 만들었다.'의 주어가 '제가'인데 후행절인 '친구들과 먹었다.'의 주어를 '동생이'로 써서 틀린 문장이 되었다. 이렇게 선행절과 후행절의 주어가 같을 때는 보통 후행절의 주어는 생략되는 경우가 많다.

❷ -고 ②

문법 공부

(1) 이 표현은 시간 순서에 따라 선행절의 행동이 일어난 다음에 후행절의 행동이 일어남을 나타낼 때 사용한다. 이때 선행절과 후행절의 행동은 관련성이 없으며, 단순히 행동이 차례대로 일어남을

나타낸다.

(2) 이 표현의 형태 정보는 다음과 같다. ▶ p.100

(3) 다음과 같은 동사는 시간의 순서를 나타내는 '-아/어서'와 쓰지 않고 '-고'와 함께 쓴다.

(4) 이 표현은 나열을 나타내는 '-고'와 다음과 같은 차이점이 있다.

	V-고 (시간의 순서)	A/V-고 (나열)
의미	선행절과 후행절의 내용이 바뀌면 의미가 달라짐.	선행절과 후행절의 내용을 바꿀 수 있음.
주어	같아야 됨.	달라도 됨.
시제 표현	'-았/었-', '-겠-' ×	'-았/었-', '-겠-' ○

오답 노트

① '타다' 동사는 시간의 순서대로 일이 일어남을 나타낼 때 '-고'와 함께 사용한다. '-아/어서'가 순차를 나타낼 때는 선행절과 후행절의 내용이 서로 관계가 있어야 한다.

② 시간의 순서에 따라 일이 일어남을 나타낼 때는 '-고' 앞에 시제를 나타내는 표현을 붙일 수 없다. 그런데 이 문장에서는 시간의 순서대로 일이 일어났음을 나타내는데 '숙제했고'라고 틀리게 썼다. 하지만 시간의 순서와 상관없이 나열할 때는 '-고' 앞에 '-았/었-'이나 '-겠-'을 붙일 수 있다.

③ '-고'를 사용할 때는 '-고'만 붙이면 되는데 이 문장에서는 '먹어고'라고 잘못 썼다. 이처럼 '-아/어요'의 형태가 익숙해져서 동사의 기본형을 '-아/어요' 형태와 혼동해서 쓰는 경우가 많으므로 주의해야 한다.

❸ -기 전에

문법 공부

(1) 이 표현은 동사 뒤에 붙어 후행절의 행동이 선행절의 행동보다 시간적으로 먼저 일어날 때 사용한다.

(2) 이 표현의 형태 정보는 다음과 같다. ▶ p.102

(3) 이 표현은 동사와 함께 쓰고 형용사와는 함께 쓸 수 없지만 '늦다, 아프다'와 같은 형용사는 함께 쓸 수 있다.

(4) 이 표현 앞에 명사가 오면 'N 전에'로 쓴다.

오답 노트

① 어떤 행동이 시간적으로 먼저 일어날 때는 'V-기 전에', 'N 전에'를 쓴다. 그런데 이 문장에서는 어떤 행동이 시간적으로 뒤임을 나타내는 '-(으)ㄴ 후에'와 '-기 전에'를 혼동해서 '온 전에'라고 잘못 썼다. 이렇게 '-기 전에'와 '-(으)ㄴ 후에'를 헷갈려서 쓰는 경우가 많으므로 주의해야 한다.

② '-기 전에' 앞에는 '-았/었-'이나 '-겠-'을 함께 쓸 수 없다. 그런데 이 대화의 대답에서는 후행절의 시제가 '알아보려고 해요.'이기 때문에 '-기 전에' 앞에도 미래 시제를 나타내는 '-겠-'으로 사용하여 오류를 만들었다.

③ '-기 전에'의 시간 순서는 후행절의 일을 하고 그 다음에 선행절의 일을 하는 것이다. 그런데 이 문장에서는 '신발을 벗다.' 다음에

'집안에 들어가다.'인데 후행절에 '신발을 신으세요.'라고 동사를 잘 못 썼다.

❹ −(으)ㄴ 후에

문법 공부

(1) 이 표현은 동사 뒤에 붙어 선행절의 행동이 끝나고 후행절의 행동을 시간적으로 나중에 할 때 사용한다.

(2) 이 표현의 형태 정보는 다음과 같다. ▶ p.104

(3) 이 표현 앞에 명사가 오면 'N 후에'로 쓴다.

(4) 이 표현은 '−(으)ㄴ 뒤에', '−(으)ㄴ 다음에'와 별 의미 차이 없이 바꿔 쓸 수 있다.

오답 노트

① '−(으)ㄴ 후에'는 어떤 행동을 하고 뒤에 다른 행동을 할 때 쓴다. 그런데 이 대화의 대답에서는 '고등학교를 졸업한' 다음에 '한국에 왔다.'는 것인데 '졸업할 때'라고 잘못 썼다. '−(으)ㄹ 때'는 '어떤 일이 일어나는 동안이나 일이 일어나고 있는 순간'을 나타낼 때 사용한다.

② '−(으)ㄴ 후에'는 항상 '−(으)ㄴ 후에'의 형태로 쓴다. 그런데 이 문장에서는 명사 앞에 현재를 나타낼 때 쓰는 '−는'을 붙여 '낳는 후에'라고 써서 오류를 범했다.

③ 선행절의 행동이 끝난 다음에 후행절의 행동이 일어남을 나타낼 때는 'V−(으)ㄴ 후에'나 'N 후에'의 형태로 쓴다. 그런데 이 문장은 '영화를 보다.' 그 다음에 '저녁을 먹으러 가다.'의 순서인데 '보기 후에'라고 잘못 썼다. 시간적으로 먼저 일어남을 말할 때는 '−기 전에'를 사용하며 시간적으로 나중에 일어남을 말할 때는 '−(으)ㄴ 후에'를 사용한다. 하지만 이 두 표현을 헷갈려서 잘못 사용하는 경우가 많으므로 주의해야 한다.

❺ −(으)ㄹ 때

문법 공부

(1) 이 표현은 어떤 행동이나 상황이 일어나는 기간이나 그 시점 혹은 어떤 일이 일어난 경우를 말할 때 사용한다.

(2) 이 표현의 형태 정보는 다음과 같다. ▶ p.106

(3) 이 표현은 과거 형태로 사용하면 선행절의 행동이나 상황이 완료된 시점에 후행절의 행동이나 상황이 일어남을 나타낸다.

(4) 이 표현은 '시험, 휴가, 장마, 지진'과 같이 기간을 나타내는 명사와 함께 'N + 때'의 형태로 사용할 수 있다. 그러나 다음과 같은 시간을 나타내는 명사와는 함께 사용할 수 없으며 이때는 'N + 에'로 써야 한다.

오답 노트

① '−(으)ㄹ 때'는 어떤 행동이나 상황이 일어나는 기간이나 그 시점 혹은 어떤 일이 일어난 경우를 말할 때 사용한다. 이 문장에서 우산을 펼까 말까 하는 경우는 비가 그친 상황이 아니고 비가 오고 있는 상황에서인데 선행절의 행동이 완료된 경우를 나타내는 '왔을 때'라고 잘못 썼다.

② '−(으)ㄹ 때'는 항상 '−(으)ㄹ 때'의 형태로 써야 한다. 그런데 이 대화의 대답에서는 '어려운 때나'라고 형태를 잘못 썼다. '−(으)ㄹ' 이 미래를 나타내는 관형형 어미라서 과거나 현재 형태도 있다고 생각하고 사용하는 경우가 있으므로 이렇게 사용하지 않도록 주의해야 한다.

③ 선행절의 행동이나 상황이 완료된 시점에 후행절의 행동이나 상황이 일어남을 나타낼 때는 과거 형태를 쓴다. 그런데 이 문장에서는 먹는 행동이 일어나는 동안을 표현하는 '먹을 때'라고 잘못 표현했다.

❻ −(으)면서

문법 공부

(1) 이 표현은 동사 뒤에 붙어 두 가지 이상의 동작을 같은 시간에 동시에 함을 나타낼 때 사용한다.

(2) 이 표현의 형태 정보는 다음과 같다. ▶ p.108

(3) 이 표현은 형용사나 명사와 함께 'A−(으)면서', 'N(이)면서'의 형태로 사용하면 두 가지 상태나 상황이 같이 있음을 나타낸다.

(4) 이 표현은 선행절과 후행절의 주어가 같아야 하며 후행절의 주어는 생략할 수 있다.

(5) 이 표현은 큰 의미 차이 없이 '−(으)며'와 바꿔 쓸 수 있다. 그렇지만 '−(으)며'는 글말이나 격식적인 상황에서, '−(으)면서'는 입말이나 비격식적인 상황에서 쓰이는 경우가 많다.

오답 노트

① 두 가지 이상의 동작을 같은 시간에 동시에 함을 나타낼 때는 '−(으)면서'를 써야 한다. 그런데 이 대화의 대답에서는 사람들이 웃는 행동과 쳐다보는 행동을 동시에 하고 있는데 '웃고'라고 써서 오류문을 만들었다. '−고'는 선행절과 후행절의 일이 순서대로 일어남을 나타낼 때 사용한다.

② '−(으)면서' 앞에는 시제를 나타내는 '−았/었−'이나 '−겠−'이 올 수 없다. 그런데 이 문장에서는 후행절이 '다른 생각을 했어요.'로 과거로 써서 선행절에서도 '들었으면서'라고 잘못 쓰게 되었다. 이 표현을 사용할 때 시제를 나타내고 싶으면 후행절에서 표현해야 한다.

③ '−(으)면서'는 선행절과 후행절의 주어가 같으며 보통 후행절의 주어는 생략되는 경우가 많다. 그런데 이 문장에서는 선행절의 주어가 '제가'인데 후행절의 주어를 '동생이'라고 잘못 사용했다. 이 표현을 사용할 때 주어를 잘못 사용하지 않도록 조심해야 한다.

❼ −는 동안

문법 공부

(1) 이 표현은 동사 뒤에 붙어 어떤 행동이나 상태가 지속되는 시간을 나타낼 때 사용한다.

(2) 이 표현의 형태 정보는 다음과 같다. ▶ p.110

(3) 이 표현은 'N 동안'의 형태로 쓸 수 있는데 이때는 '하루', '4시간', '두 달' 혹은 '방학'과 같이 시간이 지속되는 의미가 있는 명사만 올 수 있다.

(4) 이 표현 뒤에는 '에는', '에만', '에도'를 붙여 사용할 수 있다.

오답 노트

① 어떤 행동이나 상태가 지속되는 시간을 나타낼 때 동사 뒤에 '-는 동안'을 써야 한다. 이 문장은 '한국에 살았다. 그 시간에 새로운 경험을 많이 하고 친구도 사귀었다.'는 의미인데 '사는 중에'라고 잘못 썼다. '-는 중'은 어떤 동작이 진행되고 있는 상황일 때 사용한다.

② 시간이 지속되는 의미가 있는 명사 뒤에는 'N 동안'의 형태로 쓸 수 있다. 그런데 이 대화의 대답은 '9시부터 11시까지 시험을 봤다.'는 의미인데 '2시간에'라고 써서 오류문을 만들었다. '에'는 명사 뒤에 붙어 장소 및 시간을 나타내는데 모든 시간 명사 뒤에 습관적으로 '에'를 붙이는 경우가 많으므로 조심해야 한다.

③ 명사 뒤에 '동안'을 붙일 때는 그 명사에 시간이 지속되는 의미가 있어야 한다. 이 대화의 대답에서는 지속의 의미가 있는 '세 시간'을 써야 하는데 '세 시 동안'이라고 틀리게 썼다. '시'와 '시간'을 헷갈리지 않도록 주의해야 한다.

❽ -자마자

문법 공부

(1) 이 표현은 동사 뒤에 붙어 선행절의 사건이나 상황이 일어나고 곧바로 후행절의 사건이나 상황이 일어남을 나타낼 때 사용한다.

(2) 이 표현의 형태 정보는 다음과 같다. ▶ p.112

(3) 이 표현은 '안/-지 않다', '못/-지 못하다'와 같은 부정 표현과 함께 사용할 수 없다.

(4) 이 표현은 어떤 행동이나 상황이 끝나는 그때 바로 혹은 바로 직후라는 것을 나타낼 때 사용하는 '-는 대로'와 바꿔 쓸 수 있지만 다음과 같은 차이가 있다.

	-자마자	-는 대로
우연한 상황	사용 가능.	사용할 수 없음.
후행절 제약	모든 시제 가능.	과거 표현 사용할 수 없음.

오답 노트

① '-자마자'에서 선행절의 내용은 행동이 일어난 그 순간을 가리키기 때문에 후행절에서 우연적인 일이 일어났을 때에도 사용할 수 있다. 그렇지만 '-는 대로'는 선행절의 일이 끝나고 그 상태가 유지된 상황에서 후행절의 일이 일어나야 하므로 우연적인 상황에서는 사용할 수 없다.

② 선행절의 사건이나 상황이 일어나고 곧바로 후행절의 사건이나 상황이 일어남을 나타낼 때 사용하는 '-자마자' 앞에는 시제를 나타내는 '-았/었-'이나 '-겠-'을 사용할 수 없다. 그런데 이 문장에서는 '되었자마자'라고 잘못 썼다. 한국어의 연결어미 앞에는 시제를 나타내는 표현이 올 수 없는 것이 많으므로 사용할 때 꼭 확인해야 한다.

③ '-자마자'는 선행절과 후행절에 모두 동사를 써야 하며 형용사나 'N이다' 형태는 사용할 수 없다. 그런데 이 문장에서는 후행절에 '더러워요.'라고 형용사를 써서 오류문이 되었다. 후행절에 형용

사를 쓰고 싶으면 '형용사 + -아/어지다'의 형태로 써서 형용사를 동사로 바꿔야 한다.

❾ -자

문법 공부

(1) 이 표현은 동사 뒤에 붙어 선행절의 행동이나 상황이 끝난 뒤 바로 후행절의 동작이나 상황이 잇따라 일어남을 나타낼 때 사용한다.

(2) 이 표현의 형태 정보는 다음과 같다. ▶ p.114

(3) 이 표현은 선행절과 후행절의 주어가 달라야 하며 후행절에 1인칭 주어는 사용하지 않는다.

(4) 이 표현은 선행절의 일이 후행절의 결과에 대한 원인이나 동기가 됨을 나타낼 때도 사용할 수 있다. 이때는 후행절에도 1인칭 주어를 사용할 수 있다.

(5) 이 표현의 후행절 제약은 다음과 같다.

오답 노트

① 선행절의 행동이 끝난 후에 후행절의 일이 일어남을 나타낼 때는 '-자'를 써야 한다. 그런데 이 대화의 대답에서는 공항에 도착한 후에 부모님께서 마중 나와 계셨다는 의미인데 '도착할 때'라고 써서 오류문을 만들었다. '-(으)ㄹ 때'는 어떤 행동이나 상황이 일어나는 동안이나 그 시기 혹은 어떤 일이 일어난 경우를 말할 때 사용한다.

② '-자'는 선·후행절 모두에 동사만 사용할 수 있다. 그런데 이 문장에서는 '-자' 앞에 '아프자'라고 형용사를 써서 문법에 어긋났다. 시간적인 순서를 나타내는 표현은 형용사와 함께 사용하지 않도록 주의해야 한다.

③ '-자'의 후행절에는 과거와 현재 표현이 와야 자연스럽다. 그런데 이 문장에서는 후행절에 '돌릴 거예요.'라고 미래 표현을 써서 오류문을 만들었다.

〈3〉이유·근거 Reasons·Basis

❶ -아/어서 ②

문법 공부

(1) 이 표현은 선행절이 후행절의 이유나 원인이 될 때 사용한다.

(2) 이 표현의 형태 정보는 다음과 같다. ▶ p.118

(3) 이 표현은 이유를 나타낼 때 사용하는 '-기 때문에'와 큰 의미 차이 없이 바꿔 쓸 수 있다.

(4) 이 표현은 후행절에 '미안하다/죄송하다, 고맙다/감사하다, 반갑다'와 같은 사과를 하거나 인사말을 하고 싶을 때도 사용한다.

(5) 이 표현은 후행절에 명령문이나 청유문은 올 수 없다.

오답 노트

① '-아/어서'는 순차를 나타낼 때와 이유나 원인을 나타낼 때와 같이 두 가지 의미가 있다. 순차를 나타낼 때는 '-고'와 바꿔 쓸 수

있는 경우도 있지만 이유나 원인을 나타낼 때는 절대 바꿔 쓸 수 없다. '-고'는 이유의 의미가 없으므로 '-아/어서'가 이유나 원인을 나타낼 때는 '-고'와 바꿔 쓰면 안 된다.

② '-아/어서' 앞에는 과거 시제를 나타내는 '-았/었-'이나 미래 시제를 나타내는 '-겠-'을 사용할 수 없다. 그런데 이 문장에서 '가르쳐 주셨어서'라고 과거로 썼기 때문에 오류 문장이다. 시제를 말하고 싶을 때는 '알게 됐다, 알게 될 것이다.'와 같이 후행절에서 표현하면 된다.

③ '고맙다, 미안하다, 반갑다'와 같은 인사말을 하고 싶은 이유를 말할 때는 '-으니까'가 아니라 '-어서'를 사용해야 한다. 인사말을 하고 싶을 때는 꼭 선행절에 '-아/어서'를 사용한다.

❷ -(으)니까

문법 공부

(1) 이 표현은 선행절이 후행절의 이유나 원인이 될 때 사용한다.

(2) 이 표현의 형태 정보는 다음과 같다. ▶ p.120

(3) 이 표현 앞에는 과거 시제를 나타내는 '-았/었-'을 함께 사용할 수 있다.

(4) 이 표현의 후행절에는 주로 다음과 같은 표현이 온다.

(5) 이 표현은 이유의 의미가 있는 '-아/어서'와 다음과 같은 차이가 있다.

	-(으)니까	-아/어서
시제	'-았/었-'이나 '-겠-'을 사용할 수 있음.	'-았/었-'이나 '-겠-'을 사용할 수 없음.
후행절	명령형이나 청유형이 올 수 있음.	명령형이나 청유형이 올 수 없음.

오답 노트

① '-기 때문에' 역시 이유를 나타내는 표현이지만 후행절에는 명령형을 쓸 수 없다. 선행절에 이유를 말할 때 후행절에 명령형이나 청유형을 사용하고 싶으면 선행절에 꼭 '-으니까'를 사용해야 한다.

② '-(으)니까' 앞에는 과거 시제를 나타내는 '-았/었-'을 사용할 수 있다. 그런데 이 문장에서는 '많이 놀았어. 그러니까 이제 집에 가자.'라고 말해야 하는데 '노니까'라고 틀리게 썼다. 그렇지만 같은 이유 표현인 '-아/어서'는 앞에 과거형을 사용할 수 없다.

③ 선행절에 '-(으)니까'가 있기 때문에 후행절에는 명령형이나 청유형 아니면 권유를 하는 표현이 오는 것이 좋다. 그런데 이 문장에서는 '식사를 해요?'라고 써서 어색한 문장이 되었다. '-(으)니까'와 함께 사용할 수 있는 표현을 기억해야 한다.

❸ -기 때문에

문법 공부

(1) 이 표현은 선행절이 후행절의 이유나 원인이 될 때 사용한다.

(2) 이 표현의 형태 정보는 다음과 같다. ▶ p.122

(3) 이 표현은 명사 뒤에 붙어 '이기 때문에'로도 쓸 수 있는데 '때문

에'와 다음과 같은 의미 차이가 있다.

N(이)기 때문에	N 때문에
'N은/는 N예요/이에요. 그래서 ~'로 말할 때 사용함.	① 선행절과 후행절의 주어가 다름. ② 선행절이 후행절의 직접적인 이유가 될 때 사용함.

(4) 이 표현은 격식적인 상황에서 이유를 나타낼 때 '(왜냐하면) -기 때문이다' 형태를 사용한다. 이 형태를 사용할 때 '왜냐하면'은 강조 표현이어서 생략해도 되지만 '-기 때문이다'는 생략하면 안 된다.

오답 노트

① '-기 때문에', '-느라고'는 모두 이유나 원인을 나타낼 때 사용할 수 있는데 '-느라고'는 선행절과 후행절의 일이 보통 같은 시간대에 일어나는 일에 사용한다. 그런데 이 대화의 대답에서는 같은 시간대에 일어난 일이 아닌데 '잘 못하느라고'라고 써서 오류를 범했다. 그리고 '-느라고' 앞에는 부정 표현 '안'이나 '못'을 쓸 수 없다. 이 문장에서는 '-기 때문에' 대신에 '-아/어서'를 사용해도 괜찮다.

② '-기 때문에' 앞에는 과거 시제를 나타내는 '-았/었-'을 사용할 수 있다. 그런데 이 문장에서 후행절의 시제가 '한국어를 배우게 되었어요.'로 과거인데 선행절의 시제는 '관심이 있기 때문에'라고 현재로 써서 오류문이 되었다. 이유를 나타낼 때 '-아/어서' 앞에는 과거 시제를 사용할 수 없지만 '-기 때문에'는 사용할 수 있다.

③ 어떤 일에 대한 이유를 격식적으로 말하거나 쓰고 싶을 때는 '(왜냐하면) -기 때문이다'로 쓴다. 이 표현은 쉽지만 많이 틀리므로 더욱 주의해야 한다.

❹ (이)라서

문법 공부

(1) 이 표현은 명사 뒤에 붙어 선행절이 후행절의 이유나 원인이 될 때 사용한다.

(2) 이 표현의 형태 정보는 다음과 같다. ▶ p.124

(3) 이 표현은 'N은/는 N이다. 그래서 ~'로 말할 때 사용하므로 'N(이)기 때문에'와 아무 차이 없이 바꿔 쓸 수 있다. 하지만 'N 때문에'와는 바꿔 쓸 수 없다.

오답 노트

① 선행절이 후행절의 이유나 원인이 될 때 명사 다음에 '(이)라서'를 쓴다. 이 문장에서는 '여자 친구들이 많은 이유'를 써야 하는데 '남자지만'이라고 써서 어색한 문장이 되었다. '-지만'은 선행절과 후행절이 반대나 대조의 의미일 때 사용한다.

② '(이)라서'는 명사에 받침이 있으면 '이라서', 받침이 없으면 '라서'를 붙인다. 그런데 이 문장에서는 '가을라서'라고 써서 틀렸다. 특히 받침이 있는 단어 중에서 서울, 지하철'과 같이 'ㄹ' 받침이 있을 때 틀리는 경우가 많으므로 주의해야 한다.

③ 이 문장의 의미는 '우리는 유학생이에요. 그래서 (우리는) 생활비를 아껴야 해요.'이다. 그런데 '유학생 때문에'라고 잘못 썼다. 'N 때문에'와 'N(이)기 때문에' 혹은 'N(이)라서'를 헷갈려 하는 경우가

많으므로 주의해야 한다.

❺ -느라고

문법 공부

(1) 이 표현은 동사 뒤에 붙어 선행절이 후행절의 이유나 원인이 될 때 사용하며 보통은 후행절에 부정적인 상황이 온다.

(2) 이 표현의 형태 정보는 다음과 같다. ▶ p.126

(3) 이 표현 앞에는 시제를 나타내는 '-았/었-'이나 '-겠-'을 사용하지 않는다.

(4) 이 표현의 선행절과 후행절은 주어가 같아야 하며 후행절의 주어는 생략할 수 있다.

(5) 이 표현은 보통 선행절과 후행절이 같은 시간대에 일어나는 일에 사용하며 선행절의 일 때문에 후행절의 일을 못 했다고 말할 때도 사용한다.

(6) 이 표현은 후행절에 '고생하다, 힘들다, 바쁘다, 수고하다, 피곤하다'와 같은 동사나 형용사를 사용할 수 있다.

오답 노트

① 부정적인 상황이나 결과가 오는 표현들 중에서 후행절에 '고생하다, 힘들다, 수고하다, 피곤하다'와 같은 표현을 사용하려면 선행절에 '-느라고'를 쓰는 것이 좋다. '-는 바람에'도 후행절에 부정적인 상황이나 결과가 오지만 예상하지 못한 갑작스러운 일의 원인이나 이유에 대한 결과를 말할 때 사용한다.

② '-느라고' 앞에는 과거 시제를 나타내는 '-았/었-'이나 미래 시제를 나타내는 '-겠-'을 사용할 수 없다. 과거나 현재 표현은 '-느라고'의 후행절에만 올 수 있다.

③ '-느라고'는 선행절과 후행절의 주어가 같아야 한다. 그런데 이 문장에서는 후행절에 '룸메이트가 잠을 못 잤다.'라고 잘못 썼다.

❻ -는 바람에

문법 공부

(1) 이 표현은 동사 뒤에 붙어 선행절의 행동이 후행절의 원인이나 이유가 됨을 나타낼 때 사용한다. 선행절에는 보통 말하는 사람이 예상하지 못한 원인이나 이유가 온다.

(2) 이 표현의 형태 정보는 다음과 같다. ▶ p.128

(3) 이 표현의 후행절에는 부정적인 결과가 많이 나타나며 후행절 제약은 다음과 같다.

(4) 이 표현의 후행절에는 보통 부정적인 결과가 나타나지만 원하는 일이 이루어졌거나 예상하지 못한 좋은 일이 생겼을 때는 긍정적인 결과를 나타내기도 한다.

오답 노트

① '-는 바람에' 앞에는 시제를 나타내는 표현인 '-았/었-'이나 '-겠-'을 사용할 수 없다. 그런데 이 문장에서는 '나왔는 바람에'라고 써서 틀린 문장이 되었다. 어떤 표현을 공부할 때는 같이 사용할 수 있는 시제 형태를 꼭 확인해야 한다.

② '-는 바람에' 후행절에는 보통 부정적인 결과가 온다. 그런데 이

문장에서는 '발표를 잘했어요.'라고 긍정적인 결과를 써서 오류를 범했다. 후행절에 긍정적인 결과가 올 수도 있지만 그때는 원하는 일이 이루어졌거나 예상하지 못한 좋은 일이 생겼을 경우이다.

③ '-는 바람에'는 보통 과거형의 문장으로 끝난다. '-는 바람에'의 경우 후행절에 사용할 수 있는 형태에 제약이 많으니 다시 한 번 꼭 확인해야 한다.

❼ -(으)ㄹ까 봐(서)

문법 공부

(1) 이 표현은 선행절의 일이 일어났거나 일어날 수도 있다고 걱정이 되어서 후행절의 일을 미리 했거나 하려고 할 때 사용한다.

(2) 이 표현의 형태 정보는 다음과 같다. ▶ p.130

(3) 이 표현은 'A/V-(으)ㄹ까 봐(서) 걱정이다'의 형태로 많이 사용한다.

(4) 이 표현의 후행절 제약은 다음과 같다.

오답 노트

① 선행절의 일이 일어났거나 일어날 수도 있다고 걱정이 돼서 후행절의 일을 미리 했거나 하려고 할 때는 '-(으)ㄹ까 봐서'를 사용한다. 그런데 이 문장에서는 다음 주에 보는 시험에 떨어질 수도 있다고 걱정이 돼서 열심히 공부하고 있다는 의미인데 '시험에 떨어져서'라고 써서 어색한 문장이 되었다.

② '-(으)ㄹ까 봐서' 앞에는 '-(으)ㄹ까 봐서'와 '-았/었을까 봐서'와 같이 현재와 과거 표현만 사용할 수 있다. 그런데 이 문장에서 '부족하겠을까 봐서'라고 미래 표현을 썼기 때문에 오류문이 되었다. 후행절에도 미래 표현이 오면 어색하다.

③ '-(으)ㄹ까 봐서'의 후행절에는 '-(으)ㄹ까요? -(으)ㅂ시다, -(으)세요, -아/어야 하다'와 같은 청유문과 명령문 그리고 당위를 나타내는 표현은 사용하면 안 된다. 그런데 이 문장에서는 '조심하세요.'라고 써서 틀렸다. '-(으)ㄹ까 봐서' 후행절에는 보통 과거나 현재 표현이 오는 것을 기억해야 한다.

❽ -길래

문법 공부

(1) 이 표현은 선행절의 상황이 후행절의 동작을 하게 된 이유나 원인, 근거를 나타낼 때 사용한다.

(2) 이 표현의 형태 정보는 다음과 같다. ▶ p.132

(3) 이 표현은 선행절과 후행절의 주어가 같으면 안 된다. 보통 선행절의 주어는 2인칭이나 3인칭, 후행절의 주어는 1인칭이 와야 자연스럽다.

(4) 이 표현 앞에는 과거 시제 '-았/었-', 추측을 나타내는 표현인 '-겠-'이나 '-(으)ㄹ 듯하다'를 쓸 수 있다.

(5) 이 표현의 후행절 제약은 다음과 같다.

오답 노트

① '-길래'가 사용되는 문장은 선행절과 후행절의 주어가 같으면 안 된다. 그런데 이 문장에서는 선행절과 후행절의 주어를 모두 '친

구가'로 사용했기 때문에 오류문이 되었다. 보통 후행절에 1인칭 주어가 오면 주어를 생략하는 경우가 많다. 그리고 선행절과 후행절의 주어가 같을 때는 같은 이유 표현인 '–아/어서'를 사용하는 것이 좋다. 그리고 선·후행절의 주어가 같을 때는 한 번만 쓰는 것이 좋다.

② '–길래' 앞에 과거 표현인 '–았/었–'을 사용할 수 있으나 다른 사람이 말한 것을 인용해서 말할 때는 '–고 하길래'의 형태로 써야 한다.

③ '–길래'가 사용되는 문장의 후행절에는 미래나 청유문, 의문문 그리고 당위나 의무, 필요성을 나타내는 표현은 올 수 없다. 그런데 이 문장에서는 '가르쳐 줘야 돼요.'라고 당위를 나타내는 표현을 써서 어색한 문장이 되었다. 후행절에 당위를 나타내는 표현을 쓰고 싶을 때는 '–아/어서'나 '–기 때문에'를 사용하는 것이 좋다.

⑨ –(으)ㄴ/는 탓에

문법 공부

(1) 이 표현은 선행절에서 후행절의 안 좋은 결과에 대한 이유나 원인을 이야기할 때 사용한다.

(2) 이 표현의 형태 정보는 다음과 같다. ▶ p.134

(3) 이 표현을 문장 끝에 사용하고 싶으면 '–(으)ㄴ/는 탓이다', 'N 탓이다'와 같은 형태로 사용한다.

오답 노트

① 후행절에 안 좋은 결과가 올 때는 '–(으)ㄴ 탓에'를 써야 한다. 그런데 이 대화에서 '배가 아파서 병원에 다녀왔어요.'는 나쁜 결과인데 '과식을 한 덕분에'라고 써서 오류를 범했다. '–(으)ㄴ 덕분에'는 후행절에 좋은 결과가 있을 때 사용한다.

② '–(으)ㄴ 탓에' 앞에는 형용사가 오거나 동사 과거형이 올 때 사용할 수 있다. 그런데 이 문장에서는 '힘들다'가 형용사인데 '힘들 탓에'라고 써서 틀렸다. 형용사 다음에 '–(으)ㄹ 탓에'를 쓸 수 없으므로 주의해야 한다.

③ 이 문장은 '제 동생은 고등학생이에요. 그래서 (제 동생은) 마음대로 옷을 못 입어요.'의 의미이다. 이런 경우에는 'N 탓에'가 아니라 'N인 탓에'를 사용해야 하는데 이 문장에서는 '고등학생 탓에'라고 잘못 썼다. 보통 'N 탓에'는 선·후행절의 주어가 달라야 한다.

⑩ –(으)로 인해(서)

문법 공부

(1) 이 표현은 선행절의 일이 후행절의 이유나 원인이 될 때 사용한다.

(2) 이 표현의 형태 정보는 다음과 같다. ▶ p.136

(3) 이 표현은 주로 뉴스나 신문기사, 논문 등과 같은 글말에서 사용하며 말할 때도 격식체로 사용한다. 그리고 이 표현 앞에 오는 명사는 어떤 사건이나 현상, 질병 그리고 사고와 같은 것이 많다.

(4) 이 표현은 'N(으)로 인하여', 'N(으)로 해서'의 형태로도 사용하며 '인해(서)'를 생략하고 '(으)로'만 사용하기도 한다.

(5) 이 표현은 'N(으)로 인한 N'의 형태로도 사용한다.

(6) 이 표현은 큰 의미 차이 없이 '(으)로 말미암아'와 바꿔 쓸 수 있다.

오답 노트

① '(으)로 인해서' 다음에는 어떤 원인이나 이유에 대한 결과를 말할 때 사용한다. 그런데 이 대화의 대답에서는 스트레스 때문에 요즘 사람들의 건강이 나빠지고 있다고 생각한다고 하는데 '스트레스로 인한'이라고 잘못 썼다. '(으)로 인한' 다음에는 명사가 와야 한다.

② '(으)로 인해서'는 '인해서'를 생략하고 '(으)로'의 형태로만도 사용할 수 있지만 절대 '(으)로'는 생략하면 안 된다. '(으)로 인해서'는 바꿔 쓸 수 있는 형태가 많으니 다시 한 번 확인해 보기 바란다.

③ '(으)로 인해서' 앞에 오는 명사는 주로 어떤 사건이나 현상, 질병 그리고 사고와 같은 것들이다. 그런데 이 문장에서는 폐암에 걸린 사람이 많은 이유가 담배라는 물건 때문이 아니라 담배를 많이 피우는 현상 때문인데 '담배로 인해서'라고 잘못 썼다.

〈4〉목적·의지 Objectives·Will

① –(으)러

문법 공부

(1) 이 표현은 동사 뒤에 붙어 어떤 행동을 할 목적으로 가거나 옴을 나타낼 때 사용한다.

(2) 이 표현의 형태 정보는 다음과 같다. ▶ p.140

(3) 이 표현 앞에는 시제를 나타내는 '–았/었–'이나 '–겠–'을 사용하지 않는다.

(4) 이 표현 뒤에는 다음과 같이 이동의 의미가 있는 동사가 와야 한다.

(5) 이 표현은 '가다', '오다', '다니다'와 같이 이동의 의미가 있는 동사와 함께 사용하지 않는다.

오답 노트

① 앞의 행동을 할 목적으로 가거나 옴을 나타낼 때는 '–(으)러 가다/오다'를 사용한다. 그런데 이 대화의 대답은 '모레 영화를 보기 위해서 극장에 가자.'라는 의미인데 '보려고'라고 잘못 썼다. '–(으)려고'도 목적을 말할 때 사용하지만 '–(으)려고' 뒤에는 청유형이나 명령형이 올 수 없다.

② '–(으)러' 뒤에는 '가다', '오다'와 같은 이동의 의미가 있는 동사가 와야 하는데 이 문장에서는 '기다렸어요.'라고 써서 틀렸다. '–(으)러' 뒤에 이동의 의미가 없는 동사를 붙여 틀리는 경우가 있으므로 조심해야 한다.

③ '–(으)러' 앞에는 '가다', '오다', '다니다'와 같이 이동의 의미가 있는 동사는 올 수 없는데 이 문장에서는 '가러 가요.'로 써서 오류를 범했다. '–(으)러'의 앞에는 목적을 나타내는 동사, 후행절에는 이동의 의미가 있는 동사가 와야 함을 기억해야 한다.

② –(으)려고

문법 공부

(1) 이 표현은 동사 뒤에 붙어 선행절의 계획이나 목적을 가지고 후

행절의 행동을 함을 나타낼 때 사용한다.

(2) 이 표현의 형태 정보는 다음과 같다. ▶ p.142

(3) 이 표현의 후행절 제약은 다음과 같다.

(4) 이 표현은 선행절과 후행절의 주어가 같아야 한다.

오답 노트

① 선행절의 목적을 가지고 후행절의 행동을 할 때 '-(으)려고'를 써야 한다. 그런데 이 문장은 노래 대회에 나갈 목적으로 연습을 한다는 의미인데 '나가러'라고 써서 틀렸다. '-(으)려고'의 후행절에는 '가다', '오다'뿐만 아니라 다양한 동사가 올 수 있지만 '-(으)려' 뒤에는 '가다', '오다'와 같은 이동의 의미가 있는 동사만 올 수 있다.

② '-(으)려고'는 동사와 함께 써야 한다. 이 대화의 대답에서는 '건강하다'가 형용사인데 '건강하려고'라고 잘못 썼다. 이 표현 앞에 형용사를 쓰려면 '-아/어지려고'의 형태로 사용해야 한다.

③ '-(으)려고'의 후행절에는 청유형이나 명령형이 올 수 없다. 그런데 이 문장에서는 후행절에 명령형인 '보세요.'라고 써서 오류 문장이 되었다. '-(으)려고'의 후행절 제약을 다시 한 번 확인하기 바란다.

③ -기 위해(서)

문법 공부

(1) 이 표현은 동사에 붙어서 선행절의 행동이 후행절의 일을 하는 목적임을 나타낼 때 사용한다.

(2) 이 표현의 형태 정보는 다음과 같다. ▶ p.144

(3) 이 표현은 명사와 함께 사용하고 싶으면 'N을/를 위해서'의 형태로 쓸 수 있는데 다음과 같은 의미가 있다.

① 앞의 명사는 후행절의 행동을 하는 목적임을 나타낸다.

② 후행절의 행동이 앞의 명사를 잘 되게 하거나 도우려는 목적임을 나타낸다.

(4) 이 표현을 형용사와 같이 사용하고 싶으면 '-아/어지기 위해서'의 형태로 써야 한다.

오답 노트

① '-기 위해서'는 선행절의 행동이 후행절의 일을 하는 목적임을 나타낸다. 그런데 이 대화의 대답에서는 '홍보를 목적으로 연예인에게 옷을 준다.'는 의미인데 '하니까'라고 틀리게 썼다. '-(으)니까'는 선행절이 후행절의 이유나 원인이 될 때 사용한다.

② '-기 위해서' 앞에는 시제를 나타내는 '-았/었-'이나 '-겠-'을 같이 쓸 수 없다. '-기 위해서'가 있는 문장에서 시제를 표현하고 싶으면 후행절에서 하면 된다.

③ 'N을/를 위해서'는 후행절의 행동을 하는 목적이 앞의 명사임을 나타내거나 후행절의 행동이 앞의 명사를 도우려는 목적임을 나타낼 때 사용한다. 이 문장은 '내가 외국어를 공부하는 목적은 통역사가 되는 것이다.'라는 의미인데 '통역사를 위해서'라고 써서 오류 문장이다. '통역사를 위해서'는 '통역사를 도우려는 목적으로'라는 의미가 된다.

④ -(으)려다(가)

문법 공부

(1) 이 표현은 동사 뒤에 붙어서 말하는 사람이 의도나 목적을 가지고 행동하려고 했지만 중간에 그만두었거나 다른 행동으로 바꾸었음을 나타낼 때 사용한다.

(2) 이 표현의 형태 정보는 다음과 같다. ▶ p.146

(3) 이 표현 앞에는 시제를 나타내는 '-았/었-'이나 '-겠-'을 사용할 수 없다.

(4) 이 표현의 후행절 제약은 다음과 같다.

5) 이 표현은 선행절과 후행절의 주어가 같아야 하며 후행절의 주어는 생략할 수 있다.

오답 노트

① 어떤 행동을 하려고 했지만 못 하고 그만두었을 때는 '-(으)려다가'를 써야 한다. 그런데 이 문장에서는 '부산에 가기로 약속했지만 보고서 때문에 못 갔다.'는 의미인데 '가거든'이라고 잘못 썼다. '-거든'은 선행절의 일이 실현되면 후행절의 행동을 할 때 사용한다.

② '-(으)려다가' 앞에는 동사가 와야 하는데 이 문장의 대답에서는 '배우고 싶으려다가'라고 써서 틀렸다. 동사 뒤에 '-고 싶다'를 붙이면 형용사가 된다는 것을 기억해야 한다.

③ '-(으)려다가'는 후행절에 미래 시제를 나타내는 '-겠-'이나 '-(으)ㄹ 거예요'를 사용할 수 없는데 이 문장에서는 '전공할 거예요.'라고 틀리게 썼다. '-(으)려다가'의 후행절에는 현재나 과거를 나타내는 표현만 사용할 수 있다.

⑤ -도록

문법 공부

(1) 이 표현은 선행절의 행동을 할 목적으로 후행절의 행동을 할 때 혹은 후행절의 행동을 다른 사람에게 시킬 때 사용한다.

(2) 이 표현의 형태 정보는 다음과 같다. ▶ p.148

(3) 이 표현의 후행절에는 주로 다음과 같은 표현이 온다.

(4) 이 표현은 'V-도록 하다'의 형태로 쓰여 듣는 사람에게 어떤 행동을 하라고 부드럽게 명령할 때도 사용한다. '-도록 하다'의 부정형은 '-지 않도록 하다', '-지 말도록 하다'이다.

(5) 이 표현은 다음과 같이 쓰여 시간의 범위를 나타낼 수 있다.

시간 N이/가 되도록	시간 N이/가 넘도록/지나도록
'그 시간에 가까워짐'을 나타냄.	'그 시간이 지날 때까지'를 나타냄.

오답 노트

① 선행절의 행동을 할 목적으로 후행절의 행동을 할 때 '-도록'을 사용한다. 그런데 이 문장에서 '버스 시간에 늦지 않기 위해서 뛰어야 한다.'라는 의미인데 '않기 때문에'라고 잘못 썼다. '-기 때문에'는 후행절의 행동을 하는 이유를 말할 때 사용한다.

② '어떤 시간이 지날 때까지'라는 의미를 표현하고 싶으면 '시간 N + 이/가 넘도록/지나도록'를 써야 한다. 이 문장은 '두 달이 넘을

때까지 여행을 못 갔다.'라는 의미인데 '넘은 다음에'라고 써서 틀렸다. '-(으)ㄴ 다음에'는 선행절의 행동이 끝나고 후행절의 행동을 할 때 사용한다.

③ 듣는 사람에게 부드럽게 권유하거나 명령할 때는 '-도록 하다'를 사용해야 한다.

❻ -(으)ㄹ 테니까 ①

문법 공부

(1) 이 표현은 동사 뒤에 붙어서 말하는 사람의 의지를 나타내며 이 의지가 후행절에 대한 근거나 원인이 될 때 사용한다.

(2) 이 표현의 형태 정보는 다음과 같다. ▶ p.150

(3) 이 표현 앞에는 시제를 나타내는 '-았/었-'과 '-겠-'을 사용하지 않는다.

(4) 이 표현은 보통 선행절의 주어는 1인칭, 후행절의 주어는 2인칭이나 3인칭이 온다.

(5) 이 표현의 후행절에는 주로 다음과 같은 표현이 온다.

오답 노트

① 선행절에서 말하는 사람의 의지를 나타낼 때 이 의지가 후행절에 대한 근거나 원인이 되면 '-(으)ㄹ 테니까'를 사용해야 한다. 그런데 이 대화의 대답은 '내가 값을 깎아 주겠어요. 그러니까 두 개를 다 사세요.'라는 의미인데 '깎아줄 텐데'라고 틀리게 썼다. '-(으)ㄹ 텐데'는 말하는 사람이 추측한 상황을 이야기할 때 사용한다. '-(으)ㄹ 테니까'도 추측의 의미가 있는데 이때만 '-(으)ㄹ 텐데'와 바꿔서 쓸 수 있다.

② '-(으)ㄹ 테니까' 앞에는 시제를 나타내는 '-았/었-'이나 '-겠-'을 사용할 수 없다.

③ '-(으)ㄹ 테니까'의 후행절에는 상대방에게 명령하거나 제안하는 내용이 온다. 그래서 '식당에 갑시다.'나 '식당에 갈까요?'라고 써야 하는데 이 대화의 대답에서는 '식당에 갑니다.'라고 잘못 썼다.

〈5〉 조건 Conditions

❶ -(으)면

문법 공부

(1) 이 표현은 선행절이 후행절에 대한 조건일 때 사용하며 이때 조건의 내용은 일반적으로 분명한 사실에 대한 것이다.

(2) 이 표현의 형태 정보는 다음과 같다. ▶ p.154

(3) 이 표현은 '-았/었으면'의 형태로 쓰여 '완료'의 의미를 나타내기도 하는데 이때 후행절에는 과거형이 올 수 없다.

(4) '-았/었으면'은 과거에 이미 일어난 일과 반대되는 상황을 가정할 때도 쓸 수 있으며 후행절에는 다음과 같은 표현이 온다.

(5) 이 표현의 후행절에는 주로 다음과 같은 표현이 온다.

오답 노트

① '-(으)면'은 선행절이 후행절의 조건이 될 때 사용한다. 이 대화

의 대답에서 '버스가 안 온다.'는 조건에 대한 결과는 '지하철을 탈 것이다.'이다. 그런데 '오려면'이라고 잘못 썼다. '-(으)려면'도 조건을 나타낼 때 쓰지만 이때의 조건은 어떤 것을 하려는 의도가 있을 때 사용한다.

② '-았/었으면'이 이미 일어난 일과 반대되는 상황을 가정할 때는 후행절에 '-았/었을 거예요'나 '-았/었을 텐데요'를 쓴다. 그런데 이 문장에서는 '어제 지영 씨를 같이 안 만났다.'는 사실에 반대되는 상황을 가정했는데 후행절에 '놀았어요.'라고 잘못 썼다.

③ '-(으)면' 앞에는 조건의 내용이 오며, '-(으)면' 다음에는 조건에 대한 결과가 온다. 그런데 이 문장에서는 결과인 '자동차를 사다'와 조건인 '취직하다'를 바꾸어서 썼다. 영어권 학습자의 경우 가끔 선행절과 후행절을 바꿔서 잘못 사용하는 경우가 있으므로 주의해야 한다.

❷ -(으)려면

문법 공부

(1) 이 표현은 '-(으)려고 하면'의 준말로, 동사 뒤에 붙어서 어떤 것을 할 의도가 있음을 나타낼 때 사용한다.

(2) 이 표현의 형태 정보는 다음과 같다. ▶ p.156

(3) 이 표현은 의도나 의지를 나타내는 동사와만 사용하기 때문에 동사 앞에 '못'을 사용할 수 없다. 그리고 '모르다'도 쓸 수 없다.

(4) 이 표현의 후행절에는 주로 다음과 같은 표현이 온다.

오답 노트

① '-(으)려면'은 선행절에서 어떤 것을 하려는 의도가 있을 때 후행절에 그것에 대한 조건이 나온다. 이 대화의 대답에서는 '개근상을 받으려고 한다.'는 의도가 있으니까 '한 번도 지각하면 안 된다.'는 조건이 필요하다. 그런데 '받으면'이라고 써서 틀렸다. '-(으)면'은 조건과 이를 위해 필요한 결과를 나타낼 때 사용한다.

② '-(으)려면' 다음에는 의도를 실현하기 위한 조건으로 '명령, 당위'의 표현이 온다. 그런데 이 문장에서는 '일했어요.'라고 써서 틀렸다. '-(으)려면'의 후행절에 사용할 수 있는 표현을 다시 한 번 확인하기 바란다.

③ '-(으)려면' 앞에는 동사만 올 수 있다. 그런데 이 문장에서는 '취직하고 싶으려면'이라고 써서 오류 문장이다. 'V-고 싶다'의 형태로 쓰면 형용사가 되는데 동사로 잘못 아는 경우가 있으므로 주의해야 한다.

❸ -거든

문법 공부

(1) 이 표현은 선행절에서 어떤 일이 실제로 실현되는 데 필요한 조건을 제시하고 후행절에서는 이를 실현하기 위한 행동을 할 때 사용한다.

(2) 이 표현의 형태 정보는 다음과 같다. ▶ p.158

(3) 이 표현의 후행절에는 주로 다음과 같은 표현이 온다.

＊ 이 표현을 사용한 문장이 평서문으로 끝나면 후행절의 주어는 1인칭만 가능하다.

(4) 이 표현은 조건을 나타내는 '-(으)면'과 바꿔 쓸 수 있지만 선행절에 오는 내용에 다음과 같은 차이가 있다.

A/V-거든	A/V-(으)면
보통 개인적이고 실현될 수 있는 것.	보통 일반적이고 분명한 사실인 것.

오답 노트

① '-거든'은 선행절에서 조건을 제시하고 후행절에서 이를 실현하기 위한 행동을 할 때 사용한다. 이 대화의 대답에서는 날씨가 좋은 상황이 되면 '단풍 구경하러 갑시다.'라고 제안하고 있는데 '좋아야'라고 써서 오류 문장이 되었다. '-아/어야'는 선행절의 조건이 꼭 이루어져야 후행절의 결과가 나타날 수 있음을 표현할 때 사용한다.

② '-거든'은 '-았/었-'과 함께 사용할 수 있지만 '-겠-'과는 함께 사용할 수 없다.

③ '-거든' 다음에는 명령, 청유, 제안 혹은 의지, 추측을 나타내는 표현이 온다. 그런데 이 문장에서는 의문형인 '가요?'라고 잘못 썼다. '-거든'의 후행절에 사용할 수 있는 표현이 제한되어 있으므로 주의해야 한다.

❹ -아/어야

문법 공부

(1) 이 표현은 선행절의 조건이 후행절의 상황을 이루기 위해서 꼭 필요함을 나타낼 때 사용한다.

(2) 이 표현의 형태 정보는 다음과 같다. ▶ p.160

(3) 이 표현은 '-았/었어야'의 형태로 쓰여 과거에 그렇게 하지 못한 '아쉬움'이나 '후회'의 의미를 나타내기도 한다.

(4) 이 표현의 후행절에는 주로 다음과 같은 표현이 온다.

(5) 이 표현은 조건의 의미가 있는 '-(으)면'과 다음과 같은 의미 차이가 있다.

A/V-아/어야			A/V-(으)면		
선행절	-아/어야	후행절	선행절	-(으)면	후행절
꼭 필요한 조건	←	결과를 실현 시키기 위해	분명한 사실에 대한 조건	→	나타난 결과

오답 노트

① '-아/어야' 앞의 내용은 어떤 일을 하기 위해 꼭 필요한 조건이 와야 한다. 그런데 이 대화의 대답에서는 보통 분명한 사실에 대해 조건을 나타내는 '알면'으로 써서 오류를 범했다. '-(으)면'은 '-아/어야'와 달리 어떤 결과를 위해서 반드시 해야 하는 조건을 나타내지는 않는다.

② 조건을 표현하는 '-아/어야'는 보통 현재형으로 사용하며 '-았/었어야'처럼 과거형으로 쓰면 과거에 그렇게 하지 못한 '아쉬움'이나 '후회'를 나타낸다. 이처럼 과거형으로 쓰면 의미가 달라짐을 기억해야 한다.

③ '-아/어야' 다음에는 청유나 명령이 올 수 없다. 그런데 이 문장에서는 '참석하세요.'라고 써서 틀렸다. '-아/어야'는 당위의 의

미가 있기 때문에 후행절에는 가능의 '-(으)ㄹ 수 있다'나 추측의 '-(으)ㄹ 거예요'를 사용하는 것이 좋다.

〈6〉선택 Selections

❶ -거나

문법 공부

(1) 이 표현은 선행절이나 후행절의 행동이나 상태 중에서 하나를 선택할 때 사용한다.

(2) 이 표현의 형태 정보는 다음과 같다. ▶ p.162

(3) 이 표현의 앞, 뒤에 오는 동사는 각각 다른 것이 좋다. 동사가 같을 때는 'N(이)나 N + V'의 형태로 사용한다.

(4) 이 표현은 선행절의 여러 가지 행동이나 상태 중에서 어떤 것을 선택해도 후행절에는 아무 영향이 없음을 나타낼 때도 사용한다. 이때는 '-거나'를 '-건'으로 줄여서 쓸 수 있다.

(5) 이 표현은 'A/V-거나 말거나'의 형태로 쓰여 선행절에서 어떤 것을 선택해도 후행절에 영향이 없음을 강조할 때도 사용하며 후행절에는 주로 다음과 같은 표현이 온다.

오답 노트

① '-거나'는 선행절이나 후행절의 행동 중에서 하나를 선택함을 나타낸다. 그런데 이 대화의 대답에서는 '우유를 마시는 것'과 '샤워하는 것' 중에서 하나를 선택하라는 의미인데 '마시거든'이라고 틀리게 썼다. '-거든'은 선행절에서 어떤 일이 실제로 실현되는 데 필요한 조건을 제시하고 후행절에서는 이를 실현하기 위한 행동을 할 때 사용한다.

② '-거나'의 선행절과 후행절에 있는 동사가 같을 때는 'N(이)나 N + V'의 형태로 사용할 수 있다. 여기에서는 '취소하다', '미루다'로 동사가 다른데도 '취소이나'라고 잘못 썼다. '(이)나'는 두 개의 명사 중에서 하나를 선택할 때 사용한다.

③ '-거나'를 '-건'으로 줄여 쓸 수 있는 경우는 '어떤 것을 선택해도 후행절에는 영향이 없음'을 나타낼 때이다. 이 문장은 '유행어를 쓰는 것'과 '이모티콘을 보내는 것' 중에서 하나를 선택한다는 의미이므로 '-건'으로 줄여서 쓸 수 없는데 '쓰건'이라고 줄여서 써서 틀린 문장이 되었다.

❷ -든지

문법 공부

(1) 이 표현은 여러 행동이나 상황 중에서 하나를 선택할 수 있음을 나타낼 때 사용한다.

(2) 이 표현의 형태 정보는 다음과 같다. ▶ p.164

(3) 이 표현은 큰 의미 차이 없이 '-거나'와 바꾸어 쓸 수 있으며 '-든지'를 반복해서 'A/V-든지 A/V-든지 하다'의 형태로 쓰기도 한다.

(4) 이 표현을 명사와 함께 쓰면 'N(이)든지'의 형태가 되는데 이때 '(이)든지'는 조사이다. 이 조사는 '어디', '누구', '무엇', '언제', '어떻게'와 같은 의문사 뒤에 붙어서 '모두 다'라는 의미를 나타내기도

한다.

＊ 'N(이)든지'는 특별히 정해지지 않았음을 나타내는 '아무 N(이)나'와 후행절 사용에 다음과 같은 차이가 있다.

오답 노트

① 여러 행동이나 상황 중에서 하나를 선택함을 나타낼 때는 '-든지'를 써야 한다. '-(으)며'는 선행절과 후행절의 행동이나 상황이 같은 시간에 일어날 때 사용한다.

② 명사에 받침이 있으면 '이든지', 없으면 '든지'를 붙여야 한다. 이 문장에서는 '좋은 일', '나쁜 일'이 모두 받침이 있는 명사인데 '좋은 일든지 나쁜 일든지'라고 틀리게 썼다.

③ '장소를 가리지 않고 모두 다'라는 의미는 '어디든지'를 써야 하는데 이 문장에서는 '어디에'라고 틀린 표현을 사용했다.

〈7〉 전환 Transitions

❶ -다(가)

문법 공부

(1) 이 표현은 동사 뒤에 붙어 어떤 행동이나 상태가 진행되는 중간에 멈추고 다른 행동을 하거나 다른 상태로 바뀔 때 사용한다.

(2) 이 표현의 형태 정보는 다음과 같다. ▶ p.168

(3) 이 표현은 선행절이 후행절의 원인이나 근거가 됨을 나타낼 때도 사용하는데 이때 보통 후행절의 내용은 부정적인 내용이 온다.

(4) 이 표현은 선행절과 후행절의 주어가 같아야 하며, 보통 후행절의 주어는 생략한다.

(5) 이 표현은 길을 찾을 때도 사용할 수 있다. 그렇지만 선행절의 행동이 끝난 다음에 후행절의 행동이 이어지는 경우에는 쓸 수 없다.

오답 노트

① '-다가'는 행동이나 상태가 전환될 때 사용한다. 그런데 이 대화의 대답에서는 '자전거를 타고 있는 상태'에서 넘어진 것이 이유가 되어 '다리가 부러진 상태'로 바뀌었는데 '타서'라고 잘못 썼다. '-아/어서'는 '이유'나 '시간의 순서'를 나타낼 때 모두 사용하는데 '시간의 순서'로만 생각하여 틀리는 경우가 있으니 주의해야 한다.

② '-다가'는 어떤 동작이나 상황이 진행되는 중간에 다른 동작이나 상황으로 전환됨을 나타낼 때 사용한다. '-았/었다가'는 '-다가'와 달리 선행되는 동작이 다 끝난 다음에 행동이 전환됨을 나타낼 때 쓴다.

③ '-다가'는 선행절의 행동이 끝난 다음에 후행절의 행동이 이어지는 경우에만 쓸 수 있다. 그런데 이 문장에서는 '횡단보도를 건너는 중'이기 때문에 후행절과 의미가 연결되지 않는다. 이처럼 '건너다, 나오다'와 같은 동사가 '-다(가)'와 쓰여 후행절에 '-(으)로 가세요'와 같은 표현이 오면 의미가 이상해질 수 있으므로 주의해야 한다.

❷ -았/었다(가)

문법 공부

(1) 이 표현은 동사 뒤에 붙어 선행절의 행동이 완료된 후에 후행절

의 행동으로 바뀜을 나타낼 때 사용한다.

(2) 이 표현의 형태 정보는 다음과 같다. ▶ p.170

(3) 이 표현의 선행절과 후행절의 동사는 의미가 반대이거나 서로 관계가 있는 것만 사용할 수 있다.

(4) 이 표현은 동작을 전환할 때 사용하는 '-다가'와 다음과 같은 차이가 있다.

	V-았/었다가			V-다가		
	선행절	-았/었다가	후행절	선행절	-다가	후행절
의미	동작 완료		동작 전환	동작 진행 중 멈춤		동작 전환
어휘 제약	정확하게 완료의 의미를 나타낼 수 없는 동사는 함께 쓸 수 없다.			완료의 의미가 있는 '잊어버리다, 잃어버리다' 등의 동사는 쓸 수 없다.		

오답 노트

① '-았/었다가'는 '-다가'와 달리 동작이 완료된 후에 다른 동작으로 전환되었을 때 사용한다. 그런데 이 대화의 대답은 휴대폰을 잃어버린 동작이 끝난 후에 다시 휴대폰을 찾았다는 의미인데 완료의 의미가 없는 '잃어버리다가'라고 써서 틀렸다. '-다가'와 '-았/었다가'를 혼동해서 쓰는 경우가 많으니 주의해야 한다.

② '-았/었다가'의 '-았/었-'은 과거 시제가 아니라 동작이 완료됨을 나타내는 것이다. 그런데 이 문장에서는 '전주에 갔다.'는 동작이 완료된 다음에 후행절에서 '밤에 돌아오려고 하다.'라는 계획을 말하고 있는데 '가겠다가'라고 틀리게 썼다.

③ '-았/었다가'의 선행절과 후행절의 동사는 서로 반대 의미이거나 관계가 있어야 한다. 그런데 이 문장에서는 '입었어요.'와 관계가 없는 '교환했어요.'라고 써서 오류 문장이다.

〈8〉 추측 Assumptions

❶ -(으)ㄹ 테니까 ②

문법 공부

(1) 이 표현은 후행절의 내용을 말하기 위해 선행절에서 어떤 근거를 가지고 추측해서 말할 때 사용한다. 이때 주어는 항상 2인칭이나 3인칭이 온다.

(2) 이 표현의 형태 정보는 다음과 같다. ▶ p.172

(3) 이 표현은 추측을 나타낼 때와 의지를 나타낼 때 다음과 같은 차이가 있다.

	추측	의지
선행절 주어	2·3인칭	1인칭
결합	동사, 형용사 ○	동사 ○, 형용사 ×
과거 표현 -았/었-	결합 ○	결합 ×

미래 표현 – 겠–	결합 ×	결합 ×
후행절	명령형, 청유형, 제안의 의미가 있는 표현 사용.	보통 명령형만 사용.

오답 노트

① 이 문장의 앞에는 추측을 나타낼 때 사용하는 부사 '아마'가 있다. 그래서 연결어미도 추측을 나타내는 표현이 와야 하는데 '있어서'라고 잘못 썼다. '–아/어서'는 이유나 시간의 순서를 나타낼 때 사용한다.

② '–(으)ㄹ 테니까'를 추측 표현으로 사용할 때는 '–(으)ㄹ 테니까' 앞에 과거 표현인 '–았/었–'을 사용할 수 있다. 그런데 이 문장은 미나 씨가 벌써 도착했다는 것을 추측하고 있어서 과거 형태로 써야 하는데 '도착할 테니까'라고 써서 오류를 범했다.

③ '–(으)ㄹ 테니까'가 있는 문장은 보통 명령형, 청유형, 제안의 의미가 있는 표현으로 끝난다. 그런데 이 문장에서는 평서형인 '갑니다.'라고 써서 틀렸다.

❷ –(으)ㄹ 텐데

문법 공부

(1) 이 표현은 후행절의 일을 말하기 위해 선행절에서 강하게 추측한 내용을 제시할 때 사용한다.

(2) 이 표현의 형태 정보는 다음과 같다. ▶ p.174

(3) 이 표현은 '–(으)ㄹ 텐데(요)'의 형태로 문장 끝에 쓰이기도 한다.

(4) 이 표현은 후행절에 '미안하다, 고맙다, 걱정이다'와 함께 쓰여 미안한 마음, 고마운 마음, 걱정하는 마음을 나타낼 때도 사용한다.

(5) 이 표현은 '–았/었으면 – 았/었을 텐데(요)'의 형태로 쓰여 과거에 하지 않은 일에 대해 후회할 때도 사용한다.

오답 노트

① '–(으)ㄹ 텐데'는 후행절에 '–(으)세요', '–(으)ㄹ까요?', '–(으)ㅂ시다', '–는 게 어때요?'와 같이 명령이나 청유, 제안을 나타내는 표현을 사용하는 것이 좋다. 그런데 이 문장에서는 후행절에 '입을 거예요.'라고 잘못 썼다. '–(으)ㄹ 텐데'의 후행절에 사용할 수 있는 표현을 꼭 기억하기 바란다.

② '–(으)ㄹ 텐데'는 '–았/었으면 – 았/었을 텐데(요)'의 형태로 쓰여 과거에 하지 않은 일에 대해 후회할 때도 사용할 수 있다. 그런데 이 대화의 대답에서는 '좋을 텐데요.'라고 써서 오류를 범했다.

③ '–(으)ㄹ 텐데'는 다른 사람에게 고마울 때, 미안할 때 혹은 걱정되는 일이 있을 때 '–(으)ㄹ 텐데 (–아/어서) 고맙다/미안하다/걱정이다'의 형태로 쓸 수 있다. 그런데 이 문장에서는 후행절에 '도와줘서 고마워요.'가 있는데 '없을 테니까'를 써서 틀렸다. '–(으)ㄹ 텐데'와 같이 어울릴 수 있는 표현들을 다시 한 번 확인해야 한다.

〈9〉 대체·추가 Substitutes · Additions

❶ –는 대신(에)

문법 공부

(1) 이 표현은 선행절의 일이 일어나지 않고 후행절의 것으로 대체함을 나타낼 때 사용한다. 이때 '에'를 생략하고 '–는 대신'으로 줄여서 쓸 수도 있다.

(2) 이 표현의 형태 정보는 다음과 같다. ▶ p.178

(3) 이 표현은 선행절의 내용을 후행절의 내용으로 보상함을 나타낼 때도 사용한다.

(4) 이 표현은 'N 대신에 N'의 형태로 쓰여 역할이나 책임을 바꿔서 함을 나타낼 때도 사용한다.

(5) 이 표현의 선행절과 후행절의 동사가 같을 때는 'N 대신에 N –V'의 형태로 쓸 수 있다.

오답 노트

① 선행절의 일이 일어나지 않고 후행절의 일로 대체가 될 때는 '–는 대신에'를 써야 한다. 그런데 이 대화의 대답에서는 '집값이 비싸서 이사를 하지 않고 중고차를 사서 대체했다.'는 내용인데 '이사하기 대신에'라고 잘못 썼다. '–기'는 동사 뒤에 붙어서 동사를 명사형으로 바꿀 때 사용한다.

② '–는 대신(에)'는 선행절과 후행절의 일이 서로 대체가 될 때 사용할 수 있다. 그런데 이 문장의 '담배를 피우다'와 '돈을 모으다'는 서로 대체가 되는 일이 아니기 때문에 '–는 대신에'를 쓸 수 없다. '담배를 피우는 일'을 대체할 수 있는 일은 '껌을 씹다', '사탕을 먹다', '물을 마시다'와 같은 일이므로 후행절의 내용을 바꾸어야 한다.

③ 'N₁ 대신에 N₂'는 N₁의 일이 일어나지 않고 N₂로 대체함을 나타낸다. 이 문장에서는 '고기를 못 먹어서 갈비탕을 먹지 않고 비빔밥을 먹었다.'는 의미니까 'N₁에는 갈비탕', 'N₂에는 비빔밥'이 와야 하는데 반대로 써서 틀린 문장이 되었다.

❷ –(으)ㄹ 뿐(만) 아니라

문법 공부

(1) 이 표현은 선행절의 상황에 후행절의 상황까지 더해짐을 나타낼 때 사용하며 '만'을 생략하고 '–(으)ㄹ 뿐 아니라'로 줄여서 쓸 수 있다.

(2) 이 표현의 형태 정보는 다음과 같다. ▶ p.180

＊ '명사+이다'에는 '일 뿐(만) 아니라'를 붙이고 명사 뒤에는 '뿐(만) 아니라'를 붙인다.

(3) '명사+일 뿐 아니라'와 '명사+뿐만 아니라'는 다음과 같은 의미 차이가 있다.

N일 뿐(만) 아니라 N	N뿐(만) 아니라 N
'N이다. 그리고 동시에 N이다.'라는 의미로 앞의 명사와 뒤의 명사는 주어의 자격이나 속성을 나타낼 때 사용함.	'N와/과 N 모두'의 의미를 나타낼 때 사용함.

오답 노트

① 선행절의 상황에 후행절의 상황까지 더해짐을 나타낼 때는 '-(으)ㄹ 뿐(만) 아니라'를 써야 한다. 그런데 이 대화의 대답에서는 '일이 재미있다. 게다가 연예인도 봐서 좋다.'라는 의미인데 '재미있을 뿐이고'라고 틀린 표현을 사용했다. 이 표현은 '-(으)ㄹ 뿐이다'와 형태가 비슷하지만 '-(으)ㄹ 뿐이다'는 선행절의 행동이나 상태만 있고 다른 것은 없다는 의미이다.

② 'N일 뿐(만) 아니라 N'은 'N이다. 그리고 동시에 N이다'라는 의미로 주어의 속성을 나타낸다. 그런데 이 문장에서는 '형은 회사원이고 동시에 요리사이다.'라는 의미인데 '회사원뿐만 아니라 요리사입니다.'라고 잘못 썼다.

③ 이 표현은 선행절과 후행절의 내용이 각각 긍정과 긍정, 부정과 부정으로 일치해야 한다. 그런데 이 문장의 선행절에서는 '고향의 경치가 아름답다.'는 긍정적인 내용이 왔으니까 후행절에도 '공기가 좋다/깨끗하다/맑다'와 같은 긍정적인 내용이 와야 하는데 '공기가 나빠요.'라는 부정적인 내용이 와서 틀린 문장이다.

❸ -(으)ㄴ/는 데다(가)

문법 공부

(1) 이 표현은 선행절의 내용에 후행절의 내용이 더해짐을 나타낼 때 사용하며 '가'를 생략하고 '-(으)ㄴ/는 데다'로 줄여서 쓸 수 있다.

(2) 이 표현의 형태 정보는 다음과 같다. ▶ p.182

* '명사 + 이다'에는 '인 데다가'를 붙이고 명사 뒤에는 '에다가'를 붙인다.

(3) '명사 + 인 데다가'와 '명사+에다가'는 다음과 같은 의미 차이가 있다.

N인 데다(가) N	N에다(가) N
'N이다. 게다가 N이다.'라는 의미를 나타낼 때 사용함.	'N와/과 N을/를 모두'라는 의미를 나타낼 때 사용함.

오답 노트

① 선행절의 내용에 후행절의 내용이 더해질 때는 '-(으)ㄴ/는 데다가'를 써야 한다. 그런데 이 대화의 대답에서는 '집이 멀고 게다가 교통도 안 좋다.'고 말하고 있는데 '멀어서'라고 틀린 표현을 사용했다. '-아/어서'는 이유를 나타낼 때 사용한다.

② '-적'은 추상적인 뜻이나 상태를 나타내는 명사 뒤에 붙으며 뒤에 '이다'와 함께 쓴다. 이 문장은 '아버지는 보수적이다. 게다가 엄격하시다.'라는 의미인데 '보수적에다가'라고 잘못 표현했다.

③ '-(으)ㄴ/는 데다가'는 선행절과 후행절의 주어가 같아야 하고 내용도 일관성이 있어야 한다. 그런데 이 문장에서는 선행절의 주어는 '과일 주스'인데 후행절의 주어는 '나는'을 써서 문법에 어긋났다. 선행절이 '과일 주스는 맛이 좋다.'이므로 후행절도 '과일 주스는 건강에도 좋다.'와 같이 일관성 있는 내용이 와야 한다.

⟨10⟩ 정도 Degrees

❶ -(으)면 (으)ㄹ수록

문법 공부

(1) 이 표현은 선행절의 상황이나 정도가 심해지면 후행절의 결과나 상황도 점점 더해지거나 덜해지는 것을 나타낼 때 사용한다.

(2) 이 표현의 형태 정보는 다음과 같다. ▶ p.184

(3) 이 표현의 후행절에는 다음과 같은 표현이 많이 올 수 있다.

오답 노트

① '-(으)면 -(으)ㄹ수록'은 행동을 계속해서 반복하거나 정도가 심해짐을 나타낼 때 사용한다. 이 대화의 대답은 '한국에서 사는 횟수가 많아짐에 따라 달라진 상황'에 대해 이야기하고 있는데 '살도록'이라고 틀리게 썼다. '-도록'은 선행절이 후행절의 목적이 됨을 나타낼 때 사용한다.

② '-(으)면 -(으)ㄹ수록'에는 같은 동사나 형용사가 반복해서 사용된다. 그런데 이 문장에서는 '친하면 지낼수록'이라고 써서 오류를 범했다. 정도가 심해짐을 강조하기 위해서 같은 동사나 형용사를 반복해서 쓴다는 점을 기억해야 한다.

③ '-(으)면 -(으)ㄹ수록'은 선행절의 상황에 비례하여 후행절의 상황도 달라지기 때문에 후행절에는 변화의 의미가 있는 'A-아/어지다'나 'V-게 되다'가 많이 온다. 그런데 이 문장에서는 변화의 의미가 없이 '잘해요'라고 잘못 썼다. 이 표현과 잘 어울리는 후행절 표현을 꼭 기억해야 한다.

❷ -(으)ㄹ 정도로

문법 공부

(1) 이 표현은 선행절의 상태와 비슷한 수준으로 후행절의 상황을 설명할 때 사용한다.

(2) 이 표현의 형태 정보는 다음과 같다. ▶ p.186

(3) 이 표현은 '-(으)ㄹ 만큼'과 큰 의미 차이 없이 바꿔 쓸 수 있다.

(4) 이 표현은 과거에 일어난 일에 대해 표현할 때 '-(으)ㄹ 정도로'와 '-았/었을 정도로'를 모두 사용할 수 있으나 다음과 같은 의미의 차이가 있다.

A/V-(으)ㄹ 정도로	A/V-았/었을 정도로
선행절 -(으)ㄹ 정도로 후행절 : 어떤 일이 일어났는지 정확하지 않음	선행절 -았/었을 정도로 후행절 : 어떤 일이 일어났음

오답 노트

① '-(으)ㄹ 정도로'는 어떤 일이 선행절의 상태와 비슷한 수준으로 후행절의 상황이 생길 때 사용한다. 이 대화의 대답에서 '아이의 기억력이 얼마나 좋은지'를 '잠깐 본 것도 완벽하게 기억하는 수준'과 비슷하다는 의미인데 '기억할 만해요'라고 써서 오류 문장이다. '-(으)ㄹ 만하다'는 어떤 것을 할 가치가 있거나 가능성이 있을 때 사용한다.

② '-(으)ㄹ 정도로' 앞에는 시제를 나타내는 '-(으)ㄴ', '-는'은 붙일 수 없다. 그런데 이 문장에서는 '어려운 정도로'라고 잘못 썼다. 이 표현의 시제는 '-(으)ㄹ 정도로'와 '-았/었을 정도로'로만 사용한다.

③ '-(으)ㄹ 정도로'의 앞 내용에는 '어떠하다'는 상황을 비유적으로 표현하기 때문에 '-(으)ㄹ 정도로' 다음에는 이와 비슷한 의미를 나타내는 표현이 와야 한다. 그런데 이 문장에서는 '어떤 정도로 많다'의 의미인데 '들어갈 정도로'라는 반대의 의미를 써서 틀린 문장이 됐다.

❸ -(으)ㄴ/는/(으)ㄹ 만큼

문법 공부

(1) 이 표현은 후행절의 내용이 선행절의 내용에 비례할 때 혹은 선행절과 후행절의 내용이 비슷한 정도나 수량임을 나타낼 때 사용한다.

(2) 이 표현의 형태 정보는 다음과 같다. ▶ p.188
＊ 이 표현의 동사 미래형은 받침이 있을 때 '-을 만큼', 받침이 없을 때 '-ㄹ 만큼'을 쓴다.

(3) 이 표현은 비슷함을 나타내는 'N처럼'과 다음과 같은 차이점이 있다.

	N만큼	N처럼
의미	N와 관련 있는 수량이나 정도가 같음.	N와 모양이나 상태가 비슷함.
서술어 제약	'되다, 생기다' (×)	'되다, 생기다' (○)

오답 노트

① 'N만큼'은 앞의 내용과 비슷한 정도나 수량임을 나타낼 때 쓴다. 그런데 이 대화의 대답에서 '부모님의 사랑에 대한 크기'를 '바다'에 비교했는데 '바다 정도로'라고 써서 틀렸다. 명사일 경우에는 'N만큼'으로 사용해야 한다.

② '비례나 양의 비교' 의미가 아닌 '이유'의 의미일 때는 미래 시제인 '-(으)ㄹ 만큼'은 쓸 수 없다. 그런데 이 문장에서는 '전보다 더 다양한 기능을 추가해서 가격도 비쌀 것이다'는 의미인데 '추가할 만큼'으로 써서 오류 문장이다.

③ '-(으)ㄹ 만큼' 다음에는 선행절과 비슷한 수준으로 어떤 상태에 있음을 나타내는 서술어가 필요하다. 그런데 이 문장에서는 상황에 대한 설명 없이 '터질 만큼이에요'라고 써서 틀렸다.

〈11〉 가정·후회·소용없음 Assumptions · Regrets · Futility

❶ 아무리 -아/어도

문법 공부

(1) 이 표현은 선행절의 내용을 가정하거나 인정하지만 후행절의 내용에는 영향을 미치지 않거나 관계가 없음을 나타낼 때 사용한다.

(2) 이 표현의 형태 정보는 다음과 같다. ▶ p.192

＊ 이 표현의 과거는 '-았/었어도'를 붙인다.

(3) 이 표현은 '-아/어도 -아/어도'의 형태로 쓰여 선행절의 행동을 반복하지만 선행절의 의도나 내용과는 상관없는 후행절의 결과가 나옴을 강조할 때 사용한다.

오답 노트

① 선행절의 내용을 인정하거나 가정해도 후행절의 내용에 영향이 없을 때는 '-아/어도'를 쓴다. 이 문장에서는 약을 먹는 것과 두통이 없어지는 것이 상관없음을 이야기하는데 '먹더라도'라고 잘못 썼다. '-더라도' 역시 선행절의 내용을 가정해도 후행절과 상관없다는 의미가 있지만 '-아/어도'보다 부정적이거나 극단적인 상황을 가정하는 느낌이 강하다.

② 'N이/가 아니다' 다음에 '-아/어도'를 붙일 때는 'N이/가 아니어도'를 써야 한다. 그런데 이 문장에서는 '아니여도'로 형태를 잘못 썼다. 이런 실수가 많은 이유는 다음과 같다. 명사 뒤에 '아/어도'를 붙일 때 받침에 따라 '이어도'와 '여도'를 붙이는데 한국 사람들이 이것을 발음할 때 'N이어도'를 'N여도'로 짧게 발음하는 경우가 많다. 이 때문에 '아니어도'를 '아니여도'로 헷갈리는 경우가 있는데 쓰기를 할 때에는 정확하게 써야 하므로 조심해야 한다.

③ '-아/어도'는 '아무리'와 함께 쓰여 의미를 강조할 수 있다. 그런데 이 문장에서는 '아무리' 다음에 '나쁘지만'이라고 써서 틀린 문장이 되었다. '아무리'는 보통 '-아/어도', '-더라도', '-(으)ㄹ지라도'와 같이 가정의 의미가 있는 표현과 함께 쓰며 '-지만'은 대조, 반대, 비교의 의미가 있을 때 사용한다.

❷ -(느)ㄴ다면

문법 공부

(1) 이 표현은 가능성이 적거나 불가능한 상황을 가정해서 말할 때 사용한다.

(2) 이 표현의 형태 정보는 다음과 같다. ▶ p.194

＊ '명사 + 이/가 아니다'는 '명사 + 이/가 아니라면'의 형태를 사용한다.

(3) 이 표현을 과거형인 '-았/었다면 -'으로 쓰면 다음과 같이 두 개의 의미가 있다.

① 과거에 이미 일어난 일의 반대 상황을 가정함.

② 현재 사실의 반대 상황을 가정함.

(4) 이 표현의 후행절에는 주로 다음과 같은 표현이 온다.

오답 노트

① 일어나기 힘든 일을 가정해서 이야기할 때는 '-(느)ㄴ다면'를 쓴다. 그런데 이 문장에서는 '고등학교 때로 돌아가는 불가능한 일'에 대해 질문하고 있는데 '돌아가면'이라고 잘못 썼다. '-(으)면'은 현실에서 어느 정도 일어날 수 있는 일을 가정할 때 사용한다.

② '-(느)ㄴ다면'의 부정형은 'A-지 않다면', 'V-지 않는다면'의 형태로 쓴다. 그런데 이 문장에서는 '노력하다'가 동사인데 '않다면'이라고 써서 틀렸다.

③ '-(느)ㄴ다면'의 후행절에는 주로 '-(으)세요', '-고 싶어요'와 같

이 말하는 사람의 바람을 나타내거나 '-(으)ㄹ 거예요'와 같이 의지를 나타내는 표현이 와야 하는데 이 문장에서는 '보내요'라고 틀리게 썼다.

❸ -았/었더라면

문법 공부

(1) 이 표현은 과거의 일이나 상황을 반대의 내용으로 가정해서 이야기할 때 사용한다.

(2) 이 표현의 형태 정보는 다음과 같다. ▶ p.196

(3) 이 표현은 말하는 사람이 과거의 일이나 사실에 대해 느끼는 안타까움이나 후회를 나타낼 때도 사용하며 이때 후행절에는 주로 다음과 같은 표현이 온다.

(4) 이 표현은 과거의 일이 실현되지 않아서 다행이라는 느낌을 나타낼 때도 사용한다.

(5) 이 표현은 가정의 의미가 있는 '-았/었다면', '-았/었으면'과 다음과 같은 차이가 있다.

	V-았/었더라면	V-았/었다면 V-았/었으면
차이점	실제로 있었던 상황은 가정할 수 없음.	실제로 있었던 상황을 가정할 수 있음.

오답 노트

① 과거의 일이나 상황을 반대로 가정해서 이야기할 때는 '-았/었더라면'을 써야 한다. 그런데 이 대화의 대답에서는 '태풍이 온다는 소식을 몰랐기 때문에 여행을 취소하지 못해서 안타깝다.'라는 의미인데 '안다면'으로 잘못 표현했다. '-(느)ㄴ다면'은 실현 가능성이 거의 없는 일을 가정할 때 쓴다.

② 과거의 일이 실현되지 않아서 다행임을 나타낼 때는 '-았/었더라면'을 써야 하는데 이 문장에서는 '늦더라면'이라고 써서 문장에 오류가 생겼다.

③ '-았/었더라면'의 후행절에 '-았/었을 텐데······'가 오면 안타까움을 나타내고 '-(으)ㄹ 뻔했어요'가 오면 다행임을 나타낸다. 그런데 이 문장은 '다른 사람에게 길을 물어 보지 않아서 헤맸다.'는 의미인데 '찾을 뻔했어요.'라고 후행절을 잘못 썼다.

❹ -아/어 봤자

문법 공부

(1) 이 표현은 동사 뒤에 붙을 때는 선행절의 행동을 시도해도 소용이 없거나 기대에 못 미침을 나타낼 때 사용한다. 그리고 형용사 뒤에 붙을 때는 선행절의 내용을 인정해도 그것이 그리 대단하지 않음을 나타낼 때 사용한다.

(2) 이 표현의 형태 정보는 다음과 같다. ▶ p.198

(3) 이 표현의 후행절에는 주로 다음과 같은 표현이 온다.

① 선행절의 행동을 시도해도 소용이 없거나 기대에 못 미침을 나타낼 때

② 선행절의 내용을 인정해도 그것이 그리 대단하지 않음을 나타낼 때

오답 노트

① '-아/어 봤자'는 어떤 일을 시도해도 소용없음을 나타낼 때 사용한다. 그런데 이 문장에서는 선행절의 행동이 일어나고 이어서 후행절의 행동이 일어남을 의미할 때 사용하는 '-자'에 과거형을 붙인 '울었자'라고 잘못 썼다. '-자' 앞에 '-았/었-'이 올 수 없다.

② '-아/어 봤자'가 과거 상황을 가정할 때는 후행절에 '-았/었을 거예요'와 같이 추측 표현이 와야 한다. 그런데 이 대화의 대답에서는 '떠났어요'라고 후행절을 틀리게 썼다.

③ '-아/어 봤자'의 후행절에는 '해도 소용이 없음'과 같은 부정적인 내용이 온다. 그런데 이 문장에서는 '감기가 나을 거예요'라고 긍정적인 내용을 써서 틀린 문장이 되었다.

⟨12⟩ 경험 Experiences

❶ -다(가) 보니(까)

문법 공부

(1) 이 표현은 동사 뒤에 붙어 선행절의 행동을 반복하는 과정에서 새로운 사실을 알게 되었을 때 혹은 어떤 결과를 얻게 되었을 때 사용한다.

(2) 이 표현의 형태 정보는 다음과 같다. ▶ p.200

(3) 이 표현은 '-다 보니까', '-다가 보니', '-다 보니'로 줄여서 쓸 수 있다.

(4) 이 표현 앞에는 시제를 나타내는 '-았/었-'이나 '-겠-'을 사용하지 않는다.

(5) 이 표현의 후행절에는 주로 다음과 같은 표현이 온다.

오답 노트

① 선행절의 행동을 반복하는 과정에서 후행절의 결과를 얻었을 때는 '-다가 보니까'를 써야 한다. 그런데 이 대화의 대답은 '식사 준비를 반복하니까 그 결과 요리를 잘하게 되었다.'는 의미인데 '하고 보니'라고 잘못 썼다. '-고 보니'는 어떤 행동을 한 후에 새롭게 알게 된 사실을 나타낼 때 쓰며 반복의 의미는 없다.

② '-다가 보니까'의 선행절에는 말하는 사람이 반복한 행동이 오고 후행절에는 그에 따른 결과가 와야 한다. 그런데 이 문장은 '공부를 열심히 해서 그 결과 성적이 잘 나왔다.'의 의미인데 선행절과 후행절의 내용을 반대로 썼다.

③ '-다가 보니까'의 후행절에는 보통 '-아/어졌어요', '-게 됐어요'와 같은 과거 표현이 와야 하는데 이 문장에서는 '익숙해질 거예요.'라고 틀리게 썼다. '-다가 보니까'의 후행절에는 미래형이 올 수 없는데 선행절의 행동을 반복하면 후행절의 결과를 얻게 됨을 나타내는 '-다가 보면'과 헷갈려서 미래형을 쓰는 경우가 있으니 조심해야 한다.

❷ -다(가) 보면

문법 공부

(1) 이 표현은 동사 뒤에 붙어 선행절의 행동을 반복하면 후행절의

결과를 얻게 된다는 것을 나타낼 때 사용한다.

(2) 이 표현의 형태 정보는 다음과 같다. ▶ p.202

(3) 이 표현은 '가'를 생략하고 '-다 보면'으로도 쓸 수 있다.

(4) 이 표현의 후행절에는 주로 다음과 같은 표현이 온다.

오답 노트

① 선행절의 행동을 반복하면 후행절의 결과를 얻게 된다는 것을 나타낼 때는 '-다가 보면'을 써야 한다. 그런데 이 대화의 대답에서는 '수영 연습을 많이 하면 수영을 배울 수 있을 거예요.'라는 의미인데 '하더니'라고 틀린 표현을 썼다. '-더니'는 말하는 사람이 어떤 대상을 관찰한 결과가 원인이 되어 후행절의 일이 일어날 때 사용한다.

② '-다가 보면'의 선행절에는 말하는 사람이 반복한 행동이 오고 후행절에는 그에 따른 결과가 와야 한다. 그런데 이 문장에서는 선행절 '쇼핑을 많이 하는 것'의 결과를 '즐거운 시간을 보내요.'라고 틀리게 썼다. '쇼핑을 많이 하는 것'의 직접적인 결과는 '용돈이 부족하다', '과소비를 하다' 등과 같은 내용이 오는 것이 자연스럽다.

③ '-다(가) 보면'의 후행절에는 결과가 오므로 주로 '-게 될 거예요', '-아/어질 거예요', '-(으)ㄹ 수 있어요'와 같은 표현과 함께 사용한다.

⟨13⟩ 회상 Remembrances

❶ -던

문법 공부

(1) 이 표현은 과거의 어느 기간 동안 반복되거나 지속된 행동 혹은 상태를 회상해서 말할 때 사용한다.

(2) 이 표현의 형태 정보는 다음과 같다. ▶ p.206

(3) 과거에 어떤 일을 반복적으로 했지만 지금은 그 일을 더 이상 하지 않음을 나타낼 때 '-던' 앞에 '여러 번, 항상, 자주, 가끔' 등의 부사와 함께 쓸 수 있다.

(4) 이 표현 앞에 '입다, 신다, 타다' 등의 동사를 사용하면 '지금까지 사용한 중고 물건'의 의미를 나타내기도 한다.

(5) 이 표현은 과거의 행동이 완료되지 않고 도중에 멈춘 것을 회상해서 말할 때도 사용한다. 이때는 보통 '아까, 어제, 조금 전에, 지난주에' 등과 같은 과거 표현과 함께 쓴다.

오답 노트

① '-던' 앞에 '입다, 신다, 타다' 등과 같은 동사가 오면 '지금까지 사용한 중고 물건'의 의미를 나타낸다. 이 대화의 대답은 '형의 차를 중고로 받았다.'는 의미인데 '탄 건데'라고 써서 틀렸다. 과거의 사실에 대해 말할 때 '-(으)ㄴ + N'도 쓸 수 있지만 이것은 과거의 단순한 행동을 나타낼 때만 사용한다.

② '-던'은 과거의 행동이 완료되지 않고 중단된 것을 회상해서 말할 때도 사용한다. 그런데 이 문장에서는 '아직 끝내지 않은 일을 다 끝내자.'라는 의미인데 '했던'이라고 틀리게 썼다. '-았/었던'은

과거에 완료된 행동이나 상태를 회상해서 말할 때 사용한다.

③ '-던'은 과거의 어느 기간 동안 반복된 행동이나 상태가 현재까지 지속되고 있음을 나타낸다. 그런데 이 문장에는 '지금'이 있으므로 단절의 의미가 있는 '사귀었던'으로 쓰면 맞지 않다. '-던'과 '-았/었던'은 의미가 다르므로 구별해서 사용해야 한다.

❷ -았/었던

문법 공부

(1) 이 표현은 어떤 상황이나 행동이 이미 과거에 완료되어 현재까지 지속되지 않음을 나타낼 때 사용한다.

(2) 이 표현의 형태 정보는 다음과 같다. ▶ p.208

(3) 이 표현은 형용사와 함께 사용하면 과거와 현재의 상태가 다를 때, 혹은 과거의 상태가 현재까지 지속될 때 사용할 수 있다.

(4) 이 표현은 과거 회상의 의미가 있는 '-던'과 다음과 같은 의미의 차이가 있다.

-았/었던	-던
과거에 완료됨 / 현재와 단절됨 : 경험이 일회적이었음에 초점을 둠.	과거에 자주 함 - 현재도 계속 될 수 있음 : 경험이 많았음에 초점을 둠.

오답 노트

① '-았/었던'은 과거의 경험이 한두 번 정도로 끝났을 때 사용한다. 이 대화의 대답에서 '작년 여름에 간 동해'는 한 번 한 경험인데 '가던'이라고 잘못 썼다. '-던'은 과거에 자주 경험한 일을 말할 때 쓰기 때문에 일회성의 의미가 있을 때는 사용하지 않는다.

② '-았/었던'은 과거에 완료된 일을 회상해서 말할 때 사용한다. 그런데 이 문장에서는 '헤어지는'이라고 써서 문법에 어긋났다. 완료의 의미가 포함되어 있는 '헤어지다, 잊어버리다, 잃어버리다'와 같은 동사는 '-았/었던'이나 단순한 과거를 나타내는 '-(으)ㄴ'과 함께 사용해야 한다.

③ 'A-았/었던'은 과거와 현재의 상태가 달라졌거나 과거의 상태가 현재와 단절될 때 사용한다. 그런데 이 문장에서는 '작은'이라고 써서 틀렸다. 'A-(으)ㄴ'은 달라진 상태를 표현할 때는 쓸 수 없다.

❸ -던데

문법 공부

(1) 이 표현은 말하는 사람이 선행절에서 경험하여 알고 있는 일들이 후행절의 배경이나 상황이 될 때 사용한다.

(2) 이 표현의 형태 정보는 다음과 같다. ▶ p.210

(3) 이 표현은 말하는 사람이 경험한 일이나 상황과 반대되는 내용을 이야기할 때도 사용한다.

(4) 이 표현은 'A/V-았/었던데'와 같이 과거로 쓸 수 있다. 이때 동사는 말하는 사람이 어떤 일이 완료된 결과를 보고 말할 때 사용하며 형용사는 말하는 사람이 과거와 현재의 상황이 달라진 것을 알게 되었을 때 사용한다.

(5) 이 표현의 후행절에는 다음과 같은 표현이 온다.

① '-던데'는 말하는 사람이 과거에 직접 경험한 것을 말할 때 쓴다. 그런데 이 문장에서는 '지난주에 경복궁에 가 보니까'로 말하는 사람이 경험한 일을 이야기하는데 '아름다운데'라고 써서 오류 문장이 되었다. '-(으)ㄴ데'는 경험보다는 어떤 일에 대한 일반적인 상황이나 배경을 나타낼 때 사용한다.

② '-던데'는 과거의 경험에 대해서 말할 때 쓴다. 이 대화의 대답에서는 '마을버스가 있었다.'는 과거의 경험을 말하고 있는데 완료형인 '있었던데'라고 잘못 썼다. 'V-았/었던데'는 단순하게 과거임을 나타내는 것이 아니라 말하는 사람이 어떤 일이 완료된 결과를 보고 나서 그것에 대해 이야기하는 것이다.

③ '-던데'의 주어는 주로 2인칭이나 3인칭이 오는데 이 문장에서는 '제가'라고 써서 틀렸다.

❹ -더니

(1) 이 표현은 선행절에서 경험하거나 들은 사실이 원인이 되어서 후행절에서 변화된 결과를 나타낼 때 사용한다.

(2) 이 표현의 형태 정보는 다음과 같다. ▶ p.212

(3) 이 표현은 선행절에서 알던 상황이나 경험이 후행절에서 달라졌을 때도 사용한다.

(4) 이 표현은 선행절에서 경험한 사실이나 상황과 관련하여 그 내용이 후행절에 이어질 때, 혹은 또 다른 사실이나 상황이 더해질 때도 사용한다.

(5) 이 표현은 과거에 한 행동 다음에 나타난 결과를 말하는 '-았/었더니'와 다음과 같은 의미 차이가 있다.

A/V-더니	V-았/었더니
과거에 다른 사람이 한 행동을 본 다음에 나타난 결과를 말함. 주로 2인칭이나 3인칭 주어의 경험에 대해서 말할 때 씀.	과거에 말하는 사람이 한 행동 다음에 나타난 결과를 말함. 동사에만 쓸 수 있으며 주로 1인칭 주어의 경험에 대해서 말할 때 씀.

① '-더니'는 말하는 사람이 경험한 사실이 원인이 되어 후행절에서 그 결과가 나타날 때 사용한다. 그리고 선행절과 후행절의 주어는 2인칭이나 3인칭이다. 그런데 이 대화의 대답에서 선행절과 후행절의 주어가 모두 3인칭인 '리차드'인데 '준비를 했더니'라고 써서 틀린 문장이 되었다.

② '-더니'는 말하는 사람이 과거에 경험한 것을 이야기하기 때문에 후행절에는 미래 시제가 올 수 없는데 이 문장에서는 '오겠습니다.'라고 미래형으로 잘못 썼다.

③ '-더니'는 보통 선행절에 2인칭이나 3인칭 주어와 함께 쓰며, 1인칭 주어를 사용하는 경우는 자신의 기분이나 몸 상태를 말할 때만 가능하다. 그런데 이 문장에서는 '내가'라고 써서 오류 문장이다.

⟨14⟩ 수단·기준·판단 Methods·Standards·Judgments

❶ 에 따르면

(1) 이 표현은 명사에 붙어서 해당 분야에 전문적인 지식이 있거나 믿을 만한 사람한테 들은 것을 인용할 때 혹은 정보를 얻게 된 곳의 출처를 근거로 제시할 때 사용한다.

(2) 이 표현의 형태 정보는 다음과 같다. ▶ p.214

(3) 이 표현은 어떤 사실이나 변화의 기준이 됨을 의미하는 '에 따라서'와 다음과 같은 의미 차이가 있다.

N에 따르면	N에 따라서
정보의 출처 +에 따르면	기준 +에 따라서 결과 기준 때문에 → 결과가 제한됨

① '에 따르면'은 정보를 얻는 출처를 나타낼 때 사용한다. 그런데 이 문장에서는 '예방 주사를 맞아야 한다.'는 정보를 '뉴스'에서 알게 된 것인데 '뉴스에 따라서'라고 잘못 썼다. '에 따라서'는 제시된 기준 때문에 후행절의 결과에 제한을 받을 때 사용한다.

② '에 따르면'의 후행절은 인용문 현재형으로 써야 한다. 그런데 이 문장에서는 '넘을 것이라고 했다.'라고 과거로 써서 틀린 문장이 되었다. 정보를 듣거나 본 것이 과거여도 마지막은 '-았/었다고 하다'처럼 항상 현재형으로 끝난다는 것을 기억해야 한다.

③ '에 따르면'은 보통 뉴스나 신문 기사, 조사 자료를 바탕으로 정보의 출처를 제시하기 때문에 후행절에는 인용 표현이 와야 한다. 그런데 이 대화의 대답에서는 인용 표현 없이 '나빠지고 있어요.'라고 써서 틀렸다.

❷ 에 대해(서)

(1) 이 표현은 명사에 붙어서 이 명사가 다음에 나오는 내용의 대상이 될 때 사용한다.

(2) 이 표현의 형태 정보는 다음과 같다. ▶ p.216

(3) 이 표현은 '에 대하여'나 '에 관하여' 그리고 '에 관해'와 바꿔 쓸 수 있다.

(4) 이 표현은 말하는 대상으로 삼을 때 사용하기 때문에 보통 'N에 대해서 V'의 형태로 쓴다. 이때 'N에 대해서'라고 표현하면 말하는 대상과 관련하여 구체적인 내용이 포함됨을 의미한다.

(5) 이 표현 다음에는 항상 동사가 오며 이 표현 뒤에 명사가 오면 '에 대한 N'의 형태로 쓴다.

(6) 이 표현의 후행절에는 주로 다음과 같은 동사가 온다.

① '에 대해서' 다음에는 동사가 온다. 그런데 이 대화의 대답에서

는 '발표해요'로 뒤에 동사가 있는데 '문화에 대한'이라고 써서 틀렸다. '에 대한' 다음에는 명사가 온다.

② '에 대해서'는 말하는 대상과 관련해 그 대상이 구체적으로 포함하고 있는 내용이 무엇인지 나타낼 때 사용한다. 그런데 첫 번째 문장에서 '설명할 지진의 내용이 발생 원인, 대안책 등'으로 구체적임을 말했기 때문에 '지진을'이라고 쓰면 맞지 않다.

③ '에 대해서' 다음에는 '알다, 모르다, 생각하다, 이야기하다' 등과 같은 동사가 주로 온다. 그런데 이 문장에서 '잘 못해요.'라고 잘못 썼다.

❸ 을/를 통해(서)

문법 공부

(1) 이 표현은 명사에 붙어서 어떤 물건이나 사람을 매개로 함을 나타낼 때 사용한다.

(2) 이 표현의 형태 정보는 다음과 같다. ▶ p.218

(3) 이 표현은 어떤 과정이나 경험을 거치게 됨을 나타낼 때도 사용한다.

(4) 이 표현은 '을/를 통하여' 혹은 이를 줄여서 '을/를 통해'로도 쓸 수 있다.

(5) 이 표현의 후행절에는 다음과 같은 표현이 올 수 있다.

오답 노트

① '을/를 통해서'는 어떤 물건이나 사람을 매개로 할 때 쓴다. 이 대화의 대답에서는 집을 구하는 매개 역할을 '부동산'이 하는데 '부동산으로'라고 써서 오류 문장이다. '(으)로'는 수단이나 방법을 나타낼 때 사용한다.

② '을/를 통해서' 앞에는 명사가 붙는데 이 문장에서는 '대화할 통해서'라고 잘못 썼다. 이 표현 앞에 동사를 붙이고 싶으면 'V-는 것을 통해서'라고 쓰면 된다.

③ '을/를 통해서'는 어떤 과정이나 경험을 거치게 됨을 나타낼 때도 쓰는데 이때 후행절의 내용에는 주로 변화된 상황이 온다. 이 문장에서는 사진 동호회 활동 경험 때문에 사진작가가 되고 싶다는 꿈을 꾸게 됐는데 '꾼다.'라고 써서 틀렸다.

06 종결 어미
Final Endings

본 장에서는 한국어의 종결 어미에 대해서 공부할 것이다. 종결 어미란 한 문장을 끝맺는 기능을 하는 어미로 문장을 끝내는 기능, 문장의 종류에 관한 정보를 표시하는 기능, 상대 높임법을 표시하는 기능, 말하는 사람의 심리적인 태도를 나타내는 기능이 있다. 종결 어미는 하나의 문장을 끝맺으면서 말하는 이의 태도에 따라 평서문(서술문) · 의문문 · 명령문 · 청유문 · 감탄문 어미로 나눈다. 평서문은 사실에 대한 인식 내용을 진술, 서술하는 문장이며 의문문은 어떤 사실에 대해 알고 싶어서 듣는 사람에게 정보의 제공을

요구하는 것으로, 듣는 사람에게 판단의 맞고 틀린 것이나 설명을 요구하는 문장이다. 명령문은 말하는 사람이 듣는 사람으로 하여금 말하는 사람의 뜻대로 행동해 줄 것을 요구하는 문장으로 주어는 언제나 2인칭이며 동사의 현재 표현만 사용할 수 있다. 청유문은 듣는 사람에게 어떤 행동을 말하는 사람과 함께 할 것을 제안하거나 요청하는 문장이며 감탄문은 말하는 사람이 감탄 또는 감정을 나타내는 문장이다.

〈1〉 제안 Suggestions

❶ -(으)ㄹ까요? ①

문법 공부

(1) 이 표현은 동사와 함께 쓰여 상대방에게 어떤 것을 제안할 때 사용한다.

(2) 이 표현의 형태 정보는 다음과 같다. ▶ p.224

(3) 이 표현은 제안을 나타내는 '-(으)ㄹ래요?'와 큰 차이 없이 바꾸어 쓸 수 있다.

(4) 이 표현은 상대방의 생각을 확인하고 허락을 구할 때도 사용할 수 있는데 이때의 주어는 '나'가 되며 '나'는 생략할 수 있다.

(5) 이 표현은 의미에 따라 다음과 같이 대답이 달라진다.

상대방에게 제안할 때	상대방의 생각을 확인하거나 허락을 구할 때
가: (우리) V-(으)ㄹ까요?	가: (제가) V-(으)ㄹ까요?
나: 네, V-(으)ㅂ시다 V-아/어요	나: 네, V-(으)세요 V-아/어요

오답 노트

① 상대방의 생각을 확인하고 허락을 구할 때는 '-(으)ㄹ까요?'를 써야 한다. 그런데 이 대화의 질문은 '내가 돈을 빌려주고 싶은데 어때요?'라는 의미인데 '빌려줄래요?'라고 잘못 썼다. 상대방에게 어떤 것을 제안할 때만 '-(으)ㄹ까요?'와 '-(으)ㄹ래요?'를 바꾸어 쓸 수 있다.

② 'ㄹ' 받침이 있는 동사 뒤에 '-(으)ㄹ까요?'를 붙일 때는 'ㄹ' 받침이 있으니까 '까요?'만 붙이게 되는데 이 문장에서는 '열을까요?'라고 틀리게 썼다.

③ 상대방에게 제안하는 '-(으)ㄹ까요?'에 대한 대답으로는 평서형이나 청유형을 사용한다. 그런데 이 대화의 질문에서 '지하철을 타고 가자.'고 제안하고 있는데 '만날 거예요.'라고 잘못 대답했다. '-(으)ㄹ 거예요'는 미래에 일어날 일이나 행동을 나타낼 때 사용한다.

❷ -(으)ㄹ래요?

문법 공부

(1) 이 표현은 동사 뒤에 붙어 상대방에게 어떤 것을 제안할 때 사용한다.

(2) 이 표현의 형태 정보는 다음과 같다. ▶ p.226

(3) 이 표현은 다른 사람에게 부탁하거나 부드럽게 명령할 때도 사용할 수 있다. 이때는 '-아/어 주세요'와 큰 차이 없이 바꾸어 쓸 수 있다.

(4) 이 표현은 주로 구어에서 사용하며, 어떤 것을 제안하거나 의견을 물어볼 때 윗사람에게 사용하면 실례가 된다.

(5) 이 표현은 의미에 따라 다음과 같이 대답이 달라진다.

상대방에게 제안할 때	부탁/명령할 때	의견을 물어볼 때
가: V-(으)ㄹ래요?	가: V-(으)ㄹ래요?	가: V-(으)ㄹ래요?
나: 네, V-(으)ㅂ시다 V-아/어요	나: 네, V-(으)ㄹ게요	나: 네, V-(으)ㄹ게요 V-(으)ㄹ래요

오답 노트

① 상대의 생각이나 의견을 물을 때는 '-(으)ㄹ래요?'를 써야 한다. 그런데 '이 볼펜을 쓰는 게 어때요?'라고 빌 씨의 의견을 묻는 문장인데 '쓸까요?'라고 잘못 말했다. '-(으)ㄹ까요?'를 1인칭 주어와 함께 쓰면 말하는 사람이 상대방에게 허락을 구하는 의미이다.

② 상대방에게 어떤 것을 제안할 때는 '-(으)ㄹ래요?'와 '-지 않을래요?'를 모두 쓸 수 있다. 그런데 이 대화의 대답에서는 '가지 않을까요?'라고 표현해서 틀렸다. 제안이나 허락을 구하는 의미로 '-(으)ㄹ까요?'를 사용할 때는 부정형으로 사용하지 않는다.

③ '-(으)ㄹ래요?'를 사용하여 제안하거나 의견을 물어볼 때 윗사람에게 사용하면 실례가 된다. 그런데 이 문장에서는 질문의 대상이 사장님인데 '앉을래요?'라고 써서 틀린 문장이 되었다.

〈2〉 계획 · 의도 Plans · Intentions

❶ -기로 하다

문법 공부

(1) 이 표현은 동사 뒤에 붙어 어떤 일을 결정하거나 결심할 때, 또는 약속할 때 사용한다.

(2) 이 표현의 형태 정보는 다음과 같다. ▶ p.228

(3) 이 표현은 다음과 같은 동사와 함께 쓸 수 있다

(4) 이 표현 앞에 '-았/었-'이나 '-겠-'은 올 수 없다.

(5) 이 표현이 약속의 의미로 사용될 때 '-(으)ㄹ게요'와 다음과 같은 의미 차이가 있다.

V-기로 하다	V-(으)ㄹ게요
지금 약속을 할 때 혹은 다른 약속이 있음을 알릴 때 사용함.	말하는 사람이 약속을 하면서 꼭 그렇게 하겠다는 의지를 나타낼 때 사용함.

오답 노트

① '-기로 하다'는 어떤 일을 할 것을 결정하거나 결심할 때, 약속할 때 사용한다. 그런데 이 대화의 대답에서는 장소를 학교 앞 식당으로 결정했는데 '할게요.'라고 써서 틀렸다. '-(으)ㄹ게요'는 1인칭

주어만 사용하며 내 의지, 결심, 약속을 말할 때 사용한다.

② '-기로 하다' 앞에 '-았/었-'이나 '-겠-'은 올 수 없다. 그런데 이 문장에서는 '공부하겠기로 했습니다.'라고 잘못 썼다.

③ '-기로 하다'에서 '하다' 대신에 '결정하다/결심하다/약속하다'를 쓸 수 있다. 그런데 이 문장에서는 '결정했어요.' 앞에 '-기로'가 아닌 '먹은 결정했어요.'라고 틀리게 썼다.

❷ -(으)려고 하다

문법 공부

(1) 이 표현은 동사 뒤에 붙어 어떤 행동을 할 의도나 계획이 있음을 나타낼 때 사용한다. 이때는 주어에 사람만 쓸 수 있다.

(2) 이 표현의 형태 정보는 다음과 같다. ▶ p.230

(3) 이 표현은 어떤 일이 곧 일어나거나 시작될 것 같음을 나타낼 때도 쓸 수 있다. 이때에는 주어로 사람이나 사물을 모두 쓸 수 있다.

(4) 이 표현의 과거는 '-(으)려고 했다'이며 과거에 할 의도나 계획이 있었지만 못 했음을 나타낼 때 사용한다.

(5) 이 표현은 미래를 나타내는 '-(으)ㄹ 거예요'와 다음과 같은 의미 차이가 있다.

V-(으)려고 하다	V-(으)ㄹ 거예요
아직 구체적인 계획은 없고 어떤 것을 할 의도만 있음.	이미 계획을 세웠으며 구체적으로 무엇을 할지 정했음.

오답 노트

① '-(으)려고 하다'는 화자의 과거의 의도를 나타낼 때는 '-(으)려고 했다'로 사용한다. 그런데 이 문장에서는 '갈 거예요'라고 써서 오류 문장이 되었다. '-(으)ㄹ 거예요'는 미래의 사실에 대한 계획을 말할 때만 사용하기 때문에 과거에 대해서는 말할 수 없다.

② '-(으)려고 하다'는 화자의 의도를 나타내기 때문에 후행절에 명령형이나 청유형은 올 수 없다. 그런데 이 문장에서는 '하지 않으려고 합시다.'라고 써서 틀렸다.

③ '-(으)려고 하다'를 말할 때 '-(으)려고 하다'에 'ㄹ'을 첨가하여 발음을 잘못 하는 경우가 있다. 그래서 이 대화의 대답에서도 '퇴근할려고 해요.'라고 잘못 썼다. 한국 사람들도 가끔 'ㄹ'을 첨가하여 발음하는 경우가 있는데 이것은 표준어가 아니므로 주의해야 한다.

〈3〉 진행 Progress

❶ -고 있다 ①

문법 공부

(1) 이 표현은 동사 뒤에 붙어 어떤 행동이 지속되고 있음을 나타낼 때 사용한다.

(2) 이 표현의 형태 정보는 다음과 같다. ▶ p.234

(3) 이 표현을 높임말로 쓸 때는 '-고 계시다'를 사용한다.

(4) 이 표현은 '-는 중이다'와 큰 차이 없이 바꾸어 쓸 수 있지만 자

연 현상에 대해서 이야기할 때는 '–고 있다'만 사용한다.

(5) 이 표현 앞에는 시제를 나타내는 '–았/었–'이나 '–겠–'을 사용하지 않는다.

오답 노트

① 어떤 행동이 지속되고 있음을 나타낼 때는 '–고 있다'를 써야 한다. 그런데 이 문장은 '2년 전부터 지금까지 계속 서울에 살아요.'라는 의미인데 '살아 있어요'라고 잘못 썼다. '–고 있다'는 행동의 지속을 나타내지만 '–아/어 있다'는 상태의 지속을 나타내는데 두 표현을 헷갈리는 경우가 많으므로 조심해야 한다.

② '–고 있다'는 동사와 함께 사용해야 하는데 이 대화의 대답에서는 형용사 '바쁘다' 뒤에 '–고 있다'를 붙여 '바쁘고 있을 테니까'라고 틀리게 썼다. '피곤하다', '행복하다', '바쁘다', '아프다'와 같이 말하는 사람의 감정이나 상태를 나타내는 형용사를 동사로 착각하여 '–고 있다'와 함께 쓰는 경우가 많으므로 주의해야 한다.

③ 동사의 지속을 나타내는 '–고 있다'와 '–는 중이다'는 대부분의 경우 바꾸어 쓸 수 있지만 자연 현상에 대해서 이야기할 때는 '–고 있다'만 쓸 수 있다. 그런데 이 문장에서는 '내리는 중이에요.'라고 써서 틀린 문장이 되었다.

❷ –는 중이다

문법 공부

(1) 이 표현은 동사 뒤에 붙어 일정한 시간 동안 동작이 진행됨을 나타낼 때 사용한다.

(2) 이 표현의 형태 정보는 다음과 같다. ▶ p.236

(3) 이 표현은 다음과 같이 일정한 시간 동안 진행되는 의미를 가진 명사와 함께 사용할 때는 'N 중이다'의 형태로 쓸 수 있다.
 ① '식사하다', '운전하다', '여행하다'와 같이 'N + 하다'의 형태로 쓸 수 있는 것도 'N 중이다'로 바꾸어 쓸 수 있다.
 ② '전화하다', '일하다'는 다음과 같이 바꾸어 써야 한다.

(4) 이 표현은 보통 종결어미로 사용하지만 '–는 중에', '–는 중이니까', '–는 중이어서'처럼 연결어미로도 사용할 수 있다.

(5) 이 표현은 '바쁘다', '슬프다', '아프다'와 같은 형용사와 함께 사용할 수 있다.

(6) 이 표현은 '죽다', '(시험에) 떨어지다', '도착하다', '다치다', '빠지다'와 같이 동작이 순간적으로 일어나는 동사와는 함께 사용할 수 없다.

오답 노트

① 일정한 시간동안 동작이 진행됨을 나타낼 때는 '–는 중이다'를 써야 한다. 그런데 이 대화의 대답은 '나는 지금 영어 학원에 가고 있다.'의 의미인데 '가 있다'라고 잘못 썼다. '–아/어 있다'와 이동의 의미가 있는 동사 '가다', '오다'와 함께 쓰면 가거나 오는 행동이 끝난 후에 그 상태가 유지되고 있음을 나타낸다.

② '전화하다', '일하다'에 'N 중이다'를 붙이고 싶으면 '통화 중이다', '근무 중이다'로 바꾸어야 한다. 그런데 이 문장에서는 '일 중이에요.'라고 잘못 썼다.

③ '–는 중이다'는 '죽다', '다치다', '도착하다'와 같이 동작이 순간적으로 일어나는 동사와는 쓸 수 없는데 이 문장에서는 '도착하는 중이에요.'라고 틀린 표현을 사용했다.

❸ –아/어 가다/오다

문법 공부

(1) 이 표현은 동사 뒤에 붙어 어떤 동작이나 상태가 계속 유지되는 것을 나타낼 때 사용한다. '–아/어 오다'는 과거에서 현재에 이를 때, '–아/어 가다'는 현재에서 미래로 진행될 때 쓴다.

(2) 이 표현의 형태 정보는 다음과 같다. ▶ p.238

(3) 이 표현은 '밝다', '아프다', '가깝다'와 같은 일부 형용사와 함께 쓰여 상태의 진행이나 변화를 나타내기도 한다.

(4) 이 표현은 시제에 따라 다음과 같은 형태로 쓸 수 있다.

＊ '목적지에 거의 다 도착했다.'라는 표현은 관용적으로 '다 와가요.'라고 쓴다.

오답 노트

① 어떤 동작이나 상태를 유지하면서 과거에서 현재에 이를 때는 '–아/어 오다'를 써야 한다. 이 문장은 노래를 잘해서 과거부터 현재까지 '칭찬받는 것이 계속되었다.'라는 의미인데 '받고 왔다'라고 잘못 썼다. '–고 오다/가다'는 선행절의 동작이 끝난 상태에서 오거나 감을 나타낸다.

② 이 표현은 현재를 중심으로 '–아/어 오다'와 '–아/어 가다'를 구분해서 사용해야 한다. 이 문장은 '20년 전부터 현재까지 동작이 유지됨'을 나타내고 있는데 '일해 가셨어요.'라고 써서 틀렸다.

③ '–아/어 오다'는 과거로부터 시작해서 현재에 가까워질 때 사용한다. 그래서 'N부터 (N까지)'와 같이 기간을 나타내는 표현과 함께 써야 하는데 이 대화의 대답에서는 '5개월 전에'로 틀린 표현을 사용했다.

〈4〉 경험 Experiences

❶ –아/어 보다

문법 공부

(1) 이 표현은 동사 과거 형태로 쓰여 과거에 어떤 일을 경험했음을 나타낼 때 사용한다.

(2) 이 표현의 형태 정보는 다음과 같다. ▶ p.240

(3) 이 표현을 현재 형태로 사용하면 어떤 행동을 시도한다는 의미가 있다.

(4) 이 표현은 말하는 사람이 자신의 의지로 경험한 일에 대해서만 쓸 수 있다. 그래서 '사고가 나다', '다치다', '잃어버리다', '잊어버리다'와 같이 말하는 사람의 의지를 표현할 수 없는 동사와는 함께 사용할 수 없다.

(5) 이 표현의 부정은 '안 –아/어 봤다' 혹은 '못 –아/어 봤다'의 형태로 사용하며 '–지 않아 봤다'는 사용하지 않는다.

(6) 이 표현 앞에는 시제를 나타내는 '–았/었–'이나 '–겠–'을 사용

하지 않는다.

① 과거에 어떤 일을 경험했음을 나타낼 때는 '-아/어 봤다'를 써야 한다. 그런데 이 대화의 대답에서 '전주에 간 경험'에 대해서 이야기하고 있는데 '가는데'라고 잘못 썼다. '-(으)ㄴ데/-는데'는 후행절에 대한 상황이나 배경을 설명할 때 사용한다.

② '-아/어 봤다'의 부정은 '안 -아/어 봤다' 또는 '못 -/어 봤다'로 써야 한다. 그런데 이 문장에서는 '하지 않아 봤어요.'라고 부정형을 잘못 사용했다. 무조건 '안'과 '-지 않다'를 바꾸어 쓸 수 있다고 생각하고 '-지 않아 봤어요'로 쓰는 경우가 있으므로 주의해야 한다.

③ '-아/아 보다' 앞에는 시제를 나타내는 '-았/었-'이나 '-겠-'을 붙이지 않는다. 그런데 이 문장에서는 '-았/었-'을 붙여 '갔어 본'이라고 써서 틀린 문장이 되었다.

❷ -(으)ㄴ 적이 있다/없다

(1) 이 표현은 동사 뒤에 붙어 과거에 어떤 경험을 했거나 하지 않았음을 나타낸다. 경험을 했으면 '-(으)ㄴ 적이 있다', 경험을 안 했으면 '-(으)ㄴ 적이 없다'를 쓴다.

(2) 이 표현의 형태 정보는 다음과 같다. ▶ p.242

(3) 이 표현은 일상적으로 자주 반복되는 일에 사용하면 어색하다.

(4) 이 표현은 '-아/어 보다'와 함께 '-아/어 본 적이 있다/없다'의 형태로 쓰여 어떤 경험을 하려고 시도해 본 일이 있거나 없음을 강조해서 나타내기도 한다.

(5) 이 표현은 경험했음을 나타내는 '-아/어 봤다'와 다음과 같은 의미 차이가 있다.

-(으)ㄴ 적이 있다/없다	-아/어 봤다
우연히 하게 된 경험이나 말하는 사람이 의지로 한 경험 모두에 대해 쓸 수 있음.	우연한 경험보다는 자신의 의지로 한 경험에 대해서만 사용함.

① 우연히 경험한 일에 대해서 이야기할 때는 '-(으)ㄴ 적이 있다/없다'를 사용해야 한다. 그런데 이 대화의 질문에서는 '휴대폰을 잃어버린 경험'에 대해 묻고 있는데 '잃어버려 봤어요.'라고 틀린 표현을 사용했다. '-아/어 봤다'도 경험을 나타내지만 자신의 의지로 한 경험에 대해서만 써야 한다.

② '-(으)ㄴ 적이 있다/없다'는 받침이 있으면 '-은 적이 있다/없다', 없으면 '-ㄴ 적이 있다/없다'를 써야 한다. 그런데 이 문장에서는 '울리는 적이 있다'라고 잘못 썼다.

③ '-(으)ㄴ 적이 있다/없다'는 일상적으로 일어나는 일에 사용하면 어색하다. 이 문장에서는 '화장실 청소를 했어요.'라고 써야 알맞다.

〈5〉 가능성 · 능력 Potential · Abilities

❶ -(으)ㄹ 수 있다/없다

(1) 이 표현은 동사 뒤에 붙어 어떤 일에 대한 능력이나 어떤 일이 생길 가능성이 있거나 없을 때 사용한다.

(2) 이 표현의 형태 정보는 다음과 같다. ▶ p.246

(3) '-(으)ㄹ 수 없다'는 '못'이나 '-지 못하다'와 바꿔 쓸 수 있다.

(4) 이 표현의 과거는 '-(으)ㄹ 수 있었다/없었다', 미래와 추측은 '-(으)ㄹ 수 있을 것이다/없을 것이다'로 쓴다.

(5) 이 표현은 능력의 의미가 있는 '-(으)ㄹ 줄 알다/모르다'와 다음과 같은 의미 차이가 있다.

V-(으)ㄹ 수 있다/없다	V-(으)ㄹ 줄 알다/모르다
① 어떤 것을 할 수 있는 능력. ② 가능한 상황.	어떤 일을 하는 방법을 배우거나 익혀서 갖게 된 능력.

① '-(으)ㄹ 수 있다/없다'는 어떤 일에 대한 능력이나 가능성을 나타낼 때 사용한다. 그런데 이 문장에서는 '운전할 줄 몰라요.'라고 잘못 썼다. '-(으)ㄹ 줄 알다/모르다'는 어떤 일을 하는 방법을 배우거나 익혀서 갖게 된 능력은 되지만 가능성에 대해서 말할 때는 사용할 수 없다.

② 능력이나 가능성이 없음을 나타내는 부정 표현에는 '-(으)ㄹ 수 없다'와 '못' 그리고 '-지 못하다'가 있다. 그런데 이 대화의 대답에서는 '-(으)ㄹ 수 없다'와 '-지 못하다'를 섞어서 '이해할 수 못해요.'라고 써서 틀렸다.

③ '-(으)ㄹ 수 있다/없다'의 과거형은 '-(으)ㄹ 수 있었다/없었다'이다. 그런데 이 문장에서는 '첬을 수 있어요.'라고 써서 오류 문장이 되었다. '-(으)ㄹ 수 있다/없다' 앞에는 '-았/었-'이나 '-겠-'이 올 수 없다.

❷ -(으)ㄹ 줄 알다/모르다

(1) 이 표현은 어떤 일을 하는 방법이나 능력을 나타낼 때 사용한다. 방법을 알거나 능력이 있을 때는 '-(으)ㄹ 줄 알다'를, 방법을 모르거나 능력이 없을 때는 '-(으)ㄹ 줄 모르다'를 사용한다.

(2) 이 표현의 형태 정보는 다음과 같다. ▶ p.248

(3) 이 표현은 후행절에 명령형이나 청유형을 사용할 수 없다.

① '-(으)ㄹ 줄 모르다'는 방법을 모르거나 능력이 없음을 나타낼 때 사용한다. 그런데 이 문장에서 방법을 모른다는 의미가 있는 '어떻게 -(으)ㄴ/는지 모르다'와 '-(으)ㄹ 줄 모르다'를 혼용해서 '어떻게 탄 줄 몰라서'라고 틀리게 썼다. '-(으)ㄴ/는지 알다/모르다'는 앞에 '누가, 어디, 어떻게' 등과 같은 의문사와 함께 쓰여 어떤 사실에 대해 알거나 모르는 것을 나타낼 때 사용한다.

② '방법이나 능력을 나타내는 '-(으)ㄹ 줄 알다/모르다'의 형태로 써야 한다. 그런데 이 대화의 대답에서는 '보낸 줄 몰라서'라고 잘

못 썼다.

③ '-(으) 줄 알다/모르다'는 명령형이나 청유형은 사용할 수 없으며 평서형이나 의문형만 사용한다. 그런데 이 문장에서 명령형인 '걸 줄 아십시오.'라고 써서 틀렸다.

〈6〉 의무·허락·금지 Obligations · Permissions · Prohibitions

❶ -아/어야 하다

[문법 공부]

⑴ 이 표현은 어떤 행동을 하거나 어떤 상태가 될 필요가 있을 때 혹은 의무가 있음을 나타낼 때 사용한다.

⑵ 이 표현의 형태 정보는 다음과 같다. ▶ p.250

⑶ 이 표현의 부정은 'A-지 않아야 하다', 'V-지 말아야 하다'의 형태로 사용하고 명사에는 'N이/가 아니어야 하다'를 붙인다.

⑷ 이 표현의 과거는 '-아/어야 했다', 미래나 추측은 '-아/어야 할 것이다'로 쓴다.

[오답 노트]

① 어떤 행동을 하거나 어떤 상태가 될 필요가 있을 때 혹은 의무가 있을 때는 '-아/어야 하다'를 써야 한다. 그런데 이 대화의 대답에서는 한국어로 사과할 때 써야 하는 표현을 이야기하고 있는데 '말해도 되는데'라고 적절하지 않은 문형을 사용했다. '-아/어도 되다'는 어떤 행동을 허락할 때 쓴다.

② '-아/어야 하다'의 과거 시제를 나타낼 때는 '-아/어야 했다'로 써야 하는데 이 문장에서는 '했어야 해요.'라고 잘못 썼다. '-았/었어야 하다'는 어떤 행동을 해야 할 필요가 있었지만 하지 않았기 때문에 후회하거나 아쉬움을 나타낼 때 사용한다.

③ '-아/어야 하다'는 부정형을 만들 때 '못 -아/어야 하다'는 쓸 수 없는데 이 문장에서는 '못 해야 해요.'라고 써서 틀렸다.

❷ -아/어도 되다

[문법 공부]

⑴ 이 표현은 어떤 행동을 허락하거나 어떤 상태를 승인함을 나타낼 때 사용한다.

⑵ 이 표현의 형태 정보는 다음과 같다. ▶ p.252

⑶ 이 표현은 '되다' 대신 '좋다', '괜찮다', '상관없다'도 쓸 수 있다.

⑷ 이 표현은 상대방에게 허락을 받고 싶을 때도 사용할 수 있는데 이때는 다음과 같은 형태로 쓴다.

⑸ 이 표현은 '-아/어야 되다'와 함께 쓰여 필요나 의무가 있음을 나타낼 수도 있는데 이때는 다음과 같은 형태로 쓴다.

[오답 노트]

① 어떤 행동을 허락하거나 상태를 승인할 때는 '-아/어도 되다'를 써야 한다. 그런데 이 문장은 '외국어를 배울 때 실수를 하는 것은 당연하다. 그래서 괜찮다.'라는 의미인데 '하면 괜찮아요.'라고 잘못 썼다. '-(으)면 되다'는 어떤 행동을 하거나 어떤 상태가 되면 문제

가 없음을 나타낼 때 사용한다.

② '-아/어도 되다'는 미래 시제를 나타내는 '-겠-'과 함께 사용할 수 없는데 이 대화의 대답에서 '타겠어도 돼요.'라고 써서 오류 문장이 되었다.

③ 어떤 일을 해야 할 필요나 의무가 있냐는 질문에 대해 해야 할 필요나 의무가 없다고 대답할 때는 '안 -아/어도 되다'나 '-지 않아도 되다'를 써야 한다. 그런데 이 대화의 대답에서는 '안 입어야 돼요.'라고 틀리게 썼다.

❸ -(으)면 안 되다

[문법 공부]

⑴ 이 표현은 어떤 행동을 하거나 어떤 상태가 되면 안 된다는 금지의 의미를 나타낼 때 사용한다.

⑵ 이 표현의 형태 정보는 다음과 같다. ▶ p.254

⑶ 이 표현은 1인칭 주어와 함께 의문형으로 사용하여 상대방에게 허락을 구하는 의미로 사용할 수 있는데 이때는 다음과 같은 형태로 쓴다.

⑷ 이 표현이 '-지 않으면 안 되다'의 형태로 쓰이면 꼭 해야 하는 행동이나 상황을 강조하는 의미가 된다.

⑸ 이 표현 앞에는 시제를 나타내는 '-았/었-'이나 '-겠-'을 사용하지 않는다.

[오답 노트]

① 상대방의 허락을 구하는 질문에 대한 부정의 대답은 '-(으)면 안 되다'를 써야 한다. 그런데 이 대화의 대답에서는 '키워도 안 돼요.'라고 잘못 썼다. 허락을 해 줄 때 '-아/어도 되다'를 사용하기 때문에 이것의 부정으로 '-아/어도 안 되다'라고 쓰는 경우가 많으므로 주의해야 한다.

② '-(으)면 안 되다' 앞에는 시제를 나타내는 표현이 올 수 없고 금지하는 내용에 대한 추측을 나타낼 때는 '-(으)면 안 될 거예요'의 형태로 써야 한다. 그런데 이 대화의 대답에서는 '찍겠으면 안 돼요.'라고 써서 틀린 문장이 되었다.

③ '-지 않으면 안 되다'는 꼭 해야 하는 필요나 의무를 강조할 때 사용한다. 이 문장은 '그 나라에 가려면 비자를 꼭 받아야 한다.'는 의미인데 '받지 않아서 안 돼요.'라고 써서 오류 문장이 되었다.

〈7〉 의지 Will

❶ -겠어요

[문법 공부]

⑴ 이 표현은 동사 뒤에 붙어 말하는 사람의 의지를 나타낼 때 사용한다.

⑵ 이 표현의 형태 정보는 다음과 같다. ▶ p.258

⑶ 이 표현은 미래나 추측을 나타낼 때도 사용할 수 있으며 일기 예보나 안내 방송에서 자주 사용한다.

⑷ 이 표현은 동사나 형용사에 붙어 말하는 사람의 추측을 나타낼

때도 사용할 수 있다. 이때는 보통 1인칭 주어와는 사용하지 않으며 시제를 나타내는 '-았/었-'이나 높임을 나타내는 '-(으)시-'와 함께 쓸 수 있다.

(5) 이 표현은 다음과 같은 상황에서 관용적으로 사용된다.

상황	표현
첫인사를 할 때	• 처음 뵙겠습니다.
식당에서 손님에게 주문 받을 때	• 뭘 주문하시겠어요?
윗사람에게 외출한다고 이야기할 때	• 다녀오겠습니다.
윗사람의 말에 긍정의 대답할 때	• 알겠습니다.
식사 전에 감사의 인사를 할 때	• 잘 먹겠습니다.

오답 노트

① 식당에서 주문을 받을 때는 관용적으로 '-(으)시겠어요?'를 사용하는데 이 대화의 질문에서는 '주문하실래요?'라고 써서 자연스럽지 않다.

② '-겠-'이 말하는 사람의 의지를 나타내는 대답으로 쓰일 때는 1인칭 주어와 함께 사용해야 한다. 그런데 이 대화의 대답에서는 3인칭 주어인 '클라라 씨가'라고 주어를 잘못 썼다. '-겠-'을 3인칭 주어와 함께 사용하면 말하는 사람의 추측을 나타낸다.

③ 말하는 사람의 의지를 나타낼 때는 '-겠-'을 사용한다. 이 문장은 강조의 의미가 있는 '꼭'을 써서 통역사가 되고 싶다는 강한 의지를 나타내고 있고 '나중에'라는 말도 있는데 '됐습니다.'라고 잘못 썼다.

② -(으)ㄹ게요

문법 공부

(1) 이 표현은 동사 뒤에 붙어 말하는 사람의 의지를 표현하거나 다른 사람에게 꼭 그렇게 하겠다고 약속할 때 사용한다.

(2) 이 표현의 형태 정보는 다음과 같다. ▶ p.260

(3) 이 표현은 다른 사람한테서 요청이나 충고를 들었을 때 앞으로 그렇게 하겠다는 의지나 약속을 표현할 때도 사용한다.

(4) 이 표현은 1인칭 주어와 함께 사용하며 주로 격식적인 상황보다는 비격식적인 상황에서 쓴다.

오답 노트

① 말하는 사람의 의지를 표현하거나 그렇게 하겠다고 약속할 때는 '-(으)ㄹ게요'를 써야 한다. 이 대화의 대답에서는 상대방에게 다음부터는 시간을 지키겠다고 약속하고 있는데 '지키기로 했어요.'라고 잘못 썼다. '-기로 하다'도 결심이나 약속을 나타낼 때 사용하지만 상대방과 대화하기 전에 미리 결심하거나 약속한 일을 이야기할 때 쓴다.

② 상대방에게 약속을 할 때에는 '-(으)ㄹ게요'를 써야 하는데 이 대화의 대답에서는 '도와줄 거예요.'라고 틀린 표현을 사용했다. 보통 미래에 일어날 일이나 행동을 나타낼 때 쓰는 '-(으)ㄹ 거예요 ①'은 상대방과 약속을 하는 상황에서는 쓰지 않는데 습관적으로 사용하는 경우가 많다.

③ 어떤 충고를 듣거나 요청을 받았을 때 긍정적인 대답으로 '-(으)

ㄹ게요'를 써야 한다. 그런데 이 대화에서는 복사를 해 달라는 요청에 대해 긍정적으로 대답을 하고 있는데 '복사해 줄래요.'라고 잘못 썼다. 습관적으로 질문과 대답에 같은 표현을 써서 틀리는 경우가 많으니 주의해야 한다.

③ -(으)ㄹ래요

문법 공부

(1) 이 표현은 동사 뒤에 붙어 말하는 사람의 의지를 표현할 때 사용한다.

(2) 이 표현의 형태 정보는 다음과 같다. ▶ p.262

(3) 이 표현은 1인칭 주어와 함께 사용하며 비격식적인 상황에서 주로 사용한다.

(4) 이 표현은 의문형으로 사용하여 상대방에게 어떤 것을 제안하거나 의견을 물어볼 때도 사용할 수 있다. 이때는 제안의 '-(으)ㄹ까요?'와 큰 의미 차이 없이 바꾸어 쓸 수 있다.

(5) 이 표현은 부드럽게 명령하거나 어떤 일을 부탁할 때도 사용할 수 있다.

오답 노트

① '-(으)ㄹ래요'는 말하는 사람의 의지를 표현할 때 쓴다. 그런데 이 대화의 대답에서는 식사를 하지 않겠다는 자신의 의지를 나타내고 있는데 '먹을게요.'라고 잘못 썼다. '-(으)ㄹ게요'도 말하는 사람의 의지를 나타내지만 다른 사람에게 그렇게 하겠다는 약속을 나타낼 때 사용한다.

② 상대방에게 어떤 일을 제안하거나 의견을 물어볼 때는 '-(으)ㄹ래요'나 '-(으)ㄹ까요?'로 질문한다. 그런데 이 대화의 질문은 내일 영화를 보러 가자고 제안하고 있는데 '갈 거예요?'라고 잘못 썼다. '-(으)ㄹ 거예요 ①'은 미래에 일어날 일이나 행동을 나타낼 때 쓴다.

③ '-(으)ㄹ래요'는 말하는 사람의 의지를 표현하기 때문에 1인칭 주어와 함께 써야 한다. 그런데 이 대화의 대답에서는 주어를 '우리 누나는'이라고 써서 틀렸다.

〈8〉 추측·의문 Assumptions · Doubts

① -(으)ㄹ 거예요 ②

문법 공부

(1) 이 표현은 추측을 표현할 때 사용한다.

(2) 이 표현의 형태 정보는 다음과 같다. ▶ p.264

(3) 이 표현 앞에 과거를 나타내는 '-았/었-'은 사용할 수 있으나 미래를 나타내는 '-겠-'은 사용할 수 없다.

(4) 이 표현은 추측을 나타낼 때 사용하는 '-겠어요'와 다음과 같은 의미 차이가 있다.

-(으)ㄹ 거예요	-겠어요

과거의 경험 혹은 객관적이고 일반적인 사례에 근거하여 추측할 때 사용함.	말하는 당시의 상황이나 상태를 보고 주관적으로 추측할 때 사용함.

오답 노트

① 추측을 표현할 때는 '-(으)ㄹ 거예요'를 사용해야 한다. 그런데 이 문장에서는 보통 추측을 나타낼 때 같이 사용하는 부사 '아마'가 있는데도 '쉴래요.'라고 써서 오류문을 만들었다. '-(으)ㄹ 거예요'가 의지를 나타낼 때는 '-(으)ㄹ래요'와 바꿔서 쓸 수 있는 경우가 있어서 추측을 나타낼 때도 바꿔 쓸 수 있다고 생각하고 잘못 사용하는 경우가 있으므로 주의하기 바란다. '-(으)ㄹ래요'는 말하는 사람의 의사를 표현할 때 사용한다.

② 과거의 경험 혹은 객관적이고 일반적인 사례에 근거하여 추측할 때는 '-(으)ㄹ 거예요'를 사용해야 한다. 그런데 이 문장에서는 집 앞에 있는 약국이 보통 9시에 문을 닫는다는 객관적인 사실이 있는데 약속이나 의지를 나타내는 '살게요.'라고 잘못 썼다.

③ 추측을 나타낼 때 사용하는 '-(으)ㄹ 거예요' 앞에는 과거 표현인 '-았/었-'을 사용할 수 있다. 그런데 이 문장에서는 어제의 일을 이야기하면서 '떠날 거예요.'라고 틀리게 썼다. '-(으)ㄹ 거예요'는 미래와 의지를 나타낼 때는 과거 표현과 함께 사용할 수 없지만 추측을 나타낼 때는 과거 표현과 함께 사용할 수 있음을 기억하기 바란다.

② -(으)ㄹ까요? ②

문법 공부

⑴ 이 표현은 잘 모르는 일이나 아직 일어나지 않은 일에 대해서 말하는 사람이 추측하며 질문할 때 사용하는 표현이다.

⑵ 이 표현의 형태 정보는 다음과 같다. ▶ p.266

⑶ 이 표현은 상대방에게 어떤 것을 제안할 때 사용할 때와 다음과 같은 차이가 있다.

오답 노트

① 잘 모르는 일이나 아직 일어나지 않은 일에 대해서 말하는 사람이 추측하며 질문할 때는 '-(으)ㄹ까요?'를 사용한다. 그리고 이에 대한 대답은 추측의 의미가 있는 '-(으)ㄹ 거예요'로 하는 것이 좋다. 그런데 이 대화에서는 제안을 할 때 사용하는 '-(으)ㄹ까요?'와 헷갈려서 '좋아해요.'라고 대답해서 어색한 대화가 되었다. '-(으)ㄹ까요?'는 의미에 따라 대답이 달라짐을 다시 한 번 확인하기 바란다.

② 추측을 나타낼 때 사용하는 '-(으)ㄹ까요?'는 제안을 나타낼 때 사용하는 경우와 달리 '-(으)ㄹ까요?' 앞에 높임 표현인 '-(으)시-'를 사용할 수 있다. 그런데 이 대화의 질문에서는 주어가 '교수님'인데 '바쁠까요?'라고 잘못 썼다.

③ 추측을 나타낼 때 사용하는 '-(으)ㄹ까요?'는 앞에 시제를 나타내는 '-았/었-'을 쓸 수 있다. 그런데 이 질문에서는 어제의 일을 질문하면서 '이길까요?'라고 써서 오류문을 만들었다. 추측의 의미가 있는 '-(으)ㄹ까요?' 앞에는 과거 표현이 올 수 있다는 것을 기억하기 바란다.

③ -(으)ㄴ/는/(으)ㄹ 것 같다

문법 공부

⑴ 이 표현은 여러 상황을 통해서 과거, 현재 그리고 미래의 일을 주관적으로 추측할 때 사용한다.

⑵ 이 표현의 형태 정보는 다음과 같다. ▶ p.268

⑶ 이 표현이 형용사와 함께 쓰이면 '-(으)ㄴ 것 같다', '-(으)ㄹ 것 같다'로 사용하는데 형태에 따라서 다음과 같은 의미 차이가 있다.

A-(으)ㄴ 것 같다	A-(으)ㄹ 것 같다
확실하고 직접적인 근거로 추측함.	막연하거나 간접적인 근거로 추측함.
: 말하는 사람이 직접 경험한 후에 추측함.	: 말하는 사람이 직접 경험하지 않고 추측함.

⑷ 이 표현은 말하는 사람의 생각을 강하게 말하지 않고 완곡하게 표현할 때도 사용한다.

오답 노트

① '-(으)ㄴ/는 것 같다'는 여러 상황을 통해 개인적으로 추측한 것을 나타낼 때 사용한다. 그래서 자신의 상황에 대해서도 추측해서 말할 수 있다. 그런데 이 문장에서는 말하는 사람이 신어 본 신발 사이즈가 어떤지를 추측해서 말하고 있는데 '작은가 봐요.'라고 써서 틀린 문장이 되었다. '-(으)ㄴ가 보다'는 자신이 경험한 것으로 구체적인 근거가 있을 때만 추측이 가능하기 때문에 보통 자기 자신에 대해 추측할 때는 쓰지 않는다.

② 미래에 대한 추측을 나타낼 때는 'V-(으)ㄹ 것 같다'를 사용한다. 그런데 이 문장에서는 '서두르지 않으면 기차를 놓칠 것이다.'로 추측하고 있는데 과거 표현인 '놓친 것 같으니까'라고 틀리게 썼다.

③ 'V-는 것 같다'의 현재 부정 표현은 'V-지 않는 것 같다'이며 미래 부정 표현은 'V-지 않을 것 같다'이다. 그런데 이 대화의 대답에서는 옷을 입어 본 후에 자신의 모습을 보면서 어울리지 않는다고 완곡하게 표현하고 있는데 '어울리지 않을 것 같아요.'라고 미래형으로 써서 틀렸다.

④ -나 보다

문법 공부

⑴ 이 표현은 어떤 것을 보거나 들은 후에 어떤 행동 혹은 상태를 객관적으로 추측할 때 사용한다.

⑵ 이 표현의 형태 정보는 다음과 같다. ▶ p.270

⑶ 이 표현은 보통 다음과 같은 형태로 사용한다.

⑷ 이 표현은 추측을 나타내는 '-(으)ㄴ/는 것 같다'와 다음과 같은 차이가 있다.

A-(으)ㄴ 가 보다 V-나 보다	A-(으)ㄹ 것 같다
말하는 사람의 직접 경험 (×)	말하는 사람의 직접 경험 (○)
말하는 사람의 간접 경험 (○)	말하는 사람의 간접 경험 (○)

오답 노트

① '-(으)ㄴ가 보다/나 보다'는 어떤 것을 인지하고 그것에 대해 근거를 통해 추측할 때 사용한다. 그런데 이 대화의 대답에서는 '애나 씨가 사흘 동안 학교에 안 왔다.'는 사실을 통해서 '무슨 일이 있다.'고 추측하고 있는데 '있어 보여요.'라고 써서 틀렸다. '-아/어 보이다'는 말하는 사람이 직접 본 것에 대해서만 쓸 수 있다.

② 이 표현은 과거의 일을 추측할 때는 '-았/었나 보다'를 사용한다. 그런데 이 문장에서는 명사 앞에서 과거일 때 사용하는 '-(으)ㄴ + N'와 혼동하여 '난가 봐요.'라고 잘못 썼다.

③ 추측의 근거가 되는 '-(으)ㄹ 걸 보니(까)' 다음에는 보통 '-(으)ㄴ가 보다/나 보다'를 사용한다. 그런데 이 문장에서는 '줄을 많이 서 있는 걸 보니까'가 있는데 추측의 형태가 아닌 '맛있어요.'라고 써서 틀렸다.

❺ -는지 알다/모르다

문법 공부

(1) 이 표현은 어떤 사실을 알고 있는지 확인할 때나 모르는 것에 대한 막연한 의문을 나타낼 때 사용한다.

(2) 이 표현의 형태 정보는 다음과 같다. ▶ p.272

＊이 표현의 과거는 '-았/었는지 알다/모르다'의 형태로 쓴다.

(3) 이 표현은 꼭 다음과 같은 의문사와 함께 사용해야 한다.

(4) 이 표현은 질문에 대한 답을 알 때와 모를 때 다음과 같이 대답이 달라진다.

오답 노트

① 어떤 사실을 알고 있는지 확인할 때나 모르는 것에 대한 막연한 의문을 나타낼 때는 '-(으)ㄴ/는지 알다/모르다'를 사용한다. 그리고 대답에서 '네, 알아요.'라고 했으면 질문에서는 '-(으)ㄴ/는지 알아요?'라고 물어봐야 한다.

② '-(으)ㄴ/는지 알다/모르다'를 사용할 때는 '누가, 어디, 무엇'과 같은 의문사와 함께 써야 한다. 그런데 이 대화의 질문에서는 의문사를 빼고 '만드는지 알아요?'라고만 써서 오류문을 만들었다.

③ '-(으)ㄴ/는지 알다/모르다'를 과거로 표현하고 싶으면 '-았/었는지 알다/모르다'의 형태로 써야 한다. 그런데 이 문장에서는 '간지 몰라요.'라고 써서 어색해졌다.

❻ -(으)ㄹ지 모르겠다

문법 공부

(1) 이 표현은 말하는 사람이 막연한 상황이나 사실에 대한 의문을 나타낼 때 사용한다.

(2) 이 표현의 형태 정보는 다음과 같다. ▶ p.274

(3) 이 표현은 '-(으)ㄹ지 -(으)ㄹ지 모르겠다'의 형태로 쓰여 둘 중에 어떤 것인지에 대한 의문을 나타낼 때도 사용한다.

(4) 이 표현은 '모르겠다'를 생략하고 '-(으)ㄹ지(요)?'의 형태를 사용하여 말하는 사람이 의문을 가지고 있는 것을 상대방에게 부드럽게 물어볼 때도 사용한다. 이때 질문과 대답은 다음과 같은 형태로 할 수 있다.

오답 노트

① 말하는 사람이 막연한 상황이나 사실에 대한 의문을 나타낼 때는 '-(으)ㄹ지 모르겠다'를 사용해야 한다. 그런데 이 대화의 대답에서는 '-(으)ㄴ/는지 알다/모르다'와 헷갈려서 '잘 보는지 모르겠어요.'라고 대답해서 오류문을 만들었다. '-(으)ㄴ/는지 알다/모르다'는 어떤 사실을 알고 있는지 확인할 때나 모르는 것에 대한 막연한 의문을 나타낼 때 사용한다.

② '-(으)ㄹ지 모르겠다'는 항상 이 형태로만 사용해야 한다. 그런데 이 문장에서는 '한지 모르겠어요.'라고 잘못 썼다. '-(으)ㄴ'이나 '-는' 혹은 '-(으)ㄹ'이 있는 경우는 시제에 따라 서로 바꿔 쓸 수 있다고 생각하는 경우가 있는데 그렇지 않은 경우가 많으므로 이 표현을 사용할 때는 항상 확인하기 바란다.

③ '-(으)ㄹ지 모르겠다' 앞에는 미래 시제를 나타내는 '-겠-'을 사용할 수 없다. 그런데 이 문장에서는 '오겠을지 모르겠습니다.'라고 써서 어색한 문장이 되었다.

❼ -(으)ㄴ/는/(으)ㄹ 줄 알았다/몰랐다

문법 공부

(1) 이 표현은 어떤 사실이나 상태에 대해 알고 있거나 모르고 있음을 나타낼 때 사용한다.

(2) 이 표현의 형태 정보는 다음과 같다. ▶ p.276

(3) 이 표현은 화자가 어떤 사실을 잘못 생각하고 있었거나 잘못된 정보를 가지고 있었던 경우에도 사용할 수 있다. 이때 '-(으)ㄴ/는/(으)ㄹ 줄 알았다'와 '-(으)ㄴ/는/(으)ㄹ 줄 몰랐다'는 서로 반대가 되는 말이나 부정형을 사용해서 같은 의미로 사용할 수 있다.

(4) 이 표현은 다른 표현과 결합될 때는 그대로 쓰이나 '-고'나 '-(으)면서도' 등과 결합할 때는 현재형으로 바뀐다.

오답 노트

① 어떤 사실이나 상태에 대해 알고 있거나 모르고 있음을 나타낼 때는 '-(으)ㄴ/는/(으)ㄹ 줄 알았다/몰랐다'를 사용해야 한다. 그런데 이 문장에서는 '갈 줄 몰라요.'라고 틀리게 썼다. '-(으)ㄹ 줄 알다/모르다'는 어떤 일을 하는 방법이나 능력을 나타낼 때 사용한다.

② '-(으)ㄴ/는/(으)ㄹ 줄 알았다/몰랐다'는 다른 표현과 결합할 때도 형태를 바꾸지 않고 사용해야 한다. 그런데 이 대화의 대답에서는 '40대이신 줄 아는데'라고 써서 틀린 문장을 만들었다.

③ '-(으)ㄴ/는/(으)ㄹ 줄 알았다/몰랐다'는 다른 표현과 결합할 때는 형태를 바꾸지 않지만 '-고'나 '-(으)면서도'와 결합할 때는 현재형으로 바꿔서 사용해야 한다. 그런데 이 문장에서는 '온 줄 몰랐고'라고 잘못 썼다.

〈9〉완료 Completion

❶ -고 있다 ②

문법 공부

(1) 이 표현은 특정 동사 뒤에 붙어 어떤 행동이 끝난 후 그 상태가

유지되고 있음을 나타낼 때 사용한다.

(2) 이 표현의 형태 정보는 다음과 같다. ▶ p.280

(3) 이 표현은 주로 '들다', '걸다', '차다'와 같이 몸에 착용하거나 부착하는 의미가 있는 동사와 함께 쓴다.

(4) 이 표현 앞에는 시제를 나타내는 '-았/었-'이나 '-겠-'을 사용하지 않는다.

(5) 이 표현을 높임말로 쓸 때는 '-고 계시다'를 사용한다.

(6) 이 표현은 교통수단을 나타내는 명사와 함께 쓰여 'N을/를 타고 있다'의 형태로 사용한다.

[오답 노트]

① 착용이 끝난 후에 그 상태가 유지되고 있음을 나타낼 때는 '-고 있다'를 써야 하는데 이 대화의 대답에서는 '입어 있는'이라고 잘못 썼다. 상태의 유지를 나타낼 때는 '-아/어 있다'도 쓰기 때문에 모든 동사에 이 형태를 붙이는 경우가 많지만 착용 동사 뒤에는 '-고 있다'를 쓰는 것이 맞다.

② 상태의 유지를 나타내는 '-고 있다'에는 시제를 나타내는 '-았/었-'이나 '-겠-'을 함께 쓸 수 없는데 이 문장에서는 '끼었고 있어서'라고 틀리게 썼다. 이 표현을 과거로 말하고 싶으면 '-고 있었어요'라고 써야 한다.

③ 안경이나 모자는 '쓰다' 동사를 사용해야 하는데 이 문장에서는 '입고 계세요.'라고 틀린 동사를 사용했다. 영어와 달리 한국어 착용 동사는 몸의 부위에 따라서 달라진다. 영어 표현에 익숙한 사람들은 모든 착용 동사를 '입다'로 쓰는 경우가 있으므로 주의해야 한다.

② -아/어 있다

[문법 공부]

(1) 이 표현은 특정 동사 뒤에 붙어 어떤 행동이 끝난 후 그 상태가 유지되고 있음을 나타낼 때 사용한다.

(2) 이 표현의 형태 정보는 다음과 같다. ▶ p.282

(3) 이 표현은 '서다', '앉다', '눕다'와 같이 목적어가 필요 없는 자동사 혹은 '열리다', '닫히다', '쌓이다'와 같은 피동사와 함께 쓴다. 그래서 문장을 만들 때 다음과 같은 형태로 써야 한다.

(4) '하다'로 끝나는 동사 중에서는 '입원하다'만 이 표현과 함께 쓸 수 있다.

[오답 노트]

① 어떤 행동이 끝난 후 상태가 유지되고 있음을 나타낼 때 '-아/어 있다'를 써야 한다. 이 문장은 '침대에 눕는 행동이 끝나고 나서 계속 누운 상태'라는 의미인데 '눕고 있었다.'라고 잘못 썼다. '-고 있다 ②'는 착용을 나타내는 동사와 함께 사용해야 하는데 두 표현을 헷갈리는 경우가 많으므로 주의해야 한다.

② '-아/어 있다' 앞에는 목적어가 필요 없는 자동사나 피동사가 와야 한다. 이 문장은 '눈이 쌓인 상태가 유지됨'을 나타내고 있는데 '눈을 쌓아 있으니까'라고 써서 틀렸다.

③ '가다', '오다'와 같은 이동의 의미가 있는 동사 다음에 '-아/어

있다'를 쓰면 가거나 오는 행동이 모두 끝난 후 그 상태가 지속됨을 나타낸다. 이 대화의 대답은 '지난 토요일에 제주도에 와서 지금도 제주도에 있다.'라는 의미인데 '오고 있어요.'라고 틀리게 썼다. '가다', '오다' 동사 뒤에 '-고 있다 ①'를 붙이면 '가는 중이다', '오는 중이다'와 같은 진행의 의미가 된다.

③ -아/어 버리다

[문법 공부]

(1) 이 표현은 동사 뒤에 붙어 어떤 행동이 완전히 끝난 결과 아무것도 남지 않았음을 나타낼 때 사용한다.

(2) 이 표현의 형태 정보는 다음과 같다. ▶ p.284

(3) 이 표현은 다음과 같이 말하는 사람의 심리 상태를 나타낼 수 있으므로 문맥이나 상황에 맞게 심리 상태를 잘 표현하도록 주의해야 한다.

의미
① 일이 끝난 후의 시원한 감정
② 아쉽고 안타까운 마음
③ 후회하거나 화가 난 마음

[오답 노트]

① 어떤 행동이 완전히 끝난 결과 시원한 감정이나 안타까운 마음을 나타낼 때는 '-아/어 버리다'를 써야 한다. 이 대화의 대답에서는 귀찮은 메신저를 끄고 난 후의 시원한 기분을 나타내고 있는데 '꺼 있었거든요.'라고 잘못 썼다. '-아/어 있다'는 특정 동사와 함께 쓰여 어떤 행동이 끝난 후 그 상태가 유지되고 있음을 나타내며 '끄다'는 '꺼져 있다'의 형태로 써야 한다.

② 어떤 행동이 완전히 끝난 후의 시원한 느낌을 나타낼 때는 '-아/어 버리다'를 써야 한다. 이 문장은 '그 사람한테 이야기를 다 하니까 마음이 편하다.'의 의미인데 '하고 말았어.'라고 틀린 표현을 사용했다. '-고 말다'는 어떤 일이 끝난 후에 그 일에 대한 아쉬움이나 후회를 나타낸다. 그래서 '-아/어 버리다'와 '-고 말다'를 바꾸어 쓸 수 있는 경우는 후회를 나타낼 때이다.

③ '-아/어 버리다'는 어떤 행동이 끝난 후에 시원하거나 아쉽거나 후회하는 느낌을 나타낸다. 그런데 이 문장에서 '스트레스를 받은 것'은 시원한 느낌도, 아쉬운 느낌도, 후회하는 느낌도 아닌데 '받아 버렸어요.'라고 써서 틀렸다.

④ -고 말다

[문법 공부]

(1) 이 표현은 동사 뒤에 붙어 원하지 않은 결과가 생겼음을 나타낼 때 사용한다.

(2) 이 표현의 형태 정보는 다음과 같다. ▶ p.286

(3) 이 표현은 어떤 행동이 완전히 끝난 후에 아쉬움이나 시원한 감정을 나타내는 '-아/어 버리다'와 다음과 같은 차이점이 있다.

V-고 말다	V-아/어 버리다

공통점	원하지 않은 결과가 생겨서 아쉽고 섭섭한 후회의 감정이 느껴질 때 사용함.	
차이점	① 주로 말하는 사람의 의지와는 상관없는 결과에 대해 사용함.	① 주로 말하는 사람의 의지나 계획에 의한 일에 대해 사용함.
	② 일을 끝낸 후의 시원한 감정 (×)	② 일을 끝낸 후에 시원한 감정 (○)

＊ 아쉽고 섭섭한 감정을 강조할 때 두 표현을 연결해서 '-아/어 버리고 말다'의 형태로 쓸 수 있다.

⑷ 이 표현은 말하는 사람 자신이 주어일 경우에는 다음과 같은 형태로 쓰여 힘든 일을 이루려는 강한 의지를 나타낼 수 있다.

오답 노트

① 원하지 않은 결과가 생겨서 아쉬운 느낌을 표현할 때는 '-고 말다'를 써야 한다. 이 대화의 대답은 '도서관에 공부하러 갔는데 그냥 자서 아쉽다.'라는 의미인데 '잘 걸 그랬다.'라고 써서 틀렸다. '-(으)ㄹ 걸 그랬다'도 아쉬움과 후회를 나타내지만 과거에 어떤 일을 하지 않았기 때문에 후회하는 상황에서만 사용할 수 있다.

② '-고 말다'는 이미 생긴 일에 대한 아쉬움을 나타내므로 과거형 '-고 말았다'를 주로 사용한다. 그런데 이 문장에서는 '출발하고 말아요.'라고 잘못 썼다.

③ '-고 말다'는 동사와 함께 사용해야 하는데 이 문장에서는 '없고 말았다.'라고 잘못 썼다. '없다'와 같은 형용사 다음에는 '-아/어지고 말았다'의 형태로 써야 한다.

⟨10⟩ 희망 Hopes

❶ -고 싶다

문법 공부

⑴ 이 표현은 동사 뒤에 붙어 말하는 사람이 어떤 동작을 하는 것을 희망할 때 사용한다.

⑵ 이 표현의 형태 정보는 다음과 같다. ▶ p.288

⑶ 이 표현은 주어가 3인칭일 때는 '-고 싶어 하다'로 쓴다.

⑷ 이 표현은 과거 시제를 나타낼 때는 '-고 싶었다'로 써야 한다.

⑸ 이 표현은 추측을 나타낼 때도 사용하는데 이때 현재는 '-고 싶겠다', 과거는 '-고 싶었겠다'로 쓴다.

⑹ 이 표현은 형용사에 붙을 때 'A-아/어지고 싶다'의 형태로 사용한다.

오답 노트

① 동사에 '-고 싶다'가 붙으면 형용사가 되므로 '-고 싶다' 다음에는 '-(으)려면'을 사용할 수 없다. 그런데 이 대화의 대답에서는 '따고 싶으려면'이라고 잘못 썼다.

② '-고 싶다'의 과거형은 '-고 싶었다'인데 이 문장에서는 '하다'의

과거형인 '했다' 다음에 '-고 싶다'를 써서 '했고 싶지만'이라고 써서 틀렸다. '-고 싶다' 앞에는 '-았/었-'이나 '-겠-'이 올 수 없다는 것을 기억하기 바란다.

③ '-고 싶다'는 주어가 1인칭일 때 사용하며 '-고 싶어 하다'는 주어가 3인칭일 때 사용한다. 그런데 이 문장에서는 주어가 1인칭인 '저는'인데 '사귀고 싶어 합니다.'라고 써서 오류 문장이 되었다.

❷ -았/었으면 좋겠다

문법 공부

⑴ 이 표현은 말하는 사람이 미래의 일에 대한 희망이나 바람을 나타낼 때 사용한다.

⑵ 이 표현의 형태 정보는 다음과 같다. ▶ p.290

⑶ '-았/었으면 좋겠다' 대신에 '-았/었으면 하다'나 '-았/었으면 싶다'를 쓸 수 있으며 의미를 더 강조할 때는 '-았/었으면 좋겠다'로 쓴다.

-았/었으면 좋겠다/하다/싶다	-(으)면 좋겠다/하다/싶다
희망이나 바람을 강조할 때	희망이나 바람을 나타낼 때

⑷ 이 표현은 '-고 싶다'와 바꿔 쓸 수 있는데 주어를 사용하는 데 다음과 같은 차이가 있다.

A/V-았/었으면 좋겠다	A/V-고 싶다
① 주어에 제약 없음.	① 1인칭 주어: '-고 싶다'
	3인칭 주어: '-고 싶어 하다'
② 사람이나 동물이 아니어도 괜찮음.	② 사람이나 동물만 가능함.

오답 노트

① '-았/었으면 좋겠다'는 주어의 제약 없이 말하는 사람의 희망이나 바람을 나타낼 때 사용한다. 그런데 이 문장에서는 말하는 사람이 '부모님이 건강하게 사는 것'을 바라고 있는데 '부모님께서 ~ 살고 싶어요'라고 써서 틀렸다. '-고 싶다'도 말하는 사람의 희망이나 바람을 나타낼 때 사용하지만 주어가 1인칭일 때만 쓸 수 있다.

② '-았/었으면 좋겠다'는 미래의 일에 대한 희망이나 바람을 강조해서 나타낼 때 사용한다. 그래서 과거, 현재, 미래 표현에 모두 '-았/었으면 좋겠다'의 형태만 쓴다. '-았/었으면 좋겠다'의 '-았/었-'과 '-겠-'은 시제를 나타내는 것이 아니라 강조하는 것임을 기억해야 한다.

③ '-았/었으면 좋겠다'나 '-(으)면 좋겠다'는 모두 말하는 사람의 희망이나 바람을 나타내지만 '-았/었으면 좋겠다'는 희망이나 바람을 더 강조할 때 쓴다.

⟨11⟩ 강조·가정·확인 Emphasis · Assumptions · Confirmations

❶ 얼마나 -는지 모르다

문법 공부

⑴ 이 표현은 어떤 상황이나 상태의 정도를 강조할 때 사용한다.

⑵ 이 표현의 형태 정보는 다음과 같다. ▶ p.294

③ 이 표현은 동사와 함께 사용할 때는 '많이, 열심히, 잘'과 같이 정도를 나타내는 부사와 함께 써야 한다. 그렇지만 '신나다, 흥분하다, 실망하다, 놀라다'와 같이 사람의 감정을 나타낼 때는 부사를 사용하지 않아도 된다.

④ 이 표현은 현재는 '얼마나 –(으)ㄴ/는지 몰라요/모릅니다', 과거는 '얼마나 –았/었는지 몰라요/모릅니다'의 형태로 써야 한다.

① 어떤 상황이나 상태의 정도를 강조할 때 동사는 '얼마나 –는지 모르다', 형용사는 '얼마나 –(으)ㄴ지 모르다'의 형태로 써야 한다. 그런데 이 문장에서는 '복잡하다'가 형용사인데 '얼마나 복잡하는지 몰라요.'라고 잘못 썼다. 가끔 동사와 형용사를 헷갈리는 경우가 있으니 헷갈리지 않도록 조심하기 바란다.

② 과거에 있었던 어떤 상황이나 상태의 정도를 강조할 때는 '얼마나 –았/었는지 모르다'의 형태로 써야 한다. 그런데 이 문장에서는 자취방을 찾는 것이 힘들었다는 것을 강조해서 말하고 있는데 '얼마나 힘들었다.'라고 써서 오류문을 만들었다.

③ 어떤 상황이나 상태의 정도를 강조할 때 과거의 일은 '얼마나 –았/었는지 모르다'의 형태로 써야 한다. 그런데 이 대화의 대답에서는 '생기는지 몰랐어요.'라고 써서 틀렸다. 이 표현이 어렵지는 않으나 형태적으로 잘못 사용하는 경우가 많으므로 주의하기 바란다.

❷ –(으)ㄴ/는 셈 치다

(1) 이 표현은 동사 뒤에 붙어 실제로는 그렇지 않지만 어떤 일이 일어났다고 가정해서 말할 때 사용한다.

(2) 이 표현의 형태 정보는 다음과 같다. ▶ p.296

＊ 이 표현은 주로 동사에 붙는데 '있다, 없다'와 같은 일부 형용사에도 붙는다.

(3) 이 표현은 어떤 상황에 대해 판단할 때 사용하는 '–(으)ㄴ 셈이다'와 다음과 같은 의미 차이가 있다.

V–(으)ㄴ 셈 치다	V–(으)ㄴ 셈이다
① 사실은 그렇지 않은데 실제로 어떤 행동을 한 것과 같다고 생각함. ② 심리적인 부담감을 없애려고 할 때 사용함.	어떤 상황이 실제로 일어난 일은 아니지만 따져보면 결국 실제 사실과 비슷한 결과라고 생각할 수 있을 때 사용함.

① '–(으)ㄴ/는 셈 치다'는 실제로는 그렇지 않은데 어떤 일이 일어났다고 가정할 때 사용한다. 그런데 이 대화의 대답에서 '만 원을 잃어버린 사실' 때문에 상대방이 속상해 할 것 같아서 '가난한 사람을 도와주었다.'고 생각하라는 의미인데 '도와준 셈이에요.'라고 써서 틀렸다.

② '–는 셈치다'는 현재의 행동이나 사실을 나타낼 때 사용하며,

'–(으)ㄴ 셈치다'는 과거의 완료된 사실을 나타낼 때 사용한다. 그런데 이 대화의 대답에서는 '커피를 마셨다고 생각하겠다.'는 의미인데 '마실 셈 칠게요.'라고 틀리게 썼다.

③ '있다, 없다'는 뒤에는 '–는 셈 치다'를 붙여야 한다. 그런데 이 문장에서는 '없은 셈 치고'라고 써서 틀렸다.

❸ –지 않아요?

(1) 이 표현은 상대방이 이미 알고 있는 것을 확인하거나 말하는 사람이 자신의 의견에 대해 동의를 구할 때 사용하며 주로 구어에서 쓴다.

(2) 이 표현의 형태 정보는 다음과 같다. ▶ p.298

(3) 이 표현은 '–지 않을래요?'의 형태로 쓰여 부탁이나 제안을 할 때도 사용하는데 비슷한 의미의 '–(으)ㄹ래요?'보다 더 부드럽고 공손한 느낌을 준다.

① 상대방이 알고 있는 것을 확인하거나 말하는 사람이 자신의 의견을 이야기하고 상대방에게 동의를 구할 때 '–지 않아요?'를 사용한다. 그런데 이 대화의 질문은 '저는 배가 고픈데 리샤 씨는 어때요?'라는 내용인데 '고프지 말아요?'라고 잘못 썼다. '–지 말다'는 상대방에게 어떤 일을 하지 못하게 할 때 사용한다.

② 이 표현이 명사 뒤에 올 때는 받침이 있으면 '이지 않아요?', 받침이 없으면 '지 않아요?'를 붙여야 한다. 그런데 이 대화의 질문에서는 '캐나다 사람지 않아요?'라고 써서 틀렸다.

③ 말하는 사람이 자신의 의견을 이야기하고 상대방의 동의를 구할 때 '–지 않아요?'를 쓸 수 있다. 이때는 부정이 아니라 강조를 나타내는 표현이다. 그런데 이 대화에서는 '회비가 좀 비싼 것 같다고 생각하는데 내 의견에 동의해?'라는 질문을 '비싸지 않다'의 의문문이라고 잘못 생각했다. 그래서 '아니, 비싸.'라고 대답해서 어색한 대화가 되었다.

⟨12⟩ 이유 Reasons

❶ –잖아요

(1) 이 표현은 어떤 이유나 근거를 제시할 때 말하는 사람과 듣는 사람이 모두 알고 있는 사실에 대해 이야기할 때 사용한다.

(2) 이 표현의 형태 정보는 다음과 같다. ▶ p.300

(3) 이 표현은 어떤 사실을 확인할 때도 사용할 수 있다.

(4) 이 표현은 상대방이 어떤 사실을 잊었다고 생각해서 알려 주듯이 말할 때도 사용한다.

① 어떤 이유나 근거를 제시할 때 말하는 사람과 듣는 사람이 모두 알고 있는 사실에 대해 이야기하는 경우에는 '–잖아요'를 써야 한다. 그런데 이 대화에서는 말하는 사람과 듣는 사람이 모두 알고 있

는 '남이섬 여행'에 대해 이야기하고 있는데 '다녀왔거든요.'라고 틀린 표현을 사용했다. '-거든요'는 상대방이 모른다고 생각하는 이유나 근거를 제시할 때 사용한다.

② '-잖아요'는 미래 시제와 함께 쓸 수 없다. 그런데 이 문장에서는 '다음 주'라는 표현 때문에 '크리스마스일 거잖아요'라고 써서 틀렸다.

③ 상대방이 어떤 사실을 잊었다고 생각해서 알려 주듯이 말할 때는 '-잖아요'를 쓰는 것이 좋다. 그런데 이 대화의 대답에서는 '내가 아르바이트 하는 것을 상대방이 잊어버렸다.'라고 생각하고 다시 말해 주고 있는데 '얘기했어.'라고 해서 어색한 대화가 되었다.

❷ -거든요

문법 공부

(1) 이 표현은 상대방이 모른다고 생각하는 이유나 근거, 정보를 제시할 때 사용한다.

(2) 이 표현의 형태 정보는 다음과 같다. ▶ p.302

＊이 표현의 미래는 동사 뒤에 '-(으)ㄹ 거거든요.' 혹은 '-겠거든요.'를 붙인다.

(3) 이 표현을 '이유'의 의미로 사용할 때는 상대방의 질문에 대한 대답으로만 사용해야 한다. 이때는 '-아/어서요'나 '-(으)니까요'보다 친근하고 부드러운 느낌을 준다.

(4) 이 표현은 어떤 말을 하기 위해서 먼저 화제를 제시할 때도 사용한다.

오답 노트

① 상대방이 모른다고 생각하는 이유나 근거, 정보를 이야기할 때는 '-거든요'를 써야 한다. 이 대화는 가게에 온 이유를 묻는 질문에 상대방이 처음 듣는 정보를 제공하고 있는데 '깨졌잖아요.'라고 틀린 표현을 사용했다. '-잖아요'도 이유나 근거를 말할 때 사용하지만 상대방이 이미 알고 있는 내용에 대해 이야기할 때 써야 한다.

② 이 문장에서는 택배가 오는 것을 엄마가 모르고 계셔서 알려 주고 있으므로 '-거든요'를 써야 한다. 그리고 가까운 미래의 일을 이야기하니까 현재나 미래로 써야 하는데 '올 거든요.'라고 잘못 썼다.

③ 이 대화의 대답은 멀리 있는 빵집에 가는 이유를 상대방이 모르고 있어서 알려 주는 것이다. 그런데 '-거든요'를 쓰지 않고 평서형인 '팔아요.'를 써서 어색한 대답이 되었다.

⟨13⟩ 변화·속성·그럴듯함 Changes · Attributes · Plausibility

❶ -아/어지다

문법 공부

(1) 이 표현은 형용사 뒤에 붙어 시간에 따라 상태가 변화함을 나타내거나 변화한 결과를 이야기할 때 쓴다.

(2) 이 표현의 형태 정보는 다음과 같다. ▶ p.306

(3) 이 표현은 시제에 따라 다음과 같은 의미 차이가 있다.

-아/어지다	-아/어졌다
어떤 행동을 할 때 일반적으로 생기는 변화를 나타낼 때 사용함.	과거의 어떤 행동을 해서 변화된 결과나 상태를 나타낼 때 사용함.

오답 노트

① 시간에 따라 상태가 변화함을 나타낼 때는 형용사 뒤에 '-아/어지다'를 써야 하는데 이 문장에서는 '익숙하게 됐어요.'라고 틀린 표현을 사용했다. '심하다', '익숙하다'와 같은 형용사를 동사로 생각해서 '-게 되다'를 붙이는 경우가 있으므로 조심해야 한다.

② 과거에 어떤 행동을 해서 변화된 결과를 이야기할 때는 '-아/어졌어요'를 써야 한다. 그런데 이 대화의 대답은 '요리를 좋아해서 책을 모았어요. 그 결과 지금은 요리책이 많아요.'라는 의미인데 '많아져요.'라고 잘못 썼다. '-아/어지다'는 보통 어떤 행동을 할 때 일반적으로 생기는 변화를 나타낼 때 사용한다.

③ 동사 뒤에 '-고 싶다'를 붙이면 형용사로 바뀌게 된다. 그래서 변화를 나타내고 싶으면 '-고 싶어지다'의 형태로 써야 하는데 이 문장에서는 '알고 싶게 되었어요.'라고 써서 틀렸다. '-고 싶다' 앞에 동사가 오기 때문에 '-게 되다'를 붙이는 경우가 많으므로 주의해야 한다.

❷ -게 되다

문법 공부

(1) 이 표현은 동사 뒤에 붙어 어떤 조건이나 상황에 의해 다른 상황으로 변하게 됨을 나타낼 때 사용한다.

(2) 이 표현의 형태 정보는 다음과 같다. ▶ p.308

(3) 이 표현 앞에는 시제를 나타내는 '-았/었-'이나 '-겠-'을 사용하지 않는다.

(4) 이 표현은 말하는 사람에게 일어난 일을 부드럽고 겸손하게 이야기할 때도 사용한다.
① 좋은 일을 이야기할 때: 겸손한 느낌
② 나쁜 일을 이야기할 때: 말하는 사람의 의지와는 다르게 되어서 미안하다는 느낌

오답 노트

① 어떤 조건이나 상황에 의해서 이미 결정된 일이나 변화된 결과를 나타낼 때 동사 뒤에 '-게 됐어요'를 써야 한다. 그런데 이 대화의 대답에서 '알다'는 동사인데 '알아졌어요.'라고 잘못 썼다. 변화의 과정이나 결과를 나타낼 때 '-게 되다'는 동사와, '-아/어지다'는 형용사와 함께 사용하는데 두 표현을 헷갈리는 경우가 많으니 조심해야 한다.

② '-게 되다' 앞에는 시제를 나타내는 '-았/었-'이나 '-겠-'을 쓸 수 없는데 이 문장에서는 '걸렸게 됐어요.'라고 써서 틀렸다. '걸리다', '생기다', '닮다'는 '걸렸어요', '생겼어요', '닮았어요'와 같이 보통 과거형으로 사용하기 때문에 습관적으로 모든 상황에 과거형을

쓰는 경우가 많으니 주의해야 한다.

③ 말하는 사람에게 일어난 좋은 일을 겸손하게 말할 때에는 '-게 되다'를 써야 한다. 그런데 이 대화의 대답에서는 상을 받은 일을 겸손하게 말하고 있는데 '받게 했습니다.'라고 써서 틀렸다. '-게 하다'는 다른 사람에게 어떤 일을 하도록 시킨다는 의미이다.

❸ -는 편이다

문법 공부

(1) 이 표현은 어떤 사실을 단정적으로 말하기보다 대체로 어떤 쪽에 가깝다고 말할 때 사용한다.

(2) 이 표현의 형태 정보는 다음과 같다. ▶ p.310

(3) 이 표현의 부정은 다음과 같이 여러 형태로 쓸 수 있다.

(4) 이 표현은 동사와 함께 쓰면 동사 앞에 '일찍', '자주', '많이', '잘'과 같은 부사를 꼭 같이 써야 한다. 하지만 '잘하다', '못하다'는 부사가 없어도 된다.

(5) 이 표현은 과거의 일을 말할 때 '-(으)ㄴ 편이다'와 '-는 편이었다'를 모두 쓸 수 있는데 다음과 같은 의미 차이가 있다.

V-(으)ㄴ 편이다	V-는 편이었다
한 번 일어나고 끝난 과거의 일에 사용함.	일정 기간 동안 계속되거나 습관적으로 반복된 과거의 일에 사용함.

오답 노트

① 어떤 사실이 대체로 어떤 쪽에 가깝다고 이야기할 때는 '-(으)ㄴ/는 편이다'를 써야 한다. 그런데 이 대화의 대답은 '제 성격은 조용한 쪽에 가깝다.'라는 의미인데 '조용해 보여서'라고 틀리게 썼다. '-아/어 보이다'는 말하는 사람이 어떤 상태를 직접 보고 판단한 것이나 느낀 것을 이야기할 때 쓴다.

② 이 표현을 과거형으로 쓸 때 일정 기간 동안 반복된 과거의 일에는 '-는 편이었다', 한 번만 일어나고 끝난 일에는 '-(으)ㄴ 편이다'를 써야 한다. 그런데 이 문장은 '누나가 감기에 걸린 일이 자주 반복되었다.'라는 의미인데 '걸린 편이에요.'라고 잘못 썼다.

③ '-(으)ㄴ/는 편이다'를 동사와 함께 사용할 때는 동사 앞에 '잘', '자주', '많이', '일찍', '늦게'와 같은 부사가 꼭 필요한데 이 대화의 대답에서는 부사 없이 '자는 편이라'라고만 썼다.

❹ -(으)ㄴ/는 척하다

문법 공부

(1) 이 표현은 사실이 아닌 것을 사실인 것처럼 행동하거나 그런 상태를 이야기할 때 사용한다.

(2) 이 표현의 형태 정보는 다음과 같다. ▶ p.312
* '있다', '없다' 뒤에는 '-는 척하다'를 붙인다.

(3) 이 표현을 과거형으로 사용할 때 동사 뒤에 '-(으)ㄴ 척했다'와 '-는 척했다'를 모두 쓸 수 있는데 다음과 같은 의미 차이가 있다.

V-는 척했다	V-(으)ㄴ 척했다
실제로는 하지 않으면서 그 행동을 하는 중인 것처럼 행동했을 때 사용함.	실제로는 하지 않았지만 그 행동이 끝난 것처럼 행동했을 때 사용함.

* '알다'는 '안 척하다'로 쓰지 않고 '아는 척하다'로만 쓴다.

(4) 이 표현은 큰 의미 차이 없이 '-(으)ㄴ/는 체하다'로 바꾸어 쓸 수 있다.

오답 노트

① 실제 사실이 아닌 것을 사실인 것처럼 행동할 때 '-(으)ㄴ/는 척하다'를 써야 한다. 이 문장은 '무서운 셈 쳤어요.'라고 틀린 표현을 사용했다. '-(으)ㄴ/는 셈 치다'는 실제로는 그렇지 않지만 어떤 일이 일어났다고 가정해서 행동할 때 쓴다.

② '-(으)ㄴ/는 척하다'의 과거형은 '-(으)ㄴ 척했다'와 '-는 척했다'가 있는데 의미에 따라 구분해서 사용한다. 이 대화의 대답에서는 '실제로는 식사를 하지 않았지만 여동생과 대화를 하는 순간에는 식사를 끝낸 것처럼 행동했다.'는 의미인데 '먹는 척했어.'라고 잘못 썼다. '먹는 척했다.'는 여동생과 대화를 하는 순간에 먹는 중인 것처럼 행동했다는 의미이다.

③ '알다'는 항상 '아는 척하다'로 써야 하는데 이 문장에서는 '안 척했어요.'라고 써서 틀렸다.

⟨14⟩ 회상 · 후회 Retrospection · Regrets

❶ -더라고요

문법 공부

(1) 이 표현은 말하는 사람이 과거에 직접 경험하여 새로 알게 된 사실을 다른 사람에게 전달해 줄 때 사용한다.

(2) 이 표현의 형태 정보는 다음과 같다. ▶ p.314

(3) 이 표현의 주어는 보통 2인칭이나 3인칭을 써야 한다. 그렇지만 말하는 사람이 자신의 의도나 의지와 상관없이 일어난 일을 객관화하여 다른 사람에게 알려 줄 때는 1인칭 주어를 사용할 수 있다.

(4) 이 표현은 감정이나 기분 혹은 마음 상태를 나타낼 때는 주어가 꼭 1인칭이어야 한다.

(5) 이 표현은 말하는 사람이 동작이 진행되고 있는 상황이나 상태를 경험했으면 '-더라고요', 이미 완료된 상황이나 상태를 경험했으면 과거시제인 '-았/었더라고요'를 사용한다.

오답 노트

① '-더라고요'는 감정이나 기분 혹은 마음 상태를 나타낼 때는 주어가 1인칭이어야 한다. 그런데 이 문장에서는 말하는 사람이 자신의 기분을 말하면서 주어를 '동생은'이라고 써서 오류문을 만들었다. 다른 사람의 감정이나 기분 혹은 마음 상태를 나타내고 싶으면 '슬퍼하더라고요'처럼 '-아/어하더라고요'의 형태로 쓰면 된다.

② '-더라고요'는 말하는 사람이 동작이 진행되고 있는 상황이나 상태를 경험했을 때 사용한다. 그런데 이 대화의 대답에서는 마리아 씨하고 캐롤 씨가 같이 집에 가고 있는 것을 봤는데 '갔더라고

요.'라고 써서 어색한 문장이 되었다. '-았/었더라고요'는 이미 완료된 상황이나 상태를 경험했을 때 사용한다.

③ '-더라고요'는 시제나 추측을 나타내는 '-았/었-'이나 '-겠-'과 함께 사용할 수 있다. 그런데 이 문장에서는 아직 MT는 가지 않고 친구한테 들은 이야기를 통해 추측하는 내용을 전달하면서 '재미있더라고요.'라고 써서 틀렸다.

❷ -(으)ㄹ 걸 그랬다

문법 공부

⑴ 이 표현은 과거에 한 어떤 일에 대해 후회하는 마음이나 아쉬워하는 마음을 나타낼 때 사용한다.

⑵ 이 표현의 형태 정보는 다음과 같다. ▶ p.316

⑶ 이 표현의 부정 표현은 '-지 말 걸 그랬다'의 형태로 사용하는데 '-(으)ㄹ 걸 그랬다'와 다음과 같은 의미 차이가 있다.

-(으)ㄹ 걸 그랬다	-지 말 걸 그랬다
과거에 어떤 일을 하지 않아서 후회하거나 아쉬워할 때 사용함.	과거에 어떤 일을 해서 후회하거나 아쉬워할 때 사용함.

⑷ 이 표현의 주어는 1인칭만 올 수 있으며 '그랬다'를 생략하고 '-(으)ㄹ걸'로만도 사용할 수 있다.

⑸ 이 표현 앞에는 시제를 나타내는 '-았/었-'이나 '-겠-'을 사용할 수 없다.

오답 노트

① 과거에 한 어떤 일에 대해 후회하는 마음이나 아쉬워하는 마음을 나타낼 때 사용하는 '-지 말 걸 그랬다'의 주어는 1인칭만 사용할 수 있으며 이때 주어를 생략할 수도 있다. 그런데 이 문장에서는 말하는 사람 자신이 쇼핑하면서 용돈을 다 써 버린 것을 후회하는데 주어를 '친구가'라고 써서 어색한 문장이 되었다.

② '-(으)ㄹ 걸 그랬다' 앞에는 시제를 나타내는 '-았/었-'이나 '-겠-'이 올 수 없다. 그런데 이 대화의 대답에서는 '왔을 걸 그랬어요.'라고 써서 오류문을 만들었다.

③ '-(으)ㄹ 걸 그랬다'의 부정 표현은 '-지 말 걸 그랬다'이다. 그런데 이 문장에서는 '안 입을 걸 그랬어요.'라고 잘못 썼다. 이 표현의 부정 표현은 '-지 말 걸 그랬다'의 형태로만 사용한다는 것을 기억하기 바란다.

⟨15⟩ 서술문 Declarative Sentences

문법 공부

⑴ 이 표현은 사건이나 사실을 서술할 때 사용하며 주로 일기나 신문 기사, 보고서에서 사용한다.

⑵ 이 표현의 형태 정보는 다음과 같다. ▶ p.318
✱ 이 표현의 미래나 추측을 나타낼 때는 '-(으)ㄹ 것이다'를 붙인다.

⑶ 이 표현의 부정은 다음과 같은 형태로 쓸 수 있다.

⑷ 이 표현을 사용할 때 '저' 혹은 '저희'가 있으면 이것을 다음과 같

이 바꾸어야 한다.

오답 노트

① 사건이나 사실을 현재로 서술할 때 동사 뒤에는 '-(느)ㄴ다', 형용사 뒤에는 '-다'를 붙여야 한다. 그런데 이 문장에서 '필요하다'는 형용사인데 '필요한다.'라고 써서 틀렸다. 영어 'need'가 동사이므로 의미가 같은 '필요하다'를 동사로 생각하는 경우가 있으니까 주의하기 바란다.

② 이 표현을 사용할 때 '저', '저희'는 '나', '우리'로 바꾸어야 하는데 이 문장에서는 '저를'이라고 써서 틀렸다. 사건이나 사실을 서술하는 글을 쓸 때도 습관적으로 '저', '저희'를 쓰는 경우가 많으니 조심하기 바란다.

③ 이 표현의 현재 부정 표현은 동사일 때는 '-지 않는다', 형용사일 때는 '-지 않다'를 붙여야 하는데 이 문장에서는 '싸지 않는다.'라고 써서 틀렸다. 보통 부정 표현은 동사와 형용사에 붙는 형태가 같은 경우가 많지만 이 표현은 형용사와 동사에 붙이는 형태가 다름을 기억하기 바란다.

07 인용 표현
Quotation Expressions

본 장에서는 한국어의 인용 표현에 대해서 공부할 것이다. 인용이란 다른 사람의 말이나 글을 자신의 말이나 글 속에 다시 쓰는 것을 말하며 여기에는 직접 인용과 간접 인용이 있다. 직접 인용은 남의 말이나 글을 그대로 가지고 와서 자신의 말이나 글 속에 쓰는 것을 말하는데 본 장에서는 다루지 않는다. 간접 인용은 다른 사람의 말을 현재 말하는 사람의 입장에서 해석하여 인용하는 것인데 문장의 종류에 따라서 형태가 달라진다. 평서문은 'A-다고 하다', 'V-(느)ㄴ다고 하다', 의문문은 'A-(으)냐고 하다', 'V-(느)냐고 하다', 명령문은 'V-(으)라고 하다', 청유문은 'V-자고 하다'의 형태로 사용한다.

⟨1⟩ -(느)ㄴ다고 하다

문법 공부

⑴ 이 표현은 다른 사람이 평서문으로 말한 것을 인용해서 말할 때 사용한다.

⑵ 이 표현의 형태 정보는 다음과 같다. ▶ p.324
✱ 이 표현의 미래는 동사 뒤에 '-(으)ㄹ 거라고 하다' 혹은 '-겠다고 하다'를 붙인다.

⑶ 이 표현은 '-(느)ㄴ다고' 뒤에 '하다' 대신에 '말하다', '듣다'도 사용할 수 있다.

⑷ 이 표현은 말하는 사람이 '나', '저' 혹은 '내', '제'라고 말하면 이 것을 '자기'로 바꾸어야 한다.

오답 노트

① 다른 사람이 평서문으로 말한 것을 인용해서 말할 때 형용사 현재 뒤에는 '-다고 하다'를 붙여야 한다. 그런데 이 문장에서 '있다'는 형용사인데 '있는다고'라고 잘못 썼다. '있다', '없다' 뒤에는 '-다고 하다'를 붙여야 한다.

② 다른 사람에게 들은 이야기가 과거면 '-았/었다고 하다'를 붙여야 한다. 그런데 이 대화의 대답에서는 '에이든 씨로부터 우산을 잃어버렸어요.'라는 이야기를 듣고 다시 말하는 것이므로 '잃어버렸다고 하다.'라고 써야 하는데 현재형 '잃어버린다고'라고 써서 틀린 문장이 되었다.

③ '명사 + 이다'를 인용할 때 긍정은 '명사+(이)라고 하다', 부정은 '명사 + 이/가 아니라고 하다'라고 써야 한다. 그런데 이 문장에서는 '아니다고'라고 틀린 형태를 썼다. '명사+이다'를 인용할 때 틀리는 경우가 많으므로 조심해야 한다.

〈2〉 -(느)냐고 하다

문법 공부

(1) 이 표현은 다른 사람이 의문문으로 말한 것을 인용해서 말할 때 사용한다.

(2) 이 표현의 형태 정보는 다음과 같다. ▶ p.326

＊ 현재의 '있다', '없다' 뒤에는 '-(느)냐고 하다'를 붙이고 이 표현의 미래는 동사 뒤에 '-(으)ㄹ 거냐고 하다' 혹은 '-겠(느)냐고 하다'를 붙인다.

(3) 이 표현은 '-냐고' 뒤에 '하다' 대신에 '묻다', '말하다', '질문하다'도 사용할 수 있다.

오답 노트

① 다른 사람이 의문문으로 말한 것을 인용할 때 명사 뒤에는 '(이)냐고 하다'를 붙여야 한다. 그런데 이 대화의 대답에서는 '일본 사람이에요?냐고 했었요'라고 잘못 썼다. 다른 사람이 말한 의문문을 똑같이 다시 말할 때에는 " "(따옴표) 안에 문장을 쓰고 뒤에 '-라고 하다'를 붙여야 한다.

② 다른 사람에게 들은 이야기가 미래면 '-(으)ㄹ 거냐고 하다'나 '-겠(느)냐고 하다'를 써야 한다. 이 문장은 '내일 몇 시에 출발할 거예요?'라는 질문을 듣고 인용해서 말하는 것인데 '출발했느냐고'라고 틀리게 썼다. 과거에 들은 이야기이므로 과거 시제를 쓰는 경우가 있는데 다른 사람에게 들은 질문의 시제를 그대로 써야 함을 기억해야 한다.

③ 의문문을 인용하는 말이 현재일 때 동사 뒤에는 '-(느)냐고 하다', 형용사 뒤에는 '-(으)냐고 하다'를 써야 한다. 그런데 이 문장에서는 '받으냐고 하다.'라고 잘못 썼다.

〈3〉 -(으)라고 하다/ -자고 하다

문법 공부

(1) '-(으)라고 하다'는 동사 뒤에 붙어 사람이 부탁하거나 명령한 것을 인용할 때 사용한다. 그리고 '-자고 하다'는 동사 뒤에 붙어

다른 사람이 제안하거나 요청한 것을 인용할 때 사용한다.

(2) 이 표현의 형태 정보는 다음과 같다. ▶ p.328

(3) '-(으)라고 하다'의 부정형은 '-지 말라고 하다', '-자고 하다'의 부정형은 '-지 말자고 하다'를 쓴다.

오답 노트

① 다른 사람이 부탁하거나 명령한 것을 인용할 때는 '-(으)라고 하다'를 써야 한다. 그런데 이 대화의 대답에서는 '병원에 가세요.'를 인용했는데 '가다고'라고 틀리게 썼다. '-다고 하다'는 평서문을 인용할 때 형용사 뒤에 붙이는 표현이다.

② '-(으)라고 하다'의 부정형은 '-지 말라고 하다'이다. 그런데 이 문장에서는 '컴퓨터 게임을 하지 마세요.'라는 명령을 인용하고 있는데 '하지 마라고'라고 잘못 썼다.

③ 같이 행동할 것을 요청하는 문장을 인용할 때는 '-자고 하다'를 써야 한다. 그런데 이 문장에서는 '먹으자고'라고 써서 틀렸다.

〈4〉 -아/어 주라고 하다, -아/어 달라고 하다

문법 공부

(1) '-아/어 달라고 하다'는 말하는 사람이 직접 필요한 것을 부탁할 때 사용하며 '-아/어 주라고 하다'는 다른 사람이 필요한 것을 부탁할 때 사용한다.

(2) '-아/어 달라고 하다'의 경우 형태 정보는 다음과 같다. ▶ p.330

(3) '-아/어 주라고 하다'의 경우 형태 정보는 다음과 같다.

(4) 이 표현을 명사와 함께 사용하는 경우 'N을/를 달라고 하다', 'N을/를 주라고 하다'의 형태로 사용한다.

(5) '-아/어 주라고 하다'를 높임말로 사용할 때는 '-아/어 드리라고 하다'이며 'N을/를 주라고 하다'를 높임말로 사용할 때는 'N을/를 드리라고 하다'이다.

오답 노트

① 말하는 사람이 본인이 필요한 것을 부탁할 때는 '-아/어 달라고 하다'를 사용한다. 그런데 이 문장에서는 '들어 주라고 했어요.'라고 표현해서 틀렸다. 말하는 사람이 직접 필요한 것을 부탁할 때와 다른 사람에게 필요한 것을 부탁할 때의 표현이 다르므로 사용할 때 주의하기 바란다.

② 말하는 사람이 아닌 다른 사람에게 필요한 것을 부탁할 때는 '-아/어 주라고 하다'를 사용한다. 그런데 이 문장에는 내가 아닌 준코 씨를 위해 부탁을 했는데 '가르쳐 달라고 하셨어요.'라고 써서 틀렸다.

③ 말하는 사람이 아닌 다른 사람에게 필요한 것을 부탁할 때는 명사의 경우 '을/를 주라고 하다'를 사용한다. 그런데 이 문장에서는 말하는 사람이 아닌 동생에게 필요한 것을 부탁하는데 '달라고 하셨다.'라고 써서 틀렸다.

08 전성어미
Transformative Endings

본 장에서는 한국어의 전성어미에 대해서 공부할 것이다. 전성어미란 동사나 형용사에 붙어 동사나 형용사가 명사, 관형사, 부사와 같은 다른 품사의 기능을 가지도록 만드는 어미를 말한다. 전성어미는 명사형, 관형형 그리고 부사형 전성어미가 있다. 명사형 전성어미는 동사와 형용사를 명사처럼 만들어 주는 기능을 하며 여기에는 '-(으)ㅁ'과 '-기'가 있다. 관형사형 전성어미는 동사나 형용사를 관형사처럼 만들어 주는 기능을 하며 여기에는 '-(으)ㄴ', '-는', '-(으)ㄹ', '-던' 등이 있다. 부사형 전성어미는 동사와 형용사를 부사와 같은 기능을 하며 여기에는 '-게, -도록, -듯이' 등이 있다.

〈1〉 -는 것

문법 공부

(1) 이 표현은 동사 뒤에 붙어 동사를 명사형으로 바꿀 때 사용한다.

(2) 이 표현의 형태 정보는 다음과 같다. ▶ p.336

(3) 이 표현의 후행절에는 여러 동사나 형용사가 올 수 있지만 다음과 같은 형태로 많이 사용한다.

(4) 이 표현은 말할 때는 다음과 같이 줄여서 말하기도 한다.

오답 노트

① 동사를 명사형으로 바꿀 때 문장 끝에 '좋다', '쉽다', '당연하다' 등의 표현이 오면 동사 뒤에 '-는 것'을 붙이는 것이 좋다. 그런데 이 대화의 대답에서는 '오기가'라고 잘못 썼다. '-기'도 동사를 명사형으로 바꿀 수 있지만 문장 끝에 '바라다', '원하다', '그만두다'와 같은 동사가 있을 때 함께 쓰는 것이 좋다.

② 어떤 사실이나 사물에 대한 생각을 객관적으로 말하고 싶을 때는 '-는 것'을 붙이는 것이 좋다. 이 문장에서는 말하는 사람이 '힘든 일 다음에는 좋은 일이 생긴다.'라는 자신의 생각을 객관적으로 강조하고 있는데 '오기를'이라고 써서 어색하다.

③ 어떤 명사에 대해 정의를 내리거나 설명을 할 때는 'N은/는 N이다.' 혹은 'N은/는 V-는 것이다.'의 형태로 쓴다. 그런데 이 문장에서는 주어가 '건강을 위해 해야 하는 일'인데 서술어를 '운동해요'라고 틀리게 썼다. 주로 서술어에 동사가 오면 주어와의 관계를 생각하지 않고 습관적으로 동사만 쓰는 경우가 많으므로 주의해야 한다.

〈2〉 -기

문법 공부

(1) 이 표현은 동사 뒤에 붙어 동사를 명사형으로 바꿀 때 사용한다.

(2) 이 표현의 형태 정보는 다음과 같다. ▶ p.338

(3) 이 표현의 후행절은 다음과 같은 형태로 많이 사용한다.

(4) 이 표현은 형용사 중 '건강하다', '행복하다'와 함께 쓸 수 있으며

다음과 같은 형태로 사용한다.

(5) 이 표현은 계획이나 결심 혹은 약속을 적는 메모나 여러 사람에게 규칙을 알리는 안내문에 많이 사용한다.

오답 노트

① 동사를 명사형으로 바꿀 때 후행절에 '좋다', '싫다', '쉽다', '어렵다'와 같이 감정을 표현하는 형용사가 오면 '-기'를 붙여야 하는데 이 대화의 대답에서는 '걸림이'라고 잘못 썼다.

② '-기'는 앞에 과거나 미래를 나타내는 '-겠-'이나 '-았/었-'과 함께 쓸 수 없는데 이 문장에서는 '살았기'라고 써서 오류문이다.

③ 보통 생일 카드를 쓰거나 새해 인사를 할 때 '-기를 바랍니다/원합니다'라고 표현한다. 그런데 이 표현 앞에 두 개 이상의 내용을 나열할 경우에는 각각의 내용에 모두 '-기'를 붙이지 않고 'A/V-고 A/V-고 A/V-기를 바라다/원하다'의 형태로 써야 한다. 그런데 이 문장에서는 '행복하기 그리고 즐거운 생일 보내기'라고 잘못 썼다.

〈3〉 -(으)ㅁ

문법 공부

(1) 이 표현은 형용사나 동사를 명사형으로 바꿀 때 사용한다.

(2) 이 표현의 형태 정보는 다음과 같다. ▶ p.340

(3) 이 표현의 후행절은 다음과 같은 형태로 많이 사용한다.

(4) 이 표현은 간단하게 메모를 할 때 혹은 사전에서 많이 쓰인다. 그리고 안내, 공지, 경고문에도 많이 쓰인다.

오답 노트

① 형용사나 동사를 명사형으로 바꿀 때 후행절에 '알다', '모르다', '기억하다'와 같은 동사가 있으면 형용사나 동사 뒤에 '-(으)ㅁ'을 붙여야 한다. 그런데 이 문장에서는 '있기를'이라는 표현을 써서 어색하다. '-기'도 동사를 명사형으로 바꿀 때 사용하지만 후행절에 '좋다', '싫다', '어렵다'와 같은 감정을 나타내는 형용사가 있을 때 쓴다.

② 'N에 따라'는 어떤 상황이나 기준을 나타낼 때 사용하며 동사와 함께 쓸 때에는 '-(으)ㅁ에 따라'로 써야 한다. 그런데 이 대화의 대답에서는 '발전하는 것에 따라'라고 잘못 썼다. 한편, 원인을 나타내는 'N(으)로 인해서'도 동사와 함께 쓸 때에는 '-(으)ㅁ으로 인해서'의 형태로 써야 한다.

③ 이미 결정된 사실이나 정보를 여러 사람에게 알려 줄 때에는 동사 뒤에 '-(으)ㅁ'을 붙여야 한다. 그런데 이 문장에서는 세탁 방법을 알려 주는 내용인데 '해야 하기'라고 써서 틀렸다.

〈4〉 -는 데

문법 공부

(1) 이 표현은 형용사나 동사를 명사형으로 바꾸며 어떤 장소나 어떤 것의 일정 부분을 나타낼 때 사용한다.

(2) 이 표현의 형태 정보는 다음과 같다. ▶ p.342

(3) 이 표현은 어떤 사실이나 경우, 상황을 나타낼 때 혹은 어떤 때나 어떤 일 등을 대신해서도 쓸 수 있다.

(4) 이 표현은 다음과 같은 형태로 많이 사용한다.

오답 노트

① 형용사나 동사를 명사형으로 바꾸어 장소, 부분, 경우, 상황 등을 나타낼 때는 '-는 데'를 써야 한다. 그런데 이 문장에서는 '여행은 스트레스를 풀 때 좋다.'라는 의미이므로 '-는 데 좋다'라고 해야 하는데 '풀기를'이라고 틀리게 썼다.

② '좋다', '도움이 되다'와 같은 표현 앞에 동사가 올 때에는 '-는 데 좋다/도움이 되다'의 형태로 써야 한다. 그런데 이 문장에서는 '도움이 되다' 앞에 '데'를 생략해 버리고 '공부하는'이라고만 써서 오류문이다.

③ '시간이 걸리다', '돈이 들다'와 같은 표현 앞에 동사가 올 때에는 '-는 데 시간이 걸리다'의 형태로 써야 하는데 이 대화의 대답에서는 '주차하는 것에'라고 잘못 썼다. '-는 것도' 동사를 명사로 바꾸어 주지만 후행절에 '좋아하다', '싫다', '어렵다'와 같은 동사나 형용사가 같이 올 때 사용한다.

〈5〉-게

문법 공부

(1) 이 표현은 형용사 뒤에 붙어서 형용사를 부사형으로 바꾸어 뒤에 나오는 행동의 정도나 방식, 기준을 나타낼 때 사용한다.

(2) 이 표현의 형태 정보는 다음과 같다. ▶ p.344

(3) 이 표현은 '-게도'의 형태로 쓰여 문장의 뒤에 나오는 사실에 대해 말하는 사람의 느낌을 나타낼 때도 쓸 수 있다. 주로 '놀랍다', '슬프다', '다행스럽다', '안타깝다'와 같은 형용사와 함께 사용한다.

(4) 이 표현은 대부분의 형용사를 부사로 만들 때 사용할 수 있지만 다음과 같은 형용사는 두 가지 형태를 모두 쓸 수 있다. 이때는 형태에 따라 의미가 달라지는데 예를 들어 '멀다'의 경우 다음과 같은 의미 차이가 있다.

오답 노트

① 행동의 정도나 방식을 나타낼 때는 형용사에 '-게'를 붙여 'A-게 V'의 형태로 써야 한다. 그런데 이 문장에서는 '즐거운'이라고 잘못 썼다. 형용사에 '-(으)ㄴ'이 붙으면 뒤에 오는 명사를 수식하는 역할을 한다.

② '빨리', '천천히', '널리'와 같은 부사어는 'A-게 V'의 형태로 쓰지 않는다. 그런데 이 대화의 대답에서는 '천천하게'라고 틀리게 썼다.

③ 문장의 뒤에 나오는 사실에 대한 느낌을 나타낼 때는 형용사 다음에 '-게도'를 붙여야 한다. 이 문장은 어머니의 사랑이 변하지 않았다는 사실에 대한 놀라움을 나타내고 있으므로 '놀랍다' 뒤에 '-게도'를 붙여야 하는데 '놀라운데도'라고 써서 틀렸다. '-(으)ㄴ데도/는데도'는 선행절의 내용으로 예측할 수 없는 상황이 후행절에 생겼을 때 쓴다.

---

09 피동·사동 표현
Passive & Causative Expressions

본 장에서는 한국어의 피동과 사동 표현에 대해서 공부할 것이다. 피동은 주어의 행동이 다른 사람의 행동 때문에 이루어지거나 주어가 직접 한 것이 아니라 다른 일이나 사람 때문에 그런 상황이 됐음을 나타낼 때 사용한다. 피동을 만드는 방법은 동사에 '-이-, -히-, -리-, -기-'를 붙이거나 일부 동사에 '-아/어지다'를 붙여서 만들기도 한다. 사동은 문장의 주어가 스스로 행동하지 않고 다른 사람이 시켜서 혹은 어떤 사람이나 물건의 힘 때문에 어떤 행동을 하게 됨을 나타낼 때 사용한다. 사동은 동사에 '-이-, -히-, -리-, -기-, -우-'를 붙이거나 '-게 하다'를 붙여서 만든다.

〈1〉피동 표현 Passive Expressions

문법 공부

(1) 이 표현은 동사 뒤에 붙어 주어가 스스로 행동하는 것이 아니라 다른 사람이나 어떤 힘에 의해서 행동하게 됨을 나타낼 때 사용한다.

(2) 이 표현의 형태 정보는 다음과 같다. ▶ p.350

(3) 이 표현은 다음과 같은 형태로 많이 사용된다.

▷ 이 형태로 쓸 수 있는 동사에는 '보이다', '바뀌다', '닫히다', '뽑히다', '막히다', '들리다', '밀리다', '열리다', '풀리다', '팔리다', '끊기다', '찢기다' 등이 있다.

▷ 이 형태로 쓸 수 있는 동사에는 '읽히다', '잡히다', '먹히다', '쫓기다' 등이 있다.

(4) 다음과 같은 피동사는 상태 지속의 의미를 나타낼 때는 'V-아/어 있다'와 함께 쓴다.

(5) 이 표현 외에 다른 피동 표현으로 'V-아/어지다'가 있다.

오답 노트

① 피동 표현은 'N이/가 (N)에게 V-이/히/리/기-'의 형태로 쓸 수 있다. 따라서 '등록금을 모으다'의 피동 표현은 '등록금이 모이다'가 되어야 한다. 그런데 이 대화의 대답에서는 '등록금을'이라고 조사를 잘못 썼다. 피동사 앞에 오는 조사를 꼭 기억해야 한다.

② 피동 표현은 주어가 스스로 행동할 수 없을 때 사용한다. 따라서 이 문장에서도 주어인 '가족사진'은 사물이기 때문에 피동사를 써야 하는데 '걸어 있어요.'라고 써서 틀렸다.

③ 피동 표현은 동사에 '-아/어지다'를 붙여서 만들기도 한다. 그런데 이 문장에서는 주어가 '커피'인데 '쏟다.'라고 써서 오류 문장이다.

〈2〉사동 표현 Causative Expressions

문법 공부

(1) 이 표현은 동사 뒤에 붙어 주어가 다른 사람이나 동물에게 어떤 행동을 하게 함을 나타낼 때 사용한다.

(2) 이 표현의 형태 정보는 다음과 같다. ▶ p.352

＊ 일부 형용사에도 사동 표현이 있는데 대표적인 것은 '높다 → 높이다', '늦다 → 늦추다', '낮다 → 낮추다' 등이 있다.

(3) 이 표현은 다음과 같은 형태로 사용된다.

▷ 이 형태로 쓸 수 있는 사동사에는 '먹이다', '입히다', '알리다', '맡기다', '놀리다' 등이 있다.

▷ 이 형태로 쓸 수 있는 사동사에는 '씻기다', '감기다', '벗기다', '빗기다' 등이 있다.

▷ ①, ②의 경우가 아닌 대부분의 경우에 이 형태로 쓴다.

(4) 다음과 같은 동사는 피동사와 사동사의 형태가 같다.

오답 노트

① 사동 표현은 주어가 다른 사람에게 어떤 것을 하게 만드는 의미가 있을 때 사용한다. 그런데 이 문장에서는 말하는 사람이 '동생에게' 감기약을 먹게 하는 사동의 의미인데 피동사인 '먹혔는데'라고 잘못 썼다. 피동 표현은 주어가 스스로 하지 못하고 다른 사람이나 힘에 의해서 어떤 것을 하게 될 때 사용한다.

② 사동 표현은 어떤 것을 하게 만드는 주체가 있을 때 사용한다. 이 문장에서 '광고를 게시판에 붙게 만드는 사람이 저'이기 때문에 사동 표현을 써야 한다.

③ 사동사 '감기다', '씻기다', '벗기다', '빗기다' 등이 사용되는 문장은 'N(의) N을/를 사동사'의 형태로 쓰인다.

10 문장 호응
Sequence of Sentence Constituents

본 장에서는 한국어 문장 성분의 호응에 대해서 공부할 것이다. 문장 성분의 호응은 앞에 어떤 말이 오면 거기에 응하는 말이 따라오는 것을 말하며 여기에는 주어와 서술어, 부사어와 서술어, 조사와 서술어의 호응 등이 있다. 문장이 기본 구조를 갖추기 위해서는 주어와 서술어가 꼭 호응이 되어야 하며 수식하는 말과 수식을 받는 말은 그 거리가 가까울수록 좋다. 또한 어떤 특정한 부사어와 서술어의 호응은 그 관계가 정해져 있다. 예를 들어 '절대'라는 부사어는 '-지 않다.'와 같은 부정을 의미하는 서술어와 연결되어야 자연스럽다.

〈1〉 아주·별로·과연 등 + A/V

문법 공부

(1) 문장 안에서 일부 부사는 동사나 형용사와 호응을 하는데 이때 동사나 형용사는 형태가 제한된다.

(2) 다음과 같은 부사가 오면 후행절에 오는 시제 사용이 제한적이다.

(3) 다음과 같은 부사는 부정 표현만 함께 쓸 수 있다.

(4) 다음과 같은 부사가 오면 '추측', 감탄', '믿을 수 없음'의 의미를 나타내는 표현이 온다.

오답 노트

① '별로' 뒤에는 부정 표현만 올 수 있는데 이 대화의 대답에서는 '싸요'라고 써서 틀렸다. 한국어의 부사 중에는 문장에서 함께 쓸 수 있는 형태가 제한적인 것이 있기 때문에 이런 부사는 호응하는 형태를 함께 알아야 한다.

② '아마'는 문장에서 추측의 의미를 나타내는 표현과만 어울린다.

③ '방금'은 '말하고 있는 시점보다 조금 전'이라는 의미이기 때문에 과거 시제와만 결합한다.

〈2〉 -(으)ㄴ 지 N이/가 되다

문법 공부

(1) 이 표현은 어떤 일이 끝난 후에 시간이 얼마나 지났음을 나타낼 때 사용한다.

(2) 이 표현의 형태 정보는 다음과 같다. ▶ p.360

(3) 이 표현은 시간의 경과와 관련이 있기 때문에 '-(으)ㄴ 지' 뒤에 다음과 같은 표현이 온다.

(4) 이 표현은 시간에 대해 표현하는 '-는 데(에) N이/가 걸리다'와 다음과 같은 차이가 있다.

	V-(으)ㄴ 지 N이/가 되다	V-는 데(에) N이/가 걸리다
의미	어떤 일이 끝난 후에 얼마나 시간이 지났는지를 나타낼 때 사용함.	어떤 일을 할 때 시간이 얼마나 걸리는지를 나타낼 때 사용함.
시제 제약	항상 과거 표현만 가능	과거, 현재, 미래 표현 다 가능

오답 노트

① 어떤 일이 끝난 후에 시간이 얼마나 지났는지를 표현할 때는 'V-(으)ㄴ 지 N이/가 되다'를 쓴다. 그런데 이 대화의 대답에서는 '산 지' 다음에 '1년 동안'이라고 써서 오류 문장이 되었다. 'N 동안'은 어느 시간부터 어느 시간까지의 일정 시간을 나타낸다.

② 'N이/가 지났어요' 앞에는 '-(으)ㄴ 지'를 사용해 시간이 얼마나 지났는지를 나타낸다. 그런데 이 문장에서는 '시작한 후에'라고 틀리게 썼다. '-(으)ㄴ 후에'는 '어떤 일이 끝난 다음에'의 의미이다.

③ '-(으)ㄴ 지 N이/가 되다'는 과거 표현으로 써야 한다. 그런데 이 문장에서는 현재 표현인 '돼요.'로 잘못 썼다.

〈3〉 -아/어하다

문법 공부

(1) 이 표현은 말하는 사람이 다른 사람의 심리 상태나 느낌을 객관적으로 나타낼 때 사용한다.

(2) 이 표현의 형태 정보는 다음과 같다. ▶ p.362

(3) 이 표현은 심리 상태나 느낌을 나타내는 형용사 또는 '-고 싶다'와 함께 쓰여 형용사가 되며 보통 다음과 같은 형태로 쓴다.

＊ '예쁘하다', '귀여워하다'는 '어떤 것을 사랑스러워하거나 소중하게 생각하는 행동'을 나타낼 때 사용한다.

⑷ 이 표현에 1인칭 주어를 사용하면 말하는 사람의 주관적인 느낌을 객관적으로 표현하는 의미가 있다.

[오답 노트]

① '-아/어하다'는 다른 사람의 심리 상태나 느낌을 나타낼 때 사용한다. 그런데 이 대화의 대답에서는 말하는 사람이 친구의 상태를 이야기하는데 '배고파서'라고 써서 틀렸다. 이처럼 심리 상태나 느낌을 표현할 때는 주어가 누구인지 살펴봐야 한다.

② 희망을 나타내는 '-고 싶다'는 주어가 1인칭일 때만 사용하며 다른 사람의 희망을 나타낼 때는 '-고 싶어 하다'라고 써야 한다. 그런데 이 문장에서는 미국 친구의 희망을 말하는데 '가고 싶어요.'라고 틀리게 썼다.

③ '을/를 좋아하다/싫어하다'의 형태로 써야 하는데 이 문장에서는 '치킨이 좋아한다.'라고 잘못 썼다.

〈4〉 아무 + N

[문법 공부]

⑴ 이 표현은 어떤 사람이나 사물을 특별히 정하지 않고 말할 때 사용한다. '아무' 다음에 오는 조사에 따라 의미가 달라진다.

⑵ '아무 N도'는 다음에는 부정 표현이 오며 다음과 같은 형태로 사용된다. ▶ p.364

⑶ '아무 N(이)나' 다음에는 긍정 표현과 부정 표현이 모두 올 수 있으며 다음과 같은 형태로 사용된다.
 ① '모두 괜찮다'의 의미
 ② '모든 상황이 가능하지 않고 특별히 어떤 상황만 가능하다'의 의미

[오답 노트]

① '아무 N(이)나' 다음에 긍정 표현이 오면 '모두 괜찮음'을 나타내며, 부정 표현이 오면 '특별히 어떤 상황만 가능함'을 나타낸다. 이 대화의 대답에서는 '아무' 다음에 긍정 표현인 '괜찮아요.'가 있어서 '모두 괜찮다.'는 의미인데 '아무것도'라고 써서 틀렸다.

② 이 문장에서는 '아는 사람이 전혀 없어서 심심했어요.'의 의미인데 '누구든지 괜찮다' 또는 '어떤 특정한 사람만 가능하다.'는 의미를 갖는 '아무나'를 써서 틀렸다.

③ '아무 N 다음에 부정 표현이 오면 '전혀 없음'의 의미를 나타낸다. 그런데 이 문장에서는 '아무 데도' 다음에 긍정 표현인 '갔어요.'라고 틀리게 썼다.

11 존댓말·반말
Honorifics & Casuals

본 장에서는 한국어의 존댓말과 반말에 대해서 공부할 것이다. 존

댓말과 반말은 다른 말로 높임법이라고 하며 이것은 말하는 사람이 듣는 사람 혹은 목적어나 부사어를 높이거나 낮추는 정도를 구별하여 표현하는 것을 말한다. 보통 존댓말은 문장의 주어를 높이는 방법과 문장의 목적어나 부사어를 높이는 방법 그리고 듣는 사람을 높이는 방법이 있다.

〈1〉존댓말·반말 Honorifics & Casuals

[문법 공부]

⑴ 한국어를 말할 때 사람을 높일 때는 존댓말을 사용하고, 서로 친하거나 나이가 어린 사람에게 격식을 차리지 않고 말할 때는 반말을 사용한다.

⑵ 보통 존댓말은 다음과 같은 방법으로 사용한다.
① 문장의 주어를 높이는 방법
② 문장의 목적어나 부사어를(영어의 간접목적어) 높이는 방법
③ 듣는 사람을 높이는 방법: 주로 다음과 같이 종결 어미로 실현되며 격식체는 말하는 사람과 듣는 사람의 사이가 멀 때, 비격식체는 말하는 사람과 듣는 사람의 사이가 가까울 때 사용한다.

⑶ 반말로 사용할 때는 다음과 같이 형태가 바뀐다. ▶ p.370

[오답 노트]

① 존댓말을 사용할 때 목적어나 부사어를 높일 경우, '말하다'나 '물어보다'와 같은 동사는 '여쭙다' 혹은 '여쭈다'라는 동사로 바꿔야 한다.

② '나'는 보통 반말로 말할 때 사용하며 나 자신에 대해서 말할 때는 존댓말을 사용하지 않는다. 그런데 이 대화의 대답에서는 주어가 '나'인데 '좋아하세요.'라고 써서 틀렸다.

③ 한국말에서 주어를 높일 때 동사나 형용사 다음에 '-(으)시-'를 붙여야 한다. 그런데 이 문장에서 주어가 '선생님께서'인데 '가르쳐 줬어.'라고 써서 틀렸다.

12 기타
Miscellaneous

본 장에서는 기타 표현으로 한국어의 숫자 표현과 불규칙 표현에 대해서 공부할 것이다. 한국어의 숫자는 한자어로 된 것과 순수 한국어로 된 것이 있다. 한자어로 된 숫자는 '일, 이, 삼, 사……'와 같은 것들이며 순수 한국어로 된 숫자는 '하나, 둘, 셋, 넷……'과 같은 것들이다. 불규칙은 동사나 형용사가 활용을 할 때 형태가 불규칙적으로 바뀌는 것을 말하며 여기에는 'ㅂ', 'ㄷ', '르', 'ㄹ', '으', 'ㅅ', 'ㅎ' 불규칙이 있다.

〈1〉숫자 표현 Numerals

[문법 공부]

⑴ 한국어의 숫자는 한자어와 순수 한국어로 나뉜다. 한자어로 된

숫자는 '일, 이, 삼, 사, ……'로 표현하고 순수 한국어로 된 숫자는 '하나, 둘, 셋, 넷, ……'으로 표현한다.

⑵ 한자어로 된 숫자는 다음과 같이 표현한다. ▶ p.376

⑶ '하나, 둘, 셋, 넷, 스물' 다음에 '개, 명, 잔, 그릇' 등과 같은 단위 명사가 오면 '한, 두, 세, 네, 스무'로 말한다.

⑷ 한자어와 순수 한국어 숫자에 붙는 단위 명사는 다음과 같다.

⑸ 숫자 표현 중에서 다음과 같은 경우는 한자어와 순수 한국어로 모두 말할 수 있다. 하지만 함께 쓰는 단위 명사가 다르기 때문에 주의해야 한다. 그런데 '주'는 '1주, 2주, 3주……'로만 쓴다.

오답 노트

① 한자어로 된 숫자는 '1, 2, 3, ……'으로 쓰고 순수 한국어로 된 숫자는 '하나, 둘, 셋, ……'으로 쓴다. 그런데 이 문장에서는 한자어와 함께 쓰는 '개월'과 순수 한국어와 함께 쓰는 '달'을 혼용해서 '육 개달'이라고 잘못 썼다.

② 순서를 나타내는 단위명사 '번'은 '일, 이, 삼, ……'으로 말하고 횟수를 나타내는 단위명사 '번'은 '하나, 둘, 셋, ……'으로 말한다.

③ '하나, 둘, 셋, 넷' 뒤에 단위 명사가 붙으면 '한, 두, 세, 네'로 말한다.

⟨2⟩ 불규칙 Irregular Expressions

❶ 'ㅂ' 불규칙

문법 공부

⑴ 'ㅂ'으로 끝나는 일부 형용사와 동사 뒤에 모음으로 시작하는 표현이 오면 'ㅂ'이 '우'로 바뀐다. 단, '돕다', '곱다'는 '오'로 바뀐다.
＊ '입다', '잡다', '좁다' 등은 규칙 동사와 형용사로 뒤에 모음으로 시작하는 표현이 와도 형태가 바뀌지 않는다.

오답 노트

① '맵다'는 불규칙 형용사이기 때문에 '맵다' 뒤에 모음으로 시작하는 '-(으)ㄴ'이 오면 'ㅂ'을 '우'로 바꾸어야 한다. 그런데 이 문장에서는 '맵은'이라고 잘못 썼다.

② 'ㅂ' 불규칙은 뒤에 자음으로 시작하는 표현이 오면 바뀌지 않는다. 그런데 이 문장에서는 '어렵다' 뒤에 '-지만'이 왔는데 '어려우지만'이라고 썼다. 'ㅂ'불규칙에 익숙해지면 습관적으로 자음으로 시작하는 어미앞에도 '우'를 붙이는 경우가 많으므로 조심해야 한다.

❷ 'ㄷ' 불규칙

문법 공부

⑴ 'ㄷ'으로 끝나는 일부 동사 뒤에 모음으로 시작하는 표현이 오면 'ㄷ'이 'ㄹ'로 바뀐다.
＊ '받다', '닫다', '믿다' 등은 규칙 동사로 뒤에 모음으로 시작하는 표현이 와도 형태가 바뀌지 않는다.

오답 노트

① '묻다'는 'ㄷ' 불규칙 동사이기 때문에 '묻다' 뒤에 모음으로 시작하는 표현이 오면 'ㄷ'이 'ㄹ'로 바뀌어야 한다. 그런데 이 문장에서는 '묻을 수 없었어요.'라고 잘못 썼다.

② '받다', '닫다', '믿다' 등은 규칙 동사로 뒤에 모음이 와도 'ㄷ'이 'ㄹ'로 바뀌지 않는데 이 문장에서는 '달아 줄까요?'라고 써서 틀렸다.

❸ '르' 불규칙

문법 공부

⑴ '르'로 끝나는 일부 형용사나 동사 뒤에 모음 '-아/어-'로 시작하는 표현이 오면 'ㅡ'가 탈락되고 'ㄹ'이 하나 더 생겨서 'ㄹㄹ'로 바뀐다.

오답 노트

① '부르다'는 '르' 불규칙 동사이기 때문에 뒤에 모음 '-아/어-'로 시작하는 표현이 오면 '불러서'라고 써야 한다. 그런데 이 문장에서는 '부러서'라고 틀리게 썼다.

② '르' 불규칙은 뒤에 자음이 오거나 '-아/어-'를 제외한 모음이 오면 바뀌지 않는다. 그런데 이 대화의 대답에서는 '모르다' 뒤에 '-(스)ㅂ니다'가 왔는데 '몰랍니다.'라고 잘못 썼다.

❹ 'ㄹ' 불규칙

문법 공부

⑴ 'ㄹ'로 끝나는 형용사나 동사 뒤에 'ㄴ', 'ㅂ', 'ㅅ'으로 시작하는 표현이 오면 'ㄹ'이 탈락된다. '-(스)ㅂ니다'에서는 '-스-'를 탈락시키고 '-으-'로 시작하는 표현이 오면 '-으-'를 탈락시킨다.

오답 노트

① '알다'는 'ㄹ' 불규칙 동사이기 때문에 'ㄴ', 'ㅂ', 'ㅅ'으로 시작하는 표현이 오면 'ㄹ'이 탈락된다. 그런데 이 문장에서는 '알다' 뒤에 '-(스)ㅂ니다'가 왔는데 '알습니다.'라고 잘못 썼다. '만들다', '살다', '놀다'와 같은 동사를 습관적으로 '만듭니다', '삽니다', '놉니다'로 쓰는 경우가 많으므로 조심해야 한다.

② 'ㄹ' 불규칙 뒤에 '-(으)ㄹ'로 시작하는 표현이 오면 '-(으)ㄹ'를 탈락시켜야 하는데 이 대화의 대답에서는 '만들을 테니까'라고 틀리게 썼다. '-(으)ㄹ 거예요', '-(으)ㄹ래요?'와 같은 표현에서도 '-(으)ㄹ'을 탈락시켜야 함을 기억해야 한다.

❺ '으' 불규칙

문법 공부

⑴ '으'로 끝나는 형용사나 동사 뒤에 모음 '-아/어-'로 시작하는 표현이 오면 'ㅡ'가 탈락된다. 'ㅡ'가 탈락된 후에 앞의 모음이 'ㅏ', 'ㅗ'이면 '-아요', 다른 모음이면 '-어요'를 붙인다.

오답 노트

① '예쁘다'는 '으' 불규칙 형용사이기 때문에 뒤에 '-아/어요'가 오

면 '으'가 탈락돼야 한다. 그런데 이 대화의 대답에서는 '예쁘요.'라
고 써서 틀렸다.

② '으' 불규칙은 뒤에 자음이 오거나 '-아/어-'를 제외한 모음이
오면 바뀌지 않는다. 그런데 이 대화의 대답에서는 '바빠지만'이라
고 잘못 썼다.

⑥ 'ㅅ' 불규칙

⑴ 'ㅅ'으로 끝나는 일부 형용사와 동사 뒤에 모음으로 시작하는 표
현이 오면 'ㅅ'이 탈락된다.
＊ '웃다', '벗다', '씻다' 등은 규칙 동사로 뒤에 모음으로 시작하는
표현이 와도 형태가 바뀌지 않는다.

① '붓다'는 'ㅅ' 불규칙 동사이기 때문에 뒤에 모음으로 시작하는
표현이 오면 'ㅅ'이 탈락돼야 한다.

② '웃다', '벗다', '씻다'는 규칙 동사로 모음을 만나도 'ㅅ'이 탈락되
지 않는다. 그런데 이 문장에서는 '씨어서'라고 틀리게 썼다.

⑦ 'ㅎ' 불규칙

⑴ 'ㅎ'으로 끝나는 일부 형용사 뒤에 모음 '-아/어-'로 시작하는
표현이 오면 'ㅎ'이 탈락한 후 '이'가 더해져서 '-애/얘-'로 바뀐다.
그리고 모음 '-으-'로 시작하는 표현이 오면 'ㅎ'이 탈락된다.
＊ '좋다', '놓다', '낳다' 등은 규칙 형용사와 동사로 뒤에 모음 '-
으-'나 '-아/어-'로 시작하는 표현이 와도 형태가 바뀌지 않는다.

① 'ㅎ'불규칙 형용사는 모음에 따라 바뀌는 형태가 다른데 이 문장
에서는 '하얜'이라고 써서 틀렸다. '-아/어요'로 끝나는 형태에 익
숙해져서 실수하는 경우가 많으므로 조심해야 한다.

② '빨갛다'는 'ㅎ'불규칙 형용사이기 때문에 뒤에 모음 '-아/어-'
로 시작하는 표현이 오면 'ㅎ'을 탈락시킨 후 '-아/어-'를 '-애-'로
바꿔야 한다. 그런데 이 문장에서는 '빨가졌어요.'라고 잘못 썼다.

Grammar Index